MANUAL LEFEBVRE

Jurisprudencia Social

Fecha de edición: 13 de marzo de 2026

Manual Jurisprudencia Social 2026

Esta obra colectiva ha sido realizada
por iniciativa y bajo la coordinación editorial
de la Redacción de
Lefebvre
sobre la base de unas colaboraciones
publicadas por la Editorial y realizadas por:

Bodas Martín, Ricardo

Menéndez Sebastián, Paz

Mercader Uguina, Jesús R.

Nogueira Guastavino, Magdalena

Redondo Valdeón, María Dolores

Silva Goti, María

NIF: A79216651
Monasterios de Suso y Yuso, 34. 28049 Madrid. Teléfono: (91) 210 80 00
clientes@lefebvre.es
www.efl.es
Precio: 49,92 € (IVA incluido)

ISBN: 979-13-87925-14-7
Depósito legal: M-8237-2026

Impreso en España
por Printing'94
Carretera de Canillas, 138 – 28043 Madrid

Plan general

Abreviaturas

AAPP	Administraciones públicas
AFE	Asociación de Futbolistas Españoles
AN	Audiencia Nacional
art.	artículo/s
AT	Accidente de trabajo
BOE	Boletín Oficial del Estado
CC	Código Civil
CCAA	Comunidades autónomas
CCol	Convenio colectivo
CEDH	Convenio Europeo de Derechos Humanos
CEE	Comité de Empresa Europeo
CIS	Centro de Investigaciones Sociológicas
CNMV	Comisión Nacional del Mercado de Valores
Const	Constitución Española
CRTVE	Corporación de Radio y Televisión Española
D	Decreto
Dir	Directiva
disp.adic.	disposición adicional
disp.trans.	disposición transitoria
EBEP	Ley de Estatuto Básico del Empleado Público (RDLeg 5/2015)
ERTE	Expediente de Regulación Temporal de Empleo
ET	Estatuto de los Trabajadores (RDLeg 2/2015)
ETOP	Económicas, técnicas, organizativas o de producción
ETT	Empresa de trabajo temporal
FJ	Fundamento jurídico
FOGASA	Fondo de Garantía Salarial
IMV	Ingreso mínimo vital
INP	Instituto Nacional de la Previsión
IPA	Incapacidad permanente absoluta
IPT	Incapacidad permanente total
ISM	Instituto Social de la Marina
IT	Incapacidad temporal
L	Ley
LCS	Ley de Contrato de Seguro (L 50/1980)
LCSP	Ley de Contratos de Sector Público (L 9/2017)
LEC	Ley de Enjuiciamiento Civil (L 1/2000)
LGSS	Ley General de la Seguridad Social (RDLeg 8/2015)
LISOS	Ley de Infracciones y Sanciones en el Orden Social (RDLeg 5/2000)
LOEX	Ley Orgánica sobre derechos y libertades de los extranjeros en España y su integración social (LO 4/2000)
LOLS	Ley Orgánica de Libertad Sindical (LO 11/1985)
LOPD	Ley Orgánica de Protección de Datos Personales y garantía de los derechos digitales (LO 3/2018)
LOPJ	Ley Orgánica del Poder Judicial (LO 6/1985)
LPAC	Ley Procedimiento Administrativo Común de las Administraciones Públicas (L 39/2015)
LPGE	Ley de Presupuestos Generales del Estado
LPRL	Ley de Prevención de Riesgos Laborales (L 31/1995)

LRCSCVM	Ley sobre responsabilidad civil y seguro en la circulación de vehículos a motor (RDLeg 8/2004)
LRJAP	Ley de Régimen Jurídico de las Administraciones Públicas (L 40/2015)
LRJCA	Ley Reguladora de la Jurisdicción Contencioso-administrativa (L 29/1998)
LRJS	Ley Reguladora de la Jurisdicción Social (L 36/2011)
LTD	Ley de Trabajo a Distancia (L 10/2021)
MSCT	Modificación sustancial de las condiciones de trabajo
OF	Orden Foral
OM	Orden Ministerial
Proc	Procedimiento
RD	Real Decreto
RDL	Real Decreto-Ley
RDLeg	Real Decreto Legislativo
Rec	Recurso
Rev	Revisión
Resol	Resolución
RETA	Régimen Especial Trabajadores Autónomos
RGSS	Régimen General de la Seguridad Social
RLT	Representación legal de los trabajadores
SA	Sociedad anónima
SAU	Sociedad anónima unipersonal
SL	Sociedad de responsabilidad limitada
SLU	Sociedad de responsabilidad limitada unipersonal
SEFP	Secretaría de Estado de Función Pública
SIMA	Servicio Interconfederal de Mediación y Arbitraje
SMI	Salario mínimo interprofesional
TCo	Tribunal Constitucional
TCP	Tripulante de cabina de pasajeros
TEDH	Tribunal Europeo de Derechos Humanos
TGSS	Tesorería General de la Seguridad Social
TJUE	Tribunal de Justicia de la Unión Europea
TRADE	Trabajador Autónomo Económicamente Dependiente
TS	Tribunal Supremo
TSJ	Tribunal Superior de Justicia

CAPÍTULO 1

Derecho del trabajo

1. Contratación laboral

Contrato de obra o servicio determinado La cuestión a resolver en **TS 18-2-24, Rec 306/24** es la de decidir si es conforme a derecho el contrato temporal para obra o servicio determinado cuya **causa** es la **jubilación definitiva** de una trabajadora de la empresa, formalizado con anterioridad al RDL 32/2021 (que suprimió en nuestro ordenamiento jurídico el contrato temporal para obra o servicio determinado). El TS comparte el parecer de la Sala de origen que, si bien consideró ajustados a derecho los anteriores contratos de interinidad y relevo, apreció **fraude de ley** en el contrato de obra o servicio determinado. Dicho contrato carece de toda autonomía y sustantividad propia dentro de lo que constituye la actividad ordinaria de la empresa, puesto que se trata de ocupar el mismo puesto de trabajo que venía desempeñando un trabajador indefinido que se jubila definitivamente, por lo que se trata de atender las mismas **funciones ordinarias y permanentes** que desarrollaba el trabajador jubila- 107 do, sin que esta conclusión quede alterada porque dicho contrato viniera precedido de un contrato de relevo.

En definitiva, la **necesidad productiva** derivada de la jubilación total carece de toda autonomía y sustantividad propia dentro de la actividad ordinaria de la empresa, y en caso de no amortizarse el puesto de trabajo, es evidente que tampoco cabe una limitación temporal de su duración porque se trata de atender una actividad ordinaria, permanente e indefinida que era la desempeñada por el jubilado. El despido se declara improcedente.

109 **Contrato de relevo** La **TS 15-10-25, Rec 4367/23** aborda la cuestión de si el reconocimiento de la **condición de indefinida no fija** permite reclamar las **diferencias salariales** derivadas de un contrato de relevo celebrado al **75% de jornada**. La trabajadora, vinculada al Ayuntamiento de Madrid desde 2005 mediante sucesivos contratos temporales, había suscrito en 2018 un contrato de relevo con reducción de jornada y en 2021 otro a tiempo completo. En las instancias judiciales precedentes se declaró su condición de indefinida no fija, pero se rechazó la pretensión a ella acumulada de abono, en concepto de salarios o, en su caso, como indemnización de daños y perjuicios, de la diferencia entre una jornada del 75% y la que le hubiera correspondido a tiempo completo, respecto del contrato de relevo que se pactó a tiempo parcial.

Sin embargo, el TS no comparte tal parecer. Razona al efecto que, atendida la regulación aplicable (ET art.12.6 y 7; LGSS disp.trans.10ª; ET art.30), suscrito en 2018 un contrato de relevo con reducción del 75% de la jornada, este **debía ser indefinido y a tiempo completo**, procediendo el abono de las diferencias salariales por la jornada no realizada. No en vano, desde la entrada en vigor del RDL 5/2013, los contratos de relevo deberán ser a tiempo completo y de duración indefinida si el trabajador relevado –jubilado a tiempo parcial– tuviera una reducción de su jornada del 75%.

111 **Contrato de trabajo a tiempo parcial** La cuestión que se suscita en las **TS 18-9-25, Rec 1692/24 y 2-10-25, Rec 1693/24** es si resulta legalmente posible la **novación temporal** de un contrato de trabajo indefinido a tiempo parcial en un contrato de trabajo a tiempo completo y si es fraudulento un contrato a tiempo parcial cuando realmente se presta servicios a tiempo completo. Se debate si cabe la ampliación de la jornada de un contrato de trabajo a tiempo parcial indefinido por novación basada en el mutuo acuerdo de las partes (ET art.12.4) para **sustituir temporalmente** a trabajadores que están de **vacaciones o situaciones semejantes**, a lo que la Sala de suplicación había dado una respuesta negativa, considerando fraudulento el acuerdo porque, al ser temporal, tendría que celebrarse un contrato de duración determinada de los mencionados en el ET art.15.

Este parecer es compartido por el TS que, reiterando un pronunciamiento previo (TS 13-2-24, Rec 1480/21), declara fraudulentas las **reiteradas ampliaciones de jornada a tiempo completo**, supuestamente temporales, **de un contrato indefinido a tiempo parcial**. Tales reiteradas ampliaciones de jornada, realizadas sin apenas solución de continuidad y, la mayoría de las veces, sin explicitar siquiera cuál era la necesidad supuestamente temporal, revelan la existencia de una necesidad permanente o estructural de trabajo a tiempo completo. Resulta fraudulenta la utilización de esas ampliaciones de jornada, en principio previstas en el convenio colectivo, y el contrato de trabajo es, en realidad, un contrato a tiempo completo y no un contrato a tiempo parcial.

113 **Contrato de trabajo y figuras afines** La labor judicial de caracterización del contrato de trabajo ha tenido lugar, en muchos casos, con ocasión o como consecuencia de la delimitación de dicho contrato respecto de las llamadas figuras afines, esto es, respecto de aquellos contratos que tienen **por objeto**, al igual que el de trabajo, **la realización de una actividad o la prestación de un servicio para otro**, a cambio de un precio o, en general, de una **contraprestación económica**. Al mismo tiempo sobre esta labor de delimitación de figuras afines contractuales se proyectan con mayor o menor medida, explícita o implícitamente, todas aquellas pautas utilizadas por la doctrina judicial para dar carácter al contrato de trabajo. El contrato de **arrendamiento de servicios** es, sin duda, unas de las figuras contractuales más próximas al contrato de trabajo en todos los sentidos, siendo el que presenta más puntos en común con el mismo, y el que suscita generalmente mayores dudas a la hora de la pertinente delimitación y separación. Y esta concreta cuestión es la que resuelve y decide la **TS 18-9-25, Rec 2689/24** que aborda la existencia o no de una **relación laboral entre unos odontólogos** que prestan servicios para una clínica a través del contrato de arrendamiento de servicios. En el caso, la **TGSS** interpuso demanda para que se declarara la **existencia de relación laboral** entre la empresa demandada y quienes prestan servicios en ella como odontólogos, a lo que la sentencia anotada da una respuesta positiva.

Examinadas las circunstancias del caso, el TS considera que el trabajo realizado por los odontólogos se realiza **dentro del ámbito de organización** de la clínica y bajo las notas de **dependencia y ajenidad** (los clientes son de la empresa, la clínica fija las tarifas, los odontólogos no abonan contraprestación alguna por el uso de las instalaciones, sistema de retribución, entre otros). Ahora bien, el dato de mayor relevancia reside en el hecho de que la clínica era **titular de las historias clínicas**, quedando acreditado que toda la documentación e información es de esta última, siendo preciso obtener autorización para poder acceder o fotocopiar la misma. Este dato, junto con el resto de elementos descritos, lleva a considerar que en el desarrollo de la prestación concurren las notas de laboralidad del ET art.1.1. Por lo tanto, el TS declara la existencia de **relación laboral** entre una clínica y los odontólogos que prestaban servicios en ella, subrayando que la titularidad de las historias clínicas y de los datos de los pacientes por la clínica es un elemento esencial para apreciar dependencia y ajenidad y, por tanto, laboralidad.

Contrato tipo de trabajo a distancia La regulación del trabajo a distancia presenta una notable complejidad fruto de la interacción de la normativa legal, de la normativa convencional, en la que pueden entrar no solo los convenios colectivos, sino también los más indeterminados **acuerdos colectivos**, y de autonomía individual a través de los denominados legalmente **acuerdos individuales** de trabajo a distancia, de una mayor relevancia que en otras materias laborales. **115**

En este contexto, es de interés la cuestión que se examina en la **TS 2-4-25, Rec 169/22** en la que se plantea la legalidad de determinadas **cláusulas del contrato tipo de trabajo a distancia**, denominado «Acuerdo sobre Home Office y trabajo a distancia», que la empresa suscribe con los trabajadores que teletrabajan, y su compatibilidad con determinados preceptos de la Ley de Trabajo a Distancia (L 10/2021, en adelante, LTD), y la Ley Orgánica de Protección de Datos Personales y Garantía de los Derechos Digitales (LO 3/2018, en adelante, LOPD). El TS examina las diversas cláusulas que se ponen en cuestión. Así, por lo que atañe a la **compensación de gastos**, afirma que la LTD art.7.b) y 12 disponen:

- en primer lugar, que los gastos que tenga que realizar el trabajador a distancia tienen que ser compensados y abonados por la empresa; y
- en segundo término, que los convenios colectivos pueden establecer previsiones al respecto.

Pero, aunque la previsión convencional no es obligatoria, el derecho a la compensación de gastos es obligatoria, aunque nada diga el convenio colectivo. En efecto, no se trata de un derecho que solo existe si la negociación colectiva lo reconoce, al estar contemplado en la LTD art.12; y, por su parte, la LTD art.7, al regular el contenido mínimo obligatorio del acuerdo de trabajo a distancia insiste en que la empresa debe «obligatoriamente» abonar la compensación de gastos. En relación a la **obligación** del trabajador **de facilitar su correo electrónico y número de teléfono personal** por si fuera necesario contactar con él por urgencia del servicio, se alega la infracción de la LTD art.11 y 17. El trabajador tiene derecho a que la empresa le proporcione todos los medios para su actividad y no se le puede exigir utilizar dispositivos propios, ahora bien, se descarta la nulidad de tal cláusula porque la facilitación a la empresa por parte de la persona trabajadora de su correo electrónico y número de teléfono personal puede ser necesaria, adicionalmente, para la «ejecución» del contrato de trabajo, según dispone el Reglamento general de protección de datos como otra de las posibles bases de licitud del tratamiento de datos personales (RGPD art.6.1.b). La **realidad social** actual hace que la facilitación de esos datos, como medios de comunicación socialmente prototípicos de nuestro tiempo, pueda ser necesaria, en efecto, para el desenvolvimiento del contrato de trabajo.

En relación a las previsiones sobre **desconexión digital**, recuerda la Sala IV que el derecho a la desconexión digital en el ámbito laboral está reconocido, con carácter general, en la LOPD art.88, y específicamente, en el trabajo a distancia en la LTD art.18 y disp.adic.1ª, obligando la legislación vigente a elaborar una «**política interna**» previa audiencia de los representantes de los trabajadores, lo que no ha sido al caso, por lo que, reiterando en este aspecto el criterio sentado en TS 6-2-24, Rec 263/22, declara la nulidad parcial de dichas cláusulas al no haber sido negociadas con la RLT.

Finalmente, a propósito de la **cláusula de reversibilidad** del trabajo a distancia se declara su nulidad por ser abusivo el límite a través de un contrato adhesión.

118 **Contratos vinculados a la legionela** En la **TS 12-3-25, Rec 8/23**, la cuestión litigiosa objeto de examen va dirigida a determinar si los contratos vinculados a la prevención, limpieza y desinfección de la legionella han de considerarse como **contratos «de temporada»** y no contratos «en firme»; a los efectos del cobro de la comisión. Los contratos «de temporada» generan una mayor comisión para los comerciales que los **contratos «en firme»**, que solo generan una comisión en el primer año y se pierde en los sucesivos.

La Sala IV considera que no puede inferirse que lo contratos legionella se restrinjan a los de temporada sin poder pasar a ser contratos en firme. Asimismo, comparte el criterio de la sentencia recurrida de entender que no hay prueba suficiente que acredite que se está ante una **condición más beneficiosa** derivada de una decisión unilateral de la empresa.

120 **Relación laboral y socios cooperativistas** La **TS 15-9-25, Rec 1266/24** se inscribe en una línea jurisprudencial que viene consolidándose en los últimos años: la necesidad de desenmascarar **estructuras cooperativas** que, en la práctica, funcionan como **meros instrumentos de externalización** de costes laborales y de elusión de obligaciones de Seguridad Social. La sentencia, al aplicar el principio de primacía de la realidad, reafirma que la condición formal de socio cooperativista no basta para excluir la laboralidad cuando concurren las notas clásicas de dependencia y ajenidad. En efecto, la resolución parte de un conflicto en el que varios trabajadores, formalmente considerados socios cooperativistas, prestaban servicios de manera estable en las instalaciones de una empresa principal. La cuestión jurídica consistió en determinar si esa relación debía calificarse como **trabajo asociado en cooperativa** o, por el contrario, como una auténtica relación laboral con la empresa principal. El recurso de los cooperativistas fue desestimado por motivos formales, pero el interpuesto por la TGSS prosperó, al entender el tribunal que no concurrían las notas de fuerza del ET art.1.1. y 8.1.

Así, en una elaborada resolución, la Sala IV, superado el presupuesto de la contradicción, centra el debate en decir si la sociedad cooperativa dispone de una **estructura organizativa** que permita considerarla como una verdadera cooperativa de trabajo asociado, o bien, se ha limitado a constituirse formalmente como tal clase de cooperativa para operar realmente como una mera intermediaria de cesión de mano de obra a la empresa principal; por este motivo, sería la empleadora de los trabajadores, cuestionándose, en definitiva, la concurrencia de las **notas que caracterizan al trabajo asociado** (libre adhesión, baja voluntaria, realización efectiva de actividad empresarial con una estructura material de la que sean titulares y consecución de objetivos económicos decididos democráticamente) en la cooperativa y, se dice que esta no organiza ni dirige ni controla, de manera efectiva y real, los trabajos que realizan los socios cooperativistas para la empresa cliente ni asume las responsabilidades y riesgos económicos propios de una empresa y del objeto social formalmente declarado en sus estatutos. **No aporta medios** materiales ni estructura humana y, el único producto que ofrece en el mercado es fuerza de trabajo para sus empresas clientes, de forma que no presta un servicio para ellas, actuando como intermediario entre la cliente y los socios trabajadores, los cuales, para la prestación del trabajo, se incorporan física y funcionalmente a su proceso productivo, en sus locales y haciendo uso de sus medios principales de producción (sedes, equipos, máquinas e instalaciones), cuya titularidad o poder de disposición no se ha trasladado de ninguna manera a la cooperativa. La cooperativa carece de estructuras destinadas al desarrollo de la actividad económica-administrativa, lo que aboca inexorablemente en que **no realiza de forma real y efectiva** la actividad cooperativizada que, formalmente, constituye su finalidad y objeto social, sino que se ha constituido de manera formal y aparente como una cooperativa de trabajo asociado que utiliza en **fraude de ley** esa configuración legal para actuar en el mercado como una entidad destinada exclusivamente a la **intermediación de mano de obra**, para la puesta a disposición de trabajadores en favor de la empresa principal que ha subcontratado sus servicios y es por este motivo la verdadera empleadora de quienes trabajan en sus instalaciones.

En definitiva, el TS constata la **ausencia de elementos definitorios** del cooperativismo de trabajo: no hay verdadera autogestión ni participación efectiva en decisiones empresariales; la dependencia organizativa respecto de la principal es dominante; y la ajenidad en los riesgos económicos se mantiene. Afirma que, cuando el trabajo de «socios» se integra y organiza por la empresa principal, con ajenidad en los riesgos, la relación es laboral con esa principal. La forma cooperativa cede ante la realidad económica y organizativa.

En el mismo sentido se pronuncian las **TS 15-10-25, Rec 2969/23 y 25-11-25, Rec** **123**
4598/22, que consolidan el criterio fijado por TS 24-9-24, Rec 5766/22 al objeto de evitar el uso instrumental de cooperativas como mecanismo de encubrimiento de relaciones laborales dependientes.

En estas sentencias, recaídas en procedimientos de oficio seguido por la TGSS, la cuestión a resolver es, nuevamente, la de determinar si la mercantil principal es la verdadera empleadora de quienes prestan servicios en sus instalaciones bajo la formal condición de socios cooperativistas de Servicarne D.Coop (Servicarne), conforme al acuerdo de subcontratación de servicios formalizado por ambas entidades. Se trata de unas extensas resoluciones, a cuya detenida lectura nos remitimos, y en las que, superado el presupuesto de la contradicción, se viene a despejar la existencia o no de vínculo laboral entre la empresa principal y los socios cooperativistas de Servicarne. Se trata de **determinar quién es el verdadero empleador de los socios** que, bajo esa formal condición, prestan servicios en la empresa principal, sin que constituya objeto de debate la posible existencia de una situación de prestamismo laboral. Asimismo, advierte la Sala IV que ha dictado diversos autos de inadmisión por falta de contradicción en recursos de casación unificadora similares al actual, ahora bien, tal criterio se rectifica en el recurso actual, entre otros extremos, por el hecho de que el Ministerio de Trabajo ha dictado una Resolución de 30-4-2019, en la que acordó descalificar a Servicarne como cooperativa de trabajo asociado, que ha sido posteriormente ratificada por numerosas sentencias de la AN sala de lo contencioso-administrativo. Sentado lo anterior, y tras una profusa tarea argumental, concluyen que hay **relación laboral entre los socios** de Servicarne **y las empresas principales** en cuyas instalaciones prestan servicios.

En efecto, bajo la forma de Cooperativa de Trabajo Asociado, Servicarne destina a las instalaciones de la empresa el **número de socios necesarios** según el volumen de los servicios contratados, tanto los que directamente realizan las tareas de despiece y manipulación de los productos cárnicos como los que desempeñan funciones de jefes de línea y celadores en el control y supervisión de la actividad. Los cooperativistas utilizan los equipos, las herramientas y la infraestructura de la empresa principal, que asimismo les facilita los cuchillos, la ropa de trabajo o los equipos de protección. La fábrica **factura luego el coste** de todo ello (también una oficina que le alquila) a la cooperativa. En esas condiciones, el Alto Tribunal concluye que Servicarne actúa en **fraude de ley**, porque se ha constituido formalmente como una aparente cooperativa de trabajo asociado, pero su verdadera actividad se limita únicamente a facilitar mano de obra a las empresas de la industria cárnica, siendo estas últimas las auténticas empleadoras de los trabajadores. Las sentencias anotadas ponen el acento en el hecho de que Servicarne **carece** en realidad de cualquier **estructura organizativa** que permita considerarla como una verdadera cooperativa, pues la única infraestructura con la que cuenta es la oficina de Barcelona, sin disponer de otros medios materiales dirigidos a cumplir con las finalidades que serían propias de una cooperativa de esa naturaleza para la puesta en común del trabajo de los socios en el ámbito de la actividad cooperativizada y con el objeto de facilitarles los servicios que necesitan para su desempeño, constituyendo en realidad una entidad ficticia y meramente aparente para actuar en el mercado como simple **intermediaria de mano de obra**, siendo la empresa principal el verdadero y único empleador de quienes prestan servicios en sus instalaciones bajo la formal condición de socios cooperativistas. La sentencia abandona el criterio fijado en TS 17-12-01, Rec 244/01.

2. Contratas y subcontratas

130 **Responsabilidad solidaria en obligaciones salariales** La **TS 9-7-25, Rec 5381/23** confirma que la **actividad subcontratada** por una **empresa de construcción** con una subcontratista, empresa de servicios, para el control de acceso a su centro de trabajo se considera como «propia actividad» de la empresa principal, a los efectos de extender a esta la responsabilidad solidaria prevista en el ET art.42.2 por las obligaciones salariales de la empresa subcontratista devengados durante el periodo de la contrata.

La Sala IV aplica doctrina sobre la materia y analiza la **normativa de seguridad privada** que regula las funciones de vigilancia de instalaciones y edificios a efectos de establecer una distinción básica y necesaria para calificar la actividad de que se trata, y decidir si forma parte del ciclo productivo de la empresa principal. En el caso, se trata de **actividad de conserjería y control de accesos**, que se ha venido considerando como **propia actividad**, y ello a diferencia de la actividad de seguridad privada para la vigilancia de instalaciones y centros que se estima externa a la actividad de la empresa principal. Se trata, en definitiva, de la **externalización** de unas funciones propias de la **empresa principal** y que forman parte de su necesario esquema organizativo.

3. Convenio colectivo y negociación colectiva

Alteración de acuerdo colectivo: adhesiones individuales La cuestión planteada en la **TS 2-10-25, Rec 42/25** es la relativa a determinar si la alteración del acuerdo colectivo de 15-12-2022 por el **plan de flexibilidad**, cuya adhesión individual propone la empresa a las personas trabajadoras a partir del 15-7-2024, respeta la fuerza vinculante de aquel acuerdo y la libertad sindical del sindicato demandante que lo firmó. 137

El TS confirma la **nulidad de la medida** adoptada unilateralmente tras analizar diversos pronunciamientos del TCo y de la propia Sala a propósito de la negociación colectiva, la fuerza vinculante del convenio colectivo y la autonomía individual en masa. La oferta de flexibilidad efectuada por la empresa a la plantilla, en cuanto supone desconocer condiciones relativas a la jornada y al horario pactadas en previo acuerdo, implica una MSCT, a la par que vulnera el derecho a la libertad sindical de la organización actora. La voluntad individual de los trabajadores, manifestada por la aceptación voluntaria de una oferta formulada por la empresa, vulnera el derecho de negociación colectiva (Const art.37.1) al modificar el contenido de lo pactado con carácter general en el convenio colectivo aplicable, dado que la autonomía de la voluntad individual de los trabajadores no puede prevalecer sobre la autonomía colectiva plasmada en un convenio colectivo. En conclusión, la alteración del acuerdo colectivo requería la **negociación de un nuevo acuerdo colectivo** o, al menos, la utilización del procedimiento de MSCT ex ET art.41, lo que no fue el caso.

Cláusula de revisión salarial: vigencia durante la prórroga Especial relevancia presenta la **TS 28-1-25, Rec 36/23** que declara que durante la prórroga ordinaria del CCol del sector de transportes por carretera de la CAM 2017-2020 (que se produjo por falta de denuncia, ya que las partes habían llegado al acuerdo de no denunciarlo) sigue **vigente la cláusula de revisión salarial** prevista en el CCol art.36 y debe aplicarse durante su prórroga. Se confirma la estimación de la demanda declarando la obligación de las empresas incluidas en el ámbito de la confederación demandadas, de aplicar durante la prórroga del convenio la cláusula de revisión salarial, y por tanto, de revisar todos los conceptos económicos en todas las categorías, en las condiciones que se indican. 139

Se argumenta que el CCol art.36 establece dos **mandatos distintos**:

- por un lado, un incremento salarial determinado para todos y cada uno de los años de vigencia inicial del convenio;
- por otro, y que no tiene delimitación temporal alguna, señala que en el caso de que **el IPC supere** en cada año de vigencia del convenio el 5%, se revisará el exceso

de dicho porcentaje en todos los conceptos económicos y en todas las categorías profesionales.

Dado que la previsión no va ligada a ningún año concreto, sino que se refiere –sin distinción– a cada año de vigencia del convenio, se concluye que esta regulación no está unida de manera directa a los años de vigencia inicial, sino que puede aplicarse mientras el convenio esté vigente. Interpretación esta que no sólo es acorde con los **principios hermenéuticos** que rigen la aplicación de los convenios colectivos, sino que, además, la Sala la comparte por lógica, adecuada y coherente. Y también, porque es la que mejor se adecúa al mantenimiento del **equilibrio de intereses** que presidió la negociación y firma del convenio colectivo y la posterior decisión de no denunciarlo dejando que entrara en situación de prórroga ordinaria.

141 **Comisiones negociadoras y comisiones aplicativas** La **TS 3-4-25, Rec 67/23** confirma, en proceso de conflicto colectivo, que se ha vulnerado el derecho a la libertad sindical del sindicato demandante en su vertiente de negociación colectiva por parte de los codemandados, derivada de la no participación en las reuniones de la **comisión de seguimiento** en las que se modificaron las condiciones del «acuerdo VAD» en fecha 18-3-2022, con la consiguiente nulidad. Dado que se cuestiona la negociación llevada a cabo en el seno de la comisión de seguimiento y de sus resultados, la Sala IV recuerda doctrina relativa a la **distinción entre las comisiones negociadoras del convenio y las aplicativas**: las primeras son las que se constituyen para la modificación o creación de reglas nuevas, y las segundas son las que tienen por objeto la aplicación o interpretación de alguna de las cláusulas del convenio colectivo, o la adaptación de alguna de ellas a las peculiares circunstancias de un caso concreto.

En el actual supuesto, se vulnera el derecho a la negociación colectiva del sindicato, pues este es integrante del comité intercentros, pero no participa en las reuniones de la comisión de seguimiento en las que se modificaron las condiciones del acuerdo litigioso, de forma que se ejercieron **funciones «negociadoras» y no «aplicativas»**, de las que dimanó el citado acuerdo que estableció nuevas reglas sobre condiciones laborales.

143 **Comité intercentros: asignación de plaza en caso de empate** En la **TS 12-11-25, Rec 81/25** se discute cómo proceder a la designación de la última persona que complete la **composición de un comité intercentros** (CI) integrado por 13 representantes, cuando concurren **dos fuerzas sindicales que han empatado** en número de electos. La pretensión de que el empate se deshaga atendiendo al número de votos obtenidos no posee amparo en las previsiones del ET art.63.3 («proporcionalidad de los sindicatos según los resultados electorales considerados globalmente») ni en la doctrina de la Sala (la composición no depende de los votos, sino del número de personas elegidas).

En esta situación, la cuestión suscitada se ciñe a precisar si el **convenio colectivo**, una vez realizada la distribución de puestos atendiendo al criterio legal y restando uno sin posibilidad de determinar a quién corresponde, proporciona mimbres a partir de los cuales dar respuesta, de forma que, ante la falta de una solución expresa, la previsión convencional puede desempeñar ese papel auxiliar. Se da por valida la fórmula invocada por el sindicato actor, puesto que, si bien el convenio replica inicialmente la fórmula del ET art.63.3, ha añadido una importante locución a nuestros efectos: los resultados en cuestión son «obtenidos en las últimas elecciones sindicales». Esta adición indica que la norma está queriendo dar relevancia al dato que nuestra doctrina descarta como modulador de la composición del CI, puesto que **ha de primar la atención a la representatividad alcanzada** (no a los votos recibidos). De esta forma, como canon hermenéutico adicional, precisamente para colmar las lagunas que pudieran surgir en casos como el presente, la atención a los **votos realmente obtenidos** aparece como previsión válida. Se trata de un criterio objetivo, respetuoso con la representatividad y libertad sindicales. Además, es la forma de dar cumplimiento a lo querido por el propio convenio colectivo, que ha optado por un CI cuya composición se sitúe en 13 (no 12) integrantes. Asimismo, una interpretación sistemática del convenio colectivo o la propia dicción (resultados de las elecciones) abunda en esta conclusión. Razones que llevan a estimar el recurso y la demanda y a declarar el derecho de la CGT a designar una persona que la represente ocupando la decimotercera plaza en el comité intercentros, en función de los votos obtenidos.

Concurrencia de convenios colectivos La **TS 9-9-25, Rec 38/24** confirma la nulidad del CCol de la empresa Industrial Química del Nalón SA art.31, fijando la **cuantía del plus de nocturnidad** según la establecida por el convenio general del sector, y no la inferior prevista en el convenio de empresa. En el caso, el convenio de empresa recoge unos importes para el complemento de nocturnidad inferiores a los previstos en el convenio sectorial, afirmando la empresa recurrente que dicha menor cuantía queda compensada por el hecho de que las personas trabajadoras afectadas perciben, al menos, el salario mínimo garantizado en el convenio sectorial. La Sala, tras analizar la relación temporal entre convenios, teniendo en cuenta las materias tras la reforma del ET art.84 por el RDL 32/2021, sostiene que el **convenio de empresa**, al ser **posterior al sectorial**, no puede disminuir las cuantías del complemento de nocturnidad. Esta conclusión no queda alterada por el hecho de que el convenio sectorial contemple un **salario mínimo garantizado**, pues no se trata de un concepto retributivo al modo del salario base o de los complementos salariales, sino que constituye una **garantía de retribuciones mínimas**, y tampoco se trata de un concepto salarial susceptible de compensación o absorción con otros. 145

En definitiva, el convenio de empresa no puede incidir para reducir el importe del complemento de nocturnidad fijado previamente en el convenio sectorial. Este límite no se altera por la existencia de un salario mínimo garantizado en el convenio sectorial, que actúa como garantía y no como un concepto salarial compensable.

Convenio colectivo de aplicación La **TS 26-3-25, Rec 71/23** declara que la norma convencional de cobertura a la empresa demandada es el convenio colectivo estatal del sector laboral de restauración colectiva para los años 2020 y 2021 y no el de atención a personas dependientes y desarrollo de la promoción de la autonomía personal (residencias privadas de personas mayores y del servicio de ayuda a domicilio). El objeto social de la mercantil es el servicio de comidas para colectividades consistente en la preparación y suministro de comidas en general a grupos, colegios, hospitales, aeropuertos, hoteles, empresas, industrias, estadios y centros de conferencias. Resulta coincidente con la actividad subcontratada y con la real actividad ejercida por el personal afectado, en tanto que las **tareas desempeñadas** son, efectivamente, las propias de ese concreto objeto, ajenas en su desempeño a la situación de los residentes. Es la actividad desarrollada la que **marca el convenio del sector** que la regula, y atendido el grupo de afectación y la actividad desempeñada, el ámbito de aplicación funcional ha de ser el de las empresas y trabajadores/as del sector de Restauración Colectiva, con independencia de las consideraciones económicas que lleva aparejada. 147

Se han dictado **diversos pronunciamientos** en los que se cuestiona el convenio colectivo de aplicación a la relación laboral, en base a distintas realidades, vinculadas a las funciones realizadas, a un proceso de subrogación, etc.

La **TS 5-6-25, Rec 148/23** declara que el convenio colectivo aplicable a los **monitores** que prestan servicios en la contrata del servicio de vigilancia del alumnado de nivel obligatorio de enseñanza que acude a los **comedores escolares** de colegios públicos del Principado de Asturias es el CCol estatal del sector laboral de restauración colectiva, rechazando la aplicación del CCol marco estatal del sector de ocio educativo y animación sociocultural. 149

La Sala IV precisa que lo que realmente se suscita es cuál es el **convenio colectivo aplicable**, por incluir en su ámbito de aplicación la actividad realizada por los trabajadores en el seno de la contrata. Con cita de sentencia previa explica que lo que se debate no es si el convenio colectivo del sector de ocio educativo y animación sociocultural es aplicable por ser el primero en el tiempo (ET art.84.1), sino si la actividad realizada por las monitoras de comedor escolar está **incluida en el ámbito de apli-**

cación funcional de uno u otro convenio. La cuestión se resuelve en aplicación del ET art.42.6, esto es, el convenio colectivo que **mejor se adapte**, y en todo caso, incluya la actividad realizada por las personas trabajadoras en el seno de la contrata. Más allá de una referencia marginal y a mayor abundamiento a las actividades «educativas» en el comedor, la actividad de las monitoras de comedor escolar está incluida en el ámbito de aplicación del convenio colectivo de restauración colectiva, puesto que desarrollan exclusivamente **funciones de cuidadora de comedor y patio** consistentes, en esencia: en poner el menaje de las mesas del comedor para los comensales en el momento en el que se sientan en las mesas, cada una de las trabajadoras tiene que servir al número de niños que tiene asignado, yendo a los carros en donde se deja la comida a buscar las soperas o fuentes para servir en cada plato la correspondiente ración, primero, segundo y postre; y cuando se termina la comida, las trabajadoras van recogiendo y limpiando las mesas.

151 En el mismo sentido se pronuncia la **TS 7-7-25, Rec 64/23** que estima que el convenio colectivo aplicable a los trabajadores de la empresa adjudicataria adscritos a la contrata del servicio de vigilancia del alumnado de los comedores de los colegios públicos del Principado de Asturias es el CCol estatal del sector laboral de la restauración colectiva y no el CCol de ocio educativo y animación sociocultural. Se alcanza dicha solución en aplicación del ET art.42.6, porque los trabajadores desempeñan **actividades auxiliares** que complementan el **servicio de restauración** prestado a los alumnos de un comedor escolar y las funciones desarrolladas son subsumibles en el ámbito de ese convenio sectorial, que se corresponde con la actividad desarrollada en la contrata. Sus funciones están vinculadas a la restauración, no a la cultura, ni al ocio, por lo que no están incluidos en el ámbito del CCol de ocio educativo y animación sociocultural.

153 También, en relación con el convenio de aplicación, se pronuncia la **TS 11-6-25, Rec 3/24** que declara que a los **trabajadores** que fueron **subrogados** por la empresa pública TRAGSA, en relación con la jornada semanal, no les es de aplicación el convenio colectivo por el que se venían rigiendo sus relaciones laborales antes de la subrogación, que establecía una jornada semanal de 35 horas, y sí, por el contrario, la L 6/2018 disp.adic.144ª, de Presupuestos Generales del Estado para el año 2018, que **implantó la jornada semanal** de 37,5 horas. Esta normativa es de aplicación a la empresa demandada, dada su naturaleza pública, que fija dicha jornada de 37 horas en el sector público y deja sin efecto todos los convenios colectivos que se opongan a esta previsión. Esta misma solución se alcanza en virtud del principio de jerarquía normativa puesto que en el caso no se produce una concurrencia entre convenios, sino la concurrencia entre la ley y el convenio colectivo.

155 En la **TS 24-6-25, Rec 229/23** se trata de determinar el convenio aplicable cuando existen **dos actividades principales**, comercialización y proyectos, y un servicio central común a ambas actividades, solicitando la parte demandante se declarase el derecho de los trabajadores a la aplicación del XIX CCol estatal del sector de empresas de ingeniería y oficinas de estudios técnicos, argumentando que la actividad principal de la demandada es la ejecución de proyectos, y que la empresa aplicaba de forma desigual **cuatro convenios colectivos distintos** según la actividad, generando disparidades y falta de homogeneidad.

La Sala IV argumenta que la actividad preponderante debe valorarse según la realidad fáctica y no por declaraciones estatutarias o acuerdos administrativos, lo que lleva a entender que, en el momento temporal al que se contrae el litigio, la actividad comercial, por ser estable y originaria, prevalece sobre la variable y temporal actividad de proyectos. Máxime cuando no se combate en el recurso la conclusión fáctica de que la actividad de proyectos es variable e inestable, por lo que la circunstancia de que ocupe a mayor número de trabajadores que la comercial se considera temporal. Asimismo, la aplicación de diferentes convenios es admisible para actividades diferenciadas dentro de la misma empresa, salvo para el personal de servicios centrales que presta servicios a ambas actividades.

La **TS 2-7-25, Rec 4075/23** declara que el CCol de Empresas de Enseñanza Privada sostenidas total o parcialmente con fondos públicos se aplica a todos los centros de trabajo que posea una empresa afectada por el convenio, incluyendo aquellos en que solo se imparta enseñanza infantil y, en consecuencia, el derecho a percibir la paga extraordinaria especial (CCol art.62), cuando se cumplan los requisitos exigidos. Y ello a propósito de la reclamación de la paga extra por cumplir 25 años prestando servicios en la empresa, que está contemplada solo en uno de los dos convenios cuya aplicación aparece como posible. Se **reitera doctrina** sobre la interpretación de los convenios colectivos y determinación del convenio aplicable en función de los criterios de **unidad empresarial y principalidad**. La aplicación a una misma empresa de un solo convenio, coincidente con la actividad preponderante o principalmente desarrollada por la misma, es el criterio mayoritariamente acogido por nuestra jurisprudencia, solución coincidente con la aplicación de las normas hermenéuticas. **157**

Denuncia del convenio: legitimación y caducidad La **TS 12-6-25, Rec 209/23** confirma la desestimación de la demanda, en proceso de conflicto colectivo, en la que se solicita se declare que la denuncia del CCol de Establecimientos de Hospitalización de la provincia de Alicante presentada por ASPE es ineficaz, ya sea por falta de legitimación inicial de los denunciantes ya por caducidad. La Sala IV reitera que la asociación tiene legitimación inicial al ostentar la representatividad exigida, sin que se aprecie error en la valoración de la prueba por haber otorgado **valor a la certificación del secretario general** sobre la representatividad de la asociación en el ámbito del convenio colectivo. **159**

Respecto a la segunda cuestión, se argumenta que el **plazo** máximo de un mes para la **denuncia del convenio**, que en ningún caso es un plazo de caducidad, efectivamente no se ha cumplido, pero ello no ha sido responsabilidad de las asociaciones codemandadas ni tiene el efecto de privar de eficacia a la denuncia del convenio colectivo, inscrita en el Registro de la Dirección Territorial. El plazo máximo de un mes se ha incumplido por la actuación del sindicato actor y de los restantes sindicatos que, convocados reiteradamente para constituir la mesa de negociación por la parte empresarial, ni siquiera respondieron.

Empresa contratista: actividad preponderante La cuestión suscitada en la **TS 23-9-25, Rec 252/23** consiste en determinar el convenio colectivo aplicable en un supuesto en el que la entidad demandada es contratista de Intermediate Delivery SL, siendo el objeto de la contrata la prestación **de los servicios de recogida, traslado y entrega urgente de mensajería y paquetería**. A su vez, esta última empresa es **contratista de Amazon**. No se discute en el recurso que la actividad de la empresa empleadora demandada no está comprendida en el ámbito de aplicación de II Acuerdo General para las empresas de Transporte de Mercancías. Se analiza el ET art.42.6, precisando que no hay que confundir la **actividad preponderante** que realiza la empresa auxiliar empleadora con la **actividad que se desarrolla en una determinada contrata**. Es cierto que ambas **pueden coincidir** y, de hecho, coincidirán en bastantes ocasiones. Pero, cuando no haya esa coincidencia, el mandato legal queda referido al **convenio** que resulte **de aplicación en la actividad subcontratada** que, a su vez, podrá coincidir o no con el aplicable a la empresa principal o comitente. **161**

En el caso no ha quedado acreditado que la empresa demandada tenga convenio propio ni que exista un convenio sectorial que englobe en su seno a las actividades de la empresa auxiliar o contratista, por lo que **lo decisivo** es la determinación de la actividad realmente desarrollada en la contrata, esto es, la real y concreta actividad que realizan los trabajadores de la demandada adscritos a la contrata con Inmediate Delivery SL. Y sobre tal cuestión los hechos probados son claros, en el sentido de revelar que la actividad desarrollada en la contrata es la de recepción y reparto de paquetes llevada a cabo mediante vehículos excluidos del ámbito de aplicación del II Acuerdo General sobre transporte de mercancías. Por todo ello, la aplicación del ET art.42.6 determina que el convenio aplicable sea el del sector de la actividad desarrollada en la contrata, la contrata o subcontrata que está excluida del ámbito de aplicación del II Acuerdo General del transporte de mercancías, por lo que se desestima la demanda.

163 **Integración en la comisión paritaria del sindicato que no firmó el convenio** La **TS 2-7-25, Rec 152/24** confirma la desestimación de la demanda de tutela de la libertad sindical y a la negociación colectiva, rechazando que exista tal vulneración, por no formar parte el sindicato demandante ni participar de la comisión paritaria del CCol para Empresas del Metal sin convenio propio de la provincia de Pontevedra en aquellas cuestiones que tengan carácter negociador. Consta que, en el proceso de **negociación** de dicho convenio, se convoca una reunión que termina con la firma de un **preacuerdo** por todos los integrantes. Tras las correcciones correspondientes, el texto definitivo se envía a la firma y CCOO decide **no firmarlo**, y por ello se le excluye de la comisión paritaria.
La Sala IV sostiene que el preacuerdo se trataba ya del convenio en toda su extensión del que la firma era solo la **culminación del proceso negociador**, de modo que si el sindicato decidió no acudir a la reunión a la que fue citado y no firmarlo obedeció solo a su libre voluntad. Ninguna actuación vulneradora de la libertad sindical se aprecia por parte del resto de sindicatos y representaciones empresariales implicadas en la negociación, sino simplemente la decisión de uno de los sindicatos negociadores de salir de tal negociación en su punto culminante y no firmar el convenio.
Por lo que se refiere a la **exclusión de dicho sindicato** de la comisión paritaria, se recuerda la consolidada **doctrina** que diferencia entre comisiones negociadoras y aplicadoras para concluir que, según la configuración de la comisión en el convenio, se trata de un órgano de interpretación, conciliación y vigilancia de su cumplimiento por lo que su **composición** queda **limitada a las organizaciones firmantes** del convenio. No se atisban por lado alguno las facultades negociadoras que habilitarían la entrada de un sindicato no firmante del convenio en la comisión paritaria, porque solo están legitimadas para integrarse en estas comisiones las partes firmantes del convenio, y la exclusión del sindicato no pactante no viola su derecho a la libertad sindical.

166 **Integración en la mesa negociadora del convenio al comité intercentros** La **TS 22-5-25, Rec 133/23** desestima la demanda de conflicto colectivo en la que se solicitaba la nulidad de la constitución de la mesa negociadora del convenio colectivo de empresa, por no integrar en ella al comité intercentros como parte social. El TS recuerda que, conforme al ET art.63.3, la constitución, competencias y funcionamiento del comité intercentros constituyen **materia reservada** para el **convenio colectivo estatutario** o de eficacia general. En este caso, el convenio aplicable no contempla la constitución de dicho comité, por lo que no existía obligación de incluirlo en la mesa negociadora. Además, el comité intercentros es un órgano representativo de segundo grado, cuyos miembros son designados por los comités de centro y no directamente por los trabajadores, por lo que su creación y participación requieren previsión convencional.

168 **Interpretación de convenios colectivos** La **TS 10-4-25, Rec 31/23**, tras recordar la actual jurisprudencia relativa a la interpretación de los contratos, y alcance de la efectuada en la instancia y la labor del tribunal superior vía recurso en esta materia (consistente en verificar que la exégesis del precepto convencional efectuada por la sentencia recurrida se adecúa a las **reglas de interpretación** que se derivan del CC art.3 y 128 s.) concluye que en el presente caso la interpretación de la Sala de instancia no se cohonesta con las previsiones de la norma legal, ni tampoco con los términos reseñados en la jurisprudencia. Existe un pacto entre las partes que acuerda unas **prestaciones específicas** en materia de ayuda escolar para el curso escolar 20/21, que sustituye a las previsiones del convenio colectivo aplicable, cuestionándose si deben mantenerse para el siguiente curso, dado que no existe referencia alguna al curso 21/22. La **interpretación literal y sistemática** implica que, la inexistencia de previsiones en la materia para el año 2022 debe tener como consecuencia la aplicación del propio pacto, máxime cuando está previsto que su vigencia se mantendrá

hasta que el nuevo convenio -en trámite de negociación- sea firmado por las partes. En conclusión, se reconoce el derecho de las personas incluidas en el ámbito de aplicación del pacto anterior al percibo de las ayudas en discusión.

Legitimación de la asociación empresarial para formar parte de la mesa negociadora En la **TS 24-9-25, Rec 67/24**, el tema planteado consiste en determinar si la asociación patronal demandante tenía **derecho a formar parte de la mesa negociadora** del CCol del sector del Comercio de Catalunya para subsectores y empresas sin convenio propio, lo cual implica la consideración de su eventual legitimación a tal efecto, incluido el aspecto relativo al momento de acreditarla. Para resolver la cuestión, se reitera **jurisprudencia** que analiza la **legitimación para negociar un convenio colectivo** y que incluye tres niveles distintos -la inicial, la plena y la negociadora-, así como los criterios sobre acreditación de dicha legitimación en el caso de asociaciones empresariales. Dadas las dificultades adicionales que presentan las asociaciones empresariales para acreditar su implantación y nivel de representación, jurisprudencialmente se reconocen **dos presunciones** como instrumentos de validación de la legitimación de las asociaciones empresariales: 170

- La primera, entender que tal requisito se entiende cumplido iuris tantum en los convenios colectivos que han superado el control administrativo de regularidad previsto en el ET art.90.5.
- La segunda, conferir la misma presunción en el caso de que exista un reconocimiento mutuo de legitimidad entre todos los interlocutores, sindicales y patronales.

En el caso analizado, tales presunciones **no resultan aplicables**, partiendo de que la **legitimación** necesaria para forma parte de la mesa negociadora de un convenio debe **existir y probarse al inicio** de las negociaciones, esto es, cuando se constituye la mesa negociadora. No se acredita la concurrencia directa de legitimación inicial ni de la plena a tales efectos. Así, se intenta hacer valer el apoderamiento de otra patronal (Foment del Treball Nacional), pero la obligada prueba de tal circunstancia se produjo con posterioridad al momento en que debe acreditarse. En definitiva, como la patronal demandante no acreditó al momento de la constitución de la mesa negociadora la legitimación para participar en la misma, ni directamente en función de su propia implantación y representatividad ni por representación o apoderamiento, no podía imponer su presencia en la misma.

Negativa de la patronal a la constitución de la mesa negociadora del convenio colectivo Especial relevancia presenta la **TS 7-5-25, Rec 44/23**, dictada en Pleno, que declara que la negativa de la patronal representativa, Confebask, a constituir la mesa de negociación del convenio colectivo del **sector de las personas trabajadoras del hogar** para el ámbito de la Comunidad Autónoma del País Vasco no constituye una conducta vulneradora del derecho a la libertad sindical de ELA, en su vertiente de derecho a la negociación colectiva, ya que este no ha acreditado los requisitos de legitimación inherentes a quien promueve la negociación. 173

La Sala IV precisa que la regulación de la relación laboral de carácter especial del servicio de hogar familiar, al tiempo de presentación de la demanda, es el RD 1620/2011 (posteriormente modificado por el RDL 16/2022 art.5). Esta normativa, ni en su redacción inicial ni en la actualidad contiene previsión alguna respecto de los **derechos colectivos** de las personas incluidas en su ámbito de aplicación. Sin embargo, ello no quiere decir que los trabajadores afectados estén privados de los derechos colectivos que la Constitución y la legislación ordinaria establecen para todos los trabajadores.

Hechas estas precisiones, se examina si existe una obligación de negociar (al amparo del ET art.89.1) que determina que la parte receptora que reciba una solicitud de negociación de convenio colectivo solo podrá negarse a la iniciación de las negociaciones por causa legal o convencionalmente establecida o cuando no se trate de revisar un convenio ya vencido, sin perjuicio de lo establecido en el ET art.83 y 84. Se ha considerado como **causa excluyente del deber de negociar** tanto la falta de legitimación de la parte promotora como la falta de legitimación de la receptora. Resulta que de los hechos probados no se desprende que la actora, por sí sola o junto con

ESK, tuvieran la legitimación que exige el ET art.88.1, ni hay constancia de que el resto de los sindicatos se hubieran adherido. Por tanto, la acreditada negativa de Confebask **no constituye** una vulneración de la libertad sindical, en su vertiente de derecho a la negociación colectiva, de quien no acreditó en ningún momento tener legitimación para promover la negociación y, con ello, activar el deber de negociar de la contraparte, que es a lo que achaca la asociación recurrente la vulneración denunciada. En todo caso, se pone de relieve que ni se niega el derecho del personal al servicio de hogar familiar a que sus relaciones laborales puedan ser reguladas por convenio colectivo ni se niega el indudable interés sindical para promover algún tipo de negociación colectiva al respecto.

176 **Negociación extraestatutaria** Un supuesto especial se regula en la **TS 4-6-25, Rec 89/23**, relacionado con el alcance de la negociación de los **pactos extraestatutarios**. Consta que, tras varios años de negociación, sin éxito, entre USO-SITCPLA y la empresa para lograr un convenio respecto de los Tripulantes de cabina de pasajeros, un colectivo de trabajadores que no ha celebrado elecciones sindicales, Ryanair comienza en paralelo una negociación con CCOO, alcanzando acuerdo extraestatutario que se impugna por varios sindicatos, al considerarlo vulnerador de la libertad sindical.

La Sala IV estima en parte las demandas formuladas, y declara que Ryanair y CCOO han **vulnerado el derecho de libertad sindical** de los sindicatos demandantes por la inclusión de una cláusula en dichos pactos que **limitaba su eficacia a los afiliados** a CCOO, sin permitir la libre adhesión si no es afiliándose previamente a este sindicato. Esta cláusula en la que se «potencia» la afiliación a ese sindicato, como medio para poderse adscribir al pacto extraestatutario, constituye un supuesto claro de **desigualdad** proscrita por nuestro marco protector de la libertad sindical.

Sin embargo, se desestima la otra denuncia en la que se alegaba que la empresa había vulnerado su libertad sindical en la vertiente de negociación colectiva al suscribir, en paralelo a la negociación que ellos mantenían desde 2019, varios pactos extraestatutarios con CCOO. La postura de nuestra jurisprudencia refleja una **priorización** de la **libertad de contratación** del empleador y la **autonomía de las partes negociadoras** en el contexto de los pactos extraestatutarios. Si estos pactos estuvieran sujetos a las mismas reglas de convocatoria obligatoria que los convenios estatutarios, se difuminarían las líneas entre ambos tipos de acuerdos y se podría menoscabar la flexibilidad que se pretende ofrecer con los pactos extraestatutarios. Por ello, la empresa no está obligada a convocar a todos los sindicatos a la negociación extraestatutaria. Eso sí, los sindicatos excluidos conservan su derecho a negociar por separado con el empleador sus propios pactos extraestatutarios o a utilizar otros medios para defender los intereses de sus afiliados.

179 **Pactos individuales que modifican lo acordado en negociación colectiva** La **TS 21-5-25, Rec 138/23** analiza un supuesto de **modificación**, por parte de la empresa, del **sistema de retribución de los días festivos**, sustituyendo unilateralmente el coeficiente previsto en Acta de la comisión paritaria por una nueva fórmula para un grupo concreto de trabajadores, anteriormente contratados temporales y ahora reconvertidos en contratos fijos a tiempo parcial, mediante la suscripción de cláusulas individuales en sus contratos. Se declara que no es admisible que, a través de pactos individuales, se pueda modificar lo acordado a través de la negociación colectiva, pues no es posible vaciar la negociación colectiva y sustituir lo acordado por sus protagonistas por pactos individuales numerosos con los trabajadores. Al efecto, se recuerda que el **recurso a acuerdos individuales en masa** que sustituyen el contenido de la negociación colectiva resulta jurídicamente inaceptable y es socialmente regresivo. Permitir que acuerdos individuales suplanten o neutralicen convenios colectivos supone erosionar el núcleo esencial del Derecho laboral en su función tuitiva. La negociación colectiva tiene una dimensión constitucional e institucional de interés general, que impide su desnaturalización mediante pactos atomizados que sirven para **eludir derechos colectivos** mínimos.

Pérdida de vigencia: tablas salariales Se plantea en la **TS 26-3-25, Rec 86/23** si resulta aplicable el CCol grupo Kalise Menorquina SL disp.trans.1ª, una vez ha perdido vigencia el mismo o, por el contrario, perviven las dos tablas salariales que la referida norma convencional establece en función de la **antigüedad de los trabajadores** de la empresa, superior o no a los 5 años. 181

Se confirma la estimación de la demanda declarando que, con efectos de 1-1-2020, la tabla salarial aplicable a la totalidad de la plantilla del Grupo Kalise SA será la contemplada en el CCol Anexo I. En este caso, el convenio colectivo de empresa en su disp.trans.1ª establece precisamente las **consecuencias de la pérdida de vigencia** de este en orden a suprimir la **doble tabla** o escala salarial en cuestión. En concreto, previó en primer lugar que las partes negociaran unas nuevas tablas salariales y, en caso de no alcanzar acuerdo y, una vez transcurrido el plazo de un año de prórroga de vigencia del convenio (lo que aquí acontece), dejarían de estar vigentes las tablas salariales del Anexo II, pasando el personal adscrito a las mismas a percibir los **importes** señalados en las **tablas del Anexo I**. De este modo, la empresa está obligada a cumplir con el mandato convencional de suprimir la doble tabla salarial, por aplicación de la disp.trans.1ª, una vez que se cumplen las previsiones de esta y, de existir contractualización, la misma también afectaría a la disp.trans.1ª del Convenio.

Prioridad aplicativa del convenio de empresa La **TS 23-4-25, Rec 102/23** confirma que son de aplicación las tablas salariales y la jornada anual (1.592 horas), a partir de 2022, establecidas en el CCol sectorial de intervención social de la provincia de Gipuzkoa con prioridad al CCol de la empresa Cruz Roja, una vez este último ha sido denunciado y **ha perdido su vigencia expresa**, siendo el mismo anterior a la entrada en vigor del RDL 32/2021. Esta declaración se justifica en que así lo exige el ET art.84.2 en relación al art.86, teniendo en cuenta el RDL 32/2021 disp.trans.6ª y 7ª. De conformidad al RDL 32/2021 disp.trans.7ª, el **convenio de empresa**, pese a su denuncia, la cual es anterior a la entrada en vigor del citado RDL, ha permanecido en **ultraactividad**, pero en los términos del nuevo y reformado ET art.86.3. Además, según el RDL 32/2021 disp.trans.6ª, la **aplicación prioritaria del convenio sectorial** sobre el de empresa en materia de salario exige que se cumplan dos condiciones: una, que el convenio de empresa fuera suscrito y publicado antes de la entrada en vigor del RDL 32/2021 y, dos, que haya perdido su vigencia expresa, circunstancias que concurren en el caso analizado. 183

En definitiva, la modificación operada en el ET art.84.2, que estableció que el convenio de empresa no tiene prioridad aplicativa en materia salarial sobre el convenio sectorial, determina que en esa concreta materia resulte aplicable el convenio, al tratarse el convenio de empresa de la Cruz Roja de un convenio publicado antes de la entrada en vigor del RDL 32/2021 (31-12-2021) y que ha perdido su vigencia expresa y, ello a partir de la entrada en vigor del RDL 32/2021.

Vigencia, prórroga y ultraactividad de los convenios Es interesante la **TS 17-6-25, Rec 232/23** que analiza las conexiones entre vigencia, prórroga y ultraactividad de los convenios colectivos, reiterando doctrina previa, y ello en relación con la impugnación del II Acuerdo Marco de Hostelería de la Comunidad Autónoma del País Vasco –II AMHCAPV– y con la posible concurrencia temporal prohibida con el Acuerdo Laboral de Hostelería estatal y con el CCol Marco de Restauración Colectiva, al considerar la parte, en esencia, que aquel **invade materias** que estos dos últimos habían reservado al «nivel estatal». 185

Razona la Sala IV que un convenio colectivo, durante su vigencia, no podrá ser afectado por **convenios de ámbito distinto**, salvo las excepciones hoy en día legalmente establecidas (básicamente: pacto en contrario, existencia de pacto de estructura según el ET art.82.3 y prioridad aplicativa limitada de los convenios de empresa), pero la mencionada prohibición está restringida a la vigencia del convenio, lo que significa que ese es el elemento clave para posibilitar el cambio de la unidad de negociación. Además, se matiza que el convenio de ámbito inferior no podrá invadir el de ámbito superior mientras este siga vigente, e incluso tampoco después de agotarse su vigencia si estuviera negociándose. En aplicación de dicha doctrina y analizando la concurrencia temporal, consta que, pese a existir una denuncia, el V ALEH nunca estuvo en ultraactividad, porque su prórroga tuvo lugar antes de la pérdida de vigencia. Y exactamente lo mismo es predicable del ACM-RC. Por tanto, estando ambos en situación de perfecta vigencia cuando se pacta el II ACHCAPV, y en tanto fija una **estructura de negociación** colectiva existiendo «pacto en contrario», concurre temporalmente de forma prohibida con el Acuerdo Marco estatal. Por ello se declara la inaplicabilidad del II AMHCAPV tanto para el sector de hostelería como para el de restauración colectiva por concurrencia temporal prohibida.

187 Vinculada a esta materia se pronuncia la **TS 3-7-25, Rec 174/23**, que confirma la desestimación de la demanda, al entender que las patronales codemandadas no han vulnerado la libertad sindical de los sindicatos LAB y ELA en su negativa de acceder a la constitución de la mesa de negociación del I CCol del sector de restauración colectiva para el ámbito de la Comunidad Autónoma del País Vasco. Y ello porque están vigentes –**prorrogados**– tanto el Acuerdo Laboral Estatal para la Hostelería como el CCol estatal del sector laboral de restauración colectiva, y no en situación de ultraactividad.

La Sala IV reitera que la vigencia de un convenio colectivo depende no solo de su denuncia, sino también de la duración pactada. En los casos de **concurrencia de convenios**, ambos permanecen vigentes y válidos, pero solo es aplicable el anterior en su ámbito propio en tanto dure su vigencia, para pasar a ocupar su lugar el nuevo cuando aquél pierda la vigencia pactada. Al haberse prorrogado los acuerdos estatales en el ámbito en el que se plantea el litigio, los acuerdos de prórroga no dan lugar a nuevos acuerdos, sino que mantienen la vigencia de los convenios colectivos en cuestión, tratándose de los mismos convenios, pero prorrogados, lo que determina que, por razones de **prioridad temporal**, prevalezcan sobre los posteriores.

4. Derecho a la igualdad: discriminación

195

197 **Desigualdad retributiva: trabajadores fijos discontinuos a tiempo completo y a tiempo parcial** La **TS 12-11-25, Rec 101/24** confirma la nulidad de determinados preceptos del XXII CCol del personal de tierra de Iberia Líneas Aéreas de España, SA, Operadora S. Unipersonal, que **reservan** a los trabajadores fijos discontinuos a tiempo completo el denominado «plus de trabajadores fijos discontinuos» y **excluye** de ese derecho a los trabajadores fijos discontinuos a tiempo parcial, sin aplicar ni siquiera el principio pro rata temporis.

La Sala IV analiza el derecho a la igualdad entre los derechos de los trabajadores a tiempo parcial y los trabajadores a tiempo completo, recogido en la Dir 97/81/CE y en el ET art.14.2.d, así como diversas sentencias del TJUE, que han tenido su reflejo en la TS 23-7-25, Rec 154/23. Constatada la existencia de una **diferencia de trato de naturaleza salarial** entre trabajadores fijos discontinuos que son considerados a tiempo completo y trabajadores fijos discontinuos considerados a tiempo parcial, corresponde a la parte que sostiene la licitud de tal diferencia de trato la aportación de una **justificación objetiva y proporcionada** de la misma, que debe fundarse en elementos precisos y concretos que caractericen la condición de empleo de que se trate, a fin de verificar, con arreglo a criterios objetivos y transparentes, que la desigualdad responde a una necesidad auténtica, que permita alcanzar el objetivo perseguido y resulte indispensable al efecto. En el caso, la alegación de la empresa recurrente sobre la **justificación del trato desigual** no se acoge, puesto que constituyen elementos justificativos las diferencias entre ambos en el número de horas trabajadas o número de horas de descanso, que no son sino una mera consecuencia de la diferencia entre tiempo completo y tiempo parcial y solamente pueden justificar la aplicación del principio pro rata temporis a las diferencias de jornada y descansos entre ambos.

En todo caso, no se establece que el citado complemento salarial haya de percibirse en su integridad por los trabajadores fijos discontinuos a tiempo parcial, sino que se limita a describir la configuración que el convenio colectivo impugnado hace del indicado complemento salarial y que, comparada con la normativa y doctrina que cita, resultaría contrario a Derecho, precisamente porque solamente se contempla en el convenio que lo perciban los trabajadores fijos discontinuos a tiempo completo sin prever su aplicación proporcional a los trabajadores fijos discontinuos a tiempo parcial.

Fusión por absorción: cheque comida La **TS 16-9-25, Rec 249/23** declara, en el ámbito de una fusión por absorción de INSA acordada por Acuerdo del Consejo de Ministros, que vulnera el principio de igualdad (Const art.14) la **diferencia en el importe del cheque comida** abonado por la empresa demandada a los **trabajadores directamente contratados** por ella, como condición más beneficiosa, frente al abonado a los **trabajadores subrogados** de INSA. No es controvertido que el cheque comida que abona ISDEFE al personal directamente contratado por ella, por importe de 10 €, de lunes a viernes, es una **condición más beneficiosa**. Los trabajadores de INSA disfrutaban también de una condición más beneficiosa por el mismo concepto de cheque comida, por importe de 6 €, de lunes a jueves. Las **situaciones subjetivas** a comparar son, efectivamente, **homogéneas o equiparables**, y frente a ella, el trato es diferente. **200**

Aunque se trate de una condición más beneficiosa, lo cierto es que la empleadora es una **empresa del sector público**, por lo que sus relaciones jurídicas no se rigen precisamente por el principio de la autonomía de la voluntad, sino que lo mismo debe actuar con sometimiento pleno a la ley y al Derecho (Const art.103.1), con una interdicción expresa de arbitrariedad (Const art.9.3), quedando vedados la utilización de elementos de diferenciación que quepa calificar de arbitrarios o carentes de una justificación razonable. En el presente caso, no se acredita la existencia de circunstancia alguna que pudiere valorarse como una justificación objetiva y razonable de la diferencia de trato entre unos y otros trabajadores. El solo hecho de que se hubiera integrado en su plantilla el personal de INSA, tras la fusión en el año 2012, con la consiguiente aplicación del ET art.44, que determinó el mantenimiento de la CMB que INSA tenía con sus trabajadores en relación al mismo concepto (cheque comida), pero en diferentes condiciones, no justifica de ninguna manera que se haya mantenido ese diferente tratamiento en la cobertura del concepto de cheque comida después de los años transcurridos. Teniendo en cuenta, además, que todos los trabajadores de ISDEFE se encuentran ya sometidos al **mismo convenio colectivo** desde el año 2013. De este modo, la diferencia resulta artificiosa e injustificada, por cuanto se sustenta exclusivamente en el hecho de que estos trabajadores provenían de la anterior empresa fusionada, al punto, incluso, de que los nuevos contratados por ISDEFE tras la fusión tendrían derecho a ese importe superior para cubrir una misma necesidad básica que, no olvidemos, es la de la comida y el importe que se destina al gasto devengado por la misma.

Igualdad de trato entre trabajadores temporales y fijos: reducción de jornada por razón de edad La **TS 11-6-25, Rec 2/24** aborda la reiterada problemática jurídica que suscita la desigualdad de trato entre trabajadores fijos y temporales, personal docente y educativo, en el caso en relación con la actuación de la **203**

empleadora (Departamento Educación Gobierno Vasco), consistente en regular únicamente para el personal fijo el derecho a la reducción de jornada por razón de edad recogido en el CCol art.51, con exclusión de los trabajadores temporales o indefinidos no fijos.
La Sala IV confirma la estimación de la demanda, recordando que cualquier diferencia de trato entre trabajadores temporales y fijos debe estar fundada en **razones objetivas, razonables y proporcionadas**, que en el caso no se han acreditado en los términos exigidos. Así, la alegada dificultad que comporta la aplicación de la reducción de jornada por edad al personal temporal, por la mayor imprevisibilidad de su composición en cada curso escolar, no es justificación suficiente de la diferencia de trato hasta el punto de excusar el cumplimiento de esa obligación con los contratados temporales y aplicarla únicamente a los fijos. Estos problemas deben solucionarse con la adecuada **anticipación de los procesos de selección y programación** en cada anualidad, pero no puede hacerse valer como causa objetiva y razonable que justifique una desigualdad como la ahora examinada. Admitir lo contrario supondría tanto como convalidar una ilícita desigualdad de trato, con base a las mayores o menores dificultades organizativas de la actividad empresarial. Además, el convenio colectivo no contempla ninguna singularidad para estos trabajadores temporales y la planificación escolar debe adaptarse para garantizar la igualdad de derechos. En definitiva, la modalidad contractual no puede justificar un trato desigual que perjudique a los temporales, correspondiendo a la empleadora organizar los procesos de selección y adjudicación con la antelación necesaria para aplicar la reducción de jornada a todos los trabajadores.

206 **Igualdad retributiva** La **TS 1-4-25, Rec 153/23**, dictada en proceso de impugnación de convenio, decreta la nulidad parcial del V CCol general del sector de servicios de asistencia en tierra en aeropuertos art.28 y 35. Se aprecia discriminación en el **reconocimiento de los pluses** de jornada irregular, de turnicidad/flexibilidad/disponibilidad y FTP sólo al personal fijo, dado que no concurre justificación objetiva alguna, para que no se aplique al **personal con contrato de duración determinada**. Nada impide que este colectivo pueda tener una jornada irregular que genere la percepción del plus correspondiente, o que desarrolle su actividad en régimen de turnos programados por la empresa, ni que realicen una jornada a tiempo parcial.
Igualmente, la limitación de la percepción del plus FTP a los **trabajadores a tiempo parcial** se considera discriminatoria en relación a los trabajadores a tiempo completo. Este plus retribuye el sometimiento a las **variaciones de jornada y horario** propias de la jornada a tiempo parcial. Si un trabajador a tiempo completo es sometido a estas variaciones debe tener el mismo tratamiento y, por tanto, el derecho a percibir el plus, pues no se aprecia tampoco una justificación objetiva para el trato diferente.

208 **Inaplicación de la mejora de IT al personal contratado a partir de 2023**
La **TS 2-7-25, Rec 71/24** desestima la demanda de conflicto colectivo con objeto de que se declare contraria a derecho la decisión empresarial de excluir de la mejora a la prestación por IT, hasta alcanzar el 100% del salario real desde el primer día de la baja, al personal contratado a partir de marzo de 2023, y se declare el derecho del conjunto de la plantilla, sin exclusión por razón de antigüedad, a percibir dicho complemento. Esta mejora de prestación de IT está reconocida como **condición más beneficiosa**, por encima de convenio colectivo. Se estima que la decisión de la empresa de no aplicar esa mejora al personal de nuevo ingreso, contratado a partir de 2023, es ajustada a derecho y no infringe el principio de igualdad, ex Const art.14. La mejora es una condición más beneficiosa que quedó incorporada al nexo contractual de aquellas personas trabajadoras que la venían disfrutando, por lo que solo el colectivo protegido por la condición más beneficiosa es el que la ha adquirido y al único al que le es aplicable incorporándose al nexo contractual. La **fecha de ingreso o admisión** en la empresa como determinante del mantenimiento de dicha mejora no supone un motivo genérico de discriminación o una circunstancia vulneradora del principio de igualdad, sino una **manifestación del principio de autonomía de la voluntad** de las partes y del respeto al principio del poder de organización empresa-

rial. No queda acreditada que la diferencia por la fecha de ingreso fuera irracional, caprichosa o arbitraria, criterios que han de tenerse en cuenta también cuando las decisiones son el resultado de la autonomía de la voluntad.

Incentivo de mejora para combatir el absentismo Especial relevancia presenta la **TS 20-1-25, Rec 99/24** dictada en un procedimiento de impugnación de convenio colectivo que desestima la petición de nulidad parcial de la regulación del incentivo de mejora establecido en el CCol Verallia Spain SA (fábricas) suscrito el 20-5-2022, al entender que no es discriminatoria por enfermedad, por razón de sexo ni por asociación por razón de enfermedad. Se trata de un **complemento salarial** que pretende **aumentar la productividad**, mejorar la calidad y combatir el absentismo a través de una retribución mensual cuyo importe depende de unos objetivos de productividad y calidad del centro de trabajo, así como del número de ausencias individuales de cada trabajador, calculado en la forma indicada disminuyendo progresivamente en función del número de horas de ausencia. **Combatir el absentismo** es una causa lícita que pretende afrontar un grave problema, lo que sucede es que se debe efectuar sin vulnerar la Constitución, ni la L 15/2022, ni la LO 3/2007. Ello significa que las **ausencias que pueden computarse** a estos efectos no pueden estar causadas ni por enfermedad, ni por las medidas de conciliación de la vida familiar y laboral, ni tampoco deben causar discriminación por asociación. Sí que podrán computarse las ausencias injustificadas, así como las ausencias debidas a permisos que no constituyan una discriminación prohibida. 210

En el caso, la **regulación de este incentivo** de mejora únicamente excluye expresamente del cómputo del absentismo:

a) Los permisos retribuidos por fallecimiento de cónyuge, padre, madre o hijos del trabajador.

b) Las vacaciones, diferencias horarias y licencias sindicales.

La Sala IV sostiene que no procede declarar la nulidad del CCol art.49, porque es lícito establecer un plus salarial para combatir el absentismo que tenga en cuenta las ausencias al trabajo no justificadas o que no constituyan uno de los factores de discriminación prohibidos, sin perjuicio de que, al interpretar y aplicar ese precepto, además de las ausencias que se mencionan expresamente en el convenio colectivo (permisos por fallecimiento de cónyuge...) se excluyan también las que son discriminatorias. En definitiva, no anula parcialmente dicho precepto porque existe una **interpretación posible de la norma colectiva**, cohonestándolo con la Constitución, con la L 15/2022 y con la LO 3/2007. Si se produce un comportamiento antijurídico de la empresa al interpretar y aplicar ese convenio colectivo, se podrá formular la correspondiente demanda por los trámites del procedimiento de conflicto colectivo.

Profesores asociados: evaluación docente y complemento específico por méritos docentes La **TS 3-7-25, Rec 201/23** reconoció, entre otros extremos, el derecho de los profesores asociados de la Universidad de Zaragoza a la evaluación de su actividad docente a efectos del componente del complemento específico por méritos docentes. 213

La Sala argumentó que el profesorado asociado es contratado precisamente para la realización de labores docentes, aunque su dedicación sea a tiempo parcial, de modo que la naturaleza de las tareas es la misma que la del personal docente a tiempo completo y lleva ínsita la labor investigadora. La equiparación que el Acuerdo 16-12-2022, sobre mejoras retributivas del personal docente investigador (PDI) laboral, había realizado en relación al **complemento específico y** al **componente de méritos docentes** entre el personal funcionario a tiempo completo y el personal laboral a tiempo completo, debe extenderse al **profesorado asociado** con dedicación **a tiempo parcial**. Además, no se invocan razones objetivas ni si dicha desigualdad responde a una necesidad auténtica que justifique la diferencia de trato entre personal docente a tiempo completo y a tiempo parcial, siendo que esta desigualdad no puede ampararse en el hecho de que una norma nacional general y abstracta lo prevea, tanto más cuanto los funcionarios con dedicación a tiempo parcial, conforme al propio RD 1086/1989 art.2.3.c, pueden **someter a evaluación** la actividad docente realizada, tanto en el caso de que su régimen sea el de dedicación a tiempo completo como si lo ha sido a tiempo parcial, una vez obtenido una actividad docente equivalente a 5 años.

215 En el mismo sentido, la **TS 23-7-25, Rec 154/23**, dictada en Pleno, declara que el personal docente e investigador (PDI) laboral no permanente a tiempo parcial de las Universidades públicas de la Comunidad Autónoma de Madrid tiene derecho a que su actividad docente se someta a una evaluación ante su Universidad cada 5 años (quinquenios) sin aplicar coeficiente de parcialidad alguno y, en caso de superar favorablemente la evaluación, a devengar el componente por méritos docentes, que está integrado en el complemento específico, en cuantía proporcional al tiempo de prestación de servicios, en los mismos términos que el personal docente e investigador laboral a tiempo completo, ya sea indefinido o temporal. Este conflicto colectivo afecta a los profesores asociados de esas universidades, teniendo en cuenta que cuando se interpuso la demanda, los únicos profesores universitarios laborales temporales a tiempo parcial eran los profesores asociados. Se trata de trabajadores que prestan servicios en **régimen de pluriempleo o de pluriactividad**; ejercen su actividad principal fuera del ámbito universitario y con posterioridad al dictado de la sentencia recurrida entró en vigor la LO 2/2023 art.79.c, del Sistema Universitario, que establece que el contrato de los profesores asociados «será de carácter indefinido».

La Sala IV, tras rechazar las excepciones procesales planteadas, efectúa un interesante y completo análisis de la diversa normativa de aplicación, reiterando que el profesor asociado, por su propia naturaleza, presta servicios a tiempo parcial, recordando que el derecho a la **igualdad entre los trabajadores a tiempo parcial y** los trabajadores **a tiempo completo** está contemplado en la Dir 97/81/CE y en el ET art.14.2.d, recogiendo diversos pronunciamientos del TJUE, de la Sala IV y de la Sala III. Concluye que el PDI laboral a tiempo parcial de las Universidades públicas de Madrid tiene derecho a percibir el componente por méritos docentes cuando supera la evaluación docente, en proporción a su jornada. Las **razones** son las siguientes:

1. El PDI con contrato laboral a tiempo completo es un trabajador comparable a los presentes efectos respecto del PDI con contrato laboral a tiempo parcial.

2. Se discute el abono de un complemento salarial vinculado a la calidad de la docencia, que tiene en cuenta la docencia impartida, en función del esfuerzo personal. Si la evaluación de la actividad docente es positiva, deben percibir ese componente en cuantía proporcional a su jornada de trabajo.

3. El componente por méritos docentes no está vinculado al puesto de trabajo sino a la docencia.

4. Las convocatorias públicas de cinco de las Universidades demandadas establecen que el PDI laboral a tiempo parcial tiene derecho a la evaluación quinquenal, aunque sujeta a un coeficiente de parcialidad. Cuando un profesor asociado acredita la calidad docente que justifica el reconocimiento de un quinquenio, debe devengar el componente por méritos docentes, que tiene la naturaleza de complemento de calidad.

5. El pluriempleo o la pluriactividad de los profesores asociados, que ejercen su actividad principal fuera del ámbito universitario, no debe impedir que, si su docencia alcanza el nivel exigido, devenguen este complemento de calidad porque lo que se retribuye es su trabajo realizado en la Universidad, siendo irrelevante a estos efectos que también desarrollen una actividad por cuenta propia o ajena fuera de la misma.

Finalmente, se establece que el **principio de proporcionalidad** debe operar respecto de la cuantía del componente por méritos docentes, que debe ser proporcional al tiempo de prestación de servicios. Si un profesor asociado presta servicios con la mitad de jornada que un profesor a tiempo completo, el componente por méritos docentes deberá abonarse en la mitad de la cuantía que aquél. Por ello, la aplicación del coeficiente de parcialidad de 0,5 en las evaluaciones docentes del PDI laboral a tiempo parcial vulnera la prohibición de discriminación de los trabajadores a tiempo parcial.

Reserva de la oferta de empleo público a personas con discapacidad 218
La **TS 20-5-25, Rec 248/23** estima la demanda de conflicto colectivo y declara que Corporación Radio Televisión Española (CRTVE) tiene la **obligación de reservar**, en el conjunto de las ofertas de empleo público, el 7% de las plazas para personas con discapacidad. Para ello, parte de que CRTVE es una empresa mercantil del sector público estatal, a la que, en atención a lo dispuesto en la EBEP disp.adic.1ª, se le aplican los principios del EBEP art.55 del mismo texto. Por tal razón, en cumplimiento del EBEP art.59, se establece dicha obligación y no la de reservar el 2% previsto en la Ley General de Derechos de las Personas con Discapacidad (RDLeg 1/2013). Esta norma anterior cede en su aplicabilidad a la mayor protección que otorga el EBEP posterior, sin que entre en contradicción con su convenio colectivo, que se refiere a la legislación vigente, y con apoyo en la Const art.47.

5. Derecho de huelga

225

Calificación de la conducta empresarial: incumplimiento de servicios mínimos 227 La **TS 12-11-25, Rec 73/24** mantiene la condena a Ryanair DAC por vulneración de la libertad sindical de los sindicatos convocantes de la huelga del año 2022, incluida la indemnización por dicha vulneración, con absolución de las otras dos codemandadas. En relación con la **vulneración del derecho de huelga**, el relato histórico evidencia la gravedad de las conductas llevadas a cabo por Ryanair DAC, que cambió reiteradamente los vuelos protegidos, sin que pudiera corroborarse que el nuevo vuelo asignado formaba parte de los servicios mínimos, incluso en periodos de descanso de la tripulación o en periodo de vacación; incurrió en **esquirolaje**, empleando a trabajadores de otros países para sustituir a los huelguistas; **y utilizó abusivamente el poder empresarial**, cambiando la operativa de la compañía para **minimizar los efectos de la huelga**, lo que incluyó el aumento de los TCP de guardia y la disminución de las guardias en casa y en el aeropuerto. lo que entraña una vulneración del derecho de huelga y libertad sindical. Por lo que se refiere al importe de la **indemnización por daños morales**, que la empresa considera abusivo, no tiene favorable acogida, puesto que no puede considerarse desorbitada, injusta, desproporcionada ni irrazonable, vista la gravedad de la conducta.

En la **TS 16-9-25, Rec 245/23** se analiza la aplicación de servicios mínimos en la 229
huelga convocada los días 7 y 11-11-2022, dado que la demandada configuró el día 7 de noviembre, con composición doble, dos trenes que cubrían el trayecto A Coruña-Vigo y viceversa, cuando habitualmente dichos trenes funcionan con composición sencilla. Ello implicó que en tales trenes se ofrecieran el doble de las plazas que se ofertaban habitualmente.

La Sala IV declara la vulneración del derecho de huelga por **utilización abusiva del poder de dirección**, ya que la decisión empresarial excedió de los límites derivados de los servicios mínimos fijados, afectando, decisivamente, al ejercicio regular del derecho de huelga. Este uso abusivo, no empleando significativamente más trabajadores de los habituales, sino doblando la composición de los trenes autorizados para la realización de los servicios mínimos, que implicaba doblar en los mismos las plazas ofertadas a los pasajeros, atendiendo al número de plazas de que disponían los pasajeros habitualmente, excedía de los mínimos del 65% autorizados administrativamente. Con esta actitud, no solo se burlaban las medidas establecidas por la autoridad administrativa para garantizar los servicios esenciales, provocando con ello una desproporción entre los derechos afectados, incidiendo negativamente en el derecho fundamental reclamado, sino que también se diluían los **efectos de la huelga**, disminuyendo sus consecuencias para la ciudadanía y provocando un menor impacto social, lo que afectó, decisivamente, al pleno y correcto ejercicio del derecho de huelga. Asimismo, la indemnización fijada se considera pertinente y adecuada.

231 **Cambio en el convenio de aplicación, tras convocatoria de huelga, en el marco de un proceso de negociación** En la **TS 23-6-25, Rec 223/23**, en el ámbito de un conflicto colectivo, en el sector de pilotos de helicópteros, se cuestiona si, tras una **división de los activos y trabajadores** de la empresa, con **posterior venta** de la ahora demandada, la decisión empresarial unilateral de aplicar el convenio colectivo sectorial en lugar del convenio colectivo de empresa, que se estaba negociando durante todo el proceso relatado, es adecuada a derecho. Y también si dicha decisión empresarial vulnera el derecho a la libertad sindical, al ser un **acto de represalia** por la huelga de los trabajadores, así como el derecho de huelga.
La Sala IV declara la nulidad de la medida por vulneración del derecho de huelga. Se desestima la infracción del ET art.44, puesto que ha existido un pacto, tras la sucesión empresarial, entre empresa y RLT para mantener la aplicación del convenio colectivo de empresa y negociar su renovación. Tampoco se aprecia la vulneración del ET art.41, pues ni se trata de MSCT por causas ETOP ni del descuelgue en la aplicación de un determinado convenio colectivo, sino de la sustitución del convenio colectivo que venía siendo aplicado por otro nuevo decidido por la empresa.
Por el contrario, se aprecia la vulneración del derecho de huelga (Const art.28.2), en conexión con la vulneración del derecho a la garantía de indemnidad (Const art.24). Es concluyente la circunstancia de que se haya estado negociando durante varios años la renovación del convenio colectivo empresarial, a lo largo de cuyo tiempo han surgido importantes discrepancias y dificultades, pero nunca se ha llegado a plantear la ruptura total de las negociaciones. En dicho contexto, cuando se produce un hecho novedoso, cuál es la **convocatoria de huelga** por parte del Comité de Empresa, dentro del periodo de tiempo intermedio entre la comunicación de dicha decisión a la representación empresarial y el proyectado inicio de dicha acción de presión, justificada en la dificultad de la negociación y en la pretensión de aumento salarial, es cuando la empresa, **de forma sorpresiva**, anuncia que va a aplicar el convenio colectivo sectorial y dejar de aplicar el convenio de empresa, como hasta entonces venía haciendo. Dicho **comportamiento empresarial** es un claro acto de respuesta a la pretensión de ejercicio de un derecho fundamental, cuál es el derecho de huelga, sin que la empresa haya justificado dicha actuación. Es intrascendente el hecho de que no se haya iniciado el desarrollo de la huelga, cuando cabe entender que precisamente la actuación empresarial tiene como finalidad, consciente o inconsciente, **obstaculizar el ejercicio de tal derecho**.

234 **Declaración de ilegalidad** La **TS 2-10-25, Rec 46/24** confirma la desestimación de la demanda de conflicto colectivo interpuesta por la UTE en la que interesaba la declaración de ilegalidad de la **huelga** convocada por dos motivos:
- falta de acuerdo expreso por los trabajadores convocantes, no pudiendo hacerlo directamente el sindicato CIG basándose en el resultado de una asamblea de trabajadores, y
- por responder su iniciativa a una finalidad ajena al interés profesional de los trabajadores afectados, entendiendo que la huelga no puede ser convocada mediando contrato administrativo de la Xunta.

La Sala IV sostiene la legalidad de la voluntad del **acuerdo de convocatoria en asamblea**, dado que las facultades en que consiste el ejercicio del derecho de huelga, en cuanto acción colectiva y concertada, entre ellas, la de la convocatoria o llamada a la huelga, corresponden tanto a los trabajadores como a sus representantes y a las organizaciones sindicales. Por otra parte, la huelga no se convoca en un contrato administrativo de la Xunta, sino en determinadas empresas y trabajadores afectados en un servicio. De la convocatoria de huelga se infiere que la misma afectaría a todos los trabajadores adscritos al Lote XG-871, lugares de prestación de sus servicios en dicho lote y empresas que lo gestionaban, siendo los objetivos y materias laborales que la motivan los desglosados. Se comunica efectivamente a las empresas concernidas, que son precisamente aquellas con las que los trabajadores mantienen un **vínculo laboral**, y con independencia del vínculo administrativo que aquellas hubieran suscrito a su vez con la Xunta que convocó la contratación del servicio. La reivindicación objeto de la huelga lo es frente a la UTE Hércules Norte y las empresas que la integran.

Finalmente se afirma que la convocatoria de la huelga **no es ilegal**, puesto que no se inicia con cualquier otra finalidad ajena al interés profesional de los trabajadores afectados, sino que se efectúa en el marco de las relaciones laborales, para la solución de controversias suscitadas sobre materias propias de esas relaciones, tal y como recoge la propia convocatoria de huelga. La lectura de los objetivos plasmados en la convocatoria determina su ajuste e incidencia en el estrato de interés profesional, calificativo referido a los intereses profesionales de los trabajadores en cuanto tales.

En el mismo sentido, la **TS 6-10-25, Rec 58/24**.

Descuentos salariales a trabajadores designados en servicios mínimos 239 La **TS 18-9-25, Rec 193/23** confirma la estimación de la demanda de conflicto colectivo, interpuesta frente a Ferrocarrils de la Generalitat de Catalunya, declarando que las personas trabajadoras que fueron designadas para realizar **servicios mínimos** durante unas huelgas parciales tienen derecho a percibir la **totalidad del salario**, con independencia de si realizaron o no trabajo efectivo durante todo el período de huelga. Es sabido que la huelga legal es una causa de suspensión del contrato del trabajador huelguista, que continua vigente con suspensión del salario y derecho a reserva del puesto de trabajo para cuando la huelga finalice.

Los trabajadores en servicios mínimos no están comprendidos en esa situación pues están **a disposición de la empresa** y obligados a prestar servicios. Consta probado que los servicios mínimos fueron realizados por los trabajadores designados por la empresa; sin embargo, la mercantil les descontó parte del salario, aduciendo que durante el período en que realizaron los servicios mínimos no realizaron trabajo efectivo durante todo el turno. Se declara que los criterios utilizados por la empresa para efectuar los descuentos fueron inadecuados, con infracción del RDL 17/1977, sobre relaciones de trabajo, pues **se descuenta por la no circulación de trenes** fuera del horario de huelga. Con estas circunstancias, en un contexto de huelga parcial, se concluye que los descuentos operados a trabajadores en servicios mínimos **no se ajustaron a criterios legales**. Incidían en tiempo de prestación de servicios mínimos, mientras estaban a disposición de la empresa durante las franjas horarias en que la huelga estaba convocada. El hecho de que circularan o no trenes durante ese tiempo en servicios mínimos es indiferente pues su función como maquinistas es la conducción de trenes.

Designación de los trabajadores que han de cubrir los servicios mínimos mediante sorteo 241 La **TS 3-7-25, Rec 205/23**, desestima la demanda de tutela de derechos fundamentales por vulneración del derecho de huelga, al considerar que la designación por la empresa de los trabajadores que debían encargarse de los servicios mínimos mediante sorteo no perjudicó el derecho a la huelga.

La Sala IV sostiene que la **competencia para fijar los servicios mínimos** la tiene la autoridad gubernativa, si bien la designación de los trabajadores no es materia propia de la resolución administrativa que fija los servicios mínimos, sino decisión de la empresa, aunque la misma ha de ajustarse a los servicios fijados en la resolución administrativa. De esta manera y una vez fijados, corresponde a la empresa adoptar las medidas necesarias para su cumplimiento, que incluye la designación concreta de trabajadores. Se puede vulnerar el derecho si la empresa adopta decisiones que no tengan cobertura en la resolución administrativa, o que vaya más allá de la resolución o que incurra en irregularidades en la designación. Sin embargo, en el caso de autos, no consta nada de esto y lo que está acreditado es que la empresa acudió al sorteo como venía haciendo desde el 2010 para la designación de estos trabajadores. Como la empleadora no tiene conocimiento previo por vías lícitas de qué trabajadores se van a adherir a la huelga y cuáles no, en orden a asignar los servicios mínimos a quienes no van a hacer huelga, el **método del sorteo** no puede considerarse que comporte por sí mismo una selección desviada o abusiva que vulnere el derecho fundamental. El uso del sorteo como método sirve precisamente para descartar un uso irregular, máxime en el presente caso que no hubo oposición previa alguna y que no se denuncia que la elección fuera absurda o inadecuada o que se omitiera la consulta e información con los representantes de los trabajadores, con los sindicatos convocantes o con el comité de empresa.

243 **Esquirolaje** La **TS 18-7-25, Rec 181/24** no aprecia la vulneración del derecho de huelga de los trabajadores de la empresa adjudicataria del servicio de limpieza por Correos y Telégrafos, SA, SME, al haber quedado contrarrestados los indicios de la vulneración acreditados por el sindicato actor. En efecto, consta que existieron **incidencias en la limpieza** de los centros de Correos comunicadas a la Coordinadora Nacional de limpieza; el hecho de que un día se encontrara limpia la zona destinada al público, en varias oficinas de Correos, no significa que se procediera a la limpieza todos los días de la huelga, que duró 47 días laborales; todos los días, excepto uno, el personal de Correos reportaba la anómala situación de la limpieza de los distintos centros y oficinas; las empresas codemandadas no se integran en el mismo grupo empresarial; y, **no ha quedado acreditada** la existencia de esquirolaje.

245 **Huelga de solidaridad** La **TS 26-3-25, Rec 16/23** confirma la desestimación de la demanda en la que se impugna la huelga convocada por el comité intercentros, alegando la empresa que se trata de una huelga de solidaridad con un trabajador que fue despedido disciplinariamente y que al tratarse de una huelga en dos fases se exigen dos intentos de conciliación.

La Sala IV sostiene que el despido del trabajador se enmarca en un contexto más amplio de conflicto, relacionado con las sustituciones de los trabajadores en situación de IT o de vacaciones, por lo que el despido se traduce en un **interés colectivo en la defensa de los puestos de trabajo** y, por tanto, en un interés profesional real que justifica el derecho a ir a la huelga para defender los puestos de trabajo de toda la plantilla, además de las condiciones laborales y la calidad del servicio. Y ello en línea con la **doctrina del TCo** que admite que la huelga puede tener por objeto también una protesta con repercusión en otras esferas o ámbitos, como en este caso la solidaridad con los intereses de un trabajador despedido, por la indudable trascendencia que ello representa en los del resto.

Por otra parte, en ningún momento se ha planteado que la **modalidad de huelga intermitente** fuera abusiva o ilegal. Que se está ante una huelga intermitente, pero ante un conflicto único, lo corrobora su **desconvocatoria**, dando lugar a que los paros de la segunda fase no se efectuaran. En consecuencia, no eran precisos dos intentos de mediación o conciliación, sino uno y, sin que se pueda exigir que se indique en la demanda de conciliación qué tipo o modalidad de huelga se va a implementar, ya que en esa fase previa de lo que se trata es de establecer las materias y causas del conflicto a los efectos de llegar a un acuerdo.

247 **Requerimiento a los huelguistas alegando el establecimiento de servicios de seguridad y mantenimiento** Especial relevancia presenta la **TS 18-7-25, Rec 182/23**, dictada en Pleno, que confirma la **vulneración del derecho de huelga**, de 15 abogados y graduados sociales del departamento jurídico de CCOO en

Galicia, consecuencia de los burofaxes dirigidos a los demandantes; si bien minora la indemnización de 25.000 € para cada uno de ellos a 7.501 €. **247** (sigue)

Consta que los trabajadores iniciaron una huelga a partir del 23 de enero. El 24 de enero, la parte demandada remitió por burofax **requerimientos** a cada uno de los demandantes, en los que les precisaba el alcance de sus obligaciones profesionales en relación con los asuntos en los que intervenían, como personas **integrantes de los servicios jurídicos del sindicato** demandado, durante el periodo de huelga, en las materias que se señalan; y se les recordaba la responsabilidad profesional, laboral y civil en las que podían incurrir. Finalizaba reflejando que el objetivo de los mismos era evitar perjuicios irreparables para los titulares de los procedimientos que tenían asignados. A raíz de la recepción de los requerimientos reseñados, los actores **se reincorporaron en sus puestos** de trabajo.

Se consideran indicios de la vulneración del derecho de huelga los requerimientos enviados por el sindicato demandado, que tuvieron lugar al día siguiente del inicio de la misma, y del contenido se extrae que la empleadora les indicaba determinadas actuaciones que deberían realizar durante la huelga. Seguidamente, la Sala analiza, si concurre la justificación objetiva y razonable para el envío de los requerimientos que contenían, a juicio del sindicato, el establecimiento de los servicios de seguridad y mantenimiento, con el objetivo de que fuera posible la reanudación de la actividad empresarial tras la huelga. El Tribunal Supremo efectúa un interesante análisis del RDL 17/1977 art.6.7, sobre relaciones de trabajo, diferenciando los servicios de seguridad y mantenimiento de los servicios mínimos, de forma que, mediante la fijación de los **servicios mínimos**, se pretende que la actividad productiva continúe, aunque limitadamente, durante la huelga; mientras que los **servicios de seguridad y mantenimiento**, aplicables a todas las empresas, pretenden que la actividad productiva pueda reanudarse al finalizar la huelga. Para que se puedan implantar estos últimos, es preciso que concurran tres elementos: el subjetivo, el objetivo y el teleológico. En el caso, y en cuanto al primero de ellos, resulta que los requerimientos remitidos por la parte demandada no fueron fruto del consenso con el Comité de Huelga, si bien ante la negativa a negociar por parte del Comité, pudiera considerarse válida la decisión unilateral del sindicato demandado en orden al establecimiento de servicios de seguridad y mantenimiento.

En cuanto al **ámbito objetivo** de los servicios, el sindicato sostiene que eran necesarios para garantizar la seguridad de los usuarios de la asistencia jurídica prestada por los demandantes. Sin embargo, la Sala afirma que se trataba de actuaciones que no tenían como cometido garantizar la reanudación de la actividad del departamento jurídico del sindicato demandado cuando finalizase la huelga, como exige la norma, sino que lo que **perseguían** era **no alterar**, en la medida de lo posible, **el funcionamiento normal** de tal departamento, debiendo realizar los actores las labores que habitualmente desarrollaban en su puesto de trabajo. Tal planteamiento no es constitucionalmente admisible. Aunque el ejercicio del derecho de huelga puede verse limitado a fin de que el trabajo pueda reanudarse sin dificultad cuando finalice la huelga, no cabe, sin embargo, que el derecho fundamental a la huelga de los trabajadores **se restrinja o elimine** con el objeto de que la actividad productiva no se perturbe durante su desarrollo, lo que queda fuera del ámbito del elemento teleológico de los servicios de seguridad y mantenimiento, a saber, la reanudación de la actividad empresarial, tras la huelga. A continuación, se estima que los requerimientos efectuados contenían la implantación de facto de los **servicios mínimos** que ya se habían solicitado a la autoridad laboral, habiendo recaído resolución denegatoria, impugnada ante la jurisdicción contencioso-administrativa. Coinciden sustancialmente los servicios mínimos reclamados ante la autoridad laboral por el sindicato, relativos al departamento jurídico donde prestan sus servicios los actores en este procedimiento, y los contemplados en los requerimientos, remitidos a los mismos.

En definitiva, el sindicato demandado **no** ha acreditado una **justificación objetiva, razonable y proporcional** de los requerimientos enviados a los actores, que constituían, los indicios de la vulneración del derecho fundamental de huelga y que, por tanto, no han quedado desvirtuados.

Finalmente, teniendo en cuenta las circunstancias existentes, se aprecia que la **indemnización** de 25.000 € es desproporcionada, considerándose ajustada a derecho el importe de la misma, equivalente al mínimo del **grado mínimo** de la establecida para las sanciones de infracciones muy graves (LISOS art.40.1.c), aplicado con carácter orientativo, a saber, 7.501 € para cada demandante.

251 **Servicios de mantenimiento y seguridad: diferencias con servicios mínimos** La cuestión suscitada en la **TS 17-10-25, Rec 39/24** consiste en determinar si la empleadora, empresa dedicada a la siderúrgica, vulneró el derecho fundamental a la huelga al imponer unos **servicios mínimos de mantenimiento y seguridad**, que no deben confundirse con los servicios mínimos, no negociados ni justificados.

La Sala IV precisa que lo que se pone en juego no es la fijación de los servicios mínimos o esenciales, con los que se pretende que la actividad productiva continúe limitadamente durante la huelga, sino la de los servicios de seguridad y mantenimiento aludidos en el RDL 17/1997 art.6.7, con los que se posibilita, además de la seguridad de las personas, que la actividad productiva pueda reanudarse al acabar la huelga, y son aplicables a todas las empresas, aunque no se trate de empresas encargadas de la prestación de servicios esenciales. Al efecto, sostiene que el RDL 17/1977 art.6.7, modalizado por la TCo 1/1981, señala que «la adopción de las medidas de seguridad no compete de manera exclusiva al empresario, sino que en ellas participa el comité de huelga, que es quien las garantiza, con la inevitable secuela de que la huelga en que el comité no preste esta participación podrá ser considerada como ilícita por abusiva».

En consecuencia, la **fijación unilateral** de los servicios por parte de la empresa solo podrá producirse en **casos excepcionales** cuando, por ejemplo, el comité de huelga niegue toda colaboración. Por otro lado, el establecimiento de los servicios de mantenimiento y seguridad **no** puede servir de **excusa para limitar el derecho de huelga**. Estos tienen un carácter marginal de aseguramiento de la reanudación productiva, como indica el propio término de «mantenimiento», contrapuesto al de «funcionamiento». Partiendo de estas premisas y del relato fáctico, se aprecia que la empresa **no afrontó su negociación** en condiciones necesarias para permitir un acuerdo razonable, pues intentó hacer prevalecer los criterios del Acuerdo de 2005, dejado sin efecto, y no proporcionó información técnica que apoyara sus pretensiones en cuanto a los servicios considerados. Además, la producción en los días de huelga no presentó oscilaciones significativas, por lo que los servicios fijados tuvieron un alcance desmedido, **sin justificación técnica** suficiente.

En conclusión, es necesaria la necesidad de negociar con la representación sindical, salvo supuestos excepcionales que no concurren en el caso, a lo que se une la imposición de servicios abusivos, con vulneración del derecho de huelga. Por último, considera que el importe de la **indemnización**, 120.000 €, es proporcional y razonable en atención a las circunstancias que concurren, con aplicación orientativa de la LISOS para fijar dicho importe.

254 **Vulneración por tratar de mitigar los efectos de la huelga** La **TS 23-4-25, Rec 46/23** confirma la desestimación de la demanda en la que se solicita se declare que la actuación empresarial había vulnerado el derecho de huelga del sindicato demandante en tanto que trató de **mitigar el impacto de la convocatoria** con la emisión de programas no esenciales y también tratando de dar apariencia de normalidad al programa «Bos días». La cuestión se limita a determinar si dos actuaciones de la empresa son vulneradoras del derecho de huelga, concretadas en que en el programa «Bos días» se incluyeron dos piezas informativas pregrabadas por un trabajador que secundaba la huelga convocada, y además por la emisión parcial de un programa deportivo –que, en vez de en su totalidad, quedó circunscrita en la retransmisión radiofónica de un partido de fútbol realizada sin intervención de ninguna persona que ejercitase su derecho de huelga–. El recurso no prospera porque **no existe sustrato fáctico** en la sentencia para concluir que existiera **actuación irregular** de la empresa vulnerada del derecho a la huelga ni de los trabajadores que se

citan ni tampoco de sindicato. Del relato no cabe deducir que la actuación empresarial minimizase el impacto del conflicto o que redujese su visibilidad para la audiencia televisiva y radiofónica, más teniendo en cuenta que el programa «Bos días» fue calificado por la Orden de servicios mínimos como elemento informativo de carácter esencial.

6. Elecciones sindicales

Censo electoral La **TS 2-7-25, Rec 64/24** estima que para la celebración de elecciones sindicales y la elaboración del censo electoral puede tenerse en cuenta e incluirse a los trabajadores que, conforme al Acuerdo de Medidas Voluntarias de Suspensión o Extinción de Contratos 2013-2018 de Endesa (AVS), tienen sus contratos suspendidos. Estima que la sentencia recurrida ha aplicado correctamente las reglas hermenéuticas para la interpretación de los contratos, de forma que la situación de suspensión al amparo de dicho Acuerdo no es asimilable a los trabajadores que están en situación de **excedencia voluntaria**, en la que no hay ni obligación de trabajar ni tampoco de abonar el salario para excluirlos del censo electoral. 262

En definitiva, la interpretación literal y sistemática del AVS apoya la conclusión de que se está ante trabajadores con **contratos suspendidos**, no extinguidos, con una hipotética posibilidad de retorno a la empresa a petición incluso de ésta, de forma que conservan un vínculo laboral vigente, la suspensión es potencialmente reversible, existe financiación empresarial y el pacto puede extinguirse antes de la jubilación por lo que deben figurar en el censo electoral como electores y elegibles.

Voto telemático También merece especial mención la **TS 5-2-25, Rec 76/23** que se pronuncia sobre la licitud del sistema de voto telemático en las elecciones sindicales a celebrar en virtud de un acuerdo firmado entre los sindicatos y la empresa. Es sabido que el ET art.75 solo permite el voto presencial o el realizado por correo conforme a las normas que lo regulan, de acuerdo con el RD 1844/1994, sin admitir la posibilidad de cualquier otro sistema de votación diferente. 265

La Sala IV sostiene que esta regulación legal no es algo arcaico y trasnochado, alejada en el tiempo de la realidad social actual, sino que data del ET y en esta fecha **no se estableció la previsión del voto telemático**, que, sin embargo, sí estaba regulada en otros ámbitos. En definitiva, y siendo cierto que tampoco lo prohíben, la realidad es que ninguna de las normas legales de aplicación contempla el voto telemático, pese a resultar evidente que en normativas anteriores y coetáneas al texto vigente del ET ha sido aceptado en **otros ámbitos electorales diferentes**. Por tanto, no es cierto que la realidad social y el actual nivel de desarrollo tecnológico haya superado y sobrepasado las circunstancias conocidas y tenidas en cuenta por el legislador en materia de elecciones sindicales en el seno de las empresas, en el ET art.75, que, además, tampoco ha sido modificado a tal efecto en ninguna de las múltiples reformas posteriores del RDLeg 2/2015. Asimismo, se recuerda que las **normas electorales** son de **orden público**, derecho necesario y naturaleza jurídica indisponible, que contemplan únicamente el voto presencial y por correo, sin que exista una habilitación legal que se remita en esta materia a la negociación colectiva. En conclusión, no puede aceptarse la validez de un acuerdo que permite el voto telemático, firmado únicamente por la empresa y alguno de los sindicatos con implantación en la misma.

7. Empleo público

270 **Impugnación de convocatoria de proceso selectivo extraordinario de estabilización de empleo** La **TS 16-9-25, Rec 239/23** confirma la desestimación de la demanda de **conflicto colectivo**, en la Empresa Pública de Servicios Agrarios Gallegos SA (SEAGA), en la que se impugna la convocatoria de un **proceso selectivo extraordinario** de estabilización de empleo, derivado de la L 20/2021, en relación con el carácter (fijo) discontinuo de las plazas convocadas, con la pretensión sindical de que se convoquen con el carácter de continuidad. Las plazas susceptibles de estabilización están sujetas a determinados **requisitos**: han de tratarse de plazas de naturaleza estructural; estar dotadas presupuestariamente; y estar ocupadas de forma temporal e ininterrumpidamente, al menos desde el 31-12-2017. Requisitos que se cumplen en el caso analizado.

La literalidad del precepto **no** hace **distinción** alguna entre **plazas a tiempo completo o a tiempo parcial o** bajo la modalidad de **indefinidas discontinuas**. Por ello, tratándose de plazas que han estado ocupadas temporalmente durante este período bajo la modalidad de discontinuidad, la ley no obliga a la Administración autonómica a convocarlas con carácter de continuidad. En consecuencia, las plazas o puestos de trabajo que, de acuerdo con su normativa aplicable, se venían desempeñando discontinuamente, se pueden convocar con ese mismo carácter a efectos de lo previsto en el proceso de estabilización.

8. Excedencia voluntaria

275 En el marco de una excedencia voluntaria, aborda la **TS 12-3-25, Rec 4189/22** el **derecho al reingreso**, en concreto se plantea si pueden considerarse vacantes, a efectos de tal reincorporación del excedente, los puestos ocupados por personas contratadas temporalmente y que son transformados en indefinidos como consecuencia de un pacto colectivo. Para dirimir la cuestión, recuerda el Tribunal Supremo que, si bien el derecho a la reincorporación no tiene un carácter absoluto, sino potencial o expectante, no cabe predicar lo mismo a partir del momento en que la persona trabajadora excedente formula el reingreso, debiendo analizarse en cada caso el procedimiento que haya podido utilizar la empresa para cubrir las vacantes con posterioridad al momento en el que se haya presentado la solicitud de reingreso.

En el caso, la **transformación en fijos de actividad a tiempo completo** de determinados trabajadores temporales, ocurrida con posterioridad a que la excedente solicitara el reingreso en la empresa y finalizado su periodo de excedencia, **vulnera su derecho preferente al reingreso** solicitado. Y si bien la transformación de los contratos no supone el acceso de personal externo a la empresa sí que evidencia la existencia de necesidad de mano de obra permanente y de las características del actor. Por consiguiente, se pone de relieve la existencia de puestos de trabajo que se acomodan a esa preferencia de reingreso. Por lo tanto, para determinar esa preferencia de la persona en excedencia, ha de analizarse en cada supuesto el procedimiento que haya podido utilizar la empresa para cubrir las vacantes con posterioridad al momento en el que se ha presentado la solicitud de reingreso; de suerte que prevalece el indicado derecho cuando quede evidenciado que la empresa necesita de personal de las características de quien solicita su reincorporación. Los **puestos de trabajo desempeñados por trabajadores temporales** y que se trasforman en indefinidos han de considerarse vacantes a efectos de la reincorporación de quienes están expectantes para reingresar a la empresa tras finalizar su excedencia voluntaria. En consecuencia, se declara el derecho del demandante a la reincorporación inmediata.

9. Extinción del contrato de trabajo

a. Despidos individuales

Baja en la Seguridad Social La **TS 27-11-25, Rec 4669/24** aborda la cuestión 284
de si la actuación empresarial consistente en **dar de baja** a una trabajadora en la Seguridad Social, tras haber agotado el periodo máximo de IT de 545 días y serle reconocida una **prestación de IPT**, puede considerarse como una manifestación de voluntad extintiva del contrato de trabajo, a lo que, la sentencia anotada da una respuesta negativa.

El TS recuerda que para que pueda entenderse que hay un **despido tácito** tiene que haber alguna clara voluntad empresarial de finalizar la relación laboral, lo que no ha sido el caso. Así, consta que la empresa cursó la baja en la Seguridad Social del trabajador cuando había finalizado el plazo máximo de la prestación de incapacidad temporal de 545 días naturales desde la baja médica. Dicha baja respondió al cumplimiento de lo previsto en la LGSS art.174 y RD 1300/1995 disp.adic.5ª.2, al haberse **extinguido el derecho al subsidio por el transcurso del plazo máximo**, sin que existiera obligación de cotizar. En consecuencia, al cursar la baja en la Seguridad Social, la empresa se limitó a cumplir los citados preceptos, lo que revela que no ha habido una conducta empresarial que revele inequívocamente su voluntad de poner fin a la relación contractual.

Derecho de opción Cabe recordar a este respecto que, frente a la inequívoca 286
previsión del ET art.56.1 («el empresario... podrá optar») y de la LRJS art.110 («se condenará al empresario... a elección de aquél»), la negociación colectiva puede **atribuir al trabajador** esta opción. Y esto es lo que se debe despejar a propósito del convenio aplicable en el asunto que decide la **TS 20-5-25, Rec 2686/24**, en concreto, con el CCol del Ayuntamiento de Nerja anexo II, cuyo párrafo cuarto dispone que: «En el caso de despido improcedente, el trabajador tendrá la opción entre su incorporación al Ayuntamiento de Nerja o la indemnización».

En el caso, se trata de personal directo del Ayuntamiento demandado, peón-especialista, que tiene suscrito un contrato **temporal eventual por circunstancias de la producción**, no se trata, por lo tanto, de personal que pertenezca a ningún servicio externalizado del Ayuntamiento. Sentado lo anterior, la Sala, tras precisar que en supuesto actual –a diferencia de otras ocasiones– se trata de precisar si la garantía o ventaja contemplada en el anexo del convenio solo se proyecta sobre los **trabaja-**

dores que pertenecen a la plantilla de la Corporación y son traspasados a una Mancomunidad o si también opera cuando estamos ante personal que presta servicios para el propio Ayuntamiento como tal, opta por la primera solución. Así, en aplicación de la doctrina sobre interpretación de convenios colectivos, señala que la garantía en cuestión dispone que «en caso de despido improcedente, el trabajador tendrá la opción entre su incorporación al Ayuntamiento de Nerja o la Indemnización».

No se habla de «readmisión», sino de «incorporación al Ayuntamiento», denotando esa locución que se produce algo novedoso. La literalidad de los términos empleados, separándose del utilizado por el ET art.56.1 («readmisión»), inclina a pensar que nos encontramos ante una facultad que no es paralela a la del empleador (el ente resultante de mancomunar servicios). Además, la ubicación del apartado cuyo alcance se discute y que surge en el marco de un Anexo, da a entender que se trata de materia singular. Y, por último, la finalidad del precepto es clara: impedir que una transmisión de empresa (con la consiguiente subrogación) desemboque en la desvinculación con el Ayuntamiento por la vía del despido improcedente.

En consecuencia, la literalidad, sistemática y finalidad del precepto, abocan a interpretar que la opción que, en caso de despido improcedente, concede al trabajador el CCol para el Ayuntamiento de Nerja y sus empleados anexo II solo se refiere al **personal** que ha sido **transferido a otro ente** como consecuencia de haberse mancomunado o privatizado determinado servicio, no proyectándose sobre quienes le prestan su trabajo de forma directa.

289 **Derecho de opción atribuido por convenio al trabajador** Como es sabido, la negociación colectiva puede atribuir al trabajador el derecho de opción en caso de despido improcedente, frente a la inequívoca previsión del ET art.56.1 (el empresario... podrá optar) y de la LRJS art.110.1 (se condenará al empresario.... a elección de aquél), suscitándose nuevamente en este periodo diversas cuestiones anudadas a dicha previsión convencional. En la **TS 26-1-25, Rec 2297/24, 26-2-25, Rec 2075/24 y 26-2-25, Rec 2078/24** se interpreta el alcance del CCol Ayuntamiento de Arroyomolinos art.16.4, que reconoce a favor de la persona trabajadora el derecho a optar entre la readmisión o la indemnización en caso de despido improcedente. Es más, el convenio muestra un claro favor por la readmisión, al señalar que «no se utilizará la fórmula de indemnización sustitutoria en el supuesto de despido que haya sido declarado improcedente». El problema estriba en el art.2.1 que excluye de su ámbito de aplicación personal a los «**trabajadores que lleven menos de un año**». Previsión convencional que la Sala IV declara que no es de aplicación a la demandante cuyo contrato temporal fue declarado fraudulento, y ello a pesar de que la extinción de su contrato se produjera antes de que hubiera transcurrido un año.

La Sala IV estima que la actora tiene derecho a **optar entre la readmisión o la indemnización**. El contrato de trabajo se extinguió únicamente por haber transcurrido el plazo de 9 meses y no por ninguna otra razón. Pero, como el **contrato** era **fraudulento**, ese fraude se proyecta obviamente también sobre la duración contractual, que era indefinida (no fija). No concurriendo ninguna otra razón para la extinción contractual, el fraude repercute en la extinción contractual, que no puede despojar a la trabajadora del derecho de opción que el convenio colectivo establece. La consecuencia del fraude de ley es que se aplique la norma que se pretendía eludir, que es, precisamente en estos supuestos, el convenio colectivo del ayuntamiento.

292 **Derecho de opción del trabajador designado para la prevención de riesgos laborales** La cuestión suscitada en **TS 20-1-25, Rec 5028/23** se centra en determinar si el demandante, trabajador designado por el empresario para ocuparse de la actividad preventiva en la empresa, tiene reconocidas las garantías de los representantes legales de los trabajadores del ET art.68 y 56.4 y, por tanto, al ser declarado improcedente el despido, procede otorgarle el **derecho de opción entre readmisión o indemnización**, a lo que se da una respuesta positiva. Razona al respecto que la LPRL art.30.4 dispone que estos trabajadores no podrán sufrir ningún perjuicio derivado de sus actividades de protección y prevención de riesgos profesio-

nales en la empresa, gozando, en particular, de las garantías que para los representantes de los trabajadores establece el ET art.68 a), b) y c), y el ET art.56.4. Garantías, por otro lado, que declaró la TS 9-12-21, Rec 1253/19.
En consecuencia, una cosa es que el trabajador que ostenta dicha función no pueda ser despedido por razones vinculadas a la misma y otra distinta es que, siendo objeto del despido del ET art.54, de ser éste calificado como improcedente, proceda la aplicación del mandato del ET art.56.4. Esta **garantía opera** en todo caso y a favor de quien ostenta la condición de **representante legal de los trabajadores o delegado sindical** y, como en este caso, de trabajador designado por el empleador para la **actividad preventiva**, cuyo derecho viene establecido en la LPRL art.30.4 que, expresamente, se remite al citado ET art.56.4.

Despido disciplinario y audiencia previa Nuevamente abordan las **TS 5-3-25, Rec 2076/24 y 11-3-25, Rec 939/24** el procedimiento que la empresa ha de llevar a cabo antes de despedir disciplinariamente a una persona trabajadora, en concreto, se trata de determinar si el despido disciplinario en el ordenamiento jurídico español requiere de audiencia previa de la persona trabajadora, requisito inexistente en el ET, pero requerido en el OIT Conv núm 158 art.7. Debe recordarse que la literalidad de dicho precepto establece el principio de que el trabajador, antes de que se dé por terminada la relación de trabajo por motivos relacionados con su conducta o rendimiento debe tener la posibilidad de **defenderse de los cargos formulados**, «a menos que no pueda pedirse al empleador que le conceda esa posibilidad», dicho trámite debe efectuarse antes del despido, y deja libertad en cuanto a la forma. La finalidad no es otra que la de salvaguardar el principio fundamental del **derecho de defensa**, de tal suerte que cuando una persona se ve expuesta a una sanción como el despido, pueda rebatir la causa. En los supuestos señalados, las sentencias recurridas habían considerado que la garantía que establece el OIT Conv núm 158, quedaba cubierta con el sistema que establece el ET art.55.1, que exige que el empleador exprese en la **comunicación escrita** que debe entregar al trabajador los hechos en que funda tal decisión y la fecha de sus efectos, con lo cual se facilita a aquél la preparación de su defensa, correspondiendo además al empleador la **carga de la prueba**. 294
Así, recuerda el Tribunal Supremo que la cuestión controvertida ya quedó resuelta por la Sala IV en TS 18-11-24, Rec 4735/23, en la que, como no podía ser de otro modo, se abordó la aplicabilidad directa del OIT Conv núm 158. Parte de que el mismo, en virtud de la Const art.96.1 y de la L 25/2014 (de Tratados y Acuerdos Internacionales), pasa a formar parte del ordenamiento jurídico español tras su publicación oficial, por lo que los **Convenios de la OIT** que hayan sido ratificados por España han pasado a ser **Derecho interno**; no obstante, matiza que no todos los Convenios o sus disposiciones, aunque se integren en nuestro ordenamiento, son ejecutivos de forma que lo que hay recogido en ellos sea directamente aplicable, sin necesidad de desarrollo normativo interno. Sin embargo, a la vista del concreto contenido del OIT Conv núm 158 art.7, procede su **«aplicación directa»** al ser una disposición que debe calificarse de completa o aplicable **en forma automática**, sin precisar de normas de ejecución, ya que están suficiente y debidamente concretados sus términos. Despejado lo anterior, en las resoluciones anotadas, el TS asume el reconocimiento claro e incontestable de ese derecho, al afirmar cómo la audiencia previa al despido disciplinario constituye un requisito exigible por norma incorporada a nuestro ordenamiento jurídico interno, la cual debe ser aplicada sin que ello implique que se derogue norma interna alguna, sino seleccionando el derecho aplicable. Y llegados a este punto, concluye que, para la extinción de la relación laboral por despido disciplinario, es **exigible la audiencia previa** del trabajador, no cumplida en los recursos examinados; no obstante, dicho requisito va acompañado de una **excepción** «a menos que no pueda pedirse razonablemente al empleador que le conceda esta posibilidad», lo que se traduce en que, en todos los despidos acaccidos con anterioridad al cambio de doctrina, es aplicable dicha excepción ya que no podía razonablemente pedirse al empleador que tuviera que conceder tal audiencia al trabajador en tanto en que en el momento en que se activó el despido no se podía exigir dicho requisito, cuando

expresamente la jurisprudencia de la Sala acuñada en los años ochenta venía manteniendo lo contrario. Esta advertencia es válida sólo para los **despidos ocurridos antes** de que se publicase la TS 18-11-24, Rec 4735/23.
Como reflexión final, no puede dejar de subrayarse que si bien hasta la fecha el TS únicamente ha abordado el derecho de audiencia previa frente a los despidos disciplinarios, la literalidad del OIT Conv núm 158 art.7 habla de extinciones fundadas en la conducta o el rendimiento de la persona trabajadora, y como tal, podrían tener cabida los **despidos por causas objetivas** regulados en el ET art.52.a) y b), esto es, por ineptitud o por falta de adaptación a las modificaciones técnicas (que remiten ambas al rendimiento), de tal manera que, se eliminaría la posibilidad de **sustituir el preaviso formal** por el salario correspondiente a los días suprimidos, afianzándose el derecho de defensa frente a la imputación de tales conductas durante ese tiempo.

Precisiones Otros órganos jurisdiccionales, aunque consideran que la OIT Convenio núm 158 art.7 es directamente aplicable, señalan que en el ordenamiento español ya existen mecanismos que cumplen el mandato internacional. Así, además de la **carta de despido** o la posibilidad de **impugnar la extinción** ante los tribunales/juzgados, señalan que este deber se entiende cumplido si la empresa ha remitido comunicación del despido a los representantes de los trabajadores (ET art.64.4). O bien que la audiencia previa al despido solo está reservada para cierto tipo de trabajadores que por su representación legal o sindical son **acreedores de especial protección**, sin perjuicio de lo que se disponga en la negociación colectiva para sectores o empresas particulares

298 La cuestión contemplada en la **TS 4-6-25, Rec 975/24**, radica en la necesidad de resolver si el convenio colectivo de aplicación exige que la empresa conceda **audiencia al trabajador con carácter previo** a la notificación del **despido disciplinario**. La Sala de origen declaró improcedente el despido disciplinario de un conductor, al no haberse concedido audiencia previa conforme al Acuerdo General Estatal para las Empresas de Transporte de Mercancías por Carretera (en adelante, AGETMC). El conflicto radica en si el CCol provincial de Lleida, aplicable al trabajador, exige audiencia previa antes del despido disciplinario, o si debe aplicarse supletoriamente el AGETMC, que sí la contempla. El convenio provincial regula la notificación a los representantes legales de los trabajadores con un plazo mínimo de 3 días, pero no menciona expresamente la audiencia previa al trabajador. La sentencia recurrida interpretó que el convenio implica la obligación de conceder audiencia previa, en consonancia con el AGETMC art.45, que es **supletorio** en materias no reguladas expresamente por convenios inferiores, y que el incumplimiento de este requisito formal determina la improcedencia del despido conforme al ET art.55.
El Tribunal Supremo confirma esta interpretación señalando que el convenio provincial, aunque no menciona expresamente la audiencia, contempla un procedimiento para estudiar conjuntamente los hechos imputados al trabajador, lo que implica su participación directa. Además, el **convenio provincial** ha incorporado posteriormente una **previsión expresa de audiencia previa**, evidenciando la voluntad de las partes de someterse al régimen disciplinario del AGETMC. Sentado lo anterior, declara que no es aplicable la excepción establecida en la TS 18-11-24, Rec 4735/23 que permitía no exigir audiencia previa en despidos anteriores a esa fecha, pues aquí la exigencia deriva del convenio colectivo aplicable. Por tanto, la **empresa** estaba **obligada** a conceder audiencia previa al trabajador antes de notificar el despido disciplinario, y su incumplimiento determina la improcedencia del despido por falta de audiencia previa al trabajador conforme al CCol provincial de Lleida y al AGETMC.

301 Solución contraria se alcanzó en la **TS 28-5-25, Rec 2003/24 y Rec 1874/24**, al tratarse de unos despidos acaecidos bajo la doctrina jurisprudencial acuñada con anterioridad al TS 18-11-24, Rec 4735/23, siendo razonable que el empresario no activara un **requisito** que se consideraba **no exigible** hasta entonces.

303 **Despido objetivo** Con recordatorio de la doctrina de la Sala IV sobre los despidos objetivos por causas económicas, la **TS 14-1-25, Rec 2055/24** declara que, en el caso, la mercantil demandada ha acreditado que ha sufrido pérdidas prolongadas en el tiempo. En el ejercicio de 2020 superaron los tres millones de euros y en 2021 las pérdidas acumuladas superaron los dos millones y medio de euros. Ello evidencia la **concurrencia de una situación económica negativa**, razón por la cual esta empresa realizó ajustes de personal. Por lo tanto, la empresa acreditó la concurrencia de causas económicas que justifican la extinción del contrato del actor, abundando en que dicha extinción debe considerarse como una **medida adecuada y proporcionada** al fin perseguido: el despido del demandante es una medida razonable y proporcionada para hacer frente a las importantes pérdidas sufridas por la empresa durante un prolongado lapso temporal, las cuales justifican la decisión del empleador extintiva de la relación laboral, sin que se haya probado una patente desproporción entre el objetivo legalmente fijado y el sacrificio impuesto al accionante. En definitiva, no es necesario que el empresario acredite que el despido por causas objetivas evita poner en **riesgo la viabilidad futura de la empresa**; es suficiente con que constituya una medida adecuada y proporcionada para hacer frente a las importantes pérdidas sufridas por la empresa.

Despido objetivo por ineptitud sobrevenida La **TS 27-11-25, Rec 1152/25** **305**
aborda un despido objetivo fundamentado en la ineptitud sobrevenida de un trabajador. El caso parte de un empleado que, tras un prolongado período de IT, fue dado de alta médica. Posteriormente, el INSS determinó que no estaba afecto de ningún grado de incapacidad permanente. La empresa, basándose en **informes del servicio de prevención** que concluían que el trabajador no era apto para desempeñar su puesto, decidió extinguir el contrato mediante **despido objetivo** (ET art.52.a), decisión que, impugnada judicialmente, fue calificada como **despido nulo**. El TS, pese a sostener las notables identidades habidas entre las sentencias enfrentadas dentro del recurso, atendiendo a los diferentes fundamentos de aplicación en cada caso, no entra en el fondo del asunto, extremo en el que radica el interés de la sentencia.

La pretensión del demandante en la sentencia recurrida en orden a sostener la nulidad del despido se fundamentó, entre otras razones jurídicas, en la aplicación de la L 15/2022, integral para la igualdad de trato y la no discriminación, con relación a la Const art.15 y a diversa doctrina del TJUE; fundamentación jurídica que, por razones temporales, obviamente no estaba presente en la pretensión de la sentencia referencial.

Efectos económicos del despido: salarios de tramitación Se debate en la **307**
TS 15-10-25, Rec 2354/23, la cantidad que debe abonarse en concepto de salarios de tramitación, en ejecución de sentencia, cuando se ha declarado la nulidad del despido y la existencia de una **cesión ilegal** y, después de que se haya dictado la sentencia que declara **nulo el despido**, la trabajadora opta por la **empresa cesionaria**. En concreto, se discute si la trabajadora demandante tiene derecho a los salarios de tramitación en la cuantía prevista en la sentencia de despido que se está ejecutando (los que le abonaba la empresa cedente en el momento del despido) o en la cantidad correspondiente a un puesto de trabajo equivalente en la empresa cesionaria.

El TS, en una elaborada resolución y reiterando un pronunciamiento previo (TS 27-5-25, Rec 5359/22), afirma que los **salarios de tramitación** son los que se venían percibiendo en la empresa cedente, y que esos importes, fijados en la sentencia, **no pueden ser objeto de revisión ni alteración** en fase de ejecución. En efecto, la opción de la actora por la empresa cesionaria efectuada posteriormente supone que la readmisión se llevará a cabo en la empresa real y no en la empresa cedente; pero no altera la cuantía de los salarios de tramitación que quedaron fijados en la sentencia firme, la cual debe ejecutarse en sus propios términos, sin que la acomodación con relación al puesto equivalente en la cesionaria, que en fase de ejecución se determina, pueda tener repercusión para **alterar el salario regulador** para el cálculo de los salarios de trámite, porque ese reconocimiento comienza a desplegar sus efectos al término del periodo de salarios de tramitación con la incorporación efectiva en la empresa cesionaria.

Garantía de indemnidad En el marco de un despido disciplinario, se enfrenta de **309**
nuevo la **TS 20-12-24, Rec 523/24** en la necesidad de determinar si se está en pre-

sencia de un despido nulo por vulneración de la tutela judicial efectiva en su vertiente de la garantía de indemnidad. Se trata en el caso de un trabajador que expresó a su empleador su desacuerdo en relación con sus condiciones laborales, en concreto sobre la duración de la jornada y el abono de las horas de exceso como extraordinarias. La narración histórica noticia asimismo algunas **reclamaciones** del trabajador **hacia la empresa** y diversos contactos con la Inspección de Trabajo al respecto, de los cuales, al menos una fue anterior a los hechos que motivaron el despido. El Tribunal Supremo, tras una elaborado discurso sobre el derecho fundamental concernido, reitera que el derecho consagrado en la Const art.24.1 no sólo se satisface mediante la actuación de los Jueces y Tribunales, sino también a través de la garantía de indemnidad, lo cual significa que del ejercicio de una acción judicial –individual o colectiva– o de los actos preparatorios o previos al mismo –incluso de reclamaciones extrajudiciales dirigidas a evitar el proceso (TCo 55/2004)– no pueden seguirse consecuencias perjudiciales en el ámbito de las relaciones públicas o privadas para la persona que los protagoniza (por todas, TCo 14/1993; 125/2008, y 183/2015). Doctrina constitucional de la que se hace eco la L 5/2024 al establecer que: «Las personas trabajadoras **tienen derecho a la indemnidad** frente a las consecuencias desfavorables que pudieran sufrir por la realización de cualquier actuación efectuada ante la empresa o ante una actuación administrativa o judicial destinada a la reclamación de sus derechos laborales, sea ésta realizada por ellas mismas o por sus representantes legales» (L 5/2024 disp.adic.3ª).
Así, y atendiendo a la **distribución del «onus probandi»** en el ámbito de los derechos fundamentales, el TS valora que el trabajador ha aportado **indicios de la vulneración** del derecho fundamental desplazándose a la empresa la carga de probar que el cese se produjo por motivos legítimos ajenos a la vulneración del derecho fundamental. En el caso concreto, aprecia que la orden empresarial que conllevó el despido era ilegítima, por suponer la realización de un exceso de jornada, con la particularidad de que el trabajador ya había reclamado a la empresa y su proceder lo había puesto en conocimiento de la Inspección de Trabajo. Esta situación determina que no se considere **acreditado** que **el cese** se produjo por motivos legítimos, como lo advera el reconocimiento de su improcedencia en las anteriores instancias, lo que lleva a calificar el despido nulo por vulneración de la garantía de indemnidad.

312 **Indemnización por despido improcedente y Carta Social Europea** En el marco de un despido objetivo, lo que se plantea en la **TS 19-12-24, Rec 2961/23** es si, declarado judicialmente el despido improcedente, el órgano judicial puede reconocer una **indemnización adicional** y distinta a la establecida en el ET art.56 en atención a las disposiciones del OIT Conv núm 158. En el caso, a la trabajadora le fue comunicada la extinción del contrato al amparo del ET art.52.c), ante la necesidad de amortizar el puesto de trabajo por **causas productivas** poniendo a su disposición la indemnización máxima (33 días), importe que le fue abonado junto con la liquidación de saldo y finiquito. La Sala de **suplicación** se pronunció sobre la indemnización adicional a la tasada legalmente que se reclama por la actora, a lo que se dio una respuesta positiva con sustento en el OIT Conv núm 158 y la Carta Social Europea art.24, así como en la LRJS art.281.1.2.b).
El TS, casa y anula la sentencia recurrida porque la **indemnización legal** no puede verse incrementada en vía judicial con otras cuantías que atiendan a circunstancias concretas del caso, sin que ello suponga una vulneración del OIT Conv núm 158 art.10, en el que tan solo se indica que la indemnización **sea adecuada**, siendo el legislador el que la ha determinado en el ET art.56.1. Hay que precisar que, la Carta Social Europea por razones cronológicas no resulta de aplicación al supuesto examinado, ya que cuando acontecen los hechos objeto de enjuiciamiento no había sido ratificada por España (29-4-2021).

315 **Indemnización adicional por despido improcedente e incremento en la vía judicial** Un pronunciamiento esperado por la comunidad jurídica laboralista es el relativo a determinar la posibilidad de establecer indemnizaciones adicionales en el despido improcedente. Se trata de la **TS 16-7-25, Rec 3993/24**, en la que, como se

había anticipado, el debate judicial consistió en determinar si un trabajador despedido improcedentemente tiene derecho a que se fije, junto con la indemnización tasada por despido disciplinario del ET art.56.1, otra **indemnización adicional** en atención a las circunstancias que puedan concurrir en su caso concreto, en aplicación del OIT Convenio núm 158 art.158 y Carta Social Europea (CSE) art.24. No en vano, de conformidad con la Const art.96.1 y L 25/2014 art.23.3, los convenios de la OIT así como la Carta Social Europea revisada, una vez ratificados por España, han pasado a ser derecho interno. Su muy extensa y detallada argumentación afronta ordenadamente todas las cuestiones implicadas, da minuciosa cuenta de los antecedentes interpretativos, en nuestro sistema e incluso los de nuestro entorno más próximo; y desde luego, la solución alcanzada es fruto de una interpretación posible de la legalidad aplicada.

No resulta asimismo ocioso señalar que ya la TS 19-12-24, Rec 2961/23 (nº 312), en su análisis del OIT Convenio núm 158 art.10, había rechazado la posibilidad de fijar vía judicial indemnizaciones adicionales, atendiendo a que **nuestra legislación** no ha establecido una indemnización libre para compensar la pérdida injustificada del empleo, cuando es una, ya tasada, que ha venido ofreciendo seguridad jurídica y uniformidad a todos los trabajadores que, ante la pérdida de empleo, son reparados en iguales términos, sin necesidad de tener que acreditar los concretos daños y perjuicios sufridos.

Sentado lo anterior, contrasta la **norma internacional**, en este caso, la Carta Social Europea que dispone: «Para garantizar el ejercicio efectivo del derecho de los trabajadores a protección en caso de despido, las partes se comprometen a reconocer:... b) el derecho de los trabajadores despedidos sin razón válida a una indemnización adecuada o a otra reparación apropiada» (Carta Social Europea art.24), y la **nacional** (ET art.56.2) para ver si aquella es directamente aplicable y contradice esta, pudiendo entonces ser aplicada por el juez en un contrato de convencionalidad admitido por la jurisprudencia constitucional y ordinaria (TCo 140/2018; TS 29-3-22, Rec 2142/20 y 19-12-24, Rec 2961/23). Por lo tanto, el ejercicio de **control de convencionalidad** desplazando la **norma interna en favor de la internacional** solo debe realizarse en aquellos supuestos en los que la norma internacional ofrezca claridad y certeza evitando la inseguridad jurídica. Así, es fácil colegir que, atendiendo a la argumentación expuesta, la Carta Social Europea art.24 **no cumple** las condiciones de aplicación directa porque «no identifica elementos concretos que deben ser atendidos a la hora de fijar un importe económico o de otro contenido que permita colmar la patente inconcreción de su literalidad», de tal suerte que la remisión de especificación a la legislación nacional de la norma internacional ha sido desarrollada por el legislador nacional en el ET art.56.2, con carácter general y en la LRJS art.181.1.d y 183 cuando el despido vulnere derechos fundamentales.

Avala esta solución el anexo de la Carta Social, que dispone: «Se entiende que la indemnización o cualquier otra reparación apropiada en caso de despido sin que medien razones válidas deberá ser fijada por las leyes o reglamentos nacionales, por los convenios colectivos o por cualquier otro procedimiento adecuado a las circunstancias nacionales» (Carta Social Europea Anexo.II.4). Esto es, en el **ordenamiento** jurídico interno **español**, de conformidad con el apartado transcrito, la indemnización o cualquier otra reparación apropiada deberá ser **fijada por el legislador o por los convenios colectivos** (ET art.3.1 y 85); es decir, es un mandato al legislador, ordinario o convencional, no al juzgador; por ello, no es en modo alguno un llamamiento al juez en un proceso judicial. Para ello hubiera sido necesario que las consecuencias del despido sin razón válida estuvieran fijadas de modo ejecutivo aplicable directamente, lo que no es el caso.

Finalmente, atendiendo a las argumentaciones vertidas en el recurso, destina la resolución anotada sus dos últimos fundamentos jurídicos a resolver sobre las decisiones del Comité Europeo de Derechos Sociales (CEDS), contrarias a España por vulneración de la Carta Social Europea art.24 (en concreto, Decisión CEDS 207/2022 y CEDS 218/2022), o cualquier otra que proviene de ese órgano no jurisdiccional, se traslada, como establece la propia Carta Social Europea y su protocolo de reclama- **318** ciones colectivas, al **Comité de Ministros del Consejo de Europa**, que emite «**recomendaciones**» dirigidas al Estado, en concreto, a los «poderes con capacidad para crear normas jurídicas acordes con las mismas». En una elaborada argumentación, concluye el Tribunal Supremo que estas decisiones CEDS no son ejecutivas ni directamente aplicables entre particulares, carecen de eficacia vinculante en el marco de la propia CSE y no son relevantes en el control judicial de convencionalidad. Las «recomendaciones» que emite el Comité de Ministros del Consejo de Europa, basadas en su caso en decisiones CEDS, operan en el «ámbito del resultado adecuado», las reformas normativas impulsadas por los Gobiernos de los estados destinatarios, pero no en el ejercicio de las funciones jurisdiccionales. Tampoco estas decisiones del CEDS –que no es órgano jurisdiccional– tienen idoneidad para ser traídas como contradictorias en el recurso de casación para la unificación de doctrina, no mencionadas en la LRJS art.219.1 y 2.

321 La sentencia cuenta asimismo con **dos votos particulares**:
1. El primero coincide con la argumentación jurídico internacional de fondo del asunto, aunque plantea la posibilidad de solicitar en casos donde la indemnización tasada por despido improcedente **no repare el daño real**, una indemnización por la vía del CC art.1101 s. en una acción judicial distinta a la del despido acumulable en el mismo proceso por la vía de la LRJS art.26.1.
2. El segundo, sí cuestiona la argumentación jurídico internacional del fondo del asunto, y admite sustanciales diferencias, procesales y materiales, entre las sentencias del TEDH y las decisiones CEDS, dentro de la normativa internacional proveniente del Consejo de Europa, CEDH y CSE, coincidiendo con el parecer mayoritario en que las decisiones CEDS «no son vinculantes directamente para los órganos judiciales españoles» con refuerzo interpretativo de la Const art.93 y 94.
La discrepancia relevante radica en la **aplicación directa** de la Carta Social Europea art.24, siendo la «indemnización adecuada en despidos injustificados un concepto indeterminado» que no descarta la concreción judicial, a pesar del desarrollo legal ET art.56.2 en una indemnización tasada y topada, siendo en este contexto útiles los criterios interpretativos de la decisiones CEDS, pese a no ser vinculantes. Sobre estas argumentaciones resultarían plausibles las indemnizaciones adicionales por aplicación directa de la Carta Social Europea art.24 y del CC art.1101 s., lo que, a la postre, vuelve a **cuestionar la jurisprudencia** consolidada **de incompatibilidad** entre la indemnización laboral específica que repara la pérdida de empleo y la general civil por daños.
En conclusión, la indemnización por despido improcedente establecida en el ET art.56.1 no puede verse incrementada en vía judicial con otras cuantías que atiendan a las circunstancias concretas de cada caso, sin que ello suponga ni una vulneración del OIT Convenio 158 art.10 ni de la Carta Social Europea art.24 revisada, en los que solo se indica que la indemnización debe ser adecuada. No se trata de mandatos directamente aplicables, sino de **declaraciones programáticas** cuya virtualidad concreta exigiría una intervención legislativa. Las decisiones del Comité Europeo de Derechos Sociales no resultan vinculantes, ni en el ejercicio del control de convencionalidad que compete a la Sala IV, ni en la interpretación del precepto.

Precisiones El instrumento normativo europeo (Carta Social Europea art.24) adopta así la misma expresión que el OIT Convenio núm 158 art.10, al punto de que se puede afirmar que la literalidad del precepto de la Carta Social Europea revisada es **copia exacta** de la utilizada en el reseñado convenio de la OIT, de forma que ambos instrumentos normativos recogen el derecho del trabajador despedido sin causa válida a «una indemnización adecuada o a otra reparación apropiada».

324 **Indemnización de los trabajadores fijos discontinuos** A propósito de cómo debe calcularse la indemnización por despido de los trabajadores fijos discontinuos se pronuncia la **TS 30-5-25, Rec 3048/24**, debatiéndose si deben computarse o no los **periodos de inactividad o entre campañas**.
Señala el Tribunal Supremo que esta Sala, en sintonía con el TJUE auto 15-10-19, C-439/18 y C-472/18, tiene declarado que, a los trabajadores fijos discontinuos de la

Agencia Tributaria, a efectos de derechos económicos y de promoción profesional, se les computa todo el tiempo de duración de la relación laboral y no únicamente el tiempo efectivamente trabajado (TS 19-11-19, Rec 2309/17 y 19-5-20, Rec 3625/17). Ahora bien, la citada doctrina no se aplica al cálculo de la indemnización por despido. Razona al respecto que el ET art.56.1 fija la indemnización por despido atendiendo a dos variables (el salario diario y los años de servicio prorrateados por meses) y una constante. La variable relativa a los años de servicio no puede incluir los periodos de inactividad del trabajador fijo discontinuo, porque en ellos no realiza dicha prestación de servicios. Por otro lado, la indemnización se calcula sobre la base del **salario del último mes trabajado**; si dicho salario se multiplicase por el número total de meses transcurridos desde que se comienza a prestar servicios, incluyendo tanto los periodos de actividad como de inactividad, la indemnización por despido no se basaría en el tiempo de servicio, sino en el lapso total transcurrido desde el inicio de la relación laboral hasta su finalización, y no guardaría proporción con la efectiva prestación de servicios en la empresa.

En consecuencia, la indemnización por despido de los trabajadores fijos discontinuos no se calcula sobre la base de los **años naturales** en que haya estado el trabajador en la empresa, sino con base en los **periodos de actividad**

Prueba de detectives Se debate en **TS 7-5-25, Rec 2124/24** si la decisión de la empresa de vigilar, mediante detectives al trabajador, delegado de personal, vulneró su libertad sindical, así como las consecuencias que tal decisión puede tener respecto de la calificación del despido. En el caso, el trabajador fue despedido por un uso indebido y para fines estrictamente personales en provecho propio y sin relación alguna con el ejercicio sindical, atendida la condición de delegado de personal del trabajador demandante, del crédito sindical. En definitiva, se imputaba la **utilización indebida y abusiva del permiso** solicitado para labores de **representación**, apoyándose la empresa en la investigación y seguimiento del demandante por parte de detectives que fue encargada ante las fundadas sospechas de un uso indebido del crédito sindical. 327

El TS, recalando en doctrina previa (TS 13-3-12, Rec 1498/11; 12-9-23, Rec 2261/22), otorga **validez a la prueba de detectives** cuando esta se proyecta sobre el uso del **crédito horario** de los representantes de los trabajadores, teniendo en cuenta que tal validez está sujeta a la prohibición, en todo caso, de la investigación de la vida íntima de las personas que transcurra en sus domicilios u otros lugares reservados, y a la prohibición de utilizar en este tipo de servicios medios personales, materiales o técnicos de tal forma que atenten contra el derecho al honor, a la intimidad personal o familiar o a la propia imagen o al secreto de las comunicaciones o a la protección de datos. A ello se une que, las actividades de representación, no pueden someterse a una **vigilancia singular por parte de la empresa**, ni a un control de tal calibre que pueda llegar a amenazar la independencia del trabajador. Lo anterior conduce a declarar la licitud de la prueba en tanto que, no se da cuenta o razón de ninguna vulneración del derecho a la intimidad o a la dignidad del trabajador investigado, ni –una vez acreditado que la empresa tenía fundadas sospechas de un uso indebido del crédito sindical– puede sostenerse que la investigación tenía un mero carácter prospectivo, lo que conduce a declarar la procedencia del despido.

Prueba de videovigilancia Se suscita nuevamente en la **TS 14-1-25, Rec 5248/23** el carácter ilícito o no de una prueba de videovigilancia en el marco de un despido disciplinario por transgresión de la buena fe contractual, en concreto, por **apropiación indebida de prendas** de la empresa (Stradivarius) llevada a cabo por la dependienta despedida, quien sin devolución efectiva de las prendas compradas días atrás, procedió al reintegro en su cuenta bancaria de la supuesta devolución, autorizando indebidamente ella misma el reintegro. Una **operación de auto autorización** expresamente prohibida por la empresa, con conocimiento cabal por parte de la trabajadora. La empresa había detectado la operación irregular de la trabajadora a través de un sistema de **control interno de las cajas registradoras** y de las operaciones bancarias, comprobando posteriormente la práctica irregular en cuestión mediante 330

la imagen de la caja registradora captada por el sistema de videovigilancia. Las **cámaras de videovigilancia** fueron comunicadas a la Agencia Española de Protección de Datos, estaban visibles, conociendo los empleados su instalación y habiendo sido informados los representantes de los trabajadores.
La Sala IV resuelve el controvertido asunto, recalando en jurisprudencia previa de TS, y en los relevantes pronunciamientos del TEDH (López Ribalda II), y de conformidad con la misma, concluye que **no** se produce en el caso de autos **vulneración** alguna del **derecho fundamental** a la protección de datos de carácter personal al ser los trabajadores y sus representantes conocedores del sistema de videovigilancia, lo que a la postre parece justificar la utilización empresarial de la imagen de la trabajadora reveladora de la comisión de un ilícito flagrante, excepción que recoge la LO 3/2018 art.89.1. Seguidamente, señala que tampoco el derecho fundamental a la intimidad resulta objeto de vulneración a la vista de las circunstancias del caso concreto, superando la **utilización empresarial de la imagen** de la trabajadora el filtro de proporcionalidad; concluye, en definitiva, con la licitud de la prueba de videovigilancia aportada por la empresa y que determinó la procedencia del despido.

333 **Readmisión** La cuestión que se plantea en la **TS 10-9-25, Rec 2337/24**, consiste en determinar **en qué fecha comienza a computarse** el plazo de 10 días que se establece para que el empresario comunique al trabajador la fecha de la readmisión (LRJS art.278). La sentencia recurrida ante la Sala IV anuló el auto allí recurrido retrotrayendo las actuaciones para que el Juzgado dictase una nueva resolución al respecto. Entiende que el **plazo de 10 días** que tiene la empresa **para notificar al trabajador la fecha de su readmisión** debe computarse, en un supuesto como el de autos en que se anuncia recurso de suplicación –el cual sufre incidencias en su tramitación– y que finaliza mediante inadmisión del recurso por el Juzgado, desde el momento de la firmeza de la resolución que haya declarado la inadmisión, y no desde la fecha de la sentencia, por la razón de que en aquel momento no era firme, y, por tanto, no podía procederse a su ejecución definitiva. Y añade: «el plazo de 10 días siguientes a aquel en que se le notifique la sentencia es el de la notificación de la sentencia firme, que en los casos como el presente es el de la firmeza de la declaración de la inadmisión del recurso».
Así, la sentencia anotada, tras una minuciosa tarea argumental, concluye que sí cabe conceptuar de **readmisión irregular** aquella que se lleva a cabo por el empresario una vez transcurridos los 10 días de plazo desde la notificación de la sentencia que previene la LRJS art.278. Este plazo es único y contiene el previsto en el ET art.56 y LRJS art.110, de manera que, si el empresario no lleva a cabo la opción en el plazo de 5 días, se entiende que opta por la readmisión; pero a la vez, comienza a correr desde el principio el plazo de 10 días previsto en la LRJS art.278, pues este precepto es aplicable a todos los casos en que la readmisión haya de producirse, bien por opción expresa, bien tácitamente. Si la comunicación de readmisión se lleva a cabo después del referido plazo de 10 días, se produzca o no la reincorporación del trabajador, dicha forma de ejecución del mandato de la sentencia deviene en extemporánea, por lo que esa decisión de la empresa equivale a una **readmisión irregular** al no haberse llevado a cabo con los requisitos legalmente previstos para ello.
Por lo tanto, el plazo de 10 días del que dispone la empresa para comunicar al trabajador la fecha de reincorporación al trabajo, aun cuando se ha anunciado recurso de suplicación, comienza a partir de la fecha de la notificación de la sentencia de instancia.

337 **Transgresión de la buena fe contractual** Como es sabido, la transgresión de la buena fe contractual constituye un incumplimiento que admite distintas **graduaciones** en orden singularmente a su **objetiva gravedad**, pero que, cuando sea grave y culpable y se efectúe por el trabajador, es causa que justifica el despido, lo que acontece cuando se quiebra la fidelidad y lealtad que el trabajador ha de tener para con la empresa o se vulnera el deber de probidad que impone la relación de servicios para no defraudar la confianza en el trabajador depositada, justificando el que la empresa no pueda seguir confiando en el trabajador que realiza la conducta abusiva o contra-

ria a la buena fe. Bajo esta óptica, declara la **TS 16-1-25, Rec 1275/23** que constituye una clara transgresión de la buena fe contractual y abuso de confianza, el **acceso injustificado** del trabajador **a datos confidenciales** de los clientes y la retrocesión de comisiones sin justificación y sin autorización, al tratarse de conductas lo suficientemente graves como determinar la procedencia del despido, en aplicación del CCol de Banca.

Abunda esta sentencia en lo que constituye la transgresión de la buena fe contractual. Estima que las conductas objeto de sanción lo son por actuar el trabajador de forma consciente, accediendo a información de **ficheros externos de morosidad** de clientes del propio banco e incluso de personas que no tenían tal condición, sin que existiera razón alguna relacionada con su **quehacer laboral**, afectando dicho actuar a la protección de datos personales de los afectados, o, actuando también al margen de sus propias competencias, mediante retrocesión de comisiones a favor de amigos que ni tan siquiera eran clientes de la oficina en la que prestaba servicios ni tenía autorización para ello. Esta forma de proceder **no** se trata de una **mera negligencia**, sino que hubo un claro incumplimiento grave y culpable del trabajador, contraviniendo la buena fe contractual que preside la relación de trabajo, que es la falta muy grave que contempla el convenio colectivo, y aboca en la procedencia del despido.

b. Despidos colectivos

345

Caducidad de la acción A propósito del plazo de caducidad, se aborda nuevamente en la **TS 11-11-25, Rec 89/24** si se encuentra caducada la acción ejercitada por el sindicato demandante, que pretende la **nulidad del despido colectivo** acordado entre la empresa y los sindicatos codemandados, por haber sido excluido de la negociación y afectar mayoritariamente a sus afiliados. El recurrente sostiene la infracción de la LRJS art.124.6 y el ET art.59.3, y que la acción no se encuentra caducada, porque el plazo de 20 días para su ejercicio debe comenzar a computarse desde el momento en el que tiene conocimiento de los despidos individuales, no desde la firma del acuerdo con el resto de los sindicatos de cuya negociación ha quedado excluido. 348

Para dirimir la cuestión, recala el Tribunal Supremo en la **doctrina** fijada por la Sala IV en materia de **caducidad de la acción de despido colectivo**, en función de que el periodo de consultas hubiere **finalizado con acuerdo o** se trate de una **decisión unilateral de la empresa**. Así, el primero de los supuestos (caso de acuerdo durante las consultas) tal plazo comienza a computarse desde la fecha del acuerdo, mientras que en el segundo supuesto (decisión empresarial sin acuerdo) la notificación empresarial se constituye como el dies a quo desde el que comienza a computarse el plazo de caducidad. Por lo tanto, en el caso, la acción estaba caducada; por otro lado, el propio sindicato recurrente admite en su demanda el pleno y perfecto conocimiento del proceso de negociación; que recibió la notificación inicial de la empresa e instó en varias ocasiones su participación en el periodo de consultas; sin cuestionar el hecho probado en el que, de forma expresa, se declaró acreditado que la empresa notificó el acuerdo final a todos los representantes de los trabajadores.

En consecuencia, el **día inicial para el cómputo del plazo** de caducidad de impugnación del despido colectivo por parte del sindicato debe fijarse en la fecha del acuerdo, adecuadamente notificado a la autoridad laboral y a la representación de los trabajadores el mismo día de su firma, con lo que había trascurrido el plazo de 20 días cuando se interpone la demanda.

351 **Causas productivas y vulneración de derechos fundamentales** La **TS 10-9-25, Rec 89/25** resolvió un recurso de casación interpuesto por la Confederación Sindical Euskal Langileen Alkartasuna y un delegado de personal contra la sentencia que había declarado ajustado a derecho la decisión extintiva colectiva impugnada. Los recurrentes sostenían que la decisión empresarial era nula por falta de justificación de las causas productivas alegadas y por vulnerar derechos fundamentales vinculados a la negociación colectiva. Se trata en el caso de un **despido colectivo que concluyó sin acuerdo**, siendo exigible, por lo tanto, la **comunicación del empresario a la representación legal de los trabajadores**, habiendo dado cumplimiento la parte empresarial de dicha notificación a los representantes de los trabajadores, tal y como exige el ET art.51.2, pese a lo aducido en el recurso. Por lo que la concurrencia de la **causa productiva** importa y es sobre la que la mercantil basa su decisión extintiva de la totalidad de los contratos de trabajo; recuerda el Tribunal Supremo que concurren dichas causas productivas justificativas del despido: «cuando se produce una reducción del volumen de actividad que incide en el buen funcionamiento de la empresa. Así pues, la pérdida o disminución de encargos de actividad ha de ser considerada una causa productiva, en cuanto que significa una reducción del volumen de la producción contratada que provoca dificultades que impiden el buen funcionamiento de la empresa; y como tal hay que considerar el exceso de personal resultante de tal reducción. A estas dificultades se puede hacer frente mediante amortizaciones de los puestos de trabajo sobrantes, de forma que se restablezca la correspondencia entre la carga de trabajo y la plantilla que la atiende [...] hemos sostenido que este tipo de causas puede actuar tanto en el ámbito de la empresa en su conjunto, como en un solo centro de trabajo o unidad productiva autónoma». Y, en el caso, se declara concurrente dicha causa productiva, no económica, que se describe precisamente por la **pérdida de la facturación del cliente (grupo empresarial)** que representaba el 97% de la misma.

Suerte adversa corrió asimismo la vulneración del derecho a la libertad sindical, en su vertiente a la negociación colectiva, pues, sin desconocer la proximidad cronológica entre la negociación de un nuevo convenio colectivo y la notificación empresarial de iniciar un ERE, es lo cierto que no se está en presencia de la negociación de un nuevo convenio colectivo, porque la empresa no tiene convenio propio, aplicando el convenio del sector, de modo que en las circunstancias acreditadas (pérdida de la facturación) justifica tal negativa a negociar, avalada por la **ausencia de viabilidad** de la empresa.

Finalmente, se descarta la ausencia de negociación de buena fe, pues siendo cierto que la expresión «buena fe» «ofrece innegable generalidad, no se hace referencia alguna a las obligaciones que el deber comporta y –menos aún– a las conductas que pudieran vulnerarlo. En la configuración de la misma no cabe olvidar: que la previsión legal no parece sino una mera especificación del deber general de buena fe que corresponde al contrato de trabajo (como a todo contrato: CC art.1258) y que, en el campo de la negociación colectiva especifica el ET art.89.1 («ambas partes estarán obligadas a negociar bajo el principio de la buena fe»), dicha buena fe se declara acreditada al revelar las actas que hubo una **verdadera negociación** con propuestas y contrapropuestas.

Por lo tanto, la Sala IV confirma la resolución de instancia al considerar acreditada la disminución de pedidos del principal cliente de la empresa, circunstancia que comprometía su viabilidad económica. Además, valoró que la compañía actuó de **buena fe** durante el periodo de consultas, justificando su negativa a negociar un nuevo convenio colectivo en la situación productiva adversa.

Competencia objetiva y unidad de cómputo El debate casacional que se aborda en la **TS 20-12-24, Rec 139/24** es el relativo a determinar si la Sala de lo Social del TSJ de Madrid tiene competencia objetiva para conocer de una demanda de despido colectivo. La extinción de los contratos de trabajo se debió a la resolución de la contrata de explotación de un bar-restaurante-cafetería, lo que supuso la finalización de las relaciones laborales de todos los trabajadores (ocho) de ese centro de trabajo. 355

El TS, **reiterando doctrina** (TS 13-6-17, Rec 196/16; 10-10-17, Rec 86/17; 26-9-19, Rec 143/18; 12-6-24, Rec 19/24), declara que **no** se puede acordar un **despido colectivo** cuando las extinciones contractuales quedan **por debajo de los umbrales** del ET art.51.1. La extinción de todos los contratos laborales de un centro de trabajo no supone que se esté en presencia de un despido colectivo puesto que el ET art.51.1 y el RD 1483/2012 art.1.3 se refieren a la **cesación total de la «actividad empresarial»**, no del centro de trabajo. Tampoco se trata de un **despido colectivo tácito** porque ni se produjo la cesación total de la actividad empresarial, ni el número de trabajadores cuyos contratos se extinguieron (ocho) alcanzaron los umbrales numéricos exigidos por la Dir 98/59/CE, ni por el ET art.51.1. Por ello, las extinciones contractuales debieron impugnarse mediante procedimientos de despido individuales.

El procedimiento de despido colectivo de la LRJS art.124 no es idóneo, lo que, por aplicación de la LRJS art.6.1 en relación con su art.7.a), determina la **falta de competencia** objetiva del TSJ Social de Madrid.

Control judicial de las causas Siguiendo con los despidos colectivos, la **TS 21-5-25, Rec 119/24** aborda el seguido en la empresa Teleperformance, dedicada a la prestar servicios de marketing telefónico y televentas, así como servicios de centro de atención de llamadas y centro de atención al cliente multicanal. Esa empresa acordó con diversas secciones sindicales un despido colectivo que afectaría a un máximo de 299 trabajadores adscritos a unas determinadas campañas y centros de trabajo. La ITSS informó de que la causa motivadora del despido estaba justificada. Consistía en el descenso continuado e importante, no meramente coyuntural, del volumen de servicios a prestar a Vodafone y Netflix. 358

La sentencia a la hora de apreciar la efectiva concurrencia de la **causa productiva** justificadora del despido colectivo, no soslaya el hecho de que los representantes de los trabajadores consideraron que las causas justificadoras concurrían, en todo caso y atendiendo a las circunstancias concurrentes, el **despido** de los citados trabajadores que prestaban servicios en dichas contratas, acordado con los representantes de los trabajadores, constituye una **medida adecuada y proporcionada** al fin perseguido.

No se ha probado que después del despido colectivo se hayan producido nuevas contrataciones ni que se hayan realizado horas complementarias. Y, en lo tocante, a la vulneración de la libertad sindical, se concluye que la empresa no impidió ni dificultó la actividad sindical, limitándose a ofrecer aclaraciones voluntarias a la plantilla sin influir en el proceso negociador. En cuanto a la alegada mala fe por la falta de información sobre la compra de Majorel, se determina que la operación estaba pendiente de autorización regulatoria y no tenía incidencia demostrada en el despido colectivo, por lo que **no se vulneró la buena fe negocial**. El Tribunal Supremo realiza un control judicial de proporcionalidad y razonabilidad, confirmando que la medida extintiva es adecuada, necesaria y proporcionada al fin perseguido.

Deber de información sobre la negociación Para que sea eficiente la negociación durante el periodo de consultas, ha de ser al mismo tiempo una negociación «informada», lo que enlaza de manera directa con las **exigencias documentales** necesarias y exigibles para la **validez del despido**. Existe, por lo tanto, una evidente y necesaria **conexión** funcional y finalista entre las obligaciones informativas y documentales que recaen sobre el empresario, la actividad de las consultas y su contenido mínimo imprescindible, y la concurrencia de la causa. Más aún, la información que hay que proporcionar a los representantes de los trabajadores sobre el despido es obra de las piezas clave y esenciales del sistema legal, de tal suerte que la gene- 361 ralidad del ET art.51 sirve al mismo tiempo de modelo y orientación del **correcto cumplimiento** por el empresario de esta obligación informativa, que se habrá de llevar a cabo mediante la transmisión de los datos necesarios para que la **representación de los trabajadores** tenga conocimiento preciso de las causas y demás elementos centrales del despido (número y clasificación de los afectados, criterios de designación de estos últimos, etc.), sin que los trabajadores puedan imponer la aportación de cualquier documentación, salvo que acrediten su relevancia para la negociación del periodo de consultas. De lo expuesto, es fácil colegir el casuismo y la prolijidad de las demandas de impugnación de los despidos colectivos por motivos de forma y procedimiento que son abiertamente inenarrables. Y esto es en especial predicable de las abundantes y varias denuncias sobre la insuficiencia documental o incumplimiento de la obligación empresa de proporcionar la necesaria información a la representación de los trabajadores.

Ejemplo de cuanto se acaba de referir, lo evidencia el hecho de que, varios de los despidos colectivos acotados en el periodo al que se hace referencia han tenido como tema recurrente la denuncia ex ET art.51.2 en relación con el RD 1483/2012 art.2, 3, y 7, señalando el **incumplimiento del deber de información** del empresario. Descendiendo a la casuística de los despidos examinados, en la **TS 21-5-25, Rec 274/23**, a propósito del despido colectivo seguido por la entidad Exceltrop, SL, superado el óbice procesal denunciado –incongruencia omisiva– y descartada la revisión de la versión judicial de los hechos, el eje de la argumentación giró sobre el cumplimiento en el caso de la plenitud informativa, particularmente, en lo relativo a los **criterios de selección** de los trabajadores. Razona al respecto que, fracasada la introducción de circunstancias fácticas, consta probada la entrega de la documentación pertinente al inicio de las consultas, acreditado que dicho período consultivo acabó con un acuerdo en el que los representantes de los trabajadores, de forma unánime; esto es, el comité de empresa, sin ninguna voz ni voto discrepante, pactando con la empresa el despido colectivo en las condiciones que estimaron oportunas y que constan en el acuerdo que no solo contiene las circunstancias de la extinción (destacadamente, una mayor indemnización que la establecida legalmente y el derecho preferente al reingreso de los trabajadores despedidos en caso de futuras vacantes), sino que abarca, también, los criterios para la **selección de los trabajadores no voluntarios**, poniendo el acento en que los representantes de los trabajadores no pusieran tacha de ningún tipo a la información recibida durante las consultas ni al pacto sobre el despido colectivo, que incluyó expresamente los criterios de selección. Todo ello, sin perjuicio del derecho que asiste a los trabajadores individualmente afectados de discrepar de la regularidad en la aplicación de los criterios de selección pactados respecto de sus circunstancias personales. En consecuencia, se declara el despido ajustado a derecho.

366 Despido colectivo conforme a derecho que se predica asimismo en la **TS 21-5-25, Rec 3/25**, en relación al seguido en la mercantil Zelenza Sistemas de Información SA., cuya actividad principal es la consultoría informática y todo lo relacionado con las tecnologías de la información y de las comunicaciones, que tiene dificultades con las contratas de Redys y Masmovial. En el caso, el despido fue asimismo **fruto del acuerdo alcanzado entre la empresa y la mayoría de la representación sindical** en la comisión negociadora, con el singular valor reforzado del pacto que eso conlleva. El interés de esta sentencia radica en que pone en valor, nuevamente, el **valor reforzado** de lo pactado, en orden a aceptar que la documentación aportada por la empresa durante el periodo de consultas, que ha sido considerada como adecuada y suficiente por los firmantes del pacto. Y recala en pronunciamientos recientes para reiterar que, cuando el procedimiento de despido colectivo finaliza con un acuerdo ampliamente aceptado de manera claramente mayoritaria por las representaciones sindicales, debe reconocerse a lo pactado un especial valor reforzado a la hora de resolver la impugnación que pudieren haber formulado, legítimamente, los **representantes sindicales minoritarios que no lo suscribieron**, en lo que no es sino garantía y protección de la negociación colectiva en favor del reconocimiento de su eficacia vinculante. No obstante lo cual, el valor reforzado del acuerdo no impide que pueda impugnarse el despido pactado entre la empresa y la mayoría de los integrantes de la comisión negociadora, ya sea para negar la concurrencia de las causas que lo justifican o para cuestionar que la documentación aportada sea completa y suficiente. Sentado lo anterior, declara asimismo que la empresa hizo entrega a la comisión negociadora de la **documentación preceptiva**, en particular, del informe técnico, no cuestionado durante el periodo de consultas. Despejado lo anterior, y atendiendo a la concurrencia de las causas que justificaron el despido, no tanto la pérdida de la contrata, sino la realización de nuevas contrataciones que supera el juico de razonabilidad, al ponerse de manifiesto el distinto perfil administrativo y no cualificado de los trabajadores que ocupaban los puestos de trabajo extinguidos, y de forma expresa, declara acreditado que por este motivo **no podían ser reubicados** en otros proyectos y servicios de la empresa.

Sobre el **deber de información durante la negociación** se pronuncia asimismo la **TS 6-5-25, Rec 11/25**, que aborda el recurso de casación interpuesto por un sindicato contra la sentencia que declaró ajustado a derecho el despido colectivo de 40 trabajadores de Zelenza Sistemas de Información SA, tras la pérdida de la contrata con MasMovil. El interés de la sentencia radica en que, supone un didáctico recorrido por la doctrina de la Sala IV a propósito de lo que debe entenderse como cumplimiento del deber de información durante la negociación, al ponerse en cuestión por la parte recurrente que la documentación entregada fue insuficiente, que el Informe Técnico es un documento realizado por la propia empresa no ratificado en el acto del juicio, sin validez probatoria. Así, se reitera el **carácter instrumental** del deber de información al servicio del derecho a la negociación colectiva en el seno de las consultas, lo que implica que no todo incumplimiento de obligación documental conlleva la nulidad de la decisión extintiva, sino tan solo aquella que sea trascendente a los efectos de una negociación adecuadamente informada. **369**

La sentencia tiene ocasión de recordarnos la doctrina consolidada sobre la documentación que debe aportar la empresa como instrumento del deber de información al servicio del derecho a la negociación colectiva. Por un lado, se ocupa de la documentación prevista legalmente: no tiene valor «ad solemnitatem» y que más allá de su literalidad **debe ser «trascendente»** a los efectos de una negociación adecuadamente informada. En consecuencia, es la **óptica finalista** la que debe presidir el análisis del cumplimiento de la obligación informativa. «La incorrección del despido colectivo por infracción de la obligación informativa vendrá determinada, en consecuencia, por la negativa de la empresa a la aportación de la información solicitada o por su defectuosa aportación, siempre que la solicitud esté justificada puesto que no se puede imponer al empresario la aportación de cualquier documentación no prevista legalmente salvo que quede acreditada su relevancia para la negociación durante las consultas». Igualmente recuerda esta sentencia el **especial valor** reforzado del **acuerdo alcanzado entre la empresa y la representación de los trabajadores**, sin que ello suponga una presunción de que concurren las causas justificativas de los despidos ni que la decisión empresarial no pueda impugnarse, siendo muy significativo que, en el caso, el 77% de los integrantes del banco social consideraron que concurrían las causas.

Despido colectivo tácito En la **TS 6-5-25, Rec 1/25**, un determinado sindicato interpuso demanda contra Wizink Gestión, SL (WZG) y Wizink Bank, SAU (WZB) por **despido colectivo tácito** y vulneración del derecho a la negociación colectiva y libertad sindical, solicitando la nulidad de las extinciones de contratos realizadas sin iniciar el preceptivo periodo de consultas y la condena a la readmisión de los trabajadores afectados, así como una indemnización simbólica por conducta antisindical. La Sala de origen estimó la demanda respecto a WZG, declarando nulos los despidos efectuados en el periodo de 90 días antes y después del 3-11-2021, ordenando la reincorporación de los trabajadores y el pago de salarios dejados de percibir, y condenó solidariamente a las empresas codemandadas a abonar 1.000 € por vulneración del derecho a la negociación colectiva, absolviendo a WZB. El sindicato recurrió en casación, alegando que WZB también había realizado despidos colectivos de tra- **372**

bajadores subrogados de WZG, sin que la sentencia se pronunciara sobre ello, y solicitó que se declarara la nulidad de esos despidos y la responsabilidad solidaria de WZB.
El TS desestima el recurso, confirmando que la demanda solo impugnaba el **despido colectivo de WZG** y que no se había ejercitado **acción específica** contra WZB. Además, se constató que no existía grupo laboral de empresas ni participación ilícita de WZB en el despido colectivo de WZG, por lo que no procede incluir a los **trabajadores subrogados** en el despido colectivo declarado nulo. La Sala IV concluye que no hay previsión legal para declarar nulos despidos de trabajadores pertenecientes a empresa distinta a la demandada en el despido colectivo, confirma la nulidad del despido colectivo realizado por Wizink Gestión, SL, la readmisión de los trabajadores afectados y la condena por vulneración del derecho a la negociación colectiva, y absuelve a la codemandada.

375 **Determinación del convenio aplicable** Relevante tanto desde el punto de vista procesal como sustantivo es la **TS 29-1-25, Rec 202/24**, en la que la cuestión nuclear a decidir es la relativa a determinar cuál es el **convenio colectivo** que debe aplicarse para calcular el salario regulador de las indemnizaciones que deben percibir los trabajadores despedidos. El interés procesal pivota sobre la necesidad de decidir si el **proceso especial de despido colectivo** (LRJS art.124) es el cauce adecuado para la determinación del salario regulador, siendo indiferente la calificación del despido (ajustado a derecho, no ajustado a derecho o nulo). Desde la óptica sustantiva, la relevancia radica en la selección del convenio aplicable entre los dos en liza, el empresarial con un salario inferior o el sectorial provincial con un salario superior. Debe asimismo dejar sentado que se trata de una empresa contratista de la propia actividad de una empresa principal (Amazon).
Tras una profusa labor argumental, recala el TS en las normas de aplicación al caso (ET art.42.6, 82.2.a y 84, y RDL 32/2021 disp.adic.6ª) que dispuso que, en los convenios colectivos suscritos y presentados a registro o publicados antes de su entrada en vigor, la nueva redacción del ET art.84.2 se aplicaría cuando la norma colectiva perdiera su vigencia y, como plazo máximo cuando transcurriera un año desde su entrada en vigor (31-12-2022). Es decir, dicha previsión legal supone que en la fecha del despido colectivo (17-10-2023) era **aplicable la nueva redacción** del ET art.84.2 que había dejado sin efecto la prioridad aplicativa de los convenios colectivos de empresa respecto de los salarios de los trabajadores. Sin embargo, en dicha fecha estaba en vigor el convenio de empresa, aplicable en virtud de la regla de prioridad en el tiempo.
En consecuencia, la aplicación del ET art.42.6 en relación con el ET art.84 supone que el **convenio colectivo de empresa** tiene **prioridad aplicativa** sobre el convenio sectorial cuando sea anterior en el tiempo a la norma colectiva posterior concurrente. En este litigio, la empresa contratista cuenta con su propio convenio colectivo (15-1-2020) anterior en el tiempo al CCol Empresas de Transportes por carretera y actividades auxiliares y complementarias del transporte para los años 2021 a 2024 en la provincia de Bizkaia (20-6-2022). Por ello, concluye que debe aplicarse el salario previsto en el convenio colectivo de empresa. Se estima el recurso de la empresa contratista y se declara aplicable el convenio de la empresa con un salario inferior respecto del convenio sectorial.

Precisiones El RDL 32/2021 modificó la redacción del ET art.82.2.a), quedando así: «La regulación de las condiciones establecidas en un convenio de empresa, que podrá negociarse en cualquier momento de la vigencia de convenios colectivos de ámbito superior, tendrá prioridad aplicativa respecto del convenio sectorial estatal, autonómico o de ámbito inferior en las siguientes materias: a) El abono o la compensación de las horas extraordinarias y la retribución específica del trabajo a turnos.»
Esta norma dejó **sin efecto** la prioridad aplicativa del convenio de empresa sobre el convenio del sector respecto del salario base y los complementos salariales.

378 **Ejecución de sentencia firme de despido colectivo nulo** La **TS 14-10-25, Rec 28/24** examina el recurso de casación ordinaria articulado contra el auto dictado

por el TSJ País Vasco en ejecución de sentencia firme de despido colectivo declarado nulo. El sindicato recurrente ante la Sala IV interesó la modificación de los hechos probados, para incluir **diferencias salariales** no acreditadas y la consideración de la naturaleza jurídica de los **contratos temporales** de algunos trabajadores.
El TS desestima el recurso, argumentando que no se han presentado pruebas documentales que evidencien un error en la valoración de los hechos por parte del tribunal de instancia, no prosperando, en consecuencia, la ejecución de sentencia por diferencias salariales, amén de recordar que el **procedimiento** de despido colectivo **no es el adecuado** para analizar la individualidad de los contratos temporales. Además, se señala que las cuestiones sobre la calificación de dichos contratos deben resolverse en un procedimiento individual separado.

Grupo de empresas Se examina en la **TS 13-11-25, Rec 136/25**, si es ajustado a derecho el **despido colectivo** promovido por la empresa que es titular de un **colegio** y que tenía reconocido un régimen de concierto educativo económico con la Comunidad de Madrid. Dicha empresa forma parte de un grupo empresarial del sector de la educación. Como consecuencia de haberse **extinguido el contrato de arrendamiento** de uno de los inmuebles en que el colegio prestaba sus servicios, la Comunidad de Madrid le comunicó que procedería a **extinguir la autorización y el concierto educativo** a la finalización del curso 2023-2024. La empresa comunicó a la delegada de personal y a la autoridad laboral el inicio del despido colectivo por **causas económicas y productivas** que afectaba a los 21 trabajadores de la plantilla. No hubo acuerdo en el periodo de consultas. Impugnado el mismo, la Sala de instancia lo declaró ajustado a derecho. **380**
Dicho parecer es compartido por el TS, descartando la existencia de un grupo de empresas a efectos laborales que pudiera implicar responsabilidad solidaria en el despido. Razona al respecto que, si bien la demandada forma parte de un grupo de empresas, **no se acreditó la existencia de un grupo laboral**, no se demostró la confusión de plantillas ni funcionamiento unitario. Descartado tal motivo, tampoco prosperó el argumento del recurso sobre la no aportación de la documentación legalmente exigida durante el periodo de consultas, rechazando la infracción del RD 1483/2012 art.4.2 y 4.5, porque, partiendo de que no existe grupo de empresas a efectos laborales, es suficiente la documentación que se aportó al periodo de consultas en relación a las cuentas consolidadas, y no cabe analizar la situación económica de todas las empresas del grupo, varias de ellas, por otro lado, también en situación de concurso voluntario.

Nulidad del acuerdo alcanzado en el periodo de consultas Es sabido que el ET art.51.6 establece que la autoridad laboral puede impugnar los acuerdos adoptados en el periodo de consultas del despido colectivo cuando estime que se han alcanzado mediante «fraude, dolo, coacción o abuso de derecho a efectos de su posible declaración de nulidad.» Se trata del **«procedimiento de oficio»** (regulado en LRJS art.148 a 150). El caso al que da solución la **TS 20-12-24, Rec 155/24** responde a la **reversión de una actividad previamente externalizada** con los propios medios materiales y personales, que va precedida de un acuerdo de despido colectivo de toda la plantilla de la contratista y la posterior contratación de parte de la misma por parte de la empresa principal. **383**
Se debate si el acuerdo adoptado en el periodo de consultas del despido colectivo debe ser declarado nulo por haberse alcanzado mediante **fraude para eludir la sucesión de empresa**, a lo que se da una respuesta positiva, porque el despido colectivo fue fraudulento toda vez que se recurrió a él precisamente para evitar la subrogación. Consta adicionalmente en los hechos probados que el procedimiento de mecanización «se iba a iniciar en breve», de manera que, no solo no estaba implantado, sino que ni siquiera estaba iniciado, lo que puede explicar por cierto la finalización anticipada de la contrata. En todo caso, en vez de subrogarse en los contratos de los trabajadores de la contratista y promover posteriormente, en su caso, un despido colectivo por la implantación de la robotización y automatización del servicio, lo que decide la empresa principal es extinguir anticipadamente la contrata, y

esperar a que la contratista culminara su procedimiento de despido colectivo y contratar entonces de forma directa a 15 de los trabajadores despedidos en dicho despido colectivo, completando sus necesidades con trabajadores provenientes de empresas de trabajo temporal. En definitiva, la demanda de oficio esgrime que el **acuerdo** alcanzado en el **periodo de consultas** del despido colectivo es fraudulento precisamente porque elude la subrogación: se procede a un despido colectivo para evitar la sucesión de empresa.

En consecuencia, los negociadores del acuerdo de despido colectivo no pueden eludir la normativa de la transmisión de empresa y si lo hacen cometen un fraude que conlleva la nulidad del acuerdo colectivo, que puede ser impugnado judicialmente por la autoridad laboral de oficio conforme el ET art.51.6 y la LRJS art.148 a 150.

386 **Sucesión de contratas** De notable interés es el supuesto que contempla la **TS 5-3-25, Rec 4728/23** porque, además de efectuar un prolijo examen de la normativa sobre la transmisión de empresa (Dir 2001/23/CE y ET art.44), efectúa un didáctico análisis de la doctrina de la Sala IV dictada a la luz de la **normativa Comunitaria** Europea, como de la jurisprudencia del Tribunal de Justicia de las Comunidades Europeas. La cuestión que se examina es la relativa a determinar si la nueva empresa adjudicataria de una contrata debe subrogarse en los demandantes, teniendo en cuenta que la empresa adjudicataria anterior para la que venían prestando servicios había aplicado un despido colectivo por causas productivas consistentes en la pérdida de la contrata, que afectaba a la totalidad de la plantilla y que finalizó con acuerdo suscrito con el único delegado de personal; asimismo se plantea si el despido de los actores debe ser calificado como nulo porque la nueva empresa adjudicataria debería haber tramitado un despido colectivo.

En este contexto, el Tribunal Supremo sostiene que la normativa de aplicación claramente busca **mantener el empleo** de los trabajadores en estas **situaciones de transmisión de empresa**, de modo que la propia norma europea indica que el traspaso no puede ser causa justificativa de ningún despido. En la misma línea, sostiene que la aceptación de la aplicabilidad del ET art.52.c) y 51 se halla limitada por la absoluta exclusión de una causa que consiste, precisamente, en el hecho mismo de la transmisión o por la eventual concurrencia de una **actitud fraudulenta** por parte de la empresa que acude al despido precisamente para eludir la obligación de mantenimiento de las relaciones laborales. El hecho de que el **despido** se produzca **con anterioridad a la transmisión** no puede afectar al derecho de los trabajadores a ser subrogados. A este respecto, razona que del carácter constitutivo del despido no puede derivarse la interpretación de que éste genere la extinción automática de las acciones que el trabajador despedido tenga, pueda, y deba ejercitar oportunamente para acreditar, en su caso, que no debía haber sido despedido sino que tenía derecho a continuar prestando servicios en otras empresas que por sucesión, subrogación convencional o por otras causas, estuviera obligada a subrogarse en los contratos laborales de la anterior. De entender lo contrario, sería muy fácil eludir la subrogación convencional en los supuestos de sucesión de contratas, de ahí que la obligación de subrogación deba ser mantenida, declarando la responsabilidad de su incumplimiento a la empresa cesionaria. Por lo que atañe a la segunda cuestión suscitada, la Sala IV no entra en el fondo del asunto al no concurrir la necesaria contradicción.

c. Otras causas de extinción

395

397 **Extinción del contrato ex ET art.50.1.c)** Interesante es la cuestión a resolver en la **TS 15-1-25, Rec 273/24**, relativa a determinar si se ha producido un incumplimiento grave de las obligaciones contractuales por parte del empresario, que justifi-

que la extinción indemnizada del contrato de trabajo por voluntad del trabajador al amparo de lo dispuesto en el ET art.50.1.c) («cualquier otro incumplimiento grave de sus obligaciones por parte del empresario, salvo los supuestos de fuerza mayor (...)». En un supuesto en el que la acción extintiva trae causa de un concreto incidente entre el trabajador demandante y otro empleado de la empresa, del mismo rango jerárquico y similar categoría profesional. En concreto, se trató de una pelea ocurrida tras una discusión en la que supuestamente **un trabajador propina un cabezazo a otro**, produciéndole una fractura de huesos propios de la nariz, con la consiguiente situación de IT, seguida de ataques posteriores de ansiedad, además de una denuncia de los hechos ante la guardia civil, y la apertura de una investigación por parte de la empresa que termina sancionando a ambos trabajadores. Superado el presupuesto de la contradicción, tomando como referencia que la empresa, entre sus múltiples deberes y obligaciones atribuidos por la normativa social, tiene especial relevancia el de **tutelar la salud de los trabajadores y garantizar su integridad física y moral** durante el desempeño del trabajo por cuenta ajena, así como proporcionar una adecuada política de prevención de riesgos laborales, la Sala IV procede a sistematizar una doctrina relativa a cuándo existe incumplimiento grave de las obligaciones empresariales de tutela de la salud de las personas trabajadoras a efectos del ET art.50, concluyendo que en el caso **no concurren las circunstancias de incumplimiento grave** que justifiquen la extinción indemnizada del contrato de trabajo, en atención a varios factores:

1. Se trata de un incidente absolutamente aislado, puntual y concreto, entre el trabajador demandante y un compañero del mismo rango jerárquico, sin que existieran precedentes que de alguna forma pudieran haber obligado a la empresa a adoptar medidas previas precautorias para evitar posibles altercados entre trabajadores; y
2. La empresa ha reaccionado inmediatamente con la investigación de los hechos y la imposición a los dos trabajadores de la misma sanción de amonestación.

En este contexto, no cabe apreciar la existencia de **«culpa in vigilando o in eligendo»** imputable a la empresa y, por tanto, no tiene responsabilidad, al menos en lo tocante a la potencial rescisión indemnizada del contrato. Por lo tanto, la empresa cumplió adecuadamente con las obligaciones que como empleadora le corresponden, activando de manera inmediata los mecanismos legales a su alcance para averiguar las circunstancias en las que se produjo el incidente y amonestar a los implicados, por lo que, desde esta perspectiva jurídica, no concurre causa que justifique la extinción indemnizada del contrato de trabajo.

Extinción por cobertura de la plaza Se trata de decidir en **TS 21-4-25, Rec 3618/22** si el cese del trabajador de AENA puede considerarse como despido, así como si la extinción del contrato puede identificarse como una represalia a quien ha acudido a la jurisdicción social interesando que se considere fijo. Ambas respuestas son negativas. Consta que el demandante participó en un proceso selectivo en 2015 sin superar las pruebas físicas, por lo que fue declarado no apto. La cobertura de la plaza se realizó de conformidad con el Acuerdo de Garantías Laborales de 16-3-2011, por otro trabajador que sí que había superado el proceso selectivo. **400**

El Tribunal Supremo sostiene que se ha producido una **cobertura reglamentaria de la plaza** que ocupaba el actor puesto que se ha seguido el procedimiento de cobertura preceptuado en el CCol de aplicación, así como el Acuerdo de Garantías laborales incorporado como Anexo VII al CCol grupo AENA. El actor sí que pudo participar en el proceso selectivo en virtud del cual posteriormente se procedió a la cobertura de aquella plaza. AENA es una sociedad mercantil que procedió a la cobertura de la plaza que ocupaba el demandante conforme a lo **previsto en el acuerdo colectivo**, procediendo a contratar a un trabajador que había superado un proceso selectivo en el que participó el demandante, lo que impide que pueda declararse la existencia de un despido improcedente. Tampoco se considera vulnerada la garantía de indemnidad, al quedar contrarrestada por la empresa dada la distancia cronológica habida entre la demanda y el cese.

403 **Extinción de contrato de indefinido no fijo y nueva contratación** Reiterando doctrina previa (TS 25-9-24, Rec 2719/23; 12-11-24, Rec 2219/23), la **TS 11-12-24, Rec 4039/23** declara que la lícita extinción de una relación laboral indefinida no fija por cobertura reglamentaria de la plaza por otro trabajador, da **derecho a una indemnización** de origen jurisprudencial de 20 días de salario por año de servicio, aunque acto seguido el trabajador cesado sea objeto de una nueva contratación temporal, siendo irrelevante la licitud o no de esa nueva contratación temporal, que constituirá un nuevo vínculo laboral. Por lo tanto, la **lícita extinción** del anterior vínculo indefinido no fijo puede ser objeto de impugnación judicial en caso de no haber mediado la pertinente indemnización, no siendo acogida la invocación de la excepción procesal de falta de acción por el solo hecho de continuar el trabajador prestando servicios ante la misma entidad empleadora (en el caso, el Hospital de Fuenlabrada), con un vínculo laboral diverso.

En conclusión, el demandante no sólo tiene acción para reclamar, sino también el derecho a percibir la **indemnización propia del despido objetivo** por extinción de su relación laboral indefinida no fija.

405 Indemnización de 20 días por año de servicio que se reconoce asimismo en las **TS 15-1-23, Rec 5579/23 y 21-1-25, Rec 5463/23**, en relación a unos trabajadores que venían prestando servicios para el Ayuntamiento de Poio en virtud de contratos de interinidad por vacante y que son cesados tras la cobertura de la plaza como consecuencia de un proceso selectivo. Al haber transcurrido más de 3 años desde la contratación hasta la cobertura de la plaza, se entiende que la relación se transformó en indefinida no fija, con el derecho a la indemnización señalada. Lo interesante de esas sentencias radica en que ponen especial énfasis en que la **situación de la pandemia y suspensión de los plazos administrativos** no justifican esa mayor duración del plazo de tres años. El RD 463/2020 suspendió esos plazos, pero no más allá de junio de ese año, siendo que ello no impidió que en mayo de ese año dicha Administración Local publicara las bases del proceso para cubrir las plazas de las Ofertas públicas de empleo y, menos aún que, levantada esa suspensión, no fuera hasta mayo de 2022 cuando se concluyeran los procesos selectivos y se cubrieran las vacantes.

407 En la **TS 5-3-25, Rec 2234/24** se debate si, conforme a la legislación aplicable por razones temporales, fue irregular o no la sucesiva contratación temporal y a tiempo parcial de la actora como **profesora asociada de la Universidad** de Zaragoza.

La Sala IV declara que dicha contratación como profesora asociada cumple con los requisitos exigidos por la LO 6/2021 art.53 de aplicación al caso y que, de conformidad con la TJUE 13-3-14, C-190/13, no se opone, en sí misma, al Acuerdo marco del anexo de la Dir 1999/70/CE, relativa al Acuerdo marco sobre el trabajo de duración determinada. El TJUE afirma que no queda excluida la razón objetiva que exige la cláusula 5.1 del Acuerdo marco porque el contrato de duración determinada del profesor asociado se renueve para **satisfacer una necesidad «permanente»** y una actividad habitual de la universidad. Lo que rechaza el TJUE es que el contrato de duración determinada del profesor asociado se renueve para realizar tareas docentes incluidas en la actividad del personal docente «permanente». Por tanto, no se aprecia irregularidad alguna en la contratación de la actora que no puede extraerse del mero hecho de que el profesor asociado se dedique a actividades permanentes y habituales de la universidad, sino que debe derivar del incumplimiento de los elementos estructurales de la definición legal de esa figura contractual.

10. ERTE

Entrega de la documentación La **TS 10-4-25, Rec 13/24** desestima la demanda en impugnación, por la **comisión «ad hoc»** representativa de las personas trabajadoras, de la decisión empresarial de llevar a cabo un Expediente de Regulación Temporal de Empleo (ERTE) que contemplaba la suspensión de contratos de trabajo y la reducción temporal de jornada por **causas económicas, productivas y organizativas**. Así, rechaza la nulidad de la medida porque no existe defecto en cuanto a la entrega de la documentación dado que la comisión representativa disponía de todos los datos sobre evolución mensual de ventas y la causa económica consistía en pérdidas, no en la comparación trimestral de la cifra de negocios. La demandada entregó, en la comunicación inicial y en las reuniones, toda la **documentación legal y reglamentariamente exigible** de la que hasta ese momento podía disponer, sin que su obligación documental se extienda a otras sociedades del grupo, ya que las causas alegadas no se referían a la situación del grupo. 417

Por otra parte, no se ha acreditado que a la fecha de inicio del ERTE la demandada estuviera en **situación concursal de facto o de insolvencia inminente** que le impidiera cumplir sus obligaciones, sino que, a pesar de las dificultades financieras, la situación era superable, y el ERTE atendía precisamente a ello. Además, la causa no puede considerarse definitiva si estaba pendiente la negociación con los acreedores para intentar hacer viable la empresa.

Existe una **probada causa económica y productiva justificativa** de la medida de suspensión por falta de stock y existencias y de capacidad de conseguir suministros por parte de la empresa debido a su falta de tesorería y los impagos a sus suministradores. La situación de la empresa acredita unas importantes pérdidas que se producen en ejercicios económicos anteriores a la epidemia de COVID-19 y una evolución negativa de la cifra de ventas a lo largo de los años, pero sobre todo se valoran los problemas de aprovisionamiento y de stock referidos. A lo que se añade que la grave entidad de los desequilibrios económicos demuestra que, si se produce una recuperación, previo el imprescindible acuerdo con los acreedores, la misma habría de ser muy progresiva y en modo alguno inmediata. En conclusión, **se aprecia la causa alegada** por falta de stock y existencias derivada de la falta de liquidez producida por la acumulación de pérdidas durante años, lo que impide tener productos para la venta debido a que los suministradores, ante los impagos, han interrumpido las entregas.

Validez del acuerdo alcanzado a la espera de que se produzca la subrogación convencional La **TS 21-4-25, Rec 33/22** desestima la demanda en procedimiento de oficio, absolviendo a la empresa de las pretensiones en su contra deducidas, declarando la validez del acuerdo alcanzado por las partes en el período de consultas de un ERTE a la espera de que se produzca la subrogación convencional, rechazando la existencia de **abuso de derecho**. La demanda de oficio, impugnando el acuerdo de suspensión colectiva de contratos de trabajo, solicita la declaración de nulidad por considerar, entre otras causas, que existió abuso de derecho en su consecución, ya que los trabajadores afectados estaban vinculados a la ejecución de una contrata por contratos temporales, siendo que la referida contrata había llegado a su fin, y que la suspensión acordada era «sine die», de forma que las causas alegadas para suspender no serían coyunturales ni temporales, sino definitivas. 420

La Sala IV no comparte tal parecer argumentando que la empresa al acudir a un ERTE quiso mantener vivo el vínculo que le unía con los trabajadores adscritos a la contrata, a la espera de que la subrogación convencional pudiera producirse, sin que en esa conducta pueda apreciarse abuso de derecho. Por tanto, existía la **causa temporal que justificaba el ERTE**: la inminencia de una subrogación convencional en ese momento en trámite, sin perjuicio de que esta finalmente no se produjera. En definitiva, en el momento de la conclusión del acuerdo alcanzado en el período de consultas, no cabe apreciar la existencia de abuso, pues de los hechos objetivos enjuiciados no se constata una actuación que sobrepasara el límite normal del ejercicio de un derecho ni una intención de eludir la extinción de los contratos, sino, la de tan solo de mantener vivo el vínculo a efectos de facilitar la subrogación empresarial en ese momento en trámite.

11. FOGASA

425 La **TS 28-1-25, Rec 4131/23** reitera doctrina que establece que tras haberse dictado sentencia en un procedimiento por despido que fija el salario regulador, y al que fue citado y no compareció el FOGASA, el organismo no puede negarse al **abono total o parcial de la cantidad** que le reclama posteriormente el trabajador. Y ello en aplicación de la cosa juzgada que impide alterar la cuantía del salario regulador. El FOGASA fue citado como parte en aquella fase declarativa. Sin embargo, no compareció cuando tuvo oportunidad de hacerlo y cuestionar el **salario regulador** fijado en el proceso de despido. Tal actuación determina la proyección de la doctrina acuñada por la Sala en la materia al no concurrir elementos que aconsejen un cambio de criterio e imponerlo los principios de igualdad y seguridad jurídica.

12. Impugnación de convenio colectivo

430

432 **Acuerdos de la comisión negociadora del convenio: incrementos retributivos, retroactividad y acuerdo transaccional** La **TS 22-4-25, Rec 128/23** conoce de la demanda de impugnación de convenio colectivo, en la que se cuestiona la validez de **dos acuerdos** de 28-4-2022 y 30-5-2022 de la comisión negociadora del IV CCol general del sector de servicios de asistencia en tierra en aeropuertos, incorporados como Anexos al V CCol, que contenían **reglas de aplicación del incremento salarial** previsto en el art.26 para el año 2021, junto a la legalidad del art.26 del texto convencional.

La Sala IV confirma la estimación parcial de la demanda y declara la ilegalidad de algunos incisos de dichos acuerdos y del V CCol art.26. La cuestión controvertida en el debate casacional radica en determinar si los acuerdos **son o no contrarios a la legalidad** por afectar retroactivamente a derechos ya consolidados. Es sabido que la **retroactividad de la norma laboral** depende del hecho de que una norma nueva alcance con sus efectos las situaciones creadas bajo el imperio de la normativa anteriormente vigente derogada por la nueva. La comisión negociadora (y no Paritaria, como por error indica en la sentencia de la AN) del IV CCol, en principio, ostenta facultades para modificar el convenio colectivo. Por otra parte, y tras una profusa labor argumental, y por lo que se refiere a la naturaleza e interpretación de los Acuerdos impugnados, se declara que no constituyen un contrato de transacción, puesto que los elementos definitorios del mismo no se encuentran presentes en tales acuerdos. Además, el CCol art.26 no contempla la obligación de **regularización salarial** por efecto del impacto del IPC real como obligación condicional suspensiva por lo que se trata de una obligación concertada sin condicionamientos expresos ni deducidos para su efectivo cumplimiento y, por tanto, de naturaleza pura, que resulta exigible en sus propios términos pactados en el convenio colectivo.

Acuerdo Marco para la regulación de las condiciones laborales en el sector de la estiba portuaria Especial relevancia presenta la **TS 5-6-25, Rec 57/23**, dictada en Pleno, que conoce del recurso de la patronal ASOPORT, postulando la declaración de nulidad de 27 artículos del V Acuerdo Marco para la regulación de las condiciones laborales en el sector de la estiba portuaria (BOE 18-5-22), por considerar que todos esos preceptos perpetúan una **situación de privilegio incompatible** con diversos preceptos legales, con la libertad de empresa, y con el Derecho Europeo y la doctrina del TJUE. 437

La Sala IV, en una extensa y didáctica sentencia, analiza la compleja situación normativa y jurisprudencial surgida en relación a la regulación de las tareas de estiba portuaria, y de su acomodo a las resoluciones del TJUE, dando cuenta de la evolución de la regulación existente. La actividad de estiba basada en la práctica, y en buena parte debido a compromisos internacionales, supuso un **monopolio de la oferta de trabajo portuario** con un sistema cerrado para la contratación de trabajadores y un régimen especial que obligaba a las empresas estibadoras a ser accionistas de una Sociedad Anónima de Gestión de Estibadores Portuarios (SAGEP) y a contratar de forma prioritaria y exclusiva a los trabajadores vinculados a la misma. **Sistema** que tuvo que ser **modificado** a raíz de la TJUE 11-12-14, C-576/13, por incumplir la legislación europea y restringir la competencia. Sobre estas bases, el Tribunal Supremo va analizando los distintos preceptos impugnados buscando ese difícil equilibrio entre libertad de empresa y protección de la persona trabajadora.

Se concluye que, actualmente, **España** dispone de un **marco legal renovado** que, a juicio del Tribunal, cumple esencialmente con Europa sin dejar desprotegidos a los estibadores. En efecto, a día de hoy, tras la L 4/2022 y el V Acuerdo Marco de la Estiba, España ha adaptado sustancialmente su normativa a las exigencias europeas, cerrando un largo capítulo de conflictos. El modelo español actual **combina la liberalización** (libertad de contratación, eliminación de requisitos de establecimiento) **con elementos de autorregulación colectiva** que garantizan la continuidad del empleo y la capacitación de los estibadores. Aun así, algunos aspectos todavía no son perfectamente acordes con el Derecho Europeo y la legalidad interna, que son los que se corrigen en la resolución, declarando la nulidad de los preceptos convencionales que se indican.

Impugnación de determinados preceptos del convenio colectivo Merece especial atención la **TS 27-3-25, Rec 73/23** que declara la nulidad, por ilegalidad, de determinados preceptos del VIII CCol Grupo Constant Servicios Empresariales, SLU, que regulan diversas cuestiones o materias: 440

1. El art.39.6, que establece que ningún otro concepto distinto de los regulados en el convenio puede integrar el salario, se declara contrario a derecho puesto que se trata de una norma reguladora de la **concurrencia de convenios**. No entra dentro de las facultades negociadoras de un convenio de empresa la prohibición incluida en el mismo de afectar la estructura salarial que regula por convenios de ámbito superior.

2. Se confirma la nulidad de la previsión del art.28, regulador de las **modificaciones de trabajo**, relativa a que la petición de la empresa cliente de sustituir a una o varias personas trabajadoras sea por sí misma causa suficiente para una MSCT. La revisión jurisdiccional de la medida empresarial, ex ET art.41, forma parte del derecho constitucional a la tutela judicial efectiva de la persona trabajadora y ello implica que la decisión sobre si concurre o no una causa justificativa de la medida, compete en exclusiva al órgano judicial. Por tanto, la norma convencional afecta al derecho constitucional a la tutela judicial efectiva al imponer la decisión de una persona (en este caso la empresa cliente) sobre la valoración que ha de hacer el órgano judicial, al construir la mera decisión de la empresa cliente como causa autónoma justificativa de la modificación sustancial.

3. Por lo que se refiere al art.22.1 bis, regulador de los **contratos fijos discontinuos** para la prestación de servicios en el marco de la **ejecución de contratas mercantiles o administrativas**, se estima que el plazo de preaviso de los llamamientos de 48 horas fijado no cumple con los requisitos de razonabilidad y adecuación exigibles,

tomando en consideración que, en el caso de los trabajadores con distribución irregular de jornada, el ET art.34.2 fija un **mínimo inderogable** de 5 días. Por lo que se refiere a la **forma del llamamiento**, sostiene que el efectuado por texto enviado mediante correo electrónico, mensaje de texto o WhatsApp cumple con el requisito de forma escrita, al cumplir con las exigencias de la normativa de aplicación.

13. Modificación sustancial de condiciones de trabajo

450

452 **Caducidad de la acción** La Sala IV reitera doctrina relativa a la caducidad de la acción para impugnar una **modificación sustancial** de condiciones de trabajo **de carácter colectivo** y que establece que dicha acción está sujeta al plazo de caducidad de 20 días fijado en la LRJS art.138 en relación con el ET art.59.4, para las **impugnaciones de carácter individual**; y ello porque la fijación de un plazo de caducidad perentorio constituye una garantía de la seguridad jurídica que para las partes se ha de derivar de la consolidación de una decisión no impugnada, de suerte que el transcurso del mismo actúa como ratificación de la aceptación de la parte social. El plazo no comienza a computarse hasta que tenga lugar la **notificación por escrito** a los trabajadores o sus representantes y es igualmente aplicable, aunque la empresa no haya seguido el preceptivo procedimiento del ET art.41.4.

454 Con base en dicha doctrina, la **TS 11-12-24, Rec 41/23** confirma la caducidad de la acción en impugnación de una **MSCT de carácter colectivo** por superación del plazo establecido. La comunicación por escrito a toda la plantilla se produjo el día 26-1-2021. En ella se informaba a los trabajadores de la decisión empresarial de implantar el trabajo a distancia y se explicaba en qué consistía esta medida. Entre esta notificación a toda la plantilla y la interposición de la demanda transcurrió un plazo superior a los 20 días hábiles.

456 La **TS 29-1-25, Rec 28/23**, tras declarar que, efectivamente se había producido una modificación sustancial de condiciones de trabajo y que el procedimiento seguido era adecuado, confirma la estimación de la **excepción de caducidad de la acción**, al entender que la interposición de la acción colectiva impugnatoria se realizó transcurrido el plazo de caducidad previsto en la LRJS art.138 de 20 días desde la notificación de la referida modificación. Por consiguiente, resulta baladí cualquier argumentación sobre el grado de cumplimiento del procedimiento que marca el ET art.41, ya que, con independencia de la mayor o menor acomodación a las exigencias del previo periodo de consultas, lo cierto es que la acción que se ejercitaba en la demanda había de someterse en todo caso al mencionado **plazo de caducidad**, cuyo comienzo se produce a partir de la notificación de la medida a los trabajadores o a su representación legal. Y en el caso se ha excedido.

458 Sobre esta misma materia también se pronuncia la **TS 30-1-25, Rec 4138/22**. Partiendo de que la decisión de la empresa de aminorar el complemento de IT es una modificación sustancial de condiciones de trabajo de carácter colectivo, consta que la misma fue notificada el 21-6-2018 mediante **comunicación** dirigida a toda planti-

lla, fecha a partir de la cual comienza el **cómputo del plazo de caducidad**. La sentencia razona que el 21-7-2018 se presentó solicitud de mediación ante el Instituto Laboral de la Comunidad de Madrid, el 27-11-2018 la demanda de conflicto colectivo y se desistió y, finalmente, cuando la actual demanda de conflicto colectivo se presentó el 23-3-2019, la acción ya estaba caducada pues había transcurrido con exceso el plazo de 20 días.

En el mismo sentido se pronuncia la **TS 11-12-24, Rec 256/22** que reitera que el plazo de caducidad de la acción en impugnación de modificación sustancial de condiciones de trabajo de carácter colectivo, alteración de las tablas, tarifas y propósitos respecto de la retribución variable, comienza a partir del siguiente día en que es notificada la modificación a los representantes legales de los trabajadores. En modo alguno se puede aceptar que el **día inicial del plazo** sea el de la fecha en la que los trabajadores sufrieron la aplicación de esas modificaciones, puesto que la voluntad de la empresa de llevarlas a cabo era clara y precisa cuando no solo lo notificó a la plantilla sino a los propios representantes de los trabajadores, indicando expresamente que esas medidas tenían una fecha concreta de efectos. **460**

Calificación de la medida La **TS 11-12-24, Rec 272/22** sostiene que la decisión de la empresa de dejar de abonar el **plus quebranto de moneda**, previsto en el CCol empresa pública dependiente de la Junta de Andalucía art.32, no constituyó una modificación sustancial de condiciones de trabajo ya que la inaplicación de una norma convencional estatutaria no puede ser así considerada. El precepto establece un concepto extrasalarial -el quebranto de moneda- que tiene como finalidad responder de las eventuales pérdidas o equivocaciones en el manejo del dinero efectivo a percibir por aquellos trabajadores que realicen operaciones de caja y cuadre de la misma. La **falta de abono** del plus tiene su justificación en la **supresión de los pagos en efectivo** y en que no hay trabajadores que manejen dinero efectivo y que cuadren caja, por lo que la decisión adoptada se reputa lícita. Además, la eliminación de los pagos en efectivo establecida por la demandada cumple con las exigencias que se derivan de la doctrina del TJUE habida cuenta de que se estableció por motivos de interés público ligados a la prevención del contagio por COVID-19, siendo idónea para alcanzar dicho interés. **462**

Tampoco es necesario tramitar una inaplicación del convenio colectivo a través del procedimiento previsto en el ET art.82.3 puesto que ni la empresa ha alegado razones ligadas con las causas que permiten el denominado **descuelgue del convenio**, ni las percepciones extrasalariales están previstas entre las materias de las que es posible descolgarse, ni estamos en presencia de una inaplicación general. Finalmente, tampoco se aprecia **discriminación por razón de género** por el simple dato de que en el colectivo afectado hay más mujeres que hombres, al no evidenciarse, ni siquiera indiciariamente, ningún tipo de sesgo.

Por su parte, la **TS 4-4-25, Rec 3106/23** declara nula la decisión empresarial consistente en establecer una **jornada laboral incluyendo sábados y domingos** para los trabajadores asignados a la campaña del Banco Santander, reponiendo a la plantilla afectada en la jornada de lunes a viernes. La medida analizada supone una modificación sustancial de condiciones de trabajo de carácter colectivo que requería haber seguido el procedimiento previsto en el ET art.41, esgrimiendo, precisamente, que la empresa cliente requería para su campaña que los servicios se prestaran de lunes a domingo. La empleadora no podía decidir unilateralmente, y sin seguir el procedimiento del citado precepto, que se pasara a prestar servicios de lunes a domingo cuando desde 2017 se venía haciendo de lunes a viernes. **465**

Por el contrario, la **TS 8-4-25, Rec 252/22** declara que el establecimiento de forma unilateral por la UD -pero tras negociación y consultas con la RLT que terminó sin acuerdo- de un **Anexo sobre la Docencia on line** incorporado al Acuerdo que regula el régimen del Personal Docente Investigador (PDI) denominado «Acuerdo colectivo sobre P1 o MGPDI», no constituye una modificación sustancial de condiciones de **467** trabajo. El **modelo de formación on line** presenta, de forma inevitable por la distinta forma de prestación de la docencia, algunas diferencias en el **cómputo de los créditos y horas docentes** con el modelo de formación presencial según se refleja en el relato de hechos probados. Para resolver la cuestión se reitera jurisprudencia relativa a los requisitos exigidos para calificar una medida como modificación sustancial y se analiza el contenido de la TS 13-7-22, Rec 202/21 que resolvió un conflicto colectivo con objeto en la determinación de si había una MSCT que se había planteado entre las mismas partes que las hoy aquí actuantes, aunque el objeto no era exactamente el mismo.

No se evidencia una previa regulación completa, general y aplicable a todos los PDI de los criterios de la formación on line, sino más bien una **regulación ocasional** y sujeta a proyectos determinados. En el caso, lo determinante es que el propio acuerdo colectivo configurado por el MGPDI, contempla la previsión pactada de que la docencia de un crédito en formación dual, ejecutiva, on line o semipresencial corresponderá a una determinada cantidad de créditos docentes que se regularían en el plazo de un año. En consecuencia, no hay una modificación sustancial de condiciones de trabajo que, al margen de que no fueran **previas o preexistentes** y que pudiera tener, un reflejo en lo tocante a la jornada que antes venía siendo desempeñada de forma presencial, está amparada en el acuerdo colectivo que habilitaba a tal regulación de la docencia on line por parte de la empresa, sin necesidad de previa negociación.

470 La **TS 12-6-25, Rec 192/23** declara que no constituye una MSCT la realización periódica por parte del colectivo de **bomberos aeroportuarios** (personal SSEI-Salvamento y Extinción de Incendios) de pruebas físicas para **acreditar** que mantienen **su aptitud** para el desempeño de sus funciones en situaciones de emergencia. En el caso, se trataba de cumplir con la legislación de prevención de riesgos laborales, estando además justificado por exigencias de la normativa de la Unión Europea y resoluciones de las Autoridades de Seguridad Aérea Española y Europea. Por otro lado, la empresa no ha modificado las consecuencias de no reunir la aptitud requerida, ni consta ni se discute que haya modificado las exigencias de capacidad física requeridas para el desempeño profesional, sino que se ha limitado a establecer una **medida de control** que tiene amparo en el ET art.20 y LPRL art.25.1, siendo además obligatorio por el Rgto (UE) 2018/1139 el control periódico de la capacidad psicofísica del personal de rescate y extinción de incendios que pueda requerirse para intervenir en emergencias de aviación. En definitiva, la introducción por la empresa de medidas de verificación y control de las exigencias de capacidad preexistentes tiene una **base jurídica** suficiente.

472 La **TS 25-6-25, Rec 242/23** declara que la modificación de la fórmula de **distribución de los incentivos** constituye una MSCT de carácter colectiva, ya que afecta a la retribución variable, a su cálculo y su distribución, pues se ha pasado de una fórmula de distribución proporcional de los incentivos, que atendía a la diferenciación entre los dos grupos de trabajadores que integran la plantilla, es decir, calculando por un lado la aportación a la Masa Salarial Bruta (MSB) del colectivo de Técnicos y, por otro, la aportación del personal Administrativo y, en proporción a ello, la distribución de los mismos dentro de cada grupo, a otra fórmula de **abono individualizado** de incentivos de forma lineal entre todos los trabajadores de la empresa, sin tener en cuenta la categoría de los mismos ni de manera diferenciada para los dos colectivos UTEDLT (administrativos y técnicos). Esta decisión se ha adoptado sin seguir el **cauce previsto** por el ET art.41 por lo que se confirma la nulidad de la medida por incumplimiento de los requisitos de forma exigidos. Descarta que se trate de la ejecución de la TS 29-1-19, Rec 33/17, ya que la misma solo resolvió la determinación del límite máximo global de objetivos, pero no entró a considerar la forma de distribución de dicho límite, por lo que esta debió seguir siendo la misma que venía aplicando la empresa hasta entonces.

En el mismo sentido se pronuncia la **TS 2-7-25, Rec 207/23**, al declarar que la **supresión unilateral** por la empresa de un **seguro de vida**, que tiene la condición de mejora voluntaria de la acción protectora de la Seguridad Social, en favor de los trabajadores adscritos a las concesiones de las autopistas R-4 y AP-36 en las que la empresa se subrogó, supone una MSCT. Reitera que la alteración sustancial o supresión de mejoras voluntarias de la acción protectora de la Seguridad Social, como es un seguro de vida en favor de los trabajadores, queda bajo el ámbito del ET art.41, aunque no se mencione expresamente en el mismo y sí en el ET art.83.2, por lo que han de entenderse incluidas en aquel tácitamente. La alteración sustancial de las mismas o su supresión, por tanto, es posible cuando concurran **causas justificativas** y se sigan los procesos negociadores y formales previstos, lo que correlativamente implica que **cuando no concurran** causas justificativas de la decisión empresarial la misma debe declararse injustificada. **474**

Asimismo, la **TS 4-7-25, Rec 81/24** declara que constituye una MSCT la supresión del complemento de horas de presencia o dispositivo de localización, y dado que no se ha acudido al trámite previsto legalmente (ET art.41), se decreta su nulidad. Consta que los trabajadores del servicio urgente de ambulancias del medio rural percibían el **complemento horas de presencia o dispositivo de localización** como compensación a la jornada que realizaban en el régimen de atención permanente en turnos de 24 horas, alternando servicios presenciales y de espera en su domicilio. La **supresión** del complemento trae causa de los propios términos del pliego de licitación establecidos por el Gobierno de Aragón del servicio adjudicado a la empresa demandada, acordes con el cambio de criterio jurisprudencial operado en la TS Pleno 17-2-20. Se declara que, para la supresión, aunque traiga causa de los propios términos del pliego de licitación, la nueva adjudicataria del servicio debió acudir al trámite del ET art.41, al concurrir **causas organizativas**. El no haberlo hecho así, supone la nulidad de la medida. **476**

Consideración del tiempo de comida como tiempo de descanso La **TS 23-9-25, Rec 105/23** desestima la demanda y declara la justificación de la MSCT. La cuestión suscitada en el recurso de casación consiste en determinar si el **tiempo de comida** de las personas trabajadoras debe ser computado como **de presencia o** como tiempo **de descanso** en los supuestos en los que se permite la desconexión del radioteléfono y aquellas no tienen que estar pendientes del servicio, no existiendo previsión convencional sobre la consideración de dicho tiempo como de presencia. **479**
La Sala IV, en lo que ahora interesa, analiza si la **decisión unilateral de la empresa**, tras la **negociación infructuosa** para la MCST es o no ajustada a derecho. Concluye que la decisión empresarial de MSCT, en cuanto **garantiza la desconexión plena** de quienes realizan pausa para comida según queda acreditado, merece la calificación de justificada, en los términos previstos por la LRJS art.138.7, por adoptar medidas acordes a las normas legales y convencionales directamente aplicables. Al efecto, se constata que la negociación ha sido desarrollada con el comité de empresa, tras la aquiescencia al respecto de las secciones sindicales de la empresa; la mercantil ha facilitado la totalidad de la documentación requerida por la representación legal de los trabajadores para que tuviera cabal conocimiento de los motivos, razones y propuestas para y sobre la pretendida modificación; se ha desarrollado una negociación entre las partes, sin que haya existido ningún tipo de mala fe en la negociación por ninguna de las partes; la decisión que finalmente adopta la empresa ante la falta de acuerdo se ajusta a las previsiones legales y convencionales, y no ha existido ninguna vulneración de derechos fundamentales.

Descuelgue o procedimiento de modificación sustancial Existen en el periodo analizado diversos pronunciamientos relacionados con modificaciones sustanciales de las condiciones de trabajo MSCT (ET art.41) y con el «descuelgue» (ET art.82.3), por lo que procede recordar la jurisprudencia que ha clarificado las **diferencias y semejanzas** entre una y otra. Así, las causas son similares, pues en ambos casos se pretende buscar una solución a un problema por el que atraviesa la empre- **482**

sa que se traduce en dificultades económicas o sencillamente en su falta de competitividad, productividad o en necesidades de organización técnica o del trabajo en la empresa.
La **lista de materias** susceptibles de modificación sustancial es abierta, siendo ejemplificativa la contenida en el ET art.41.1; el elenco de materias respecto de las que cabe la inaplicación es cerrado. Las dos tablas son casi coincidentes, si bien el ET art.82.3 menciona las mejoras voluntarias de la Seguridad Social, cuya referencia se omite en el ET art.41. Sólo los **cambios en las condiciones de trabajo** que tengan carácter sustancial quedan sometidos al procedimiento previsto en el ET art.41. Sin embargo, todas las alteraciones de las condiciones de trabajo previstas por el convenio, sean sustanciales o no, deben quedar sometidas al descuelgue. El empresario ha de acudir al procedimiento previsto en el ET art.41 cuando pretenda modificar condiciones de trabajo reconocidas a los trabajadores en el contrato de trabajo, en acuerdos o pactos colectivos o disfrutadas por éstos en virtud de una decisión unilateral del empresario de efectos colectivos. Por el contrario, la modificación de las condiciones de trabajo establecidas en los convenios colectivos debe realizarse conforme a lo establecido en el ET art.82.3 (ET art.41.6). Por tanto, **no** cabe la posibilidad de utilizar el **mecanismo** de la modificación sustancial de condiciones de trabajo para conseguir la alteración de las establecidas en convenios colectivos estatutario.

485 En aplicación de la anterior doctrina, la **TS 28-1-25, Rec 45/23** confirma la **nulidad de la modificación sustancial de condiciones de trabajo colectiva** reflejada en el acuerdo de 24-6-2022 alcanzado entre la empresa y la representación de los trabajadores en el seno de un proceso de negociación de MSCT, en cuanto supone la **modificación del convenio colectivo**, de naturaleza estatutaria, que se venía aplicando entre las partes. El acuerdo contraviene lo dispuesto en el ET art.41.6 en cuanto que debería de haberse sometido al procedimiento del ET art.82.3, en razón, a la naturaleza jurídica de aquel convenio colectivo y su situación de ultraactividad. Solución de aplicación, aunque la MSCT sea fruto del acuerdo alcanzado con la comisión representativa de los trabajadores constituida conforme al ET art.41.3 para negociar la propuesta de la empresa. Las consecuencias jurídicas anudadas a las MSCT que alteran lo pactado en convenio colectivo estatutario, se producen al margen de que pudieren contar con la conformidad de los representantes de los trabajadores.

487 Asimismo, la **TS 8-4-25, Rec 98/23** declara la **nulidad de la modificación** del régimen de imaginarias llevado a cabo por la empresa Vueling Airlines SA mediante la imposición de las llamadas **«imaginarias de aeropuerto»**. Se analizan los preceptos convencionales de aplicación y el Manual de Operaciones, a la luz de la normativa europea. Resulta que el convenio en ningún caso contempla la regulación de las llamadas «imaginarias de aeropuerto» que, por el contrario, sí regula el Manual de Operaciones. Concluye que el **convenio** no puede ser alterado por el **Manual de Operaciones** puesto que lo contrario supondría cambiar lo convenido, dejando en manos de una de las partes contratantes el cumplimiento de lo acordado. En definitiva, el Manual de Operaciones solo puede establecer regulaciones operativas dentro del marco negociado en el convenio, sin alterar condiciones laborales pactadas.
Por otra parte, se establece que la decisión de la empresa de imponer esas guardias o imaginarias de presencia en el aeropuerto debió articularse –dada su entidad– por la vía del ET art.82.3 en relación con el art.41 del mismo cuerpo legal, a través de la adopción de una medida de descuelgue. La imposición de ese sistema con un régimen de desempeño diferente del pactado para el resto de imaginarias es una modificación que –en sí misma– implica una **alteración del régimen jurídico del tiempo de trabajo** pactado en el convenio colectivo, aunque sea de modo tangencial, proyectándose sobre todos los TCPs de la empresa. Esa condición que la empresa ha impuesto unilateralmente por la vía de lo previsto por ella en el Manual de Operaciones no es posible o, ya que ello contraviene lo pactado en el convenio colectivo, que contempla con carácter general para las imaginarias un mayor margen de incorporación al servicio, sea donde quiera que sea que se desarrolle la disponibilidad.

Descuelgue del pacto extraestatutario También merece destacar la **TS 8-4-25, Rec 161/23** en la que la controversia suscitada se centra: 490
- en primer lugar, en determinar si la acción ejercitada estaba caducada; y,
- en segundo lugar, si el acuerdo adoptado en el SIMA, entre la empresa y el sindicato codemandados, es nulo por no haberse utilizado el cauce del descuelgue del convenio colectivo previsto en el ET art.82.3.

En cuanto a la primera cuestión, consta que el sindicato demandante ejercita la acción de impugnación del acuerdo suscrito ante el SIMA, lo que conlleva que ha de aplicarse el **plazo de caducidad** previsto en la LRJS art.67, de 30 días hábiles, siguientes a aquel en que se adoptó el acuerdo. Para los posibles perjudicados el plazo contará desde que lo pudieran haber conocido. En este supuesto no había transcurrido el plazo de caducidad de 30 días hábiles. Respecto a la segunda cuestión, se reitera la desestimación. Y ello porque **no** procede acudir al **trámite del descuelgue** para la inaplicación de un pacto extraestatutario, cual es el caso. El trámite del descuelgue del ET art.82.3, sólo es exigible en relación con los convenios colectivos del Título III del Estatuto de los Trabajadores –convenios estatutarios–.

Indemnización por daños y perjuicios En la **TS 24-6-25, Rec 591/24** se cuestiona la **cuantificación** de la indemnización de daños y perjuicios, no discutiendo que procede su abono, derivada de la **declaración de nulidad** de la MSCT de carácter colectivo, impuesta unilateralmente por la empresa sin seguir el procedimiento del ET art.41. 493

La Sala IV sostiene que los criterios para fijar los daños morales causados en supuestos de vulneración de derechos fundamentales son de aplicación a las situaciones jurídicas en las que el acreditado daño moral se genera por una actuación de la empresa que es contraria a normas legales o convencionales de legalidad ordinaria. Ahora bien, en este supuesto, el daño moral no puede presumirse y corresponde al demandante la **carga de probar** su existencia, a diferencia de los de vulneración de derechos fundamentales. Por tanto, una vez probada la existencia del daño moral por parte del perjudicado, pueden aplicarse en su resarcimiento los **mismos criterios**, modulando la cuantía de la indemnización en función de la naturaleza del derecho vulnerado que condiciona la gravedad del daño causado. La sentencia recurrida, que acude a la LISOS para fijar prudencialmente el importe de la indemnización por los indiscutidos y acreditados daños morales sufridos por los demandantes, en la cuantía de 400 €, resulta ajustada y proporcionada a los perjuicios sufridos por los trabajadores en su vida personal y familiar durante el tiempo en el que han estado sometidos a la modificación sustancial de condiciones de trabajo acordada unilateralmente por el empleador, que resulta finalmente contraria a derecho. Desde esa perspectiva jurídica, la irregular actuación de la empresa afecta por igual a todos los trabajadores demandantes, por lo que resulta razonable y adecuado fijar una **misma cuantía indemnizatoria para todos los afectados**, por resultar demasiado difícil la prueba de su exacto e individualizado importe en cada uno de los casos en función de las circunstancias personales de cada trabajador.

Mala fe en la negociación La **TS 1-4-25, Rec 152/23** confirma la declaración de nulidad de la decisión de la empresa de aplicar diversas modificaciones sustanciales de condiciones de trabajo de carácter colectivo, una vez finalizado sin acuerdo el periodo de consultas con la representación de los trabajadores, consistentes en suprimir el incentivo, cambiar el horario y trabajo en festivos y el sistema de dietas. 496

La empresa ha alegado la existencia de **razones organizativas** que justificarían su decisión, que sin embargo no han quedado en ningún caso acreditadas siendo que la verdadera causa de la decisión empresarial es la motivación económica destinada a **reducir gastos**. Causa económica que no ha sido adecuadamente planteada en el periodo de consultas, por lo que la actuación de la empresa **empresa incurre en mala fe** durante la negociación. Además, y por lo que se refiere a la supresión del incentivo, resulta que esta concreta decisión afecta a una materia que se encuentra regulada en diversas normas con rango de convenio colectivo de carácter estatutario por lo

que la empresa debió de seguir el procedimiento de descuelgue previsto en el ET art.82.3, que no el de MSCT del ET art.41.
En consecuencia, no se trata de modificar una simple condición más beneficiosa, sino de incidir en una materia que se encuentra regulada en normas colectivas de naturaleza estatutaria, para alterar su contenido y disponer un nuevo régimen jurídico diferente al contemplado en la misma.

499 **Modificación en el contexto de una subrogación empresarial** La **TS 13-11-25, Rec 174/24** desestima la demanda de **conflicto colectivo** en un contexto de subrogación empresarial, en el que la cuestión a decidir consiste en determinar si la empresa subrogante –DISU SLU– debió acudir al procedimiento del ET art.41, de **MSCT** para adoptar la medida de **trabajar los sábados por la tarde** también al **personal procedente de la empresa subrogada** –empresa Superberriak–. Para ello, debe tenerse en cuenta que, en el proceso de negociación de la subrogación, la nueva empresa había **pactado** con los representantes legales de las personas trabajadoras procedentes de la antigua empleadora la aplicación de las mismas condiciones laborales colectivas establecidas para sus trabajadores, en los centros y tiendas de Araba y Bizkaia, que sí trabajaban los sábados por la tarde, y en dicho acuerdo se dejaban sin efecto cualesquiera **condiciones laborales previas** que pudieran existir, con excepción de los salarios, que serían respetados con carácter individual. La comunicación de la empresa DISU de adoptar la medida de trabajar los sábados en aplicación de dicho acuerdo es posterior a este. Los términos y conceptos empleados en el acuerdo, cuya naturaleza colectiva y eficacia vinculante no se cuestiona, permiten entender que se produjo una adhesión de los trabajadores procedentes de Superberriak a las condiciones laborales colectivas aplicables en la empresa subrogante (DISU), en las condiciones indicadas.
En consecuencia, se estaba admitiendo la posibilidad de que **la empresa pudiera alterar** las condiciones que tenían con anterioridad de no abrir los sábados por la tarde. Por tanto, la representación de los trabajadores estaba aceptando la posibilidad de cambio de horario y, con ello, la posibilidad de trabajar los sábados por la tarde. En definitiva, la medida de trabajar los sábados, sin perjuicio de constituir una modificación sustancial, queda fuera del ET art.41, puesto que supone la aplicación de un acuerdo previamente negociado.

502 **Regularización de una situación de incumplimiento de ciertas normas** Es interesante la **TS 22-9-25, Rec 45/24** que casa y anula la sentencia recurrida y desestima la demanda en la que se pretendía la declaración de nulidad de la **MSCT colectiva**, concluida **con acuerdo** entre la empresa y la representación de los trabajadores. El hecho de que una empresa venga incumpliendo ciertas normas (en el caso el preaviso para la realización de jornada irregular), no impide que pueda luego **regularizar** dicha situación mediante una modificación sustancial concluida con acuerdo, teniendo como causa justificadora las **necesidades organizativas** que genera el cambio de situación.
La Sala IV se refiere a las **facultades de revisión de la autoridad judicial** con relación a un procedimiento de negociación como el presente, culminado con acuerdo en el seno de una MSCT de carácter colectivo, concluyendo que, al ponerse en cuestión la existencia misma de la causa invocada por la empresa empleadora, en cuanto se niega que sea susceptible de calificarse como económica, técnica, organizativa o de producción, los órganos judiciales pueden hacer efectiva su facultad revisoria y de garantía, cuya avocación resulta aún más clara si se considera que el proceso negociador terminó con un acuerdo en el seno del banco social. Esto es, la afirmación de que se ha adoptado la medida sin causa real sitúa la controversia en el ámbito del control objetivo, para determinar si en efecto concurría aquella, es decir, si las partes negociadoras han basado su decisión bien en una realidad inexistente, bien en base a una calificación jurídica errada, de forma que se impida un resultado no querido por el ordenamiento jurídico, al margen de la intención de las partes. Entrando en el fondo del asunto, sostiene el Tribunal Supremo que existe **causa justificadora de la modificación**, considerando como tal, la adecuación de la organización de la

empresa para superar una previa situación en la que se incumplen normas jurídicas. Por tanto, al normalizar la situación, ajustándola a los parámetros legales, se ha generado una situación que puede ser calificada como alguna de las causas económicas, técnicas, organizativas o de producción que justifica una MSCT. Tampoco se ha objetivado ningún elemento que lleve a calificar la decisión como arbitraria o desproporcionada. Y, si bien puede que la empresa tuviera a su disposición otras vías para regularizar la situación, legalmente posibles, la elección de una de ellas implica el tipo de facultad empresarial, no susceptible de revisión.
La **decisión empresarial** ha incidido solo en los **plazos de preaviso** en la distribución irregular de la jornada, sin alterar, de hecho, la retribución que se venía percibiendo, al garantizarse como mínimo el 75% del salario y añadir un complemento por disponibilidad. En las referidas condiciones, no se aprecia ningún factor que permita desvirtuar la presunción de justificación contenida en el ET art.41.4.b.

Suspensión colectiva de los contratos de trabajo: caducidad de la acción La cuestión suscitada en la **TS 3-4-22, Rec 122/23** se centra en decidir si está caducada la acción ejercitada en impugnación de la decisión empresarial de suspensión de los contratos de fijo discontinuo de los trabajadores afectados por el conflicto, por considerar que se ha infringido el ET art.138.1 y 59.1. 505
La Sala IV reitera que la doctrina relativa a la caducidad de la acción en impugnación de modificación sustancial de condiciones de trabajo, anteriormente reseñada, es de aplicación a todas las materias o pretensiones aludidas en el ET art.138, tanto cuando haya sido iniciada y adoptada la medida empresarial siguiendo los trámites legalmente previstos en el ET art.41 o 47, como cuando se haya omitido absolutamente el procedimiento establecido, concluyendo que el **plazo de caducidad** comienza desde que se notifica a la representación de los trabajadores la decisión combatida. Pues bien, en el caso, suspender los contratos de los trabajadores fijos discontinuos es una medida empresarial que debió someterse a las exigencias formales contempladas en el ET art.47, y esta decisión es perfectamente reconocible como de las que ha de tramitarse por la vía de la LRJS art.138. Asimismo, fue debidamente notificada a la representación de los trabajadores que quedó perfectamente informada de la **intención empresarial** en la reunión que mantuvieron y comunicada a todos los trabajadores en dos ocasiones. Era patente que tal medida de suspensión de contratos estaba siendo adoptada fuera de los márgenes del ET art.47, que era una decisión firme y no quedaba pendiente de negociación con el comité, por lo que la representación de los trabajadores pudo accionar sin duda alguna a partir de esa fecha de 8-4-2022. No lo hizo sin embargo hasta el día 12-1-2022, cuando la acción ya estaba caducada.

Vigencia de medidas tras la fusión por absorción Indudable interés presenta la **TS 1-7-25, Rec 36/24**, en la que se cuestiona la vigencia de las MSCT, tras la fusión por absorción de la empresa CCS por parte de Global Rosetta SL. En diciembre de 2014, la absorbida CCS pactó con los representantes de los trabajadores determinadas MCST, que incluían entre otras, la **congelación salarial** sujeta al EBITDA. 508
La Sala IV, en relación con lo que ahora interesa, declara, en aplicación del ET art.44 y la doctrina del TJUE, la vigencia del acuerdo y la referencia del EBITDA con respecto a la empresa absorbente. Los efectos objetivos analizados han de ser respetados, sin que la **fusión por absorción** suponga dejar sin efecto el mentado acuerdo, ni siquiera parcialmente, puesto que, persistiendo las mismas condiciones de trabajo, el EBITDA a tener en cuenta a partir de la fusión debe ser el de la empresa absorbente. Tampoco hay datos objetivos que demuestren la intención de dejar sin efecto, vaciando el contenido de lo pactado. El mantenimiento de la referencia al EBTIDA, en este caso, vinculado a la nueva empresa absorbente y sucesora no tiene necesariamente por qué perjudicar a los trabajadores por el hecho de la transmisión. Lo que puede perjudicar a los trabajadores en este caso (o no) es la situación económica de la compañía existente en cada momento, pero no el indicador que permita conocer el concreto estado de dicha situación.

14. Plan de igualdad

515

517 **Conducta impeditiva de la empresa** La **TS 11-11-25, Rec 79/24** declara la vulneración del derecho a la libertad sindical del sindicato demandante, en su vertiente de negociación colectiva, consecuencia de la conducta impeditiva de la empresa que **impide la aprobación del Plan de Igualdad**.

Consta que la demandada no proporcionó la documentación ni la información requerida y mantuvo una actitud obstativa de la negociación durante un prolongado lapso temporal. Así, no aportó un registro retributivo válido puesto que no constaban las cantidades efectivamente percibidas y el formato y desglose de las diferentes aportaciones no permite su análisis ni cumplir su objetivo. La metodología utilizada por la empresa no permite identificar las diferencias que pudieran existir. Se carece de la información relativa a la descripción de puestos de trabajo que ha servido de base para su realización. Además, para el **cálculo de la remuneración total** no se han tomado en cuenta las percepciones extrasalariales, aunque han sido objeto de análisis individual, falta información sobre la dimensión de la empresa, su estructura y dispersión geográfica y en materia de selección y contratación, entre otros.

519 **Inscripción y registro de plan de igualdad** En las **TS 20-12-24, Rec 88/24 y Rec 265/23** se reitera que opera el silencio administrativo positivo por el transcurso de 3 meses respecto de la solicitud de inscripción y registro del Plan de Igualdad de empresa (PIE), siguiendo el criterio de la TS Pleno 11-4-24, Rec 258/22.

Cuando se dictó la resolución expresa denegatoria, había transcurrido el plazo de 3 meses establecido por la LPAC art.24.1, por lo que la solicitud de inscripción debe considerarse estimada por **silencio administrativo positivo**, lo que impide que posteriormente se dicte una resolución administrativa expresa denegatoria que contravenga lo estimado por silencio administrativo positivo. En consecuencia, la **resolución administrativa** desestimatoria extemporánea carece de eficacia jurídica. Todo ello lleva a admitir la solicitud de inscripción y registro del Plan de Igualdad.

521 **Legitimación para negociar: grupo de empresas nacional** La **TS 11-12-24, Rec 219/22** estima que el sindicato demandante, Confederación Intersindical Galega (CIG), no debe formar parte de la mesa negociadora del II Plan de Igualdad del grupo de empresas nacional demandado, en razón de la representatividad que ostenta conforme a las normas legales y convencionales de aplicación. El ET art.87.4 otorga legitimación para negociar los convenios colectivos de ámbito estatal a los **sindicatos de comunidad autónoma** que tengan la consideración de **más representativos** conforme a lo previsto en la LOLS art.7.1, como sería el caso del sindicato demandante.

Pero la Sala IV ya ha dicho que esta previsión legal no es de aplicación en la **negociación de los convenios colectivos de grupo de empresa**, ni puede por lo tanto extenderse a los planes de igualdad en ese mismo ámbito. La legitimación para negociar reclamada no encuentra en consecuencia apoyo en las normas legales de carácter general que regulan la materia dado que el sindicato afectado ostenta la condición de más representativo a nivel autonómico, pero no a nivel estatal, ni tampoco alcanza el 10% de representantes unitarios en el ámbito del grupo empresarial, por lo que no puede formar parte de la mesa negociadora. A lo que se añade que lo dispuesto en el convenio colectivo no altera el régimen legal en esta materia puesto que no se trata del supuesto de hecho que contempla el ET art.85.2.b), facultad ésta dirigida a la **negociación de los planes de igualdad** de las empresas, que no a los de ámbito superior. En el caso de autos, el derecho reclamado por el sindicato es el de negociar directamente el plan de igualdad del grupo de empresas.

Plan de igualdad elaborado por la empresa ante la ausencia de representación legal Se han dictado varias resoluciones que reiteran doctrina relativa a la validez del Plan de igualdad de ámbito empresarial (PIE), elaborado de forma unilateral por la empresa ante la dificultad de contar con interlocutor válido para su negociación, debido fundamentalmente a la prolongada o parcial incomparecencia sindical. 523
Siguiendo el criterio de asuntos precedentes, la **TS 20-12-24, Rec 82/24** declara la validez y por tanto la inscripción de un PIE elaborado por una **comisión designada al efecto**, ad hoc, ante la dificultad de contar con interlocución sindical en una empresa que carece de representación legal de quienes trabajan, al tratarse de un supuesto subsumible en la excepcionalidad apuntada por las sentencias TS 13-9-18, núm 832/18, 26-1-21, núm 95/21 y 25-5-21, núm 571/21. Se trata de una situación excepcional derivada de la **imposibilidad de constituir una comisión negociadora** con la representación sindical.

En el mismo sentido se pronuncia la **TS 20-12-24, Rec 168/24**, que estima que debe inscribirse y registrarse el PIE elaborado por la mercantil empleadora y algunos trabajadores ante la dificultad de contar con un interlocutor sindical para su negociación, al tratarse de un supuesto subsumible en la excepcionalidad apuntada. 526

Asimismo, la **TS 20-12-24, Rec 225/23**, ante la imposibilidad de constituir la comisión negociadora por parte de la representación sindical, valida la elaboración unilateral por parte de la empresa del PIE. La ausencia de acuerdo en la consecución del PIE no debe impedir que **acceda al registro**, aunque sin que ello suponga que la Autoridad Laboral, de manera obligada y acrítica, deba efectuar la inscripción y publicación del plan. Ello es así, con mayor razón, en supuestos en que sí ha habido negociación e incluso acuerdo, aunque la configuración del banco social no se acomodaba a lo querido por la norma reglamentaria. 528

También la **TS 20-12-24, Rec 108/24**, sostiene que el PIE –elaborado por la empresa ante la **prolongada incomparecencia sindical**– es un supuesto subsumible en la excepcionalidad indicada de forma que la ausencia de acuerdo con los (ausentes) sindicatos en la consecución del PIE no debe impedir que acceda al registro. 530

Registro de los planes de igualdad y control de legalidad La **TS 27-5-25, Rec 111/23** se pronuncia sobre el alcance del control que corresponde efectuar a la autoridad laboral en la inscripción o registro del **Plan de igualdad**. 532
La Sala IV reitera que el **control de legalidad** está reservado a los tribunales, de manera que a la autoridad laboral lo que le corresponde es realizar un control de aspectos formales. El legislador ha optado por que los planes de igualdad se registren con arreglo a la misma normativa y procedimiento aplicable a los convenios colectivos y ante el mismo órgano administrativo, de forma que un plan de igualdad **pactado colectivamente** es un producto de la negociación colectiva, no sujeto para su validez a una homologación por la autoridad Laboral, ni esta puede ejercitar funciones de control de la legalidad que no podría asumir tampoco si se tratase del registro de un convenio colectivo.
En el caso, se declara la nulidad de la resolución impugnada, que denegó la inscripción del Plan de igualdad, fundamentalmente por no ajustarse la composición de la comisión negociadora al RD 901/2020 y por no cumplir con la totalidad del contenido mínimo. La Sala fundamenta su decisión en que se trata de un plan de igualdad **negociado y pactado** con una comisión negociadora formada por dos miembros de cada uno de los sindicatos con representación en la empresa, y con un peso en votos proporcional a su representación por lo que el cuestionamiento de las reglas de legitimación para la composición de la comisión negociadora es materia propia de legalidad cuya decisión compete a los tribunales, sin que la autoridad Laboral pueda suplirles en dicha función por la vía de denegar el registro. En cuanto al otro ele-

mento objeto del control de la autoridad registrante, que es la obligación de incluir en el plan de igualdad una **auditoría retributiva**, se trata de nuevo de un control de legalidad que excede lo meramente formal.

535 **Vulneración del derecho a la negociación colectiva** La **TS 26-5-25, Rec 39/23** confirma la desestimación de la demanda del sindicato demandante, por vulneración del derecho a la negociación colectiva, declarando que la decisión de **no permitir al sindicato** formar parte de la **comisión negociadora de un plan de igualdad** de Grupo de empresas (no laboral), por carecer de legitimación para negociar, al no reunir el 10% de representación exigido por la norma legal, es adecuada a la legalidad vigente. La **legitimación para negociar** el Plan, **con anterioridad** a la entrada en vigor del RD 901/2020, es la exigida en el ET art.97, que regula la legitimidad para la negociación colectiva. En ningún momento se ha vulnerado el derecho a la negociación colectiva de la central sindical, ni en un primer momento en el que se le permitió la negociación por acuerdo entre quienes estaban legitimados para ello ni posteriormente cuando se cierra la negociación de la comisión negociadora anterior y se constituye una nueva comisión de acuerdo con las previsiones del RD 901/2020, de la que CSIF no podía legalmente formar parte, por no acreditar la representatividad exigida para estar legitimada de cara a la negociación. La nueva comisión negociadora del plan de igualdad quedó **perfectamente constituida** por quienes estaban legitimados para dicha negociación, entre los que no se encontraba la recurrente.

15. Prescripción

540

542 **Aportación económica: empresas que han activado despidos colectivos que afectan a personas trabajadoras de más de 50 años** Se plantea si se ha producido o no la prescripción del derecho de la Administración (SEPE) para exigir de la empresa demandante la realización de la aportación que contempla el **RD 1484/2012** en los casos de empresas que han activado despidos colectivos que afectan a personas trabajadoras de más de 50 años y obtienen **beneficios**, y en concreto cual es el **día de comienzo** del plazo prescriptivo. La **TS 3-4-25, Rec 132/23** confirma la estimación de la demanda de la empresa, dejando sin efecto la resolución impugnada, al apreciar la prescripción de la acción por haber transcurrido más de los 4 años legalmente previstos sin que se hubiera dado ningún supuesto de interrupción de aquella (LGP art.15.1 a y RD 1484/2012 art.7.e). La parte recurrente estando conforme con el plazo prescriptivo de aplicación de 4 años y discrepando sólo del dies a quo (día de comienzo del plazo) fija ese momento en una fecha que no se ha tenido por probada, ni aparece citada en lugar alguno por la sentencia del TSJ.

544 **Interrupción de la prescripción por una sentencia previa de conflicto colectivo** Se han planteado diversas cuestiones relacionadas con la interrupción de la prescripción en el ejercicio de una acción individual por una previa sentencia de conflicto colectivo. La tramitación de un proceso de conflicto colectivo no solo paraliza los procedimientos individuales ya iniciados sobre el mismo objeto, sino que sirve para interrumpir la prescripción de las acciones pendientes de ejercitar, siempre y cuando se den las condiciones de conexidad exigidas.

La **TS 29-1-25, Rec 964/22** sostiene que un determinado conflicto colectivo que acabó con la TS 19-5-10, Rec 42/09, por la que se reconoció el cómputo de todos los períodos de trabajo temporal a efectos de antigüedad, con independencia del período de interrupción existente entre uno y otro contrato, produjo el efecto de interrumpir la prescripción de las **acciones de atrasos por diferencias salariales** en el cómputo de la antigüedad que se reclaman en el presente procedimiento, lo que supone que deben tenerse en cuenta los períodos trabajados mediante contratos formativos. Se analizan las diversas sentencias de conflicto colectivo dictadas en relación a la antigüedad en Telefónica, concluyendo que, en el ámbito de los contratos temporales afectados por los anteriores conflictos, deben entenderse incluidos también los **contratos formativos**, por lo que el fallo de la aludida sentencia resultaba aplicable directamente a dichos contratos. El contrato en prácticas o formación es una modalidad de contrato temporal, equiparable a los efectos postulados al contrato temporal genérico. Por tanto, el primero de los conflictos colectivo, al comprender la reclamación aquí sostenida por los actores, ya interrumpió la prescripción de conformidad con lo establecido en el CC art.1971, con relación al ET art.59.

También, respecto a la interrupción de la prescripción por la **interposición de una demanda de conflicto colectivo**, se pronuncia la **TS 14-1-25, Rec 1765/23**. En este supuesto se reconoció la vulneración del derecho a la igualdad retributiva y se ordenó al Ayuntamiento de Sevilla indemnizar a la demandante con 300 € por daños morales, con base en que la trabajadora fue contratada en virtud de un contrato temporal anudado a programa de fomento del empleo y a la que no se le aplicó el CCol del Ayuntamiento demandado. Se reitera que el procedimiento de conflicto colectivo **paraliza el trámite de los individuales** ya iniciados sobre el mismo objeto, e interrumpe la prescripción de las acciones individuales que puedan ejercitarse con ese mismo contenido, tanto de las ya activadas como de las que pudieren formularse en el futuro, si el trabajador está dentro del ámbito territorial y subjetivo del conflicto, volviendo a correr el plazo desde la firmeza la sentencia de conflicto colectivo. **547**
En el caso, la **acción individual de tutela de derechos fundamentales** está en relación de conexidad con lo declarado en el conflicto colectivo y la actora está incluida en el ámbito subjetivo y territorial del convenio colectivo municipal.

Interrupción de la prescripción por una sentencia previa colectiva en impugnación de convenio Las **TS 28-1-25, Rec 753/24 y 1-4-25, Rec 3247/23** desestiman la excepción opuesta por la demandada al considerar que la acción colectiva interrumpió la prescripción respecto a la acción individual de reclamación de las diferencias retributivas hasta la firmeza de la sentencia resolviendo la inaplicación de varios preceptos del CCol del sector de residencias y centros de día para personas mayores de la CAM. El **dies a quo** a tener en cuenta para el **cómputo del plazo** de prescripción de un año es el día coincidente con la firmeza de la sentencia de la Sala de lo Social del Tribunal Supremo. Se aplica similar solución de interrupción de la prescripción de la sentencia de conflicto colectivo cuando la articulada es una acción colectiva por impugnatoria, pues esta viene a producir efectos sobre los procesos individuales pendientes de resolución o que puedan plantearse –en todos los ámbitos de la jurisdicción– sobre los preceptos convalidados, anulados o interpretados objeto del proceso. Lo que lleva a situar el **punto final o dies ad quem** en la firmeza de la sentencia, en función de la finalidad propia de los procesos colectivos: evitar la iniciación de tantos procesos individuales como trabajadores afectados por la misma cuestión objeto de debate, así como la valoración de los principios de economía procesal y de interpretación restrictiva del instituto de la prescripción. **550**
El proceso individual resulta tributario de la decisión que se adopte en el de naturaleza colectiva. Inherente a la anterior consideración es la plena operatividad de la interrupción prescriptiva durante el mismo lapso de desarrollo de ambos procedimientos y hasta la firmeza del colectivo por impugnatorio. De esa forma, la **prescripción excluyente** quedó interrumpida tanto por el **procedimiento colectivo**, y hasta la firmeza de su resolución, como por las peticiones realizadas por la persona trabajadora frente a la empresa, ya de manera personal, ya a través de la representación de los trabajadores, constando perfectamente identificada en el listado presentado.

Reclamación salarial derivada de una cesión ilegal La **TS 26-2-25, Rec 133/22** se refiere a la prescripción de la acción de reclamación de salarios, por la **553**

diferencia entre el percibido en la empresa cedente y el que hubiera debido cobrar en la cesionaria, como consecuencia de una cesión ilegal. Se discute si el **día inicial** de la **prescripción extintiva** se produce desde que se devengan los salarios, sin necesidad de que se dicte una sentencia que declare la existencia de cesión ilegal.
La Sala IV casa y anula en parte la sentencia recurrida en el sentido de condenar solidariamente a los demandados a abonar las diferencias salariales existentes entre lo percibido y el salario correspondiente al grupo 4 del Convenio de la Administración General del Estado durante el periodo señalada y ello al entender que la reclamación salarial, sujeta al plazo del ET art.59, no está prescrita. Así, en la demanda se solicita que se declare la existencia de una **cesión ilegal** y se reclama la **diferencia salarial** del año anterior al cese. Y aunque la primera se ha presentado extemporáneamente, lo que implica que la actora no podrá optar por adquirir la condición de fija en la empresa cesionaria, sí que puede reclamar los salarios adeudados.
La interposición de una demanda declarativa de la existencia de una cesión ilegal no interrumpe la prescripción extintiva de las diferencias salariales, que se pudieron reclamar desde la fecha de su devengo. Debe operar la prescripción extintiva cuando la cesión ilegal finalizó en el pasado y el trabajador ejercita la acción reclamando la existencia de una cesión ilegal y las diferencias salariales cuando ha transcurrido casi un año desde que finalizó la cesión ilegal. Dicha acción declarativa y de reclamación salarial se pudo ejercitar mientras estuvo vigente la cesión ilegal dado que la reclamación salarial está sujeta al plazo de prescripción de un año del ET art.59.

16. Prevención de riesgos laborales

560 **Riesgos ergonómicos por el cierre de maleteros de aviones por los TCP** Especial relevancia presenta la **TS 3-4-25, Rec 27/23** que confirma la estimación parcial de la demanda de conflicto colectivo en materia de prevención de riesgos ergonómicos de la operación de cierre de maleteros en las **aeronaves Airbus 350**, por los TCP con condena a la empresa a las obligaciones que se establecen.
Respecto a la pretensión inicial, la AN si bien reconoce que la tarea conlleva **un sobresfuerzo y un riesgo laboral**, desestima la petición de declarar el derecho a no realizar la maniobra de cierre de los maleteros del avión Airbus 350 argumentando que, si los maleteros no se cierran, el avión no puede despegar y que no se trata de un riesgo grave e inminente que justifique tal medida. Respecto a la **solución técnica**, considera probado que podrían existir dispositivos de ayuda, pero no se ha demostrado que los existentes puedan implantarse en los A350 ya construidos.
Seguidamente se estima la pretensión relativa a las medidas de **control de peso del equipaje de mano**, condenando a la empresa establecer medidas de control de peso de equipaje de mano que los pasajeros lleven a la cabina que garanticen, tanto el cumplimiento del contrato suscrito con la adquisición del billete de viaje (máximo de 10 kg salvo Business que el máximo son 14 kg) como que los maleteros no sean cargados por encima del peso máximo señalizado en el propio maletero. La Inspección de Trabajo constató que **no existen mecanismos** de control de peso, por lo que la empresa demandada debe establecer mecanismos efectivos de control para prevenir el riesgo. El cumplimiento de las normas sobre peso máximo y características del equipaje de cabina es inerme si no se han proporcionado los medios para ello, en concreto para el control de peso, en el momento del embarque.
También se obliga a la demandada a establecer **medidas organizativas** de cumplimiento obligatorio para los trabajadores con función de sobrecargo a la hora de **distribuir el trabajo en la aeronave** que garanticen que el cierre de los maleteros con mayor riesgo ergonómico evaluado se realice por dos trabajadores o subsidiariamente bien por dos trabajadores bien por un trabajador con estatura adecuada, para garantizar también que los trabajadores de estatura inferior a 1,63 metros sean ayudados por otro trabajador para los maleteros de mayor altura o los que lleven un mayor peso. En relación con estas medidas organizativas se argumenta que, si bien

existen manuales y cursos de prevención, no se determinan obligaciones concretas para el sobrecargo en la dinámica del cierre de maleteros.
La Sala IV sostiene que ese texto especifica la medida que debe adoptar el sobrecargo con mayor precisión que la normativa interna de Iberia y por tanto no puede considerarse superflua, como sostiene la empresa. Por el contrario, si la empresa recurrente no está en desacuerdo con esa medida impuesta en la sentencia recurrida, el motivo de recurso carece de objeto procesal, puesto que la discusión sobre si realmente se está aplicando efectivamente ya no corresponde a esta fase declarativa del proceso.

Asimismo, se estima la pretensión dirigida a que **se vuelva a evaluar** el riesgo ergonómico que puede implicar el **nuevo equipo de trabajo** (uniformes de TCP) adoptando las medidas oportunas a este respecto tras realizar dicha evaluación. Se fundamenta en que Iberia reconoce defectos en la uniformidad y está en proceso de modificación y la Ley de Prevención de Riesgos Laborales exige la actualización de la evaluación cuando cambian las condiciones de trabajo, en este caso, la ropa. **564**
La Sala IV insiste en que la función del proceso judicial no es la de una inspección destinada a la detección de incumplimientos, sino la de resolver una discrepancia entre las partes sobre el alcance de sus recíprocos derechos y obligaciones, de manera que **si no existe tal controversia** y la recurrente está de acuerdo con la obligación que se le impone el recurso pierde su objeto procesal. El completo cumplimiento de lo mandado en el fallo en relación con este aspecto pertenece ya a otra fase procesal, como es la de la ejecución, si hubiera discrepancias al respecto y será en esa fase en la que el órgano judicial de instancia, si le es reclamado, tendrá que pronunciarse sobre si la obligación fijada en la fase declarativa del proceso, que al parecer no es controvertida ni en su existencia ni en su extensión, se ha cumplido o no por la empresa.

17. Relación laboral especial de deportistas profesionales

Carta de despido e indemnización En el marco de un despido por causas económicas y organizativas, acordado por el Club de Fútbol frente a su entrenador, se dirime en el **TS 4-6-25, Rec 2478/24**, sobre la suficiencia de la misiva extintiva, al sostener el trabajador que la misma carecía de concreción suficiente, lo que generaba indefensión, y abocaba necesariamente en la declaración de improcedencia del despido, con la correspondiente indemnización, conforme al Reglamento General de la Real Federación Española de Fútbol, que contempla la imposibilidad de trabajar en otro club durante la misma temporada. El TS examina si la carta en cuestión cumplía con los **requisitos** ex ET art.53.1.a, aplicable supletoriamente a la relación laboral especial regulada por el RD 1006/1985, a lo que da una respuesta negativa. **572**
Reiterando doctrina, recuerda que la carta debe **expresar la causa** del despido **con datos fácticos concretos** que permitan al trabajador conocer plenamente las circunstancias económicas u organizativas que motivan la extinción y articular su defensa, no siendo suficiente una referencia genérica o abstracta a la causa legal. En el caso concreto, la carta se limitó a mencionar la necesidad de extinguir el contrato por causas objetivas sin detallar las dificultades económicas o la situación negativa concreta de la empresa, incumpliendo así el requisito de concreción.
Sentado lo anterior, y en lo tocante a la indemnización, la sentencia consideró que, aunque el Reglamento de la Real Federación Española de Fútbol limita la actividad del entrenador en la misma temporada, existen excepciones que podrían permitirle trabajar en otro club, por lo que no se acreditó el derecho a una **indemnización mayor** que la mínima establecida en el RD 1006/1985 art.15, fijada en dos mensualidades. Por lo tanto, se declara la improcedencia del despido.

575 **Negociación colectiva en el deporte: sector del fútbol** Es interesante la **TS 24-6-25, Rec 8/24** en la que se analiza la negociación colectiva en el deporte, en concreto en el sector del fútbol, cuestionándose:
- si el **proceso negociador** y la constitución de una unidad de negociación para elaborar un convenio colectivo para la categoría de **fútbol masculino** de la llamada «Primera Federación de la Real Federación Española de Fútbol» (en adelante, «Primera RFEF») es conforme a derecho; y,
- si efectivamente se puede afirmar la **legalidad de un proceso electoral** para un convenio colectivo que rija exclusivamente la prestación laboral de los jugadores de **fútbol masculino** de dicha competición.

La Sala IV confirma la desestimación de la demanda de conflicto colectivo, en la que se solicitaba la nulidad del proceso negociador y un convenio único para todas las categorías no profesionales. Para ello, se analiza la normativa y la evolución legislativa y jurisprudencial y, en el ámbito específico de los deportistas, la nueva Ley del Deporte. Esta normativa aborda la legitimación contenida en el ET: legitima a cualquier sindicato constituido en la modalidad deportiva correspondiente que haya sido elegido por mayoría en votación secreta entre los propios futbolistas. Es decir, en principio, no basta la representación general (afiliación) sino que **los jugadores eligen directamente** quién les representa en la mesa, sobre la base que la legitimación de los sindicatos para plantear conflictos colectivos es muy amplia y está vinculada con la existencia de intereses colectivos de los trabajadores en juego y de una implantación suficiente de aquellos en el ámbito del conflicto.

Tras una profusa labor argumental, se rechaza la nulidad interesada, puesto que **no** se ha producido la preterición de algunos sindicatos en ese proceso ni la supuesta **discriminación del fútbol femenino**.

La desestimación se sustenta en las siguientes **razones**:

1. Son los negociadores los que eligen la unidad de negociación y su ámbito, y han elegido la liga masculina semiprofesional de fútbol, sin que conste otra razón para ello que no sea la de su especialidad por reciente creación.
2. Existe un convenio colectivo de fútbol profesional masculino y otro femenino en negociación.
3. El sindicato recurrente participa en la negociación de ese convenio de fútbol femenino sin reproche alguno a esa circunstancia ni postulando una negociación única para hombres y mujeres futbolistas.
4. Se evidencia una dinámica tradicional de negociación separada por sexos aceptada por las fuerzas sindicales.
5. En esa diferenciación no se constata intención discriminatoria alguna en orden a motivaciones de género en la promoción de elecciones para la negociación del convenio de fútbol masculino Primera RFEF.

18. Representación de los trabajadores

585 **Comité de Empresa Europeo** Sin duda, resulta de notable interés la **TS 17-10-25, Rec 6/24**, a propósito de los derechos de información y consulta de los Comités de Empresa Europeos (CEE) en el contexto de decisiones empresariales de carácter transnacional. El caso, centrado en el Grupo IAG (International Airlines Group), aborda la **obligación de consulta al CEE en procesos de reestructuración** que afectan a **varias jurisdicciones**, especialmente durante la **crisis** derivada de la **pandemia de COVID-19**. Esta relevante resolución no solo delimita el concepto de «cuestión transnacional» conforme a la Dir 2009/38/CE (que sustituyó a la Dir 94/45/CE) y su transposición en la L 10/1997 (reformada por la L 10/2011 para adecuar su texto a la Directiva), sino que también clarifica el papel y las competencias del CEE, las obligaciones de las empresas multinacionales y los derechos de los representantes de los trabajadores, en un contexto marcado por la evolución normativa europea y el impacto del Brexit.

Así, el conflicto que da origen a la sentencia se sitúa en el contexto de la crisis global provocada por la pandemia de COVID-19, que obligó a numerosas empresas multinacionales a adoptar **medidas de reestructuración laboral** de gran calado. El Grupo IAG, holding aeronáutico que integra a British Airways, Iberia, Aer Lingus, Vueling y LEVEL, con sede social en Madrid y operativa en Londres, emplea a más de 74.000 personas en 77 países y facturó en 2024 más de 32.000 millones de euros. Durante la pandemia, IAG implementó **ajustes laborales significativos**, especialmente en British Airways y Aer Lingus, que incluyeron reducciones de plantilla, ERTEs y modificaciones sustanciales de condiciones de trabajo.

El **Comité de Empresa Europeo (CEE) del grupo**, constituido en 2017 conforme a la L 10/1997 y al acuerdo publicado en el BOE 16-6-97, alegó que estas medidas tenían carácter transnacional y que, por tanto, la empresa estaba obligada no solo a informar, sino también a consultar formalmente al CEE antes de su adopción. La sentencia de instancia reconoció únicamente el derecho a la información, negando el de consulta. Sin embargo, el TS no comparte tal parecer y reconoce expresamente el **derecho del Comité a haber sido consultado**, conforme al acuerdo constitutivo del CEE, en relación con una situación **calificada como transnacional**. En efecto, la sentencia, en una elaborada decisión, reconoce que el derecho de participación del CEE se sitúa «en proceso de formación, todavía imperfecto en sus implicaciones en caso de incumplimiento», pero enfatiza que esa imperfecta maduración no desactiva su exigibilidad ni su protección judicial. Es decir, aunque la doctrina y la práctica aún discutan el catálogo completo de consecuencias jurídicas del incumplimiento (nulidad, suspensión, indemnizaciones, órdenes de hacer), el mínimo irrenunciable es el reconocimiento del derecho a la consulta conforme al acuerdo constitutivo, y la activación de los deberes informativos y consultivos cuando concurre transnacionalidad.

Así, el **parámetro interpretativo** se ancla en la finalidad de la Dir 2009/38/CE –garantizar la información y consulta en asuntos que trascienden el ámbito nacional– y en el principio de efectividad del Derecho de la UE: si hay diseño o impacto multinacional, el CEE debe estar en la mesa decisoria de forma oportuna y con contenido suficiente. Y, aunque la Sala no entra a sistematizar todas las posibles **consecuencias del incumplimiento**, sí produce un efecto práctico claro: al reconocer el derecho del CEE a la consulta «en su momento», conforme al acuerdo constitutivo, está fijando una **referencia temporal cualificada** (antes de la adopción formal de decisiones o en fase de elaboración sustantiva), y está proyectando **exigencias de cumplimiento** para futuras decisiones del grupo.

Por lo tanto, en esta sentencia, el Tribunal Supremo **refuerza el papel del CEE** como órgano de representación de los trabajadores a nivel europeo, estableciendo que la consulta no es un mero trámite formal ni una cortesía, sino una **obligación jurídica exigible**. La empresa debe facilitar información suficiente y en tiempo útil, permitiendo al CEE emitir un dictamen previo a la adopción de decisiones relevantes. La consulta no implica un derecho de veto, pero sí exige una interlocución real y efectiva, que debe ser tenida en cuenta por la dirección central.

19. Responsabilidad solidaria y grupo de empresas

En el marco de un conflicto colectivo en el sector estatal de empresas de gestión y mediación inmobiliaria, en el que figuraban como codemandadas dos concretas mercantiles, la **TS 27-11-25, Rec 66/25** abordó la **posible existencia de un grupo laboral** de empresas y, por ende, la **responsabilidad solidaria** en materia laboral entre ambas sociedades y, adicionalmente, si podía extenderse esa responsabilidad a una persona física vinculada a ellas. 595

En esta sentencia, la Sala IV rememora la **doctrina tradicional**, así como los elementos que han determinado que un grupo empresarial mercantil pueda ser considerado como un grupo laboral de empresas entre las cuales exista responsabilidad solidaria (funcionamiento unitario con confusión de plantillas, confusión patrimonial, unidad de caja, utilización fraudulenta de la personalidad, y uso abusivo de la dirección unitaria), recordando asimismo que la expresión «grupo patológico» queda reservada para los supuestos en que las circunstancias determinantes de la responsabilidad solidaria se enmarcan en el terreno de la ocultación o fraude. Sentado lo

anterior, concluye, en sintonía con el fallo combatido, que no existe el mismo, sino tan solo un **grupo mercantil de sociedades** que «comparten determinados centros de trabajo y que personal de la sociedad dominante ejerce funciones directivas en la sociedad dominada, lo cual obedece al cumplimiento de un contrato de servicios entre las dos sociedades, cuyo carácter fraudulento no puede presumirse, máxime cuando constan emitidas facturas a raíz del mismo y los auditores de las cuentas de la sociedad dominante avalan que los servicios se prestan a precio de mercado. Nos encontramos en un supuesto en el que no se acredita nada más allá de la existencia de una dirección unitaria entre empresas, la cual por sí sola no es suficiente para apreciar la existencia de un grupo de sociedades con responsabilidad solidaria a efectos laborales».
Tampoco alcanza la responsabilidad solidaria a la **persona física codemandada**, en la medida en que, formando parte de un órgano de dirección de ambas mercantiles, no contradice ninguna previsión legal.

20. Salario y régimen retributivo

605

607 **Ayudas de estudios** En la **TS 24-4-25, Rec 118/23** se cuestiona si las personas trabajadoras a quienes es de aplicación el CCol para las cajas y entidades financieras de ahorro tienen derecho a determinada interpretación de sus derechos en materia de ayudas para la formación, por estudios, establecidas en el art.57, en particular, para que tengan derecho a las prestaciones los **descendientes que cursen estudios en el extranjero**, sea curso completo o sea programa Erasmus, lo que supone una extensión de las ayudas por estudios.
La Sala IV confirma la desestimación de la demanda, al entender que la interpretación que efectúa la sentencia de instancia es acorde con la literalidad y el espíritu del precepto cuestionado. No procede una extensión genérica que incluya todas las posibilidades fácticas, sino que hay que ir al caso concreto para ver si **un Postgrado o un Erasmus** devienen necesarios para el desarrollo y formación del estudiante y se reputa razonable o necesario en su plan de estudios. En definitiva, ha de **analizarse caso por caso** y tomar la decisión pertinente, en función de las circunstancias objetivas que concurran y no solo por la voluntad unilateral de la persona beneficiaria.

610 **Cláusula de revisión salarial: IPC negativo** La **TS 7-5-25, Rec 34/23** interpreta el CCol de la Construcción y obras públicas de Gipuzkoa respecto a los **efectos**

del IPC negativo de 2020 sobre la cláusula de revisión pactada, en el art.19 sobre el salario, y en el anexo II sobre las dietas y kilometraje.
La Sala IV aplica y en parte, amplía doctrina previa en el sentido que, si el IPC es negativo y **no se pactó expresamente** nada al respecto, se entiende que su valor es igual a cero, de modo que no afecta al porcentaje pactado de subida y nada resta, de forma que el IPC negativo no puede aminorar el sumatorio en el que se integra. Los efectos de un IPC negativo en los **cálculos de revalorización** precisan de pacto expreso, y ello tanto si generan una disminución salarial como si disminuyen la subida pactada. Si no se pactó expresamente tal efecto de resta, no cabe otra cosa que tomarlo como de valor cero para que no tenga repercusión alguna en el resultado de la revisión salarial y de dietas y kilometraje.

Compensación en nómina de pagos indebidos Es interesante la **TS 21-5-25, Rec 119/23** que declara la legalidad de los descuentos realizados unilateralmente por la empresa en las nóminas de sus trabajadores, referidos a cantidades abonadas por el «**complemento handling**» que según la empresa se habrían **pagado en exceso** debido a un **error en el cálculo** del complemento. 612
La Sala IV argumenta que para que esta actuación sea lícita es necesario que no exista controversia sobre los excesos retributivos junto a la obligación de devolverlos. Estos requisitos están presentes en el caso examinado, lo que lleva a declarar la validez de la compensación que con carácter general efectuó la empleadora, sin prejuzgar los casos individuales que puedan plantearse. Esto es, se declara la legalidad de la compensación en las nóminas de los trabajadores de pagos indebidos realizados por la empresa con anterioridad cuando la **naturaleza indebida de tales pagos** no sea controvertida, de manera que la deuda de los trabajadores con la empresa pueda considerarse vencida, lícita y exigible. Ello no prejuzga posibles casos individuales en los que pueda existir una controversia concreta que pudiera impedir la compensación.

Compensación por comida en jornada partida La **TS 1-10-25, Rec 257/23** tiene por objeto determinar si es contraria a derecho la práctica de la empresa FREMAP que, para abonar la compensación por comida en jornada partida que contempla el convenio de la empresa por remisión a otro convenio, exige aportar factura o ticket a quienes trabajan a **jornada partida o con tardes de recuperación**, y, si el gasto excede de las cifras señaladas, solo abona la cuantía convenida. 614
Dado que la cuestión se centra en la interpretación de determinados preceptos del convenio de empresa, la Sala IV, tras exponer los criterios sobre interpretación de los convenios, afirma que la sentencia recurrida ha aplicado las reglas hermenéuticas que se derivan del CC art.3 y 1281 s. y sus conclusiones no se alejan de la lógica jurídica ni conducen a una solución irrazonable o absurda y que ha llevado a entender que no procede exigir tal justificante. La empresa asume, como regla general, en todos los casos de trabajadores que desempeñan una jornada partida, la **obligación de proporcionarles un servicio de comedor o un restaurante** en el que puedan realizar la comida, esto es, está obligada a proporcionarles la manutención en forma material, y, además, en aquellos casos en los que no se asuma esa obligación, en compensación por dicha falta de cumplimiento de la regla general, la empresa ha de abonar a los trabajadores que realizan jornada partida la cantidad prevista en el art.47 del convenio sectorial.
Se tiene en cuenta la TS 20-3-24, Rec 9/22, dictada para un supuesto semejante, pero no igual, pues en ella se analizaba dicha compensación por comida para los que **teletrabajaron** durante la pandemia.

Complemento de antigüedad: diferencias salariales por la realización de funciones de superior categoría En la **TS 28-1-25, Rec 2281/22** la cuestión se centra en determinar si el demandante tiene derecho al complemento de antigüedad, calculado sobre el salario que corresponde por la realización de funciones de superior categoría. Se trata de un trabajador, personal laboral fijo de la Junta de Andalucía, al que se le ha reconocido el derecho al abono de las funciones de 617 superior categoría, cuestionándose si debe excluirse o no de dicho importe el complemento de antigüedad.

La Sala IV, en interpretación del CCol del personal laboral de la Junta de Andalucía art.58, declara que el reconocimiento del derecho a percibir diferencias salariales por la realización de funciones superiores incluye las que correspondan al complemento de antigüedad calculado en base al **salario de las funciones efectivamente realizadas**. Este complemento retribuye, de naturaleza salarial de carácter personal, el tiempo de prestación de servicios en la administración pública andaluza. No existe en el convenio colectivo ninguna indicación respecto de la **relación entre la cuantía y circunstancias especiales** como la que nos ocupa –falta de reconocimiento del grupo profesional superior, pero realización efectiva de funciones comprendidas en el indicado grupo–. Además, el ET art.39.4 establece que el derecho a las retribuciones de los trabajos de categoría superior se adquiere en principio por el desempeño de las mismas, no pudiendo quedar sin efecto porque formalmente la atribución de esas funciones se haya realizado por el órgano administrativo que no tiene esta competencia en materia de personal, pues de lo contrario se estaría produciendo un enriquecimiento sin causa.

620 **Complemento de antigüedad: retroactividad** En la **TS 25-2-25, Rec 4491/22** se reclaman diferencias en el abono del complemento de antigüedad tras dictarse sentencia en proceso de conflicto colectivo que impone el abono del citado complemento conforme a lo establecido en el Convenio Colectivo para 2010-2016 art.11, estando firmado y no publicado el posterior convenio colectivo que, teniendo efectos retroactivos, modifica la cuantía del citado complemento.

La Sala IV decide que procede el **abono de las diferencias** hasta la publicación del nuevo convenio. Durante el tiempo que reclama el demandante se encontraba vigente el convenio colectivo que había sido declarado nulo por conculcación de la Const art.11 y 30. Por tanto, en esa época, y hasta que entra en vigor el nuevo convenio estaba **vigente el precedente**. Los **efectos retroactivos** del nuevo pacto colectivo se retrotraen en todo lo positivo, pero en modo alguno pueden cercenar los derechos que se iban devengando día a día por el trabajador mediante el tracto sucesivo que es el contrato de trabajo. Si expresamente se dispone la **reducción de un complemento** por el nuevo convenio es admisible que ello proceda, pero tiene que estar expresamente establecida la retroactividad con efecto respecto a la anterior fórmula económica de abono. Por tanto, no estableciéndose en el convenio colectivo de 2019 sino el efecto de las retribuciones a enero de 2017 (art.2), la interpretación que deba realizarse es siempre de retroacción de aquello que incremente y mejore las retribuciones, no de lo que las limite o restrinja; máxime cuando los trabajadores están reclamando un derecho ya consolidado, generado bajo la vigencia del citado convenio colectivo, y cuando las **previsiones del nuevo convenio** han sido otras y de peor condición que las estipuladas en el precedente y bajo el cual estuvieron causando las cantidades que ahora reclaman.

623 **Complemento de turnicidad: reducción de jornada por guarda legal** Las **TS 14-1-25, Rec 1038/23 y 8-4-25, Rec 2447/23** confirman que la reducción de jornada del 50% por razones de guarda legal con cuidado directo de un menor de 12 años, cuando la trabajadora sigue prestando servicios en turnos de mañana, tarde y noche, no conlleva una reducción proporcional de la cuantía del complemento de turnicidad, debiendo percibir ese plus en su integridad. Se reitera la incidencia que tiene la reducción de jornada al amparo del ET art.37.6.d) en los complementos salariales: cuando tiene lugar una reducción de jornada por guarda legal con cuidado directo de un menor de 12 años, la disminución proporcional del salario solo debe afectar **al salario base y a los complementos salariales** que estén vinculados a la **duración de la jornada**, como el plus de productividad o la prima variable de conducción de los maquinistas. Por el contrario, los **complementos salariales que no dependen del tiempo de trabajo** deben abonarse en su integridad, como el plus de asistencia y puntualidad o el de absentismo. El plus de turnicidad retribuye la penosidad que debe soportar un trabajador que no presta servicios en el mismo turno de

mañana, tarde o noche, sino que, rota de turno, con los desajustes personales que ello conlleva, en particular cuando se trata de turnos de mañana, tarde y noche. Por tanto, se trata de un complemento salarial que no está vinculado a la duración de jornada sino a la prestación de servicios en turnos distintos y sucesivos, por lo que debe abonarse en su integridad.

La misma solución se alcanza aplicando la **perspectiva de género** porque, el colectivo mayormente afectado por la reducción de jornada por guarda legal de menores de 12 años es el de las mujeres. La interpretación con perspectiva de género del ET art.37.6 en relación con el art.26.3 obliga a concluir que una trabajadora que presta servicios en turnos de mañana, tarde y noche y que, por razones de guarda legal con cuidado de un menor de 12 años, pasa a prestar servicios con reducción de jornada por guarda legal, pero continúa con los mismos turnos rotativos, tiene derecho a percibir en su integridad el plus de turnicidad.

Condición más beneficiosa: cesta de navidad La **TS 17-9-25, Rec 156/23** **627**
confirma la de instancia que, con estimación parcial de la demanda, declara el derecho del colectivo Old Douglas a la **cesta de Navidad** como un derecho consolidado de condición más beneficiosa, introducido en el nexo contractual.

La Sala IV recuerda jurisprudencia a propósito de las condiciones más beneficiosas adquiridas, dado que la parte recurrente considera que la empresa ha procedido a modificar la condición más beneficiosa adquirida de forma unilateral, sin haberlo comunicado a la representación legal de las personas trabajadoras y, que ejercitar el derecho de opción equivale a la pérdida de la condición más beneficiosa, en tanto que supondría una renuncia a la misma. Se estima que no queda afectado el derecho de las personas trabajadoras a percibir la cesta de Navidad como condición más beneficiosa, porque la comunicación de la empresa se limita a facilitarles la **posibilidad de optar** entre recibir la **cesta de Navidad o una tarjeta regalo, solo en el año 2022**. Y ello no supone, en modo alguno, la pérdida del derecho a seguir percibiendo la cesta de Navidad en los **siguientes años**.

Por otra parte, atendiendo a la naturaleza de acuerdo contractual tácito, mantiene su vigencia, pues, en este caso, ni las partes han acordado nada en contrario ni la voluntad de la empresa ha sido compensar o neutralizar aquella condición, sino simplemente darles la opción puntual a los trabajadores de sustituir la cesta de Navidad por la tarjeta regalo Douglas por valor de 100 € y, precisamente, solo si así lo solicitasen, por lo que, en modo alguno ha existido tampoco una decisión unilateral del empresario de sustituirla.

Derecho de los prejubilados a las mejoras salariales La **TS 2-7-25, Rec** **630**
43/24 confirma la desestimación de la demanda de conflicto colectivo, en la que se solicitaba se declarase el derecho de los **prejubilados** de Unicaja Banco, SA a percibir las **mejoras salariales** establecidas en el CCol para las cajas y entidades financieras de ahorro art.44 bis, pactadas el 25-1-2023.

Tras recordar la jurisprudencia relativa a la interpretación de los convenios colectivos, la Sala IV sostiene que la configuración del complemento de mejora establecido en el acuerdo de modificación del convenio colectivo no incluía como beneficiarios a los prejubilados, al referirse únicamente a los trabajadores empleados de la empresa, por lo que aquellos no están incluidos en el ámbito de aplicación subjetivo del mismo. Solamente los **trabajadores** (empleados) **en activo** de la mercantil tienen derecho a percibir ese plus salarial. A esto se une el pactado carácter de complemento salarial que corrobora que objetivamente no les pueda ser aplicable a los prejubilados a tenor de lo pactado.

Dietas y kilometraje Las **TS 10-9-25, Rec 2549/24 y 17-9-25, Rec 5208/23**, **633**
declaran que las dietas y kilometraje que contempla el CCol estatal de Empresas de Seguridad solo se devengan en supuestos de **desplazamiento temporal**, y no en los casos en que el originario lugar de prestación de servicios se cambió por otro que se ha convertido en habitual o permanente.

La Sala IV efectúa un recorrido por la **jurisprudencia** propia sobre la naturaleza de las dietas y kilometraje, sobre la diferencia entre conceptos salariales y extrasalariales y sobre la dieta en empresas de seguridad. Tras una interpretación literal, sistemática y finalista del CCol estatal de Empresas de Seguridad art.58 y 59 y el ET art.26, que distingue entre desplazamientos temporales y traslados permanentes, se considera que las **dietas** son **compensaciones extrasalariales** por gastos ocasionados en desplazamientos temporales fuera del lugar habitual de trabajo. Como la trabajadora prestaba **servicios de forma permanente** en Briones, no procede el abono de dietas, sino únicamente el **plus de transporte** previsto para desplazamientos dentro de la localidad habitual. Las dietas y kilometraje que contempla el CCol estatal de Empresas de Seguridad solo se devengan en supuestos de desplazamiento temporal, y no en los casos en que el originario lugar de prestación de servicios se cambió por otro que se ha convertido en habitual o permanente.

636 **Incrementos del IPC ya denunciado el convenio** La **TS 18-9-25, Rec 166/23** versa sobre la interpretación y aplicación de los CCol de sector de Establecimientos Sanitarios de Carácter Privado de la provincia de Cádiz art.3 y 21, en relación con el incremento del **IPC durante el periodo de ultraactividad**, tras la denuncia del convenio, y casa y anula la sentencia recurrida, desestimando, en consecuencia, la demanda en la que los sindicatos solicitan el reconocimiento y abono de un incremento salarial del 6,5% correspondiente al IPC de 2021.

La Sala IV rechaza la aplicación de la **cláusula rebus sic stantibus**, que la empresa justificaba en que implementar el incremento pondría en riesgo la viabilidad económica del sector. En el presente caso, se trata de un convenio colectivo estatutario donde la citada cláusula no es de aplicación, sino solo, y muy restrictivamente o de forma absolutamente excepcional, respecto de las obligaciones contractuales y los pactos extraestatutarios. Por ello, no se acepta que un **IPC de un porcentaje alto**, varios puntos por encima del habitual en años anteriores, pueda suponer una alteración de la base del negocio que impone dejar sin efecto lo normado en el convenio colectivo. Tampoco prospera el motivo de fondo, en el que se reprocha a la sentencia recurrida que ha extendido la revisión salarial más allá del ámbito del litigio, al entender que el CCol art.3 establece una **distinción expresa entre el régimen de vigencia ordinaria y el de ultraactividad**, y que solo en el primero procede la revisión automática conforme al IPC. En fase de ultraactividad, sin acuerdo nuevo, entiende la patronal que no cabría la revalorización salarial automática. El Tribunal Supremo, tras recapitular jurisprudencia relativa a la interpretación de los convenios, y vista la respuesta y los razonamientos ofrecidos por la sala de instancia a la hora de interpretar el precepto discutido, concluye que la sentencia recurrida no ha aplicado correctamente las reglas hermenéuticas y que sus conclusiones se alejan de la lógica jurídica y conducen a una solución desacorde con el texto literal del convenio. Se concluye que, cuando existe denuncia y las partes están negociando un nuevo convenio, como ocurre en este caso, en la frase «aplicación del convenio en todo su contenido, tanto el texto articulado como en los conceptos económicos», **no se incluye** la aplicación del incremento del IPC, pues de ser así no se habría establecido en el art.3 una **diferente regulación** para el caso de que medie denuncia del convenio y otra para el caso de que tal denuncia no haya acontecido, reservando la expresa mención del incremento del IPC únicamente para el caso de que no hubiese denuncia. Lo contrario supondría que la última parte del precepto convencional analizado se extendería al incremento del IPC, aun cuando la norma especial sobre su aplicación automática solo juega en caso de vigencia plena.

En definitiva, si la denuncia solo implica que, en ultraactividad, el convenio sigue aplicándose en toda su extensión, la previsión del final del art.3 sería innecesaria y superflua, cuando tendría que haber incluido alguna mención también al incremento del IPC si esa hubiera sido la intención de los negociadores. Así, **durante la ultraactividad, los incrementos salariales por IPC se aplican, salvo** pacto en contra en el propio convenio (que existe en este caso) o que existan cláusulas de las que inequívocamente se desprenda la limitación temporal, en cuyo caso se mantienen las últimas tablas salariales actualizadas hasta que se negocie un nuevo convenio o se pacte algo específico durante la negociación.

MIR: pagas extraordinarias y complementos integrantes En el periodo que comprende esta crónica, se han dictado numerosos pronunciamientos en relación con los conceptos, complementos que deben incluirse en las pagas extraordinarias de las personas que presta servicios con una relación laboral de residencia para la **formación de especialistas en Ciencias de la Salud**, entre otros los médicos residentes (MIR). La regulación de esta relación laboral especial establece como **derecho necesario relativo** que la cuantía de cada paga extraordinaria será de una mensualidad de RD 1146/2006 art.7.1.a y b, apartados que mencionan el sueldo y el complemento de grado de formación. En ningún caso impone que haya de corresponderse con la íntegra retribución mensual ordinaria de las personas trabajadoras, puesto que lo que el precepto garantiza es una cuantía mínima de tales pagas, pero de ninguna forma la equipara a la de una mensualidad ordinaria, máxime cuando estos mínimos no han sido mejorados por la negociación colectiva ni por la autonomía individual. 640

En definitiva, **no hay** una norma legal que necesariamente imponga la **equiparación** del importe de las pagas extraordinarias **con la retribución mensual ordinaria** del trabajador. Por tanto, las pagas extras de los MIR no incluyen el complemento de atención continuada.

Este criterio es aplicado en las **TS 1-10-25, Rec 3417/23**, 3-10-25, Rec 1673/23 y 22-10-25, Rec 4752/23, para los MIR del Servicio Vasco de Salud. En la **TS 2-10-25, Rec 2587/24**, respecto al personal del Servei Balear de Salut (Ib-Salut) sujeto a una relación laboral de residencia para la formación de especialistas en Ciencias de la Salud. Y en la **TS 24-11-25, Rec 1339/24**, a los MIR del Servicio Madrileño de Salud. 642

Paga de beneficios: conceptos a incluir La **TS 6-5-25, Rec 121/23**, tras despejar diversas cuestiones procesales, confirma la estimación de la demanda, de forma que no cabe computar como **días de ausencia**, ni para el devengo ni para el importe de la paga de beneficios de los años 2021 y 2020, los días dedicados al disfrute de **crédito horario sindical; excedencia por cuidado** de hijo o ascendiente que no puede valerse por sí mismo; permiso de **maternidad y paternidad**. 645

La Sala IV afirma que las decisiones unilaterales del empresario han de respetar los derechos legales y constitucionales, por lo que no ampara fallos discriminatorias o contrarias a derechos fundamentales. No existiendo derechos ilimitados y sí, por el contrario, un importante cuerpo doctrinal acerca del significado de la libertad sindical, de la corresponsabilidad familiar, o de la no discriminación, se antojan poco consistentes las protestas acerca de que la libre decisión de los accionistas de la empresa ha de respetarse en sus propios términos.

Personal universitario docente e investigador en la modalidad «Margarita Salas» y «María Zambrano»: detracción de las cantidades brutas de la ayuda de la cuota patronal de Seguridad Social La Sala IV declara que las personas trabajadoras que prestan servicios como **personal universitario docente e investigador, técnicamente postdoctorados**, contratadas laboralmente al amparo del RD 289/2021, en las **modalidades de ayudas Margarita Salas y María Zambrano**, tienen derecho a que no les sea descontado de los importes fijados en el RD 289/2021 anexo II.5, aportación empresarial a la Seguridad Social, de forma que no soporten en su retribución el importe de las cuotas patronales de Seguridad Social. 647

Al tratarse de una **relación laboral**, el **coste de Seguridad Social** debe ser asumido por la entidad empleadora y correlativamente, el derecho a percibir el importe íntegro previsto en tal concepto en el RD 289/2021, sin que, por tanto, la Universidad pudiera detraer el importe de la aportación empresarial a la seguridad social. El régimen jurídico al que se ha sometido la ayuda y sus cuantías no ha previsto el descuento de la **cuota patronal**. Las universidades beneficiarias pueden complementar sus cuantías, asumiendo costes asociados, pero **no se permite que se descuente** del importe de la ayuda la cuota patronal, ya que con este proceder no se complementaría la ayuda, sino que se reduciría.

650 Este planteamiento se aplica en la **TS 9-9-25, Rec 7/24**, respecto a la Universidad de Vigo; en la **TS 14-10-25, Rec 22/24**, Universidad de Santiago de Compostela, y en la **TS 16-9-25, Rec 276/23**, Universidad del País Vasco-Euskal Herriko Unibertsitatea.

652 **Plus de penosidad, toxicidad o peligrosidad** La **TS 5-5-25, Rec 114/23** rechaza que los trabajadores que desempeñan **funciones de conservación y mantenimiento** de las infraestructuras destinadas al tráfico en autopistas de la Comunidad Autónoma de Madrid, con las categorías de operario de viabilidad, operario de conservación y operario electricista, tengan derecho a percibir el **incremento salarial** previsto en el CCol del sector de la Construcción y Obras Públicas de la CAM art.37, por la realización de **trabajos penosos, tóxicos, o peligrosos**.

La Sala IV entiende que la circunstancia de trabajo penoso ya ha sido **prevista en la determinación del salario** del personal afectado por el conflicto al establecer un plus de conservación en contratas de mantenimiento de carreteras. El plus controvertido tiene naturaleza de complemento salarial de puesto de trabajo y retribuye las especiales peculiaridades que caracterizan la prestación del servicio. Esto es, la mera exigencia de excepcionalidad para la percepción del plus no impide a los trabajadores que desempeñen de forma habitual, o como contenido inherente a su prestación de servicios, percibir tales complementos, si esa realización de trabajos penosos, tóxicos o peligrosos, no se ha tenido en cuenta en la fijación de su retribución. En este caso, los trabajadores afectados perciben el plus de conservación en contratas de mantenimiento de carreteras, que retribuye las especiales **peculiaridades** que caracterizan la **prestación de servicio**, por lo que carecen del derecho a lucrar el plus reclamado.

655 **Profesores de religión de la CAM: retribución de la antigüedad** La **TS 10-9-25, Rec 171/23** aplica doctrina y declara que los profesores de religión de los **centros públicos de la Comunidad de Madrid** tienen derecho a que se computen los servicios prestados como docentes de religión en otras Administraciones públicas a efectos de la retribución de la antigüedad. Reiterada jurisprudencia reconoce determinados derechos a los profesores de religión de la CAM, con sustento en el principio de igualdad (Const art.14), entre otros, el devengo del **complemento específico para la formación permanente** (sexenios) en las condiciones y cuantía que les corresponde a los funcionarios interinos docentes o la retribución por antigüedad. Con base a la **equiparación retributiva** de los profesores de religión católica de los centros públicos de la Comunidad Autónoma de Madrid **con los funcionarios interinos**, esta obliga a que, si los funcionarios interinos devengan el complemento de antigüedad computando los servicios prestados en otras Administraciones públicas distintas de esa comunidad autónoma, los profesores de religión católica también tienen derecho a percibirlo en los mismos términos, por aplicación de la LO 2/2006 disp.adic.3ª.2 y de la doctrina jurisprudencial que se cita.

658 **Reducción de jornada por guarda legal y abono de pluses** La **TS 4-6-25, Rec 4793/23** declara que la persona trabajadora, en situación de reducción de jornada por razones de guarda legal por el cuidado de un **menor de 12 años**, que continúa prestando servicios en turnos de mañana, tarde y noche, tiene derecho a percibir el importe íntegro del **plus global del turno**. La interpretación gramatical de la norma convencional permite concluir que la mera prestación de servicios en turnos rotativos da derecho a la percepción del complemento, sin que la **duración de la jornada** incida en el importe del mismo. Esta interpretación es acorde con la **perspectiva de género** y, con lo preceptuado en la LO 3/2007 art.4, para la igualdad efectiva de mujeres y hombres, que regula, precisamente, la integración del principio de igualdad en la interpretación y aplicación de las normas. Son **más numerosas las mujeres** que solicitan y permanecen con reducción de jornada por el cuidado de los hijos

e hijas menores de 12 años, que los hombres que se acogen a esta posibilidad, lo que puede dificultar la promoción laboral y la igualdad efectiva entre mujeres y hombres, acentuando la situación de desventaja de la mujer en las relaciones laborales y, dificultando la corresponsabilidad en las tareas del cuidado de los hijos e hijas menores.

En el mismo sentido se pronuncia la **TS 4-7-25, Rec 212/24**, reiterando doctrina, que declara que **determinados pluses** -Turnicidad-Relevos, Festivo, Exceso Tiempo de Relevo y Modulo ADP- sean abonados completos a quienes ven reducida su jornada al amparo del ET art.37.6, y no en proporción a la jornada realizada. Se reconoce el derecho a percibir completos aquellos pluses que no están relacionados con el tiempo de trabajo, sino con la penosidad u otros factores. **660**

Asimismo, la **TS 20-5-25, Rec 134/23** estima que las trabajadores que prestan servicios en los Paradores de Turismo de España y ejercen su derecho a reducción de jornada deben percibir el **plus de distancia** íntegro, sin ninguna disminución en proporción a la reducción de jornada y ello al no depender el plus del tiempo de trabajo. Tras recordar las **reglas sobre la interpretación de los contratos**, concluye que el plus de distancia tiene **naturaleza extrasalarial**, valorando que el texto convencional cuando regula esta materia se refiere a la reducción proporcional de salario no a los suplidos y, el desplazamiento se realiza igualmente y se generan los mismos gastos por cada día de asistencia real con independencia de las horas trabajadas. **662**
Añade que la misma solución se alcanza aplicando la **perspectiva de género** en la interpretación del precepto, al tener en consideración que el colectivo mayormente afectado por la reducción de jornada por motivos familiares y de conciliación son las mujeres.

Reducción de los incentivos en función del periodo de IT La **TS 16-7-25, Rec 4616/23** reitera que no procede reducir el **importe de los incentivos** en función del período en el que la trabajadora estuvo en situación de **incapacidad temporal** en el período de referencia para su devengo. Y ello con independencia del origen normativo o no del sistema de retribución variable, ya que el mismo no resulta discutido. No hay base legal para que se puedan descontar los días de IT en el pago de los incentivos en tanto retribución variable. En todo caso, correspondería a la empresa la **carga de probar** que estuviere justificada la deducción de los periodos de baja médica, lo que no había conseguido acreditar. En suma, el tiempo que la trabajadora permaneció en IT durante el año natural a que corresponde el bonus en cuestión no puede comportar la minoración del importe de sus incentivos, ya que se trata de una decisión unilateral de la empresa sin base alguna que permita justificar la misma. **665**

Reembolso de vacaciones liquidadas en nómina La **TS 18-9-25, Rec 244/23** confirma la desestimación de la demanda en la que se solicitaba el reembolso o reintegro de vacaciones liquidadas en nómina por Ilunión Emergencias SA de la **parte proporcional devengada y no disfrutada** en el momento de la subrogación en la contrata por Ferrovial Servicios SA, que después concede las vacaciones del año en descanso. Se argumenta que, de no haberse producido las regularizaciones económicas (los descuentos), los trabajadores habrían obtenido un enriquecimiento patrimonial indebido e injusto, puesto que ya habrían sido compensados económicamente por 10 días de vacaciones por la anterior adjudicataria (Ilunión) y, además, habrían disfrutado de los días de vacaciones anuales que les corresponden según el convenio colectivo del sector. Es cierto que el pago por Ilunión fue indebido, porque las vacaciones **no pueden compensarse en metálico salvo** que se haya extinguido la relación laboral y, en el caso de sucesión o subrogación, la relación laboral sigue vigente. Ahora bien, el principio general es que si el pago indebido se ha realizado por error surge una obligación de reintegro. **668**
En el caso no consta que concurriese mala fe por parte de Ilunión ni tampoco voluntad de conceder un derecho superior al mínimo exigible, por lo que **debe reintegrarse** lo cobrado indebidamente.

21. Sanciones disciplinarias

677 **Ausencia de nombramiento de instructor y secretario en el expediente contradictorio** La controversia suscitada en **TS 17-7-25, Rec 55/24** se centra en determinar si la **falta de nombramiento de instructor y de secretario**, imparciales, en el expediente tramitado con anterioridad a la imposición de una sanción por falta muy grave o de la máxima sanción, a saber, el despido, a un **representante de los trabajadores**, supone o no la nulidad de la sanción, o la improcedencia del despido. En el caso, la sentencia recurrida había desestimado la demanda de impugnación de la sanción por la comisión de una falta muy grave impuesta al trabajador, representante de los trabajadores, sin el nombramiento de instructor y secretario, y ello en aplicación de la LRJS art.115.1.d, al considerar que el convenio colectivo de aplicación no preveía la nulidad de la sanción por el incumplimiento de esta formalidad (CCol estatal de conservas vegetales art.56.4.b). El Tribunal Supremo no comparte tal parecer, no en vano, la TS 4-5-09, Rec 789/08 ya dejó sentando que las **formalidades exigidas en los convenios colectivos** para la tramitación del oportuno expediente contradictorio constituyen **una garantía adicional** que beneficia a los representantes de los trabajadores.

Además, debe resaltarse que la **finalidad del expediente contradictorio** no es la comprobación de la veracidad de los hechos imputados, sino garantizar, mediante el cumplimiento de determinadas formalidades, la adecuada defensa preventiva del trabajador, dada su condición de representante de los trabajadores, habiendo el TCo 123/2018 declarado que prescindir de la regulación contenida en el convenio colectivo referida a una garantía prevista en favor de los representantes de los trabajadores supone obviar la **fuerza vinculante** de los convenios colectivos y la importante función que desempeña la negociación colectiva en la ordenación de las relaciones de trabajo, como pusieron de manifiesto, entre otras, las TCo 208/1993 y 8/2015. En definitiva, la falta de nombramiento de secretario e instructor, imparciales, constituye un incumplimiento de una garantía esencial prevista en el convenio colectivo de aplicación, que priva al representante de los trabajadores al que se le imputa la comisión de una falta muy grave de desplegar su actividad de defensa preventiva ante una persona imparcial, distinta del empresario, que conlleva la calificación del despido disciplinario como improcedente o de la sanción como nula.

680 **Fecha de efectos** Se debate en la **TS 11-6-25, Rec 3357/23** si es **nula la sanción** disciplinaria de 60 días de suspensión de empleo y sueldo impuesta al actor por **supeditar su fecha de efectos** a la voluntad unilateral de la entidad empleadora. En el caso, se impuso al actor una sanción disciplinaria de 60 días de suspensión de empleo y sueldo a cumplir «cuando le fuera indicado por la dirección», decisión que, impugnada judicialmente, concluyó con sentencia que declaró su nulidad, por inobservancia de los requisitos formalmente establecidos. A la vista del tenor del ET art.56.2, que establece que «la sanción de las faltas graves y muy graves requerirá comunicación escrita al trabajador, haciendo constar la fecha y los hechos que la motivan.»; y del LRJS art.115.1.d), el TS comparte tal parecer. Así, señala que **no hay obstáculo para posponer el cumplimiento** de la sanción a que haya transcurrido su plazo de impugnación o a su firmeza, ahora bien, lo que no resulta razonable, sino patentemente desproporcionado y desequilibrado, es **dejar a la libre determinación unilateral de la empresa** el momento de cumplimiento de la sanción, sin fijar ningún criterio objetivo que al menos atempere esa incondicionada y absolutamente libre voluntad empresarial.

En esta línea, rememora la **doctrina** ya fijada por TS 15-9-88, que entendió que la «fecha» a que se refiere el ET art.58.2 es «la fecha de efectos» de la sanción. Pero, aunque la palabra «fecha» del ET art.58.2 no tenga el mismo alcance que la expresión «fecha en que tendrá efectos» el despido del ET art.55.1, lo cierto es que no se compadece con los requisitos formales a cumplir una sanción por falta muy grave, consistente en 60 días de suspensión de empleo y sueldo, cuyo cumplimiento no se supedita a ningún criterio objetivo y cierto, sino que se abandona por completo al momento en que el empleador decida libremente y sin ninguna cortapisa. Por lo tanto, se confirma la declarada nulidad de la sanción disciplinaria de sesenta días de suspensión de empleo y sueldo por supeditarse su fecha de efectos a la mera voluntad unilateral de la entidad empleadora.

Principio de tipicidad y proporcionalidad De indudable interés es el tema que se aborda en **TS 10-6-25, Rec 3011/23**. En la cuestión debatida se centró en determinar si la sanción disciplinaria impuesta a una persona trabajadora debe ser declarada nula, por **no** existir **correspondencia entre la calificación de la infracción** (muy grave) **y la sanción** que se le impone (correspondiente a faltas graves). En otras palabras, se trata de determinar si la **facultad disciplinaria del empresario** debe someterse estrictamente al principio de tipicidad y proporcionalidad entre calificación y sanción, y si cuando la sanción finalmente impuesta es la correspondiente a una infracción de menor gravedad a la calificada, ello implica la nulidad de la sanción impuesta. Se trata de un supuesto en el que la empresa sancionó a la trabajadora con 2 días de suspensión de empleo y sueldo, como autora de una falta muy grave de malos tratos de palabra o falta grave de respeto y consideración a los jefes, compañeros y subordinados, y el empleado impugnó esa sanción ante los JS, por la vía del procedimiento de impugnación de sanciones; habiendo sido desestimada la pretensión en las instancias judiciales precedentes, al sostener que la falta de adecuación entre la sanción impuesta a la baja y la calificación de la infracción no suponía transgresión del principio de legalidad, pudiendo imponer una sanción inferior a la prevista convencionalmente y aceptando la correcta calificación de la infracción y la irrelevancia de que tales expresiones no llegaran a oídos del destinatario. 683

La sentencia anotada, tras subrayar que la Sala IV no tuvo antes oportunidad de abordar frontalmente esta cuestión, no obstante haberse dictado sentencias varias sobre la potestad disciplinaria del empresario y las facultades de este en orden a su ejercicio, **confirma** el proceder empresarial. Razona al respecto que la potestad disciplinaria del empresario debe respetar la tipicidad y proporcionalidad, pero admite que **la empresa puede imponer una sanción inferior** a la prevista para la infracción calificada, siempre que la sanción esté prevista en el convenio y no exista **abuso de derecho o fraude**. Esta interpretación se fundamenta en la naturaleza contractual del derecho sancionador laboral y en la facultad del empresario para moderar la sanción, incluso a favor del trabajador, sin que ello suponga nulidad. Además, se descartan perjuicios procesales o de prescripción derivados de esta práctica. Por tanto, la discrepancia entre la calificación de la falta y la sanción impuesta a la baja no implica la nulidad de la sanción.

22. Sindicatos

Depósito de los estatutos La **TS 16-10-25, Rec 66/24** tiene como objeto la impugnación de la resolución administrativa denegatoria del depósito de los **estatutos del sindicato** Unión para Nuevas Iniciativas de Trabajo y Solidaridad (UNITS), argumentándose para dicha denegación que los estatutos no indican el destino de los bienes en caso de disolución, que la redacción del art.16 de los estatutos es confusa, que la fecha de los estatutos no coincide con la fecha del acta fundacional y que no se acredita la delegación para presentar la solicitud de depósito de los estatutos. 690

La Sala IV estima la demanda y deja sin efecto la resolución, declarando constituido el citado sindicato, con las consecuencias legales inherentes a dicha declaración. Argumenta que, estando en juego la **libertad sindical** en su vertiente funcional de **constitución de sindicatos** (Const art.28.1 y LOLS art.2), la interpretación y aplicación de las normas debe hacerse en el **sentido más favorable** al ejercicio y disfrute de los **derechos fundamentales**, que ha de tenerse en cuenta por todos los poderes públicos (TCo 192/2012) y, en este supuesto, ninguno de los defectos apuntados tiene la relevancia necesaria para impedir su registro. Los defectos advertidos por la Administración pública son formales o accesorios, por lo que la interpretación de las normas y de su aplicación debe hacerse en el sentido más favorable al ejercicio y disfrute de los derechos fundamentales.

23. Subrogación y sucesión de empresa

700 La cuestión que se despeja en la **TS 4-3-25, Rec 5377/23** consiste en determinar si ha existido o no sucesión de plantilla y, en consecuencia, transmisión de unidad productiva entre el Centro de Investigaciones Sociológicas (CIS) y TRAGSATEC, en un supuesto en el que el organismo público decidió terminar su relación con el personal de encuestas y encomendar a TRAGSATEC la realización de las mismas a través de un **«encargo de larga duración»**; y, en consecuencia, determinar si la no subrogación en la posición de empresario frente a la actora y su cese debe considerarse un despido que se califica de improcedente, alcanzando la Sala IV una respuesta positiva.

Recalando en pronunciamientos anteriores (TS 22-1-19, Rec 3975/16; 18-7-18, Rec 2228/15), la Sala IV recuerda que para que pueda entenderse concurrente la existencia de **transmisión de empresa** es necesario que la transmisión vaya referida a cualquier entidad económica que mantenga su identidad después de la transmisión o traspaso, entendiendo por tal un conjunto de medios organizados, a fin de llevar a cabo una actividad económica, ya fuere esencial o accesoria. Lo determinante para que opere la sucesión de plantilla es el hecho de que la actividad descanse fundamentalmente en la mano de obra y que el nuevo empresario se haga cargo de una parte esencial. En este caso resulta evidente que la actividad objeto del encargo de larga duración descansa fundamentalmente en la **mano de obra** pues se trata de la ejecución de los servicios de asistencia técnica para la realización de los trabajos de campo de estudio de carácter sociológico y estadístico. TRAGSATEC realizó contrataciones de 82 personas que prestaban servicios para el CIS, siendo el mismo servicio, no cabe duda de que ello implica la **contratación de gran parte del personal** que con anterioridad prestaba servicios para el CIS, por lo que deba estimarse que se ha producido una sucesión de plantilla, y, consecuentemente, la no contratación de la demandante fue constitutiva de despido cuya calificación de improcedente es correcta.

703 De interés es el supuesto que contempla la **TS 2-7-25, Rec 36/25**, porque, además de efectuar un prolijo examen de la normativa sobre la transmisión de empresa (Dir 2001/23/CE; ET art.44), efectúa un didáctico análisis tanto de la doctrina de la Sala IV dictada a la luz de la normativa Comunitaria Europea como de la jurisprudencia del Tribunal de Justicia de las Comunidades Europeas.

La cuestión que se examina es la relativa a determinar si constituye un supuesto de sucesión de empresa la **resolución del contrato de gestión** de la escuela infantil **y su gestión directa** por parte de la Comunidad de Madrid, en las mismas instalaciones, con los mismos alumnos matriculados, y con personal propio, de manera que la extinción de los contratos de trabajo de las personas afectadas sería nula. La decisión judicial alcanzada por la Sala de instancia estimó la demanda de despido colectivo; declaró nula la extinción de los contratos de las personas trabajadoras afectadas; condenó a la Comunidad de Madrid a readmitirlas en las mismas condiciones que regían antes del despido y a abonarles los salarios dejados de percibir hasta que la readmisión fuera efectiva, así como a mantenerles de alta en la Seguridad Social durante el mismo periodo; absolviendo a la empresa contratista. Frente a dicho pronunciamiento se alzó en casación la Comunidad de Madrid, aduciendo que no existía sucesión de empresa, que la escuela fue suprimida jurídicamente y que la disposición autonómica (L 15/2023) excluía la subrogación del personal.

El Tribunal Supremo confirma el pronunciamiento combatido, porque el **cambio de titularidad** de una empresa no extingue por sí mismo la relación laboral, de manera que el **nuevo empleador** queda subrogado en los derechos y obligaciones del anterior, existiendo sucesión empresa cuando la transmisión afecta a una entidad económica que **mantiene su identidad**. Asimismo, rechaza la interpretación de la norma autonómica que pretende excluir la subrogación, pues la legislación laboral es competencia estatal y **prevalece la normativa europea y estatal** que protege los derechos de los trabajadores en sucesiones empresariales. En consecuencia, la Sala IV confirma que la actividad educativa mantiene su identidad y que la subrogación es obligatoria, salvo que se justifique un despido por causas objetivas, lo que no ocurre en este caso.

24. Suspensión del contrato

 715

Riesgo durante el embarazo y ERTE sobrevenido De interés es la **TS 15-9-25, Rec 1198/24**, en la que se examina si una trabajadora que está en situación de **suspensión del contrato por riesgo durante el embarazo** tiene derecho a continuar en tal situación cuando se produce un **ERTE** que afecta al resto de la plantilla y ella es incluida en el mismo. 717

Tanto el Juzgado como la Sala de suplicación habían desestimado la demanda de la trabajadora (piloto de Air Nostrum) sosteniendo que, al existir inactividad por ERTE COVID-19 (21-3-2020 a 30-6-2020), desaparecía el presupuesto del riesgo y procedía la suspensión de la prestación.

El TS aprecia contradicción con un precedente (TSJ Aragón 31-5-13, Rec 248/13) y **fija doctrina**: si el contrato ya está suspendido por riesgo durante el embarazo, una causa sobrevenida de suspensión (ERTE) no puede desplazar esa situación ni extinguir la prestación; distinto es el caso inverso en que el embarazo sobreviene mientras el contrato está suspendido por ERTE, supuesto en el que no nace el derecho hasta la exigibilidad de la reincorporación. Aplicando esa regla, casa y anula la sentencia del TSJ, revoca la de instancia y reconoce el derecho de la actora a continuar percibiendo el **subsidio de riesgo** conforme al ET art.45.e y la LGSS art.186 y 187, al no concurrir causa de extinción distinta de la maternidad o la reincorporación.

En consecuencia, la sentencia establece que **la prestación** por riesgo durante el embarazo **se mantiene** cuando ya existe suspensión del contrato por ese riesgo y **no puede ser desplazada** por una suspensión posterior derivada de un ERTE. Si, en cambio, la trabajadora queda embarazada mientras el contrato está suspendido por ERTE, no nace el derecho hasta que exista obligación de reincorporación y riesgo efectivo.

Sanción disciplinaria: suspensión de empleo y sueldo La cuestión por resolver en la **TS 1-10-25, Rec 2351/23**, consiste en determinar el **dies a quo** para el ejercicio de la **acción de impugnación de la sanción** cuando, **en la comunicación** de la sanción al trabajador, **no se determina** ni el inicio ni el fin del periodo de cumplimiento, **y si se produce o no indefensión** para el ejercicio de acciones que legítimamente le correspondan. El juzgado desestimó la demanda del trabajador y confirmó la sanción, siendo dicho parecer compartido por la Sala de suplicación. En el recurso de casación para la unificación de doctrina, el trabajador recurrente denunció la infracción del ET art.58.2, para sostener que, de su contenido, se desprende que la empresa no puede dejar indeterminada la fecha de cumplimiento de la sanción de suspensión de empleo y sueldo a expensas de su unilateral voluntad. 720

El Tribunal Supremo da lugar al recurso de su razón, por considerar que la determinación del dies a quo para el ejercicio de la acción de impugnación de la sanción no es el mismo formalmente que el establecido para impugnar una sanción de despido. El dies a quo vendrá determinado por el **día en que la acción pudo ejercitarse**, por tanto, dicho momento será el que se le comunicó al trabajador dicha sanción, sin que sea necesario ni relevante que en la carta de sanción se determine el momento del inicio y el fin del periodo de cumplimiento o su correlativa ejecución. Se declara la nulidad de la sanción de suspensión de empleo y sueldo objeto del litigio.

25. Teletrabajo

730

732 Se han producido **diversos pronunciamientos** relacionados con la interpretación y aplicación de la L 10/2021, comúnmente denominada Ley del Teletrabajo, en vigor desde el 11-7-2021, y que derogó el RDL 28/2020, de Trabajo a Distancia.

734 **Implantación unilateral de un régimen colectivo de teletrabajo** La **TS 11-11-25, Rec 204/24** desestima la demanda de **tutela de derechos fundamentales** por la que un sindicato pretendía la declaración de nulidad de la actuación de la empresa, denominada Procedimiento Smart Job, consistente en la **implantación unilateral de un régimen colectivo de teletrabajo** y vulnerado el derecho a la libertad sindical, en su vertiente de **negociación colectiva**.

La Sala IV razona que el hecho de que la empresa ofrezca y los trabajadores acepten un modelo de contrato o acuerdo sobre el trabajo a distancia, en sí mismo no constituye, sin más, un supuesto de individualización en masa. Tampoco resulta atentatorio al derecho a la negociación colectiva del sindicato demandante el que la empresa haya **negociado acuerdos de teletrabajo de forma individual** que, además, se formalizaron antes del nuevo convenio colectivo. Por otra parte, la adecuación de algunas cláusulas de dichos acuerdos individuales a las previsiones convencionales no puede examinarse en el proceso especial de tutela.

Por lo que se refiere a la cuestión de la **desconexión digital**, la recurrente mantiene que la incorporación de la política de desconexión digital elaborada por la empresa a la relación contractual de los trabajadores en régimen de teletrabajo sin negociación colectiva resulta irregular, además de contrario a las previsiones legales y convencionales. Se reprocha a la recurrente que, nuevamente, confunde el plano de la protección ante posible vulneración de derechos fundamentales con el plano de la simple legalidad ordinaria, reiterando que no todo **desajuste entre el acuerdo individual de teletrabajo y el contenido del convenio** de aplicación puede considerarse como **vulnerador de la libertad sindical**. En el caso, se valora que las políticas empresariales sobre desconexión digital se establecieron tras consulta y audiencia de la representación legal de los trabajadores, por lo que ni hay indicios de ilegalidad ni se vislumbra ninguno de una hipotética vulneración del derecho a la libertad sindical del recurrente, ya que no consta que se le haya privado de su derecho a la negociación colectiva.

737 **Negativa de la empresa a proporcionar sillas ergonómicas a quienes trabajan en modalidad de teletrabajo** El problema central al que da repuesta la **TS 10-9-25, Rec 14/24**, planteado a través de la modalidad procesal de conflicto colectivo, es el de determinar si la negativa de la empresa a proporcionar sillas ergonómicas a quienes trabajan en modalidad de teletrabajo, pese a facilitarlas a quienes prestan servicios presenciales, vulnera los derechos reconocidos en la Ley de trabajo a distancia (LTD) y el principio de igualdad entre trabajadores presenciales y teletrabajadores.

Para resolver la cuestión, el TS descompone el análisis en dos planos:

a) Por un lado, los **derechos de contenido económico**, que incluyen la dotación y mantenimiento de medios, equipos y herramientas (LTD art.11), y el abono o com-

pensación de gastos (LTD art.12). En relación con la dotación de medios, la Sala subraya que la ley establece pautas generales, mientras que los convenios colectivos y acuerdos individuales concretan las particularidades sectoriales y específicas. En el caso, **ni el convenio colectivo aplicable ni el acuerdo individual de teletrabajo** contemplaban la silla ergonómica, por lo que no puede imponerse su entrega (XVIII CCol estatal de Empresas de consultoría, tecnologías de la información y estudios de mercado y de la opinión pública art.41). Respecto a la **compensación de gastos**, el Tribunal Supremo recuerda que **la ley no obliga a cubrir todos los gastos** derivados del teletrabajo y destaca que la empresa abonaba 30 € mensuales, mejorando la previsión del convenio, que los fijaba 17 € brutos.
b) Por otro lado, en materia de **prevención de riesgos laborales**, la Sala interpreta conjuntamente la LTD art.15 y 16.2, y la LPRL art.16, concluyendo que los factores ergonómicos deben considerarse en la evaluación de riesgos y en la planificación preventiva específica del trabajo a distancia. Sin embargo, una consideración genérica sin evaluación concreta del puesto no genera obligación empresarial. Además, la empresa ofrecía material ergonómico cuando existía prescripción médica y aprobación del servicio de prevención.
En consecuencia, se desestima la pretensión, confirmando el criterio de la sentencia recurrida, consolidando la idea de que la **LTD fija un marco general que debe ser concretado** por la negociación colectiva y los acuerdos individuales, y que la compensación de gastos no es absoluta sino modulada por convenio y práctica empresarial.

Porcentaje de presencialidad y compensación de gastos En relación con el teletrabajo, y en particular, sobre la posibilidad de modificar el porcentaje de presencialidad y la compensación de gastos, se pronuncia la **TS 4-3-25, Rec 56/23**, que anula la cláusula del Acuerdo Individual de Teletrabajo en el Grupo Endesa, que establece que los días en que el trabajador deba acudir al centro de trabajo, cuando estaba previsto el teletrabajo, no pueden ser sustituidos, desplazados ni acumulados; y la cláusula que dispone que el trabajador no incurrirá en gasto alguno por el hecho de prestar servicios en teletrabajo y que, de incurrir, esos gastos se compensan por los ahorros. **740**
La **cuestión** litigiosa radica en determinar si se puede **pactar un acuerdo individual de teletrabajo** en el que el porcentaje de presencialidad se establezca como regla general, pero puede ser alterado por la empresa cuando requiera al empleado para que trabaje presencialmente en función de las necesidades de la empresa, sin poder sustituir ese día de trabajo presencial por otro, sino que se añade a los dos días presenciales que estaban previstos esa semana. Pues bien, la LTD art.8.1 **prohíbe modificar unilateralmente** el porcentaje de presencialidad, por lo que no es admisible que se pacte un acuerdo individual de teletrabajo que permita a la empresa en una pluralidad de supuestos exigir al trabajador que preste servicios presencialmente sin que esos días puedan ser sustituidos, desplazados ni acumulados. Además, algunos de esos supuestos, como la **sustitución de trabajadores de baja o de vacaciones**, evidencian que la prestación de servicios presencialmente en los días en los que estaba previsto el teletrabajo, no responde a supuestos puntuales o de duración breve, sino que puede tener una proyección temporal extensa. El indicado precepto quedaría vacío de contenido si se admitiera, con carácter general, que en los acuerdos individuales de teletrabajo se pactara que la empresa pudiera exigir el trabajo presencial en los días no previstos con la finalidad de atender cualquier tipo de gestiones, tanto las propias de su puesto como cualquier otra, sin que esos días pudieran sustituirse por otros en los que estaba previsto el trabajo presencial.

Por lo que se refiere a los **gastos causados por el teletrabajo** se argumenta que la LTD art.7.b) y 12, relativos a la compensación de gastos, son **normas de derecho necesario relativo**, en las que se admite su mejora para el trabajador pero **no** su **empeoramiento**, por lo que el acuerdo individual de teletrabajo no puede dejar sin efecto esa norma legal que establece que el teletrabajador tiene derecho a ser com- **743**

pensado por esos gastos. Por lo que se confirma la anulación parcial de esa cláusula.
En lo relativo a la obligación del teletrabajador de incorporarse de forma presencial a su puesto de trabajo para atender las gestiones necesarias sin un **preaviso mínimo** de 5 días, 3 días o 48 horas, se desestima. La aplicación analógica de las normas (pretendida en el recurso) exige que haya una laguna legal y eso no existe en una norma colectiva, como la discutida, que dispone expresamente que la comunicación del cambio de teletrabajo al trabajo presencial para realizar gestiones necesarias debe hacerse «con la máxima antelación posible».

745 **Sistema de compensaciones por teletrabajo** En la **TS 11-12-24, Rec 41/23**, tras declarar caducada la acción de impugnación de una MSCT de carácter colectivo, se analiza si el sistema de compensaciones por el trabajo a distancia impuesto unilateralmente por la empresa vulnera la L 10/2021 disp.trans.1ª y 3ª. Este **sistema inferior** al que venía aplicando con anterioridad, lo justifica la demandada en la necesidad de **adaptarse a la nueva regulación legal** del trabajo a distancia. Ahora bien, Siemens introdujo esta MSCT antes de la entrada en vigor de la L 10/2021: el día 26-1-2021 la empresa comunicó a los trabajadores que la implantación del trabajo a distancia suponía que los empleados que desempeñaban anteriormente un trabajo presencial y pasaban a realizarlo a distancia dejarían de percibir los **conceptos retributivos compensatorios** de acudir al centro de trabajo y les iba a pagar:
- un complemento de trabajo a distancia,
- otro complemento para compensar sus gastos ligados a la prestación de servicios a distancia y
- un complemento de material de oficina.

El día 11-7-2021 entró en vigor la L 10/2021, que se aplicó a los trabajadores que antes de su entrada en vigor prestaban sus servicios a distancia. No consta que Siemens haya vulnerado la L 10/2021 disp.trans.1ª en cuanto que la misma no impide que, con anterioridad a la entrada en vigor de esa ley, una empresa hubiera introducido el trabajo a distancia sustituyendo complementos vinculados al trabajo presencial por complementos adaptados al trabajo a distancia. Los **cambios en los complementos abonados** a los trabajadores no se deben a la aplicación de la L 10/2021 sino a una decisión empresarial anterior a ella.

748 **Suscripción de acuerdo de teletrabajo y compensación del coste de servicio de internet** La **TS 3-2-25, Rec 24/23** confirma la desestimación de las demandas acumuladas, en proceso de conflicto colectivo, en las que se solicita se declare el derecho de las personas trabajadoras que pasaron a realizar teletrabajo desde marzo de 2020, sin suscribir acuerdos de teletrabajo, a **suscribir dichos acuerdos**, conforme a una instrucción vigente desde el año 2010, una vez culminada la situación de pandemia COVID-19, y el derecho a percibir una **compensación del coste del servicio de acceso a internet**.
La Sala IV analiza la diversa normativa de aplicación, en particular, el acuerdo regulador del sistema de teletrabajo suscrito en fecha 26-3-2010 entre la representación legal de la empresa y de los trabajadores, en el que se establecía la voluntariedad para su aplicación, así como las condiciones atinentes a los medios técnicos y gastos, que culminó su vigencia el 25-3-2022, y la **«Instrucción de teletrabajo»**, de abril de 2022 cuyo objeto era regular las condiciones aplicables a las personas sujetas al sistema de teletrabajo. En ese ínterin entra en vigor el RDL 28/2020, que además de insistir en la voluntariedad de la relación de trabajo a distancia que desarrolla, mantiene en sus disposiciones transitorias, por una parte, las situaciones de trabajo a distancia existentes a su entrada en vigor y hasta que pierdan su vigencia. Asimismo, en el **contexto de la pandemia** y las medidas de contención sanitarias se sitúan diversas actuaciones: creación del equipo de crisis, comunicación a los trabajadores para que pudieren desempeñar su trabajo a distancia, reuniones periódicas. Por su parte, la Ley de trabajo a distancia de 2021, que deroga aquel RDL, contempla **previsiones similares**. El 27-5-2022, se remite correo comunicando a la plantilla la apertura de la totalidad de los centros de trabajo sin restricciones de capacidad a partir

del día 30 de dicho mes. De lo expuesto, se observa la existencia de **dos colectivos diferentes**, el de los adheridos al acuerdo de 2010 y el de los adheridos al de 2022.

Respecto a este **segundo grupo** (trabajadores que, como consecuencia de la situación de pandemia COVID-19 iniciaron la prestación de trabajo a distancia sin tener previamente suscritos acuerdos de teletrabajo) se desestima la pretensión relativa a la **compensación de gastos del teléfono móvil y el coste del servicio de internet** pues no resultó cuestionado el ordinal que declara que dichos empleados disponían de los medios telemáticos, con teléfono y banda ancha para llevar a cabo sus funciones, pudiendo solicitar su ampliación, en caso de ser necesario. También se declara acreditada la existencia de un **programa de mobiliario** para su utilización en el trabajo a distancia. **751**
Igual solución desestimatoria se adopta respecto de la obligación que los recurrentes pretenden hacer. Ello en razón a diversas consideraciones: el postulado de la demanda se soporta en una mixtura de disposiciones, sin que lleve a cabo el necesario deslinde entre el cauce prevenido para la situación de teletrabajo en la empresa precedente a la pandemia (instrucción de 2010, que plasmaba una serie de requerimientos para su aplicación), y el diseñado para quienes empezaron a trabajar a distancia por mor de la normativa COVID-19, y porque nada refiere acerca del momento en el que el Estado declara la finalización de la crisis sanitaria. Por otra parte, se soslaya el **carácter voluntario** que en todo caso ha de predicarse de la instauración y continuidad de tales modalidades de trabajo, cuando las normas que lo regulan lo manifiestan de forma nítida.

26. Tiempo de trabajo y jornada

760

Adaptación de jornada Es interesante la **TS 24-9-25, Rec 917/24**, en la que se analiza una petición de adaptación de jornada **con fundamento en el ET art.34.8 (versión RDL 6/2019)**, en defecto de negociación colectiva, en particular las consecuencias del incumplimiento empresarial por **inexistencia de apertura del procedimiento negociador**. Se estima que, ante la solicitud de adaptación de jornada, la norma ordena a la empresa abrir un proceso de negociación con la persona trabajadora, sin que le autorice a dar respuesta directa con una decisión negativa, aunque sea motivada. Este procedimiento negociador es un **trámite imperativo y esencial** dirigido a garantizar el derecho analizado. Por ello, la omisión de la apertura del proceso negociador tiene consecuencias jurídicas en orden a la aceptación de las medidas para el caso que medie impugnación judicial. La sentencia debe acoger la solicitud de adaptación en los términos interesados, salvo que el órgano judicial aprecie que dicha solicitud resulta manifiestamente irrazonable o desproporcionada. **762**
En consecuencia, se confirma la estimación de la demanda, en el sentido de reconocer el derecho del trabajador a la adaptación de la distribución de su tiempo de trabajo en horario de 7 a 15 horas, de lunes a viernes, y a abonarle la cantidad de 7.501 €.

764 **Cambio de horario y turno con preaviso de 24 horas** La **TS 13-11-25, Rec 87/24** confirma la nulidad del CCol de Compañía Española de Petróleos, SA Cap.II.4.1 párrafo segundo, si bien por razones distintas a las de la sentencia recurrida. Se estima que no es razonable que la empresa pueda **cambiar de forma permanente** el horario y el turno con un preaviso de 24 horas, sin que la previsión convencional, que se limita a mencionar las «necesidades del servicio u otras análogas», sea suficiente para justificar este cambio permanente, que no exige, al contrario de lo que ocurría en otros supuestos examinados por la Sala, que se trate de situaciones imprevistas o de incidencias no previsibles. Y especialmente a la vista del plazo de 5 días del ET art.34.2, el plazo de 24 horas del precepto convencional controvertido **carece de razonabilidad**.

Entre otras finalidades, estos plazos atienden a **necesidades de conciliación** de la vida personal y familiar con la laboral, y también desde esta perspectiva se afirma que no es razonable ni adecuado que un cambio de horario que parece permanente y que no exige que la necesidad del servicio, sea apremiante e imprevisible, se preavise con tan solo 24 horas.

766 **Cursos de actualización de los certificados de formación de los trabajadores precisos para poder ser embarcados** La **TS 9-9-24, Rec 34/24** declara el derecho de los trabajadores de la Sociedad de Salvamento y Seguridad Marítima Entidad Pública (SASEMAR) afectados por el conflicto a que la realización de los **cursos de revalidación para los certificados de formación básica** en seguridad, embarcaciones de supervivencias y botes de rescate (no rápidos) y avanzado en lucha contra incendios, conforme a los certificados de suficiencia exigidos por el Convenio STCW, sea reconocido como **tiempo efectivo de trabajo**, así como el tiempo que emplean para el **desplazamiento** a dichos cursos. Se trata de cursos de actualización de los certificados de formación de los trabajadores **precisos para poder ser embarcados**, cuyo coste y gastos abona la empresa. El tiempo invertido en dichos cursos es tiempo de trabajo, ya que atañen a los requisitos para la habilitación de los trabajadores derivados de modificaciones normativas que afectan a sus puestos de trabajo, y tienen relación con la protección de la seguridad y salud de los trabajadores.

Dicha conclusión se fundamenta en la interpretación del ET art.23.1.d efectuada por la Sala IV, y en virtud de lo dispuesto en **acuerdos internacionales** suscritos por el Estado y de la Dir 2008/106/CE, que se plasmaron en la DGMM Resol 2-2-17 (BOE 17-3-17). Estos certificados de suficiencia de formación básica deben ser renovados periódicamente y, para ello, se requiere acreditación de experiencia y la realización de cursos de actualización. Formación esta que deriva, sin duda, de las modificaciones normativas operadas sobre los puestos de trabajo del personal embarcado y que está comprendida en el ET art.23.1.d, por lo que el tiempo dedicado a dicha formación debe ser considerado como tiempo de trabajo.

769 **Derecho a otro día de descanso cuando el disfrute de su descanso semanal no es en domingo y coincide con un festivo** En la **TS 30-4-25, Rec 113/23** se declara que las personas trabajadoras que realizan su **jornada de lunes a domingo** con descanso semanal en día fijo entre lunes y viernes, tienen derecho a la compensación de un **día de disfrute adicional cuando coincide su día de descanso con un festivo** (al amparo del CCol de Comercio Textil de Madrid), y puedan disfrutar de otro día de descanso por dicho festivo, sin perjuicio del cumplimiento de la jornada anual. Se estima, en interpretación del ET art.37.1, en relación con el RD sobre regulación de la jornada de trabajo, jornadas especiales y descansos (RD 2001/1983 art.38 y 47), que el no reconocimiento del derecho implicaría que las personas con esta jornada disfrutarían de menos descansos que el resto. La solución contraria pugna con los **principios que regulan el derecho del trabajo y el descanso laboral** en su conjunto, sea por salud o por convención social; conclusión que se alcanza sin que el reconocimiento del derecho a disfrutar de la totalidad de descansos semanales y festivos anuales deba tener consecuencias en la jornada anual y al margen de

las repercusiones que dicho descanso pueda tener en la distribución de la misma, cuestiones que no son objeto de este proceso.

Jornada máxima anual de los trabajadores vinculados con contratos temporales En la **TS 1-7-25, Rec 4018/23**, el núcleo casacional que se formula conduce a decidir sobre el **cómputo de la jornada máxima anual** respecto de los trabajadores vinculados con **contratos temporales**, en relación con la jornada máxima anual establecida en el convenio colectivo, para poder determinar la posible existencia de exceso de jornada. En particular, se plantea si existe **exceso de jornada** cuando se trabajan **jornadas a turnos** que no exceden de las diarias ni de las semanales, que son retribuidas y resulta que se excede la proporción según la jornada máxima anual. **772**

La Sala IV refiere pronunciamientos previos relativos a situaciones en las que el trabajador presta servicios durante un tiempo menor al señalado en el convenio colectivo y que, en orden a determinar el salario que le corresponda, la jurisprudencia viene adoptando el **criterio de la proporcionalidad**. A fin de aplicar este criterio proporcional, se acude al ámbito temporal y retributivo anual, de suerte que la jornada ordinaria máxima debe ser proporcional con la que le correspondería en el caso de haber trabajado durante el año completo. Se valoran, además, **dos circunstancias** relevantes:

- el hecho de que en el convenio colectivo se haya establecido una jornada de carácter anual (número de horas año) y, además,
- el dato de que, aun no estando ante una jornada de distribución irregular, no todos los días de trabajo tienen las mismas horas ya que, cuando se trabaja en turno de mañana o tarde, son 7 las horas de trabajo efectivo diarias; mientras que, si se trabaja en turno de noche, las horas de trabajo efectivo son 10.

Permisos La **TS 6-5-25, Rec 104/23** estima parcialmente la demanda de conflicto colectivo y declara el derecho de los trabajadores a disfrutar del **permiso de 5 días** establecido en el IV CCol de la empresa Asociación Nuclear Ascó-Vandellós II AIE art.73.1.c, en los supuestos de **hospitalización o enfermedad grave de cónyuge o parientes**. En el pleito se discute si los trabajadores tienen derecho a disfrutar este permiso en su integridad (los 5 días) aunque se haya acordado el **alta médica del enfermo**. A diferencia del ET art.37.3.b, que establece un permiso retribuido por «hospitalización o intervención quirúrgica sin hospitalización que precise reposo domiciliario», el IV CCol art.73.1.c condiciona el permiso a la hospitalización o enfermedad grave. En la presente litis, la norma colectiva instaura un permiso de 5 días de hospitalización o enfermedad grave de parientes, que se puede disfrutar fraccionadamente. **775**

Se argumenta que el alta hospitalaria no conlleva de forma automática la finalización del permiso, si no va acompañada de la alta médica puesto que el alta hospitalaria significa que el paciente ya no necesita estar ingresado en el centro hospitalario, pero no excluye que precise cuidados en su domicilio y tratamiento ambulatorio. Ello no implica que ese permiso pueda destinarse a fines espurios, como disfrutar de unos días de asueto cuando el pariente enfermo ya está curado o incluso trabajando. La **clave** no radica en el alta hospitalaria, que por sí sola no excluye los cuidados del pariente, sino en **el alta médica** porque evidencia que ha desaparecido la razón última del permiso, justificado por la situación de enfermedad del familiar. El alta hospitalaria no finaliza el permiso, pero el alta médica sí que **lo extingue**, aunque no haya concluido el plazo de 5 días.

La **TS 4-6-25, Rec 23/24** confirma la demanda y establece que las personas trabajadoras a quienes es de aplicación el CCol Único para Personal laboral de la administración de la Comunidad de Madrid tienen derecho a que el **permiso por exámenes** previsto en su art.123 sea disfrutado durante el día completo del examen, con independencia de los turnos de trabajo de mañana, tarde o noche. Se rechaza que solo tengan derecho al permiso cuando su tiempo de realización coincida con la jornada laboral de quien se examina. **778**

La Sala IV, tras recordar las normas para la interpretación de los convenios, concluye que es razonable la argumentación de la sentencia recurrida, que responde a la previsión literal del convenio que expresa la voluntad negociadora de conceder un permiso de día completo, y que dicha interpretación se ajusta tanto a las reglas de exégesis del CC como a la propia sistemática del convenio.

780 La **TS 13-11-25, Rec 128/24**, confirma la nulidad del **término «naturales»** previsto en III CCol del Sector del Contact Center art.30.1.b y d, en relación a la duración de los **permisos retribuidos** allí recogidos (accidente, enfermedad grave e intervención quirúrgica y fallecimiento de pariente). El ET art.37.3, tras la redacción dada por el RDL 5/2023, traspone en nuestro ordenamiento interno la Dir (UE) 2019/1158, relativa a la conciliación de la vida familiar y la vida profesional de los progenitores y los cuidadores. De esta forma, se acoge la jurisprudencia existente en la materia, de modo que, **cuando no se precisa** si los días son naturales o laborales, deben de **entenderse como laborales**, pues tienen por objeto dejar de acudir al trabajo; si se disfrutasen en día no laboral dejarían de tener el sentido legal para el que están previstos. En todo caso, el hecho de que el ET mejore las previsiones de la Directiva no impide que el ET siga siendo la norma mínima a la que hay que atender para concluir si el convenio la mejora o no, y, por otro lado, el hecho de que el legislador interno haya transpuesto la Directiva no impide una interpretación conforme a la misma.
En el supuesto, no se aprecia en la regulación convencional mejora alguna. La **flexibilidad** que otorga el **precepto convencional** al permitir el disfrute dentro de los 10 días naturales siguientes solo implica la posibilidad de retrasar en la mayoría de los casos el inicio del permiso, pero no permite mantener el mismo número de días de disfrute.

783 **Reposo domiciliario** La **TS 12-3-25, Rec 5/23** confirma la estimación parcial de la demanda de conflicto colectivo que reconoce al personal afectado el derecho al permiso regulado en el CCol del personal laboral del Departamento de Interior y del organismo público autónomo de Policía del País Vasco art.38, en caso de que los **familiares** reseñados en la norma, cónyuge y parientes, necesiten reposo domiciliario tras el alta hospitalaria y así **se acredite** mediante certificado médico de hospitalización.
Tras reiterar el criterio de la Sala sobre la interpretación de los convenios, la sentencia acoge la solicitud de la demanda en el sentido de que pueda seguirse disfrutando el permiso en cuestión si, tras el alta hospitalaria, no se ha producido, la correspondiente alta médica, cuando sea preciso el reposo domiciliario, según el **certificado de hospitalización**; tal como lo prevé y requiere, expresamente, el texto del precepto cuestionado. La exigencia del certificado de hospitalización es perfectamente compatible con la interpretación de la sentencia y, además, resulta ser la forma de justificar la continuidad del permiso.

785 **Tiempo de trabajo efectivo** Se han dictado diversos pronunciamientos que tienen por finalidad calificar como tiempo de trabajo efectivo determinadas situaciones en las que se encuentran los trabajadores.
Entre ellos, la **TS 30-4-25, Rec168/23** confirma la desestimación de la demanda planteada por la empresarial, y en la que en interpretación del CCol de Gestión de Servicios para la Salud y Seguridad en Canarias, SA art.18.6, se oponía a la equiparación entre el **tiempo de trabajo efectivo y** el tiempo **de presencia** de los **médicos** asistenciales **y enfermeros asistenciales** en los **recursos aéreos** dedicados a la actividad de transporte público de enfermos y accidentados en helicópteros de urgencias y aviones sanitarizados. Se recuerda jurisprudencia consolidada sobre el alcance del recurso de casación, que consiste en verificar que la exégesis del precepto convencional efectuada por la sentencia recurrida se adecúa a las reglas de interpretación. En aplicación de la misma, se concluye que la interpretación efectuada es acorde con la doctrina del TJUE, con la Dir 2003/88/CE, relativa a determinados aspectos de la ordenación del tiempo de trabajo, y con la jurisprudencia de esta Sala sentada a partir de la TS 17-2-22, Rec 123/00. En esta sentencia se declara, de

un lado, que las guardias de presencia física en el centro de trabajo de los trabajadores dedicados al transporte sanitario deben **computarse como tiempo de trabajo efectivo** a efectos de la jornada anual, y de otro, que los citados trabajadores están incluidos en la Dir 2003/88/CE y no se les aplica el RD 1561/1995 sobre jornadas especiales de trabajo.

Por su parte, la **TS 2-7-25, Rec 5023/23** declara el derecho de las personas trabajadoras de la empresa a que se considere **tiempo de trabajo efectivo** el tiempo de descanso intrajornada, **pausa para el bocadillo**, que presten servicios en el **turno de noche**, siempre que las horas de presencia alcancen las 40 horas semanales; ello en interpretación de las cláusulas del CCol estatal de artes gráficas, manipulados de papel, manipulados de cartón, editoriales e industrias auxiliares (2021-2022). **788**
La Sala IV analiza el contenido y alcance del descanso intrajornada, regulado en el ET art.34.4, así como los antecedentes históricos del precepto legal, en concordancia con la Dir 2003/88/CE y la Const art.40.2, que llevan a declarar que se trata de una **norma de derecho necesario relativo**, pues así se desprende, con toda claridad, tanto de su tenor literal como de su ubicación sistemática dentro del ET art.34. Si la literalidad, la lógica y la sistemática abocan a la interpretación asumida por la sentencia recurrida, la teleológica o de finalidad vinculada a la protección de la salud, especialmente cuando se trata de trabajo nocturno refuerzan aquella interpretación.

Por el contrario, la **TS 4-6-25, Rec 234/23** determina que **no es tiempo de trabajo efectivo** el empleado por las personas trabajadoras designadas como presidente y vocales de las **mesas electorales** en los procesos de representación de los trabajadores en la empresa Paradores de Turismo de España SME, SA, sin perjuicio de que sea retribuido. Acude la Sala a los parámetros establecidos por la jurisprudencia del TJUE, que se fija en los **tres elementos** constitutivos en el **concepto** de «tiempo de trabajo» de la Dir 2003/88/CE art.2.1, a saber, el elemento profesional, de autoridad y espacial. Se concluye que, aunque se está en el centro de trabajo, ni se está a disposición del empresario ni se realizan funciones habituales o conectadas a las mismas, por lo que no puede afirmarse que sea tiempo de trabajo el destinado a formar parte del proceso electoral en las mesas electorales, sin perjuicio de que ese tiempo sea retribuido, **790**

También, en relación con la consideración de tiempo efectivo de trabajo, se pronuncia la **TS 21-5-25, Rec 81/23**, declarando que no tienen tal naturaleza los tiempos en los que los trabajadores con categoría de interventor de las sociedades RENFE Operadora y RENFE Viajeros esperan **desde la finalización de un servicio hasta la toma del siguiente tren** que les debe de trasladar hasta su residencia, para fijar la jornada anual. Este tiempo no tiene por qué ser en la estación, no han de realizar funciones adicionales a las propias de su trabajo; si son llamados por teléfono, ocasionalmente, lo son solo a efectos de alguna consulta, nunca para la incorporación al servicio o la realización de sus tareas inherentes al puesto y en ese periodo el interventor puede disponer de su tiempo, deambular, descansar, o gestionar sus propios intereses. En definitiva, y usando las palabras del TJUE, los interventores, durante este tiempo, no están obligados a hallarse físicamente en el lugar determinado por el empresario y a permanecer a disposición de este para poder prestar sus servicios inmediatamente en caso de necesidad o con escaso tiempo de reacción. Precisamente por **no estar a disposición de la empresa** ni teniendo que realizar funciones adicionales propias de su trabajo, ese periodo **no constituye** tiempo de trabajo en los términos de la Directiva Europea 2003/88. **792**

Es interesante la **TS 22-10-25, Rec 44/24**, en cuanto analiza la Dir 2003/88/CE en relación con el ET y el RD 1561/1995, a los efectos de determinar **qué debe entenderse** por **«tiempo de trabajo efectivo»**. Se confirma la estimación parcial de la demanda de conflicto colectivo que declara que las **horas de presencia** empleadas por los trabajadores adscritos al servicio de restauración y atención **a bordo de los trenes** en el día de reserva, regulado en el CCol de Ferrovial Servicios, SA art.59.B, **795**

constituyen jornada de trabajo. La sentencia de instancia realiza una **interpretación** acorde con **la norma europea, la norma estatutaria, el RD de jornadas especiales y** también las previsiones de la **norma convencional** pactada.
El RD 1561/1995 es acorde con las previsiones de la Dir 2003/88/CE, relativa a determinados aspectos de la ordenación del tiempo de trabajo, Directiva que no define el «tiempo de trabajo efectivo», sino tan solo el «tiempo de trabajo» como contraposición al «periodo de descanso» en su art.2; y el art.17, regulando las normas en materia de seguridad y salud laboral, abre la posibilidad de que se establezcan condiciones diferentes para el personal ferroviario, como es el caso.
Por otra parte, el ET establece la **libertad de negociación** de las partes en esta materia, si bien limitando la **duración máxima** de la jornada ordinaria de trabajo a 40 horas semanales «de trabajo efectivo»; y el RD 1561/1995 art.8 considera tiempo de presencia el que el trabajador se encuentre **a disposición del empresario** «sin prestar trabajo efectivo, por razones de espera, expectativas», criterio este que es literalmente reiterado en el convenio colectivo. Asimismo, la reiteración de la palabra **«expectativa»**, tanto en la definición de los días de reserva como para el tiempo de presencia, implica que dichos días deben tener la consideración de tiempo de presencia, a falta de otra previsión convencional.
En definitiva, tanto las horas de presencia empleadas en el día de reserva como las horas de presencia por averías constituyen jornada de trabajo.

798 **Tiempo de trabajo efectivo: desplazamiento entre el último cliente y su domicilio particular, al final de la jornada diaria** La **TS 21-4-25, Rec 162/23** desestima que deban ser considerados tiempo de trabajo efectivo los desplazamientos de los trabajadores, al final de la jornada, desde el domicilio del último cliente al del trabajador, aunque la empresa reconoce como tiempo de trabajo a efectos de jornada y retributivos, el tiempo dedicado al desplazamiento, al comienzo de la jornada, desde el domicilio del trabajador hasta el del primer cliente.
La Sala IV recuerda diversos pronunciamientos del TJUE sobre aspectos de la ordenación del tiempo de trabajo y del TS relacionados con los desplazamientos entre el domicilio del trabajador y el primer cliente. Pues bien, la litis afecta a trabajadores de la empresa Kone Elevadores SA que desempeñan funciones de instalación y mantenimiento de todo tipo de aparatos elevadores en domicilios y establecimientos industriales. Los técnicos tienen a su disposición un vehículo de la empresa, aunque también pueden disponer del suyo particular, con el que se desplazan diariamente desde su domicilio a los centros del cliente donde han de realizar sus tareas y desde los que vuelven a su domicilio al finalizar su jornada. La Sala IV tiene dicho que de conformidad con lo dispuesto en el ET art.34.5, el tiempo que los trabajadores dedican a los **desplazamientos diarios** entre su domicilio y el domicilio del primer cliente y, al final de la jornada diaria, el de vuelta desde que se van del domicilio del último cliente hasta que regresan a su domicilio particular, como regla general, **no tiene la consideración de tiempo de trabajo** efectivo a efectos remuneratorios salvo que concurran circunstancias específicas, semejantes a las de la TJUE 10-9-15, C-266/14, caso Tyco.
En el caso se estima que **no concurren elementos** que permitan la aplicación de la **doctrina del caso Tyco**. No constan datos fácticos que determinen en qué condiciones prestan sus servicios al ir y al volver de su trabajo, cuál es esa distancia o, si se producen irregularidades frecuentes entorno a ella, ni el tiempo invertido en el desplazamiento tanto al inicio como al final de la jornada, ni tampoco se acreditan razones excepcionales que justifiquen la alteración de la regla general, como podrían ser las circunstancias en las que se organiza el trabajo por el empresario, las concretas instrucciones recibidas por el trabajador durante sus desplazamientos o a lo largo de la jornada o el modo en que se fija la ruta como acontecía en el caso Tyco, en el que debido al cierre de las oficinas provinciales de la empresa, los trabajadores «perdieron la posibilidad de determinar libremente la distancia que separa su domicilio del lugar habitual de inicio y fin de su jornada laboral». En definitiva, **no existen razones singulares y excepcionales** que permitan concluir, que la empresa esté obligada a computar como tiempo de trabajo el reclamado.

Vacaciones: interpretación de la expresión «periodo estival» La **TS 9-9-25, Rec 99/25** confirma la estimación de la demanda de **conflicto colectivo** en la que, en interpretación de la expresión «periodo estival» contemplada en el III CCol de ámbito estatal del sector de Contact Center art.29 declaró que el **periodo estival comprende** desde el solsticio de verano hasta el equinoccio de otoño, siendo en 2025 las fechas comprendidas entre el 21 de junio y el 21 de septiembre, declarando la nulidad del apartado de la normativa de Vacaciones discutido en la parte que señala que tal periodo es el comprendido entre el 9-6-2025 y el 14-9-2025. 802

Tras recordar la evolución de jurisprudencia relativa a los **mecanismos de interpretación de los convenios colectivos**, concluye que, atendidas las circunstancias del caso, la sentencia recurrida ha aplicado correctamente las reglas hermenéuticas y sus conclusiones no se alejan de la lógica jurídica ni conducen a una solución irrazonable o absurda. En **ausencia de previsión** en el convenio de aplicación y sin acuerdo con la representación de los trabajadores, la **empresa no puede imponer unilateralmente** fechas distintas a la definición tradicional del período estival. La literalidad del convenio hace referencia exclusivamente al «período estival», lo que impide su extensión arbitraria. La finalidad de la cláusula convencional analizada es asegurar que al menos **una parte significativa de las vacaciones anuales** se tome en la época tradicional de verano, propiciando el descanso en temporada alta y la conciliación familiar (coincidiendo con vacaciones escolares, etc.). En ausencia de una definición convencional exacta, cabe recurrir al sentido literal y usual del término, lo que significa que la expresión «período estival» es una **forma de referirse al verano**, la estación más cálida del año, que astronómicamente aparece delimitada por las fechas indicadas –del 21 de junio al 21 de septiembre–.

Por todo ello, la actuación unilateral de la empresa de ampliar el periodo por delante desde el 9 de junio y por detrás se acorte al 14 de septiembre supone una **alteración del concepto natural** de «época estival», que, además, encaja mejor con la práctica tradicional en el sector. En definitiva, dicha actuación, en una materia como las vacaciones, que se basa esencialmente en el común acuerdo, va en contra de la interpretación literal y finalista de la cláusula convencional y, por ende, se declara nula.

27. Tutela de derechos fundamentales

Discriminación por razón de sexo y libertad sindical La **TS 18-2-25, Rec 21/23** desestima la demanda de tutela de derechos fundamentales, a la libertad sindical y a la no discriminación por razón de sexo, interpuesta por la Asociación de Futbolistas Profesionales (FUTPRO) contra la Asociación de Futbolistas Españoles (AFE), con origen en la conducta consistente en considerar beneficiarias del denominado **«Fondo Fin de Carrera»** que AFE ha previsto únicamente para las jugadoras afiliadas a dicha Asociación, mientras que resultan ser beneficiarios todos los futbolistas varones, con independencia de que estén o no afiliados a AFE. 812

Señala la Sala IV que lo resuelto en las sentencias previas a las que se hace referencia ha sido íntegramente cumplido y que la nueva redacción del Reglamento del Fondo Fin de Carrera en punto a la exigencia de afiliación para las **mujeres futbolistas** protegidas no infringe lo previsto en dichas resoluciones judiciales. La regulación del Fondo Fin de Carrera de AFE, que solo contempla como beneficiarias a las jugadoras de Primera División Femenina que estén afiliadas a dicha asociación, en la medida en que se financie exclusivamente con fondos propios de AFE, y no de los fondos recibidos de la cantidad correspondiente a los derechos audiovisuales que les entrega la LFP **no vulnera el derecho a la libertad sindical** del sindicato demandante, **ni del principio de igualdad por razón de sexo**. En el caso no concurren indicios de vulneración de la libertad sindical, ni pueda entenderse que la redacción del

Reglamento y su aplicación práctica carezcan de una justificación objetiva y razonable. No consta acreditado que AFE haya percibido ningún ingreso proveniente de la comercialización conjunta de los **derechos audiovisuales** del fútbol femenino, y teniendo en cuenta que las prestaciones discutidas se financian, exclusivamente con fondos propios, el hecho de que AFE integre como beneficiarias de las prestaciones de fondo fin de carrera a las futbolistas afiliadas, no implica vulneración alguna del derecho a la libertad sindical del sindicato FUTPRO demandante. Se declara, que es totalmente lícito que cualquier sindicato, con fondos propios, pueda establecer beneficios dirigidos exclusivamente a sus propios afiliados, sin que por ello deba considerarse afectado el derecho a la libertad sindical de cualquier otro sindicato que no lo haga.

Tampoco percibe la Sala **ningún indicio de vulneración** del derecho al principio de igualdad y a la no discriminación por razón de sexo, habida cuenta de que el fútbol profesional está organizado separadamente por sexos, teniendo las competiciones masculinas y femeninas ligas distintas de cuya organización se ocupan entidades distintas (LNFP y LFFP) y atendiendo, especialmente por lo que a los presentes efectos importa, que la comercialización de los derechos audiovisuales se efectúa por separado por cada liga. En definitiva, **ninguna discriminación** puede existir por el hecho de que AFE, con cargo a sus fondos propios, equipare (a los efectos prestacionales) a sus futbolistas profesionales afiliadas con los profesionales del fútbol masculino.

816 **Integridad física y salud** La **TS 8-4-25, Rec 59/23**, tras despejar diversas cuestiones procesales, confirma la sentencia recurrida, dictada en un conflicto colectivo, que declara que las demandadas vulneran los **derechos de los médicos de atención primaria y pediatras** en materia de integridad física y salud e incumplen con sus obligaciones en materia de **prevención de riesgos laborales**, de valoración de la carga de trabajo de dicho colectivo y evaluación de los riesgos de sus puestos de trabajo, condenando a las demandadas a estar y pasar por tal declaración y a afectar de forma inmediata la **preceptiva evaluación de riesgos** laborales, incluyendo específica y concretamente la **valoración psicosocial** de dichos puestos de trabajo de los médicos de atención primaria y pediatras.

La Sala IV desestima el motivo relativo a este pronunciamiento, en primer lugar, porque la entidad recurrente hace supuesto de la cuestión al construirse el recurso sobre bases fácticas erróneas. Además, la ausencia de una evaluación de riesgos, en particular psicosociales y la omisión de una adecuada y adaptada actividad preventiva, en el concreto contexto material y temporal en que se planteó el conflicto colectivo, supone una **omisión de los elementales deberes de prevención** que podría afectar a los derechos que protege la Const art.15.

Respecto a la pretensión que fue desestimada en la instancia (vulneración de los derechos fundamentales a la salud y a la integridad física y psíquica del personal sanitario con relación a la determinación de la carga de trabajo, fijando el número máximo de pacientes a atender por jornada de trabajo y tiempo mínimo de dedicación a cada uno), reitera que **excede de los límites** del presente procedimiento pues no cabe en el mismo **el estudio y determinación de la carga de trabajo de cada médico**, tiempos de atención, agendas, etcétera. Entiende que esto habrá de definirse a través de la evaluación de la carga de trabajo, con la necesaria intervención de los representantes legales de los trabajadores.

28. Tutela de la libertad sindical

Bolsa regional de crédito horario anual para cesión de horas La **TS 9-4-25, Rec 92/23** confirma la desestimación de la demanda por vulneración de derechos fundamentales, vertiente de la garantía de indemnidad, y de la libertad sindical, presentada por la organización sindical consecuencia de haber suprimido la empresa la bolsa regional de crédito horario anual para cesión de horas de sus delegados de personal, miembros del comité de empresa, y delegados de prevención y sindicales, alegando que se venía aplicando entre las partes desde marzo de 2021. Se descarta, al igual que en la instancia, la vulneración de derechos fundamentales denunciada, incluso que concurrieran indicios racionales, necesario para que pueda operar el desplazamiento de la carga probatoria. Están **ausentes los presupuestos** en los que se basaba la demanda: no quedó probado que existiera un acuerdo de constitución de una bolsa regional de crédito horario anual en la empresa; ni tampoco que existiera un comité regional o intercentros que hubiera podido acordar su creación conforme al CCol de Medianas Superficies de Distribución de Alimentos de Castilla y León. 827

Particularmente se entendió que lo acontecido con respecto a la situación de una trabajadora liberada del centro de trabajo de Salamanca, que percibió unas **retribuciones** en el **cálculo de horas sindicales** entre marzo y octubre de 2021, no pasó de ser una mera incidencia puntal que fue corregida por la empresa. La Sala IV ratifica estos extremos, al constar que la bolsa de horas sindicales en la empresa demandada no es regional sino provincial; no existe ni Comité Regional o Intercentros y no consta acuerdo expreso de posibilidad de constituir bolsa de horas sindicales a nivel regional, que sí existe en otras empresas del sector.

Composición del comité interempresas: exclusión de un sindicato La **TS 12-11-25, Rec 107/24** establece que la conducta de CCOO y de APP-SAe de exclusión del sindicato Unión de Trabajadores Independientes y Libres (UTIL) del comité interempresas (CI) **lesionó el derecho** de libertad sindical del sindicato, con condena al abono de una **indemnización** conjunta de 300 €, al considerar que hay que tener en cuenta el centro de trabajo de la Maestranza y al delegado de personal en él elegido. 830

Se argumenta que no puede prevalecer una interpretación meramente literal del CCol Airbus art.45.2, que establece que las personas **componentes del comité interempresas** deben ser designadas entre los **miembros de los comités de empresa**. Y ello porque se trata de un comité que tiene competencia en los temas que afectan a «todos» los centros de trabajo, por lo que no se puede excluir a uno de esos centros, que judicialmente ha sido reconocido como tal, con el argumento de que en él se eligen delegados de personal y no miembros del comité de empresa, lo que lleva a incluir a los **delegados de personal**, que tienen las mismas competencias.

Por otra parte, se muestra conformidad a la interpretación de la regla de **proporcionalidad** del citado precepto, en el sentido de que el sindicato demandante debe contar con un miembro en aquel comité, como fue el caso de UTIL, que tiene un resultado electoral del 0,83 frente al resultado del 3,32 de ATP-SAe, lo que le daría derecho a contar con 3 miembros, pero no con 4. En este contexto, y especialmente a la vista de que se trata de un comité que tiene competencia en los temas que afecten a «todos» los centros de trabajo, tiene sentido que se interprete que un 0,83 está más próximo a un 1 que a un 0 y que un 3,32 está más próximo a un 3 que a un 4. Además de que, **a falta de reglas más específicas**, con esta interpretación se evita que haya un centro de trabajo, y el delegado de personal en él elegido, excluidos en la conformación del comité interempresas.

833 **Constitución de sección sindical a nivel autonómico de empresa** La **TS 20-12-24, Rec 29/23**, dictada en proceso de tutela de la libertad sindical, confirma el derecho del sindicato demandante a designar un delegado sindical a nivel autonómico en la empresa, con los derechos y prerrogativas que contempla la LOLS art.10.1, entre ellos, el de **disponer del crédito horario** correspondiente, fijando en 6.000 € la indemnización a pagar por la empresa. Está establecida la posibilidad de que los sindicatos opten por organizar sus secciones sindicales, no solo en el ámbito de la empresa o centro de trabajo, sino también en el propiciado por la agrupación de varios centros de trabajo, siendo necesario en este último caso, que esa agrupación se lleva a cabo por razones objetivas y sin comportar abuso de derecho o consecuencias contrarias a los intereses de los trabajadores.

En el caso analizado se estima que no hay obstáculos legales para que el sindicato demandante pueda constituir una sección sindical a nivel autonómico de la empresa, mediante la agrupación de todos los centros de trabajo de la Comunidad Autónoma que adjudica a la empresa la gestión del servicio telefónico del 061. Esa circunstancia común configura una **razón objetiva que permite su agrupación** a estos efectos, sin constituir abuso de derecho alguno ni resultar perjudicial a los intereses de los trabajadores. Bien al contrario, aparece como **causa legítima y justificada** para su mejor y más efectiva representación y defensa. Además, el sindicato demandante acredita los **requisitos exigidos** por la LOLS art.10 ya que dispone de presencia en los comités de empresa en el ámbito al que se extiende la sección sindical de nivel autonómico, sin discutirse que ocupe a más de 250 trabajadores, ni tampoco la concurrencia del presupuesto del 10% cuando ostenta una representación del 23,80% de los representantes unitarios. Por todo ello goza de implantación suficiente y adecuada en el conjunto de centros de trabajo agrupados para constituir la sección sindical autonómica.

836 **Crédito horario: disfrute y cómputo** La **TS 20-5-25, Rec 84/23** desestima que se haya vulnerado la libertad sindical por la comunicación de la empresa que impide al sindicato demandante seguir disfrutando de más horas sindicales a partir del 22-9-2021, al haber **superado el crédito sindical** previsto para todo el año en curso. Es cierto que el crédito sindical es mensual, pero ha quedado acreditada la práctica habitual, admitida de forma pacífica por las partes, de flexibilizar ese cómputo, permitiendo la **compensación del exceso** cometido en un determinado mes en los meses posteriores. Y aunque no se aprecia ningún reparo en este sistema de compensación, ello no empece a que el sindicato deba atenerse al crédito anual del que dispone. La empresa no ha restringido el crédito sindical, solo procedió a aplicar el sistema de compensación habitual y, al tiempo, ofreció eliminar dicha práctica, con efectos en la propia anualidad en curso, es decir, en el año 2021, permitiendo que se siguiera concediendo crédito horario en el tercer trimestre del año 2021, en las condiciones ofrecidas. Por ello y dado que la empresa ha respetado el crédito anual y se ha limitado a aplicar el sistema de compensación que venía siendo una práctica pacífica, no se observa vulneración alguna.

839 **Delegados sindicales: nombramiento y garantías** En la **TS 25-4-25, Rec 144/23** se plantea si un **delegado sindical**, elegido por una sección sindical y que **no pertenece al comité de empresa**, goza de las garantías legalmente previstas en la LOLS y ET, y, en concreto, del **crédito sindical**, dado que la empresa deniega el cré-

dito horario, argumentado que, si bien había sido miembro del comité de empresa en Barcelona, dejó de serlo al ser trasladado a La Coruña.
La Sala IV reitera doctrina sobre los derechos y garantías de los delegados sindicales y sobre las dos clases de delegado sindical, los que disfrutan de esas garantías y los designados por el sindicato sin reunir los requisitos de la LOLS art.10. Se confirma la **vulneración del derecho a la libertad sindical**, declarando el derecho de los delegados sindicales designados conforme a la LOLS art.10, a disfrutar de un crédito horario de 40 horas mensuales. La LOLS reconoce la posibilidad de nombrar delegados sindicales por parte del sindicato, independientemente de que no pertenezca el trabajador elegido al comité de empresa, y, en tal caso, tendrán «las mismas garantías que las establecidas legalmente para los miembros de los comités de empresa».

Por su parte, la **TS 5-5-25, Rec 91/23** confirma la desestimación de la demanda de **841**
conflicto colectivo, planteada por un sindicato en la que se solicitaba el derecho al nombramiento de un delegado sindical estatal de acuerdo con el CCol de Gas Natural Fenosa, SA (actualmente, Grupo Naturgy) art.77, con las prerrogativas de la LOLS art.10.3. Al efecto, se reitera que las secciones sindicales de la empresa, el centro de trabajo o la agrupación de centros de trabajo que cuenten con más de 250 trabajadores podrán estar representadas por delegados sindicales. La determinación del **ámbito de la sección sindical corresponde definirla** al propio sindicato, como facultad de autoorganización interna incluida en el contenido del derecho de libertad sindical y, si bien las secciones sindicales pueden designar con libertad a un representante o delegado interno, el nombramiento de delegados sindicales que ostenten las prerrogativas o garantías contempladas en la LOLS exige la **concurrencia de los presupuestos exigidos legalmente**, a saber, que la plantilla sea superior a 250 trabajadores. También pueden nombrarse delegados sindicales adicionales o complementarios, para lo que se exige, salvo acuerdo o convenio colectivo en contrario, que el sindicato haya obtenido el 10% de los votos en la elección al comité de empresa. En el caso, ninguna de estas exigencias se cumple, por lo que carece el sindicato actor del derecho a nombrar un delegado sindical.

Derecho a la información y documentación del sindicato La **TS 16-9-25,** **844**
Rec 189/23 confirma la sentencia de instancia que, con estimación parcial de la demanda sobre tutela de derechos fundamentales, declara que se ha vulnerado el derecho a la libertad sindical del sindicato demandante, y la condena a **poner a disposición** de la organización sindical la **información y documentación** relativa a la **copia básica de los contratos** de trabajo, así como al **registro horario** de jornada; a publicar la sentencia en los tablones de anuncios de la empresa y en su página web y a abonar al sindicato demandante una **indemnización** por daños y perjuicios de 3.002 €.
La Sala IV sostiene que vulnera el derecho a la libertad sindical la actuación empresarial consistente en no entregar al sindicato la copia básica de los contratos y los datos del registro de jornada conforme a lo pactado. La empresa acepta en el recurso que no ha entregado la información sobre registro de jornada y copia básica de contratos, pero sostiene que se trata de unos incumplimientos menores y poco relevantes de las obligaciones de información que le incumben, que no supondrían una vulneración de la libertad sindical porque no fueron realizados con la intención y voluntad de limitar la actuación del sindicato. Estos argumentos, que podrían valorarse para fijar el mayor o menor importe de la indemnización reclamada por el sindicato demandante, no permiten alterar que tales incumplimientos suponen una vulneración del derecho a la libertad sindical, en cuanto inciden de manera relevante en el ejercicio de las funciones propias del sindicato al privarle del conocimiento de **datos que resultan trascendentes** para el desempeño de su actividad en defensa de los intereses de los trabajadores.

Derecho a recibir la información prevista en el ET art.64 Es interesante **847**
la **TS 22-4-25, Rec 128/23** en la que la cuestión que se suscita es si por la empleado-

ra, que pertenece al **sector público**, se ha vulnerado el derecho a la libertad sindical en su vertiente de negociación colectiva y el derecho a recibir la información prevista en el ET art.64, sobre la «masa salarial» aprobada para los años de aplicación del I CCol de la entidad demandada.
La Sala IV confirma la estimación de la demanda, declarando la vulneración del citado derecho fundamental, condenando a la empresa a poner a disposición de los sindicatos demandantes las **masas salariales** presentadas al Ministerio de Hacienda y las resoluciones que autorizan los incrementos correspondientes a los años 2018 a 2021, con obligación de abonar a cada uno de los sindicatos demandantes una indemnización de 7.501 €. Al efecto, argumenta que el concepto de «masa salarial» está comprendido dentro del **derecho de información del comité de empresa** previsto en el ET art.64, sin que tenga carácter esencial, sino accidental, el hecho de que el mismo esté condicionado a previsiones presupuestarias públicas. Además, no hay constancia de que la empresa hubiera facilitado información sobre masa salarial, ni total ni parcialmente, y, en todo caso, por su manifiesta insuficiencia, cuando se aludía para justificar el cumplimiento de esa información la existencia de unas presentaciones en power point. Estas se revelaron manifiestamente insuficientes en su contenido para demostrar, de manera literosuficiente, el objeto de la información requerida por los sindicatos al objeto de ser comprensibles.
Por tanto, la situación que se declara probada pone de manifiesto una **deliberada y consciente falta de facilitar información** sobre la masa salarial en el contexto ya expuesto, lo que desvela un comportamiento lesivo de la libertad sindical en su vertiente del derecho a recibir la información previsto en el ET art.64. Seguidamente, confirma la cuantía indemnizatoria fijada sin que proceda minoración alguna.

850 **Exclusión de un sindicato de unas comisiones** La **TS 24-9-25, Rec 235/23** confirma la desestimación de la demanda interpuesta por el Sindicato Alternativa Ferroviaria (ALFERRO) en tutela de derechos fundamentales, por vulneración de libertad sindical, en la que interesaba la nulidad del art.5.5 del Reglamento que aprobó el comité de empresa, por no respetar el principio de **proporcionalidad y representatividad**, al **excluir** a dicho sindicato **de las comisiones** de Política Social, de Recursos, de Personal y Formación y de la Comisión de Igualdad. Instaba el restablecimiento del criterio de la proporcionalidad en la composición de dichas comisiones, con condena a asignar en cada una de ellas a un miembro de dicho sindicato.
La Sala IV sigue el criterio previo sentando en la TS 12-2-13, Rec 37/12, reiterando que el comité de empresa en cuestión se autorregula a través del reglamento, que el sindicato no ha impugnado, y en el que se establece la composición de las comisiones de trabajo y el modo de elección de sus miembros. Las comisiones de trabajo del comité se constituyeron con los miembros presentes en la reunión, por decisión de estos. Pues bien, tras analizar la **diferencia entre comisiones negociadoras y aplicadoras**, se estima que las funciones de las citadas comisiones no tienen carácter negociador y sí, por el contrario, tenían **carácter aplicador**, por lo que la exclusión del sindicato recurrente no vulneró ningún derecho. La pretendida vulneración de la libertad sindical es inexistente, porque tales órganos derivados no poseen competencias negociadoras.

853 **Justificación genérica de las horas y fines de las horas sindicales** La **TS 18-9-25, Rec 212/23** aplica doctrina previa y desestima la demanda de tutela de la libertad sindical que los sindicatos demandantes sustentaban en la comunicación dirigida por la empresa, a los efectos de pedir **justificación genérica** de las horas y fines de las **horas sindicales dispuestos por los miembros del comité de empresa**. Al efecto, se argumenta que, al igual que los restantes permisos retribuidos, el ejercicio del crédito horario requiere **preaviso y justificación**, determinados por la necesidad de organizar el proceso productivo y de prevenir el uso abusivo del crédito. La empresa se limitó simplemente a requerir –a todos los sindicatos y a todos los miembros del comité de empresa– una justificación genérica del uso del crédito sindical durante el primer trimestre del año, y ha sancionado a los representantes legales de los trabajadores por **hechos realizados por ellos**, no por la simple negativa

del sindicato a responder al requerimiento, ya que la empresa también requirió personalmente a los propios representantes y ha sancionado a aquellos que no contestaron al requerimiento personal.
Se niega la existencia de discriminación, porque **no hubo desigualdad** de trato: USO se situó por decisión propia en una situación totalmente diferente a la de los demás sindicatos, se negó a justificar el crédito y por dicho motivo se abrieron expedientes a sus afiliados, y no a ningún representante de los demás sindicatos. El propio ET art.37.3 no establece requisito adicional alguno acerca de la **mayor o menor concreción** que ha de contener la justificación exigida. Parece razonable entender que **basta con indicar** al empresario la finalidad genérica a la que se afecta el tiempo utilizado. Tal exigencia ni impide ni coarta el libre desarrollo de las funciones representativas, tal y como evidencia el hecho de que otros sindicatos concernidos por la misma comunicación hubieran justificado «muy» genéricamente el uso de dicho crédito horario sin consecuencias, y responde a la finalidad pretendida por el legislador de evitar el uso ilícito de dicho crédito horario.

Obligación empresarial de facilitar los datos retributivos: alcance La **TS 15-1-25, Rec 136/23**, tras resolver diversas cuestiones procesales, desestima la demanda de conflicto colectivo en la que se solicitaba la obligación empresarial de facilitar los datos retributivos, en el formato utilizado por la empresa y en los supuestos en donde exista 1 o 2 personas trabajadoras en alguno de los sexos (al margen de la plantilla existente en el otro sexo) y en aquellas situaciones en las que en uno de los sexos no haya ninguna persona trabajadora y en la otra sí, ordenando que cese la práctica empresarial consistente en la **ausencia de información retributiva** a consecuencia de las anteriores prácticas. Indicaba el sindicato demandante que tal información resultaba imprescindible para verificar posibles discriminaciones por razón de género, al amparo del ET art.28 y RD 902/2020. 856
Ante la Sala IV se cuestiona el alcance de la obligación empresarial de **facilitar los datos retributivos** en particular, si la empresa, a la hora de confeccionar el registro y la auditoría retributivos, está obligada a determinar en todos los puestos de trabajo la retribución media y la mediana, aun cuando se trate de **puestos** en los que solo prestan servicios **trabajadores de un único sexo** o en los que solo exista un trabajador. Se declara, tras una interesante labor argumental, que no hay ninguna infracción del ET art.28.2 ni del RDL 6/2019 ni del Reglamento, porque esta normativa tiene por objeto identificar las discriminaciones, tanto directas como indirectas que se produzcan por una incorrecta valoración de los puestos de trabajo cuando se desempeñe un trabajo de igual valor; pero aquí no se le imputa a la empresa una valoración errónea de los puestos de trabajo que implique una discriminación sino que no facilite la retribución de aquellas categorías o puestos de trabajo en que exista solo una o dos personas trabajadoras del mismo sexo. Por tanto, si **no hay posibilidad material de comparar** por tal motivo la existencia de una discriminación retributiva entre mujeres y hombres, no hay razón alguna por la que la empresa deba facilitar esa retribución. La ausencia de concreción en los casos en los que hay muy pocos trabajadores del mismo sexo no comporta la quiebra del ET art.28.

Uso de denominación y logo que induce a error sobre la identificación de dos sindicatos Es interesante la **TS 2-10-25, Rec 53/24**, que estima en parte la demanda planteada por el sindicato Sindicat Intersindical-CSC, declarando la vulneración del derecho de libertad sindical de dicho sindicato, condenando al demandado SOM Intersindical de Catalunya-Sindicat República Catalá a estar y pasar por la anterior declaración, procediendo al **cese del uso** en cualquier ámbito y especialmente en el ámbito de elecciones sindicales del nombre de «Somos Intersindical», así como de los **logotipos, eslóganes, imágenes o sonidos** que puedan inducir a confusión con el nombre, logotipos, eslóganes, imágenes o sonidos utilizados por «Intersindical CSC», condenando igualmente al sindicado demandado al abono de la cantidad de 3.000 € en concepto de **indemnización** por daños y perjuicios. Y ello al entender que el uso de una cierta denominación y un logo por un sindicato puede 859 incidir en el derecho de libertad sindical de otro sindicato, por inducir a error sobre la identidad de cada uno de ellos.

La valoración de los aspectos que inciden en la denominación e identificación de un sindicato presenta un marcado **casuismo e inevitables tintes subjetivos**, en cuanto deben implicarse apreciaciones relativas a elementos que por su propia naturaleza pueden resultar discutibles. Se acude al desarrollo efectuado por la Sala de lo Civil en lo relativo a las directrices que enmarcan el **«juicio de confusión»**, concepto utilizado en relación con las marcas comerciales, como criterio delimitador. Se estima que la **denominación y** el **logo utilizados inducen a error**, al apreciar un factor de confusión significativo, por cuanto el logotipo del sindicato demandado no solo no se diferencia de manera relevante del logotipo del demandante, sino que, al anteponer el «som», parece querer realizar un juicio asertivo de identificación para indicar que dicho logotipo identifica a la auténtica «intersindical». Además, el **aspecto gráfico** de los logos incide en esta confusión, ya que, en ambos casos, se utiliza un fondo rojo (a veces blanco en el caso del demandante) con letras blancas, así como motivos comunes.

En conclusión, el logo del sindicato demandado presenta un claro potencial para **inducir a error** a una persona objetivamente considerada como un ciudadano medio normalmente informado y razonablemente atento y perspicaz, a lo que se une que la **denominación** utilizada por la demandada también induce a error, pues la única distinción entre las palabras «SOM» y «CSC» hace difícil distinguir la independencia y autonomía de ambos sindicatos.

865 **Validez del acuerdo de créditos horarios extraordinarios** La **TS 9-4-25, Rec 103/23** confirma la desestimación de la demanda en la que se cuestiona la validez del acuerdo de créditos horarios extraordinarios y complementarios de la representación sindical durante la vigencia del XXIV CCol de Banca, por supuesta vulneración de la libertad sindical y los derechos a la negociación colectiva del sindicato CGT, en cuanto limita los beneficios del acuerdo, en orden a la realización de las **funciones de administración y gestión** del XXIV CCol, a los sindicatos firmantes del referido convenio y del propio acuerdo.

No se ha producido la vulneración denunciada en la concesión de esos derechos de crédito adicionales, ya que la **conducta** está **justificada** de forma objetiva y razonable, apreciada la diferencia de trato en relación con la finalidad y efectos de la medida considerada. El sindicato CGT no ha firmado el convenio y, por tanto, puede ser excluido de las funciones de administración y gestión de este, siendo este un criterio objetivo y razonable, sin perjuicio de que, bajo la vigencia del anterior Pacto de 2019, se asignaran, de forma transitoria, tareas de administración y gestión con tan solo ostentar legitimación negocial, teniendo en cuenta las circunstancias objetivas antes expuestas.

CAPÍTULO 2

Derechos colectivos

I. Acuerdos de empresa

1. Acuerdos alcanzados en mediación

MASA Se reclama, por el procedimiento de impugnación de convenio colectivo, un acuerdo alcanzado en mediación ante el SIMA, y se solicita la **nulidad** radical y de pleno derecho del citado **Acuerdo SIMA** 4-5-2022, con plenitud de efectos. Con carácter subsidiario a la anterior, se interesa que, en caso de no estimarse la principal, se considere tal acuerdo como pacto de efectos inter partes y **eficacia limitada** únicamente a los firmantes del mismo, eliminados, por tanto, su eficacia general y sus efectos erga omnes, con plenos efectos. Se desestiman en instancia dichas pretensiones y se confirman en casación. Se descarta, en primer lugar, que la resolución incurra en **incongruencia omisiva**, por cuanto el recurso no identifica qué pretensión ha quedado imprejuzgada, aplicando la doctrina de la TS 25-6-24, Rec 175/22 y su jurisprudencia sobre la necesidad de que los escritos de interposición de los recursos extraordinarios deban cumplir las exigencias formales, por lo que su incumplimiento lleva a su desestimación. En segundo lugar, el TS indica que se está ante un Acuerdo que no implica la modificación del XXV convenio colectivo, porque su **vigencia había finalizado**, y la cuestión acordada se refiere a la determinación de cuáles deben ser las **tablas salariales** del año 2022, por lo que el acuerdo impugnado regula condiciones posteriores al término de vigencia del convenio sin infringir el ET art.86.1.2º. Por último, **niega** que el acuerdo impugnado se sustente en la aplicación de la **cláusula rebus sic stantibus**, porque no pudo infringir lo pactado en el ya finalizado convenio. Asimismo, no se explican las razones para entender que el acuerdo vulnere el principio de jerarquía normativa y retroactividad de las leyes (**TS 12-6-25, Rec 126/23, confirma AN 21-3-22, Proc 341/22**). 2002

2. Acuerdos en procesos de impugnación de laudos

Agetrans Se impugna, por el procedimiento de impugnación de convenio colectivo, un **laudo** cuya **nulidad** se reclama, solicitándose que se deje sin efecto, al ser contrario a la legalidad vigente, y, en consecuencia, se declare la plena vigencia de los convenios colectivos aplicables en cuanto a su **regulación de la jornada**, conforme han establecido las TS 17-2-22, Rec 123/20, y TS 7-6-23, Rec 221/21. Se estima la variación sustancial de la demanda y se desestima esta, una vez acreditado un blo- 2006 queo negocial y pronunciamientos reiterados de la Sala IV, que descartan la aplicación del RD 1561/1995, de jornadas especiales en materia de transporte por carretera al sector. Consiguientemente, nada impide que las partes se sometan al **arbitraje** para resolver, de manera **provisional y transitoria**, el régimen de jornadas de trabajo de aquel personal en tanto se avanza en la negociación colectiva. Lo que en nada afecta al derecho a la **tutela judicial efectiva** de la parte o su derecho a participar, si se cumplen con los requisitos formales para ello en la negociación del convenio estatal. A ello debe añadirse que, como antes también se ha apuntado, el hecho de que existan **pronunciamientos judiciales firmes** relativos a los **convenios autonómicos** no afecta a la regulación del convenio estatal, directamente afectado por los pronunciamientos del TS, que declaran como no aplicable la normativa en materia de jornada prevista en el sector del transporte por carretera. De ahí que el segundo argumento contenido en la demanda también deba ser rechazado. Y, por último, se sostiene por el sindicato demandante que el régimen de aplicación indicado por el árbitro en la parte del laudo en equidad resulta contrario al ET art.34 y a la Dir 2003/88/CE. Con independencia de que no se cite como infringido precepto alguno de esta última, lo cierto es que los criterios del laudo son claros al respecto. La Directiva permite para el **servicio de ambulancias** unas **jornadas** de trabajo y de su distribución **más amplias** a la general prevista para el conjunto de los sectores y actividades. En concreto, conforme a Dir 2003/88/CE art.17.3, se admite que se establezcan **excepciones** a lo contemplado en Dir 2003/88/CE art.3 (descanso diario), 4 (pausas), 5 (descanso semanal), 8 (duración del trabajo nocturno) y 16 (periodo de referencia). Eso habilita a que la L 55/2003 establezca un régimen más amplio respecto de cada una de estas materias. Y si, como antes se ha señalado, nada impide la **aplicación provisional** de dicho régimen **al sector del convenio estatal**, no cabe afirmar de forma genérica que concurran infracciones que puedan determinar la anulación del laudo (**AN 16-12-24, Proc 294/24**).

2008 **Liga de Fútbol Profesional** Impugnado un **laudo arbitral**, se alcanza **acuerdo en conciliación**, cuya ejecución se postula por el sindicato demandante y se desestima por la AN. Se desestima el recurso de casación interpuesto contra el auto de la AN, por cuanto el apdo.4 del acta de conciliación de 27-11-2019, suscrita ante la Sala de lo Social AN, establece que las resoluciones de las mesas electorales **pueden ser impugnadas** ante el «mismo árbitro» que resuelva el procedimiento arbitral previsto en el apdo.1 de aquella conciliación. En consecuencia, esta es la vía que el Sindicato de Futbolistas ON debería haber seguido y no la de, por medio de instar la ejecución de la referida acta de conciliación, pretender que se procediera a la constitución de un nuevo procedimiento arbitral y la designación de un nuevo árbitro (**TS 23-1-25, Rec 11/23, confirma AN auto 9-9-22 y 3-10-22, Ejec 7/22**).

2010 **Skyway Air Navigation Services SA** La empresa SAERCO impugna, por el procedimiento de **impugnación de convenio colectivo**, un **laudo arbitral**, cuya **nulidad** reclama. Se estima la excepción de **falta de legitimación activa** de la empresa demandante y se le impone una **multa por temeridad** de 2.000 €, una vez acreditado que tal parte era plenamente consciente de su falta de legitimación activa para impugnar un laudo sustitutorio del convenio colectivo y a través de la modalidad de impugnación de convenios. El tenor literal de la norma y la jurisprudencia pacífica del TCo y del TS así lo establecen. Y la propia **empresa demandante** demuestra ser **conocedora** de tal normativa y de la imposibilidad de impugnar, dada la negativa de la APCTA en asamblea general de 4-9-2024. Y, pese a ello, interpone una **acción de impugnación** actuando, además, **en contra de sus propios actos**; pues cuestiona su decisión de formar parte de la asociación, el régimen de adopción de acuerdos de la misma, el sometimiento al arbitraje de equidad e incluso su propia propuesta de designación de un árbitro cuya imparcialidad cuestiona una vez conocido el contenido el laudo (**AN 19-12-24, Proc 340/24**).

II. Convenios colectivos

2015

1. Aplicación

Aramark Servicios de Catering Se reclama, por el procedimiento de **conflicto colectivo**, que se aplique a los centros de trabajo de la empresa demandada reseñados en la demanda el CCol de Restauración colectiva. Se estima dicha pretensión en instancia y se confirma en casación. Se desestima la excepción de falta de legitimación activa, por cuanto no se acreditó la revocación del poder sindical. Se declara que es **aplicable el convenio** que comprende la concreta actividad que realizan los trabajadores, en este caso, el CCol estatal del Sector laboral de restauración colectiva. Aplica doctrina (**TS 26-3-25, Rec 71/23**). 2017

Hisconsa Se reclama, por el procedimiento de **conflicto colectivo**, que se declare el derecho de los **trabajadores** que presten servicios para esta mercantil, en las **contratas** señaladas (en el Palacio de Las Selgas en Cudillero, Duro Felguera en Gijón y Langreo, Felguera Rail en Mieres y TSK Gijón), a que sus relaciones laborales se rijan por las previsiones del CCol estatal de Empresas de servicios auxiliares de información, recepción, control de accesos y comprobación de instalaciones (BOE 17-9-21) y los que lo sustituyan, con efectos retroactivos al 1-7-2021, tanto salariales como de jornada o aquellos otros que deriven de la aplicación del convenio colectivo, con cuanto más proceda en Derecho, condenando a la empresa demandada a estar y pasar por tal declaración y a obligar a la empresa a adoptar las medidas que sean precisas para la efectividad de lo acordado. Se desestima en instancia dicha pretensión. Se casa dicha sentencia, en un conflicto en el cual se plantea si a los trabajadores que la empresa tiene **en Asturias** prestando servicios en **tres concretas contratas**, a los que no aplica ningún convenio colectivo, sino únicamente los mínimos del ET, se les debe aplicar el CCol estatal de Empresas de servicios auxiliares de información, recepción, control de accesos y comprobación de instalaciones. Se concluye que es **competente** para conocer la Sala de lo Social TSJ Asturias y **se les debe aplicar el convenio** colectivo citado, por cuanto su actividad se ciñe al ámbito funcional del mismo (**TS 26-2-25, Rec 65/23**). 2019

2. Comisión negociadora

FERCO Se reclama, por el procedimiento de **tutela de derechos fundamentales**, que: – se declare la existencia de vulneración del derecho de libertad sindical, en su vertiente de derecho a la negociación colectiva; – se declare la nulidad radical de la actuación de las patronales demandadas, consistente en su negativa de acceder a la **constitución de la Mesa de Negociación del CCol** del sector de Restauración colectiva para el ámbito de la CA del País Vasco, por ser constitutiva de vulneración del **derecho a la negociación colectiva**; – se ordene el cese inmediato de la actuación de las patronales, por ser contraria al derecho a la negociación colectiva, con obligación de constituir formalmente la Mesa de Negociación; – se disponga el **restablecimiento** del derecho de LAB en la integridad de su derecho y la reposición al momento anterior a producirse la lesión del derecho fundamental; – se condene a las patronales a abonar a la Central Sindical LAB la indemnización de 30.000 € por los **daños** 2022

morales causados. Se desestiman en instancia dichas pretensiones, confirmándose en casación, por cuanto no puede vulnerar la **libertad sindical de los sindicatos** LAB y ELA la negativa de las codemandadas a acceder a la constitución de la Mesa de Negociación del I CCol del sector de Restauración colectiva para el ámbito de la CA del País Vasco, toda vez que están vigentes tanto el Acuerdo Laboral Estatal para la Hostelería como el CCol estatal del Sector laboral de restauración colectiva, que están prorrogados y no en situación de ultraactividad (**TS 3-7-25, Rec 174/23**).

2024 **Ryanair** Se impugna, por el procedimiento de **conflicto colectivo**, la constitución de la **mesa de negociación** del I CCol de empresa para los **Tripulantes de cabina** (en adelante TCP), cuya constitución se produjo el 30 de abril. Se solicita, además, la nulidad de los acuerdos adoptados en el seno de la misma, por cuanto lo que se ha negociado es un **convenio franja y no** un **convenio de empresa**, dado que el único colectivo existente en la empresa sin convenio son los TCP. Consiguientemente, al negociarse realmente un convenio franja, la **composición de la mesa** debió efectuarse con las secciones sindicales designadas por la asamblea de trabajadores y, no habiéndose celebrado dichas asambleas, la mesa negociadora no ha sido constituida válidamente, lo cual provoca la nulidad de su constitución y de todo lo actuado. Se desestiman las **excepciones de inadecuación de procedimiento** y se estima parcialmente la demanda, anulándose la mesa negociadora y sus acuerdos, por cuanto no se constituyó legalmente para la negociación de un convenio franja. Se desestima la pretensión de que le sea entregada al sindicato USO, por parte de la empresa, el **listado de tripulantes de cabina** de pasajeros que prestan servicios en Ryanair DAC (**AN 25-3-25, Proc 218/24**).

2026 **Consell de Gremis de Comerç, Serveis i Turisme** Se reclama, por el procedimiento de **conflicto colectivo**, que se declare el derecho del Consell de Gremis de Comerç, Serveis I Turisme a **formar parte de la Mesa Negociadora** del CCol del sector del Comercio de Catalunya para subsectores y empresas sin convenio propio y, por ende, se declare la **nulidad de la constitución** de la mesa negociadora efectuada en fecha 3-2-2023. Se desestima en instancia dicha pretensión y se confirma la sentencia por la Sala IV, por cuanto **no se ha acreditado** la concurrencia directa de legitimación inicial ni de la plena a tales efectos, que constituyen requisitos constitutivos para la legitimación negociadora, sin que quepa hacer valer el apoderamiento de otra patronal (Foment del Treball Nacional), subrayándose, en todo caso, que la obligada **prueba** de tal circunstancia se produjo **con posterioridad** al momento en que debe acreditarse, que es el de la constitución de la mesa negociadora. Por tanto, la demandante no podía hacer valer un derecho no acreditado a participar en la negociación del convenio (**TS 24-9-25, Rec 67/24**).

3. Comisión paritaria

2030 **ACADE** Se reclama, por el procedimiento de **conflicto colectivo**, que se declare la **nulidad del dictamen** a la Consulta nº 40, contenido en el Acta Sexta de 3-11-2021, de la Comisión Paritaria del XII CCol de Centros de asistencia y educación infantil. Se desestima en instancia la demanda y se confirma en casación, concluyéndose que la cuestión principal suscitada se refiere a si el acuerdo adoptado (el 3-11-2021) por la citada **Comisión Paritaria**, sobre **actualización de tablas salariales**, sobrepasa sus **funciones interpretativas**. Tras repasar las funciones de las comisiones paritarias, se coincide con la sentencia dictada por la AN, razonando que la interpretación sistemática (del convenio) avala la interpretación asumida en la instancia, que respaldó lo acordado por la Comisión Paritaria, y si la retribución salarial aparece separada para las plantillas de unos u otros tipos de centros afectados por el convenio, resulta del todo acorde con ello que los sistemas de revisión puedan diferenciarse (**TS 11-12-24, Rec 253/22, confirma AN 20-6-22, Proc 142/22**).

4. Comité de empresa europeo

OTIS Mobility Se reclama, por el procedimiento de **conflicto colectivo**, que: – se declare que se ha vulnerado el **derecho de participación y representación** que corresponde al **Sindicato** de la Elevación en el ámbito del Comité de Empresa Europeo de OTIS; – se declare la nulidad de los **nombramientos** de D. XXX y D. YYY efectuados por los sindicatos demandados para integrar dicho **Comité de Empresa Europeo**; – acuerde su anulación; – se declare el derecho del Sindicato de la Elevación a designar representantes para integrar el citado Comité; – condene a las partes a estar y pasar con los términos de la sentencia y; – reconozca igualmente que el Sindicato de la Elevación ha sufrido un perjuicio por la vulneración de su derecho de participación y representación y, por ello, condene a OTIS Mobility, SA (en calidad de matriz del Grupo Otis), Federación de Industria de Comisiones Obreras (CCOO-INDUSTRIA) y Federación de Industria, Construcción y Agro de la Unión General de Trabajadores (UGT-FICA) a indemnizar de forma solidaria al sindicato demandante, en la cantidad de 12.000,00 € en concepto de daños y perjuicios. Previamente se desestiman las excepciones de **falta de acción y falta de legitimación pasiva** de las codemandadas. Se desestiman dichas pretensiones, en la que pretendían designar representantes en el Comité de Empresa Europeo del grupo de empresas al que está adscrita la demandada, ya que se razona que **no se cumplen los presupuestos** exigidos por L 10/1997 art.17 y 27, sobre derechos de información y consulta de los trabajadores en las empresas y grupos de empresas de dimensión comunitaria, para elegir los representantes integrantes del Comité de Empresa Europeo. Y ello porque el **Sindicato de Elevación no acredita** la mayoría de la representación en las empresas del grupo, ya que solo es representativo en Zardoya Otis, ni ha sostenido ante el resto de las representaciones sindicales la posibilidad de designar los representantes en el Comité de Empresa Europeo, omitiendo cualquier tipo de actuación al respecto que condujera a la posibilidad de alcanzarse un acuerdo (**AN 17-2-25, Proc 393/24**). 2035

5. Cosa juzgada

Grupo AENA Se impugna, por el procedimiento de impugnación de **convenio colectivo**, el convenio del grupo, y se reclama la nulidad del I CCol de empresas AENA art.60.2 y 3, así como su trasposición actual en el Anexo V.1 y 2, por contravenir la legalidad de ET art.37 y RD 2011/1983 art.47, debiendo el Grupo de empresas AENA, tras su anulación, estar y pasar por una regulación de la **jornada anual programable** acorde con la legalidad vigente. Se estima en instancia la **excepción de cosa juzgada**, desestimándose la demanda. Se confirma en casación la concurrencia de cosa juzgada y preclusión, por cuanto el **efecto preclusivo** de la cosa juzgada ha venido a dar carta de naturaleza legislativa a la máxima según la cual la cosa juzgada cubre lo deducido y lo que se hubiere podido deducir. El **efecto negativo** de la cosa juzgada opera cuando, mediante la interposición de otra demanda posterior, la parte actora pretende suplir o subsanar los errores de alegación o de prueba que se hubieran cometido en el anterior proceso, o incluir pretensiones que fueron omitidas, que no pudieron demostrarse o que la sentencia recaída no estimó (**TS 31-3-25, Rec 191/23, confirma AN 21-4-23, Proc 51/23**). 2040

6. Denuncia del convenio

ASPE Se reclama, por el procedimiento de **conflicto colectivo**: 1º. Que la denuncia del convenio presentada el 27-10-2022 por ASPE es ineficaz, ya sea por falta de legitimación de los denunciantes, ya sea por caducidad de la misma. 2º. Que deben publicarse las tablas del convenio colectivo para el ejercicio de 2023, en los términos ordenados por el art.8 de la propia norma convencional colectiva y que fueron comunicadas a la autoridad laboral por la organización CCOO el día 16-1-2023. 3º. Y a 2045 estar y pasar por tal declaración, a los efectos legales oportunos. Se desestiman en instancia dichas pretensiones, que se confirman por el TS en casación. El sindicato actor reclama que se declare que la **denuncia del CCol** ASPE es ineficaz por falta de legitimación inicial o por caducidad de esta, lo que se descarta, por cuanto se acredita la legitimación inicial, al ostentar la representatividad exigida. Y se concluye que el **plazo máximo** de un mes para la **constitución de la mesa negociadora** no se ha cumplido por la actuación del sindicato actor y de los restantes sindicatos convocados reiteradamente para constituir la mesa de negociación por la parte empresarial, que ni siquiera respondieron (**TS 12-6-25, Rec 209/23**).

7. Proceso negociador

2050 **Kristau Eskola y Centros de Enseñanza Concertada AICE IZEA** Se impugna, por el procedimiento de **conflicto colectivo**, la **redacción** dada al CCol de Centros de enseñanza de iniciativa social de la CA del País Vasco art.65. Se desestima en instancia la demanda. Se confirma en casación, ya que **no se aprecia vicio en el consentimiento** al redactado del citado precepto convencional ni se han vulnerado los preceptos legales que se invocan, porque es evidente que en ningún momento existió **mala fe** durante el proceso negociador del convenio colectivo en el que todas las partes hicieron las propuestas, entre ellas la que aquí se cuestiona, lo que se realizó en la reunión de 8-1-2020. No consta que esta **propuesta** fuera rechazada o se discrepara de ella, sino que, al contrario, lo que se ha dejado probado es que la misma quedó **recogida en un borrador** del convenio, el que se quedó elaborado en la reunión de 4-3-2020, de cuya redacción se encargaba la patronal que lo distribuía a todas las partes negociadoras, sin que ese redactado del mencionado art.65, que arranca del citado borrador, sufriera ningún rechazo por las aquí recurrentes, que lo firmaron en la última reunión en la que se aprobó el convenio colectivo, que tuvo lugar el 17-7-2020 (**TS 30-1-25, Rec 282/22**).

8. Representación sindical

2055 **Asociación de clubes de tercera categoría y otros** Se reclama, por el procedimiento de **conflicto colectivo**: 1º. La **nulidad** de la totalidad **del proceso** (determinación del ámbito, protocolo de las elecciones del banco social del convenio colectivo a negociar, convocatoria de elecciones determinadoras del **banco social negociador del convenio colectivo** aplicable a los jugadores profesionales de competiciones nacionales aficionadas limitada a la competición de 1ª Real Federación Española de Fútbol), que fue acordado en exclusiva por AFE y UGT FESMC, dejándose el mismo sin efecto alguno y las actuaciones que se hubieran llevado a cabo. 2º. Se declare el **derecho a la determinación**, por acuerdo de todas las partes legitimadas, de la totalidad del proceso (determinación del ámbito, protocolo, y convenio) que deba regular las elecciones para la determinación del banco social –representación de los trabajadores– destinado a la negociación del convenio colectivo aplicable a la totalidad de los jugadores profesionales de competiciones nacionales aficionadas (1ª, 2ª y 3ª categorías masculina y 1º y 2ª femenina de la Real Federación Española de Fútbol), sin limitación o restricción por ámbito de competición. En instancia, se estima la falta de legitimación pasiva de la RFEF y la falta de jurisdicción para la segunda pretensión de la demanda. Se desestima la primera de sus pretensiones. Se confirma dicha sentencia en casación por las razones siguientes: 1) porque se ha probado que son los **negociadores** los que eligen la unidad de negociación y su ámbito y **han elegido** la **liga masculina** semiprofesional de fútbol, sin que conste otra razón para ello que no sea la de su especialidad por reciente creación; 2) Existe un **convenio colectivo** de fútbol profesional **masculino y** otro **femenino** en negociación, según consta en hechos probados; 3) El **sindicato** hoy **recurrente participa** en la negociación de ese convenio de fútbol femenino sin reproche alguno a esa circunstancia ni postulando una negociación única para hombres y mujeres futbolistas; 4)

Lo anterior pone de manifiesto una **dinámica tradicional** de negociación separada por sexos aceptada por las fuerzas sindicales; 5) En esa diferenciación **no** se constata **intención discriminatoria** alguna, en orden a motivaciones de género, en la promoción de elecciones para la negociación del convenio de fútbol masculino Primera RFEF (**TS 24-6-25, Rec 8/24, confirma AN 25-7-23, Proc 112/23**).

9. Representación unitaria

Entidad DISA Gestión Logística, SL Se reclama, por el procedimiento de **conflicto colectivo**, la nulidad de la constitución de la **mesa negociadora** con un **formato intercentro** para todos los trabajadores de Canarias, condenando a la demandada a pasar por ello. Se desestima en instancia dicha pretensión, que se confirma por el TS, toda vez que las competencias y el funcionamiento del comité intercentros constituyen materia reservada para el convenio colectivo estatutario o de eficacia general. Consiguientemente, como **no estaba prevista** la constitución de comité intercentros en el convenio colectivo de aplicación, no podía formar parte de la mesa negociadora (**TS 22-5-25, Rec 133/23**). **2060**

III. Contenidos de la negociación colectiva

2065

1. Ámbito aplicativo

Confemetal y otros Se reclama, por el procedimiento de **conflicto colectivo**, que se declare que el CCol estatal del Metal art.95.1 debe interpretarse en el sentido de que la expresión «las **empresas encuadradas** en los sectores de actividad establecidos en este convenio, y que dispongan de organización preventiva propia» **incluye** también a las **empresas de trabajo temporal**. Subsidiariamente, que se declare ilegal y/o lesiva y se inaplique la expresión de dicho art.95.1 «ajenos acreditados por la autoridad laboral», de tal forma que la comisión paritaria del convenio no pueda entender que no puede habilitarse por parte de la FMF la **formación preventiva** que imparta una empresa de trabajo temporal a través de sus servicios de prevención propios o a través de sus recursos preventivos propios. Se desestima en instancia dicha pretensión. Dicha sentencia es casada por el TS. Se concluye que la **modalidad procesal** que se debe seguir para impugnar un acuerdo adoptado por la Comisión **2067**

Paritaria del convenio colectivo es la regulada en LRJS art.163 s., es decir, la de conflicto colectivo, con las peculiaridades que este exige en materia de legitimación, causa de la pretensión, intervención del Ministerio Público, etc. Razona que, como el tribunal de instancia (Sala de lo Social de la AN) desestimó la demanda, por considerar que la modalidad de conflicto colectivo no acoge controversias en las que no se ven concernidos derechos de trabajadores, sino de empresarios, y teniendo en cuenta que el procedimiento utilizado no era el adecuado, pero sí el de conflicto colectivo, **negar el encauzamiento** del litigio promovido por Asempleo, tanto a través del conflicto colectivo cuanto de la impugnación del convenio colectivo, además de desnaturalizar la pretensión realmente ejercida, conduciría a una especie de callejón sin salida, toda vez que por vía de acuerdo de la Comisión Paritaria se condicionaría el tenor del convenio, pero se impediría a la patronal reseñada que lo cuestionase, tanto por un camino como por otro (**TS 11-6-25, Rec 238/23, casa AN 3-7-23, Proc 131/23**).

2. Clasificación

2070 **Tragsatec** Se reclama, por el procedimiento de **conflicto colectivo**, que se declare el derecho de las personas trabajadoras a que puedan ser **reclasificadas como tituladas universitarias** (dentro del grupo 1) los y las profesionales que, sin contar con las titulaciones universitarias, tengan **conocimientos** equivalentes equiparados por la empresa **y/o experiencia** consolidada y acreditada en el ejercicio de la actividad profesional que ejerza en la empresa y reconocida por esta. Se estima la **excepción de falta de acción** por inexistencia de conflicto colectivo real y actual que afecte a un colectivo genérico de trabajadores, desvinculado de sus concretas circunstancias, por cuanto la petición contenida en el suplico de la demanda no es más que la **reproducción de las previsiones** del art.17 del convenio colectivo, siendo que el conflicto se contraerá a los específicos supuestos individuales en los que, no ostentándose la titulación, puedan valorarse los conocimientos y la experiencia previa de un trabajador en concreto, por lo que la demanda ha de ser desestimada en su integridad, sin entrar a resolver sobre el fondo del asunto (**AN 21-7-25, Proc 193/25**).

3. Cláusulas nulas: no debe estimarse

2075 **Grupo Eroski** Se reclama, por el procedimiento de **impugnación de convenio colectivo**, lo siguiente: a) Declare la **nulidad** de la VII CCol Supermercados Grupo Eroski disp.adic.1ª, en la **redacción** dada por el Acuerdo de modificación parcial pacto 6º (BOE 22-7-24). b) Declare la nulidad de la VII CCol Supermercados Grupo Eroski disp.adic.2ª, en la redacción dada por el Acuerdo de modificación parcial pacto 7º (BOE 22-7-24). c) Declare la nulidad de los incisos «se adapta al convenio sectorial estatal de referencia» y «pactados en el convenio sectorial de referencia» de VII CCol Supermercados Grupo Eroski art.30.4 y 5, respectivamente, en la redacción dada por el Acuerdo de modificación parcial pacto 3º (BOE 22-7-24). d) Declare la nulidad del inciso «en la forma y manera que regulada en el convenio sectorial de referencia» del VII CCol Supermercados Grupo Eroski art.30 bis, en la redacción dada por el Acuerdo de modificación parcial pacto 4º (BOE 22-7-24). e) Condene a las demandadas a estar y pasar por las declaraciones anteriores y ordene la publicación de la sentencia en el BOE. Se estima la excepción de **inadecuación de procedimiento**, con la consiguiente desestimación de la demanda, por cuanto es requisito constitutivo para impugnar un convenio colectivo por ilegalidad alegar la norma legal que se considera infringida, lo que no ha sucedido (**AN 11-12-24, Proc 317/24**).

4. Compensación y absorción

2080 **T-Systems ITC Iberia** Se solicita, por el procedimiento de **impugnación de convenio colectivo**, que se declare la **nulidad** de la CCol T-Systems ITC Iberia, SAU disp.trans.5ª.b, en el **texto**: «Para las personas trabajadoras cuya contratación se haya producido durante el año 2023 y cuyo salario pactado de incorporación haya sido superior a las tablas salariales de este convenio para dicho año, se podrá compensar y absorber del Complemento voluntario de Empresa únicamente el incremento del año 2023. El mecanismo de compensación y absorción se aplicará en primer lugar sobre el concepto "A cuenta de Convenio", si lo hubiese». En congruencia con lo anterior, también se solicita la **nulidad del Preacuerdo económico** CCol T-Systems ITC Iberia, SAU años 2023-2026 apdo.4 párr 2, establecido mediante acuerdo ante el SIMA de 4-6-2024. Se desestima la **excepción de variación sustancial de la demanda**. Se desestima la demanda, por cuanto los términos del pacto que dio lugar a la citada CCol T-Systems ITC Iberia, SAU disp.trans.5ª **no** pueden ser considerados, sin embargo, constitutivos de una **doble escala salarial**, porque no se trata del establecimiento de un distinto régimen retributivo en consideración exclusiva a la fecha de contratación, sino de la implantación de un **sistema de armonización salarial**, con carácter **provisional y transitorio**, derivado de las contrataciones efectuadas durante el año 2023 y de la existencia de un desequilibrio salarial no cuestionado por las partes negociadoras. Por lo demás, se ha probado que el promedio del salario de las 777 personas contratadas en el año 2023 es notablemente superior al de las tablas del convenio (HP 5º). Es más, lo que también resulta acreditado es que, de esas 777 personas, únicamente se ha aplicado el mecanismo de compensación y absorción a 466 (HP 6º). Y ello en función del cumplimiento de los condicionantes retributivos previstos en la disposición transitoria que ahora se cuestiona y dirigidos a alcanzar cierta armonización salarial en la empresa en los términos pactados con la mayoría de la parte social en la Comisión Negociadora, al amparo de lo posibilitado en el CCol T-Systems ITC Iberia, SAU art.7 en materia de compensación y absorción. No se puede afirmar, por tanto, que la redacción de la disposición en cuestión responda a un criterio desprovisto de toda fundamentación razonable o que perpetúe diferencias retributivas por el mero hecho de la fecha de ingreso en la empresa. Por dichas razones, no cabe apreciar que la disposición cuestionada o el acuerdo en el SIMA que posibilitó su redacción atenten contra el **principio de igualdad**, creando un nuevo nivel retributivo de forma definitiva y vinculado únicamente a una determinada fecha de contratación. No cabe, en definitiva, declarar la nulidad interesada (**AN 7-3-25, Proc 10/25**).

5. Condiciones suspensivas

Ilunion CEE Outsourcing, SA Se reclama de oficio, por el procedimiento de **impugnación de convenio colectivo**, y se solicita la nulidad de II CCol de la empresa Ilunion CEE Outsourcing, SA disp.adic.1ª y 5ª y disp.trans.2ª. Se desestiman las **excepciones** de defecto legal en el modo de proponer la demanda y variación sustancial de los términos de la misma. Se desestima la demanda, por cuanto los preceptos impugnados contienen **condición suspensiva**, de manera que resulta perfectamente compatible con la naturaleza de norma temporal del convenio colectivo que, en principio, no está llamada a desplegar eficacia fuera del tiempo a que se contrae su vigencia, salvo que en el mismo o en otro posterior así se establezca. Por todo ello, la introducción de aquella condición suspensiva en la disposición transitoria impide apreciar una causa de ilegalidad que ahora se pretende en la demanda. Así se pronuncia igualmente el Ministerio Fiscal, que se opone a la nulidad interesada, al no encontrarnos ante preceptos convencionales en vigor y quedar su **aplicación supeditada al criterio favorable del TS** en la resolución del recurso de casación antes señalado. No cabe, en definitiva, declarar la nulidad de las disposiciones indicadas en la demanda, pues en la presente modalidad procesal no cabe restringir de futuro la interpretación del texto convencional, sino que se ha de proceder simplemente a desestimar la demanda (**AN 28-2-25, Proc 4/25**). 2085

6. Contratas

2090 **CRTVE y otros** Se reclama, por el procedimiento de **conflicto colectivo**, que se declare: 1) El incumplimiento por parte de la CRTVE del vigente III CCol de la Corporación RTVE (BOE 22-12-20) y, en concreto, de su Anexo 6, donde se recoge el acuerdo de externalización de servicios, por estar **externalizando tareas no autorizadas**. 2) La obligación de la CRTVE de cumplimiento del convenio a la hora de cubrir las **vacantes** indicadas en el apartado 6 de este escrito (15 plazas diseño gráfico, 29 plazas Imagen Personal, 1 plaza Ingeniero Sup., 8 plazas Técnico de equipos y sistemas electrónicos), todo ello según lo establecido en el vigente art.13 del convenio colectivo. 3) La obligación de **aportar información respecto a las contratas** y con todos los datos necesarios, entre ellos, Nº patronal de inscripción en la Seguridad Social, Nº jornadas de trabajo estimadas, convenio colectivo de la empresa contratada, responsable de la coordinación de las condiciones de seguridad o de la prevención de riesgos. 4) La nulidad ex nunc de los contratos realizados con las terceras empresas citadas en el presente escrito, al menos en lo que se refiere a la prestación de los servicios aquí indicados, pues de lo contrario se estaría avalando el incumplimiento, pudiendo estas empresas prestar servicios en otros puntos no aquí discutidos. Se desestiman en instancia dichas pretensiones y el TS confirma en casación la sentencia recurrida. Se entiende que la sentencia recurrida explica suficientemente que no existen elementos fácticos en el proceso que vengan a demostrar incumplimiento empresarial alguno de la norma convencional. La demanda y posteriormente el recurso pretenden que se dé respuesta a una situación cuya real **existencia no ha quedado acreditada**, y ello convierte este proceso en algo similar a una **consulta teórica**; el objeto de debate en los términos planteados por la parte recurrente no responde a un conflicto que se sustente sobre hechos existentes que merezcan diversa interpretación por las otras partes del proceso: no estamos hablando de la interpretación de una norma, sino de la actuación empresarial que pretendidamente sería contraria a lo acordado convencionalmente, pero no habiendo quedado acreditada dicha actuación empresarial, **falla el sustento fáctico** sobre el que construir una respuesta jurídica sobre dicho pretendido incumplimiento. Esa es, en definitiva, la interpretación que realiza la sentencia recurrida, ante la circunstancia de que la misma se adecúa a la jurisprudencia (**TS 10-6-25, Rec 188/23, confirma AN 19-4-23, Proc 337/22**).

7. Contratos fijos discontinuos

2095 **ACADE y otros** Se impugna, por **ilegalidad y lesividad, el CCol** nacional de Centros de enseñanza privada de régimen general o enseñanza reglada sin ningún nivel concertado o subvencionado art.17 bis, cuya nulidad se reclama. La Sala de Instancia desestima la demanda por **falta de legitimación activa** y declara la conformidad del precepto impugnado con la letra y finalidad del ET art.16, ya que la **actividad** que regula **no es estacional**, e impone a la parte demandante una multa por mala fe y temeridad procesal. Se recurre en casación ordinaria y se confirma la sentencia en cuanto a la legalidad de dicho precepto convencional, si bien se estima en parte el recurso y se revoca la multa (**TS 6-5-25, Rec 124/23, casa AN 21-2-23, Proc 359/22**).

8. Convenio colectivo aplicable

2100 **Al Alba ESE Granada-Almería** Se reclama, por el procedimiento de **conflicto colectivo**, que: a) Declare que el **convenio colectivo aplicable** a todo el colectivo de **trabajadoras** que prestan servicios para la demandada en los **comedores escolares** correspondientes a la contrata de la Consejería de Educación es el CCol estatal del Sector laboral de restauración colectiva, y los que con posterioridad lo vayan sustituyendo. b) Declare que, partiendo de dicha aplicabilidad, las personas trabajadoras tienen derecho a percibir las **diferencias retributivas, de jornada y de toda índole**, que hubieran podido producirse en favor de estas, en el **periodo anterior de un año** desde la presentación de la papeleta de mediación (es decir, surgen diferencias desde el 15-6-2021, especialmente en materia de salarios y jornada). c) O, **subsidiariamente** y solo para el colectivo de trabajadoras procedentes de «La productora», declare aplicable el CCol de Astur servicios La Productora SC Coop, teniendo en cuenta que, si este resulta inferior a la tabla del CCol estatal del Sector laboral de restauración colectiva, la empresa deberá abonar a los trabajadores las **diferencias** que en su favor pudieran producirse. Y condene a la empresa a estar y pasar por tal declaración, así como a adoptar las medidas necesarias para la efectividad de lo acordado. Se estima en instancia dicha demanda y se confirma en casación, **concluyendo** que el convenio colectivo aplicable es el de restauración colectiva y no el de ocio educativo y animación sociocultural, porque los trabajadores desempeñan actividades auxiliares que **complementan el servicio de restauración** prestado a los alumnos de un comedor escolar. De hecho, el monitor o cuidador de colectividades que presta servicios en los comedores escolares está previsto en el V Acuerdo laboral de ámbito estatal para el sector de la Hostelería, al que se remite el CCol estatal del sector laboral de la Restauración colectiva, las funciones desarrolladas por estos trabajadores son subsumibles en el ámbito de ese convenio colectivo sectorial cuyo ámbito se corresponde con la actividad desarrollada en la contrata. Sus **funciones** están vinculadas a la restauración, no a la cultura ni al ocio, por lo que no están incluidos en el ámbito del CCol de Ocio educativo y animación sociocultural (**TS 7-7-25, Rec 64/23**).

Gestión del medio rural de Canarias Se reclama, por el procedimiento de **conflicto colectivo**, que: a) Se declare el derecho de los trabajadores a **que se les aplique el XIX CCol** del sector de Empresas de ingeniería y oficinas de estudios técnicos, respetando las condiciones más beneficiosas que vinieran disfrutando en la actualidad. b) Se condene a la empresa a estar y pasar por la anterior declaración, con las consecuencias que de ello deriven. Se desestima en instancia dicha pretensión, que se confirma en casación. Se aplica la **doctrina** sobre la determinación del convenio aplicable **cuando existen dos actividades y un servicio central común** a ambas actividades. Aunque haya más trabajadores adscritos a la actividad de proyectos y esta genere más beneficios, en el momento temporal al que se contrae el litigio debe considerarse preponderante la actividad comercial, porque es la **actividad originaria y estable** de la empresa, no combatiéndose en el recurso la conclusión fáctica de la sentencia del TSJ de que la actividad de proyectos es variable e inestable, por lo que la circunstancia de que ocupe a mayor número de trabajadores que la comercial la considera temporal (**TS 24-6-25, Rec 229/23**). **2103**

Hecansa Se reclama, por el procedimiento de **conflicto colectivo**, que: 1. Se reconozca que el **convenio sectorial aplicable** en la empresa Hoteles Escuela de Canarias SA (Hecansa) es el CCol de Empresas de enseñanza privada sostenidas total o parcialmente con fondos públicos (BOE 27-9-21) y, consecuentemente, se condene a la empresa a abonar a todos sus trabajadores conforme a las **condiciones salariales** vigentes del citado convenio sectorial, sin perjuicio de que los trabajadores puedan tener **condiciones económicas más beneficiosas** si así las hubiesen pactado. 2. **Subsidiariamente**, para el hipotético caso de que se entendiera que el convenio sectorial anteriormente señalado no es aplicable en la empresa, se solicita se reconozca que el convenio sectorial aplicable en la empresa Hoteles Escuela de Canarias SA (Hecansa) es el siguiente: – Para todo el **personal de la parte de formación** de la empresa, el XI CCol nacional de Centros de enseñanza privada de régimen general o enseñanza reglada sin ningún nivel concertado ni subvencionado (BOE 12-4-22). – Para el **personal de la parte de hostelería** que presta servicios en los centros de la empresa de la provincia de Tenerife, el CCol del sector de la Hostelería de la provincia de Santa Cruz de Tenerife 2018-2022 (BOP Tenerife 13-2-19, anexo). – Para el personal de la parte de hostelería que presta servicios en los centros de la empresa de la provincia de Las Palmas, el CCol de Hostelería de la provincia de Las Palmas 2016-2019 (BOP Las Palmas 17-3-17, anexo). Se desestiman en instancia dichas **2105**

pretensiones y se confirman en casación, por cuanto la entidad demandada, al **no** tener **titularidad privada, sino pública**, no forma parte del ámbito del convenio colectivo cuya aplicación reclama la parte actora, ya que no está incluida en su ámbito funcional (**TS 4-7-25, Rec 91/24**).

9. Derechos convencionales

2107 **AECINE y otras** Se impugna por ilegalidad, por el procedimiento de **impugnación del convenio colectivo**, el III CCol de ámbito estatal de la Industria de producción audiovisual, demandando a las partes integrantes de la comisión negociadora del mismo: Asociación Estatal de Cine (AECINE), Asociación de Productoras de Cine Publicitario (ACPC), Productoras Asociadas de Televisión de España (PATE), Productoras Independientes Audiovisuales Federadas (PIAF), Productors Audiovisuals Federats (PROA), Productoras Españolas de Audiovisual Internacional (PROFILM), Federación Española de Asociaciones de Productores de Animación y VFX (DIBOOS), FSC-CCOO, CSIF y Ministerio Fiscal. Y, como partes interesadas, UGT y TACEE. En dicha demanda se suplicaba que se dictase sentencia por la que, estimando la demanda, se declarase la nulidad de los III CCol de ámbito estatal de la Industria de producción audiovisual art.4, 7, 8, 9, 11, 13, 15, 16, 17, 18, 19, 24, 25, 28, 35, 45 y 51 y disp.adic.2ª, 3ª y 4ª. Se desestima la **excepción de acumulación indebida de acciones**. Se desestima íntegramente la demanda, promovida por CGP, a quien se impone una **sanción** de 2.000 € **por temeridad**. Se **estima parcialmente** la demanda, promovida por el sindicato TACE y se declara la nulidad del III CCol de ámbito estatal de la Industria de producción audiovisual (técnicos) art.17.2.a, que dice lo siguiente: «Las alteraciones horarias en los planes de trabajo ya establecidos deberán ser comunicadas a las personas afectadas con una antelación mínima de 48 horas» (**AN 21-4-25, Proc 13/25**).

2110 **FREMAP** Se impugna, por el procedimiento de **conflicto colectivo**, la **nulidad del Acuerdo** de 15-3-2024, suscrito por las organizaciones sindicales CCOO y CSIF y la mutua empresa FREMAP, adoptado en la Comisión Mixta de Interpretación y Vigilancia del CCol FREMAP, en lo concerniente a la **compensación de gastos de desayuno**, condenando a la empresa FREMAP y a los sindicatos Federación de Servicios de CCOO y CSIF a estar y pasar por dicha declaración; y se reclama que se cumpla lo dispuesto en el CCol FREMAP art.11.H.2, sobre compensación de gastos, en el que se establece que la empresa pagará todos los gastos **superiores a 1,80 €** que, debidamente justificados, se produzcan como consecuencia de **desplazamientos encomendados** por ella por razón de trabajo; condenando a la empresa FREMAP y a los sindicatos Federación de Servicios de CCOO y CSIF a estar y pasar por dicha declaración. Se estiman dichas pretensiones, ya que las **comisiones de interpretación no pueden** modificar lo establecido en el convenio colectivo sin seguir el procedimiento previsto en ET art.82.3 (**AN 24-1-25, Proc 353/24**).

10. Igualdad

2115 **RENFE Operadora y otros** Se impugna, por el procedimiento de **impugnación de convenio colectivo**, y se solicita que se declaren contrarias a Derecho las referencias contenidas en la XIV CCol RENFE cláusula 9ª en relación con el Acuerdo de Desarrollo Profesional de Conducción apdo.4.1, incorporado al II CCol RENFE Operadora para el Personal de Conducción de las empresas del Grupo RENFE, relativas a la reducción del **complemento variable** al 85% **tras la pérdida de facultades y** la **declaración de no aptitud** temporal o definitivo. Se desestima dicha pretensión, por cuanto la diferencia de trato en el percibo del complemento variable existente entre el personal de conducción y el que ha sido declarado no apto resulta justificado por la **diferencia de tareas** efectivamente desarrolladas (**AN 28-2-25, Proc 418/24**).

11. Jornada

ASEATA Se impugna, por el procedimiento de **impugnación del convenio colectivo**, el convenio de empresa, y se solicita que se decrete la nulidad, por **conculcar la legalidad** vigente: 1) De la IV CCol general del sector de Servicios de asistencia en tierra en aeropuertos disp.final 2ª, así como las denominadas «Tablas PMR», introducidas en el V CCol general del sector de Servicios de asistencia en tierra en aeropuertos Anexo II. 2) Del inciso «(...) preaviso de 3 días (...)» en el V CCol general del sector de Servicios de asistencia en tierra en aeropuertos art.21.5.5 párr 1 y 2, que establece «(...) Si se dieran necesidades imprevistas en las programaciones de vuelos que impidieran cumplir el plazo de 3 días arriba citado, la empresa podrá igualmente variar la jornada y/o el horario, preavisando a la persona afectada e informando previamente de las tales necesidades a la representación social (...)». 3) De las referencias al «personal fijo a tiempo completo» de V CCol general del sector de Servicios de asistencia en tierra en aeropuertos art.28.4.10 –mención al «Plus FTP» en el último párrafo– y 11, primeros párrafos. 4) De la referencia al «personal fijo», además de la mención al «plus de jornada irregular», contenidas en V CCol general del sector de Servicios de asistencia en tierra en aeropuertos art.28.13, párr 1 y 3, respectivamente. 5) De la mención al carácter «fijo a tiempo completo» del trabajador y de la frase «(...) También será incompatible, a su vez, con el Plus FTP (...)», contenidas en el V CCol general del sector de Servicios de asistencia en tierra en aeropuertos art.35, párr 1 y 2. Se desestiman en instancia dichas pretensiones. El TS casa parcialmente la sentencia y decreta la **nulidad parcial** de V CCol general del sector de Servicios de asistencia en tierra en aeropuertos art.28 y 35, **suprimiendo** la **referencia al trabajador fijo a tiempo completo** del párrafo primero del precepto y la expresión in fine «también será incompatible a su vez con el **plus FTP**», toda vez que no concurre justificación objetiva alguna que impida que los **trabajadores a tiempo parcial** perciban los pluses de jornada irregular y de turnicidad/flexibilidad/disponibilidad (**TS 8-4-25, Rec 153/23, casa parcialmente AN 21-3-23, Proc 4/23**). 2120

EasyJet Handling Spain Se impugna por ilegalidad, por el procedimiento de **impugnación de convenio colectivo**, los V CCol de EasyJet Handling Spain sucursal en España art.33 y 18.b. Se cuestiona la **legalidad de las** denominadas «**horas perentorias**», reguladas en el primero de los referidos artículos, para lo cual se señala que en tal precepto no se definen de manera clara las circunstancias de carácter urgente que podrían justificar la ampliación de jornada; por lo que la empresa podría imponer una prolongación constante de la misma, vulnerando el derecho al descanso (ET art.34) y superando el límite de 80 **horas extraordinarias** anuales, en contravención del ET art.35. En segundo lugar, en lo relativo al V CCol de EasyJet Handling Spain sucursal en España art.18.b, se sostiene que tal precepto prevé la realización de **horas complementarias** para trabajadores a tiempo parcial, previo pacto expreso, sin superar el 60% de las horas ordinarias y con un preaviso mínimo de 3 días. Se afirma que tal sistema hace que se pueda obligar a los trabajadores a aceptar esas horas complementarias sin considerar circunstancias personales, familiares o formativas, violando el derecho a la conciliación de la vida familiar y laboral (ET art.34). Y, en particular, se mantiene que el uso de una hora perentoria obligatoria para un **retraso de un avión** no es motivo real de fuerza mayor para obligar a nadie a quedarse en su puesto de trabajo. Desestimada la **excepción de inadecuación de procedimiento**, se desestima la primera pretensión de la demanda, porque no cabe que, en un procedimiento como el presente, de impugnación por ilegalidad de un convenio colectivo, se imponga la **interpretación** pretendida por la demandante frente a la sostenida tanto por la **empresa** como por la **mayoría de la representación de los trabajadores** en aquella (resulta significativo a este respecto el pronunciamiento de la comisión paritaria del convenio, que se ha transcrito en la declaración de hechos probados), especialmente, porque las **causas** que justificarían acudir a las horas perentorias recogidas en el convenio impugnado son **coincidentes** con las recogidas en el V CCol general del sector de Servicios de asistencia en tierra en aeropuertos art.37 (BOE 17-10-22). En definitiva, **no** se aprecia causa 2123 alguna de **ilegalidad** en la redacción del convenio en cuestión. Y ello **sin perjuicio** de que, en caso de que la demandante considerase que la norma convencional se estuviera aplicando de forma abusiva o con incumplimiento del límite anual de horas extraordinarias (lo que no se afirma en la contestación a las excepciones planteadas), pueda ejercitar la **acción de conflicto colectivo** correspondiente. E igualmente, sin perjuicio de las **acciones individuales** que pudieran corresponder a los trabajadores afectados. Se desestima, del mismo modo, la segunda pretensión de la demanda, por cuanto el único motivo de ilegalidad, contenido en la demanda respecto ET art.12.4, es el relativo a una eventual afectación de los derechos de los trabajadores a conciliar su vida familiar y laboral en atención a sus circunstancias personales, familiares o formativas, con cita genérica del ET art.34, concluyéndose que no concurre vulneración alguna de la legalidad en la redacción del precepto en cuestión. Así, lo que el mismo prevé es la **posibilidad** de empleador y empleado a tiempo parcial suscriban, de común acuerdo, un **pacto de horas complementarias con límites** en materia de jornada y descansos establecidos en el presente convenio (**AN 17-1-25, Proc 361/24**).

2125 **Repsol Petróleo** Se impugna, por el procedimiento de **impugnación de convenio colectivo**, y se solicita la nulidad del siguiente inciso de la XIII CCol Repsol Petróleo, SA disp.trans.10ª.A: «Del total de la bolsa de horas (60 para el año 2023) en cómputo bienal, en caso de no haber sido trabajadas en su totalidad, se acumularán para el año siguiente hasta un máximo del 50% (30 horas correspondientes a 2023)». Se desestima la **excepción de inadecuación de procedimiento**. Se desestima la demanda, porque el CCol Repsol Petróleo art.33 sí **recoge de forma** expresa que, para el personal con jornada ordinaria y para los centros de Puertollano, Cartagena, Tarragona y La Coruña, se computarán las **horas de compensación**, en los términos previstos en la cuestionada disposición transitoria. Esto es, aun computando el 50% de las horas de la bolsa adicionales sobre la jornada anual en el año siguiente y teniendo en cuenta la jornada pactada en el convenio, no se supera la jornada máxima prevista en el ET. No cabe apreciar, por ello, infracción del régimen de **voluntariedad para las horas extraordinarias** en los términos previstos en el ET art.35.4 (**AN 25-2-25, Proc 411/24**).

12. Mejoras voluntarias de la Seguridad Social

2130 **Ingeniería de Sistemas para la Defensa de España (ISDEFE)** Se reclama, por el procedimiento de **conflicto colectivo**, que se condene a la empresa a suscribir una ampliación de la póliza de **seguro de salud** actualmente en vigor para el personal procedente de INSA (Colectivo 2) que iguale las prestaciones y coberturas aseguradas para el **resto de trabajadores** de ISDEFE (Colectivo 1), de tal suerte que el personal procedente de INSA tenga las **mismas prestaciones y coberturas** en cuanto al seguro de salud que el personal contratado desde un inicio por ISDEFE, o, alternativamente, que se incluya al personal procedente de INSA en la póliza del seguro de salud SANITAS que cubre al personal contratado directamente por ISDEFE. Se desestiman las **excepciones** de prescripción y cosa juzgada. Se estiman las pretensiones de la demanda, por cuanto **no** existe una **justificación objetiva y razonable** que ampare la diferencia de pólizas de seguro de salud que se aplican a los dos colectivos de trabajadores, bajo el paraguas de la presencia de **dos masas salariales diferenciadas** que se aplican al personal dentro de convenio (ISDEFE) personal fuera de convenio (INSA). En palabras de la Sala IV, «la **sucesión empresarial** que convierte a ISDEFE en empleadora de los antiguos trabajadores de INSA se hace efectiva en el año 2013. A partir de esa fecha hay un **solo y único colectivo** de trabajadores indiferenciados. De acuerdo con lo dispuesto en el antedicho precepto legal, cabe la posibilidad de que en algunos aspectos pudiere mantenerse **transitoriamente** un régimen jurídico diferenciado entre uno y otro colectivo» (**AN 24-2-25, Proc 333/24**).

13. Modificación sustancial de condiciones de trabajo

Grupo Constant Servicios Empresariales Se impugna, por el procedimiento de **impugnación de convenio colectivo**, varios preceptos del convenio de empresa. Se estiman parcialmente las pretensiones de la demanda en instancia. Se confirma parcialmente la sentencia por el TS. La prohibición incluida en el convenio de afectar la estructura salarial que regula por convenios de ámbito superior es una norma reguladora de la concurrencia de convenios y, como tal, ha sido anulada por la AN. Se confirma la nulidad de la previsión de que la **petición de la empresa cliente** de **sustituir** a una o varias **personas trabajadoras** sea por sí misma causa suficiente para una **MSCT**. En el caso de contratos fijos discontinuos para la prestación de servicios en el marco de la ejecución de contratas mercantiles o administrativas, un plazo de **preaviso de los llamamientos de 48 horas** fijado en convenio de empresa no cumple con los requisitos de razonabilidad y adecuación exigibles, tomando en consideración que, en el caso de los trabajadores con distribución irregular de jornada, el ET art.34.2 fija un **mínimo inderogable** de 5 días. El llamamiento por texto enviado mediante **correo electrónico, mensaje de texto o WhatsApp** cumple con el requisito de forma escrita (**TS 27-3-25, Rec 73/23, confirma parcialmente AN 5-12-22, Proc 287/22**). **2135**

14. Nocturnidad

RENFE y otros Se impugna, por el procedimiento de **conflicto colectivo**, el Acuerdo de Desarrollo Profesional, en el cual se establece que las **primeras 700 horas nocturnas no se abonan**, solo a partir de superar dicha cifra se compensan con tiempo de descanso. Consiguientemente, el **objeto de impugnación** es dicho acuerdo, en tanto que contempla la no retribución de las 700 primeras horas nocturnas realizadas, al entender que supone una **discriminación de la igualdad retributiva**, porque no se cobran dichas horas, se realicen pocas o muchas; además de resultar contraria a lo previsto en el ET art.36.2, que regula la percepción de las horas nocturnas. Se desestima la **excepción de concurrencia de conflicto de intereses**. Se desestima la demanda, por cuanto se pactó la derogación de la clave 220-Plus de nocturnidad, lo que es relevante para la resolución de la controversia, puesto que avala la tesis empresarial, según la cual el nuevo sistema retribuido ya contempló las primeras 700 horas nocturnas, que justificarían que **no se retribuyesen con tiempo de descanso**, como sí se reconoce para las realizadas superando dicho umbral. En efecto, la **derogación pactada del plus de nocturnidad** evidencia que se ha pactado una derogación de un complemento, como el del plus de nocturnidad, conforme al ET art.36.2, porque ya se retribuye dentro del componente fijo. La cláusula derogatoria del plus de nocturnidad resulta valida en tanto que se ha establecido en la configuración del sistema retributivo que el plus de nocturnidad por las primeras 700 horas se ha contemplado en el componente fijo –como también sucedía para el colectivo comercial y así se consideró en nuestra AN 11-7-22, Proc 170/22, confirmada por la TS 17-7-24, Rec 268/24–. Debemos concluir que la derogación del plus de nocturnidad, en lo que atañe a las primeras 700 horas, **no es contraria** al ET art.36.2 y denota que la retribución de las primeras 700 horas nocturnas se integró en la cuantificación del componente fijo, como exige el precepto estatutario (**AN 21-5-25, Proc 50/25**). **2140**

15. Promoción profesional

Banco de España Se reclama, por el procedimiento de **conflicto colectivo**: 1º. En relación con el Anuncio 5/2025, acuerde la **inadecuación del encuadramiento** en el nivel 14 del **Grupo Directivo** de las plazas de Técnico jurídico convocadas en dicho Anuncio, al contravenir esa previsión el encuadramiento convencionalmente previsto y acordado en el **Plan de Reclasificación, Encuadramiento y Promoción** del Banco **2145**

2145 (sigue) de España art.18 y concordantes, aprobado como Anexo al convenio colectivo del año 1990, que se encuentra **plenamente vigente** en la actualidad, lo que provoca la **nulidad** de ese encuadramiento y el del proceso selectivo establecido en dicho Anuncio; 2º. Igualmente en relación con el referido Anuncio, acuerde declarar la improcedencia del establecimiento, como requisito para la admisión, de la acreditación de una determinada **experiencia profesional y** la **colegiación** como ejerciente en un colegio de la abogacía español **para poder acceder** como aspirante al proceso de acceso a técnico, nivel 14 del Grupo Directivo al que ese Anuncio se refiere, lo cual nuevamente contraviene la normativa convencional interna que resulta de aplicación, Reglamento de Trabajo del Banco de España y Plan de Reclasificación, Encuadramiento y Promoción aprobado como Anexo al convenio colectivo de 1990, todo lo cual provoca la nulidad de exigencia de esos requisitos y, en consecuencia, la del proceso selectivo establecido en el referido Anuncio nº 5/2025, de 3-3-2025; y 3º. Declarar y reconocer la nulidad y falta de conformidad a derecho de la **negativa** reiterada manifestada por la empresa **a la convocatoria y celebración de la Comisión Paritaria** interpretativa instada por mi representado en relación con la controversia que sirve de origen y fundamento al presente procedimiento, trámite que se encuentra formal y expresamente establecido al efecto en el último CCol de la empresa Banco de España correspondiente al periodo 2023/2024 (BOE 7-2-25), con lo que ello supone de vulneración del derecho a la libertad y actividad sindical de mi representado. Condenando, en consecuencia, a la empresa estar y pasar por esos pronunciamientos y por todos los efectos derivados de los mismos, así como, en relación con la declaración de **vulneración de los derechos** a la **negociación colectiva, libertad y actividad sindical** de mi representado, asumir la improcedencia de la negativa a la celebración de la reunión de la Comisión Paritaria Interpretativa –que le había sido solicitada y que se había producido en los términos convencionalmente previstos y al amparo de lo establecido en el convenio colectivo vigente–, y estableciéndose finalmente, en concepto de **reparación económica** a favor de mi representado, una indemnización dineraria por un importe total de 30.001 €, o la que prudencialmente pudiera considerarse por esa Ilma. Sala, con el **objeto** de reparar razonablemente el daño moral y la limitación de su capacidad de actuación sindical derivada de los hechos que nos ocupan, así como para contribuir a la finalidad de prevenir el daño, todo ello de conformidad con la argumentación obrante al respecto en la fundamentación jurídica del presente escrito. Se desestiman las **excepciones** de competencia funcional de la Sala e inadecuación de procedimiento. Se estima parcialmente la demanda y se declara la inadecuación del encuadramiento en el nivel 14 del Grupo Directivo de las plazas de Técnico jurídico convocadas en dicho Anuncio, al contravenir esa previsión el encuadramiento convencionalmente previsto y acordado en el Plan de Reclasificación, Encuadramiento y Promoción del Banco de España art.18 y concordantes, aprobado como anexo al convenio colectivo del año 1990, que se encuentra plenamente vigente en la actualidad, lo que provoca la nulidad de ese **encuadramiento y** el del **proceso selectivo** establecido en dicho Anuncio. También, en relación con el referido Anuncio, se declara la improcedencia del establecimiento como requisito para la admisión de la acreditación de una determinada **experiencia profesional y** la **colegiación** como ejerciente en un colegio de la abogacía español, para poder acceder como aspirante al proceso de acceso a técnico, nivel 14 del Grupo Directivo, al que ese Anuncio se refiere, lo cual nuevamente contraviene la normativa convencional interna que resulta de aplicación, Reglamento de Trabajo del Banco de España y Plan de Reclasificación, Encuadramiento y Promoción aprobado como anexo al convenio colectivo de 1990, todo lo cual provoca la nulidad de exigencia de esos requisitos y, en consecuencia, la del proceso selectivo establecido en el referido Anuncio nº 5/2025, de 3-3-2025. Se absuelve a la empresa del resto de pretensiones de la demanda (**AN 21-7-25, Proc 201/25**).

16. Retorno a convenio de trabajadores excluidos voluntariamente

Repsol Petróleo Se reclama, por el procedimiento de **conflicto colectivo**, lo siguiente: 1) El derecho de los afectados a que se efectúe el volcado en función del **salario** percibido como **excluido de** convenio en el momento del retorno y de los salarios establecidos **en el convenio vigente** en el momento en el que tiene lugar el retorno, asignando el nivel y el complemento de retorno que resulte de la **comparación** de dichos salarios y aplicando sobre la situación resultante cualquier variación salarial debida a la tasa –incremento o disminución– del convenio colectivo que se aplique con posterioridad al retorno, tenga o no efecto retroactivo, y anulando, en consecuencia, las dos revisiones llevadas a cabo por la empresa tras el primer volcado. 2) El derecho de los afectados a que la asignación en los niveles salariales haya de establecerse **teniendo en cuenta todos los valores salariales** establecidos en el CCol Repsol Petróleo anexo 1, de forma que, si el salario del excluido resultante en el momento del retorno es superior al valor salarial establecido para la letra B del nivel, se le asigne el valor correspondiente a dicha letra, sin descender a la letra A. Se estima parcialmente la demanda, acogiendo únicamente la primera pretensión, declarando el **derecho de los trabajadores retornados** a convenio a que se efectúe el **volcado en función del salario** percibido como excluido de convenio en el momento del retorno y de los salarios establecidos en el convenio vigente en el momento en el que tiene lugar el retorno, asignando el nivel y el complemento de retorno que resulte de la comparación de dichos salarios y aplicando sobre la situación resultante cualquier variación salarial debida a la tasa –incremento o disminución– del convenio colectivo que se aplique con posterioridad al retorno, tenga o no efecto retroactivo, anulando en consecuencia las dos revisiones llevadas a cabo por la empresa tras el primer volcado (**AN 20-12-24, Proc 359/24**). **2150**

17. Sanciones

Grupo RENFE Operadora Se impugna, por el procedimiento de **impugnación de convenio colectivo**, lo atinente al cálculo de la **prima variable** aplicable a varios colectivos de trabajadores del Grupo RENFE, concretamente los colectivos de comercial, administración, gestión y conducción, al **excluir del cálculo** de la prima los días de incapacidad temporal y los días de cumplimiento de sanciones disciplinarias; configurándose dicha prima, tal y como se establece en los acuerdos de desarrollo profesional, como una retribución individual ligada al cumplimiento de objetivos colectivos previamente definidos. Esta **normativa** es **contraria a** la L 15/2022 y a la LPRL en lo referido a las situaciones de incapacidad temporal, y al ET art.58.3 en lo relativo a las sanciones disciplinarias. Se estima la **excepción de falta de acción**, por cuanto ha quedado acreditado que el Acuerdo de Desarrollo Profesional RENFE-Operadora (ADP) entró en vigor el 29-3-2010 (BOE 27-2-13); mientras que una de las normas invocadas para acreditar la ilegalidad de las previsiones del ADP es la L 15/2022. En consecuencia, respecto a esta norma posterior no se produce un problema de ilegalidad, sino un problema de aplicación del sistema de fuentes, lo que revela una inadecuación objetiva del proceso elegido en relación con la pretensión ejercitada y, en consecuencia, en línea con lo informado por el Ministerio Fiscal, debe apreciarse la falta de acción. También concurre falta de acción en lo que se refiere a la vulneración de la LPRL, puesto que fue retirado a instancias de la autoridad laboral (**AN 22-7-25, Proc 194/25**). **2155**

18. Tribunales

CRTVE Se impugna, por el procedimiento de **impugnación de convenio colectivo**, el art.30 del convenio de empresa, porque vulnera lo dispuesto en el EBEP art.55. Se desestima dicha pretensión, en la que se dirime básicamente si la **fórmula de elección de los miembros** de los tribunales o comités de valoración de prueba y, en con- **2160**

creto, que parte de sus miembros sean elegidos por el Comité Intercentros, además de con el hecho de que pueda **delegarse el voto** en los representantes, si alguna de las partes así lo decidiera, vulnera el precepto antes dicho. No se admite dicha vulneración, por cuanto la tesis actora supondría reconocer, con carácter previo, que la designación así efectuada conculca los principios de publicidad, transparencia, imparcialidad, independencia y discrecionalidad técnica de los miembros de los tribunales calificadores, lo que no concurre en modo alguno, toda vez que el **precepto prevé simplemente** que la designación se hará en parte por el Comité Intercentros, lo que de antemano no contraviene los principios designados. Cuestión distinta es sobre quién se materializa dicha elección y si el candidato elegido cumple con los **principios de imparcialidad** que le son obligados. Pues bien, los hechos, acontecidos en la convocatoria 1/2022, demostraron que, efectivamente, el miembro que filtró las preguntas y respuestas del examen no se acogió a la debida neutralidad e imparcialidad que le era exigida. Y ello ha provocado un **cambio en la forma de designación**, consensuado entre la empresa y los sindicatos UGT, SI y USO, al objeto de evitar que vuelvan a repetirse los hechos acontecidos, con los perjuicios aparejados a los mismos. Pero de ello **no puede advertirse una ilegalidad** del precepto denunciado, como así pretenden CCOO y CGT. Si la fórmula de nombramiento ha resultado contraria a los principios expresados, se ha manifestado en un proceso concreto y con unas consecuencias específicas, esto es, la nulidad del proceso selectivo, sin que la tesis de la parte actora pueda avalar la expulsión del ordenamiento jurídico de una fórmula de elección que no conculca el precepto que se dice infringido si se lleva a cabo una interpretación en abstracto del art.30 del convenio y del EBEP art.55 (**AN 14-10-25, Proc 226/25**).

19. Unidades de negociación

2165 **FERCO y otras** Se reclama, por el procedimiento de **impugnación de convenio colectivo**, que **se declare ilegal** el II Acuerdo Marco CAPV en el ámbito de Hostelería (II ACHCAPV, BOPV 4-2-21, no denunciado) o, **subsidiariamente**, su **inaplicación**. Se desestima en instancia dicha pretensión, que se casa por el TS. Se debate si la **celebración de un convenio colectivo** de ámbito **autonómico** para regular la negociación colectiva, cuando están **vigentes (o en ultraactividad) dos Acuerdos Marco** de ámbito estatal con el mismo objeto, vulnera la legalidad vigente. Se estima el recurso formulado por FERCO y se anula la sentencia del TSJ que desestimó la demanda. Se concluye que un convenio colectivo, durante su vigencia, no puede ser afectado por convenios de ámbito distinto, **salvo las excepciones** hoy en día legalmente establecidas (básicamente: pacto en contrario, existencia de pacto de estructura según el ET art.82.3 y prioridad aplicativa limitada de los convenios de empresa), pero la mencionada prohibición está **limitada a la vigencia del convenio**, lo que significa que ese es el elemento clave para posibilitar el cambio de la unidad de negociación. En este caso, estamos ante un **convenio ilegal y nulo**, por contravenir la Ley, en tanto que se invaden los ámbitos competenciales del V Acuerdo Laboral de ámbito estatal para el sector de hostelería (V ALEH), cuando este expresamente lo prohíbe. En tanto el V ALEH nunca estuvo en ultraactividad, como tampoco el IV CCol marco de Restauración colectiva (IV ACM-RC) se encontraba en situación de perfecta vigencia cuando se pacta el II ACHCAPV, y, en consecuencia, en tanto fija una estructura de negociación colectiva, existiendo «pacto en contrario» –en igual sentido, TS 25-4-19, Rec 40/18–, concurre temporalmente de forma prohibida con el Acuerdo Marco estatal y debe quedar inaplicado (**TS 17-6-25, Rec 232/23**).

20. Vacaciones

2170 **Sociedad estatal Correos y Telégrafos** Se reclama, por el procedimiento de **impugnación de convenio colectivo**, el art.76 del convenio colectivo de empresa, en base al cual la Sociedad estatal Correos y Telégrafos, SA no abona a las personas trabajadoras afectadas (el personal que presta servicios en los CTA en turno de noche) el **complemento salarial de nocturnidad** durante las **vacaciones**, a pesar de ser un complemento salarial que de ordinario se viene percibiendo de manera mensual. Se afirma que dicha práctica se fundamenta en el tenor literal del art.76 del convenio colectivo de aplicación, que resulta contrario a la normativa europea y a lo dispuesto por la doctrina del TS, que detalla. Se desestiman las **excepciones** de inadecuación de procedimiento y de cosa juzgada. Se estima la demanda y se declara que, en la retribución de las vacaciones del personal destinado en los CTA que prestan servicios en turno de noche de manera habitual, ha de incluirse como **concepto computable** el plus de nocturnidad (**AN 28-5-25, Proc 100/25**).

IV. Procedimiento de impugnación del convenio

2175

1. Causas de control de legalidad sobre el convenio colectivo: comisión paritaria

ACCRA y otros Se reclama, por el procedimiento de **impugnación de convenio colectivo**: – La **nulidad** del I Conveni Col-lectiu autonómic de Catalunya del Sector de l'atenció a la gent gran, GERCAT (I CCol catalán para la Dependencia), por haberse **negociado en contra** de las normas establecidas en el sector para la articulación de la negociación colectiva y concurrencia de convenios y por ser el mismo **lesivo** para el sector y empresas que pueden entrar en su ámbito de aplicación, al contener un ámbito funcional artificioso, arbitrario, indeterminado y que adolece de la necesaria estabilidad exigida por la Constitución, el Estatuto de los Trabajadores y la jurisprudencia que lo desarrolla. – **Subsidiariamente**, que se considere el convenio colectivo que se impugna de **eficacia limitada**, de aplicación únicamente a las partes firmantes del mismo. Se desestima en instancia dicha demanda y se confirma la sentencia por la Sala IV. Se concluye que el VII CCol marco del sector de la Dependencia **no prevé el informe favorable** de la comisión paritaria para negociar un convenio de ámbito autonómico, sino solo para abrir nuevos ámbitos negociales distintos de los previstos en el mismo. Constituye un criterio válido de determinación del ámbito funcional de un convenio que un cierto **porcentaje de la facturación** proceda de la Administración Pública; el criterio no es arbitrario o irracional. Reitera la doctrina TS 30-9-25 (**TS 23-9-25, Rec 5/24**). **2180**

2. Complementos salariales

Industrial Química del Nalón Se reclama, por el procedimiento de **impugnación de convenio colectivo**, la **nulidad** del contenido de los párrafos de los artículos señalados, por vulneración de la legalidad, y que se fije su contenido de conformidad con los **mínimos legales vigentes**, tanto los que pudieran resultar de la aplicación del ET como de la jurisprudencia consolidada o, en su caso, del CCol de Químicas, **adecuando** en consecuencia **su contenido** a dichas normas en los términos interesados en el cuerpo de este escrito, y condenando a estar y pasar por tal declaración a los demandados, comunicando el contenido de la misma a la autoridad laboral para su publicación en el BOPA. Se estima parcialmente en instancia dicha pretensión y se anula el art.31 del convenio de empresa, fijando la cuantía del plus de nocturnidad en 11,98 € para el año 2022 y 12,22 € para el año 2023, absolviendo a la par- **2185**

te demandada del resto de las pretensiones deducidas en su contra. Se confirma dicho pronunciamiento por el TS, al ser imposible que un convenio de empresa reduzca el importe del **complemento de nocturnidad** fijado previamente en el convenio sectorial. Este límite no se altera por la existencia de un **salario mínimo garantizado** en el convenio sectorial, que actúa como garantía y no como un concepto salarial compensable (**TS 9-9-25, Rec 38/24**).

2187 **Evolutio Cloud Enabler** Se reclama, por el procedimiento de **impugnación de convenio colectivo**, la **nulidad**, por ilegalidad, de la previsión convencional de que las personas contratadas con posterioridad a la entrada en vigor del III CCol de Evolutio Cloud Enabler no perciban el complemento no absorbible establecido en el art.22 del mismo, así como en el art.24.2, que se concreta en los siguientes añadidos y supresiones a la norma convencional que se resaltan en negrita y subrayados, respecto a los CCol de Evolutio Cloud Enabler art.22 y 24.1. Se desestima en instancia la demanda y se confirma en casación, entendiéndose que la conversión de la anterior «bolsa de beneficios» en un **«complemento no absorbible» que excluye** a los trabajadores de nuevo ingreso de su percepción constituye una **disposición de derecho transitorio**, que responde a la evolución de la regulación salarial y económica en la empresa desde el primer convenio. Por ello, teniendo en cuenta la **escasa cuantía** del complemento personal no absorbible, congelada además en el tiempo, se concluye que no excede la necesaria proporcionalidad, por lo que se considera válida (**TS 10-9-25, Rec 263/23, confirma AN 14-7-23, Proc 151/23**).

2190 **Iberia LAE y otros** Se reclama que se declare la **nulidad del acuerdo** alcanzado el 12-6-2025 por la Comisión de Interpretación y Vigilancia del XVIII CCol de Iberia y sus tripulantes de cabina de pasajeros, por ilegal, al **excluir** de forma injustificada el pago extraordinario a los trabajadores que no hubieran devengado la **paga extraordinaria de diciembre de 2024**, condenando a la empresa a abonar dicho pago a todos los trabajadores que prestaron servicios durante los años 2022 y 2023, con independencia de su situación contractual en 2025, más los intereses legales correspondientes. Se desestima la **excepción de inadecuación** de procedimiento y se desestima la demanda, pues el pago único extraordinario, creado por el acuerdo de 22-5-2025, **ni forma parte** del convenio colectivo (sin que pueda confundirse con el previsto en su disp.trans.5ª, sujeto a parámetros de devengo completamente diferenciados) **ni altera** lo previsto en el mismo, ya que el acuerdo se limita a fijar la fórmula de reparto del pago único, tanto de forma objetiva, concretando su importe (el de una paga extraordinaria), como de forma subjetiva, concretando sus destinatarios; huelga decir que lo único que lleva a término son las propias atribuciones que los negociadores del pago quisieron concederle, de manera que la exclusión de los trabajadores que, prestando servicios en los años 2022 y 2023, no han percibido el pago único, ni conculca el Const art.14 ni es contrario a la legalidad, debiendo desestimarse la demanda tanto en su petición principal como en su petición subsidiaria (**AN 14-10-25, Proc 230/25**).

3. Conculcación grave de la legalidad vigente

2195 **ANESCO** Se reclama, por el procedimiento de **impugnación de convenio colectivo**, y se solicita la nulidad de pleno derecho, en los términos que resultan de las fundamentaciones jurídicas precedentes, del V Acuerdo Marco art.6, 11, 12, 13, 15, 17, 18, 19, 22, 25, 26, 27, 28, 29, 31, 32, 34, 35, 36, 37, 38, 44, 54, 55, 63, disp.adic.2ª y disp.trans. Se desestima en instancia la demanda. Se casa parcialmente la sentencia recurrida por el TS, quien declara la **nulidad por ilegalidad** de los **preceptos** siguientes: a) el V Acuerdo Marco art.6.3.d, que establece: «Conocer la contratación del personal incluido en el ámbito personal del presente Acuerdo. A estos efectos, los CPE y las **empresas estibadoras** informarán a la CPSE de los nuevos trabajadores que hayan incorporado a sus plantillas. Esta **información** se remitirá semestralmente y de forma agregada, para salvaguardar la información comercialmente sensible de estas empresas. Asimismo, las empresas incluidas dentro del ámbito de aplicación de este Acuerdo informarán a la CPSE de las **demandas individuales** o colectivas que se pudieran interponer contra ellas en reclamación de la condición de **personal indefinido**, conforme a lo previsto en el ET art.15.5, mediante la remisión de una copia de la correspondiente demanda, eliminando los datos personales que figuren en ella, dentro de los 5 días hábiles siguientes a su notificación»; b) el V Acuerdo Marco art.6.5, relativo a la «Financiación: cuotas mensuales», en tanto impone **cuotas** a todas las empresas estibadoras, **aunque no sean socias** de un CPE; c) El V Acuerdo Marco art.11.párr.2.2ª, que establece que «Sin perjuicio de todo ello, las partes acuerdan que la **modificación de las "manos" o equipos de trabajo** se tramitará conforme a las disposiciones del Acuerdo Marco y del ET art.41»; d) los V Acuerdo Marco art.25.párr.3 y 4, que establecen lo siguiente: «La modalidad de **contratación a tiempo parcial** deberá realizarse por un mínimo del 50% de la jornada ordinaria equivalente en el mismo periodo de referencia, cuya duración, en todo caso, deberá ajustarse a turnos completos. El **porcentaje pactado** podrá ser modificado a instancia de una empresa cuando acredite la concurrencia de causas ETOP, en los términos del ET art.82.3, siempre que impidan la contratación mínima establecida. La aprobación de la solicitud y, en su caso, de la minoración del porcentaje mínimo deberá acordarse por los sujetos legitimados como inaplicación de convenio, previo informe de la CPSE. En caso de discrepancia entre las partes, se podrá promover la intervención mediadora o arbitral de la CPSE, que resolverá conforme al procedimiento establecido en el V Acuerdo Marco art.6.2.c. Las personas trabajadoras contratadas a tiempo parcial con una jornada de trabajo no inferior a 18 horas semanales en cómputo anual podrán pactar la realización de un número de horas complementarias, que no podrá exceder del 60% de las horas ordinarias contratadas»; e) el V Acuerdo Marco art.26 párr.4, que señala lo siguiente: «Para la **evaluación** objetiva y precisa del **periodo de prueba**, los CPE y, en su caso, las empresas estibadoras contratantes remitirán a la comisión paritaria del convenio de su ámbito y a la Comisión Paritaria Sectorial Estatal un **informe**, cuando haya transcurrido la mitad del periodo de prueba, sobre la evolución del trabajo realizado durante el desempeño de la actividad y la formación adquirida por las personas trabajadoras.»; f) el V Acuerdo Marco art.37.1.7º, que dispone lo siguiente «Cuando concurran **causas ETOP** que pudieran fundamentar la extinción de contratos de trabajo o incidan negativamente en los niveles de empleo y ocupación del personal del CPE, la empresa saliente deberá efectuar una **aportación** al CPE por importe equivalente a la **indemnización** que procediera en caso de despido colectivo por cada persona afectada no subrogada o recolocada» (**TS 5-6-25, Rec 57/23, casa parcialmente AN 17-11-22, Proc 219/22**).

4. Cosa juzgada

AENA y otros Se reclama, por el procedimiento de **conflicto colectivo**, que se declare el derecho de los trabajadores acogidos bajo el CCol del Grupo de empresas AENA art.134 a percibir las cantidades estipuladas en el mismo, en **retribución** del cumplimiento del sistema de **gestión del desempeño** para los años 2023 y 2024 ya abonados, **en proporción** al tiempo desempeñado en cada puesto de trabajo realizado durante todo el año, debiéndose abonar teniendo en cuenta proporcionalmente también el tiempo desempeñado en puestos de mayor categoría de manera temporal, conforme al CCol del Grupo de empresas AENA art.37, en las cantidades previstas para dicho puesto de superior categoría; siendo su causa de pedir los CCol del Grupo de empresas AENA art.37 y 134. Se estima la **excepción de cosa juzgada** y se desestima la demanda, por cuanto la demanda se basa en **hechos, pretensiones y causa de pedir idénticas** a las contenidas en la demanda que dio lugar al Proc 135/25, en el cual la pretensión no se acotó temporalmente, sino que lo pedido **se formuló genéricamente**. De manera que, estableciéndose en el acuerdo que dio lugar a la satisfacción extraprocesal de dicha pretensión, como así lo manifestó el sindicato hoy demandante al solicitar la terminación de dicho procedimiento, que el 2200 acuerdo, que podría haber establecido sus efectos desde el año 2023 o 2024, tendría efectos a partir de 2025 y años sucesivos, se deduce fácilmente que dicho acuerdo supone una **transacción de las partes** a la que esta Sala debe estar y que al demandante le pareció correcta porque, insistimos, adujo dicho acuerdo para dar por terminado aquel procedimiento (**AN 14-10-25, Proc 244/25**).

5. Lesión grave en interés de terceros

2205 **ETOS SPAIN** Se reclama, por el procedimiento de **conflicto colectivo**, la **nulidad del Acta** de la Comisión Paritaria del CEM núm 14/2023, suscrita el día 4-4-2023, por las razones y motivos contenidos en el cuerpo del presente escrito. Se desestima en instancia la demanda. La Sala IV casa la sentencia recurrida y concluye que el procedimiento de conflicto colectivo es el adecuado, como había reconocido la sentencia de instancia, si bien estima de oficio la **falta de legitimación activa** de la empresa demandante en aplicación del LRJS art.154, por cuanto el conflicto planteado, al impugnar el Acta de la Comisión Paritaria, tiene un ámbito superior al de la propia empresa, sin perjuicio de su **derecho a reclamar por el procedimiento ordinario** los efectos de la referida Acta (**TS 6-10-25, Rec 49/24, casa AN 18-12-23, Proc 259/23**).

6. No debe estimarse

2210 **Consejo Intertextil español y otras** Se solicita por el Ministerio de Trabajo, por el procedimiento de **impugnación de convenio colectivo**, que se declare la **nulidad** de las **tablas salariales** para el año 2023 del CCol general de trabajo de la Industria textil y de la confección, suscritas el día 27-1-2023, por cuanto estas **vulneran** abiertamente lo establecido en el RD 99/2023 art.1 (BOE 15-2-23), por el que se fija el **SMI** para 2023 en 36 €/día o 1.080 €/mes, sin que en ningún caso pueda considerarse una cuantía anual inferior a 15.120 €, surtiendo efectos, conforme dispone su disp.final 3ª: «durante el periodo comprendido entre el 1 de enero y el 31 de diciembre de 2023, procediendo, en consecuencia, el abono del salario mínimo en el mismo establecido con efectos del 1 de enero de 2023». Se desestima en instancia la demanda, que se confirma en casación, porque la **Administración no concreta** cuáles serían **las que no cumplen** con el SMI y no hace un análisis comparativo de conceptos salariales del convenio colectivo para determinar que en algún caso no quede garantizado el SMI. Además, no puede declararse la ilegalidad de un convenio colectivo concluido con anterioridad a la entrada en vigor de la norma (RD 99/2023) que se pretende determina tal ilicitud (**TS 5-6-25, Rec 267/23, confirma AN 25-9-23, Proc 169/23**).

7. Pérdida sobrevenida de objeto

2215 **Food Service España** Se impugna, por el procedimiento de **impugnación del convenio colectivo**, el CCol estatal para la Restauración colectiva art.9.2 y disp.adic.2ª, por **contradecir** lo dispuesto en el Acuerdo Laboral de ámbito estatal para el sector de hostelería (ALEH) art.10, concluyendo que son nulos por ilegalidad. Se estima la **excepción de carencia sobrevenida de objeto**, toda vez que la demanda interpuesta gira sobre el hecho de que el CCol de Colectividades de Cataluña no puede ser afectado en su aplicación por lo dispuesto en el convenio colectivo que ahora se impugna, por ser **preexistente** y estar sujeto al ALEH art.10, que fija la estructura de la negociación colectiva, y prever el mantenimiento de los convenios colectivos existentes con anterioridad. Y se cita expresamente en el escrito rector el ET art.84, como norma vulnerada por los preceptos impugnados. Consiguientemente, como se ha **redactado nuevamente el precepto impugnado**, que difiere de la anterior, hace que **decaiga la controversia** que se plantea en la demanda, máxime cuando la misma se circunscribe a la declaración de ilegalidad de las disposiciones impugnadas, que deja de tener operatividad desde el momento en que el nuevo redactado incorpora una cláusula de cierre inexistente en su redacción anterior, para salvar la aplicación en todo caso del ET art.84 (**AN 27-5-25, Proc 93/25**).

FSIE y otros Se reclama, por el procedimiento de **conflicto colectivo**, que se reconozca el **derecho del personal** que presta servicios en los centros de atención especializada y en los centros especiales de empleo incluidos en el ámbito del XV CCol general de Centros y servicios de atención a personas con discapacidad, a la **revisión de los salarios** en los términos indicados en el art.32.1 de la tratada norma convencional, procediendo con efectos económicos de 1-1-2022 a la realización de las actuaciones precisas para la actualización de las tablas salariales que constan en el XV CCol general de Centros y servicios de atención a personas con discapacidad Anexo III, de forma que **se incremente el salario base** en el 3,75% establecido por la expresada norma, como mínimo, y se establezca el **importe del nivel** de desarrollo N1 del Complemento de desarrollo y capacitación profesional en un 9,20% del salario base incrementado (7,50 + 1,70) y el importe del nivel de desarrollo N2 del mismo complemento en un 7,20% del salario base incrementado (5,50 + 1,70); y se condene, en definitiva, a las empresas a estar y pasar por ello y así aplicarlo y pagarlo efectivamente. Se estima en instancia dicha pretensión. El TS entiende que concurre **causa de inadmisión del recurso** por carencia sobrevenida de objeto, por cuanto la sentencia recurrida reconoció el derecho a una revisión salarial, con efectos del 1-1-2022, del personal de los centros de atención especializada y de los centros especiales de empleo incluidos en el ámbito del XV CCol general de Centros y servicios de atención a personas con discapacidad. Posteriormente, se alcanzó un acuerdo parcial en materia económica del XV CCol general de Centros y servicios de atención a personas con discapacidad, al amparo de ET art.86.3 y 90.2 y 3, que fijaba la retribución de los trabajadores de centros especiales de empleo y centros de atención especializada para los años 2022, 2023 y 2024 (**TS 4-6-25, Rec 48/23, confirma AN 20-10-22, Proc 228/22**). 2217

V. Conflictos colectivos

2220

1. Legitimación activa

El Corte Inglés Se reclaman, por el procedimiento de **conflicto colectivo**, determinados **sistemas de incentivos** de la empresa. Se estima la **excepción de legitimación activa** del sindicato CGT, aunque haya constituido secciones sindicales en la empresa, porque no acredita la implantación suficiente en el ámbito del conflicto (**AN 1-4-25, Proc 26/25**). 2225

2. Adecuación del procedimiento

Veiasa Se reclama, por el procedimiento de **conflicto colectivo**, que se declare contraria al CCol Veiasa art.15.g la actuación de la empresa, consistente en **no** proceder a dotar con **al menos dos técnicos** las **estaciones de ITV** que cuenten con 2228

horario de apertura de al menos 70 horas, más una línea de inspección, condenando a la empresa a proceder a la dotación de personal técnico, en los términos previstos en el artículo indicado, y a estar y pasar por dicha declaración y condena y cuanto de ella se derive. Se desestima en instancia la excepción de inadecuación de procedimiento y se estima la demanda en aplicación del convenio. Se descarta que el procedimiento de conflicto sea inadecuado, toda vez que se trata de un **conflicto jurídico**, relacionado con la aplicación del convenio, que afecta a un **colectivo genérico** de trabajadores (**TS 18-2-25, Rec 47/23**).

3. Inadecuación del procedimiento

2230 **EasyJet** Se reclama, por el procedimiento de **conflicto colectivo**, que se declare el derecho de los **tripulantes de cabina de pasajeros** en la empresa EasyJet Airlines Spain, sucursal en España, a la publicación en la **intranet empresarial** de los **escalafones** previstos en el CCol EasyJet Airlines Spain sucursal en España art.12, así como el derecho de aquellos al disfrute del derecho a la **excedencia voluntaria** prevista en el art.42, sin más **limitaciones** que las previstas en el art.43, esto es, la no concurrencia en la actividad con empresas que realicen corto y radio en la red en la que opera la empresa EasyJet, y no negando procesal o extraprocesalmente la demandada tales derechos. Se estima la **excepción de falta de acción**, toda vez que el conflicto no es real ni actual, sin perjuicio del derecho individual de los trabajadores afectados a reclamar la información que les competa (**AN 12-12-24, Proc 325/24**).

2233 **Fundación Pública Andaluza para la Integración Social de personas con Enfermedad Mental (FAISEM)** Se impugna, por el procedimiento de **conflicto colectivo**, una convocatoria para la cobertura de plazas de varios puestos de trabajo. Se confirma la **excepción de inadecuación** de procedimiento, porque la convocatoria ya había sido resuelta y adjudicadas las plazas al tiempo de interponerse la demanda. Aplica **doctrina** contenida, entre otras, en TS 4-7-02, Rec 1269/01; 17-6-04, Rec 149/03; 27-7-10, Rec 88/09; TS 28-10-19, Rec 148/18; 28-1-20, Rec 215/18; y 27-2-24, Rec 333/21. **Irrelevancia** de una demanda de conflicto previa planteada con anterioridad a la adjudicación de las plazas, pero ante órgano jurisdiccional incompetente: análisis de la perpetutatio jurisdictionis (**TS 23-9-25, Rec 213/23**).

4. Caducidad

2236 **EULEN** Se reclama, por el procedimiento de **conflicto colectivo**, que se declare la **nulidad del Acuerdo** alcanzado ante el Instituto Laboral de la Comunidad de Madrid en fecha 16-11-2021 entre los sindicatos UGT y ATES-SAM y la empresa EULEN Seguridad, SA, referido al punto 1, jornada de trabajo, y el punto 2, Cuadrantes, así como el Acuerdo del 27-10-2021, referido al punto 1, jornada de trabajo, y punto 2, Cuadrantes, y condene a los demandados a las consecuencias legales inherentes a tal declaración y a estar y pasar por la misma. Se desestima la demanda en instancia. Se casa por el TS y se declara la **caducidad de la acción** ejercitada, por el transcurso del plazo de 30 días previsto en el LRJS art.67. Por la Sala IV se indica que lo acordado en el acto de mediación puso fin al conflicto, como se recoge en el Acuerdo, por lo que se trata de un **pacto de naturaleza colectiva** que tiene que ser impugnado a través del **procedimiento** de conflicto colectivo. Por tanto, su impugnación por parte de quien consideraba que le perjudicaba el mismo debía realizarse en el **plazo** de 30 días, habiendo transcurrido el mismo en exceso. Se aprecia la caducidad de la acción (**TS 11-6-25, Rec 176/23**).

5. Conflicto de intereses

Air Europa Líneas Aéreas Se reclama, por el procedimiento de **conflicto colectivo**, que se declare que, de conformidad con los hechos de la demanda, las decisiones empresariales sobre selección de alojamiento han incumplido las previsiones contenidas en el CCol de Pilotos de Air Europa art.86, respecto del **sistema de verificación y aprobación** de los **alojamientos de los tripulantes** por razones de servicio, en los que no consta el visto bueno o aprobación de la sección sindical, condenándose a Air Europa a aplicar el citado artículo, en el sentido que cualquiera de los alojamientos debe contar con la **previa aprobación de la representación sindical** al momento en que se proceda a su contratación y sin que esta se pueda producir sin la **verificación y conformidad anterior** de la sección sindical. Se desestima la demanda, por cuanto el **conflicto** no es jurídico, sino **de intereses**. En efecto, la correcta hermenéutica del CCol de Pilotos de Air Europa art.86 es que la sección sindical ha de participar en el proceso de selección de hoteles. Sin embargo, ha quedado **acreditada** sin duda tal **participación activa** con la abundante documental aportada por la parte demandada. Y ello sin perjuicio de la existencia de **discrepancias puntuales**, desencuentros o diversidad de opiniones respecto de algún concreto hotel que, en cualquier caso, cumple con las previsiones del convenio o cuenta con la aceptación de los pilotos. De ahí la desestimación de la demanda. Otra cosa es que, en realidad, **se pretende plantear** (pese al tenor literal de la demanda) la necesidad de modificar el texto del convenio para incluir requisitos adicionales respecto de los alojamientos, o la necesidad de prever un derecho de veto o de aprobación inexcusable como requisito final por parte de SEPLA (**AN 16-12-24, Proc 337/24**). **2240**

Junta de Extremadura Se reclama, por el procedimiento de **conflicto colectivo**, que se modifique el V CCol para el Personal laboral al servicio de la Junta de Extremadura, **encuadrando a los mecánicos inspectores** en servicio en el Grupo Profesional III de dicho convenio colectivo, equivalente a Técnico de Grado Superior. Se estima en instancia la **excepción de inadecuación de procedimiento**, por entender que se trata de un conflicto de intereses y no un conflicto jurídico. Se confirma la sentencia de instancia en casación, con base la asentada doctrina sobre la diferenciación entre **conflicto jurídico y conflicto de intereses**. Dado que se pedía la modificación del V convenio colectivo, que incluso se proponía la redacción ex novo de los nuevos preceptos al amparo de la previsión de una norma legal, el RD 920/2017, y que, por tanto, no se instaba la interpretación de una norma o cláusula convencional, se considera que se está **intentando alterar lo pactado** convencionalmente por vía judicial, lo que es propio del conflicto de intereses. Además, atendidos los términos del suplico y de la actuación procesal de la parte, tampoco era posible la acomodación hacia una impugnación de convenio por ilegalidad (**TS 2-7-25, Rec 77/24**). **2243**

6. Competencia de la jurisdicción social

Sociedad estatal Correos y Telégrafos Se reclama, por el procedimiento de **conflicto colectivo**, que se declare que la interpretación acorde con la jurisprudencia constitucional y del TS es la inaplicación del **requisito** de ser firmante para poder **integrar la Comisión** de seguimiento y desarrollo del Acuerdo Marco de Correos, de forma que se declare la ilegalidad del mantenimiento del término «firmante» del punto «3.-Comisión de desarrollo y seguimiento», en el que se establece que «Esta Comisión, de carácter paritario, estará integrada por un representante de cada sindicato firmante de este Acuerdo y por un número equivalente de la empresa». Se estima la **excepción de incompetencia de jurisdicción**, por cuanto se impugna un acuerdo suscrito entre la Sociedad Estatal Correos y Telégrafos y diversos sindicatos, que afecta tanto a personal laboral como a funcionarios. La AN aprecia la excepción de falta de competencia del orden social, ya que, siguiendo jurisprudencia que se cita, al verse afectadas condiciones de trabajo que afectan a personal funcionario, **2245**

la cuestión debió promoverse ante el orden contencioso-administrativo (**AN 9-5-25, Proc 80/25**)

2247 **Universidad del País Vasco/Euskal Herriko Unibertsitatea** Se reclama, por el procedimiento de **conflicto colectivo**, que se condene a la Universidad del País Vasco/Euskal Herriko Unibertsitatea a que reconozca el derecho de las trabajadores afectados por el presente conflicto a **cobrar el importe** bruto mensual de 3.500 € al realizar su **estancia en centros** de investigación o universidades **del extranjero**, conforme a lo marcado en el punto 3.11 de la resolución arriba citada, abonándose igualmente las **diferencias salariales** que de este reconocimiento se desprendan desde el año anterior, además del **resto de consecuencias** que correspondan inherentes a dicho reconocimiento. Se estima en instancia dicha pretensión. Se confirma en casación, donde se debatió sobre la **competencia del orden social** para el conocimiento del litigio, concluyéndose que, si el objeto de este recurso es resolver, a través de la modalidad de conflicto colectivo, si el personal contratado laboralmente como personal docente e investigador en la modalidad denominada «Margarita Salas» de ayudas para la formación de jóvenes doctores en el extranjero, dentro del programa estatal publicado en la UPV-EHU Resol 2-7-21, por la que se convocan ayudas para la recualificación del sistema universitario español para 2021-2023, financiado por la Unión Europea-Next Generation EU, tienen el derecho a percibir el importe bruto mensual de 3.500 € conforme a lo marcado en el punto 3.11 de la resolución de convocatoria, por realizar su estancia en centros de investigación o universidades en el extranjero, es competente la jurisdicción social, incluso si hubiese que resolver sobre la legalidad de las normas administrativas reguladoras de las mencionadas ayudas (**TS 4-6-25, Rec 254/23**).

7. Competencia territorial

2250 **Sureste Seguridad** Se reclama, por el procedimiento de **conflicto colectivo**, el derecho de los trabajadores a que **no se les descuente** indebidamente cantidad alguna en concepto de «**subactividad**», con condena a la empresa a la devolución de las cantidades indebidamente percibidas, con todo lo demás que en Derecho proceda. Se estima en instancia la **excepción de incompetencia objetiva**. La parte demandada no puede interponer recurso de casación ordinario contra una sentencia que ha declarado la incompetencia objetiva de la Sala de lo Social TSJ con el **único objeto** de que se estime la excepción de falta de legitimación activa del sindicato demandante por su falta de implantación en el ámbito del conflicto (**TS 5-2-25, Rec 17/23**).

8. Falta de acción

2255 **UNO, organización empresarial de logística y transporte. «Plus convenio»** Se reclama, por el procedimiento de **conflicto colectivo**, que se declare el derecho de los trabajadores a percibir el plus de convenio de manera íntegra, por asistencia al trabajo **independientemente de la jornada** de trabajo que se realice, condenando a la demandada a estar y pasar por dicha declaración. Se estima en instancia la **excepción de falta de acción**, que se confirma en casación, aunque se admite que el conflicto colectivo es colectivo, habiéndose acreditado su naturaleza jurídica, por cuanto se articula una **acción declarativa sin contenido real y actual**, consistente en que se declare el derecho de los **trabajadores afectados** (que son todos los trabajadores que prestan sus servicios en las empresas de la comunidad de Madrid cuya actividad sea la de logística, paquetería y actividades anexas al transporte de mercancías a las que resulte de aplicación el V convenio colectivo del sector) a percibir el «plus de convenio» de manera íntegra por asistencia al trabajo, independientemente de la jornada de trabajo que se realice, cuando **no consta** la práctica empresarial que así lo respalde (**TS 17-9-25, Rec 272/23**).

9. Litisconsorcio pasivo necesario

Apprece CyL Se reclama, por el procedimiento de **conflicto colectivo**, que se declaren no ajustados a derecho los preceptos e incisos de las Instrucciones de la Dirección General de Recursos Humanos sobre la contratación del **personal que imparte enseñanza de religión** católica, evangélica e islámica en los **centros docentes públicos no universitarios** dependientes de la Consejería de Educación, en el curso escolar 2022/2023, en los términos recogidos en el FJ 5º de la presente demanda de conflicto colectivo y, en consecuencia, se haga estar y pasar por dicha declaración a la Consejería de Educación de la Junta de Castilla y León. Se estima parcialmente en instancia dicha pretensión. La Sala IV estima la excepción de **falta de litisconsorcio pasivo necesario**, toda vez que el objeto de la controversia en el litigio es la participación de la Conferencia Episcopal Española, la Comisión Islámica de España y la Federación de Entidades Religiosas Evangélicas de España en el procedimiento de contratación y asignación de plazas a los profesores de las respectivas religiones, con lo cual resulta evidente que quedan afectados, al menos en cuanto resultan de dicha configuración, sus derechos a la **libertad religiosa y** a la **libertad de enseñanza**, por lo que preceptivamente debieron ser identificadas como **interesados** en el procedimiento y llamados al mismo (**TS 10-9-25, Rec 186/23**). 2260

10. Litispendencia

Aseata Se reclama, por el procedimiento de **impugnación de convenios colectivos**, y se pide la **nulidad de las tablas salariales** del Anexo II para el personal que presta sus servicios en los **servicios de movilidad reducida** –PMR– establecidas en la disp.final 2ª para los años 2021, 2022, 2023, 2024, y 2025, tanto en conceptos fijos como variables, aplicándoles, por tanto, las tablas del anexo I generales del sector handling. Se aprecia la **litispendencia** en instancia. El TS confirma dicho pronunciamiento, porque la pretensión actual es la misma que ya ha sido ejercitada en el **anterior procedimiento judicial en curso**. En efecto, se pretende que se deje sin efecto la tabla salarial del Anexo II, lo cual afecta a la misma disposición del convenio colectivo. Se sustenta igualmente en la existencia de una doble escala salarial. Consiguientemente, se confirma la sentencia recurrida que aprecia litispendencia, así como las **multas por temeridad y mala fe** de 200 € que se imponen al sindicato demandante (**TS 9-9-25, Rec 159/23, confirma AN 27-3-23, Proc 7/23**). 2265

VI. Interpretación y/o aplicación de normas legales o convencionales o prácticas de empresa

2270

1. Absentismo

Cepsa Se reclama, por el procedimiento de **conflicto colectivo**, que se declare inaplicable el **descuento por absentismo** que se establece en el II CCol de CEPSA Cap.VII.4 y 5, es decir, que deje de aplicarse el coeficiente reductor por absentismo que **se aplica a** los conceptos de participación en resultados y plus por desempeño profesional, dado que la aplicación de dichos coeficientes reductores suponen una discriminación por razón de enfermedad prohibida por L 15/2022 art.2, 4 y 6. Se desestiman las **excepciones** de inadecuación de procedimiento y variación sustancial de la demanda. Se estima parcialmente la excepción de **prescripción**. Se **estima parcialmente** la demanda y se declara **inaplicable el descuento por absentismo** para la determinación del plus de participación en resultados y del plus de desempeño profesional cuando la ausencia sea debida a una situación de incapacidad temporal –baja por enfermedad– por cualquier contingencia y duración, condenando a la empresa a estar y pasar por tal declaración, toda vez que la configuración de las situaciones de incapacidad temporal –baja por enfermedad–, como supuesto de absentismo computable a efectos del descuento de la cuantía final a percibir en los conceptos retributivos reclamados –de modo que, verificada la baja, se produce una minoración de ambos si el porcentaje de absentismo es superior al 4%– supone una **discriminación por razón de enfermedad** contraria a L 15/2022 art.2.1, 4.1 y 6.1.a. Consiguientemente, se reconoce el derecho de los trabajadores que se han encontrado en situación de incapacidad temporal desde el 10-12-2023 en adelante **a percibir los pluses** de participación en resultados y de desempeño profesional sin aplicación de descuento alguno por absentismo derivado de incapacidad temporal, condenando a la empresa a abonar las diferencias retributivas generadas por el reconocimiento del derecho desde el 10-12-2023 (**AN 8-7-25, Proc 162/25**). 2275

Verallia Spain Se reclama, por el procedimiento de **conflicto colectivo**, que se declare el derecho de las personas trabajadoras a que no se les compute como absentismo, a los efectos del pago del **incentivo de mejora**, las **ausencias por IT y por los permisos** contemplados en el art.33.a del convenio colectivo: los de fallecimiento de abuelos/as, nietos/as, hermanos/as, tíos/as y sobrinos/as carnales de ambos cónyuges, enfermedad grave del cónyuge, padres, e hijos/as, abuelos/as y hermanos/as de ambos cónyuges, asistencia a consulta del médico de familia del servicio público de salud para el trabajador/a y/o menores de 12 años o persona con discapacidad que no desempeñe una actividad retribuida, asistencia a consulta del especialista del servicio público de salud y, en el apdo.a bis), los permisos para el cuidado de lactante hasta que cumpla 9 meses, por nacimiento prematuro y para exámenes prenatales, y en consecuencia, el derecho de las personas trabajadoras al percibo del incentivo de mejora considerando tales ausencias como no absentismo, con efecto retroactivo desde el 15-11-2022. **Se estima parcialmente** la demanda de CGT y se declara el derecho de las personas trabajadoras a **que no se les compute como absentismo**, a los efectos del pago del incentivo de mejora, las **ausencias** por 2277

IT **y** por los **permisos** contemplados en el art.33 del convenio colectivo por: enfermedad grave del cónyuge, padres, e hijos/as, abuelos/as y hermanos/as de ambos cónyuges, asistencia a consulta del médico de familia del servicio público de salud para el trabajador/a e y/o menores de 12 años o persona con discapacidad que no desempeñe una actividad retribuida, asistencia a consulta del especialista del servicio público de salud y, en el apdo.a bis), los permisos para el cuidado de lactante hasta que cumpla 9 meses, por nacimiento prematuro y para exámenes prenatales, y en consecuencia, el derecho de las personas trabajadoras al percibo del incentivo de mejora considerando tales ausencias como no absentismo, con efecto retroactivo desde el 15-11-2022. **Se estima totalmente** la demanda de UGT y se declara derecho de las personas trabajadoras a **percibir el incentivo de mejora**, contemplado en el art.49 del convenio colectivo, que ha de establecerse teniendo en cuenta que, a la hora de establecer los porcentajes de la cuantía que corresponda al centro de trabajo, no deben contabilizarse las **ausencias** individuales reseñadas en el ordinal sexto de la exposición de hechos, o sea, las siguientes: 1) Las faltas de asistencia al trabajo por causa de incapacidad temporal, por maternidad, por paternidad y por riesgo durante el embarazo o la lactancia (ET art.48.2, 4, 5 y 7). 2) El permiso por enfermedad grave de 5 días por accidente o enfermedad grave, hospitalización o intervención quirúrgica sin hospitalización que precise reposo domiciliario (ET art.37.3.b). 3) Las ausencias por el tiempo indispensable para la realización de exámenes prenatales y técnicas de preparación al parto y las ausencias para asistir a las preceptivas sesiones de información y preparación o realización de los preceptivos informes psicológicos y sociales previos a la declaración de idoneidad, en los casos de adopción, guarda con fines de adopción o acogimiento (ET art.37.3.f). 4) Las ausencias habidas en los supuestos de nacimiento, adopción, guarda con fines de adopción o acogimiento; de acuerdo con el ET art.45.1.d, las personas trabajadoras tendrán derecho a una hora de ausencia del trabajo, cualquiera que sea la modalidad de su disfrute (ET art.37.4). 5) Las ausencias del trabajo por causa de fuerza mayor cuando sea necesario por motivos familiares urgentes relacionados con familiares o personas convivientes, en caso de enfermedad o accidente que hagan indispensable su presencia inmediata, hasta 4 días al año (ET art.37.9). 6) Las derivadas de la asistencia a consulta del médico de familia del Servicio Público de Salud para el trabajador/a y/o hijos menores de 12 años o persona con discapacidad que no desempeñe una actividad retribuida (si el trabajador ostenta la guarda legal), derecho que viene recogido en el art.33 del convenio colectivo. 7) Asistencia a consulta del especialista del Servicio Público de Salud, derecho recogido en el art.33 del convenio colectivo. 8) Las ausencias por el tiempo indispensable para el ejercicio del sufragio activo, que constituye un derecho fundamental (Const art.23). 9) Las ausencias correspondientes al cumplimiento de una sanción temporal de suspensión de empleo y sueldo. Se estima parcialmente la demanda de CCOO y se declara que **no afectan a la percepción del incentivo** del art.49 del convenio colectivo las siguientes situaciones: - Las ausencias para concurrir a exámenes a que se refiere el ET art.23.a. - Las licencias del ET art.37.3.b, d y f. - Las licencias del art.33 del convenio colectivo para asistir a consulta del médico de familia o especialista del Servicio Público de Salud. - Las ausencias en los supuestos de nacimiento, adopción guarda con fines de adopción o acogimiento, del ET art.37.4. - Las ausencias por fuerza mayor del ET art.37.9. - Las suspensiones de contrato del ET art.48.4 a 8. - El permiso parental del ET art.48 bis. - Las situaciones de incapacidad temporal. - Las ausencias derivadas del cumplimiento de una sanción de empleo y sueldo (**AN 30-5-25, Proc 98/25**).

2. Antigüedad

2280 **Caixabank** Se reclama, por el procedimiento de **conflicto colectivo**, que se obligue a la empresa a dar cumplimiento a lo preceptuado en el CCol de Cajas de ahorro art.43.1, dada su actual **prioridad aplicativa** en esta materia respecto de lo establecido en los art.2.1 y 2.3 de los Acuerdos de 9-12-2004, aplicando el **devengo y abono de trienios** a partir del Nivel VIII para las personas adscritas al **Grupo Profesional 1**, condenándose a la empresa a estar y pasar por todo ello; y que, asimismo, como consecuencia de la entrada en vigor del RDL 32/2021, de medidas urgentes para la reforma laboral, y ante la actual prioridad aplicativa del convenio colectivo sectorial respecto de los acuerdos de empresa en el asunto objeto de análisis, se adapten los art.2.1 y 2.3 de los Acuerdos de 9-12-2004 a lo establecido en el CCol de Cajas de ahorro art.43.1, incluyendo así el devengo de los trienios a partir del Nivel VIII, en aplicación de lo establecido en el convenio colectivo sectorial, en lugar de que ese devengo de trienios se inicie únicamente a partir del Nivel VII, y que, como consecuencia de lo anterior, se condene a la empresa a estar y pasar por todo ello. Se desestima en instancia la demanda. El TS confirma la sentencia recurrida, porque las **condiciones retributivas** de un empleado del Grupo 1 de CaixaBank, a quien se aplica el Acuerdo y solo devenga trienios a partir de adquirir el nivel retributivo VII, son **superiores a las previstas convencionalmente**, pues implican una menor permanencia en alguno de los niveles para promocionar al siguiente y permiten acceder al Nivel VII desde el Nivel VIII –lo que no se contempla en el convenio sectorial–, al que hipotéticamente devengaría un trabajador que, de conformidad con el convenio del sector, promocionase conforme a los periodos fijados en su art.25 hasta el Grupo VII y a partir de ahí devengase trienios (**TS 9-9-25, Rec 177/23, confirma AN 21-2-23, Proc 362/22**).

Consejería de Educación, Universidades, Ciencia y Portavocía de la Comunidad de Madrid Se reclama, por el procedimiento de **conflicto colectivo**, que se reconozca al **profesorado de religión de centros públicos** de la Comunidad de Madrid los **servicios prestados** en el ámbito de otras Administraciones publicas, cuando estas sean diferentes a las de la Comunidad de Madrid, y ello a los efectos de computar y percibir esos periodos en la retribución de **antigüedad**. Se desestima en instancia dicha pretensión. La Sala IV casa la sentencia recurrida y reconoce el derecho de los profesores de religión de los centros públicos de la Comunidad de Madrid a que se tengan en cuenta los servicios prestados como docentes de religión en otras Administraciones públicas a efectos de la retribución de la antigüedad, puesto que es doctrina reiterada y pacífica de la Sala que los profesores son **equiparados** a los funcionarios interinos (**TS 10-9-25, Rec 171/23**). 2283

3. Asistenciales

Caixabank Se reclama, por el procedimiento de **conflicto colectivo**, que se reconozca el derecho de las personas trabajadoras procedentes de **entidades absorbidas** al cobro de la **ayuda por hijos** calculada **con su antigüedad integra** desde el inicio de la relación laboral, como ocurre con las personas trabajadoras de origen Caixa, con la devolución de las cantidades no percibidas. Se desestima dicha pretensión, por cuanto los colectivos absorbidos tenían su propio sistema y los trabajadores de la Caixa disfrutan del derecho con base a condiciones más beneficiosas (**AN 17-12-24, Proc 341/24**). 2285

Iberdrola Grupo Se reclama, por el procedimiento de **conflicto colectivo**, la **nulidad de la subida** practicada, se deje sin aplicación los importes expuestos en el hecho sexto de la demanda y se declaren vigentes aquellos que se habían fijado con anterioridad a la subida y que se indican en el hecho quinto de la demanda, incrementados en un máximo de un 2,1%, condenando a las partes demandadas a estar y pasar por dicha declaración. Se estima dicha pretensión en aplicación del tenor literal del VIII CCol del Grupo Iberdrola y de las normas complementarias acordadas, concluyéndose que la Subcomisión Mixta de Asuntos Sociales no puede incrementar las cuotas **por el uso de apartamentos vacacionales** más allá de la actualización anual conforme a los mismos porcentajes que el SBC (2,1%). Consiguientemente, se deja sin efecto el incremento de tales cuotas acordado en la reunión de la citada Subcomisión de 10-12-2024, manteniéndose las cuotas anteriores más un incremento del 2,1% (**AN 13-5-25, Proc 104/25**). 2288

2290 **Caixabank** Se reclama, por el procedimiento de **conflicto colectivo**, que se declare el derecho de las personas trabajadoras que tienen **hijos e hijas con discapacidad** a percibir **incrementada en un 100% la ayuda de formación** para personas con discapacidad, en los casos en que cumplan con el requisito establecido en el CCol para las Cajas y entidades financieras de ahorro art.57.5, es decir, percibir incrementada en un 100% la ayuda de formación para personas con discapacidad en los casos en que los hijos e hijas con discapacidad cursen los **estudios señalados** en dicho apartado **y pernocten** fuera del domicilio habitual de la persona empleada. Se desestima dicha pretensión en aplicación de la literalidad del precepto, así como de los propios actos de la demandada, que nunca se apartó de lo convenido (**AN 26-9-25, Proc 225/25**).

4. Cesión de trabajadores

2295 **Banco de Santander y otros** Se reclama, por el procedimiento de **conflicto colectivo**, que se declare la existencia y realización por su parte de una **cesión ilegal** respecto de todos los trabajadores adscritos Santander Customer Voice, actuando como empleador cesionario la empresa principal Banco Santander SA, y como cedente a Santander Customer Voice SA, cesión ilegal tipificada en el ET art.43, con todos los efectos legales derivados de la aplicación del precitado artículo y lo demás procedente en derecho, pasando a formar parte todos ellos de la plantilla de Banco Santander SA Se desestima en instancia dicha pretensión, que se confirma en casación, por cuanto los trabajadores afectados fueron **recolocados** en Santander Customer Voice, **de conformidad con los acuerdos** logrados en el acuerdo de consultas de un ERE en el que se pactaron también, las condiciones en que se produciría dicha recolocación (**TS 4-6-25, Rec 195/23, confirma AN 18-4-23, Proc 336/22**).

5. Clasificación y promoción profesional

2300 **Giesecke + Devrient Epayments Iberia SA** Se reclama, por el procedimiento de **conflicto colectivo**, la obligación de la empresa de **eliminar de las tablas** de empresa las **categorías** de Ayudante, Operario 1, Operario 2 y Oficial Especialista Operario 2, así como la obligación de la empresa de considerar como equivalente a Operario 3 a todas las personas asignadas a las categorías anteriores, como única categoría específica para los operarios y operarias del área industrial, a nivel de empresa equivalente a Nivel 7 del CCol de Artes Gráficas. Se desestima dicha pretensión, por cuanto la simple afirmación de ejercicio de unas **mismas tareas, sin distinción** alguna entre trabajadores, formación, experiencia, categorías y funciones específicamente realizadas, **no permite declarar** que todos los operarios desarrollan las mismas funciones y que las realizadas, deben encuadrarse en las de la categoría de Operario 3. No se ha probado que, un operario de nivel 1, sin apenas experiencia, realice las mismas funciones que un operario de nivel 3, cuyo conocimiento del proceso de fabricación es cuanto menos mucho más extenso del que pueda tener un trabajador con un mayor nivel de experiencia o cualificación. Consiguientemente, **no procede dejar sin efecto la clasificación** profesional acordada con el comité de empresa ni reconocer la categoría de Operario 3 como condición más beneficiosa, al estar el supuesto que ahora analizamos alejado en todo punto de dicho concepto y de una voluntad unilateral del empresario en su concesión (**AN 15-7-25, Proc 160/25**).

2302 **Naturgy** Se reclama, por el procedimiento de **conflicto colectivo**: 1. Que, en cumplimiento del II CCol Naturgy art.14, el **puesto** de Gestor Territorial de Distribución **se encuadre en el Grupo Profesional** Técnico Subgrupo General. 2. Asimismo, que se declare que todas las decisiones de las empresas demandas en las que no se encuadre al puesto de Gestor Territorial de Distribución en el Grupo Profesional Técnico Subgrupo General no cumplen lo establecido al efecto en el CCol Naturgy y, en consecuencia, debe declararse la nulidad de las mismas. Se desestima en instancia dicha pretensión, que se confirma en casación, toda vez que, atendiendo a las funciones del puesto de GTD, especificadas en el HP 5º, no cabe entender que su encuadramiento deba ser en el Grupo Técnico, Subgrupo General, que se describe en el hecho probado cuarto, al existir **entre ambos grupos diferencias relevantes**, no solo en orden a la titulación exigible, sino a las funciones atribuidas en cada caso (**TS 4-2-25, Rec 38/23, confirma AN 26-10-22, Proc 184/22**).

Se reclama, por el procedimiento de **conflicto colectivo** que, en cumplimiento del II CCol Naturgy art.14, el puesto de Supervisor Gas **se encuadre en el grupo profesional** Técnico Subgrupo General. Asimismo, que se declare que todas las decisiones de las empresas demandas en las que no se encuadre el puesto de Supervisor Gas en el grupo profesional Técnico Subgrupo General no cumplen lo establecido al efecto en el CCol Naturgy y, en consecuencia, debe declararse la nulidad de las mismas. Se desestiman en instancia ambas pretensiones, que se confirman en casación, por cuanto los supervisores de gas están encuadrados en el grupo profesional Técnico-Operativo y el conflicto colectivo pretende que se encuadren en el grupo profesional Técnico, subgrupo General, lo que no puede admitirse, porque **no se ha acreditado** que realicen las funciones de este último grupo profesional (**TS 5-3-25, Rec 42/23, confirma AN 15-11-22, Proc 182/22**). 2305

Agencia EFE Se reclama, por el procedimiento de **conflicto colectivo**, que se anule y deje **sin efecto la convocatoria de empleo** fijo-proceso de estabilización de empleo, publicada por la dirección de la empresa en fecha 28-12-2022, condenando a la demandada a estar y pasar por esta declaración, y condenándola igualmente a que proceda a **publicar una nueva** convocatoria en la que los relativos a formación mínima se ciñan a lo establecido requisitos generales de participación en los art.15.3 y 4 del convenio colectivo; admitiéndose, en consecuencia, la validez de la **formación académica de grado superior o medio** (sea o no universitaria) y **excluyéndose** la posibilidad de exigir el requisito adicional de acreditar (mediante certificación o mediante pruebas específicas) un determinado **nivel de inglés**. Se desestima en instancia la demanda. La Sala IV confirma dicha sentencia, porque la exigencia de los requisitos de titulación universitaria superior o media para todas las plazas y mérito de idioma en una de ellas no vulnera los art.14 y 15 del convenio colectivo sobre vinculación a la clasificación y grupos profesionales. Interpretación del convenio colectivo: la **formación académica equivale** a universitaria y **no comprende** la formación profesional (**TS 10-9-25, Rec 246/23, confirma AN 11-6-23, Proc 135/23**). 2307

CRTVE Se reclama, por el procedimiento de conflicto colectivo, lo siguiente: - Se condene a la empresa a **elaborar un catálogo de puestos de trabajo** que contenga la identificación de la plaza/puesto, el grupo y subgrupo profesional, el ámbito ocupacional, la ocupación tipo, el centro de trabajo, si tiene asociado un complemento de incompatibilidad y el estado de la plaza (si está ocupada o vacante). - Se condene a la empresa a **publicar** un catálogo de puestos de trabajo que contenga la identificación de la plaza/puesto, el grupo y subgrupo profesional, el ámbito ocupacional, la ocupación tipo, el centro de trabajo, si tiene asociado un complemento de incompatibilidad y el estado de la plaza (si está ocupada o vacante). Se desestiman ambas pretensiones, porque Sala entiende que la elaboración del catálogo **no es exigible** a la CRTVE, toda vez que el **censo de trabajadores** constituye un **instrumento «similar»**, que no idéntico a la RPT, que rige en las Administraciones públicas, tal y como dispone el apartado primero de la disposición adicional, en el cual se exige que el catálogo sea público y que se identifiquen los puestos, funciones o categorías que, de acuerdo con sus estructuras salariales, perciban **complemento que retribuya el factor de incompatibilidad**. Complemento que no ha resultado probado que sea percibido por ningún trabajador de CRTVE. Consiguientemente, como la **disposición adicional no exige** que el catálogo contenga las previsiones que se reclaman en demanda, esto es: identificación de la plaza/puesto, el grupo y subgrupo profesional, el ámbito ocupacional, la ocupación tipo, el centro de trabajo, si tiene asociado un complemento de incompatibilidad y el estado de la plaza (si está ocupada o vacante), no ha lugar a 2310 lo pretendido. Teniendo en cuenta, por otra parte que, si se acude al **censo actualizado** aportado, se constata que **incluye** gran parte de las peticiones que se recogen en demanda, constando en dicho censo la matrícula, sexo, NIF, fecha de nacimiento, fecha de ingreso en la empresa, grupo profesional, ámbito ocupacional, ocupación tipo, fecha de antigüedad en el grupo, fecha de antigüedad trienios, antigüedad en el nivel salarial, unidad orgánica a la que está adscrito el trabajador, dirección del centro, ciudad y provincia, situación laboral, nivel económico NML, nivel retributivo, trabajador en su caso a quien sustituye y el motivo de la interinidad, tratándose de un **instrumento asimilable** a la RPT de las Administraciones publicas, otorga datos suficientes para la organización y gestión de los recursos humanos y es conocida por la representación legal de las personas trabajadoras de la Corporación, siendo que, tal y como consta al descriptor 36, documento 8, la correspondiente al mes de septiembre de 2025 ya sido remitida a la representación legal de las personas trabajadoras (**AN 9-10-25, Rec 229/25**).

6. Comité de empresa europeo

2315 **IAG** Se reclama, por el procedimiento de **conflicto colectivo**, que: 1. Se declare que las medidas de reestructuración iniciadas en la British Airways y en otras empresa del Grupo IAG tienen la **consideración de transnacionales**, en los términos que constan definidos en el Acuerdo de constitución del Comité de Empresa Europeo de IAG, y, en consecuencia, está obligada a realizar los **trámites de información y consulta con el Comité de Empresa Europeo**, conforme con lo establecido en el acuerdo de constitución de este órgano, condenándose a la demandada a estar y pasar por esta declaración. 2. Se condene a IAG a **realizar los trámites** de información y consulta al Comité de Empresa Europeo, dando cumplimiento a lo establecido en el acuerdo de constitución del mismo, procediéndose a la inmediata paralización de las medidas anunciadas en las distintas compañías operadoras del Grupo IAG hasta que no se cumpla con la obligación de información y consulta con el Comité de Empresa Europeo. La AN se declara incompetente y delega la competencia a los JS de Madrid. Dicha sentencia es casada, devolviéndose los autos a la AN, quien dicta nueva sentencia el 18-9-2023, en la que concluye que las medidas controvertidas tienen la consideración de transnacionales en los términos que constan definidos en el Acuerdo de constitución del Comité de Empresa Europeo de IAG y, en consecuencia, la demandada International Consolidated Airlines Group, SA está obligada a realizar los trámites de información al Comité de Empresa Europeo, conforme con lo establecido en el acuerdo de constitución de este órgano, por lo que se la condena a estar y pasar por esta declaración. La Sala IV confirma la sentencia, previa **interpretación del concepto de trasnacional** en relación con los deberes de información y consulta de la Dir 2009/38/CE, sobre la constitución de un Comité de Empresa Europeo, examinando, a continuación, la delimitación de los deberes de información y consulta a la luz de la Directiva, de la L 10/1997, y del Acuerdo de constitución del Comité de Empresa Europeo en la empresa IAG, concluyendo que la **situación de crisis generalizada** en el grupo empresarial provocada por la **pandemia del COVID-19**, que originó diversos procesos de reestructuración empresarial –aunque en el caso solo se invocaron por la parte actora los experimentados por British Airways y Aer Lingus–, **comporta** el derecho de información y participación del Comité de Empresa Europeo, aun en proceso de formación y todavía imperfecto en sus implicaciones en caso de incumplimiento (**TS 17-10-25, Rec 6/24, confirma AN 18-9-23, Proc 184/20**).

7. Compensación de deudas

2320 **Logirail** Se reclama, por el procedimiento de **conflicto colectivo**, que se declare que la demandada, Logirail SME, SA, no puede proceder unilateralmente a **descontar** cantidades al trabajador por los conceptos en relación al **complemento han-**

dling, rechazando la compensación de créditos recíprocos empresa-trabajador, sin perjuicio, en su caso, del ejercicio del derecho de la empresa a reclamar su derecho, si lo tuviere, mediante el correspondiente procedimiento, condenando a la demandada a estar y pasar por esta declaración. Se desestima en instancia dicha pretensión y la sentencia se confirma en casación. Se descartan **cuestiones ajenas** al planteamiento de la demanda de instancia, como la naturaleza compensable del complemento de handling, su origen y, en general, todo lo relativo a la existencia con carácter general de los excesos. A continuación, **distingue** entre la **compensación de deudas y** la **autotutela** que había sido invocada en demanda y, excluyendo la aplicación de esta última, recuerda su doctrina sobre la compensación de deudas salariales con deudas pecuniarias del trabajador. Tras este recorrido, concluye que el elemento esencial que permite la compensación es la indiscutibilidad de la deuda, esto es, que no pueda cuestionarse desde el punto de vista jurídico o fáctico, como en el caso de autos. Si bien existe en el supuesto cierta confusión en los aspectos colectivos y los individuales, dado que se trata de un conflicto colectivo y que no se ha argumentado sobre la controversia colectiva, lo único que procede es declarar que la compensación **con carácter general** es lícita, y ello sin prejuzgar los posibles casos individuales que puedan plantearse (**TS 21-5-25, Rec 119/23, confirma AN 23-12-22, Proc 307/22**).

8. Compensación y absorción

Corporación Acciona Energías Renovables Se reclama, por el procedimiento de **conflicto colectivo**: 1) Que, en los **procesos de promoción de nivel** de los distintos grupos profesionales, los afectados tienen derecho a percibir la **diferencia salarial** existente entre el nivel al que se ha promocionado y el nivel anterior y, asimismo, el **complemento de asignación personal voluntaria** que tenían reconocido en el momento de la promoción, sin que dicho complemento pueda ser suprimido o reducido a consecuencia de la misma. 2) Se condene a las empresas demandas a abonar a los afectados las **cantidades compensadas o absorbidas** entre los conceptos expresados en el apartado anterior desde noviembre de 2020. Se desestima en instancia dicha pretensión, que se confirma en casación, por cuanto lo establecido en el convenio colectivo permite su absorción y compensación con el complemento de asignación personal. Aplica doctrina TS 14-2-17, Rec 118/19, y todas las que en ella se mencionan, relativas al CCol de Empresas de consultoría, con similar redacción al que resulta de aplicación en este asunto (**TS 11-3-25, Rec 53/23, confirma AN 26-10-22, Proc 241/22**). **2325**

9. Conciliación de la vida profesional y personal

AESTE y otros Se reclama, por el procedimiento de **conflicto colectivo**: 1) Que el **marco temporal** establecido para el ejercicio del derecho reconocido en el VIII CCol marco estatal de Servicios de **atención** a las personas dependientes y desarrollo de la promoción de la autonomía personal art.56 (o sea, **hasta que el hijo o hija cumpla los 12 meses** de edad) opera siempre y en todo caso, sea cual sea la modalidad de ejercicio del citado derecho, sin que tal marco temporal pueda verse reducido en ningún supuesto. 2) Que el **incremento proporcional de la duración** del ejercicio del derecho en cuestión que el citado convenio colectivo establece en los casos de **parto múltiple** se deberá aplicar siempre que se produzca ese parto múltiple y con independencia de la modalidad de ejercicio de dicho derecho por la que la trabajadora o trabajador haya optado en cada caso. 3) Que la **acumulación en jornadas completas** del permiso resultante del ejercicio del derecho en cuestión se refiere en todo caso a «jornadas de trabajo» o **días laborables** para la persona que ejerce el derecho, y no a **días naturales**. Se desestiman las **excepciones** de inadecuación de procedimiento y falta de acción. Se desestima la demanda, en la que se pretende que se declare que el marco temporal previsto en el VIII CCol marco estatal de Servicios de atención a **2330**

las personas dependientes y desarrollo de la promoción de la autonomía personal art.56 debía operar siempre y en todo caso, con independencia de la modalidad de ejercicio del derecho al permiso por lactancia previsto en tal precepto. Tras examinar el precepto en cuestión y a la vista de las mejoras establecidas convencionalmente respecto del mismo derecho reconocido en el ET art.37.4, se afirma que la **acumulación de las horas** entre los 9 y los 12 meses de edad del menor no es automática, sino que, como prevé el convenio, queda **condicionada** a los términos previstos en el acuerdo al que se llegue con la empresa (**AN 4-4-25, Proc 410/24**).

10. Concurso de traslado

2335 **RENFE Operadora** Se reclama, por el procedimiento de **conflicto colectivo**, que se anule el apartado de la convocatoria de **movilidad geográfica y funcional** para **operador comercial** N1 con referencia PO-06/2022, en que se exige, para obtener plaza, **ser declarado apto** por los servicios médicos, siguiendo las instrucciones de la OM FOM/2872/2010, condenando así a las demandadas a estar y pasar por tal declaración. Se desestima en instancia dicha pretensión, que se confirma en casación, por cuanto **no** se han **identificado los preceptos legales** que hayan podido ser infringidos por la sentencia recurrida en la sentencia recurrida. Por lo demás, se ha constatado la **falta de legitimación** para recurrir de la parte demandante que, apreciada en la sentencia recurrida, no se combate en el recurso de casación (**TS 19-2-25, Rec 7/23, confirma AN 23-9-22, Proc 198/22**).

11. Concursos

2340 **ADIF y otros** Se reclama, por el procedimiento de **conflicto colectivo**, que se declare la **nulidad de las convocatorias** impugnadas, detalladas en la demanda, o, subsidiariamente, se declare su **anulabilidad**, ordenando a la demandada convocar otras nuevas convocatorias en la que se determine el número, ubicación categoría y puesto concreto del total de **plazas ofertadas**. Se desestiman las **excepciones** de carencia sobrevenida de objeto y cosa juzgada. Se desestima la demanda, subrayando que todo empleado público, sea laboral o funcionario, y cualquiera que sea la naturaleza jurídica de la entidad o Administración empleadora, por mor de lo dispuesto en Const art.9.3 y EBEP art.7, 14 y 55, ya sea para acceder al empleo, ya sea de promoción interna, tienen derecho a que las convocatorias respeten los **principios de seguridad jurídica y trasparencia**. Lo que implica **que resulten nulas** tanto aquellas normas convencionales como las convocatorias derivadas de las mismas que impliquen que los trabajadores concursen a ciegas; esto sucede cuando no se identifican debidamente las plazas o cuando la plaza que se puede obtener no fue ofertada inicialmente, como viene sosteniéndose por la jurisprudencia. Aplicando dicha doctrina, **descarta** que el hecho de que determinadas plazas sean ofertadas «en resultas» o «a resultas» implique que el trabajador o trabajadora que opte a las mismas lo haga a ciegas, toda vez que en la **oferta de plazas** aparecen todas las que se pueden solicitar **debidamente identificadas**, tanto el puesto como la concreta ubicación geográfica de la división de personal y subdivisión como la categoría, puesto y nivel y si se requiere o no formación específica, lo que demuestra la inexistencia de cualquier vicio de nulidad en la convocatoria. De modo que el hecho de que **ciertas plazas se oferten directamente** a los trabajadores que participan en la convocatoria **y otras «a resultas»** en modo alguno implica que se concursen a ciegas, antes al contrario, los trabajadores son advertidos de que las segundas plazas únicamente podrán ser adjudicadas en caso de que la que persona que las ocupe opte por concursar y obtenga plaza de las obtenidas directamente. Pero tal circunstancia, amén de no suponer que se concurse sin saber lo que se solicita, supone una **forma de agilizar los concursos** y de conseguir que los trabajadores obtengan plaza en la ubicación y dependencia deseada, sin necesidad de esperar a ulteriores convocatorias, garantizando de modo más efectivo su derecho a la progresión profesional y a la progresión interna reconocidos en el EBEP art.14 (**AN 20-5-25, Proc 22/25**).

ENAIRE Se impugna, por el procedimiento de **impugnación de convenio colectivo**, un **concurso de acceso** cuya **nulidad** se reclama por vulneración de los derechos fundamentales de igualdad de oportunidades y no discriminación, así como contra los principios básicos de acceso a empleo público de igualdad, mérito, capacidad, transparencia y publicidad. Se desestima la **excepción de inadecuación de procedimiento**. Se desestima la demanda, por cuanto la convocatoria impugnada constituye un proceso de selección para **nuevas contrataciones** laborales. Consiguientemente, existiendo un **requisito de acceso** previsto tanto en las bases como en el convenio de aplicación (no padecer enfermedad ni limitaciones físicas o psíquicas incompatibles con el normal desempeño de las tareas o funciones correspondientes de la ocupación a cubrir), la **comprobación** de tales circunstancias bien puede ser acreditada mediante la presentación de un **certificado médico** en los términos expresamente previstos en las bases **o**, en relación a algunas concretas ocupaciones, mediante el **examen médico** preceptivo, en los términos previstos en las mismas bases en relación con las funciones de cada ocupación recogidas en las fichas y con el cuadro de aptitud médica elaborado por el servicio de vigilancia y salud. **No** se aprecia, por ello, **actuación discriminatoria** alguna que imponga la necesidad de supresión del anexo V contenida en el suplico de la demanda ni infracción de las previsiones contenidas en la L 15/2022, integral para la igualdad de trato y la no discriminación. Y ello dada la existencia de un **propósito legítimo**, como es la protección de los propios trabajadores y la de los usuarios del servicio que aquellos atenderán en caso de su efectiva incorporación. En este sentido, ha de acogerse la fundamentación de la Abogacía del Estado al respecto de la **posibilidad** de practicar **reconocimientos médicos en los sistemas selectivos** en los términos previstos en el EBEP art.61.5 (posibilidad también reconocida en la OM PCI/154/2019, por la que se publica el Acuerdo del Consejo de Ministros de 30-11-2018, por el que se aprueban instrucciones para actualizar las convocatorias de pruebas selectivas de personal funcionario, estatutario y laboral, civil y militar, en orden a eliminar ciertas causas médicas de exclusión en el acceso al empleo público) (**AN 31-1-25, Proc 377/24**). 2343

12. Condiciones más beneficiosas

Concentrix CVG Servicios Informáticos SL Se reclama, por el procedimiento de **conflicto colectivo**, que se declare ilegal la **supresión unilateral de la cesta de Navidad** por la empresa. Se estima dicha pretensión y se declara nula y no ajustada a derecho la decisión unilateral acordada por la empresa de no hacer entrega de la cesta de Navidad a las personas trabajadoras de los centros de Olivenza y A Coruña. Se considera la existencia de una **condición más beneficiosa** de tales trabajadores, que no puede ser suprimida unilateralmente por la empresa sin acudir al procedimiento de MSCT. Al efecto, sigue reiterada doctrina de la Sala IV del TS (**AN 12-12-24, Proc 334/24**). 2345

Grupo Naturgy Se reclama, por el procedimiento de **conflicto colectivo**, que: a) Declare que es inaplicable al personal activo y pasivo que se rigió por el II y/o el III CCol del Grupo Unión Fenosa la **limitación de la bonificación máxima** anual del suministro de energía eléctrica a 25.000 kWh, recogida en el III CCol del grupo Naturgy anexo I. b) Por consiguiente, declare el derecho al **mantenimiento indefinido** para el personal activo y pasivo que se rigió por el II y/o el III CCol del Grupo Unión Fenosa del límite máximo anual de 30.000 kWh de suministro bonificado de energía eléctrica. c) Condene a la parte demandada a estar y pasar por las declaraciones anteriores. Se estima la **excepción de falta de legitimación pasiva** de las empresas Naturgy Infraestructuras Emea SL y Operación y Mantenimiento Energy SA. Se desestima la demanda, por cuanto los derechos reconocidos en convenio **no** constituyen **condiciones más beneficiosas**, de modo que sus negociadores pueden disponer en 2347 el nuevo convenio de los derechos pactados en el precedente. En el caso que nos ocupa, el beneficio reconocido al personal afectado por el conflicto continúa existiendo, no habiéndose producido su eliminación, sino su **mera reducción**, siendo así que el III CCol del Grupo Naturgy anexo 1 mantiene el beneficio del suministro de electricidad, reconociéndose 25.000 kWh de potencia al año a partir del 1-1-2023, **límite** muy superior al **consumo medio** de una familia española, que, según se refiere en el informe del la OCU aportado al descriptor 161, asciende a 5.700 KwH al año. Por lo demás, la **modificación** del convenio no deriva de la voluntad empresarial, sino de la **voluntad colectiva** expresada en la norma convencional, en consonancia con el compromiso de sostenibilidad que tiene suscrita la empresa, como suministradora de energía eléctrica. Se descarta finalmente que la nueva regulación convencional constituya discriminación por razón de edad (**AN 3-6-25, Proc 96/25**).

2349 **PHS Serkonten** Se reclama, por el procedimiento de **conflicto colectivo**, que se declare el derecho de las personas trabajadoras a las que se les aplica el **sistema de retribución variable** en el **departamento comercial** a que los contratos vinculados a la de prevención, limpieza y desinfección de la legionella en toda clase de establecimientos (hoteles, residencias de mayores, piscinas, etc.) se sigan considerando como **contratos «de temporada»** a efectos de la liquidación del **porcentaje de la comisión** correspondiente, con independencia de que su duración sea superior al año; condenando a la empresa a estar y pasar por tal declaración y sus efectos. Se desestima en instancia dicha pretensión, que se ratifica en casación, por cuanto **no se ha acreditado** que la posibilidad de calificar como contratos de temporada a efectos de la liquidación de la retribución variable, o como contratos «en firme» a los contratos vinculados a la legionella, constituya **condición más beneficiosa** (**TS 12-3-25, Rec 8/23, confirma AN 22-9-22, Proc 210/22**).

2351 **Portos de Galicia** Se reclama, por el procedimiento de **conflicto colectivo**, que se declare la nulidad o, subsidiariamente, se declare injustificada la medida comunicada por la demandada de fecha 15-6-2022, anulándola, y consecuentemente se declare el derecho de los trabajadores afectados (**celadores-guarda muelles**) a seguir disfrutando del **horario de verano** en las condiciones anteriores, condenando a todas las demandadas a estar y pasar por tales declaraciones y pronunciamientos. Se desestiman en instancia dichas pretensiones, confirmándose la sentencia en casación. La causa de pedir, mediante la que se impugna la exclusión de los celadores-guarda muelles del horario de verano aplicada en 2022, era que se trataba de una **MSCT** sin seguir el procedimiento legal ni justificar causas. Se confirma que **no existía** un **derecho adquirido o condición más beneficiosa** consolidada para ese colectivo respecto al horario de verano y que las notas informativas anuales y la Instrucción de 2013 no atribuían tal derecho. Además, se descarta que la sentencia recurrida incurriera en **incongruencia omisiva**, al no pronunciarse expresamente sobre la nulidad solicitada, ya que, al negar la existencia de la condición más beneficiosa, respondió a todas las pretensiones. Por ello, se confirma la sentencia de instancia y se declara firme, sin imposición de costas (**TS 21-5-25, Rec 106/23**).

2353 **Ingeniería de Sistemas para la Defensa de España, SA, SME, MP (ISDEFE)** Se reclama, por el procedimiento de **conflicto colectivo**, que se condene a la demandada a abonar **a todos los trabajadores** que integran su plantilla la **misma cuantía diaria**, en concepto de **cheques de comida**, en una cuantía actualizada para el año 2023 de 11,61 € por cada día de trabajo, es decir, de lunes a viernes. Se estima parcialmente la demanda en instancia y se declara el derecho de los trabajadores de ISDEFE **provenientes de la empresa INSA**, que venían percibiendo en concepto de cheque comida 6 € por día trabajado, de lunes a jueves, a percibir 10 € por día trabajado, de lunes a viernes. La Sala IV confirma la sentencia, aunque el origen de los cheques comidas del **personal de ISDEFE** derivara de una **condición más beneficiosa**, lo que habría justificado no extenderlos al personal subrogado de INSA, caso de tratarse de una empresa del sector privado; lo que no sucede aquí, puesto que se trata de una empresa pública, comprometida con el **principio de igualdad** (**TS 16-9-25, Rec 249/23, confirma AN 26-4-23, Proc 55/23**).

Douglas Spain, SA Se reclama, por el procedimiento de **conflicto colectivo**: 1. Que se declare el derecho del colectivo Old Douglas a la **cesta de Navidad** como un derecho consolidado de **condición más beneficiosa** introducido en el nexo contractual y que, simultáneamente, se reconozca el derecho del mismo colectivo al **incentivo genérico** reconocido a través del comunicado de fecha 12-12-2022, concedido a toda la plantilla fija por el esfuerzo y entrega durante el año de trabajo, sin tener que renunciar ningunos de ambos derechos. 2. En consecuencia con lo anterior, que se entregue a las personas de dicho colectivo **o el incentivo o la cesta**, en función de lo que les faltara por entregar al haberles obligado a elegir. Se estima parcialmente en instancia dicha pretensión, que se confirma por la Sala IV. Se confirma la sentencia, porque se acreditó que el derecho de las personas trabajadoras a percibir la cesta de Navidad era una condición más beneficiosa adquirida, **sin que dicho derecho quede afectado** por la comunicación de la empresa que se limita a facilitarles la posibilidad de **optar entre recibir la cesta de Navidad o una tarjeta regalo, solo en el año 2022**, pues ello no supone, en modo alguno, la pérdida del derecho a seguir percibiendo la cesta de Navidad en los siguientes años (**TS 17-9-25, Rec 156/23, confirma AN 10-3-23, Proc 10/23**). 2355

13. Contratación

Seaga Se impugna, por el procedimiento de **conflicto colectivo**, una convocatoria de un **proceso selectivo extraordinario de estabilización de empleo** derivado de la L 20/2021. Impugnación del carácter (fijo) discontinuo de las plazas convocadas (9 capataces y 9 ingenieros técnicos forestales), pretendiéndose que se convoquen con el carácter de **continuidad**. Se desestima en instancia la demanda, confirmándose en casación. Se desestima, aunque el L 20/2021 art.2 aluda a plazas que hayan estado ocupadas de forma temporal e ininterrumpidamente al menos en los 3 años anteriores a 31-12-2020, puesto que la **literalidad del precepto** no hace distinción alguna entre plazas a tiempo completo o a tiempo parcial o bajo la modalidad de indefinidas discontinuas. Por ello, tratándose de plazas que han estado ocupadas temporalmente durante este periodo bajo la modalidad de discontinuidad, la ley no obliga a que la Administración autonómica esté obligada a convocarlas con carácter de continuidad. En consecuencia, las **plazas o puestos** de trabajo **que**, de acuerdo con su normativa aplicable, **se venían desempeñando discontinuamente**, se pueden convocar con ese mismo carácter a efectos de lo previsto en este proceso de estabilización (**TS 16-9-25, Rec 239/23**). 2360

14. Convenio colectivo aplicable

Ilunion CEE Outsourcing Se reclama, por el procedimiento de **impugnación de convenio colectivo**, que: a) Declare la nulidad total del indicado CCol de Ilunion CEE Outsourcing, SA y del Acuerdo relativo a las **tablas salariales** para el año 2023 del expresado convenio. b) Subsidiariamente, declare la nulidad o inaplicación de los contenidos y preceptos del convenio impugnado que se relacionan y concretan en los fundamentos Primero y Segundo de la presente demanda, referidos a los preceptos: CCol de Ilunion CEE Outsourcing, SA art.12 a 17, 20, 25 a 28, 32 a 35, 37, 39, 43, 49 a 54, 56 y 57 y disp.adic.1ª, así como la nulidad o inaplicación del apartado Cuarto del Acuerdo relativo a las tablas salariales para el año 2023; por ser estos ilegales y/o concurrir conflictivamente con el XV CCol general de Centros y servicios de atención a personas con discapacidad y el Acuerdo parcial del expresado convenio, por el que se aprueba la revisión salarial para los años 2022, 2023 y 2024. c) En todo caso, condene a las codemandadas a las **consecuencias legales** inherentes a tal declaración y a estar y pasar por la misma. Se concluye que la **modalidad de impugnación** de convenios colectivos es **idónea** también para dilucidar la concurrencia entre convenios, 2365 de modo que no procedía la inadecuación de procedimiento apreciada de oficio por la AN. En el fondo, declara que el XV CCol general de Centros y servicios de atención a personas con discapacidad mantuvo su vigencia tras el 31-12-2021, por denuncia y negociación viva (ET art.86.3 y cláusula de ultraactividad), hasta la entrada en vigor del XVI; por la regla cronológica del ET art.84.1, ese convenio sectorial tiene **preferencia aplicativa** frente al I CCol de empresa de Ilunion, **salvo** en las materias de prioridad del ET art.84.2, donde sí rige el convenio de empresa. Rechaza la nulidad de los CCol de Ilunion art.12, 17, 26, 27 y disp.adic.1ª, las remisiones al convenio estatal de servicios auxiliares no son ilegales; en su caso, resultan simplemente inaplicables por concurrencia, y desestima la impugnación del art.35 (horas extraordinarias), por respetar la prohibición específica de la relación especial. En consecuencia, casa y anula la sentencia de la AN y estima parcialmente la demanda: declara la inaplicación del I CCol de Ilunion y de sus tablas 2023, excepto en las materias con prioridad del ET art.84.2 (**TS 7-7-25, Rec 243/23, casa parcialmente AN 14-7-23, Proc 123/23**).

2367 **Logirail** Se reclama, por el procedimiento de **conflicto colectivo**, que se declare el Derecho (sic.) de los trabajadores de Logirail, SA a **que se les aplique** el CCol del **Grupo RENFE**, así como todos los acuerdos colectivos vigentes conforme al precitado Convenio, condenando a los demandados a estar y pasar por esta declaración. Se desestima la excepción de **falta de legitimación activa**, puesto que el sindicato actor acredita un 8% de representatividad en el ámbito del conflicto. Se desestima la demanda, porque Logirail no se encuentra dentro del ámbito de aplicación de dicho convenio, **no** habiéndose acreditado que forme **parte de un grupo laboral** con las empresas a las que se aplica, resultando artificioso el resto de argumentos desplegados para defender su pretensión (**AN 16-5-25, Proc 105/25**).

2369 **Ausolan RCN** Se reclama, por el procedimiento de **conflicto colectivo**, que se declare: – que, al colectivo afectado por este conflicto y al que actualmente se le está aplicando por la demandada el CCol del Lleure Educatiu i Sociocultural de Catalunya, se encuentra **dentro del ámbito personal y funcional del CCol** para el sector de Colectividades estatal, siendo éste el convenio de aplicación (o, subsidiariamente, el autonómico, de no entenderse de aplicación el estatal), condenando a la demandada a estar y pasar por esta declaración; – y que, al colectivo afectado por este conflicto y al que actualmente se le está aplicando por la demandada el CCol del sector de Colectividades de Catalunya, se le reconozca el **derecho a la aplicación del CCol** del sector de Colectividades **estata**l al haber perdido vigencia el autonómico. Se estima en instancia dicha pretensión. La Sala IV confirma la sentencia recurrida, concluyendo la aplicabilidad del CCol de Restauración colectiva, publicado por DGTr Resol 10-11-22, y no los convenios para el sector de las colectividades en Cataluña ni el CCol catalán para el sector del Ocio educativo y sociocultural, por cuanto esa es la actividad principal de la empresa (**TS 19-9-25, Rec 37/24**).

2372 **Internet Commerce Solutions** Se reclama, por el procedimiento de **conflicto colectivo**, que se declare que el **ámbito funcional** que corresponde con la **actividad principal** de la demandada es el establecido en el II Acuerdo General de Mercancías y no el del CCol extraestatutario de Mensajería, siendo de aplicación como marco laboral a sus trabajadores/as el relativo a los convenios provinciales de Transporte de Mercancías y/o Logística, según la ubicación de los diferentes centros de trabajo, condenando a la demandada a los efectos inherentes a dicha declaración. Se estima en instancia la demanda, que se casa por la Sala IV, la cual concluye que, acreditado que la entidad demandada es contratista de Intermediate Delivery SL, siendo el **objeto de la contrata** la prestación de los servicios recogida, traslado y entrega urgente de mensajería y paquetería, habiéndose probado también que esta última empresa es contratista de Amazon, siendo pacífico que la **actividad de la empresa empleadora demandada no está comprendida** en el ámbito de aplicación de II Acuerdo General para las empresas de Transporte de Mercancías, debe aplicarse lo dispuesto en el ET art.42.6, lo cual comporta que el **convenio aplicable** sea el del sector de la actividad desarrollada en la contrata, salvo que exista otro convenio sectorial aplicable (**TS 23-9-25, Rec 252/23, casa AN 11-7-23, Proc 103/23**).

Ilunion CEE Outsourcing, SA Se reclama, por el procedimiento de **conflicto colectivo**, que se reconozca el **derecho de todo el personal** que presta servicios contratado por Ilunion CEE Outsourcing, SA, **a que se les aplique** la «jornada máxima anual y semanal», el «periodo de prueba», la «clasificación profesional», el «régimen disciplinario» y la «movilidad geográfica» del XV y del XVI **CCol general de Centros y servicios de atención a personas con discapacidad**, así como se les apliquen el resto de las materias del XV y XVI convenio declaradas en su art.5.1 como no disponibles; se les apliquen las condiciones más favorables del XV y del XVI CCol general de Centros y servicios de atención a personas con discapacidad, en materia de «cuantía del salario y complementos salariales», «preferencias en la promoción profesional y cobertura de vacantes», «régimen de subrogación de las personas trabajadoras», «preaviso en la baja voluntaria», «cuantía de las dietas por desplazamiento», «prohibición de horas extraordinarias», «número de días y retribución de las vacaciones», «acumulación de crédito horario y número delegados sindicales», «requisitos y duración del permiso sin sueldo», «permiso por cita de médico especialista» y «complemento de Incapacidad Temporal», así como cualesquiera otras materias del XV y XVI convenio colectivo con una **regulación más favorable** para las personas trabajadoras **en comparación con el CCol de Ilunion CEE Outsourcing, SA**. Y que se condene a la empresa a estar y pasar por ello y así aplicarlo y pagarlo efectivamente, **compensando** al indicado personal en las diferencias económicas, de jornada y resto de condiciones de trabajo que hubieran podido producirse a su favor en el periodo anterior de un año de la solicitud de mediación y hasta la resolución definitiva del presente conflicto, abonando las **diferencias salariales** generadas en dicho periodo incrementadas con el **interés anual por mora** ex ET art.29.3. Se rechaza el desistimiento de CCOO y se desestiman las **excepciones** de falta de agotamiento de la vía previa y de cosa juzgada. Se **estima parcialmente** la demanda y se declara el derecho de todo el personal que presta servicios contratado por Ilunion CEE Outsourcing, SA, a que se les aplique la jornada máxima anual y semanal, el periodo de prueba, la clasificación profesional, el régimen disciplinario y la movilidad geográfica del XV y del XVI CCol general de Centros y servicios de atención a personas con discapacidad; se les apliquen las condiciones más favorables del XV y del XVI CCol general de Centros y servicios de atención a personas con discapacidad, en materia de cuantía del salario y complementos salariales, preferencias en la promoción profesional y cobertura de vacantes, régimen de subrogación de las personas trabajadoras, preaviso en la baja voluntaria, cuantía de las dietas por desplazamiento, prohibición de horas extraordinarias, número de días y retribución de las vacaciones, acumulación de crédito horario y número delegados sindicales, requisitos y duración del permiso sin sueldo, permiso por cita de médico especialista y complemento de IT, y se condena a la empresa a estar y pasar por ello, si bien se autoriza a la compensación de las diferencias económicas, de jornada y resto de condiciones de trabajo que hubieran podido producirse a su favor en el periodo anterior de un año de la solicitud de mediación y hasta la resolución definitiva del presente conflicto, abonando las **diferencias salariales generadas** en dicho periodo, en la consideración de que dichos pagos se deducen de lo resuelto previamente por el TS en un **previo procedimiento** de impugnación de convenios colectivos entre las mismas partes (**AN 29-10-25, Proc 305/23**). 2375

15. Cuestión nueva

Loomis Spain Se reclama, por el procedimiento de **conflicto colectivo**: 1. El derecho de los trabajadores: – a tener **acceso al cuadrante anual de trabajo** con un mes de antelación a su entrada en vigor, con mención expresa a los días de trabajo, días de libranza, días de vacaciones y días festivos, a los horarios de entrada y salida del puesto de trabajo y a la jornada que va a realizar en cómputo diario, mensual y anual, 2380 con independencia de sí el trabajador se halla en activo o incurso en IT; – a no ser sometido a cambios repentinos (con menos de 24 horas de antelación) en los días de trabajo, en los días de descanso ni en las horas de prestación de servicio que no vengan amparados en situaciones imprevistas o circunstancias de fuerza mayor; – a no ser comunicados de los cambios en los días de trabajo, en los días de descanso ni en las horas de prestación de servicio mediante cualquier sistema que atente contra su derecho al descanso y a la desconexión digital. 2. El derecho de la **representación sindical y de los trabajadores**: – a tener acceso al cuadrante anual de trabajo con un mes de antelación a su entrada en vigor, con mención expresa a los días de trabajo, días de libranza, días de vacaciones y días festivos, a los horarios de entrada y salida del puesto de trabajo y a la jornada que va a realizar en cómputo diario, mensual y anual, con independencia de si el trabajador se halla en activo o incurso en IT, de los trabajadores de todas las categorías profesionales que presten servicios en las islas de Gran Canaria, Fuerteventura y Lanzarote. Se desestiman en instancia dichas pretensiones. La Sala IV confirma la sentencia recurrida, concluyendo que concurre **cuestión nueva**, toda vez que en las pretensiones de la demanda se reclamaba que se reconociera el derecho de los trabajadores a no ser sometidos a cambios repentinos en las horas de prestación de los servicios que no vengan amparados en situaciones imprevistas o circunstancias de fuerza mayor, mientras que en el escrito de recurso de casación se pretende que se les reconozca el derecho a conocer, dentro del plazo mínimo de preaviso de 5 días, el día y la hora de la prestación de servicios. Es así porque ser sometidos a cambios, salvo circunstancias excepcionales, **no es lo mismo** que conocer con un preaviso mínimo de 5 días, el día y la hora de la prestación de servicios (**TS 16-10-25, Rec 24/24**).

16. Datos personales

2385 **Covisian España** Se reclama, por el procedimiento de **conflicto colectivo**, que: 1. Declare que las **herramientas** de la entidad para la gestión de los **trámites derivados de la prestación** son insuficientes e inadecuadas por depender de la aportación de medios personales para su acceso y uso. 2. Declare contraria a derecho la conducta empresarial consistente en utilizar los **correos personales** de la plantilla como soporte de acceso a las herramientas de gestión de la prestación laboral. 3. Condene a la empresa a poner a disposición de la plantilla un **correo corporativo** para operar en las herramientas implantadas para la gestión de vacaciones y demás tramites con recursos humanos en la empresa. 4. Se mantengan canales convencionales de **atención telefónica** para permitir la comunicación con recursos humanos, sin limitar en exclusiva dicha comunicación a través de la app Smile.CX que únicamente puede utilizarse mediante la instalación en medios propios de la plantilla. Se desestiman dichas pretensiones, por cuanto resulta probado que la empresa pone a disposición de la plantilla, en primer lugar, una **plataforma de comunicación** que incluye diversas herramientas. El acceso a tal plataforma puede realizarse a través de 3 **mecanismos alternativos**, a elegir por cada trabajador/a: a través de la app instalada en el teléfono del propio trabajador; a través del correo electrónico facilitado o, por último, mediante el sistema de token virtual o físico, sin necesidad de asociar correo electrónico alguno. Por ello, no cabe afirmar, tal y como se efectúa en la demanda, que el acceso requiera, necesariamente, que el trabajador aporte su cuenta de correo electrónico o su número telefónico personal. De hecho, también consta acreditado que la **empresa ha proporcionado** aquellos dispositivos (token) a diversos trabajadores. Y esa misma posibilidad resulta de las **comunicaciones** remitidas por la empresa a los representantes de los trabajadores y de la testifical practicada en el acto de la vista. En definitiva, las **distintas alternativas** previstas para el acceso a la plataforma de comunicación (que incluyen la posibilidad de acceso sin necesidad de aportar datos personales) y el mantenimiento de otros servicios residuales de comunicación impiden apreciar la insuficiencia o inadecuación de las herramientas implantadas por la empresa para la comunicación con la plantilla. De ahí que tampoco proceda imponer a la demandada la obligación de proporcionar a la totalidad de los trabajadores una cuenta de correo corporativo (**AN 26-5-25, Proc 101/25**).

17. Descanso

Serveo Servicios Se reclama, por el procedimiento de **conflicto colectivo**: 1. La declaración de que la **retirada del descanso** (HTDL) forzoso debe realizarse, exclusivamente, para cubrir un **tren adicional** notificado por RENFE a Serveo, con posterioridad a la publicación del turno mensual. Única y exclusivamente para realizar esas unidades múltiples, de conformidad con el art.50 del convenio colectivo. En consonancia con lo cual, no se podrá programar en los turnos de trabajo mensuales la retirada forzosa del descanso, suponiendo **ciclos de trabajo** que superan el art.59 del convenio colectivo; ni se podrá aplicar la retirada forzosa del descanso sobre el fin de semana mensual de disfrute, sea el prepublicado o el definitivo, después de los cambios realizados entre trabajadores y trabajadoras, permitidos por el art.59.5 del convenio colectivo. 2. Asimismo, la **notificación de dicha retirada** se realizará, de forma fehaciente, con un preaviso mínimo de 5 días –tal y como establecen el ET art.34.2 y la TS 11-12-19, Rec 857/19, y sin que pueda afectar a días libres, de vacaciones, o supuestos análogos; dicha notificación se realizará siempre, en tiempo de trabajo, evitando la vulneración del derecho a la desconexión digital fuera del mismo. Se estima parcialmente la demanda en instancia y se declara que la decisión empresarial de retirada obligada de los días de descanso prevista en el art.50 del convenio colectivo debe realizarse al trabajador por escrito y con un preaviso de 5 días. Se desestima el recurso, promovido por CCOO, en el que se reclama sobre el resto de reclamaciones, concluyéndose que **no concurre** un conflicto colectivo, tratándose, en su caso, de posibles conflictos individuales e incluso de un conflicto de intereses (**TS 2-7-25, Rec 164/23, confirma SAN 24-3-23, Proc 21/23**). 2390

18. Desconexión digital

Ambulancias Domingo y otros Se reclama, por el procedimiento de **conflicto colectivo**, que el **tiempo de comida** se considere **tiempo a disposición**. Se estima dicha pretensión en instancia y se confirma la sentencia por la Sala IV, la cual considera que, cuando la empresa no puede garantizar la **desconexión** total, a salvo de autorización expresa al margen de cuestiones tecnológicas, el periodo de comida debe computarse como tiempo a disposición (**TS 23-9-25, Rec 105/23**). 2395

19. Descuelgue de convenio

CTT Express Serviços Postais e Logistica (sucursal en España) Se reclama, por el procedimiento de **conflicto colectivo**, que se declare la nulidad por ilegalidad del **acuerdo** suscrito en fecha 4-7-2022 entre la representación de CTT Express Serviços Postais e Logistica (sucursal en España) y la de CCOO, ratificado en el SIMA en fecha 5-7-2022, y se declare y condene a la empresa a aplicar el II Acuerdo general para las empresas de transporte de mercancías por carretera, así como los convenios sectoriales provinciales de transporte de mercancías y/o logística y y/o paquetería a todos los trabajadores de la empresa demandada, con **efectos retroactivos** desde la entrada en vigor de los mismos y, subsidiariamente, desde un año anterior a la interposición de la papeleta de conciliación. Se desestima en instancia dicha reclamación, previa desestimación de la excepción de **caducidad de la acción**. Se confirma la sentencia por el TS, que coincide en que no concurre la caducidad de la acción. Se coincide con la sentencia de la AN, por cuanto el acuerdo, adoptado en el SIMA entre la empresa y el sindicato codemandado, **no constituyó un descuelgue** del convenio colectivo de aplicación ni una MSCT, ya que su objeto fue la **inaplicación del pacto extraestatutario** de mensajería y, dada esta naturaleza extraestatutaria, 2400 no procedía acudir al trámite del descuelgue (**TS 8-4-25, Rec 161/23, confirma AN 18-4-23, Proc 291/22**).

20. Discriminación

2405 **Hefame** Se reclama, por el procedimiento de **conflicto colectivo**, que el contenido del «**Preacuerdo** sobre el CCol de HEFAME para el periodo 2022-2023», firmado el pasado 24-5-2022 por HEFAME, UGT, CSIF y USO, en su punto 4 (referido a la «Gratificación Más Jornadas»), **discrimina salarialmente** a determinados trabajadores, por lo que debe incluirse expresamente que «entre los beneficiarios de dicha gratificación se encontrarán también las **personas trabajadoras con reducciones de jornada** por cuidado de familiares, así como todo trabajador **que realice más de 5 jornadas** en cualquier momento posterior a la fecha de consolidación (1-I-2023) de la gratificación», condenando a las demandas a estar y pasar por dicha declaración y a incluirla en el citado acuerdo y en cualquier otro posterior con igual contenido. Se desestiman en instancia dichas pretensiones y se confirma la sentencia en casación. Se concluye que el **sindicato demandante** ostenta **legitimación** para promover el conflicto. Acreditado que, de las 26 personas con jornada reducida, 25 disfrutan el plus, es patente que no concurre discriminación. Se inadmite además la alegación sobre la proporcionalidad del plus como cuestión nueva introducida extemporáneamente en el recurso (**TS 21-5-25, Rec 143/23, confirma AN 9-3-23, Proc 386/22**).

21. Ejecución de sentencias de conflicto colectivo

2410 **Atesa** Los trabajadores afectados por el conflicto promueven ejecución de sentencia, producida en procedimiento de conflicto colectivo, en la que se reconoció el derecho de los trabajadores del nivel III E del grupo de mantenimiento que acrediten una **experiencia de 6 meses** en la empresa su **adscripción al nivel** III D del referido grupo de mantenimiento, y a los trabajadores del nivel E o NIVEL D del grupo de mantenimiento que acrediten una **experiencia de 12 meses** en la empresa su adscripción al nivel C del grupo de mantenimiento, con los efectos de aplicación de las retribuciones correspondientes a sus nuevos niveles de adscripción, condenando a la empresa ATESA a estar y pasar por tal declaración y sus efectos. Se estima la **excepción de falta de legitimación activa** de los demandantes para solicitar la ejecución de la sentencia, por cuanto no reúnen los requisitos exigidos por el LRJS art.247. En cualquier caso, la sentencia no puede ejecutarse, por cuanto no cumple los requisitos del LRJS art.160.3 (**AN auto 16-12-24, Ejec 12/24**).

2412 **Serveo Servicios** Se reclama la ejecución de sentencia, en la que se condenó a la empresa demandada a que implantara un **sistema de registro de jornada**. La AN desestimó dicha pretensión. Se confirma dicha decisión por el TS, previo descarte de la supuesta incongruencia interna de la resolución de la AN, porque los hechos probados son congruentes con los fundamentos y con el fallo, concluyendo que se acreditó cumplidamente la implantación del registro de jornada, así como el sistema de acceso al mismo (**TS 26-3-25, Rec 26/23, confirma AN auto 14-11-22, Proc 11/22**).

22. Encuadramiento profesional

2415 **Grupo Naturgy** Se reclama, por el procedimiento de **conflicto colectivo**: 1. Que, en cumplimiento del II CCol Naturgy art.14, el puesto de Gestor Técnico de O&M se **encuadre en el grupo profesional** Técnico Subgrupo General. 2. Que, en cumplimiento del II CCol Naturgy art.14, el puesto de O&M local (organización y mantenimiento local) se encuadre en el grupo profesional Técnico Subgrupo General. 3. Que, en cumplimiento del II CCol Naturgy art.14, el puesto de Técnico Especialista de O&M que realiza suplencias se encuadre en el grupo profesional Técnico Subgrupo Alta Cualificación. 4. Así mismo, que se declare que todas las decisiones de las empresas demandas en las que no se encuadren los puestos indicados en los tres apartados precedentes en los grupos correspondientes no cumplen lo establecido al efecto en el CCol Naturgy y, en consecuencia, debe declararse la nulidad de las mismas. En instancia, se desestima la demanda, previa desestimación de las **excepciones** de falta de acción y prescripción, aunque se estima la excepción de inadecuación de procedimiento de la cuarta pretensión. Se confirma la sentencia en casación, por cuanto **no ha quedado acreditado** que los puestos a que se refiere la pretensión realicen plenamente las funciones del grupo profesional reclamado (**TS 1-4-25, Rec 52/23, confirma AN 16-11-22, Proc 185/22**).

Repsol Butano Se reclama, por el procedimiento de **conflicto colectivo**, que: 1. En relación con los **operadores de envasado asignados al apoyo de la producción**, encuadrados por la empresa en el grupo profesional de Operarios, se reconozca que las **funciones** consignadas en los ordinales octavo y noveno de esta exposición, que vienen desempeñando por encargo de la empresa, corresponden al **grupo profesional** de Especialistas técnicos, y que el tiempo durante el que se desempeñen esas funciones ha de ser reconocido tanto a la hora de determinar los límites del 33% de la jornada de cada trabajador como de las 2.400 horas mensuales de polivalencias en cada centro de trabajo establecidos en el art.45 del convenio colectivo. 2. En relación con los Operadores de envasado asignados al apoyo de la producción que **no han alcanzado el nivel de desarrollo IV o superiores**, se reconozca que las funciones consignadas en los ordinales octavo y noveno de esta exposición, que vienen desempeñando por encargo de la empresa, corresponden al grupo profesional de Especialistas técnicos, y que el tiempo durante el que se desempeñen esas funciones ha de ser reconocido tanto a la hora de determinar los límites del 33% de la jornada de cada trabajador como de las 2.400 horas mensuales, y, asimismo, se reconozca que el tiempo en que desempeñan esas funciones ha de ser retribuido con el **incentivo** fijado conforme a lo establecido en el art.15 del convenio colectivo. 3. Se condene a la empresa demanda a estar y pasar por estas declaraciones. Se desestiman en instancia dichas pretensiones. La Sala IV confirma la sentencia recurrida, para lo cual descarta la concurrencia de incongruencia omisiva, en tanto que la **sentencia da respuesta explicita** a las pretensiones de la parte, explicando los motivos por los que desestima la demanda. Tampoco se ha vulnerado el principio de la carga probatoria en función de la mayor disponibilidad y facilidad probatoria: no concurre en la medida que toda la prueba practicada en el juicio lo ha sido por la parte demandada. Por consiguiente, concluye que **no procede** el reconocimiento a la polivalencia de los operarios en los términos de este proceso. Tampoco es admisible la pretensión empresarial subsidiaria deducida al amparo del LRJS art.211.1, por tener contenido de recurso de casación (**TS 1-10-25, Rec 211/23, confirma AN 22-5-23, Proc 80/23**). 2417

23. ERTE

Duro Felguera y otras Se reclama, por el procedimiento de **conflicto colectivo**, que se declare la nulidad o ilegalidad de la conducta empresarial, declarando el derecho de los trabajadores afectados por el presente conflicto a una **bolsa de horas** generada **por exceso de jornada**, en los términos expuestos en el presente escrito, realizado durante el 2020, 2 horas y 45 minutos por cada día laborable en el que se mantuvo al trabajador en **ERTE durante la jornada de verano**, meses de julio y agosto; asimismo, se reconozca a los trabajadores afectados por el presente conflicto el **abono** de la cantidad resultante de dicho exceso de jornada **o su compensación** como horas de descanso, a elección del trabajador, condenando a la empresa a estar y pasar por tal declaración y, por ello, a adoptar las medidas necesarias para su efectividad, con cuanto más proceda en Derecho. Se desestima en instancia la demanda, confirmándose la sentencia en casación. Se cuestionan las consecuencias, derivadas de la aplicación del acuerdo al que se había llegado en un ERTE de suspensión, denunciándose que la práctica empresarial está generando un exceso 2420 de jornada del personal de oficina que debe ser compensado con descansos o económicamente. Se aplica, al efecto, la **doctrina sobre interpretación de contratos y demás negocios jurídicos**, que avala la interpretación del órgano de instancia, por no ser irrazonable, irracional o ilógica ni contravenir las reglas hermenéuticas de interpretación. No habiéndose modificado los hechos probados, lo que **se desprende** es que las empresas estaban facultadas para elegir el periodo de suspensión en la forma que estimasen pertinente, y con dicha actuación no se ha acreditado que provocasen un exceso de jornada generalizado (**TS 20-5-25, Rec 137/23, confirma AN 6-3-23, Proc 373/22**).

24. Fondo social

2425 **Grifols** Se reclama, por el procedimiento de **conflicto colectivo**, que: – Se reconozcan los **derechos resultantes** del primer Acuerdo de fecha 30-1-2014 y se condene a la Empresa a aplicarlo de la manera solicitada en este escrito. – Se declare nula por no ajustada a derecho la práctica de la Empresa Grifols SA en relación con la aminoración en las aportaciones realizadas durante los ejercicios 2021, 2022 y 2023 y se declare el **incumplimiento de la obligación** de abonar las aportaciones pactadas, y de la variación del +2% y del aumento del IPC. – Se declare el incumplimiento de la obligación de información y transparencia por parte de la Empresa Grifols SA. – Por todo ello, se condene a Grifols SA abonar las **cantidades resultantes de la diferencia** entre las aportaciones realizadas y las aportaciones pactadas y que asciende a la cantidad total de 31.408,84 €, más los intereses. Se declara la **competencia objetiva** para el conocimiento del conflicto. Se estima la **excepción de falta de legitimación activa** de la Asociación Fondo Social de la Plantilla de Grifols, por **no ostentar** la condición de asociación empresarial, habiéndose constituido la misma por la RLT de la empresa demandada, lo que resulta incompatible con su carácter empresarial, y **ostentar** un ámbito de actuación que no se corresponde ni supera el del conflicto, al ejercer aquélla su actividad únicamente en la CA de Cataluña. Se absuelve a la demandada Grifols SA sin entrar a resolver sobre el fondo del asunto (**AN 21-4-25, Proc 396/24**).

2427 **Irvia Mantenimiento Ferroviario** Se reclama, por el procedimiento de **conflicto colectivo**, que se declare el derecho de los afectados y la recíproca obligación de empresa a **constituir** a su cargo el **fondo social** con la cuantía de 5.806,45 € para el año 2021, siendo esa cuantía **incrementada en los años sucesivos** si así lo dispusieren en el futuro los convenios provinciales aplicables a los afectados, y, asimismo, se condena a la empresa al cumplimiento de dicha obligación. Se estima parcialmente en instancia dicha pretensión y se condena a la demandada a constituir y dotar, en favor de los trabajadores subrogados en 2020 del centro de Barcelona y de todos los trabajadores subrogados en 2021 provenientes de ALSTOM, el fondo social previsto en el CCol ALSTOM art.69, en la proporción que corresponda conforme la siguiente operación: Trabajadores subrogados en 2020 del centro de Barcelona + Todos los trabajadores subrogados en 2021/620 × 15.000 €. Se confirma en casación la sentencia recurrida, puesto que las **sucesivas subrogaciones laborales** habidas entre las dos empresas comportan la obligación de **mantener (proporcionalmente) el fondo social**, previsto en el convenio de la empresa de origen, mientras está cubierto por la previsión del ET art.44.4, ya que lo contrario provocaría la petrificación del convenio colectivo de la empresa saliente a una empresa, a la que se aplica otro convenio (**TS 5-2-25, Rec 58/23, confirma AN 23-11-22, Proc 281/22**).

25. Formación

2430 **Agencia para la Administración Digital de la Comunidad de Madrid** Se reclama, por el procedimiento de **conflicto colectivo**, que la empresa dé cumplimiento a los **plazos** establecidos por el CCol de la Agencia para la Administración Digital de la CA de Madrid art.36.a para el **diseño y elaboración de los planes de for-**

mación de la entidad. Acompañar a los planes de formación **detalle de las acciones formativas** previstas, especificando para cada: el nombre de cada acción formativa, contenido de las mismas, duración prevista en horas de la acción, número de alumnos destinatarios de la acción formativa, número de ediciones y direcciones/áreas organizativas a las que pertenecen los alumnos destinatarios de la acción formativa. Acompañar la memoria de los planes de formación de las **partidas presupuestarias** de las acciones formativas. Acompañar la memoria de planes de formación de un **calendario de ejecución** de las acciones que informan, tanto en cuanto a su impartición como de su disponibilidad. Hacer **entrega a la representación de los trabajadores** en la Comisión de Formación los planes de formación, con detalle de las acciones formativas previstas, para que formulen cuantas sugerencias y/o aportaciones consideren oportunas, con anterioridad a su aprobación. A **publicar en la intranet** de la Agencia las acciones formativas a realizar por la Agencia, con anterioridad a su realización, a los efectos de facilitar su público conocimiento por los empleados de la Agencia. A publicar en la intranet de la Agencia, posteriormente a la realización del Plan de Formación, con una periodicidad al menos, las acciones llevadas a cabo donde figurarán como datos básicos las acciones formativas realizadas, temario y la duración. En cuanto a las «Otras acciones formativas de carácter complementario y voluntario», a que se ajuste a lo establecido en el CCol de la Agencia para la Administración Digital de la CA de Madrid art.36.b y a lo acordado al respecto en la Comisión Paritaria el 30-10-2018. A que la **formación en idioma inglés** del ejercicio 2022 sea considerada como formación del Plan de Formación (CCol de la Agencia para la Administración Digital de la CA de Madrid art.36.a) y, por tanto, se sufrague con la dotación destinada al Plan de Formación y el tiempo dedicado a esa formación en ingles sea considerado como **tiempo de trabajo efectivo**. En instancia, se estima parcialmente la demanda y se declara la obligación de la Agencia para la Administración Digital de la Comunidad de Madrid de ajustarse a los **plazos** establecidos en el CCol de la Agencia para la Administración Digital de la CA de Madrid art.36.a.2 en la elaboración y aprobación de los planes de formación, sin que la alegación de evidente retraso sea eximente de tal obligación, y se desestiman las restantes peticiones de suplico conforme a aclaración de demanda. Se confirma la sentencia en casación, por cuanto se ha acreditado la entrega de los datos de interés para la parte actora que pedía en su demanda (identificación de alumnos, referencia numérica del Plan, la acción formativa, las fecha, las horas y tipos de cada curso etc.) y, asimismo, se ha dado por probado el cumplimiento de la publicación de las acciones formativas (**TS 8-4-25, Rec 69/23**).

Konecta BTO Se denuncia, por el procedimiento de **conflicto colectivo**, que la empresa no entrega la **planificación anual de las actividades formativas** a la representación legal de las personas trabajadoras, así como la modificación permanente de las medidas formativas. Se desestima dicha pretensión, por cuanto se ha acreditado por la prueba practicada que la representación legal de las personas trabajadoras recibe de forma periódica **información suficiente** de los planes formativos, habiéndose acreditado, así mismo, que la empresa, en el plan formativo de 2025, ya ha remitido a la representación legal de las personas trabajadoras una encuesta sobre necesidades formativas (**AN 16-9-25, Proc 126/25**). **2432**

26. Funciones

Air Nostrum Líneas Aéreas Se reclama, por el procedimiento de **conflicto colectivo**, que se declare no ajustada a derecho la práctica o decisión de la empresa demandada de imponer **funciones de carreteo a los pilotos**, al considerar que la función de carreteo es impropia de la categoría profesional del piloto, no viniendo en modo alguno prevista en dicha norma convencional. Se desestima la **excepción de inadecuación de procedimiento**. Se estima la demanda, toda vez que en el convenio colectivo no se contemplan, entre las funciones propias del piloto, las tareas de acarreo impuestas por la empresa demandada (**AN 27-1-25, Proc 278/24**). **2435**

27. Gastos por desplazamiento

2440 **FREMAP** Se reclama, por el procedimiento de **conflicto colectivo**, que: 1. Se declare que la exigencia de **justificar el gasto realizado para la comida** mediante la aportación de factura o ticket como requisito imprescindible para percibir el importe de la compensación por comida exigido por FREMAP no resulta ajustado a derecho, y contraviene tanto el convenio de Empresa como el convenio colectivo sectorial. 2. Se reconozca el derecho de los trabajadores y trabajadoras de FREMAP a percibir el **importe de la compensación por comida**, establecido en el art.47 del convenio colectivo sectorial, cuando se cumplan los requisitos establecidos en el art.53.9.A, sin necesidad de aportar justificación documental alguna. 3. En consecuencia con lo anterior, se condene a la empresa demandada a **abonar las cantidades** que por este concepto pudieran corresponder y a estar y pasar por los anteriores pronunciamientos, conforme al convenio colectivo sectorial. Se estima en instancia la demanda. La Sala IV confirma la sentencia recurrida, previa interpretación de determinados preceptos convencionales del CCol interprovincial de Fremap Mutua de Accidentes de Trabajo y Enfermedades Profesionales de la Seguridad Social nº 61 (BOE 30-11-09) y, en lo no previsto, del CCol sectorial de Seguros, reaseguros y mutuas colaboradoras de la Seguridad Social. La Sala IV concluye que la sentencia recurrida ha aplicado las **reglas hermenéuticas** que se derivan de los CC art.3 y 1281 s., y sus conclusiones no se alejan de la lógica jurídica ni conducen a una solución irrazonable o absurda. Asimismo, no considera acreditada la vulneración del LPG 2023 art.19.3, que establece que los gastos de acción social no podrán incrementarse, por estar incluido el gasto por comida dentro del gasto social, al desconocerse el aumento que supondría esta obligación y no haberse probado tal extremo (**TS 1-10-25, Rec 257/23, confirma AN 26-3-23, Proc 120/23**).

2442 Se reclama, por el procedimiento de **conflicto colectivo**, que: – Se declare nula la Circular Normativa de FREMAP nº 15/2025 de la Subdirección General de Recursos Humanos, de fecha 27-3-25, reproducida en el HP 5º de la demanda, en lo referente a los **requisitos adicionales** que impone FREMAP para la **compensación de gastos**: «...el desayuno hasta un importe máximo de 6 €, siempre que el mismo se realice antes de las 7 de la mañana...». – Se cumpla lo dispuesto en el CCol de FREMAP art.11.H.2, sobre compensación de gastos, en el que se establece que: «La empresa pagará todos los gastos superiores a 1,80 € que, debidamente justificados, se produzcan como consecuencia de desplazamientos encomendados por ella por razón de trabajo». – Se condene a Mutua FREMAP a estar y pasar por dichas declaraciones. – Se condene en **temeridad y costas procesales** a la Mutua FREMAP. Se estiman íntegramente dichas pretensiones, toda vez que la empresa **no puede incumplir unilateralmente** el régimen de gastos del desayuno pactado en el convenio (**AN 2-10-25, Proc 235/25**).

28. Horas complementarias

2445 **Azulhandling Spain lTD Sucursal Española y otros** Se reclama, por el procedimiento de **conflicto colectivo**, que se declare la nulidad de la regulación sobre **horas complementarias imprevistas** por ilegalidad reguladas en los acuerdos del 6-11-2024, firmados en las empresas demandadas. Se estima dicha pretensión, aunque la **empresa pueda acudir** a la realización de las horas complementarias o, en su caso, extraordinarias de fuerza mayor (CCol Azulhandling Spain lTD Sucursal Española y otros art.37 y ET art.35.5) para atender a las necesidades imprevistas que puedan tener encaje en dichas figuras, en caso de los **trabajadores a tiempo parcial**. Y para ello, goza, pues no se ha negado, de la **firma** de los anexos a los **contratos de trabajo**, en los que el trabajador acepta la realización de horas complementarias, siempre dentro de los límites allí previstos. Pero de ningún modo puede desligarse de las regulaciones antedichas mediante la creación de una nueva figura que ni se contempla en aquéllas ni es acorde a la regulación de las horas complementarias instaurada por el ET y el convenio colectivo (**AN 10-1-25, Proc 343/24**).

29. Huelga

Construcciones Maygar y otras Se reclama, por el procedimiento de **conflicto colectivo**, que se declare **vulnerado el derecho de huelga**. Se desestima en instancia la demanda y se confirma por el TS, por cuanto que el único indicio a los efectos de vulneración del derecho de huelga es la **conducción de un vehículo** por otro trabajador que **no era de la empresa**; sin embargo, tal conducción no continuó en los días siguientes. Por otra parte, se declara probado en la sentencia de instancia que otro de los trabajadores estuvo en situación de vacaciones durante el periodo de tiempo comprendido entre el 25-11-2009 y el 9-12-2009. De manera que –concluye la sentencia– el uso de dicho vehículo por ese anterior trabajador, el 26-11-2019, **no** habría supuesto la **sustitución** de un trabajador huelguista. Las demás afirmaciones de la recurrente parten de presupuestos fácticos no recogidos en el relato histórico, sustentando sus razonamientos en afirmaciones que no vienen avaladas en los mismos, para incurrir de esta forma en un rechazable vicio procesal, cual es la llamada «petición de principio» (**TS 24-6-25, Rec 185/23**). **2450**

Grupo Itevelesa La empresa reclama por el procedimiento de **conflicto colectivo** que se declare: «Una **huelga ilegal** contra el Comité Intercentros demandado para que, previos los trámites legales, lo estime en su totalidad y dicte en su día sentencia, por la que declare la nulidad de la huelga convocada por el Comité Intercentros de Grupo Itevelesa, SLU entre los días 16 y 29-5-2022 y 30-5-2022 y 12-6-2022 por ilegal, obligando a la demandada a estar pasar por dicha declaración. Se desestima en instancia dicha pretensión. Se confirma la sentencia por el TS, toda vez que se acreditó que la huelga, aun detonada por el despido de un trabajador, se enmarca en una **situación conflictiva**, tratándose, por tanto, de una **huelga de solidaridad**, que defiende, además, otras reclamaciones de los trabajadores. Se descarta que la huelga fuera abusiva, aunque fuera intermitente, no siendo necesario, al tratarse de una huelga que perseguía los mismos objetivos, hacer dos intentos de mediación (**TS 26-3-25, Rec 16/23**). **2453**

Ferrocarriles de la Generalitat de Cataluña Se reclama, por el procedimiento de **conflicto colectivo**, que se declare que los trabajadores que fueron designados para realizar **servicios mínimos** en las huelgas referidas tienen derecho a percibir la **totalidad del salario**, con independencia de si **realizaron o no trabajo efectivo** durante todo el periodo de huelga. Condenando a las demandadas a estar y pasar por dicha declaración. Se estima en instancia dicha pretensión, que se confirma en casación, porque, en un contexto de **huelga parcial**, se concluye que los descuentos operados a trabajadores en servicios mínimos no se ajustaron a criterios legales. Es así, por cuanto incidían en tiempo de prestación de servicios mínimos mientras estaban **a disposición de la empresa** durante las franjas horarias en que la huelga estaba convocada. El hecho de que circularan o no trenes durante ese tiempo en servicios mínimos es indiferente, pues su función como maquinistas es la conducción de trenes (**TS 18-9-25, Rec 193/23**). **2455**

UTE Hércules Norte y otras **Se reclama, por el procedimiento de** conflicto colectivo**, que se declare nula o contraria a derecho la huelga** convocada por el sindicato CIG el día 21-6-2022, entre las 00:00 y las 24:00 horas, en la Ute Hércules Norte y empresas que la integran, afectando la misma solo a los/as trabajadores/as que prestan sus servicios en el Lote XG-871 y en lo que tiene que ver exclusivamente con dicha adjudicación, condenando a los codemandados, en la responsabilidad que a cada uno incumba, a estar y pasar por esa declaración. Se desestima en instancia dicha pretensión, que se confirma por la Sala IV, para lo cual se remite a su recurso de casación 58/2024 para un caso igual y que transcribe en su fundamentación. Allí se exponía que el sindicato tiene legitimidad para la convocatoria de la huelga aten- **2457**

diendo a la regulación legal y a su interpretación jurisprudencial ya que **no se exige la condición de ostentar la condición de sindicato más representativo**; que no se apreciaba tinte político alguno en la convocatoria, pero es que además son **admisibles las huelga mixtas** (político laborales); que la huelga afectaría a todos los trabajadores adscritos al lote en cuestión, siendo indiferente el vínculo administrativo de las empleadoras con la Xunta; que la reivindicación lo era frente a la UTE y a las empresas que la integraban y que no se trataba de una huelga tapón o neurálgica. Argumentos todos ellos aplicables al caso y que sirven para desestimar el recurso (**TS 2-10-25, Rec 46/24**).

2459 **UTE Escolar Lote 11 y otras** Se reclama, por el procedimiento de **conflicto colectivo**, que se declare **nula o contraria a derecho la huelga** convocada por el sindicato CIG el día 21-6-2022, entre las 00:00 y las 24:00 horas, en la UTE Escolar Lote 11 y empresas que la integran, afectando la misma solo a los/as trabajadores/as que prestan sus servicios en el Lote Escolar 11 y en lo que tiene que ver exclusivamente con dicha adjudicación, condenando a los codemandados, en la responsabilidad que a cada uno incumba, a estar y pasar por esa declaración. Se desestima en instancia dicha pretensión, porque la **convocatoria** de la huelga **no fue ilegal** (RDL 17/1977 art.11), puesto que no se inicia o, en su caso, sostiene por motivos políticos o con cualquier otra finalidad ajena al interés profesional de los trabajadores afectados y no se convoca en un contrato administrativo de la Xunta. La Sala IV confirma la sentencia recurrida, por cuanto el sindicato convocante **no ha limitado la llamada a una determinada categoría** de sus afiliados, sino que ha convocado a la huelga a **todos los integrantes** del sindicato minoritario. Se comunica efectivamente a las empresas concernidas, que son precisamente aquellas con las que los trabajadores mantienen un **vínculo laboral** y con independencia del vínculo administrativo que aquellas hubieran suscrito a su vez con la Xunta que convocó la contratación del servicio. Por otra parte, la afectación de la **prestación de un servicio público** conlleva una determinada publicidad, a fin de que los usuarios puedan ser conocedores de su incidencia, pero no veda la posibilidad del ejercicio del derecho de huelga en el ámbito o ámbitos en los que aquella se presta (**TS 6-10-25, Rec 58/24**).

30. Incentivos

2463 **Verallia Spain** Se impugna, por el procedimiento de impugnación de **convenio colectivo**, el CCol de Verallia Spain art.49 (convenio de empresa), en tanto que se modula teniendo en cuenta el número de ausencias individuales (sin computar las vacaciones, diferencias horarias, ni licencias sindicales). Se estima en instancia la demanda y se declara la nulidad parcial de la regulación del **incentivo de mejora** establecido en el CCol de Verallia Spain SA art.49, al sostener que contenía una **discriminación directa** por enfermedad, una discriminación por razón de sexo y una discriminación por asociación por razón de enfermedad. La sentencia es **revocada en casación**, por cuanto vacía de contenido un complemento salarial cuya **finalidad es combatir el absentismo**, ya que valida cuando la ausencia del trabajador no estuviera justificada o respondiera a un permiso ajeno a los factores de discriminación, no podría tenerse en cuenta a efectos del control del absentismo. Así las cosas, la regulación del incentivo de mejora no es nula cuando tiene en cuenta las **ausencias al trabajo** que **no** están **justificadas o** se deben a **factores no discriminatorios**: ajenas a la discriminación por razón de enfermedad, a la discriminación por razón de sexo o a la discriminación por asociación. En consecuencia, no procede declarar la nulidad del CCol de Verallia Spain art.49, que regula el incentivo de mejora, porque es lícito establecer un **plus salarial para combatir el absentismo** que tenga en cuenta las ausencias al trabajo no justificadas o que no constituyan uno de los factores de discriminación prohibidos, sin perjuicio de que, al interpretar y aplicar ese precepto, se excluyan también las que son discriminatorias (**TS 20-1-25, Rec 99/24, casa AN 20-1-24, Proc 280/23**).

AENA-ENAIRE Se reclama, por el procedimiento de **conflicto colectivo**, que se reconozca el derecho a las personas trabajadoras, acogidas a la disminución de jornada por guarda legal prevista en el art.83 del convenio vigente, a percibir el **complemento de incentivo de cumplimiento de jornada** en la **cuantía íntegra** estipulada en las tablas salariales vigentes para el citado incentivo. Se estima la demanda en instancia y se confirma la sentencia en casación, por cuanto el complemento de incentivo por cumplimiento de jornada es un **plus salarial**, destinado a evitar el absentismo, cuyo **devengo** depende exclusivamente de la asistencia al trabajo y no de la duración de la jornada. Se considera, además, que la reducción proporcional del complemento en este caso supone una **discriminación indirecta** por razón de sexo, dado que la mayoría de personas trabajadoras con reducción por guarda legal son mujeres (**TS 23-9-25, Rec 259/23, confirma AN 10-7-23, Proc 129/23**). 2465

31. Información

Global Sales Solutions Line, SL (GSS) Se reclama, por el procedimiento de **conflicto colectivo**, que se declare el derecho de información a facilitar los **datos retributivos** en materia de transparencia retributiva derivados de la normativa vigente, en particular de aquellos grupos profesionales al margen del número de plantilla. Se estima en instancia la demanda, casándose la sentencia por el TS, que considera que la obligación empresarial de facilitar los datos retributivos en supuestos en los que esa situación conduce a la **identificación de la persona trabajadora** no es admisible, ya que el registro retributivo debe reflejar únicamente los **valores medios y no individuales** de los salarios. Aplica doctrina TS 21-11-24, Rec 218/23 (**TS 15-1-25, Rec136/23, casa AN 23-2-23, Proc 355/22**). 2470

Mutua de Accidentes de Zaragoza Se reclama, por el procedimiento de **conflicto colectivo**, el derecho a la sección sindical demandante a **recabar la información** necesaria de la empresa, especialmente toda la información relativa al **registro retributivo** individualizado por puesto de trabajo, con desglose de todos los conceptos y cuantías del conjunto de la plantilla; y que, además de ello, **cesase** la conducta de la empresa por la cual se otorgan **complementos salariales ajenos** a lo estipulado en el convenio colectivo de aplicación, negociando con la representación de los trabajadores el otorgamiento y la cuantía de todos y cada uno de los nuevos complementos que sean objeto de inclusión para el conjunto de los trabajadores. Se desestiman ambas pretensiones. La primera, por cuanto es criterio asentado jurisprudencialmente que la **empresa no está obligada a informar** a las secciones sindicales sobre las retribuciones individuales de sus trabajadores. La segunda, porque la **demandante no ha probado** que se estén estableciendo retribuciones no contempladas en el convenio (**AN 23-7-25, Proc 129/25**). 2472

32. Jornada

BBVA Se reclama, por el procedimiento de **conflicto colectivo**, una variable introducida por la empresa que no está prevista en el acuerdo, restando de las tardes laborables las vacaciones, licencias o IT, lo cual produce una **disminución de las tardes libres**. Se desestima dicha pretensión, por cuanto el cálculo de los días de tardes efectivas de trabajo del colectivo CSE es acorde a la fórmula incluida en el acuerdo de condiciones laborales del citado colectivo, siendo así que, de las tardes de libranza mensuales que resulten, habrá de descontar los días de vacaciones o ausencias, al preverse un **disfrute proporcional** a los días de jornada partida efectivos de cada mes durante el periodo de invierno, esto es, días efectivamente trabajados (**AN 8-7-25, Proc 156/25**). 2475

Departamento de Educación del Gobierno Vasco Se reclama, por el procedimiento de **conflicto colectivo**, que se reconozca el derecho del **personal laboral docente y educativo** contratado **temporal** a las **reducciones de jornada por razón de** 2477

edad del art.51 del convenio colectivo, declarando la procedencia de incluir a este personal en el ámbito de aplicación de la impugnada Resol 20-3-2023 de la Directora de Gestión de Personal del Departamento de Educación del Gobierno Vasco, por la que se establece la convocatoria relativa a las reducciones de horas lectivas/atención directa por razón de edad para el curso 2023/2024, **retrotrayendo tal procedimiento**, a fin de posibilitar su participación en la convocatoria. Se estima en instancia la demanda, que se confirma por el TS. Se concluye que el personal docente y educativo contratado temporalmente tiene derecho a la **igualdad de trato** con los trabajadores fijos, a disfrutar la reducción de jornada por razón de edad reconocida en el convenio colectivo, que no contempla ninguna singularidad para los contratados temporales. Se entiende que las **dificultades organizativas** derivadas de la planificación del curso escolar no constituyen causa objetiva y razonable que justifique la exclusión del personal temporal (**TS 11-6-25, Rec 2/24**).

2479 **Sureste Seguridad** Se reclama, por el procedimiento de **conflicto colectivo**, que se declare el derecho al **cómputo horario** correspondiente al cuadrante asignado previamente como jornada completa, en caso de que el trabajador disfrute de **licencia o permiso retribuido** del art.52 del convenio colectivo, sin que tenga que recuperar ningún crédito de jornada negativo respecto de la empresa por ese concepto. Se desestima la **excepción de inadecuación de procedimiento** y se desestima la demanda, por cuanto la literalidad del precepto examinado impide satisfacer la pretensión actora (**AN 11-7-25, Proc 165/25**).

2482 **TRAGSA** Se reclama, por el procedimiento de **conflicto colectivo**, que se declare el derecho de todos los trabajadores afectados por el presente conflicto colectivo al mantenimiento de una **jornada ordinaria de trabajo** que en promedio semanal sea **de 35 horas**, con todas las consecuencias inherentes a dicho reconocimiento. Se desestima en instancia dicha pretensión, que se confirma por el TS en casación. Se debate si los **trabajadores, subrogados por una empresa pública**, tienen derecho a mantener una jornada laboral semanal de 35 horas conforme al CCol del sector de Prevención y extinción de incendios forestales de la Comunidad de Madrid, vigente antes de la subrogación. Se concluye que debe prevalecer la jornada de 37,5 horas semanales, conforme a la L 6/2018 disp.adic.144ª, de Presupuestos Generales del Estado para 2018, que establece una jornada anual computada en promedio semanal de 37,5 horas para el sector público y deja sin efecto las previsiones en materia de jornada contenidas en convenios que contradigan esta norma, **debiendo prevalecer** la norma legal sobre el convenio en aplicación del principio de **jerarquía normativa**; sin que dicha conclusión contradiga la Dir 2001/23/CE, que protege el mantenimiento de condiciones laborales tras la subrogación, ya que, en este caso, **no hay concurrencia de convenios**, sino de ley y convenio, prevaleciendo la ley. No es necesario el planteamiento de cuestión prejudicial al TJUE, dado que la interpretación de la Directiva no genera dudas en este contexto (**TS 11-6-25, Rec 3/24**).

33. Mejoras voluntarias de la Seguridad Social

2485 **Agencia pública empresarial de la Radio y Televisión de Andalucía, Canal Sur Radio y Televisión SA RTVA** Se reclama, por el procedimiento de **conflicto colectivo**, que se declare: 1. Que la **complementación a la IT** establecida en el convenio colectivo debe operar transcurridos los 545 días desde el inicio de la incapacidad (incluso pasados los 730 días). 2. Que la **cotización** a la Seguridad Social por parte de la empresa debe mantenerse al 100% durante el periodo posterior a los 545 días o, al menos, por las cantidades correspondientes al complemento a IT recogidas en Convenio. Se estima la demanda. La primera pretensión, porque la norma convencional prevé una **prestación complementaria** para completar la retribución ordinaria **desde el primer día de la baja**, sin que se diga nada sobre su finalización, sin que quepa una interpretación restrictiva de lo pactado, toda vez que, al establecer el convenio colectivo un complemento de las prestaciones de incapacidad temporal **sin limitación temporal** alguna, tanto el tenor literal de esa norma como la aplicación de los criterios propios en materia de Seguridad Social conllevan que esta mejora voluntaria deba abonarse mientras el trabajador perciba dicho subsidio, **incluidos los periodos** de prórroga extraordinaria. Se estima también la segunda reclamación, de conformidad con lo dispuesto en LGSS art.144 y 165.3 y RD 2064/1995 art.68: durante la IT, cualquiera que sea su causa, permanece la **obligación de cotizar**. Y dicha obligación se mantiene durante la vigencia de la relación laboral. Si la empresa complementa la prestación hasta alcanzar el 100% o un porcentaje superior al que establece la Seguridad Social, ese complemento también cotiza a la Seguridad Social y se aplican los porcentajes de cotización habituales sobre la **base reguladora**, que incluye el salario y el complemento por IT si lo hay (**AN 26-6-25, Proc 144/25**).

Enterprise Solutions de Negocios España Se reclama, por el procedimiento **2487**
de **conflicto colectivo**, que se declare contraria a derecho la decisión empresarial de **excluir de la mejora** a la prestación por IT al **personal contratado a partir de** marzo de 2023 y, en consecuencia, declare el derecho del **conjunto de la plantilla**, sin exclusión por razón de antigüedad, a percibir el complemento de IT hasta alcanzar el 100% del salario real desde el primer día de la baja, condenando a la empresa a estar y pasar por tal declaración. Se estima en instancia dicha pretensión, que se casa por el TS, porque consta acreditado que la mejora de prestación de IT fue reconocida como **condición más beneficiosa** a la plantilla, por encima del convenio colectivo. Consiguientemente, la decisión de la empresa de no aplicar esa mejora al personal contratado a partir de 2023 no vulnera la Const art.14. **Sólo el colectivo protegido** por la CMB es el que la ha adquirido y al único al que le es aplicable incorporándose al nexo contractual. Aplica doctrina, entre otras, TS 28-11-23, Rec 164/21 (**TS 2-7-25, Rec 71/24, casa AN 30-11-23, Proc 251/23**).

Makro distribución mayorista, SA Se reclama, por el procedimiento de **con-** **2490**
flicto colectivo, que se declare la **nulidad** de las previsiones contenidas en la cláusula segunda del Acuerdo colectivo de 31-5-2018 que se indicaban en el suplico del escrito rector, así como la aplicación del régimen de IT contenido en el apartado 8 del Pacto de empresa de 26-2-2002. Se estima parcialmente dicha demanda y la nulidad de los siguientes apartados del punto 2 del Acuerdo de 31-5-2018: «c) Tres primeros días: Los trabajadores desde el primer proceso que se inicie dentro del año natural de **incapacidad temporal** por enfermedad común o accidente no laboral, debidamente acreditadas, no percibirán **retribución** ni **complemento** alguno durante los tres primeros días, con independencia del número de días que alcancen los periodos de enfermedad o el número de procesos que se produzcan. No obstante, si en el transcurso del año no se inicia por el trabajador ningún otro proceso de incapacidad temporal por enfermedad común o por accidente no laboral, la Empresa abonará, terminado el año, el 100% del Salario Base de Grupo correspondiente a los tres primeros días de ese primer y único proceso. No computarán a todos los efectos los días que coincidan con internamiento hospitalario, ni las bajas por incapacidad temporal que estén motivadas por la aplicación de tratamientos de radioterapia o quimioterapia relacionados con el tratamiento del cáncer, ni por los tratamientos de diálisis. d) A partir del cuarto día: En los supuestos de baja por IT, a partir del cuarto día los trabajadores percibirán un complemento sobre la prestación de Seguridad Social hasta alcanzar al 100% del Salario Base de Grupo. En ningún caso el abono del complemento se extenderá más allá del tiempo durante en que la Empresa realice el pago delegado de la prestación económica de IT. El incumplimiento por parte del trabajador de la entrega o envío a la Empresa de los partes de baja, confirmación y alta en los plazos legalmente establecidos determinará de forma automática el cese de la obligación de pago del complemento previsto. En ningún caso existirá retribución ni complemento alguno en los supuestos de ausencia por enfermedad común o accidente no laboral que no hayan sido calificados como incapacidad temporal (como, por ejemplo, en el caso de ausencias derivadas de reposo domiciliario, haya sido o no prescrito por el correspondiente facultativo). 1.2 Excepciones al apar-

tado 1.1: No obstante lo expuesto en el apartado anterior, si en el transcurso del año fiscal anterior el trabajador no hubiera incurrido en ningún absentismo (ya sea derivado de incapacidad temporal o en caso de ausencia por enfermedad o accidente que no haya sido calificada como incapacidad temporal, salvo lo indicado en el párrafo siguiente), la Empresa complementará exclusivamente el primer proceso de incapacidad temporal desde el primer día hasta el 100% del salario conforme a lo establecido en el Pacto de empresa suscrito el 26 de febrero de 2002, aplicando en todo lo restante el régimen previsto en el apartado 1.1 anterior. No computarán a los efectos de lo dispuesto en el párrafo anterior los días que coincidan con internamiento hospitalario, ni las bajas por incapacidad temporal que estén motivadas por la aplicación de tratamientos de radioterapia o quimioterapia relacionados con el tratamiento del cáncer, ni por los tratamientos de diálisis. Adicionalmente, durante dichos días se aplicará el régimen del complemento de IT previsto en el Pacto de Empresa suscrito el 26 de febrero de 2002». La estimación parcial de la demanda se fundamenta en que la regulación contenida en el Acuerdo de 2018 introduce un **trato desfavorable** ante las **situaciones de IT** en un doble componente o grado: en primer lugar, al remunerar el complemento de IT, caso de concurrir una única baja en el año natural, tomando en consideración el 100% del salario de grupo, que no el 100% del salario como ocurría en el pacto anterior; y al penalizar la IT de carácter recurrente, **complementando exclusivamente el primer proceso de IT** en el año natural como en el caso de se haya causado una baja en el año fiscal anterior, produciéndose en este caso una discriminación ya no por razón de IT, sino por condición de salud (**AN 1-7-25, Proc 113/25**).

2493 **Unión de Mutuas** Se reclama, por el procedimiento de **conflicto colectivo**, que se declare el derecho de los trabajadores de Unión de Mutuas a que se les reconozcan el **seguro de vida** en las **condiciones pactadas**, que incluyen cuantías que coinciden con la garantía complementaria y prestaciones, recogidas en el CCol general de ámbito estatal para el sector de Entidades de seguros, reaseguros y mutuas colaboradoras con la Seguridad Social art.66 (como ocurrió hasta el 31-5-2022), y que, a partir de 1-1-2022, la **cuantía asciende** a 54.000 €, en vez de la cuantía mínima de 27.000 € que está cubierta actualmente, que se recogen en el HP 5º de la presente demanda y que son: Garantías seguro hasta junio 2022: Fallecimiento 50.000 €, Capital Adicional en caso de fallecimiento 6.000 €, Incapacidad Permanente Total 50.000 €, Incapacidad Permanente Absoluta 50.000 € y Gran Invalidez 50.000 €. Se desestima en instancia dichas pretensiones, que se confirman en casación, toda vez que, la causa decidendi de la sentencia de instancia apoya la exigencia de la **necesidad del informe favorable**, previsto en L 22/2021 art.33 y concordantes (LPG año 2022), con cita además de la sentencia TS 9-9-20, Rec 243/18. Consiguientemente, el **recurso no aborda** tal cuestión, obviando por tanto combatir la **fundamentación de la sentencia de instancia** para centrarse en otra distinta que no constituye el motivo de desestimación de la demanda, lo que determina la ineludible desestimación del mismo (**TS 2-4-25, Rec 161/24, confirma AN 12-4-24, Proc 277/23**).

34. Modificación sustancial de condiciones de trabajo

2495 **ABANCA** Se reclama, por el procedimiento de **conflicto colectivo**, la nulidad de la cláusula adicional segunda de los contratos de trabajo, puesto que permite que la empresa ABANCA pueda **alterar en el futuro la jornada** pactada por sus **necesidades organizativas**, lo que supone una contravención de lo estipulado en ET art.41 y CC art.1256. Se estima dicha pretensión, toda vez que no puede quedar al arbitrio de la empresa la decisión de alterar la jornada pactada sin acreditar la concurrencia de causas ETOP que avalen dicha decisión (**AN 27-1-25, Proc 368/24**).

2497 Se reclama, por el procedimiento de **conflicto colectivo**, que se declare la nulidad del inciso «con un preaviso mínimo de 48 horas de antelación» del apdo.C.1.a.iii del Acuerdo 25-6-24, y se declare que las **personas trabajadoras** de ABANCA a las que es de aplicación el «**horario especial**» tienen **derecho a ser preavisadas** con un plazo mínimo de 5 días en el supuesto regulado en el apdo.C.1.a.iii del Acuerdo 25-6-24. Se estima dicha pretensión, precisándose que, aun estando consignado lo impugnado en acuerdo de MSCT, no operan los plazos de **caducidad y prescripción** previstos en LRJS art.138, por cuanto que lo que se solicita difiere del objeto de tal procedimiento, ya que se trata de la normativa fijada en un acuerdo de empresa. Igualmente se razona que el supuesto analizado guarda similitud con otros en los que el TS apreció la existencia de distribución irregular de jornada, por lo que opera el **mínimo de derecho necesario** del preaviso de 5 días (**AN 14-2-25, Proc 405/24**).

AENA Se impugna, por el procedimiento de **conflicto colectivo**, lo que se considera una MSCT y se reclama la nulidad de la implantada por la empresa, acordando dejarla sin efecto y el retorno a la situación previa a la misma. Se desestima dicha pretensión en instancia y se confirma en casación, entendiéndose que no concurre MSCT porque la empresa exija la **realización periódica** por parte de los **bomberos aeroportuarios** de **pruebas físicas** para acreditar que mantienen su **aptitud** para el desempeño de sus funciones en situaciones de emergencia. Es así, porque la **empresa no ha modificado** las consecuencias de no reunir la aptitud requerida ni consta ni se discute que haya modificado las exigencias de capacidad física requeridas para el desempeño profesional, sino que se ha limitado a establecer una **medida de control** que tiene amparo en los ET art.20 y LPRL art.25.1, siendo además obligatorio por el Rgto (UE) 1139/2018 el control periódico de la capacidad psicofísica del personal de rescate y extinción de incendios que pueda requerirse para intervenir en emergencias de aviación (**TS 12-6-21, Rec 192/23, confirma AN 16-5-23, Proc 78/23**). **2499**

Se impugna, por el procedimiento de **conflicto colectivo**, una MSCT y se solicita que se declare la nulidad de la implantada por la empresa, acordando dejarla sin efecto y el retorno a la situación previa a la misma. Se desestima en instancia dicha pretensión, confirmándose por el TS en casación. Se debate si constituye MSCT del colectivo de **bomberos** (personal SSEI-Salvamento y Extinción de Incendios) la introducción unilateral por la empresa de la obligación de realizar **pruebas físicas** trianuales con el objeto de verificar si los bomberos aeroportuarios podían desempeñar sus funciones de salvamento y extinción de incendios en situaciones de emergencia. No concurre tal modificación sustancial, puesto que se trataba de cumplir con la legislación de prevención de riesgos laborales, estando además justificado por **exigencias de la normativa** de la Unión Europea y resoluciones de las Autoridades de Seguridad Aérea Española y Europea. Se distingue por el TS la medida de las consecuencias, observando que estas no han sufrido cambio alguno. Parte entonces de su asentada doctrina en cuanto a que una modificación de trabajo, aunque sea sustancial, si viene **impuesta por Ley**, no exige seguir el procedimiento del ET art.41. Se detiene luego en los hechos probados para deducir que no hay variación en cuanto a las condiciones de capacidad física requeridas y que **no hay exigencias nuevas**, de modo que la única alteración que se observa es la relativa a la introducción de pruebas de comprobación y control (**TS 12-6-25, Rec 192/23, confirma AN 16-5-23, Proc 78/23**). **2500**

Air Liquid Healthcare, SA Se reclama, por el procedimiento de **conflicto colectivo**, que se declare nula, o subsidiariamente injustificada la decisión empresarial de modificación sustancial de condiciones, consistente en la modificación del **régimen de productividad, jornada y horario** y determinación de **nuevos perfiles profesionales**, adoptada el pasado 5-3-2025, con reposición a todo el personal afectado de las condiciones laborales previas a su adopción, declarando asimismo la **violación de derechos fundamentales** de tutela judicial efectiva y de libertad sindical en su vertiente de negociación colectiva, condenando a la empresa al pago de la indemnización de 8.500 €, con cuanto más proceda en derecho. Se estima la **excepción de caducidad**, por cuanto la ampliación de demanda por vulneración de derechos fundamentales, que se presentó en más de 20 días hábiles desde la comunicación de la decisión patronal, resulta extemporánea con arreglo a LRJS art.138.1 y 184, siendo **2502**

la caducidad un presupuesto procesal apreciable de oficio por la Sala. Se desestima la demanda, porque concurre **causa productiva** y el nuevo sistema de retribución variable se extiende a todo el colectivo, es más equitativo y su finalidad es atender mejor los servicios a domicilio y la reasignación de niveles y la reclasificación profesional del colectivo afectado, y **en ningún caso** implicará una modificación a la baja del grupo profesional asignado, pudiendo suponer en algunos casos un ascenso al grupo profesional 5 –con mayores retribuciones–, que hasta la fecha no ostentaba ninguno de los trabajadores afectados (**AN 18-7-25, proced 120/25**).

2505 **Ambientadores Sacamanos y otros** Se impugna, por el procedimiento de **conflicto colectivo**, una **modificación sustancial colectiva**, y se solicita: 1º) La nulidad de la decisión empresarial de aplicar la medida anunciada el 31-12-2021 sobre la **variación de los tramos de comisionamiento**, que se incrementarán un 5%, y también los **objetivos de bono trimestral**, con efectos desde el 1-2-2022, y aplicada finalmente mediante comunicación de 7-3-2022, así como la comunicación de la actualización del traslado de los propósitos Ambientadores, Secamanos y otros a la Tabla Primera de Distribución Propósitos y de esta manera unifica Higiene y Consumibles en la Tabla 1, dejando en la Tabla 2 Suelos, Sanidad Ambiental y Desechables, condenando a la demandada a estar y pasar por dicha declaración. Se desestima en instancia la demanda, estimando la **excepción de caducidad**. Se desestima el **recurso de casación**, por **defectuosa formulación** del mismo, al no dar cumplimiento al LRJS art.210, dado que no hace cita alguna de precepto legal infringido ni jurisprudencia que haya sido vulnerada. No se identifica precepto sustantivo o procesal alguno relativo a la excepción de caducidad que impugna. En todo caso, tampoco se habría infringido el no citado LRJS art.138, por cuanto que el día inicial del plazo de caducidad, aplicable aunque no se haya seguido por el empresario el procedimiento del ET art.41, comienza al día siguiente a la fecha de la notificación por escrito de la decisión empresarial a los representantes legales de los trabajadores. La **notificación de la decisión empresarial** de modificar las tablas, tarifas respecto de la retribución variable, tuvo lugar, en un primer momento, el 31-12-2021, por correo electrónico a la plantilla, señalando que, a partir del 1-2-2022, se iban a producir esos cambios; igualmente, las nuevas tablas de 2022, que a partir de aquella fecha iban a aplicarse, fueron notificadas a los representantes legales de los trabajadores el 11-1-2022. A partir del siguiente día hábil de esa última fecha comenzó el **plazo de caducidad**, que la parte demandante no ha respetado, al presentar la demanda el 4-4-2022 (**TS 11-12-24, Rec 256/22, confirma AN 8-6-22, Proc 122/22**).

2507 **Ambulancias Gipuzkoa** Se impugna, por el procedimiento de **conflicto colectivo**, una MSCT. En instancia no resolvió sobre el fondo del asunto al entender que, previamente, era preciso **someter la controversia** al conocimiento de la **Comisión Paritaria** del convenio colectivo, desestimando, por tanto, la demanda. El TS casa la sentencia recurrida, toda vez que la impugnación de una MSCT **no requiere** llevar previamente su resolución a la comisión paritaria del convenio, cuya competencia se limita a la interpretación, administración y aplicación del convenio (**TS 2-7-25, Rec 1/24**).

2509 **Atento Teleservicios y otro** Se impugna, por el procedimiento de **conflicto colectivo**, una **movilidad geográfica y modificación colectiva**, cuyo periodo de consultas concluyó con acuerdo, solicitándose: 1. La **nulidad del Acuerdo** de movilidad geográfica y MSCT firmado el 16-7-2024 por la empresa y las centrales sindicales UGT, CCOO y STC, por consistir todo el proceso negociador y el mismo Acuerdo en un **fraude de ley, y se reponga a las personas trabajadoras** afectadas en sus condiciones laborales previas al Acuerdo. 2. La nulidad del Acuerdo, por no haberse aportado en el periodo de consultas documentación relevante y necesaria para valorar las causas y el impacto de la movilidad geográfica y la MSCT, y, por lo tanto, mala fe negociadora, y se reponga a las personas trabajadoras afectadas en sus condiciones laborales previas al Acuerdo. 3. La nulidad del Acuerdo, por haberse negociado con manifiesta mala fe negociadora, se reponga a las personas trabajadoras afectadas en sus condiciones laborales previas al Acuerdo y, por tanto, por **vulneración del derecho fundamental a la libertad sindical** de CGT, en su vertiente de negociación colectiva. La **indemnización** derivada de la vulneración del derecho fundamental de libertad sindical en su vertiente de negociación colectiva de CGT, que se estima en 6.000 €, y se indemnice a los trabajadores que ya se hayan trasladado con una indemnización por daños y perjuicios consistente en el coste del traslado, siempre que el trabajador justifique documentalmente el coste derivado del traslado, o, subsidiariamente se indemnice a cada persona trabajadora trasladada con la cuantía de 7.000 € por coste de traslado. Se desestiman dichas pretensiones, descartándose la concurrencia de fraude de ley en las negociaciones, así como déficit de información, toda vez que el **periodo de consultas concluyó con acuerdo**, no habiéndose destruido por los demandantes la presunción de concurrencia de causa, prevista legalmente (**AN 5-12-24, Proc 327/24**).

Atlántica de Handling Se reclama, por el procedimiento de **conflicto colectivo**, que: «1. Se declare que la **decisión de la empresa** es nula de pleno derecho por: – No someterse al procedimiento previsto en el ET y en el convenio colectivo, vulnerando el derecho a la negociación colectiva de los sindicatos (art.37 CE) y, por tanto, el derecho fundamental a la **libertad sindical** (Const art.28.1). – Suponer una **discriminación** hacia el nuevo personal contratado a tiempo parcial. 2. Se reconozca el derecho de todos los trabajadores a tiempo parcial de cobrar el coeficiente de festivos, con independencia de su fecha de antigüedad en la compañía. Se estima en instancia dicha pretensión y se declara que, el **sistema de retribución de los días festivos** consistente en aplicar el «coeficiente de festivos» (1,094) al número de horas reales mensuales es el que se encuentra vigente y el que ha de aplicarse a las relaciones laborales de la empresa con carácter general y con independencia de la fecha de ingreso en la misma. Se confirma en casación la sentencia de instancia, por cuanto la modificación unilateral por parte de la empresa del sistema de retribución de los días festivos, sustituyendo unilateralmente el coeficiente previsto en Acta de la Comisión Paritaria por una nueva fórmula para un grupo concreto de trabajadores, anteriormente contratados temporales y ahora reconvertidos en contratos fijos a tiempo parcial, mediante la suscripción de cláusulas individuales en sus contratos no se ajustó a derecho, conforme a la doctrina sobre la contratación en masa, toda vez que no concurre una novación extintiva (**TS 21-5-25, Rec 138/23**). **2511**

Campsa Estaciones de Servicio Se impugna, por el procedimiento de **impugnación de conflicto colectivo**, una MSCT, y se reclama: 1. Pasar al personal afectado de la categoría de expendedor vendedor, cuando antes eran encargados de turno. Se ha producido un cambio de **funciones y de categoría**. El convenio colectivo de estaciones de servicio prevé el «encargado de turno». Funciones vendedor + mando coordinación. 2. Eliminación del **complemento de puesto**, que no venía siendo regulado por el convenio colectivo. Se recibe por la función de responsable de turno. El cambio de convenio no lo impone y el nuevo CCol Campsa estaciones de servicio art.6 no afectará a situaciones personales. Hay **nuevos conceptos retributivos** por el nuevo convenio, pero estos no están limitados al expendedor-vendedor, todos ellos son heterogéneos respecto al de responsable de turno (se reciben en función de las funciones realizadas). 3. Se declare nula la asignación de la categoría de expendedor vendedor; **supresión del complemento y** supresión de la **cobertura sanitaria**, que no se reconoce, pago de diferencias, existiendo, al no abrirse periodo del ET art.41, una **vulneración de la negociación colectiva**. 4. Como alegación final, adhirió a la petición de FETICO por impugnación de los turnos que se contiene en su demanda. Se estima la **excepción de falta de legitimación activa** de ambos sindicatos demandantes, con la consiguiente desestimación de la demanda (**AN 27-1-25, Proc 286/24**). **2513**

CTC Externalización Se reclama, por el procedimiento de **conflicto colectivo**, contra la decisión unilateral de la empresa de **suprimir la cesta de Navidad** que se ha disfrutado durante 28 años por todo el personal de la empresa, no habiéndose seguido el procedimiento del ET art.41. Se estima dicha pretensión, toda vez que se **2515**

ha acreditado la concurrencia de **condición más beneficiosa** que no puede suprimirse unilateralmente por la empresa, quien debe acudir al procedimiento del ET art.41 (**AN 24-2-25, Proc 406/24**).

2516 **GEACAM** Se impugna, por el procedimiento de **conflicto colectivo**, una MSCT, y se reclama la nulidad y, en todo caso, se declare injustificado y sin efecto el Acuerdo de MSCT de 24-6-22, condenando a las demandadas a estar y pasar por tales declaraciones y a cuanto derive de la misma, singularmente en cuanto la **ausencia de advertencia** a las personas trabajadoras afectadas sobre la **posibilidad de extinción** de la relación laboral del ET art.41.3º.2, desde que se dicte la Sentencia se autorice a las personas trabajadoras a ejercitar el derecho de extinción de la relación laboral previsto en ET y LRJS, todo ello a los efectos legales procedentes. Se estima en instancia la primera pretensión de la demanda, que se confirma en casación, por cuanto el acuerdo, alcanzado entre la empresa y la representación de los trabajadores, supone la modificación del convenio colectivo que se venía aplicando entre las partes, sin que haya razones para negar su **naturaleza estatutaria**. Se infringe de esta forma lo dispuesto en el ET art.41.6. Debió de acudirse al procedimiento del ET art.82.3 (**TS 28-1-25, Rec 45/23**).

2518 **Global Rosseta** Se reclama, por el procedimiento de **conflicto colectivo**, que se declare la pérdida de vigencia de las medidas de MSCT acordada el 18-12-2014, en virtud de la cual **se congelan los salarios** a 31-12-2014 a todos los empleados de Connectis Consulting Services SA (CCS) que tuvieran relación laboral vigente a dicha fecha. Concretamente, sea declarada la pérdida de vigencia de las siguientes medidas acordadas en dicha MSCT: que el salario de los trabajadores calculado a 31-12-2014, que incorpora la reducción salarial acordada en fecha 25-1-2013, **no podrá sufrir incremento** alguno, sin perjuicio de las subidas que procedieran por aplicación del convenio colectivo de aplicación dentro de los límites temporales que se pactan. Igualmente, la pérdida de vigencia de las medidas que acuerdan la **absorción de la antigüedad y** de los eventuales **ascensos profesionales**. También la pérdida de vigencia de las **medidas** de aumento de la jornada, limitación del número de días de vacaciones, derogación del denominado CCol Bull, y ulterior aplicación del convenio sectorial. Restricción de las ayudas de comida, vehículos de renting, etc., y se condene a la empresa Global Rosetta SL a estar y pasar por esta declaración y a hacerse cargo de las resultas derivadas de tal declaración. Se **estima parcialmente** en instancia la demanda, casándose la sentencia por el TS tras desestimar la concurrencia de prescripción, considerando aplicable lo dispuesto en el ET art.44 y la doctrina del TJUE, concluyendo que el acuerdo y su referencia del EBITDA, pactado con la empresa absorbida, es aplicable a la empresa absorbente (**TS 1-7-25, Rec 36/24, casa AN 23-10-23, Proc 23/20**).

2520 **Grupo de empresas RACC** Se impugna, por el procedimiento de **conflicto colectivo**, una MSCT, consistente en la modificación para las **personas con discapacidad** de realizar el 100% de su jornada laboral en modo de **teletrabajo**, reduciéndose a tan solo el **75% de la jornada** en esta modalidad. Igualmente, de acuerdo con la transacción alcanzada en su día en la ante esta Sala de lo Social AN, el **parámetro de la productividad** quedaba excluido del cómputo salarial de las personas con discapacidad, si bien ahora la empresa pretende incluirlo de nuevo. Con carácter previo se rechaza la **excepción de caducidad**, al no constar comunicación fehaciente de la decisión empresarial remitida a la RLT. Se estima la demanda interpuesta por CGT frente a las empresas demandadas del Grupo RACC y se declara la **nulidad de la decisión unilateral** de la empresa de variar el porcentaje de presencialidad de las personas con discapacidad, pasando del 100% al 75% desde el 1-1-2025, y ello sin perjuicio de la **posibilidad** de acordarlo **de forma individual** con las personas trabajadoras, de acuerdo con lo previsto en la L 10/2021 (**AN 13-2-25, Rec 397/24**).

2522 **Iberdrola** Se impugna, por el procedimiento de **conflicto colectivo**, una MSCT, y se solicita la nulidad, o subsidiariamente injustificación de la decisión empresarial de

MSCT, consistente en la **valoración de los puestos de trabajo** del Grupo de Técnicos Cualificados, adoptada **eludiendo el procedimiento** legal previsto y con infracción de las obligaciones previstas en ET art.41, así como del ET art.22. Que, en consecuencia, se declare el derecho de los trabajadores afectados a ser repuestos en las condiciones de trabajo previas a la adopción de la medida empresarial. Se estima la **caducidad** en instancia y se confirma en casación, por cuanto se interpuso la acción colectiva impugnatoria habiendo transcurrido con mucho exceso el plazo de caducidad previsto en el LRJS art.138 (**TS 29-1-25, Rec 28/23, confirma AN 27-10-22, Proc 233/22**).

ICON Clinical Research SL, Pharmaceutical Research Associates España, SAU y RPS Research Ibérica, SLU Se impugna, por el procedimiento de **conflicto colectivo**, una MSCT colectiva, y se reclama que se declare la nulidad o, subsidiariamente, improcedencia de la decisión adoptada por la empresa de **suprimir el pago del bonus** correspondiente al ejercicio 2024, al no haberse respetado el **procedimiento** del ET art.41, y, en consecuencia con lo anterior, que se reconozca el derecho de las personas trabajadoras a que se les abone dicho bonus y que se condene a la empresa a estar y pasar por esta declaración. Se desestiman las **excepciones** de variación sustancial de la demanda y falta de legitimación activa. Se estima parcialmente la demanda y se declara no ajustada a derecho la decisión de la empresa de no abonar la retribución variable correspondiente al año 2024. Se declara igualmente el derecho de las personas trabajadoras a percibir el bonus del 2024 en función del cumplimiento de los objetivos recogidos en el Plan de Bonus de 2024, aunque **se descarta** que estemos ante una MSCT colectiva, por cuanto se debate, así mismo, si resulta o no lícito que la empresa, de forma unilateral, acuerde la supresión del bonus una vez finalizado el periodo de devengo del mismo y en virtud de un eventual incumplimiento de los objetivos económico-financieros no explicitados en el propio Plan, concluyéndose que **no cabe que la empresa**, de manera unilateral y sin especificación previa o posterior de los resultados financieros del grupo, suprima el pago del bonus una vez ha transcurrido el periodo de devengo, con independencia del grado de cumplimiento de los objetivos individuales de cada trabajador (**AN 9-6-25, Proc 111/25**). 2524

Osatek, SA Se impugna, por el procedimiento de **conflicto colectivo**, una MSCT, y se solicita que se declare que tal modificación sustancial es nula o subsidiariamente injustificada, y se condene a la empresa demandada Osatek, SA a estar y pasar por esta declaración y a reponer a los trabajadores en sus anteriores condiciones de trabajo. Se desestima en instancia la demanda y se confirma en casación, por cuanto la instrucción de la empresa, referida al **sistema de cobertura de bajas médicas y asignación de jornada semanal**, no supone una alteración del mecanismo aplicado hasta la fecha. La empleadora es un **organismo público** que debe ajustarse a la legalidad vigente en la cobertura de las bajas médicas. Tampoco contraviene lo dispuesto en el convenio colectivo de aplicación (**TS 25-2-25, Rec 43/23**). 2527

Prosegur Soluciones, SA Se impugna, por el procedimiento de **conflicto colectivo**, una MSCT, y se reclama «que la decisión empresarial de modificar el **sistema de retribución variable** conlleva una auténtica modificación de la misma», incumpliendo lo prescrito en el ET art.41; y como consecuencia, y previa declaración de nulidad o injustificación, se deje sin efecto la modificación sustancial, condenando a la empresa a **reponer** a la totalidad de los trabajadores de la misma a sus anteriores condiciones de trabajo previas, debiendo la empresa estar y pasar por dicha declaración, debiendo abonar las **diferencias salariales** que se hayan generado en la retribución variable de cada trabajador a consecuencia de dicha modificación. Se desestima dicha pretensión, porque el sistema de retribuciones implantado en la empresa **no** era **consolidable**, porque la demandante no ha probado la variación denunciada y, en tercer lugar, porque se trata de una campaña voluntaria (**AN 16-7-25, Proc 186/25**). 2530

2532 **RENFE Ingeniería y Mantenimiento y otros** Se impugna, por el procedimiento de **conflicto colectivo**, una **modificación sustancial colectiva** cuya nulidad se reclama o, subsidiariamente, su injustificación. Se desestima la **excepción de falta de acción**. Se desestima la demanda, por cuanto, examinados los correos electrónicos referidos en el hecho sexto, no se deduce que la empresa pretenda alterar los términos del acuerdo colectivo de fecha 28-6-2021, pues la fijación en las nuevas contrataciones de un porcentaje de trabajo a distancia del 30% es perfectamente posible, como lo es también modificar la acordada en los contratos vigentes, siempre y cuando se recabe el consentimiento del trabajador afectado, como también, dentro de los términos del acuerdo, es **posible acordar la reversión** a trabajo presencial como se pretende por la empresa, como igualmente lo es **condicionar la renovación** del acuerdo de trabajo a distancia, una vez expirada la duración de un año estipulada, a un nuevo porcentaje de presencialidad, dentro de los límites del acuerdo (**AN 19-5-25, Proc 108/25**).

2535 **Rentokil Initial España, SA** Se impugna, por el procedimiento de **conflicto colectivo**, una MSCT, y se solicita que se declare la nulidad de la medida adoptada por la empresa, consistente en la modificación para el año 2025 del **sistema de incentivos**, así como los actos posteriores en ejecución de dicho cambio que se hayan podido realizar, con todos los efectos inherentes a dicha declaración, y, subsidiariamente, se declare dicha medida como injustificada, con las demás consecuencias legales, condenando a la empresa a estar y pasar por la anterior declaración. Se desestima la **excepción de caducidad** de la acción. Se desestima la demanda, por cuanto no se ha producido una modificación sustancial colectiva, toda vez que lo acreditado es que la empresa aplica a sus comerciales desde el año 2008 un **sistema de incentivos no consolidables** y como concesión unilateral, de forma discrecional y variando los criterios de concesión año a año. Y ha aplicado la misma dinámica de consulta previa a la RLT y posterior comunicación individual de objetivos a las personas afectadas en anteriores ejercicios. Esa misma dinámica fue la utilizada a finales del año 2024 para presentar la propuesta de objetivos de 2025. De este modo, no tratándose de retribución variable prevista en norma convencional alguna y no dependiendo de la negociación colectiva, la **empresa es libre de fijar los parámetros** de tal tipo de incentivo en atención a su ramo de actividad, a sus necesidades y a sus previsiones de crecimiento. Y ello sin necesidad de acudir al procedimiento del ET art.41. No cabe, por ello, declarar la nulidad o injustificación de una medida que, como ya hemos señalado, es de carácter discrecional en su origen (**AN 13-6-25, Proc 87/25**).

2538 **Roche Diagnostics** Se reclama, por el procedimiento de **conflicto colectivo**, que se declare la nulidad de la decisión de **modificación sustancial** de condiciones de carácter **colectivo**, llevada a cabo por la empresa, por violación de derechos fundamentales de libertad sindical en su vertiente de negociación colectiva, **dejando sin efecto** el establecimiento del nuevo importe teórico de los **incentivos**, el nuevo desglose de la partida de incentivos, el rango de cobertura de los objetivos y el rappel a aplicar para establecer el importe de los incentivos, y condenando a la empresa a **reponer** a los afectados en sus anteriores condiciones de trabajo, y al abono de los **daños y perjuicios** que la decisión empresarial produjere una vez aplicada, durante el tiempo en que se mantengan sus efectos, mediante el abono de la retribución variable calculada conforme a las condiciones anteriores. **Subsidiariamente**, se declare **injustificada** la decisión de modificación sustancial de condiciones de carácter colectivo llevada a cabo por la empresa, condenando a la misma a reponer a los trabajadores en sus anteriores condiciones de trabajo, dejando sin efecto el establecimiento del nuevo importe teórico de los incentivos, el nuevo desglose de la partida de incentivos, el rango de cobertura de los objetivos y el rappel a aplicar para establecer el importe de los incentivos, y condenando a la empresa al abono de los **daños y perjuicios** que la decisión empresarial produjere una vez aplicada durante el tiempo en que se mantengan sus efectos, mediante el abono de la retribución variable calculada conforme a las condiciones anteriores. Se desestiman las **excepciones** de caducidad e inadecuación de procedimiento y se desestima la demanda, por cuanto el **mero cambio de estructura del objetivo**, sin concreta fijación de los parámetros correspondientes a cada trabajador en particular o de los logros a conseguir por cada departamento que se describe en el presente caso, no implica de por sí y con carácter generalizado una reducción salarial a un número de trabajadores que supere los umbrales referidos en el ET art.41.4 para que la misma deba reputarse como colectiva (**AN 26-5-25, Proc 95/25**).

SAERCO Se reclama, por el procedimiento de **conflicto colectivo**, que se declare la nulidad de la MSCT impugnada o, subsidiariamente, injustificada, declarando el derecho de los trabajadores afectados a ser repuestos en sus anteriores condiciones y condenando a la empresa a estar y pasar por tal declaración. Se desestima la demanda, por cuanto se ha acreditado el cumplimiento de las **exigencias formales** por la demandada, quien negoció de buena fe, acreditándose una **situación económica negativa**, que justifica razonada y proporcionadamente la modificación impugnada (**AN 30-6-25, Proc 142/25**). **2540**

Servihogar Gestión 24h, SL Se impugna, por el procedimiento de **conflicto colectivo**, una modificación sustancial cuya nulidad se reclama. No se considera la **eventual caducidad** de la acción, toda vez que es presupuesto constitutivo para su activación que se acredite la concurrencia de una modificación sustancial, lo que no ha sucedido aquí. **No** concurre modificación sustancial **colectiva**, por cuanto la política de **teletrabajo** vigente en la empresa dejó de tener vigencia, implantándose por la empresa un nuevo sistema que alteraba el porcentaje de presencialidad para los **trabajadores con discapacidad** del 100% al 75%. Consiguientemente, si la política de teletrabajo dejó de estar vigente, nada altera o modifica la nueva, que sustituye a la anterior en los términos decididos por la empresa (**AN 16-5-25, Proc 83/25**). **2543**

Siemens Rail Automation Se impugna, por el procedimiento de **conflicto colectivo**, una **modificación sustancial colectiva**, y se solicita que se declare contraria a Derecho la decisión unilateral de la empresa, con efectos del 1-1-2021, de dejar de abonar en los sistemas ordinario y extraordinario de **trabajo a distancia** los **conceptos extrasalariales** plus transporte, subvención comida y comida en especie, regulados en CCol Siemens Rail Automation art.18.C y 32, respectivamente. Se desestima en instancia la demanda por **caducidad** de la acción. Se desestima el recurso de casación, por cuanto la acción de impugnación de la decisión unilateral de la empresa empresarial de dejar de abonar a los trabajadores a distancia los pluses de transporte, subvención de comida y comida en especie, está caducada por **no** haberse **impugnado** la decisión empresarial **dentro del plazo legal** establecido al efecto. De haberlo hecho, la MSCT hubiese sido nula por no haber acudido al procedimiento del ET art.41, incluso en el supuesto de que la empresa hubiere podido justificar dicha medida. **Tampoco vulnera** el derecho a la tutela judicial efectiva ni el derecho a la negociación colectiva ni a la libertad sindical denunciado. La declaración de la caducidad de la acción no afecta a esos derechos (**TS 11-12-24, Rec 41/23, confirma AN 14-11-22, Proc 262/22**). **2545**

SME, SA Se impugna, por el procedimiento de **conflicto colectivo**, una MSCT, y se solicita que se declare nula o subsidiariamente injustificada, por no haberse alegado ni acreditado la causa, la decisión de la empresa de **suprimir el seguro de vida** del personal de las autopistas de peaje R4, AP36 y AP 41, pertenecientes al denominado grupo de riesgo núm 1, condenando a la demandada a reintegrar a los trabajadores/as a sus anteriores condiciones de trabajo, lo que supone volver a suscribir para el año 2023 las pólizas de sus seguros de vida. Se estima en instancia dicha pretensión, que se confirma en casación, toda vez que la supresión unilateral por la empresa de un seguro de vida en favor de los trabajadores adscritos a las concesiones de las autopistas R-4 y AP-36, en las que la empresa se subrogó, constituye una alteración sustancial o supresión de mejoras voluntarias de la acción protectora de la Seguridad Social, como es un seguro de vida en favor de los trabajadores, y queda **2547**

bajo el ámbito del ET art.41 aunque no se mencione expresamente en el mismo y sí en el ET art.83.2 (**TS 2-7-25, Rec 207/23, confirma AN 22-5-23, Proc 17/23**).

2549 **Universidad de la Iglesia de Deusto** Se reclama, por el procedimiento de **conflicto colectivo**, que la modificación de la que ha sido objeto el colectivo de PDI (**personal docente e investigador**) en lo refiere a la **impartición de la formación online**, siendo esta modificación la que afecta a la jornada de trabajo, al cómputo de la jornada (con menor reconocimiento de los créditos docentes, u horas que computan en la impartición de la formación online) y al sistema retributivo (habida cuenta de que es directamente proporcional al cómputo de la jornada de trabajo, como se señala en el hecho duodécimo de la demanda), es nula o subsidiariamente injustificada; y acceda a dejarla sin efecto y a reponer al colectivo afectado en sus anteriores condiciones de trabajo, respecto al cómputo de jornada y su sistema retributivo, siendo los mismos los recogidos en el Acuerdo alcanzado ante la Sala de lo Social TSJ País Vasco 2-4-19, Proc 25/18. Y se condene a la empresa demandada, Universidad de la Iglesia de Deusto, a estar y pasar por esta declaración y a hacerse cargo de las resultas derivadas de tal declaración. Se estima parcialmente la demanda y se declara injustificada la medida. La sentencia es casada por el TS, toda vez que **cualquier decisión** de la empresa en la reorganización del trabajo docente, por el hecho de ser novedosa y no preexistente, **no constituye mecánicamente una alteración** sustancial de las condiciones de trabajo, en tanto en cuanto lo determinante es que el propio Acuerdo colectivo anexo I.4.1.f, configurado por el MGPDI, contempla la previsión pactada de que la docencia de un crédito en formación dual, ejecutiva, on line o semipresencial corresponderá a una determinada cantidad de créditos docentes que se regularían en el plazo de un año. En consecuencia, igual que se resolvió en la formación dual, no puede haber una MSCT que, al margen de que no fueran previas o preexistentes y que pudiera tener, como destaca la sentencia recurrida, un reflejo en lo tocante a la jornada que antes venía siendo desempeñada de forma presencial, venía amparada en el acuerdo colectivo –como hemos visto–, que habilitaba a tal regulación de la docencia on line por parte de la empresa, sin necesidad de previa negociación (**TS 8-4-25, Rec 252/22, casa AN 7-7-22, Proc 126/22**).

2551 **Veiasa** Se impugna, por el procedimiento de **conflicto colectivo**, una **modificación sustancial colectiva**, consistente en la **supresión del quebranto de moneda**, y se reclama que se declare su nulidad o injustificación, reconociendo el derecho de los trabajadores afectados a que sean repuestos en sus condiciones anteriores a la modificación operada, reintegrándoles el plus de quebranto de moneda desde la nómina de octubre de 2021, condenando a la empresa demandada a pasar por dicha declaración. Se desestima en instancia dicha pretensión, que se confirma en casación, sin que sea necesario tramitar una inaplicación del convenio. Se entiende que la medida impugnada no constituye MSCT, tiene causa justificada y **no es condición más beneficiosa**. **No** cabe apreciar **discriminación por razón de género** por el simple dato de que en el colectivo afectado hay más mujeres que hombres, sin evidenciarse, ni siquiera indiciariamente, ningún tipo de sesgo. Doctrina sobre la **revisión** de hechos declarados probados (**TS 11-12-24, Rec 272/22**).

2553 **Vueling Airlines, SA** Se impugna, por el procedimiento de **conflicto colectivo**, una MSCT, y se solicita: 1. La nulidad y subsidiaria injustificación de la MSCT de carácter colectivo, consistente en la **modificación del régimen de imaginarias** mediante la creación de las «imaginarias de aeropuerto», condenando a Vueling Airlines, SA a estar y pasar por dicha declaración, con todas las consecuencias legales inherentes, reconociendo el derecho de los **TCP** a ser repuestos en el régimen de imaginarias previo a la modificación sustancial adoptada con efectos del 1-7-2022. 2. Reconocer que los TCP tienen derecho a **indemnización de daños y perjuicios**, en la cuantía resultante de restar, al salario que debieran haber percibido, considerando que todas las horas de cada «imaginaria de aeropuerto» realizada a partir del 1-7-2022 son horas de trabajo efectivo y computan a efectos de sector, la retribución efectivamente percibida por cada una de dichas imaginarias (sin tener en cuenta conceptos extrasalariales, esto es, la retribución establecida por imaginaria en el CCol Vueling Airlines anexo 3). Con condena a Vueling Airlines, SA a estar y pasar por dicha declaración, con todas las consecuencias legales inherentes. En instancia se estima únicamente la primera de las pretensiones de la demanda. Se confirma en casación y se mantiene el pronunciamiento de nulidad de ese cambio declarado por la AN, desestimando así el recurso de Vueling, y se desestima también el recurso del sindicato STAVLA, que insistía en la declaración del derecho de los afectados a una indemnización equivalente a las diferencias de salario entre el de trabajo efectivo y el realmente percibido por tales imaginarias (**TS 8-4-25, Rec 98/23, confirma AN 16-1-23, Proc 235/22**).

Stellantis and you, SAU Se impugna, por el procedimiento de **conflicto colectivo**, una MSCT, y se reclama que se anule la modificación operada y, en su defecto, se declare injustificada, ordenando que se reponga a los trabajadores al **sistema de incentivo** que se ha venido aplicando con anterioridad a la medida y al pago de las diferencias económicas resultante. Se estima en instancia dicha pretensión. La Sala IV casa la sentencia recurrida, concluyendo que, si el convenio colectivo llama a la **mediación obligatoria**, debe cumplirse lo convenido, entendiéndose que no tendría ningún sentido que el ordenamiento jurídico potencie –con carácter general– la solución extrajudicial de los conflictos colectivos a través de previsiones obligatorias establecidas por la negociación colectiva y que, cuando un convenio lo realiza respecto de una determinada materia –la modificación del sistema de incentivos en este caso–, los órganos judiciales, apartándose de la literalidad de la norma, construyeran una interpretación radicalmente contraria (**TS 17-9-25, Rec 48/24, casa AN 30-10-23, Proc 176/23**). 2555

Regus Management Spain Se reclama, por el procedimiento de **conflicto colectivo**, que se declare la nulidad de la **decisión empresarial**, comunicada el 25-4-2025, por la que se modifican los objetivos fijados para el primer trimestre de 2025, una vez ya devengados, por tratarse de una MSCT en materia de **sistema de remuneración y cuantía salarial**, al no haber seguido el procedimiento del ET art.41.4 y, subsidiariamente, para el supuesto de que tal modificación no fuera considerada sustancial a los efectos del ET art.41, que se declare igualmente su nulidad por vulnerar los preceptos legales y jurisprudencia que se cita en la demanda. Se estima dicha pretensión y se anula la decisión empresarial controvertida, por la cual se redujo la retribución variable devengada durante el primer trimestre de 2025, amparada en un **supuesto error a la hora de fijar el objetivo**, puesto que la empresa demandada no ha acreditado, ni siquiera indiciariamente, que se hubiera producido dicho error (**AN 15-9-25, Proc 202/25**). 2557

Caterpillar Energy Solutions Se reclama, por el procedimiento de **conflicto colectivo**, que se declare nula o, subsidiariamente, injustificada la **decisión empresarial** de MSCT, consistente en la modificación del **régimen de trabajo remoto**, con reposición a todo el personal afectado de las condiciones laborales previas a su adopción y con cuanto más proceda en Derecho. Acreditado que, en el correo de 9-4-2025, se dio cuenta con claridad sobre la decisión inquebrantable de la empresa de poner fin a la política de un día de trabajo en remoto a partir del día 2-6-2025, no siendo el posterior correo sino un mero recordatorio del anterior, es claro que la **acción debió interponerse** antes del vigésimo día hábil. Consiguientemente, como no se formalizó en el plazo mencionado, se declara caducada la acción (**AN 22-9-25, Proc 208/25**). 2560

Enterprise Solutions Procesos de Negocio España, SLU Se reclama, por el procedimiento de **conflicto colectivo**, la nulidad de la **decisión empresarial** de **modificar el horario** de las personas trabajadoras afectadas por el conflicto, al no haberse seguido el procedimiento del ET art.41.4. Subsidiariamente, para el caso de no considerar la modificación sustancial, se declarase su nulidad por vulnerar lo dispuesto en el art.26 del convenio colectivo de aplicación. Se estima dicha pretensión, 2562 por cuanto la modificación impuesta **no se ajusta a la norma** convencional aplicable, que exige un acuerdo con la representación legal de los trabajadores en caso de modificarse las bandas horarias de cada turno, lo que acontece con el cambio operado; y constituye además una MSCT, al **no** ser **accesoria ni accidental**, retrasando el horario de entrada y el de salida en dos horas, lo que repercute directamente en la organización de la vida personal y profesional de los trabajadores afectados (**AN 24-9-25, Proc 216/25**).

2565 **FGC** Se reclama, por el procedimiento de **conflicto colectivo**, que se declare la **nulidad del Acuerdo** alcanzado por Ferrocarrils de la Generalitat de Catalunya y por los sindicatos UGT y CGT, en acta final de fecha 16-12-2022 del **periodo de consultas** iniciado por la empresa con el objeto de **modificar las condiciones de trabajo** en ella referidas, dejando dicha modificación sin efectos. Se estima en instancia dicha pretensión. La Sala IV casa la sentencia recurrida, por cuanto el hecho de que una empresa venga incumpliendo ciertas normas (en el caso, el preaviso para la realización de jornada irregular) no impide que la regularización de su situación pueda implicar **exigencias organizativas** que integren una causa organizativa a los efectos de fundar una MSCT. Consideración de las facultades de revisión judicial de la MSCT de carácter colectivo concluida con acuerdo entre la empresa y la representación de los trabajadores (**TS 22-9-25, Rec 45/24**).

2567 **Ibersys Seguridad y Salud** Se reclama, por el procedimiento de **conflicto colectivo**, que se declare la nulidad de la **medida adoptada unilateralmente**, consistente modificar las medidas acordada en el Acuerdo de MSCT de fecha 15-12-2022 mediante la **creación del denominado Plan de Flexibilidad** y, subsidiariamente, se declare la misma injustificada o no ajustada a derecho. Se estima en instancia dicha pretensión. La Sala IV confirma la sentencia recurrida, por cuanto la empresa no puede modificar unilateralmente el acuerdo colectivo de 15-12-2022, producido en un procedimiento de MSCT, por el plan de flexibilidad («nuevo marco de flexibilidad»), cuya **adhesión individual** la empresa propone a las personas trabajadoras a partir del 15-6-2024, **no respeta** la fuerza vinculante de aquel acuerdo (Const art.37.1) ni la libertad sindical del sindicato demandante que lo firmó (Const art.28.1) (**TS 2-10-25, Rec 42/25, confirma AN 21-10-24, Proc 285/24**).

2570 **CHUBB Iberia, SA** Se impugna, por el procedimiento de **conflicto colectivo**, una MSCT impuesta unilateralmente por la empresa, sin seguir los trámites del ET art.41, que ha afectado a la **jornada pactada** del colectivo de **trabajadores técnicos de servicios**. Se estima dicha pretensión y se declara la nulidad de la jornada y horario implementados por la empresa desde el 27-6-2025 para el personal técnico de servicios, condenando a la empresa demandada a **mantener la jornada y horario** previstos en el acuerdo vigente desde el 22-7-2024, así como la **nulidad de la supresión del ticket comida**, condenando a la empresa a su abono en las condiciones preexistentes a su anulación, anudado a la realización de la **jornada partida y** también la nulidad de la medida consistente en **no computar como tiempo de trabajo** el invertido desde el domicilio al primer centro de trabajo/cliente, condenando a la empresa a computar el primer desplazamiento como tiempo de trabajo. Se declara finalmente la lesión del derecho de **libertad sindical**, en su vertiente a negociar, del sindicato CCOO, condenando a la empresa a indemnizarlo en la cuantía de 1.000 € en concepto de **daños morales**, ya que esas medidas, promovidas unilateralmente por la empresa, constituyen modificaciones sustanciales de las condiciones de trabajo, que deben tramitarse necesariamente por el procedimiento del ET art.41 (**AN 6-10-25, Proc 237/25**).

2573 **Smarttech Industry Software Solutions, SLU** Se impugna, por el procedimiento de **conflicto colectivo**, y se solicita que se declare nula y subsidiariamente injustificada la decisión empresarial de MSCT, condenando a la empresa a estar y pasar por dicha declaración, acceda a dejarla sin efecto y a respetar las condiciones de trabajo anteriores, reponiendo a los trabajadores en las condiciones que venían disfrutando hasta la modificación. Se desestiman ambas pretensiones, por cuanto se ha probado que la demandada, como **sociedad escindida** del grupo Ayesa, ha necesitado de un **proceso de reestructuración**, pasando de ser una empresa de estructura completamente horizontal a una entidad con departamentos propios y estructura vertical, que a su vez modifica el **sistema de producción** y que permite tanto la evaluación del comportamiento de la empresa en global como el de cada departamento en particular, así como la **concreta valoración del desempeño** por parte de los trabajadores, y tal circunstancia se cohonesta con la idoneidad del nuevo sistema para **mejorar la competitividad** de la demandada, lo cual encaja en el concepto de causas organizativas y productivas que proporciona el ET art.41.1, significándose que **no han de suponer una merma salarial**, pues la consecución de las mismas dependerá de los concretos objetivos departamentales e individuales que fije la demandada en aplicación del nuevo sistema, pudiendo suceder lo contrario, esto es, que la misma se vea aumentada por el mayor peso de los nuevos KPIs. Se concluye, por tanto, que concurren las causas organizativas y productivas que justifican la medida (**AN 21-10-25, Proc 258/25**).

35. Movilidad funcional y geográfica

RENFE Se reclama, por el procedimiento de **conflicto colectivo**: a) El derecho de los **trabajadores que han comprometido permanencia** en una ubicación geográfica a **participar en el concurso**. Se estima dicha pretensión y se declara que «las personas trabajadoras que, siendo sujeto de la presente Convocatoria, tengan compromiso de permanencia en algún ámbito geográfico concreto, solo podrán optar a las plazas ubicadas en dicho ámbito geográfico», reconociendo el derecho de los Operadores Comerciales de Ingreso N2, Operadores Comerciales de Entrada N2, Operadores Comerciales Especializados N2 y Operadores Comerciales N1 a participar en dichas convocatorias sin restricción de ámbito geográfico alguno, permitiendo la toma de posesión de la plaza adjudicada si ya hubiera culminado el periodo de permanencia o diferir la toma de posesión a un momento ulterior, para el caso de no haber transcurrido el periodo de permanencia al momento de producirse aquélla. b) No ajustada a Derecho la decisión empresarial general de no permitir participar en las pruebas de las convocatorias de Movilidad Geográfica y Funcional POI24-4-1960, POI24-4-1961, POI24-4-1962 y POI24-08/2123 a las **personas que se encuentren en situación de incapacidad temporal**, reconociendo el derecho de éstas a participar en el proceso de movilidad si su estado es compatible con la realización de las pruebas; condenando a las demandadas a estar y pasar por dichas declaraciones (**AN 15-1-25, Proc 153/24**). **2575**

Se reclama, por el procedimiento de **conflicto colectivo**: 1. La **ilegalidad de la convocatoria** realizada por Grupo RENFE, por ser la misma extemporánea, debiendo concretarse el proceso de movilidad con posterioridad a la adscripción a gráfico, y vulneradora de los principios de publicidad, transparencia e igualdad. 2. El cese de la conducta denunciada, con la consiguiente **publicación de los listados de vacantes** completos, y siempre antes de la finalización del proceso y de dar a conocer el listado definitivo, exigiendo a las demandadas a la inclusión en los mismos tanto de las residencias como los cuadros de servicio existentes en cada una de ellas. 3. La **exclusión** de cualquier posibilidad de que en el listado de reserva **se adjudiquen plazas** no publicadas previamente y ofertadas en la movilidad geográfica. 4. Demás pronunciamientos que en Derecho procedan. Se desestima en instancia la demanda y la sentencia se casa por el TS, por cuanto se ha vulnerado el Acuerdo de 22-11-2019 alcanzado en la Comisión Negociadora del II CCol del Grupo RENFE, sobre normativa aplicable al colectivo de conducción, relativa a los procesos de movilidad geográfica voluntaria, adscripción a cuadro de servicio e incorporación al colectivo, que exige que, **con carácter previo** al proceso de movilidad, se efectúe un proceso de adscripción a nivel de centro de trabajo (**TS 2-7-25, Rec 117/23, casa AN 25-1-22, Proc 234/22**). **2578**

2580 **UTE Transalud Aragón y otra** Se reclama, por el procedimiento de **conflicto colectivo**, se declare que los trabajadores con la categoría de conductores (TTS), ayudantes de camillero (TTS) y camillero (TTS) del transporte no urgente de pacientes en ambulancia **no** tengan que realizar **traslado y movilizaciones de pacientes dentro del centro hospitalario**, limitándose sus funciones al traslado de pacientes **hasta o desde el centro asistencial**, condenando a la empresa demandada y al Departamento de Sanidad del Gobierno de Aragón a estar y pasar por dicha declaración, pues así procede en derecho y justicia. Se desestima dicha pretensión en instancia y se confirma la sentencia por la Sala IV, quien concluye, en aplicación del CCol del sector de Transporte de enfermos y ambulancia de la CA de Aragón art.30, cuya su literalidad demuestra que las funciones de estos profesionales abarcan no solo sus tareas propias y singulares, sino también las auxiliares y complementarias relacionados con el vehículo y con el enfermo y/o accidentado que **incluye** el traslado o movilización del paciente no solo hasta la puerta del hospital, sino **hasta** el box, habitación o planta de destino y al contrario desde la instalación hospitalaria hasta el domicilio. Y esta interpretación se ve reforzada por el hecho de que así se estuviera haciendo hasta el planteamiento del conflicto colectivo, y por desprenderse del tenor literal del pliego de condiciones que regula la contrata (**TS 1-10-25, Rec 75/24**).

36. Ofertas de empleo

2585 **Logirail Sociedad Estatal Mercantil** Se impugna, por el procedimiento de **conflicto colectivo**, una **oferta de empleo** y se solicita la nulidad de la convocatoria impugnada, así como que se condene a la empresa a la **previa negociación colectiva** de la oferta de empleo y a que garantizase que dicha oferta asegurase los derechos de acceso preferente, promoción interna y de movilidad geográfica de la actual plantilla de fijos y temporales, obligándose en todo caso a transmitir dicha información mediante el mecanismo que sea decidido en dicha comisión, absteniéndose de incluir cláusulas de adjudicación preferente referidas a discriminación negativa o positiva de género y de su aplicación arbitraria con falta de transparencia. Se desestiman dichas pretensiones, por cuanto la oferta impugnada **se ha ajustado plenamente** al procedimiento exigido, que no exige negociación de las bases, sin que sea exigible establecer en la convocatoria criterios para evitar genéricamente fraudes en la contratación ni haya déficit de información ni discriminación (**AN 31-3-25, Proc 23/25**).

37. Pagas extraordinarias

2590 **BA Glass Spain** Se reclama, por el procedimiento de **conflicto colectivo**, que se declare que, en la paga de beneficios abonada en el 2021 y devengada en el año 2020, **no cabe computar como días de ausencia**, a los efectos de falta de reconocimiento de su devengo ni a los efectos de reducción de su importe, las siguientes **situaciones**: disfrute de crédito horario sindical, incapacidad temporal por contingencias comunes o contingencias profesionales, excedencia por cuidado de hijo o ascendiente que no puede valerse por sí mismo y permiso de maternidad y paternidad, de modo que dichos periodos se tengan por presencia efectiva al trabajo, tanto a los efectos de causar derecho al devengo de la paga como a los efectos de percibir su importe íntegro, y, en ambos casos, condene a la empresa a **abonar a todos los trabajadores** afectados la cantidad indebidamente impagada, por computar como ausencia tales situaciones o por la exclusión de su derecho a percibirla. Se estima parcialmente la demanda de los sindicatos en instancia, concluyendo que no cabe computar como días de ausencia, ni para el devengo ni para el importe de la paga de beneficios de los años 2021 y 2020, los días dedicados al disfrute de crédito horario sindical; excedencia por cuidado de hijo o ascendiente que no puede valerse por sí mismo; permiso de maternidad y paternidad. Se confirma por el TS, previa desestimación de las **excepciones** de inadecuación de procedimiento y prescripción. Se descarta también la revisión de hechos. Respecto al fondo, sostiene que se vulnera la libertad de la empresa, al calificar la paga extraordinaria de beneficios que concede a los trabajadores como «regalo» unilateral, por lo que es admisible que por la empresa se pueda descartar como equiparable al trabajo efectivo determinadas ausencias. La Sala IV no comparte su criterio y afirma que las **decisiones unilaterales del empresario** han de respetar los derechos legales y constitucionales, y recuerda la existencia de normas, entre las que cita el ET art.17.1, que protegen a quienes ejercen sus derechos sindicales o de conciliación de la vida familiar y laboral (**TS 6-5-25, Rec 149/23, confirma AN 6-3-22, Proc 379/22**).

Sergas Se reclama, por el procedimiento de **conflicto colectivo**, que se declare que el importe de las **pagas extraordinarias del personal MIR** deberá quedar conformado por la inclusión de los conceptos retributivos, tanto del sueldo base, como de los complementos de formación, atención continuada y jornada complementaria en el supuesto de que esta sea realizada, condenando a la demanda a estar y pasar por tal declaración. Se desestima en instancia dicha pretensión, que se confirma por el TS en casación. Se reclama que, en las pagas extraordinarias de los médicos internos residentes, se sume, además del sueldo y del complemento de grado de formación, el **importe correspondiente a las guardias** (complemento de atención continuada), lo que se descarta por el TS, por cuanto el RD 1146/2006 art.7, **norma básica** de la relación laboral especial de los MIR, fija como cuantía mínima de cada paga extra una mensualidad del sueldo y del complemento de grado de formación, sin mencionar el de atención continuada. Consiguientemente, la **inclusión de otros conceptos** solo sería posible si leyes presupuestarias, convenios colectivos o pactos individuales mejoraran ese mínimo, mejora que en Galicia no existe. Se aplica, por tanto, la jurisprudencia reciente (TS 9-5-23, Rec 2919/22; 11-4-23, Rec 170/21, y posteriores) y se concluye que las guardias no forman parte de las pagas extraordinarias de los MIR (**TS 10-6-25, Rec 157/23**). 2592

Servicio Andaluz de Salud Se reclama, por el procedimiento de **conflicto colectivo**, el derecho del **personal laboral en formación especializada en Ciencias de la Salud** a que se les abone en las **pagas extra** de junio y diciembre la cuantía correspondiente al resultado de sumar el importe del sueldo base, más **complemento** de formación, atención continuada y jornada complementaria, o por realización de **guardias**, este último calculado en la media de las guardias realizadas en los 6 meses anteriores al devengo de las pagas extraordinarias), con efectos desde la paga extraordinaria de diciembre de 2021, condenando al organismo demandado a estar y pasar por tal declaración y a cuanto más en derecho derive de la condena. Se desestima en instancia dicha pretensión, que se confirma en casación, toda vez que, en el cálculo de las pagas, **se incluirá** el complemento de grado de formación y **no se incluirán** los complementos de atención continuada y jornada complementaria o por realización de guardias para los trabajadores en formación que hayan sido contratados por el Servicio Andaluz de Salud mediante una relación laboral especial de residencia para la formación de especialistas en Ciencias de la Salud (**TS 5-3-25, Rec 96/23**). 2595

38. Permisos

Cementos Portland Valderribas Se reclama, por el procedimiento de **conflicto colectivo**, que la **empresa descuente del salario** de los trabajadores que ejercitan medias de conciliación los elementos retributivos ligados al puesto y al horario en sus centros de trabajo de Madrid y Palencia; es decir las personas trabajadoras de estos centros de trabajo que disfrutan de **permisos vinculados a la conciliación** no perciben la totalidad de la retribución que les correspondería de no haberlos disfrutado, por cuanto se les descuentan del salario los conceptos retributivos ligados al puesto y al horario. Señala que el conjunto de afectados serían los trabajadores de los centros de trabajo de Madrid y Hontoria y, potencialmente, el resto de los traba- 2600 jadores de la empresa demandada afectados por el plan de igualdad, único para la empresa y de ámbito nacional, así como los distintos convenios o acuerdos que regulan las condiciones de trabajo por centro de trabajo. Señala que el plan de igualdad contiene una medida que obliga a la empresa a vigilar que el ejercicio de los derechos de conciliación no suponga una discriminación en el resto de las condiciones de trabajo, incluidas las retributivas; mientras que el convenio colectivo para el centro de Hontoria no establece ninguna limitación retributiva en el disfrute de los permisos y el acuerdo para el centro de Madrid sí contempla dichos límites. Se estima la **excepción de incompetencia funcional** de la Sala en beneficio de los Juzgados de lo Social de Palencia, por cuanto no se ha acreditado que el conflicto concurra en los centros de trabajo de Madrid, cuyos complementos retributivos son diferentes (**AN 23-7-25, Proc 201/25**).

2602 **Central Nuclear Ascó/Vandellós** Se reclama, por el procedimiento de **conflicto colectivo**, que, en aplicación e interpretación del IV CCol de la Asociación Nuclear Ascó-Vandellós II, AIE, art.73.1.c, que regula el **permiso retribuido** en los supuestos de **hospitalización o enfermedad grave** del cónyuge o parientes hasta el segundo grado de consanguinidad o afinidad, el derecho los trabajadores afectados por el presente conflicto colectivo, a disfrutar del permiso completo de 5 días, previsto en el citado artículo para los supuestos de hospitalización o enfermedad grave del cónyuge o parientes del trabajador, hasta el segundo grado de consanguinidad o afinidad, con independencia de que el **familiar siga o no hospitalizado**, sin que quepa por tanto minorar los 5 días previstos en la norma, y sin más condicionamiento que la justificación de la hospitalización. Se estima en instancia dicha pretensión, que se confirma en casación, toda vez que la norma colectiva instaura un permiso de 5 días de hospitalización o enfermedad grave de parientes; si, además del alta hospitalaria, se ha cursado el **alta médica antes de que transcurra el plazo** máximo de 5 días, su justificación, consistente en cuidar del pariente hospitalizado, habrá desaparecido. Por ello, aplican la doctrina de la TS 5-3-12, Rec 57/11, y declaran que este permiso retribuido por hospitalización de cónyuge y parientes no se extingue con el alta hospitalaria, pero sí que finaliza con el alta médica (**TS 6-5-25, Rec 104/23**).

2604 **Exolum Corporation** Se reclama, por el procedimiento de **conflicto colectivo**, que se declare que los **permisos** retribuidos del ET art.37.3 y las **licencias** retribuidas del CCol Exolum Corporation art.36, así como las **ausencias** por fuerza mayor del ET art.37.9, las **suspensiones** de contrato del ET art.48.4 a 8, el permiso parental del ET art.48 bis y las situaciones de **incapacidad temporal** no afectan al devengo del **premio de continuidad** regulado en CCol Exolum Corporation art.25.I.F. **Se estiman parcialmente** dichas pretensiones y se declara que los permisos retribuidos del ET art.37.3 y las licencias retribuidas del CCol Exolum Corporation art.36, excepto la licencia de matrimonio y los permisos de traslado de domicilio o por fallecimiento de familiar o allegado, así como las ausencias por fuerza mayor del ET art.37.9, las suspensiones de contrato de ET art.48.4 a 8, el permiso parental del ET art.48 bis y las situaciones de incapacidad temporal no afectan al devengo del premio de continuidad regulado en el CCol Exolum Corporation art.25.I.F (**AN 7-1-25, Proc 375/24**).

2606 **Hinojosa Packaging y otros** Se reclama, por el procedimiento de **conflicto colectivo**, que se reconozca el derecho de las personas trabajadoras de la empresa a disfrutar la totalidad del **permiso** de 5 días por **intervención por accidente o enfermedad graves, hospitalización o intervención quirúrgica** sin hospitalización que precise reposo domiciliario del cónyuge, pareja de hecho o parientes hasta el segundo grado por consanguineidad o afinidad, incluido el familiar consanguíneo de la pareja a de hecho, así como de cualquier otra persona distinta de las anteriores, que conviva con la persona trabajadora en el mismo domicilio y que requiera el cuidado efectivo de aquella, si **tras el alta** hospitalaria **no se han agotado** dichos 5 días y se ha prescrito reposo domiciliario al familiar o persona conviviente. Se desestiman las excepciones de falta de competencia territorial e inadecuación de procedimiento. Se estima la **excepción de falta de legitimación pasiva** alegada por la Asociación Española de Fabricantes de Envases y Embalajes de Cartón Ondulado (AFCO), la Federación de Gremios de Editores de España (FGEE) y la Federación Empresarial de Industrias Gráficas de España (FEIGRAF). Se estima la demanda con arreglo a la literalidad del precepto legal aplicable, sin que quepa presumir la eventual concurrencia de fraude de ley en su uso por algunos trabajadores (**AN 6-2-25, Proc 391/24**).

RACE Asistencia Se reclama, por el procedimiento de **conflicto colectivo**, que se declare la nulidad de las decisiones o prácticas empresariales de: – limitar el **permiso retribuido** del ET art.37.3.b a un máximo de **5 días** laborables al año; – limitar el reconocimiento del permiso retribuido del ET art.37.3.b exclusivamente a los días de hospitalización o intervención con ingreso hospitalario, cuando posteriormente el familiar siga necesitando cuidados domiciliarios de la persona trabajadora. Y, en consecuencia, se declare: – el derecho de las personas trabajadoras a disfrutar del permiso retribuido del ET art.37.3.b **cada vez que se produzca un nuevo hecho causante** y sin estar limitado a un máximo de 5 días al año; –el derecho de las personas trabajadoras a seguir disfrutando del permiso retribuido del ET art.37.3.b cuando, tras la hospitalización o intervención quirúrgica con ingreso hospitalario que precise reposo domiciliario de las personas que se contemplan en dicho precepto, requieran el cuidado efectivo de aquéllas. Se estiman dichas pretensiones, por cuanto las decisiones empresariales no se acomodan a lo dispuesto en el ET art.37.3.b (**AN 7-3-25, Proc 12/25**). **2608**

Serveo Servicios, SAU Se reclama, por el procedimiento de **conflicto colectivo**, que se declare la nulidad de la práctica empresarial consistente en exigir, en los supuestos contemplados en el ET art.37.3.b (derecho a **ausentarse del trabajo 5 días** por accidente o enfermedad graves, hospitalización o intervención quirúrgica sin hospitalización que precise reposo domiciliario, relativos al cónyuge, pareja de hecho y parientes hasta el segundo grado de consanguinidad o afinidad, incluyendo al familiar consanguíneo de la pareja de hecho), cualquier **requisito adicional distinto al de la relación de parentesco** y la justificación del hecho causante y se condene a la demandada a estar y pasar por la declaración anterior. Se estima dicha pretensión y se declara la nulidad de la práctica empresarial, toda vez que exigir, en los supuestos contemplados en el ET art.37.3.b, relativos al cónyuge, pareja de hecho, y parientes hasta el segundo grado de consanguinidad o afinidad (incluyendo al familiar consanguíneo de la pareja de hecho), cualquier requisito adicional distinto al de la relación de parentesco y la justificación del hecho causante no tiene soporte legal alguno (**AN 31-1-25, Proc 378/24**). **2610**

South Europe Ground Services, SL Se reclama, por el procedimiento de **conflicto colectivo**, que se reconozca el derecho de las personas trabajadoras de la empresa, **procedentes de Iberia**, al **permiso retribuido de 5 días** laborables, en los supuestos de **fallecimiento, entierro o funeral** del cónyuge, hijos, padres y hermanos, abuelos y nietos, incluso parentesco político, así como el cese de la práctica empresarial consistente en denegarlos en el supuesto anterior. Se desestiman las **excepciones** de falta de acción y pérdida sobrevenida de objeto. Se desestiman las pretensiones de la demanda, toda vez que, se ha acreditado que la **empresa viene reconociendo** 5 días hábiles de permiso en caso de fallecimiento, habiéndose acreditado, incluso, que la empresa, ante la reclamación efectuada el 9-1-2025 por el Comité Intercentros, reconoció que a los trabajadores subrogados de la empresa Iberia les serían reconocidos los 5 días de permisos laborables ex CCol South Europe Ground Services, SL art.162, con el fin de «unificar los criterios» que se habían mantenido de forma diferenciada en los distintos centros de trabajo. Todo ello, sin perjuicio del derecho de los trabajadores a quienes se niegue individualmente el derecho puedan reclamarlo personalmente (**AN 21-1-25, Proc 363/24**). **2612**

UPM Se reclama, por el procedimiento de **conflicto colectivo**, que el derecho a **12 horas por asuntos propios** regulado en el art.67.c del convenio colectivo no es recu- **2613**

perable a los efectos del cómputo de la jornada laboral anual. Se estima en instancia la demanda y se confirma en casación, por cuanto el permiso de 12 horas es **retribuido** y la ausencia de indicación de obligación de recuperarlo lleva irremediablemente a la conclusión de que se computa como tiempo de trabajo y dentro de la jornada anual (interpretación literal). Desde un punto de vista sistemático se alcanza la misma conclusión, pues en otro caso debería haberse incluido alguna mención a su carácter no retribuido (**TS 7-7-25, Rec 137/24**).

2615 **Unísono Soluciones de Negocio.** Se reclama, por el procedimiento de **conflicto colectivo**, que se declare: – El incumplimiento por parte de la empresa de lo establecido en la legislación vigente en cuanto al permiso retribuido de 5 días y de los acuerdos de fecha 21-2-2008, 16 y 17-7-2008. – El derecho de las personas trabajadoras a disfrutar íntegramente del **permiso de 5 días por intervención quirúrgica cuando requiera reposo domiciliario** en los términos establecidos por la legislación vigente. – El derecho de las personas trabajadoras a disfrutar de los mismos, sin que por parte de la empresa pueda exigirse **requisitos no establecidos** por la norma, como la prueba de la continuidad del reposo domiciliario en los casos de intervención quirúrgica. – Que el Acuerdo de entre la representación legal de las personas trabajadoras y la empresa, por el cual se establecía el **disfrute** de los días de permiso **de forma alternativa** dentro de los 15 días naturales contados desde el hecho causante, y ello sin que sea necesario acreditar que el mismo sigue vigente en el momento de disfrute, continúa siendo de aplicación a los actuales 5 días de permiso o, subsidiariamente, al menos para 3 de los 5 días concedidos en la actualidad para dichos supuestos. Se declara la **incompetencia objetiva** de esta Sala para conocer del acuerdo firmado por la sección sindical de CGT con el comité de empresa del centro de trabajo de Madrid, sin realizar pronunciamiento alguno sobre el mismo. Se estima la demanda y se declara el **derecho de los trabajadores a disfrutar íntegramente el permiso** de 5 días por intervención quirúrgica de familiar sin hospitalización, cuando requiera reposo domiciliario, **aun cuando este fuera de duración inferior**, en aplicación del ET art.37.1.3.b, así como la **vigencia de los acuerdos** firmados por los comités de empresa y la demandada de fechas 21-2-2008 y 17-7-2008, únicamente para los centros de trabajo de Vigo y Gijón, por los que se permite el disfrute continuado o alternativo de dicho permiso, sin que sea necesario acreditar que el mismo sigue vigente al momento de dicho disfrute, aplicándose a los 5 días de duración del permiso actuales (**AN 6-10-25, Proc 219/25**).

39. Plan de igualdad

2620 **Forcada&Rodríguez Abogados Asociados, SLP** Se impugna, por el procedimiento de **impugnación de actos administrativos**, la negativa a **registrar el plan de igualdad**. Se estima en instancia dicha pretensión, que se confirma en casación, aunque no se hayan cumplido las previsiones reglamentarias, ante la dificultad de contar con interlocutor válido para su negociación. plan de igualdad elaborado por la empresa ante la **prolongada incomparecencia sindical**. Supuesto subsumible en la excepcionalidad apuntada por las TS 13-9-18, Rec 213/17; 26-1-21, Rec 50/20; 25-5-21, Rec 186/19; y 20-11-24, Rec 9/24. Toma en cuenta el RD 901/2020, sobre elaboración y registro de planes de igualdad. De conformidad con Ministerio Fiscal, desestima recurso frente a TSJ Cataluña 30-1-24, Rec 44/23, que dejó sin efecto la decisión administrativa, denegando la inscripción del plan. Aplica doctrina TS pleno 11-4-14, Rec 123/23, Asseco Spain, SA (**TS 20-12-24, Rec 108/24**).

2623 **Grupo Naturgy** Se reclama, por el procedimiento de **conflicto colectivo**, que: «a) Declare que la exclusión del sindicato CIG de la **mesa negociadora** del II **Plan de Igualdad** del Grupo Naturgy es nula. b) Declare que el sindicato CIG tiene derecho a participar en la mesa negociadora del II Plan de Igualdad del Grupo Naturgy, designando representante. c) Imponga las costas del proceso por importe de 600 € a las empresas demandadas como consecuencia de la no asistencia al acto de conciliación previa, en virtud de lo dispuesto en LRJS art.66.3, a pesar de constar que se encontraban debidamente citadas. d) Condene a la parte demandada a estar y pasar por las declaraciones anteriores.». Se desestima en instancia dicha pretensión, que se confirma en casación, ya que, **si el convenio de grupo de empresa es de ámbito estatal** y transciende el ámbito territorial de una comunidad autónoma, no están legitimados para negociar los sindicatos que no se encuentren en alguno de los supuestos regulados en el ET art.87.2.a) –sindicatos que tengan la consideración de más representativos a nivel estatal, así como en sus respectivos ámbitos, las organizaciones sindicales afiliadas, federadas o confederadas a los mismos– y c) –sindicatos que cuenten con un mínimo del 10% de los miembros de los comités de empresa o delegados de personal en el ámbito geográfico y funcional al que se refiere el convenio–. Aunque el ET art.85.2 admite la posibilidad de que los convenios colectivos de ámbito superior a la empresa, a través de las oportunas **reglas de complementariedad**, pueden establecer los términos y condiciones para regular el deber de negociar los planes de igualdad en el ámbito de las empresas sometidas al mismo, el supuesto litigioso no se acomoda a tal previsión, pues no se trata de participar en la negociación del plan de igualdad de una empresa, sino de un **grupo de empresas**, sin que el convenio colectivo aplicable incluya previsión alguna en tal sentido (**TS 12-12-24, Rec 219/22, confirma AN 2-6-22, Proc 131/22**).

Mercanza, SL Se impugna, por el procedimiento de **impugnación de actos administrativos**, la negativa a **inscribir el plan de igualdad**. Se estima en instancia dicha pretensión, que se confirma en casación, por cuanto la controversia suscitada radica en determinar si debe inscribirse y registrarse el plan de igualdad de empresa (PIE) elaborado por una **comisión ad hoc**, en una empresa que carece de representación legal de trabajadores. No existiendo RLT en la empresa, a instancia de esta, la plantilla eligió a 5 personas para negociar el PIE. A la vista de los hechos acreditados, y puesto que concurre el supuesto excepcional de «**bloqueo negocial**» por incomparecencia de los sindicatos a la constitución de la comisión negociadora, es válida la elaboración unilateral por parte de la empresa (**TS 20-12-24, Rec 82/24**). **2625**

Ministerio del Interior Se impugna, por el procedimiento de **impugnación de actos administrativos**, la Resol 18-7-24 de la Subsecretaría del Ministerio del Interior, por la que se convocaba **proceso selectivo** para ingreso, por el sistema general de acceso libre y promoción interna, como **personal laboral fijo**, en los grupos profesionales M3, M2, M1, E2 y E1, sujetos al IV CCol único para el Personal laboral de la Administración General del Estado. Se desestiman dichas pretensiones, por cuanto la **obligatoriedad de elaboración de la RPT** en los términos regulados en el IV CCol único para el Personal laboral de la Administración General del Estado Título V, relativo a la organización del trabajo, **no alcanza**, sin embargo, a la regulación de los mecanismos de ingreso y promoción interna regulados en el Título VI del mismo convenio. Esto es, el IV CCol único para el Personal laboral de la Administración General del Estado art.28 prevé que la convocatoria debe incluir las plazas destinadas a su provisión por el procedimiento de promoción interna e ingreso libre, y que tales plazas resulten autorizadas en el real decreto de Oferta de Empleo Público de cada año. Y, siendo ello así y sin perjuicio de la necesaria adaptación de la RPT en los términos antes señalados, no cabe afirmar que la convocatoria infrinja el IV CCol único para el Personal laboral de la Administración General del Estado art.23.1 o, por extensión, el resto de normas que se citan en la demanda (Const art.37, ET art.3.1 y EBEP art.38.10). **No cabe**, por ello, **confundir** las plazas objeto de la convocatoria con los puestos de trabajo objeto de la RPT, que deberá ser debidamente negociada en los términos previstos en el IV CCol único para el Personal laboral de la Administración General del Estado art.23. Se descarta también la nulidad de la convocatoria en relación con las 290 plazas ofertadas por turno libre, por infringir lo dispuesto en el IV CCol único para el Personal laboral de la Administración General del Estado art.27.2, a lo que no puede accederse, porque lo que se desprende del citado artículo es el necesario ofrecimiento de la plaza, con carácter previo, en una convocatoria del concurso abierto y permanente o a través del procedimiento de **2628**

promoción interna. Y lo que resulta de las bases de la convocatoria es, precisamente, esto último (**AN 20-3-25, Proc 401/24**).

2630 **Proyectos y Mantenimientos Mecánicos Eléctricos y de Instrumentación, SA** Se impugna, por el procedimiento de **impugnación de actos administrativos**, la negativa a **inscribir el plan de igualdad**. Se estima en instancia dicha pretensión, que se confirma en casación, a la vista de los hechos acreditados; ante la imposibilidad de constituir la comisión negociadora por parte de la representación sindical y puesto que concurre el supuesto excepcional de «**bloqueo negocial**», es válida la elaboración unilateral por parte de la empresa, pero entendido como provisional, en el sentido de que en cuanto sea posible deberá propiciarse la elaboración de un PIE con una verdadera negociación (**TS 20-12-24, Rec 225/23**).

2633 **Refrival, SA** Se reclama, por el procedimiento de **impugnación de actos administrativos**, la resolución que denegó la **inscripción del plan de igualdad** de la mercantil citada. Se estima en instancia dicha pretensión, que se confirma en casación, conforme a reiterada doctrina relativa a la validez del plan de igualdad de ámbito empresarial (PIE), elaborado de forma unilateral por la empresa ante la dificultad de contar con interlocutor válido para su negociación, debido fundamentalmente a la **prolongada o parcial incomparecencia sindical**. Con base en el entramado normativo, las **pautas a seguir** son las siguientes: 1. Si el plan de igualdad se aprueba en concordancia con lo previsto en convenio sectorial, es precisa negociación colectiva; si el plan de igualdad está en el convenio de la propia empresa, cabe que una comisión se encargue de su desarrollo y aplicación. 2. En empresas obligadas a disponer de PIE, es imperativo negociar el plan de igualdad con arreglo a las normas del ET que regulan la negociación colectiva. 3. La comisión negociadora del plan de igualdad debe constituirse por acuerdo entra la empresa y los representantes legales de los trabajadores, sin que pueda ser sustituida por una comisión. 4. Las dificultades para pactar el plan no justifican su aprobación al margen del cauce previsto; es posible acudir tanto a los medios judiciales cuanto extrajudiciales de solución del conflicto para exigir que se negocie de buena fe. 5. Solo de manera muy excepcional (bloqueo negocial reiterado e imputable a la contraparte, negativa a negociar, ausencia de órganos representativos) podría aceptarse que la empresa estableciera un plan de igualdad obviando las referidas exigencias. En el caso, se trata de una situación excepcional (**TS 20-12-24, Rec 168/24**).

2635 **Vink Plastics Spain, SLU** La empresa reclama, por el procedimiento de **impugnación de actos administrativos**, una resolución administrativa que denegó la **inscripción del plan de igualdad**, reclamado que se deje sin efecto la resolución de fecha 12-1-2023 y, por tanto, se resuelva favorable a los intereses de Vink Plastics Spain, SLU y se proceda a la inscripción del plan de igualdad con acuerdo de la representación legal de los trabajadores. Subsidiariamente, revisado el plan de igualdad por parte de la Administración, si entiende que se ajusta a derecho, se proceda a su inscripción «sin acuerdo», todo ello sin perjuicio de que, en su caso, los sindicatos más representativos y más representativos del sector revisen el plan de igualdad ya inscrito, para la inscripción definitiva «con acuerdo». Se estima en instancia la demanda, que se confirma en casación, por cuanto el plan de igualdad se elaboró por la empresa ante la **prolongada incomparecencia sindical**. Se trata de un supuesto subsumible en la excepcionalidad apuntada por las TS 13-9-18, Rec 213/17; 17-12-01, Rec 95/01 y 25-5-21, Rec 186/19. Toma en cuenta el RD 901/2020, sobre elaboración y registro Planes de Igualdad. Desestima los recursos de CCOO y UGT contra la sentencia del TSJ de Madrid que deja sin efecto la resolución de la autoridad laboral y ordena el registro del plan. Aplica TS 20-12-24, Rec 168/24, Rec 225/23, Rec 82/24 (**TS 1-7-25, Rec 104/24**).

2637 **Agencia de Medio Ambiente y Agua de Andalucía** Se reclama, por el procedimiento de **conflicto colectivo**, que se declare la ilegalidad y consiguiente nulidad del **plan de igualdad** 2022/2026 de la Agencia de Medio Ambiente y Agua de Andalucía. Se estima en instancia dicha pretensión. La Sala IV confirma la sentencia recurrida, para lo cual reitera su **doctrina**, que establece que la **aprobación** del plan de igualdad **por decisión unilateral** de la empresa, o negociado sin intervención de los legitimados para negociar por la parte social, solo cabrá cuando concurran **circunstancias excepcionales**, a saber, cuando exista un bloqueo negocial reiterado e imputable a la contraparte, una negativa a negociar, o la ausencia de órganos representativos. Siendo así, que estas circunstancias extraordinarias **no concurren** en el caso analizado, pues, aun cuando se reconoce que la empresa actuó de buena fe durante la negociación con la representación de los trabajadores, en ningún momento indica la sentencia que esta última representación no actuara también de buena fe. **No ha existido bloqueo** en la negociación por ninguna de ambas partes, sino que llanamente no se ha llegado a resultado positivo fruto de dicha negociación. Además, en la empresa ya existía un plan de igualdad anterior, y la negociación entre las partes buscaba su renovación y actualización (**TS 23-9-25, Rec 224/23**).

40. Plan de pensiones

Grifols, SA Se reclama, por el procedimiento de **conflicto colectivo**, que: 1. Se reconozcan los derechos resultantes del primer Acuerdo de 30-1-2014 y se condene a la empresa a aplicarlo de la manera solicitada en este escrito. 2. Se declare nula, por no ajustada a derecho, la práctica de la Empresa Grifols, SA en relación con la **aminoración en las aportaciones** realizadas durante los ejercicios 2021, 2022 y 2023 y se declare el incumplimiento de la obligación de abonar las aportaciones pactadas, y de la variación del +2% y del aumento del IPC. 3. Se declare el incumplimiento de la obligación de **información y transparencia** por parte de la empresa Grifols, SA. Por todo ello, se condene a esta a abonar las cantidades resultantes de la diferencia entre las aportaciones realizadas y las aportaciones pactadas, que asciende a la cantidad total de 31.408,84 €, más los intereses. Se desestima la **excepción de falta de competencia objetiva** de esta Sala de lo Social AN para conocer el conflicto, pero se estima la **falta de legitimación activa** de la asociación demandante, Asociación Fondo Social de la Plantilla de Grifols, por cuanto no se trata de una asociación empresarial ni forma parte de un sindicato ni se ha inscrito en registro alguno, y su ámbito de actuación es inferior al del conflicto, por lo cual se absuelve a la empresa demandada (**AN 21-4-25, Proc 396/24**). **2640**

Iberdrola y otros Se reclama, por el procedimiento de **conflicto colectivo**, que se declare el derecho a que todas las prestaciones recogidas en el **plan de pensiones** de Iberdrola deban **revalorizarse** con arreglo a la variación del IPC real de diciembre de cada año con respecto a diciembre del año anterior, aplicándose dicha variación en la fórmula prevista en el plan de pensiones para cada prestación, y, en consecuencia, condene a las demandadas a actualizar las prestaciones del 2022 con arreglo al criterio citado, tomando como referencia el incremento del IPC a diciembre de 2021, de un 6,5%, y a abonar la diferencia resultante a los beneficiarios afectados. Se estima en instancia dicha pretensión, confirmándose la sentencia en casación. Se desestiman las **excepciones** de incompetencia del orden jurisdiccional social, dado que el plan de pensiones tiene su origen en la negociación colectiva e inadecuación de conflicto colectivo, por cuanto en el caso de autos tanto el elemento subjetivo, grupo genérico de afectados dotados de homogeneidad a través del plan, como el elemento objetivo, interés general para una aplicación uniforme de la normativa del plan. Se descarta la falta de legitimación activa de los sindicatos reclamantes, al apreciar un vínculo especial y concreto con el objeto del debate y atendiendo en último término a lo dispuesto en el LRJS art.154.a. Se deniega la revisión de hechos probados. aborda finalmente el fondo de la cuestión, examinado el marco normativo aplicable y analizando la naturaleza jurídica de los planes y fondos de pensiones, y concluye que debe prevalecer su función económico-financiera sobre el cometido de carácter social o de previsión conforme a doctrina constitucional que menciona, y que prima la **naturaleza contractual del plan**, por lo que, en orden a las revaloriza- **2643**

ciones, ha de estarse a su legislación específica y reglamentaria, esto es, al Reglamento del plan y a su Anexo IV. Por todo ello, desestima los recursos formulados y confirma la sentencia de instancia (**TS 21-5-25, Rec 79/23, confirma AN 12-12-22, Proc 164/22**).

2645 **Intimus Internacional Ibérica** Se reclama, por el procedimiento de **conflicto colectivo**, que se declare el derecho de la totalidad de los trabajadores de la empresa a que se efectúen las **aportaciones a su plan de pensiones** de conformidad a como se venían llevando a cabo hasta el año 2018 inclusive, a razón del 5% anual, efectuando el cálculo de la aportación de los años 2020 y 2021 como si realmente se hubieran incrementado en tal porcentaje y **regularizando** con las aportaciones efectivas pertinentes las correspondientes a ambos años y los posteriores junto con los demás pronunciamientos favorables. Se estima en instancia dicha pretensión, que se confirma en casación, por cuanto el recurso de casación no puede fundarse únicamente en la revisión de hechos probados, sino que ha de ser también justificada en Derecho por el recurrente mediante un **motivo de orden jurídico**, puesto que, no en vano, el LRJS art.210.2 exige en todo recurso de casación que se razone «la pertinencia y fundamentación de los mismos y el contenido concreto de la infracción o vulneración cometidas, haciendo mención precisa de las normas sustantivas o procesales infringidas, así como, en el caso de invocación de quebranto de doctrina jurisprudencial, de las concretas resoluciones que establezcan la doctrina invocada», razonamiento que debe insertarse necesariamente en un motivo de naturaleza jurídica y no de mera revisión fáctica (**TS 2-7-25, Rec 214/23, confirma AN 18-5-23, Proc 8/23**).

41. Plan de incentivos

2650 **Castilian Enterprise Union, SA** Se reclama, por el procedimiento de **conflicto colectivo**, que se declare lo siguiente: 1. La empresa está obligada hacer entrega de los **planes de incentivos a la RLT**, de conformidad con lo establecido en el ET art.64.5.f. 2. Se declaren nulas las cláusulas que incurren en **discriminación indirecta** por razón de sexo y por razón de enfermedad, siendo que **no deben computar** como absentismo para el cobro de incentivos los permisos retribuidos, así como el permiso retribuido del CCol de ámbito estatal del sector de Contact Center art.30, el permiso no retribuido del CCol de ámbito estatal del sector de Contact Center art.31, y los días en que el trabajador permanezca en situación de incapacidad temporal y se eliminen la(s) cláusulas que penaliza(n) con no percibir el incentivo para el caso de que el mismo haya tenido una sanción de carácter grave o superior, así como la que penaliza con percibir el 50% del mismo cuando la sanción es de carácter leve. Se estiman dichas pretensiones y **se anulan las cláusulas** de los planes de incentivos de tal empresa, que privan del **derecho a la percepción de incentivos** a aquellas personas trabajadoras que hubieran sido sancionadas por la comisión de falta grave o muy grave o penalizan con una reducción del 50% de su importe en caso de comisión de una falta leve. Considera que las cláusulas impugnadas implican la imposición de una **multa de haber**, prohibida por el ET art.58. Se incluye en el fallo pronunciamiento expreso sobre otras dos pretensiones interesadas en demanda y a las que no se opone la empresa demandada: obligación de entrega de los planes de incentivos a la RLT y nulidad de las cláusulas de tales planes que incurren en discriminación indirecta por razón de sexo y por razón de enfermedad (**AN 3-3-25, Proc 1/25**).

42. Plus de asistencia

2655 **Logirail Sociedad Mercantil Estatal** Se reclama, por el procedimiento de **conflicto colectivo**, que se reconozca el derecho de los trabajadores a percibir el **plus de asistencia** cuando disfruten de un **permiso** retribuido y justificado y cuando se encuentren en situación de **IT**, tanto por enfermedad común como por accidente de trabajo. Se estiman parcialmente dichas pretensiones y se declara el derecho de los trabajadores afectados por el conflicto a percibir el plus de asistencia cuando disfruten de un permiso retribuido, excepto cuando se trate de licencia por matrimonio, permiso por fallecimiento de familiares o allegados o permiso por cambio de domicilio, y cuando se encuentren en situación de IT tanto por enfermedad común como por accidente de trabajo, sin perjuicio de los **efectos suspensivos del contrato** de trabajo que la IT implica, aun considerando lícitas las políticas retributivas para prevenir el absentismo, por cuanto no pueden implicar discriminación por causa de enfermedad ni discriminación indirecta por razón de sexo (**AN 24-3-25, Proc 20/25**).

South Europe Ground Services, SL Se reclama, por el procedimiento de **conflicto colectivo**, que se declare el derecho al abono del plus de asistencia **contabilizando los días de IT por enfermedad común**. Se estima dicha pretensión y se declara el derecho de los trabajadores del **colectivo de tierra**, que fueron subrogados de la empresa Iberia LAE a la empresa South Europe Ground Service SL, a percibir el plus de asistencia en situaciones de IT por enfermedad común, por cuanto la aplicación de un complemento de asistencia al trabajo, en el que se tienen en cuenta las inexistencias derivadas de procesos de IT por contingencias comunes, constituye una **discriminación por razón de la enfermedad**, dado que en el referido plus de asistencia solo es la ausencia por IT el elemento diferencial del que dependería el descuento salarial. Dado que la IT constituye un tiempo de curación y recuperación de una lesión /enfermedad, el trato desfavorable por dicha causa se basaría únicamente en la patología del trabajador, lo cual está prohibido por los L 15/2022 art.2, 4 y 6 (**AN 23-10-25, Proc 254/25**). **2657**

43. Plus de distancia

Paradores de Turismo Se reclama, por el procedimiento de **conflicto colectivo**, el derecho de la plantilla laboral de la empresa afectada por el CCol de Paradores de Turismo (BOE 9-5-19 y 6-5-21) que ejercite el derecho de **reducción de su jornada** de trabajo por el ejercicio de los derechos de conciliación de la vida laboral y familiar, a percibir el **plus de distancia** que se les venía abonando con anterioridad al ejercicio de dichos derechos, sin merma en su cuantía, aplicándose el límite del 25% previsto en el CCol de Paradores art.37 **en relación al salario base** de las tablas del mismo para su categoría profesional, y no en relación a su salario base minorado por la reducción de su jornada laboral; condenando a la empresa a estar y pasar por tal reconocimiento. Se estima en instancia la demanda y se confirma por el TS, toda vez que la **naturaleza jurídica** del plus de distancia es extrasalarial, de modo que se abone en el mismo importe que se venía abonando con anterioridad al ejercicio del derecho de reducción de jornada por motivos familiares y de conciliación, al no depender el plus del tiempo de trabajo (**TS 20-5-25, Rec 134/23, confirma AN 28-2-22, Proc 372/22**). **2660**

Siemens Rail Automation Se reclama, por el procedimiento de **conflicto colectivo**, que se condene a la empresa a abonar el **plus de transporte** en la cuantía mensual cuya referencia es la del «abono transporte B2 de la Comunidad de Madrid», con la sola excepción del CCol art.18.C y cuando se realiza **teletrabajo**, en tanto se resuelva el conflicto de teletrabajo, todo ello con **efectos retroactivos** a un año atrás a contar desde la fecha en la que se realizó la primera reclamación extrajudicial, condenando a la empresa a estar y pasar por dicha declaración. Se estima en instancia dicha pretensión, que se confirma en casación. La Sala IV examina del CCol art.18.C de empresa, y concluye que la naturaleza salarial o extrasalarial del plus de distancia y transporte depende de si remunera o no el gasto efectivo del trabajador, sin que el abono en un importe fijo todos los meses, incluso el de vacaciones, suponga de manera automática su carácter salarial. En este caso, el **plus de distancia y transporte** tiene **naturaleza** indemnizatoria y extrasalarial y, para no tener que exigir la justificación del gasto por el trabajador, se acordó que el plus ascendería a una **cantidad fija al mes** y se abonaría en 11 meses. Por lo tanto, no cabe descontar del **2662**

mismo los días de ausencias justificadas, ya que el abono proporcional sólo está previsto en el supuesto de las vacaciones, por expresa disposición de las partes negociadoras del convenio colectivo, en la forma dispuesta en el citado precepto (**TS 8-5-25, Rec 151/23, confirma AN 16-3-23, Proc 3/23**).

44. Plus de servicios especiales

2665 **Avanza Movilidad Integral** Se reclama, por el procedimiento de **conflicto colectivo**, que: 1. Se reconozca a las personas trabajadoras al servicios de Avanza Movilidad Integral, SL, el derecho a acreditar el conocimiento del idioma, a los efectos de percibir el **complemento por conocimiento de idiomas**, por medio de un certificado expedido por cualquier centro, academia o profesorado, de acreditada solvencia, y a elección de dichos empleados, condenándose a la empresa a estar y pasar por esta declaración, así como al cese de la práctica consistente en la organización unilateral de la acreditación del conocimiento de idioma de los mismos. 2. Se reconozca a las personas trabajadoras al servicio de Avanza Movilidad Integral, SL que presten sus **servicios en líneas afectadas por las ferias** celebradas en las distintas poblaciones de Málaga y Cádiz, sin distinción alguna, el derecho a percibir el **plus servicios especiales de feria**, condenándose a la empresa a estar y pasar por esta declaración, así como al cese de la práctica consistente en abonar dicho plus a tan solo el personal adscrito a los servicios especiales y al pago de dicho plus a tales empleados. Se estiman parcialmente dichas pretensiones en instancia, que se confirma por el TS. Se interpreta el XXI CCol, de ámbito interprovincial, de aplicación a la empresa Avanza Movilidad Integral, SLU (Málaga y Cádiz) art.7 y, en concreto, sobre la aplicación del «Plus de servicios especiales de feria», destinado a compensar el trabajo que se realice derivado de los servicios especiales que se prestan con tal ocasión y que no se abona a los trabajadores que prestan sus servicios en líneas regulares, aunque estas atiendan a localidades que también se encuentran en feria. Se desestima el recurso de la empresa, por considerar que el servicio, al margen de si es asimilable a la penosidad o no –en la medida que el propio precepto se refiere a la compensación económica de esos trabajos–, da a entender que su desempeño presenta una **complejidad o esfuerzo mayor** para el personal que los desarrolla y, en tal caso, es lógico deducir que deben estar incluidos aquellos otros trabajadores que, prestando sus servicios en líneas regulares, coinciden con días en que las localidades visitadas en esa línea regular están también en ferias, pues la ratio (razón) y la necesidad de compensación es la misma, tornándose esos servicios también en «especiales» durante esos días (**TS 12-6-25, Rec 62/25**).

45. Plus desempeño de retén

2670 **Gobierno Vasco** Se reclama, por el procedimiento de **conflicto colectivo**: 1. Se declare la **disconformidad a derecho** de la previsión contenida en la **Resolución** de la Directora de Gestión Económica y Recursos Generales, por la que se determinan los grupos de retén del Área de Instalaciones y Seguridad en aplicación del CCol del Personal laboral de Departamento de Seguridad, de 12-7-2022, en el sentido de que se consideran **incluidas en el desempeño del retén** todas aquellas **horas realizadas** por el personal perteneciente al retén **en trabajos planificados fuera de la jornada laboral**. 2. Se declare el derecho del personal afectado por el convenio a que todas las horas de trabajo de los grupos de retén y apoyo realizadas fuera de la jornada laboral para atender trabajos planificados con antelación sean **compensadas con tiempo libre** conforme a lo establecido en el art.27 del convenio, sin que pueda exigirse que para recibir ese tratamiento hayan de superar un número mensual determinado. 3. Se condene a las demandadas a estar y pasar por esta declaración y reconocimiento de derecho, cumpliendo con los efectos correspondientes. Se estiman en instancia dichas pretensiones y la Sala IV confirma la sentencia recurrida, en la que analiza si la retribución a los grupos de retén y apoyo de tareas planificadas fuera de la jornada laboral se rige por el art.67 del convenio colectivo de aplicación, que contempla el pago de un plus de retén y la no consideración de horas extraordinarias de las 10/5 primeras que se realicen, según se trate de grupo retén o apoyo; o, al no ser propias las tareas planificadas de estos grupos, se ha de aplicar el art.27 del convenio colectivo, que prevé su compensación con tiempo libre, concluyéndose que la que la interpretación del TSJ, según la cual debe retribuirse conforme al art.27 del convenio colectivo, no es arbitraria ni irracional y es acorde con las **pautas hermenéuticas del Código Civil**, por lo que se ha de aplicar el art.27 del convenio y compensarse con tiempo libre, y no el art.67 del mismo convenio (**TS 24-9-25, Rec 187/23**).

46. Premio de permanencia

ENAIRE Se reclama, por el procedimiento de **conflicto colectivo**, que se declare el derecho de los **controladores de tránsito aéreo** que se encuentran **en situación de Reserva Activa** a percibir el **premio de permanencia** previsto en el III CCol Profesional entre la Entidad Pública Empresarial ENAIRE y el colectivo de controladores de tránsito aéreo art.141, en los mismos términos y condiciones que el resto del personal activo; y, **subsidiariamente**, para el caso de desestimarse la pretensión principal, se declarase el derecho de los trabajadores que pasen a la situación de reserva activa a percibir, en el momento de su pase a dicha situación, la **parte proporcional** del premio de permanencia devengado hasta esa fecha. Se desestima la demanda, porque la situación de los controladores en situación de reserva activa **no es equiparable** a aquellos que prestan servicios efectivos se manifiesta igualmente en la percepción de las **retribuciones salariales**. Se destaca, además, que la situación de reserva activa solo comporta el derecho a percibir el 75% de la media del SOF de los últimos 12 meses anteriores al pase a la situación de reserva activa, SOF que no incluye en ningún caso, los premios regulados por el convenio. Premios como el de permanencia que, con independencia de su catalogación como salario o no, están sujetos a su propia regulación específica, de la que no se desprende la interpretación postulada por el sindicato actor. Se rechaza también la pretensión subsidiaria, atinente a que dicho premio de permanencia se reconozca a los controladores que pasan a la situación de reserva activa **por voluntad unilateral de la empresa**, pues reconociendo tal derecho, se generaría una **desigualdad** que no resulta amparada en convenio, el cual prevé la misma regulación tanto para aquellos controladores que pasan a reserva activa por haber perdido su aptitud psicofísica como para el caso de que a partir de los 57 años no se superasen las pruebas de aptitud psicofísica y no se ofertara por ENAIRE un puesto de personal no operativo de control de tránsito aéreo (**AN 30-9-25, Proc 213/25**). **2675**

47. Prevención de riesgos laborales

Iberia LAE Operadoras Se reclama, por el procedimiento de **conflicto colectivo**, que se reconozca que el esfuerzo realizado en la ejecución de la **maniobra del cierre de los maleteros** del avión Airbus 350 **perjudica la salud** de los trabajadores, y que se declare el derecho de los mismos a no estar obligados a realizarlo, condenando a la compañía a **adoptar una solución técnica** al defecto de diseño de los mismos. Se estima parcialmente dicha pretensión en instancia y se condena a la empresa a: a) Establecer **medidas de control de peso** de equipaje de mano que los pasajeros lleven a la cabina que garanticen tanto el cumplimiento del contrato suscrito con la adquisición del billete de viaje (máximo de 10 kg, salvo Business, en que el máximo son 14 kg) como que los maleteros no son cargados por encima del peso máximo señalizado en el propio maletero. b) Establecer **medidas organizativas** de cumplimiento obligatorio para los trabajadores con función de sobrecargo a la hora de distribuir el trabajo en la aeronave, que garanticen que el cierre de los maleteros con mayor riesgo ergonómico evaluado se realice por dos trabajadores o, subsidiaria- **2680**

mente, bien por dos trabajadores, bien por un trabajador con estatura adecuada, para garantizar también que los trabajadores de estatura inferior a 1,63 m sean ayudados por otro trabajador para los maleteros de mayor altura o los que lleven un mayor peso. c) Volver a **evaluar el riesgo ergonómico** que puede implicar el nuevo equipo de trabajo (uniformes de TCP), adoptando las medidas oportunas a este respecto tras realizar dicha evaluación. Se confirma dicha sentencia en casación, toda vez que las medidas impuestas por la AN son más precisas que las que aparecen en las normas internas de la empresa y, por lo demás, la empresa no manifiesta desacuerdo con la existencia y extensión de las obligaciones que se le imponen (**TS 3-4-25, Rec 27/23, confirma AN 11-10-22, Proc 97/22**).

48. Procesos electorales

2685 **ENEL, SL y otras** Las empresas demandadas promovieron **conflicto colectivo** ante la AN, en el que reclamaron que se declare que las **personas trabajadoras** que se encontraban, con anterioridad a la presentación de los preavisos electorales, **adheridas a la medida voluntaria de suspensión** de su contrato de trabajo prevista en el Acuerdo Colectivo Marco de Medidas Voluntarias de suspensión o extinción de contratos de trabajo en el periodo de 2013/2018 (en adelante AVS), de fecha 3-12-2013 y publicado en el BOE 24-1-14, han de quedar todos ellas **excluidas** de la conformación de los **censos electorales** en los procesos de **elecciones sindicales** promovidos en los centros de trabajo de las empresas demandantes, y, por lo tanto, carecen de la **condición de electores y elegibles** en todos los procedimientos electorales que se han promovido en cada una de las empresas demandantes y que forman todas ellas parte del Grupo ENDESA; y, en consecuencia, se declare la nulidad de los censos electorales en los que se hubieran incluido como electores y elegibles a las personas trabajadoras que se encontraban adheridas con anterioridad a la presentación de los preavisos electorales, a la medida voluntaria de suspensión de su contrato de trabajo, prevista en el Acuerdo Colectivo Marco de Medidas Voluntarias de suspensión o extinción de contratos de trabajo en el periodo de 2013/2018 (en adelante AVS), de fecha 3-12-2013 y publicado en el BOE 24-1-14, así como todos los actos posteriores a la aprobación dichos censos. La AN se declaró incompetente, casándose parcialmente la sentencia por el TS. La AN desestimó la demanda empresarial, que recurren en casación. Se desestima el recurso, concluyéndose que la sentencia recurrida ha aplicado correctamente las **reglas hermenéuticas** y el Acuerdo cuestionado establece que la suspensión del contrato de trabajo sea por voluntad acorde de trabajador y empresa, lo que se aleja enormemente de la situación de excedencia voluntaria, en la que no hay ni obligación de trabajar ni tampoco de abonar el salario. En definitiva, la interpretación literal y sistemática del AVS apoya la conclusión de que estamos ante trabajadores de las demandadas con **contratos suspendidos, no extinguidos**, con una hipotética posibilidad de retorno a la empresa a petición incluso de esta, y que, reuniendo tal condición, no pueden ser cabalmente excluidos de la composición del censo electoral para la celebración de elecciones sindicales, como ha resuelto la AN (**TS 2-7-25, Rec 64/24, confirma AN 27-11-23, Proc 169/20**).

49. Promoción profesional

2690 **Air Nostrum Líneas Aéreas del Mediterráneo** Se reclama, por el procedimiento de **conflicto colectivo**: 1. Que las **progresiones de especialidad** a que resulta obligada la empresa en virtud del V CCol de Air Nostrum Líneas Aéreas del Mediterráneo art.7.17 deben realizarse para la misma flota donde se genera la vacante o las vacantes por seniorities. 2. Que, conforme a las 14 seniorities solicitadas de enero a marzo de 2022, la demandada está **obligada a convocar** 4 **plazas de comandante** de la flota CRJ. 3. Que la demandada deberá **indemnizar y reconocer** a los pilotos que resulten adjudicatorios de las citadas cuatro plazas de comandante CRJ los

derechos económicos propios de la comandancia, como si tales plazas se hubieran convocado en tiempo y forma por la concesión de las seniorities en marzo de 2022. Se desestima en instancia la demanda y se confirma en casación, previo examen del V CCol de Air Nostrum Líneas Aéreas del Mediterráneo art.7.17, concluyéndose que las **vacantes generadas por el derecho de seniority** de los primeros pilotos generan una vacante de progresión por especialidad (de segundo piloto a primer piloto), pero no necesariamente en la misma flota (superior-CRJ o inferior-ATR) donde se ha generado la vacante (**TS 2-4-25, Rec 116/23, confirma AN 2-2-22, Proc 267/22**).

Logirail Se reclama, por el procedimiento de **conflicto colectivo**, que se declare el **derecho** de los trabajadores de Logirail **a progresar**, conforme se determina en los II CCol de Logirail art.44 a 47, cuando se den los requisitos contenidos en el mismo, sin necesidad de ninguna exigencia adicional, informe preceptivo o autorización por parte de la Administración ajena a la empresa, y se condene a la demandada a estar y pasar por tal declaración. Se estima dicha pretensión, mediante la aplicación de **precedentes** propios, avalados por el TS, según los cuales, la inaplicación del convenio colectivo por razones presupuestarias solo puede efectuarse por las entidades públicas, como podría suceder si se superara la masa salarial autorizada, cuando se acredite efectivamente que la aplicación del mismo provocaría dichos límites, lo cual no se ha probado (**AN 16-5-25, Proc 92/25**). **2693**

Agencia de servicios sociales y dependencia de Andalucía Se reclama, por el procedimiento de **conflicto colectivo**, que se declare vulnerado el **derecho a la promoción interna** de la plantilla de ASSDA, conforme dispone el CCol de ASSDA art.18, y se cese en el incumplimiento del referido convenio colectivo, procediendo a la **cobertura de** las 10 **plazas de monitor sociosanitario/a mediante el sistema de provisión interna** de las mismas, todo ello con plenitud de efectos en Derecho. Se desestima la demanda en instancia y se confirma por el TS, por cuanto se ha acreditado la concurrencia del supuesto legal que permitía la provisión externa de puestos de trabajo, porque se ha probado que se trataba de plazas de **necesaria y urgente cobertura**, sin que fuera posible la provisión interna, de conformidad con lo dispuesto en la L 20/2021 disp.adic.3ª en relación con CCol de ASSDA art.18 a 20 (**TS 17-9-25, Rec 18/24**). **2695**

Consorcio Galego de Servizios de Igualdade y Bienestar Se reclama, por el procedimiento de **conflicto colectivo**: 1) Que se declare que el criterio/decisión consistente en dotar todas las plazas estructurales del CGSIB en el año 2007, a través de **convocatorias** en que se declaraba que el objeto del proceso era la **selección de personal** para obra o servicio determinado en Galescolas y Centros de Atención a Personas Mayores, fue un criterio nulo de pleno derecho, por constituir **discriminación indirecta por razón de sexo**. 2) En relación a las convocatorias derivadas de: Anuncio do 17-4-2007 polo que se fan públicas as convocatorias do proceso de selección, mediante **concurso-oposición**, de persoal laboral temporal deste consorcio para os centros de atención ás persoas maiores. – Anuncio polo que se fan públicas as convocatorias do proceso de selección mediante concurso-oposición de persoal laboral temporal deste consorcio para as Galescolas de Portas, Pantón, Taboada, Boiro, Cerdedo e Rianxo. Anuncio polo que se fan públicas as convocatorias do proceso de selección mediante concurso-oposición de persoal laboral temporal deste consorcio para as Galescolas da Rúa, Fene, Vilaboa, Oia, Covelo e A Fonsagrada. Anuncio polo que se fan públicas as convocatorias do proceso de selección mediante concurso-oposición de persoal laboral temporal deste consorcio para as Galescolas de Crecente, Cambre, Ortigueira e Coles. 2.1) Que se interpreten las bases de las citadas convocatorias de conformidad con el principio de igualdad en su vertiente de prohibición de discriminación indirecta. 2.2) Que se interprete y declare que las bases de dichas convocatorias regulaban un proceso de selección de personal laboral fijo. 3) Que se condene al CGSIB a reparar las consecuencias de la discriminación indirecta sufrida por las personas trabajadoras afectadas por el ámbito del presente conflicto, con el reconocimiento de su **derecho a ostentar la condición de** **2700**

personal laboral fijo. Se desestiman en instancia dichas pretensiones y se confirma en casación la sentencia recurrida, toda vez que está claramente prescrita una reclamación, promovida en 2022, frente a convocatorias de 2007, sin que constituya óbice el carácter imprescriptible de los derechos fundamentales, puesto que la imprescriptibilidad de los derechos fundamentales no impide la **prescripción de las acciones** con las que se pretenda proteger la concreta y específica vulneración de tales derechos que se imputen a una determinada y singular actuación de la entidad empleadora (**TS 23-9-25, Rec 251/23**).

2702 **CRTVE** Se reclama, por el procedimiento de **conflicto colectivo**: que se obligue a RTVE a modificar dicha **convocatoria y** su **protocolo**, en el sentido de: 1. Establecer un **baremo de méritos** a alegar por los participantes que permita seleccionar a quien esté más cualificado para el puesto en cuestión en función de sus méritos. 2. Eliminar la exigencia de la **conformidad del superior jerárquico** para poder cambiar de puesto. 3. Eliminar la exigencia, por primera vez, de una **ocupación tipo preferente** para cada plaza. Se desestima en instancia la demanda y se confirma por la Sala IV, por cuanto el Pacto de Terrenas suscrito entre CRTVE y el Comité Intercentros, que regula la cobertura de los **puestos de trabajo de las estaciones transportables terrenas**, prevé que las asignaciones de trabajadores a este servicio tienen **carácter rotatorio y duración trimestral**, salvo acuerdo expreso de las partes, y se cubren con **personal voluntario, excepto** cuando no hay personal suficiente, en cuyo caso se designa a trabajadores para que las lleven a cabo. Ninguna de las normas citadas exige que la CRTVE establezca un baremo de méritos para la cobertura temporal de ese servicio. Debemos hacer hincapié en que ni se trata de acceso a empleo público ni del cambio de grupo profesional o de ocupación tipo, sino únicamente de la cobertura temporal de ese servicio. Tampoco se ha vulnerado la Const art.14 y 23.2. Ni existe un término de comparación homogéneo para invocar el derecho fundamental a la igualdad (Const art.14) ni se ha vulnerado el derecho al acceso a la función pública (Const art.23.2) (**TS 23-9-25, Rec 12/24, confirma AN 6-10-23, Proc 107/23**).

50. Reducción de jornada

2705 **Air Nostrum Líneas Aéreas del Mediterráneo** Se reclama, por el procedimiento de **conflicto colectivo**: 1. Que la demanda ha de programar, en un solo bloque de días consecutivos, todos los **días de reducción de jornada** por motivos familiares resultantes del porcentaje de reducción de jornada solicitado por el piloto, sobre la base del cómputo total de los días del mes. 2. Que la demandada no puede reducir los días resultantes del porcentaje de reducción de jornada solicitado por el piloto en los meses en que el piloto tenga asignadas **vacaciones**. 3. Que una actuación contraria a los dos números anteriores supone, asimismo, la vulneración de los derechos de conciliación laboral y familiar y un **trato discriminatorio** para los pilotos en comparación con el colectivo de TCPs (tripulantes de cabina de pasajeros). 4. Que los días correspondientes al porcentaje de la reducción por seniority, incluidos los días libres, han de ir **programados en bloque**. 5. Que el **fin de semana** recogido en el último párrafo del VI CCol de Air Nostrum (pilotos) art.14.4 no puede quedar absorbido por los días de reducción de jornada, tanto por motivos familiares como por seniority. Y condene a la empresa demandada a pasar por todos y cada uno de los pronunciamientos anteriores. Se desestiman dichas pretensiones, porque, examinado el convenio aplicable al colectivo de pilotos en la citada empresa, **no se aprecia un cálculo empresarial erróneo** en los supuestos de reducción de jornada por motivos familiares en los supuestos de reducción opcional de actividad en vuelo por antigüedad (seniority) o en el cómputo de los días libres. El Tribunal, además, **descarta** la existencia de un trato desigual y discriminatorio respecto del colectivo de tripulantes de cabina de pasajeros, dada la distinta normativa aplicable a ambos colectivos (**AN 30-4-25, Proc 54/25**).

51. Registro de jornada

BBVA Se reclama, por el procedimiento de **conflicto colectivo**, que se declare el derecho de la sección sindical de la Federación SEC o, subsidiariamente, de sus delegados sindicales, así como del resto de las **secciones sindicales** constituidas en BBVA, a **acceder a** esos **datos identificativos**, condenando a la empresa a estar y pasar por dicha declaración y a poner los medios para hacer ello posible. Examinado el tenor literal del ET art.34.9, se concluye que no existe una obligación diferenciada de poner a disposición de la RLT un sistema de acceso inmediato distinto de la entrega mensual de dicha información pactada con la representación mayoritaria de los trabajadores. Y ello con independencia de la existencia de guías o criterios técnicos (ITSS Criterio Técnico 101/2019 y Guía sobre el registro de jornada del Ministerio de Trabajo), que no tienen carácter vinculante. Así lo ha señalado esta Sala, entre otras, en AN 30-10-14, Proc 226/14, confirmada por TS 24-2-16, Rec 79/15. Se desestima la demanda, por cuanto la única **obligación de información** a la representación legal de los trabajadores se refiere al registro de jornada de cada trabajador, de conformidad con lo dispuesto en el ET art.34.9, pero ello **no implica** que tal representación legal tenga derecho a un sistema de **puesta a disposición inmediato** de los registros de jornada que resulte complementario al pactado con la mayoría de la representación de los trabajadores y también previsto en el acuerdo sectorial y en el propio convenio colectivo del sector de la banca. La aplicación de tales consideraciones nos ha de llevar a desestimar la demanda (**AN 9-12-24, Proc 54/22**). **2710**

El Corte Inglés Se reclama, por el procedimiento de **conflicto colectivo**, lo siguiente: 1. Se declare el derecho de los trabajadores, así como de la representación legal y sindical de los trabajadores, a que se les entregue **copias de los registros de jornada** de los trabajadores, ya sea en formato físico o electrónico, tras su correspondiente solicitud, fijándose un tiempo prudencial determinado para su puesta efectiva a disposición y/o envió, y condene a la empresa a estar y pasar por estas declaraciones. 2. Se declare como nula o no conforme a Derecho la **práctica empresarial del tiempo y forma de puesta a disposición** del registro de jornada por su parte, no dando respuesta a las solicitudes, exigiendo cita previa, limitando el tiempo de examen y no permitiendo obtener copias de estos, condenando a la empresa a estar y pasar por estas declaraciones. 3. Subsidiariamente se solicita que: a) Se declare el derecho de disposición del registro de jornada, estando siempre disponible a los trabajadores, así como la representación legal y sindical de los trabajadores, sin necesidad de tener que ser requerida por parte de estas ni determinarse cita previa alguna, debiendo siempre estar siempre accesible tanto en el centro de trabajo como en cualquier medio que permita su examen inmediato en periodos regulares, condenando a la empresa a estar y pasar por estas declaraciones. b) Se declare **no conforme a Derecho** la práctica empresarial del tiempo y **forma de puesta a disposición** del registro de jornada por su parte, no dando respuesta a las solicitudes, exigiendo cita previa, limitando el tiempo de examen y no permitiendo obtener copias de estos, condenando a la empresa a estar y pasar por estas declaraciones. Se desestiman las **excepciones** de inadecuación de procedimiento y falta de acción, falta de competencia objetiva y falta de legitimación activa. Se desestiman dichas pretensiones, puesto que resulta acreditada la **existencia de un Acuerdo** de fecha 12-6-2019, suscrito con la mayoría de la representación de los trabajadores, que regula tales aspectos y, en particular, el sistema de «Acceso a los registros de jornada y obligaciones de entrega de información». Y tal sistema, en atención a las notas definitorias de la jornada laboral en las distintas empresas y centros de trabajo del Grupo El Corte Inglés, **no prevé**, tal y como se reclama en la demanda, la obtención por parte de la RLT de **copias** físicas o en formato electrónico de los registros de jornada de los trabajadores. Esto es, tal pretensión, que es la petición principal contenida en el suplico de la demanda, ni se desprende del tenor literal del ET art.34.9 ni resulta del Acuerdo suscrito con la RLT. Tampoco procede que la Sala determine el **tiempo de prudencia de respuesta** de la empresa, porque consta probado que, tras las primeras peticiones, se articuló un sistema de puesta a disposi- **2713**

ción de los registros de jornada que se ha cumplido durante el año 2024 y comienzos del 2025. De hecho, no constan peticiones pendientes de obtener respuesta. Esto es, si bien puede apreciarse una **cierta dilación** en las primeras peticiones del centro de Goya y El Bercial, **no cabe afirmar** que la información no se pusiera a disposición de los solicitantes o que se hiciera con tal demora que se hubiera dificultado la labor sindical. Tampoco se admite la pretensión subsidiaria, por cuanto la norma convencional lo que prevé es que tanto el trabajador como la RLT puedan verificar por periodos regulares el resultado detallado del registro de la jornada diaria efectivamente desempeñada, lo que se cumple por la empresa (**AN 24-2-25, Proc 404/24**).

2715 **RENFE y otras** Se reclama, por el procedimiento de **conflicto colectivo**, lo siguiente: 1. Habilitar el **acceso** a la RLT del ámbito correspondiente a los **registros de jornada** de todos los trabajadores de su ámbito. 2. Condene a RENFE Viajeros SME, SA a poner a disposición del personal de conducción y del personal de comercial el registro de jornada de manera inmediata a su realización, así como el de los últimos 4 años. 3. Condene a RENFE Ingeniería y Mantenimiento SME, SA a permitir a todos sus trabajadores el acceso al registro de jornada, en igualdad de condiciones, de manera inmediata a su realización, así como al de los últimos 4 años. Se desestima la demanda, toda vez que, se ha **acreditado** que en las demandadas existe un **sistema de control horario** que posibilita la consulta por parte de los trabajadores y el acceso a tales datos por la RLT. Solo de manera forzada se puede interpretar que existe en aquellas dos entidades un incumplimiento generalizado de aquella obligación legal (**AN 7-2-25, Proc 400/24**).

52. Registro de servicios

2720 **Castromil** Se reclama, por el procedimiento de **conflicto colectivo**, que: a) Declare que a empresa demandada ten a obriga de **entregar a cada conductor** e conductor-perceptor destinado a transporte regular de viaxeiros e afectado polo presente conflito os **documentos de rexistro-de servizo**, asinado polo empresario ou seu delegado, que cubran un período mínimo de tres semanas (a semana en curso, a anterior e a seguinte) indicando o nome e punto en que se a tope normalmente, así como o horario previamente fixado para os diferentes períodos de condución, os demais períodos de trabal lo e os períodos de dispoñibilidade. b) Declare que a empresa demandada ten a obriga de entregar a cada conductor e conductor-perceptor destinado a transporte regular de viaxeiros e afectado polo presente conflicto os documentos de rexistro de servizo con un formato que permita a súa conservación. c) Condene a empresa demandada a se rexer polas declaración anteriores. Se estima en instancia dicha pretensión y se declara que la empresa demandada tiene la obligación de cumplir con las obligaciones previstas en el CCol de Transporte de viajeros por carretera de la provincia de A Coruña anexo III. La demandada debe facilitar a las personas trabajadoras afectadas por tal anexo III un registro que dé cumplimiento a las **exigencias** previstas en el mismo; y, en especial, el registro debe: a) Respetar al menos la cobertura temporal establecida en tal anexo (la semana en curso, así como la semana anterior y la siguiente) en relación a las indicaciones contempladas en el CCol de Transporte de viajeros por carretera de la provincia de A Coruña anexo III.2. b) Contar en tal registro con la firma, en una modalidad admitida en derecho, del empresario o de su delegado. Elaborar tal registro en un formato que permita su conservación, incluso si se opta por el soporte digital. Y facilitar a cada conductor un extracto del registro de servicio y una copia del horario del servicio en los términos del anexo III.5 y 6 del convenio colectivo. Se confirma en casación, porque el CCol de Transporte de viajeros por carretera de la provincia de A Coruña establece la **obligación** de las empresas de facilitar a las personas trabajadoras un **registro de servicios**, con independencia de que hayan instalado o no tacógrafos. Se descarta la concurrencia de cosa juzgada, porque no cabe aplicar el efecto negativo de la cosa juzgada material en procedimientos diferentes y, en este supuesto, **no opera la cosa juzgada**, porque no coincide la causa petendi (**TS 22-5-25, Rec 179/23**).

53. Reserva de plazas por discapacidad

CRTVE Se reclama, por el procedimiento de **conflicto colectivo**, que se declare la obligación de la empresa CRTVE de reservar, en las **ofertas de empleo público**, el 7% de las plazas para **personas con discapacidad**, en cumplimiento de lo establecido en el EBEP art.59, lo que supone, de acuerdo con las bases generales publicadas, la reserva de 76 plazas como mínimo, y, como consecuencia de lo anterior, se declare la necesaria modificación y subsanación de las convocatorias publicadas hasta alcanzar el mínimo del 7% de plazas reservadas a personas discapacitadas. Se desestima en instancia dichas pretensiones. La Sala IV casa la sentencia, en la cual se consideró que, al tratarse RTVE de una sociedad mercantil estatal, no le era aplicable dicho artículo, sino únicamente la reserva del 2% prevista en la Ley general de Derechos de las Personas con Discapacidad y el convenio colectivo. La Sala IV concluye que, en virtud de EBEP disp.adic.1ª y la doctrina jurisprudencial consolidada, los principios del EBEP art.59 son **aplicables a entidades del sector público estatal** como RTVE. Por tanto, declara la obligación de reservar el 7% del total de plazas ofertadas a personas con discapacidad, estimando íntegramente la demanda y sin imposición de costas (**TS 20-5-25, Rec 248/23, casa AN 4-7-23, Proc 127/23**). 2725

54. Retribuciones variables

Acuaes Se reclama, por el procedimiento de **conflicto colectivo**, que se condene a la demandada a: 1. Aplicar y abonar el **reparto de productividad** de las anualidades 2022 y 2023 de conformidad con los **criterios** acordados en 2019 en la propuesta de productividad, por el 100% de las masas aprobadas para su distribución por tal concepto, previa entrega a la RLT de los criterios de valoración aplicados, con el desglose de las puntuaciones obtenidas por cada persona trabajadora, junto con los informes que las sustentan. 2. De forma subsidiaria, de no entender que resultan de aplicación los criterios anteriores, la obligación de negociar con la RLT los criterios de reparto y su individualización, previa entrega a la misma de los criterios de valoración propuestos, con el desglose de las puntuaciones obtenidas por cada persona trabajadora, junto con los informes que las sustentan. Se **estima parcialmente** la demanda y se condena a la demandada a entregar a la RLT los criterios de valoración y desglose de las puntuaciones obtenidas por cada uno de los trabajadores, en relación al cálculo del complemento de productividad creado mediante acuerdo de 8-11-2019, debiendo estar y pasar por dicha declaración. Se desestima la pretensión principal, porque el sindicato demandante **no acredita** la existencia de un **acuerdo previo** con la representación legal de los trabajadores que impusiera unos criterios concretos ni se considera que la empresa deba negociar con la RLT dichos criterios de evaluación (**AN 16-5-25, Proc 9/25**). 2730

Caixabank Se reclama, por el procedimiento de **conflicto colectivo**, que se declare el derecho de los empleados de la entidad a que no les sea **reducido o minorado** el importe en concepto de **bonus o incentivos** 2024 anual, **ya devengado** a 31-12-2024 en base a los retos ya alcanzados, obligando a la empresa a no realizar ningún tipo de prorrateo reductor unilateralmente cuando dichos bonus ya han sido devengados y fijados por alcanzar los retos establecidos en dichas bases; asimismo, que se reconozca a los afectados por dicha reducción o minoración por **situación de baja médica de 90 o más días** el derecho a percibir el importe íntegro de dichos bonus o incentivos ya devengados en el ejercicio 2024 y fijados, obligando a la empresa al abono de las diferencias entre el 100% que le hubiera correspondido y que estaba así fijado a 31-12-2024 y el importe minorado efectivamente abonado, con condena a la demandada a estar y pasar por dicha declaración. Se desestima la demanda, por cuanto **no resulta acreditada** una variación del plan de bonus una vez finalizado el periodo de 2732 devengo ni cabe afirmar la existencia de discriminación prohibida por razón de enfermedad, pues **es lícito** que no se devengue incentivo alguno **mientras dure la situación de suspensión**, sin que se aprecie penalización o desproporción alguna en el criterio mantenido por la empresa, teniéndose presente que se prevé únicamente que no devengue retribución variable en caso de periodos de suspensión superiores a 90 días naturales, no relacionados con maternidad/paternidad; calculando en tales casos el bonus proporcionalmente (**AN 3-6-25, Proc 127/25**).

2734 **CEPSA** Se reclama, por el procedimiento de **conflicto colectivo**, que se condene a la empresa a revisar los **coeficientes en la participación de resultados** del año 2021, declarando el derecho a que se establezcan de forma que los objetivos de división (segunda capa que pondera al 30%) se marquen para cada uno de los tres centros de trabajo (La Rábida, San Roque y Tenerife) y no se vean alterados por otros objetivos establecidos en función de direcciones o de divisiones creadas con posterioridad a la firma del acuerdo de 28-4-2021, de manera que en el porcentaje de consecución a aplicar al peso asignado (30%) a la capa de objetivos de división no se reflejen dichas alteraciones a la hora de determinar la participación de resultados entre los trabajadores de cada una de las referidas plantas. Se desestima en instancia la demanda y se confirma por el TS, que concluye que no procede la revisión de los coeficientes de participación en resultados correspondientes a 2021, por cuanto se trata de una **petición de principio** que no se compadece con la previsión convencional aplicada en esa anualidad (**TS 1-7-25, Rec 268/23, confirma AN 17-7-23, Proc 139/23**).

2737 **Makro** Se reclama, por el procedimiento de **conflicto colectivo**, que se declare la nulidad, por ilegalidad, de la previsión contenida en el sistema de **retribución variable** de la empresa Makro del Sistema de Bonus de Centros de Negocio cuando **excluye**, a los efectos de percibir el incentivo, los **periodos de incapacidad temporal** (IT) superiores a 30 días en el trimestre y 120 días en el año, condenando a la empresa a estar y pasar por tal declaración y sus efectos. Se desestima dicha pretensión, sin que concurra ningún tipo de discriminación, porque, si comparamos la situación en que se encuentran dos trabajadores de la empresa que perciben incentivos por ventas en la gestión telefónica, resulta evidente que, a aquellos trabajadores que, por encontrarse en IT, hubieran **superado los índices de absentismo** exigidos en el plan, se les estaría dispensando un trato desigual y menos favorable que a los trabajadores que no hubieran causado periodos de IT en el tramo temporal de referencia. Consiguientemente, como los trabajadores que causen IT verán minorada su retribución variable **de forma proporcional** a la duración de tal causa de suspensión contractual, conforme al ET art.45.2, se constata que no concurre la discriminación denunciada (**AN 25-6-25, Proc 112/25**).

2740 **Unicaja Banco** Se reclama, por el procedimiento de **conflicto colectivo**, que se declare «Que los objetivos del primer semestre de 2023 no deben ser tenidos en cuenta para el devengo de incentivos de 2023, o en su defecto, se tengan por cumplidos, al ser imposible su consecución, como consecuencia de los impedimentos generados por la propia empresa». Se desestiman las **excepciones** de inadecuación de procedimiento, cosa juzgada y prescripción. Se desestima la demanda, por cuanto **no se ha probado** una **actuación empresarial** que hubiera **impedido a los trabajadores de la red comercial alcanzar los objetivos** fijados para el primer semestre de 2023, ya que se ha acreditado que 374 trabajadores, de un total de 536 alcanzaron tales objetivos. Así pues, una vez puesta en funcionamiento la nueva aplicación para permitir el cambio de clientes en noviembre de 2023, el porcentaje de cumplimiento de objetivos (superior al 90% en la media de ambos semestres) fue alcanzado por la mayoría de trabajadores, no reconociéndose únicamente a un total de 162. Dichos resultados son coherentes con el diseño de tales objetivos, contenido en el plan estratégico comunicado para el año 2023. Tal plan contenía un modelo de distribución comercial basado en una asignación centralizada de clientes, el establecimiento de un periodo de revisión por parte de los centros y, finalmente, la asignación específica de objetivos; proponiéndose una parrilla de variables clasificadas en cuatro grupos: Recursos, Crédito, Impagados y NPLs y Resultados; sin incluir como objetivo específico la captación de nuevos clientes. Esto último resulta determinante, pues, en el año 2024 (que no en el 2023), sí se incluyó como objetivo específico el de captación de esos nuevos clientes. La declaración de los testigos propuestos por la empresa ha sido clara a este respecto. A la vista de tales circunstancias, no cabe afirmar, como se efectúa en la demanda, que las personas trabajadoras de la red comercial se vieran penalizadas por la implantación, en noviembre de 2023, de una aplicación para solicitar (que no asignar directamente) cambios de clientes de oficinas y carteras. Esto es, cabe afirmar que la **empresa ya tuvo en cuenta** que la cartera asignada al comienzo de 2023 no era dinámica y no iba a permitir la asignación de nuevos clientes, de ahí que estableciera un plazo cerrado para la revisión. Y ello toda vez que los indicadores de rendimiento previstos para el año 2023 no incluían la captación de nuevos clientes (**AN 19-5-25, Proc 94/25**).

Volkswagen Bank GMBH Sucursal España, Volkswagen Renting SA, Volkswagen Insurance Services Correduría de Seguros, SL Se reclama, por el procedimiento de **conflicto colectivo**, que se declare no ajustada a derecho la decisión de la empresa de **no abonar la retribución variable** correspondiente al año 2023 y, en consecuencia, se condene a la empresa abonar el incentivo correspondiente al año 2023 de forma íntegra, al no conocer los parámetros y concreción de estos para alcanzar este o, subsidiariamente a lo anterior, en la proporción correspondiente a los objetivos fijados. Se estima la **excepción de defecto** en el modo de proponer la demanda, por cuanto se ha acreditado que en la empresa coexisten **dos modalidades de incentivo**, siendo exigible, por tanto, **que se identifique** cuál de ellos se ve afectado por la decisión empresarial, por lo que se concede un plazo de 4 días para la subsanación (**AN 16-6-25, Proc 145/25**). 2743

MRW Courier Group y otros Se reclama, por el procedimiento de **conflicto colectivo**: 1. El derecho a que se les abone a las **personas trabajadoras afectadas de «Operativa»** el **100% de los objetivos concretos del bonus** correspondiente al primer al periodo de tiempo, desde el 1-1-2022, hasta la fecha de celebración de juicio, dado que el cobro es de carácter mensual. 2. El derecho al abono del 100% de los bonus de objetivos para el 2022 de las **personas trabajadoras de «Estructura»**, no especificados en ningún momento por la dirección de la empresa. Todo ello en base a que la empresa debe cumplir lo acordado y debió fijar los objetivos del bonus en los plazos convenidos, y no es dable a estas alturas el comunicarlos a la representación legal de las personas trabajadoras o a las personas trabajadoras con posterioridad al periodo de tiempo donde debieron lograrse, ya que, si no, se trataría de una modificación unilateral de la empresa sin amparo legal en lo acordado previamente, incumpliendo lo establecido en el art.12 del convenio de referencia, tal como se ha manifestado en la 24 de la demanda. 3. A estar y pasar por todo lo anterior. Se desestima en instancia dicha pretensión. Se desestima el recurso de casación, por cuanto se fundamenta en las **discrepancias con la convicción** alcanzada por el órgano judicial, con base a elementos cuya incorporación al relato fáctico no acaba de instar, incurriendo, de este modo, en la conocida «**petición de principio**», al partir de unas premisas fácticas que no son las que han quedado firmes, ni se han cuestionado (**TS 9-9-25, Rec 17/24**). 2745

Consorcio Zona Especial Canaria Se reclama, por el procedimiento de **conflicto colectivo** 1. Que se declare el derecho de su personal laboral a percibir la cuantía anual equivalente que resulte de la aplicación del incremento salarial correspondiente al **complemento de productividad** para los años 2018, 2019 y 2020, tal y como se expone en el cuerpo del presente escrito, de acuerdo con lo establecido en el convenio colectivo aplicable y en cada uno de los reglamentos internos de valoración del mentado complemento. 2. Que se proceda al **abono de la cuantía** dejada de percibir en la proporción correspondiente a cada año, más las que se vayan devengando durante la tramitación del presente procedimiento. 3. **Subsidiariamente**, para el caso de que se entienda la no aplicación directa de los incremen- 2747 tos del complemento de productividad, que se reconozca la **obligación** del Consorcio Zona Especial Canaria a **entablar negociaciones** con los representantes de los trabajadores a fin de establecer las condiciones del abono del mentado complemento, toda vez que estamos ante un derecho que está reconocido, y lo que hay que negociar son las condiciones de su ejecución en el tiempo. Se desestima la demanda en instancia y se confirma en casación, por cuanto las reclamaciones efectuadas **no tienen acomodo** en las leyes de presupuestos, que limitan los incrementos salariales en el sector público (**TS 17-9-25, Rec 129/23**).

2751 **Altadis** Se reclama, por el procedimiento de **conflicto colectivo**, que se declare que la empresa no está ajustando los **objetivos** inicialmente determinados para cada mes cuando se produce una **baja inferior a 30 días**, y que cuando se logra el objetivo, en lugar de pagar el 100% de la retribución, se abona en proporción a los días trabajados; considerando que tal actuación constituye una **discriminación por razón de enfermedad** proscrita por la L 15/2022, integral para la igualdad de trato y la no discriminación. Se desestima dicha pretensión, por cuanto los demandantes, que cargaban con la prueba, no han acreditado la existencia de la práctica empresarial en la que basan su primera pretensión. Se desestima, así mismo, la segunda pretensión, aunque es **doctrina** de la Sala que constituye trato discriminatorio no abonar el incentivo de ventas a los trabajadores que se encontraban en situación de baja por enfermedad, porque dicha doctrina **no resulta trasladable** al presente conflicto, porque aquí la **empresa ajusta los objetivos** a los días trabajados y sí los abona, pero lo hace **en proporción** a los días trabajados, ya que el complemento controvertido es un complemento de calidad y cantidad de trabajo anudado a **objetivos individuales**, no colectivos; objetivos que se ajustan a los días trabajados en los supuestos de incapacidad temporal por contingencias comunes, es decir, se cobra el incentivo si se alcanzan los objetivos recalculados; y se abonan en proporción a los días trabajados. Esta forma de abono, en aplicación de la doctrina de la propia Sala, no constituye una discriminación proscrita por L 15/2022 art.2.1, 4.1 y 6.1.a (**AN 6-10-25, Proc 207/25**).

2753 **NTT Spain Intelligent Technologies and Services, SL** Se reclama, por el procedimiento de **conflicto colectivo**, que se anule la **decisión unilateral** de la empresa consistente en la **modificación del régimen retributivo**, en concreto de lo que se denomina ajuste salarial, revisión salarial anual planificada, toda vez que se ha modificado unilateralmente el mes de abono, sin que exista causa justificativa y sin tramitar el procedimiento previsto en el ET art.41, produciéndose con dicho cambio un perjuicio económico para el año 2026. Se desestima dicha pretensión, aunque se admite que el cambio de fecha podría tener un **efecto económico en un periodo anterior**, el que media entre la fecha de abono precedente –el 1 de abril– y la fecha del nuevo abono –1 de julio–, al originarse un desfase de 3 meses en los que no se cobraría cuantía alguna por la Revisión Salarial Anual, toda vez que ha resultado acreditado que la empresa, al comunicar el cambio, se comprometió a cubrir esos 3 meses; compromiso que ha llevado a efecto en la nómina del mes de julio, siendo un hecho conforme este último extremo, **sin que se haya probado** por los demandantes, quienes cargaban con la prueba, un perjuicio futuro (**AN 7-10-25, Rec 214/25**).

2755 **Michelin España y Portugal** Se reclama, por el procedimiento de **conflicto colectivo**, que se anule que la **prima excepcional**, establecida por la empresa el 14-12-2023, beneficie únicamente al **personal de taller** y excluya al de oficinas y excluya, para su cómputo, a los periodos de las incapacidades temporales, de las excedencias por cuidado de hijos, de las licencias sin sueldo y el periodo de suspensión del contrato, estableciéndose además que para percibir la prima **se debe estar de alta** el 30-11-2023, lo que también considera discriminatorio. Se estiman parcialmente dichas pretensiones y se declara la nulidad de la decisión empresarial de excluir, para el abono de la prima excepcional, como tiempo de servicios efectivos, los periodos de IT, condenando a la empresa demandada a estar y pasar por esta declaración, así como requerir, para el reconocimiento de la prima excepcional, que las personas trabajadoras se encuentren en activo a fecha 30-11-2023 cuando la causa de inactividad es estar en situación de IT, condenando a la empresa demandada a estar y pasar por esta declaración, entendiéndose finalmente **no ajustada a derecho** la decisión empresarial de requerir para el reconocimiento de la prima excepcional que las personas trabajadoras se encuentren en activo a fecha 30-11-2023, cuando la causa de no estar en activo se debe a **motivos no inherentes a la voluntad del trabajador**, condenando a la empresa a estar y pasar por esta declaración, absolviéndose a la empresa del resto de pedimentos (**AN 20-10-25, Proc 217/25**).

55. Salario

ACOESPO Se reclama, por el procedimiento de **conflicto colectivo**, que se declare el derecho de todos los trabajadores afectados por el ámbito del conflicto a percibir sus **salarios** correspondientes al año 2022 con un **incremento**, respecto a los del año 2021, del 6.5%, de conformidad con lo establecido en CCol ACOESPO disp.adic., con la aparejada obligación empresarial de proceder a tal abono, y se condene a las demandadas a estar y pasar por tal declaración. Se desestima en instancia dicha pretensión. La Sala IV casa la sentencia, una vez examinada la cláusula de revisión establecida en el convenio colectivo aplicable, y concluye que el art.8 y la denominada cláusula de revisión del convenio colectivo, con su **constante referencia al año** («anualmente», 31 de diciembre de «cada año», retroactividad a «1 de enero»), proporcionan una sólida pista de que, para el convenio colectivo, lo importante es lo que ocurre cada año, y más precisamente lo que sucede a final de cada año. Se trata, como decimos, de **no perder poder adquisitivo** cada año respecto del año anterior. De ahí que se espere al 31 de diciembre para ver cuál ha sido el IPC real, y una vez que está claro cuál ha sido en esa fecha el IPC real, la correspondiente cifra de incremento salarial se retrotrae y aplica al 1 de enero de ese año. Consiguientemente, acreditado que el incremento del IPC de 2021 respecto de 2020 fue del 6,5%, debe estimarse la demanda, porque la finalidad de la cláusula es que los trabajadores no pierdan poder adquisitivo (**TS 22-5-25, Rec 49/23**). **2760**

Adegui Se reclama, por el procedimiento de **conflicto colectivo**, que se declare que el **incremento de las tablas salariales** del CCol de Construcción y obras públicas de Gipuzkoa anexo I del año 2021 debe ser de 0,4% sobre las tablas salariales del año 2020 (tras aplicar el incremento lineal de 500 €), consistente en un IPC que comenzaría de 0% + 0,4% de incremento reconocido. Así mismo, se declare que el incremento correspondiente al anexo II asciende a 2,65%, consistente en el 2,25% pactado en el convenio más 0,4%, consistente en un IPC que comenzaría en 0% + 0,4%. Todo ello sin perjuicio de lo que se fije en conclusiones definitivas. Se estima en instancia dicha pretensión y se confirma por el TS. Se interpreta el CCol de Construcción y obras públicas de Gipuzkoa y se valoran los **efectos del IPC negativo** de 2020 sobre la cláusula de revisión pactada en el art.19 sobre el salario y en el anexo II sobre las dietas y kilometraje. Se concluye que, si el IPC es negativo y no se pactó expresamente nada al respecto, se entiende que su valor es igual a cero, de modo que **no afecta al porcentaje** pactado de subida y nada resta. En definitiva, los efectos de un IPC negativo en los cálculos de revalorización **precisan de pacto expreso**, y ello tanto si generan una disminución salarial como si disminuyen la subida pactada. Se aplica y en parte amplia la doctrina de la Sala contenida, entre otras, en TS 28-11-11, Rec 29/11; 21-6-18, Rec 197/17; y 3-7-24, Rec 249/22 (**TS 7-5-23, Rec 34/23**). **2763**

Se reclama, por el procedimiento de **conflicto colectivo**, que el **incremento de las tablas salariales** del año 2021 del CCol de Artes gráficas, industrias auxiliares, manipulados de papel y cartón y editoriales de Gipuzkoa debe ser de 0,75% sobre las tablas salariales del año 2020, sin reducción derivada del IPC negativo. Todo ello sin perjuicio de lo que se fije en conclusiones definitivas. Se estima en instancia dicha **2765** pretensión, que se casa por el TS. Es así, por cuanto los **negociadores del convenio** previeron un incremento para 2021 acorde al IPC resultante de 2020 y que sobre dicho valor se aplicase un incremento del 0,75%, sin otras especificaciones, **sin cláusula suelo**, de forma tal que dicho incremento adicional puede verse reducido por el previo valor del IPC negativo hasta su práctica anulación. El **único límite** a la compensación progresiva del incremento adicional sería aquel en el que, alcanzado un valor equivalente a 0, las tablas salariales ya no podrían verse afectadas, al no existir dicha previsión expresa, sin perjuicio de que el aumento previsto y aplicado durante todo el año 2020 (0,6%) se haya visto consolidado y, por ello, se haya producido en todo caso un **incremento** en las tablas del 2020, **pese a un IPC negativo** respecto al 2019 (**TS 2-4-25, Rec 4/23**).

2768 **ADIF** Se reclama, por el procedimiento de **conflicto colectivo**, que se declare el derecho de los trabajadores que ingresan en ADIF procedentes de cada OEP y se adscriben a un SIC a devengar y percibir el **complemento mensual** establecido en la NL **por pertenencia a un SIC** (clave 325 de tablas salariales), dejando sin efecto la decisión empresarial de no reconocimiento de tal complemento hasta la obtención de la habilitación de Responsable en la Circulación, y condenando a ADIF a su abono desde dicho ingreso en la empresa y a regularizar todas las cantidades devengadas por los trabajadores a los que se les ha negado el complemento litigioso hasta la obtención de la habilitación. Se desestima la **excepción de inadecuación de procedimiento** y se desestima la demanda, porque no es posible que los trabajadores en periodo formativo accedan al cobro del complemento, pues, en términos estrictos, **no pertenecen al servicio itinerante**, sino que los mismos se encuentran únicamente adscritos a los mismos mientras dura su periodo formativo (**AN 16-12-24, Proc 336/24**).

2770 **Aetram** Se reclama, por el procedimiento de **conflicto colectivo**, que la empresa **incremente los salarios** cuando el **IPC supere** el 5% durante toda la vigencia del convenio colectivo. Se estima en instancia dicha pretensión, que se confirma en casación. El CCol del sector de Transportes por carretera de la Comunidad de Madrid 2017-2020 se prorrogó por falta de denuncia, que no se produjo por acuerdo entre las partes. El convenio establece un **incremento salarial lineal** determinado para cada concreto año de vigencia de manera específica; **y**, de manera genérica, establece una **cláusula de revisión salarial** en cada año de vigencia del convenio. La naturaleza de la prórroga ordinaria y la interpretación del precepto convencional determinan que la cláusula de revisión salarial se aplique durante toda la vigencia -inicial o prorrogada- del convenio, puesto que en el mismo se establece que, caso de que el IPC supere el 5% en cada año de vigencia del convenio, **se revisará el exceso** de dicho porcentaje en todos los conceptos económicos y en todas las categorías profesionales. Dado que, en este caso, la previsión no va ligada a ningún año concreto, sino que se refiere -sin distinción- a cada año de vigencia del convenio, la sentencia recurrida ha interpretado que esta previsión no está unida de manera directa a los años de vigencia inicial, sino que puede aplicarse **mientras el convenio este vigente**. Esta interpretación no sólo es acorde con los principios hermenéuticos que rigen la aplicación de los convenios colectivos, sino que además se trata de una interpretación que la Sala comparte plenamente por lógica, adecuada y coherente; y también porque es la que mejor se adecúa al mantenimiento del equilibrio de intereses que presidió la negociación y firma del convenio colectivo y la posterior decisión de no denunciarlo, dejando que entrara en situación de prórroga ordinaria (**TS 28-1-25, Rec 36/23**).

2772 **Airbus Defence and Space y otros** Se reclama, por el procedimiento de **conflicto colectivo**, que se declare el derecho de todos los trabajadores que fueron contratados entre el 1-1-2024 y el 31-12-2024, con un **salario superior** al mínimo de su banda salarial, a que se les aplique el **incremento salarial** relativo al año 2024 establecido en VII Convenio colectivo de Airbus Defence and Space, SAU, Airbus Operations, SL y Airbus Helicopters España, SA, disp.adic.1ª y, en consecuencia, se condene a las empresas a la aplicación de dichos incrementos y actualización de los salarios, así como al abono de los atrasos correspondiente. Se estima la **excepción de inadecuación de procedimiento**, con la consiguiente desestimación de la demanda, por cuanto se ha acreditado cumplidamente que el litigio no afecta a un colectivo indiferenciado de trabajadores, ya que hay trabajadores a quienes se han incrementado los salarios conforme a convenio, concurriendo, por tanto, situaciones diferenciadas (**AN 21-7-25, Proc 166/25**).

Air Europa Líneas Aéreas Se reclama, por el procedimiento de **conflicto colectivo**, que se declare que, de conformidad con los hechos de la demanda, la demandada ha incumplido las previsiones contenidas en nuestro ordenamiento legal respecto de las **retribuciones** de las personas trabajadoras en situación de **reducción de jornada por guarda legal**, y, en atención a lo que dispone el CCol de Air Europa líneas aéreas anexo XIX cuando se pronuncia respecto de la minoración porcentual de actividad y horas de vuelo y la consecuente y equitativa reducción de los conceptos ligados a tales magnitudes, se condene a la demandada a reducir en proporción al porcentaje de tenga solicitado el empleado por guarda legal las Horas Vuelo 1 (a partir de 55 y hasta 75) y Horas Vuelo 2 (a partir de 75). Se desestima la demanda, por cuanto la **proporcionalidad**, aludida en el precepto estatutario, se refiere únicamente a la reducción del salario, que, lógicamente, se hará en proporción a la reducción de jornada, esto es, se abona en proporción al tiempo trabajado, pero en modo alguno prevé el supuesto de que la jornada se retribuya de forma variable por bloques horarios, de modo que para determinar en este caso la reducción salarial proporcional sería necesario **que así lo estableciese la norma** convencionalmente pactada por las partes negociadoras del convenio. De este modo, «Si se llevase a cabo la reducción proporcional a los tramos horarios de la jornada, tal como se pide, el actor percibiría una retribución proporcionalmente superior a la que obtendría realizando la jornada completa, contradiciendo así la finalidad del sistema retributivo convencionalmente pactado, que trata de primar la realización de las horas de trabajo que supongan un sobreesfuerzo». Sin que tal razonamiento se vea afectado por el contenido de la **TJUE** 19-10-23, asunto C-660/20, que examina la posible discriminación de los trabajadores a tiempo parcial respecto de trabajadores indefinidos a tiempo completo. Sin embargo, el presente procedimiento **no afecta a los trabajadores a tiempo parcial**, conforme a la definición contenida en el Acuerdo Marco sobre el trabajo a tiempo parcial aprobado por la Dir 97/81/CE, sino a los empleados con reducción de jornada, que no pueden ser equiparados a trabajadores a tiempo parcial (**TS 14-5-07, Rec 85/06; auto 19-2-14, Rec 2460/13; 6-2-24, Rec 2796/22**) (**AN 4-2-25, Proc 254/24**). 2775

Amarauto Se reclama, por el procedimiento de **conflicto colectivo**, que se declare el **derecho de todo el personal** afectado por el CCol del sector de Comercio de recambios-neumáticos y accesorios de automóviles de la Comunidad de Madrid a la aplicación de la **revisión técnica de las tablas salariales** del año 2021, consistente en la actualización de dichas tablas salariales y de todos los conceptos económicos del 4,5% a 31-12-2021, sin efectos retroactivos, y en consecuencia el derecho de los trabajadores a percibir el salario actualizado del 4.5% a partir del 1-1-2022. Se desestima en instancia la demanda, que se casa por el TS, por cuanto los efectos de la **prórroga por ultraactividad y** la **interpretación** del precepto convencional y periodo al que se contrae (año 2021) determinan que, por su carácter normativo, la cláusula de revisión salarial se aplique (**TS 6-5-25, Rec 121/23**). 2778

Aucalsa Se reclama, por el procedimiento de **conflicto colectivo**, que se condene a la empresa a abonar las **diferencias** por la «**paga de trafico**» correspondiente a los datos del año 2023, abonada en enero de 2024, para el conjunto de la plantilla, equiparándola al menos a la abonada en 2023 en relación a los datos de 2022. Se desestima la demanda, por cuanto se ha demostrado que el **pacto** de 15-12-2017 pretende acomodar la aplicación del precepto convencional a **situaciones excepcionales** derivadas de la realización de obras de adecuación en los túneles que impidan, por 2780 implicar cortes tráfico, el normal tránsito de automóviles y demás vehículos por la autovía y que impidan el incremento normal del tráfico de un ejercicio a otro, que harían que, de aplicarse el convenio en su literalidad, no se percibiese la paga de tráfico. Consiguientemente, los **meros trabajos preparatorios del proyecto** de adecuación de los túneles, en cuanto que no implican el cierre total de la calzada y que, en la práctica, no han impedido que el tráfico por la misma se incremente de un ejercicio a otro en una cantidad superior al 2%, que hace que se active la paga, no deban implicar que se active el incremento del año precedente. Finalmente, del histórico de incrementos de tráfico en años de normalidad, como lo era el ejercicio en el que se suscribió el pacto –esto es, sin tener en cuenta las restricciones a la movilidad que supusieron las medidas adoptadas para evitar la propagación y el contagio del COVID-19 dictadas por las autoridades correspondientes–, resulta que el incremento de tráfico 2022-2023 es similar al que acaeció entre dos ejercicios igualmente ordinarios, como son el 2018 y el 2019, lo que hace que en el ejercicio examinado, aun cuando se llevasen a cabo algún tipo de trabajos preparatorios, no puede decirse que concurre situación de excepcionalidad alguna (**AN 18-6-25, Proc 132/25**).

2785 **BBVA** Se reclama, por el procedimiento de **conflicto colectivo**: 1. Que **se reconozca** el derecho de las personas trabajadoras procedentes de UNNIM o CX que tienen el **nivel** 9 y al menos 24 años de antigüedad a que se las equipare salarialmente al nivel 8. 2. Que se reconozca el derecho de las personas trabajadoras procedentes de UNNIM o CX que tienen el nivel 8 y 24 años de antigüedad a que se les abone el **complemento** «diferencia artículo 15.4.2». 3. En consecuencia con lo anterior, que se les abonen las **diferencias salariales** que pudieran haberles correspondido desde el momento en que cumplieron los 24 años de antigüedad. Se desestima la demanda, una vez acreditado que, el actual XXIV CCol de Banca art.15 trae causa del anterior art.10 del convenio, de modo que, los acuerdos de homologación suscritos con la representación de UNNIM y Catalunya Banc se remiten a los previos acuerdos suscritos para la aplicación del CCol de Banca entre dichas entidades y su representación legal, donde se estipuló: «Antigüedad: A efectos de lo previsto en el art.10 del convenio colectivo de Banca, se reconoce la antigüedad en el nivel de trasposición que se acredite en el nivel profesional a 31-12-2015» para los provenientes de Catalunya Banc, y «Antigüedad: A efectos de lo previsto en el art.10 del convenio colectivo de Banca, se reconoce la antigüedad en el nivel de trasposición que se acredite en el nivel profesional a 31-12-2012» para los de UNNIM. Consiguientemente, **no deduciéndose** de los acuerdos referidos **que antigüedad en el nivel** o en el grupo **equivalga a antigüedad en la empresa**, no cabe sino desestimar la demanda interpuesta, sin que quepa admitir que la eventual estimación de la demanda implicaría perpetuar una desigualdad por razón de empresa de origen, ya que la Sala ha descartado, al menos en dos ocasiones, que la discriminación por razón de origen que proscribe el ET art.17 no se refiere a la empresa de procedencia (AN 26-9-23, Proc 152/23; 17-12-24, Proc 341/24) (**AN 4-2-25, Proc 382/24**).

2789 **Consejería de Educación de la Junta de Extremadura** Se reclama, por el procedimiento de **conflicto colectivo**, que se condene a la Consejería de Educación y Empleo a cumplir, en el plazo que judicialmente se establezca, lo preceptuado en el VII CCol de Empresas de enseñanza privada sostenidas total o parcialmente con fondos públicos, y, consecuentemente, a que se reconozca el derecho de los trabajadores de la enseñanza concertada de Extremadura a percibir los **atrasos** correspondientes al **año 2020** derivados de la **subida salarial** en un 2% contemplada en sus tablas salariales, y se efectúe a la mayor brevedad su abono, con expresa condena en costas a la Administración. Se estima parcialmente en instancia dicha pretensión. El TSJ únicamente había reconocido el derecho a percibir dicha subida para la nómina de diciembre de 2020, apoyándose en el Acuerdo del Consejo de Gobierno de la Junta de Extremadura de 25-11-2020, que aplicó ese aumento al personal de la Administración autonómica desde esa fecha y supeditó la retroactividad a posteriores negociaciones y equilibrio presupuestario. El TS revoca parcialmente ese fallo y reconoce que el aludido acuerdo no puede restringir las obligaciones de pago hacia el profesorado de la enseñanza concertada. Parte de lo dispuesto en el LOE art.117, que **impide a la Administración asumir** incrementos salariales superiores a los aplicados al profesorado público, y en el RDL 2/2020, por el que se fijó un incremento retributivo del 2% con efectos al 1-1-2020. Concluye que la reclamación **no supera el límite estatal** y, por tanto, debe abonarse todo el periodo anual. En consecuencia, el TS estima el recurso de FSIE-Extremadura y amplía la obligación de abonar el 2% a todo el ejercicio 2020, en régimen de pago delegado, a cargo de la Junta de Extremadura (**TS 20-12-24, Rec 275/22**).

Enterprise Solutions Procesos de Negocio España SLU Se reclama, por el procedimiento de **conflicto colectivo**: 1. La **nulidad de la cláusula** octava o cualquier otra de similar contenido incluida en los contratos de trabajo de la empresa demandada en otro ordinal, por contravenir lo dispuesto en el III CCol estatal del sector de Contact center art.9. 2. La obligación de la empresa de suprimir dicha cláusula en todos los contratos vigentes, notificando su eliminación a cada trabajador afectado y remitiendo copia corregida a la RLT. 3. La prohibición expresa de incluir dicha cláusula en futuros contratos de trabajo, garantizando el cumplimiento del convenio colectivo aplicable y la plena efectividad de los derechos salariales reconocidos a la plantilla. Se estima dicha pretensión, por cuanto la lectura del precepto convencional, que regula la compensación y absorción, permite concluir que **no** podrán verse afectados por la **compensación y absorción** salarial y tendrán que aumentar el salario de su nivel en lo legalmente establecido en convenio (**AN 2-4-25, Proc 38/25**). **2794**

FED y otros Se reclama, por el procedimiento de **conflicto colectivo**, que se declare el derecho de los trabajadores incluidos en el ámbito de aplicación del VII CCol marco estatal de Servicios de atención a las personas dependientes y desarrollo de la promoción de la autonomía personal, a la aplicación de la **cláusula de revisión salarial automática** contenida en el VII CCol marco estatal de Servicios de atención a las personas dependientes y desarrollo de la promoción de la autonomía personal art.8 y, en consecuencia, al **incremento** de sus conceptos retributivos para el ejercicio 2022 en la cuantía correspondiente al porcentaje del **IPC real** del año 2021, esto es en un 6,5%. Y, correlativamente, se condene a las organizaciones empresariales firmantes de tal convenio colectivo a suscribir e instar la **publicación de las tablas salariales** correspondientes al ejercicio de 2022, con base en lo dispuesto en dicho precepto convencional. Se estima en instancia dicha pretensión, que se confirma en casación, por cuanto sentencia recurrida ha estimado la demanda porque, partiendo de la doctrina de esta Sala en relación con la interpretación de los convenios colectivos, considera que la **literalidad del precepto convencional** objeto de debate es clara y no deja lugar a dudas de que lo pactado era un incremento anual, en el mes de enero de los conceptos retributivos en la misma cuantía que el IPC real del año anterior, siempre que, conforme a la VII CCol marco estatal de Servicios de atención a las personas dependientes y desarrollo de la promoción de la autonomía personal disp.final, el PIB haya experimentado un **incremento anual superior al 2%**, razón por la que si el PIB ha experimentado un incremento anual superior al indicado en el convenio, aplica el 6,5% de IPC. Se confirma la sanción por **temeridad** de 1.000 € (**TS 29-1-25, Rec 274/22, confirma AN 20-6-22, Proc 117/22**). **2800**

Ferrocarrils de la Generalitat de Catalunya Se reclama, por el procedimiento de **conflicto colectivo**, que se cumpla el Acuerdo de convenio de 1-3-2016, incrementando el sueldo de los trabajadores en el 2,30% respecto al del 31-12-2020, con efectos al día 1-1-2021, a cuyo resultado se le deberá aplicar la **subida salarial** del 0,9%, conforme a lo previsto en el DL 18/2021. Se desestima en instancia la demanda y se desestima el **recurso de casación** por **defectuosa formulación** del mismo, ya que no se cita el contenido concreto de la infracción o vulneración cometidas, haciendo mención precisa de las normas sustantivas o procesales infringidas, así como, en el caso de invocación de quebranto de doctrina jurisprudencial, de las con- **2805**

cretas resoluciones que establezcan la doctrina invocada, como exige el LRJS art.210 (**TS 11-12-24, Rec 1/23**).

2888 **Grupo Endesa** Se reclama, por el procedimiento de **conflicto colectivo**, que la **actualización anual** que debe experimentar la compensación económica prevista en el Acuerdo sobre medidas voluntarias de suspensión o extinción de contratos de trabajo en el periodo 2013/2018 apdo.9.3 (AVS 2013/2018), percibida durante cada uno de los años de vigencia del **pacto suspensivo individual**, debe ser exclusivamente la correspondiente al **incremento porcentual fijo** pactado actualmente en el V CCol marco del Grupo Endesa art.8.1 para los años de vigencia del mismo, de igual forma que se ha venido aplicando hasta la fecha, e inicialmente de conformidad con los incrementos fijos pactados en el IV CCol marco del Grupo Endesa art.8.2; **sin que resulten de aplicación** a dichas actualizaciones anuales, ni anteriores ni futuras, de las compensaciones económicas percibidas por las personas trabajadoras afectadas por el pacto colectivo de suspensión (AVS 2013/2018) y pactos individuales suscritos por cada uno de las personas trabajadoras adheridas voluntariamente a esta medida de suspensión de su relación laboral, como consecuencia de dicho AVS, cualesquiera **otros incrementos** variables y adicionales previstos en V CCol marco del Grupo Endesa art.8.2, 3 y 4. Se estima en instancia la demanda, que se confirma en casación, concluyéndose que la exégesis realizada por la sentencia de instancia de la regulación convencional se adecúa a los cánones establecidos por la **jurisprudencia**, entendiéndose que la actualización de la compensación económica establecida en un Acuerdo de suspensión y extinción de contratos de trabajo por remisión a un precepto concreto del IV CCol marco del Grupo Endesa, que establece un incremento tipo fijo por cada año de vigencia del mismo (sin incluir la aplicación de otras actualizaciones posibles), debe mantenerse también durante la vigencia del V CCol marco del Grupo Endesa, siendo la redacción del precepto convencional que regula los posibles incrementos de ambos convenios idéntica (**TS 2-4-25, Rec 78/23, confirma AN 16-12-22, Proc 306/22**).

2892 **Grupo Kalise** Se reclama, por el procedimiento de **conflicto colectivo**, que se reconozca como **tabla salarial única** para toda la plantilla, con efectos al 30-12-2019, aquella identificada en el convenio colectivo como «Tablas salariales para empleados con más de cinco años de antigüedad», debiendo los trabajadores afectados por el presente conflicto colectivo comenzar a percibir sus retribuciones de acuerdo a las cantidades expresadas en aquella, condenando a la demandada a estar y pasar por dicha declaración. Se estima en instancia dicha pretensión. Se confirma por el TS, toda vez que el **convenio** contiene **dos tablas salariales, en función de la antigüedad** de los trabajadores, habiéndose pactado en su CCol Grupo Kalise Menorquina, SA disp.trans.1ª que, una vez finalizada su vigencia, las partes negociarán unas nuevas tablas salariales y, a falta de acuerdo y una vez transcurrido el plazo de un año de prórroga, se eliminará la doble escala, **pasando a ser una sola** para todo el personal. Consiguientemente, **no** habiéndose alcanzado **acuerdo** entre las partes y, transcurrido un año desde la prórroga del convenio, se impone dar cumplimiento a las previsiones de la CCol Grupo Kalise Menorquina, SA disp.trans.1ª (**TS 26-3-25, Rec 86/23**).

2895 **Ibercaja Banco, SA** Se reclama, por el procedimiento de **conflicto colectivo**, que se condene a la empresa a reconocer a todos los trabajadores el derecho a percibir el **complemento lineal de 1.000 €** establecido en la disp.adic.12ª del convenio colectivo, sin que proceda aplicar minoración de ningún tipo. Se desestima dicha pretensión, por cuanto si el pago único obedece a una subida que **integra el salario base**, aun cuando se lleve a cabo en un solo pago al finalizar el año, es evidente que **tanto la reducción de jornada como la huelga permiten minorar** su cuantía, en caso de concurrir. En el caso de la reducción de jornada, por las propias previsiones del ET art.37.6 y el art.39.h del convenio colectivo, que prevé que «quien por razones de guarda legal tenga a su cuidado directo algún menor de 12 años o una persona con discapacidad que no desempeñe una actividad retribuida, tendrá derecho a una reducción de la jornada de trabajo, con la disminución proporcional del salario entre, al menos, un octavo y un máximo de la mitad de la duración de aquélla». Por el contrario, los complementos salariales que no dependen del tiempo de trabajo deben abonarse en su integridad. En caso de huelga, por la propias previsiones del ET art.45, que prevé como causa de suspensión del contrato de trabajo el ejercicio del derecho de huelga, exonerándose de las obligaciones recíprocas de trabajar y remunerar el trabajo, y el RDL 17/1977 art.6.2, por el que «durante la huelga se entenderá suspendido el contrato de trabajo y el trabajador no tendrá derecho al salario», siendo, por ende, ajustado a derecho descontar la cuantía salarial que proceda del pago único de 1.000 € cuando el trabajador haya ejercido su derecho de huelga en la anualidad a la que se contrae el abono de dicha cantidad (**AN 20-6-25, Proc 133/25**).

INECO Se reclama, por el procedimiento de **conflicto colectivo**, que se declare la íntegra **aplicación de la LPG** en todas las percepciones salariales y extrasalariales, sin que deba operar compensación y/o absorción del complemento de antigüedad a través del complemento salarial, debiendo en consecuencia procederse a la **regularización de las compensaciones/absorciones** realizadas de dicho complemento y abstenerse de seguir realizándolas en el futuro. Se desestima la demanda, por cuanto se ha acreditado que la empresa demandada ha incrementado las retribuciones convencionales con arreglo al acuerdo sobre incrementos retributivos (**AN 11-2-25, Proc 209/24**). **2900**

Os Ventos Innovacion Servizos, SL Se reclama, por el procedimiento de **conflicto colectivo**, que: a) Declare que el **convenio colectivo aplicable** a todo el colectivo de **personas trabajadoras** que prestan servicios para la demandada, Os Ventos Innovacion Servizos, SL, **en los comedores escolares** correspondientes a la contrata de la Consejería de Educación, es el CCol estatal del Sector laboral de restauración colectiva y los que con posterioridad lo vayan sustituyendo. Declare que, partiendo de dicha aplicabilidad, estas personas trabajadoras tienen derecho a percibir las **diferencias retributivas, de jornada y de toda índole**, que hubieran podido producirse en favor de estas, en el periodo anterior de **un año** desde la presentación de la papeleta de mediación, es decir, con efectos retroactivos al día 7-7-2021. b) O, **subsidiariamente** y solo para el colectivo de **personas trabajadoras procedentes de «La Productora»**, declare aplicable el CCol de Astur servicios La Productora Soc. Coop, teniendo en cuenta que, si este resulta inferior a la tabla del convenio colectivo de restauración colectiva, o su jornada mayor, la empresa deberá abonarles y compensarles las diferencias que en su favor pudieran producirse en ambos aspectos desde el 7-7-2021. Se estima en instancia dicha pretensión, que se confirma en casación, toda vez que el convenio colectivo aplicable a las monitoras de comedores escolares es el CCol estatal del Sector laboral de restauración colectiva, en tanto en cuanto el convenio de aplicación, debe ser el que corresponda a la **real y verdadera actividad** ejercida por los trabajadores en relación a la prestación de servicios por la empresa multiservicios a la empresa cliente. En el supuesto de la TS 11-6-20, Rec 9/19, también se planteaba cuál debía ser el convenio colectivo aplicable a los trabajadores de la empresa contratista, a falta de convenio colectivo propio, y, en concreto, si debía ser el CCol estatal de Restauración colectiva o, por el contrario, el CCol de Servicios de atención a las personas dependientes y desarrollo de la promoción de la autonomía personal. La TS 11-6-20, Rec 9/19, confirma la sentencia de la Sala de lo Social del TSJ de Asturias que había declarado, al igual que sucede en el presente caso, que el convenio colectivo aplicable era el de restauración colectiva (**TS 5-6-25, Rec 148/23**). **2903**

Repsol Petróleo y otros Se reclama, por el procedimiento de **conflicto colectivo**, que: 1. Con carácter principal, se declare el derecho de los afectados a establecer la **revisión de las tablas salariales** de las empresas del grupo vigentes en el **año 2024** hasta alcanzar el porcentaje acumulado del 18,71%, lo que, calculado sobre el incremento aplicado del 15,07%, acumulado hasta el 1-1-2025, supone incrementarlas en un 3,64%, más el 10% de demora aplicado sobre la cantidad resultante de **2905**

dicho incremento. 2. Con carácter **subsidiario**, se declare el derecho de los afectados a establecer la revisión de las tablas salariales de las empresas del grupo vigentes en el **año 2020** hasta alcanzar el porcentaje no acumulado del 17,60%, lo que, calculado sobre el incremento del 14,29%, obtenido sin acumular hasta el 1-1-2025, supone incrementarlas en un 3,31%, más el 10% de demora aplicado sobre la cantidad resultante de dicho incremento. 3. Se condene a las demandadas al pago de las **cantidades resultantes**, en el caso de que fuera estimada cualquiera de las pretensiones articuladas. Se desestiman dichas pretensiones, porque, si el acuerdo colectivo examinado establece una revisión salarial vinculada al IPC, debe **estarse a la fórmula pactada** y, en caso de duda, a la interpretación más conforme con la literalidad y la finalidad del acuerdo (TS 18-7-12, Rec 86/11; TS 20-7-16, Rec 259/15). Y, si el Acuerdo no prevé expresamente la acumulación de los IPC, no puede imponerse por vía interpretativa. No nos encontramos, por tanto, ante el supuesto examinado por TS 7-5-25, Rec 34/23, pues no se trata de interpretar una norma convencional a la vista de la existencia de un IPC negativo en una determinada anualidad y de la ausencia de pacto expreso, sino de verificar si la actuación empresarial es acorde al mecanismo de revalorización expresamente pactado en el Acuerdo Marco. Conforme a lo expuesto, la actuación empresarial ha de considerarse ajustada a lo pactado (**AN 4-7-25, Proc 161/25**).

2908 **Repsol Química** Se reclama, por el procedimiento de **conflicto colectivo**, que se declare el derecho de los trabajadores con **reducción de jornada** diaria a **percibir de manera íntegra los pluses** de Turnicidad-Relevos, Festivo, Exceso Tiempo de Relevo y Modulo ADP, y no en proporción a la jornada realizada. Se estima parcialmente en instancia dichas pretensiones y se declara el derecho de los trabajadores con reducción de jornada diaria a percibir de manera íntegra los pluses de Turnicidad-Relevos. Se casa la sentencia recurrida y se declara que el plus por exceso en el tiempo de relevo, el plus de festivos y la retribución por ADP deben también abonarse en su cuantía completa a quienes prestan servicios en jornada reducida al amparo del ET art.37.6, sin que puedan ser reducidas proporcionalmente a la jornada a tiempo parcial (**TS 4-7-25, Rec 212/24, casa AN 11-6-24, Proc 95/24**).

2912 **Ricoh España, SL** Se reclama, por el procedimiento de **conflicto colectivo**, que se condene a la empresa a incrementar en un 6,5%, IPC real de 2021, los salarios de las personas afectadas por el conflicto, todo ello con efectos del 1-1-2022, lo que supone un incremento del 4%, ya que se abonó el 2,5%. Se estima en instancia dicha pretensión. El TS casa la sentencia y estima la **excepción de caducidad**, por cuanto se ha acreditado que la empresa había estado incrementado el salario de los afectados por el conflicto en el IPC a fecha 31 de diciembre del año precedente, y lo abonaba en la nómina de abril. Consiguientemente, la reducción en el año 2022 con relación al incremento del 2021 constituyó una **MSCT**, a la que le era aplicable el plazo de los 20 días, que se aplica igualmente en los casos de decisiones empresariales de carácter colectivo que, según LRJS art.153.1, deben tramitarse por la modalidad de conflicto colectivo. Como la comunicación se realizaba todos los años en el mes de abril, y así se hizo en el 2022, debe tomarse como **día inicial del cómputo** la del 8-4-2022, por lo que el 20-4-2023, cuando se ejercita, la acción estaba caducada. En cualquier caso, también estaría prescrita, pues transcurrió más de un año (**TS 4-7-25, Rec 262/23, casa AN 20-7-23, Proc 150/23**).

2916 **Unicaja Banco, SA** Se reclama, por el procedimiento de **conflicto colectivo**, que se reconozca el derecho de los **prejubilados** de Unicaja Banco SA a percibir las **mejoras salariales** establecidas en el CCol para las Cajas y entidades financieras de ahorro art.44 bis, pactadas el pasado 25-1-2023, condenando a la empresa demandada a estar y pasar por dicha declaración, así como a las consecuencias legales que ello implica. Se desestima en instancia dicha pretensión, que se confirma en casación, toda vez que, el **plus mejora convenio**, introducido en el CCol para las Cajas y entidades financieras de ahorro art.44 bis, por Acuerdo de modificación de dicho convenio, se aplica al personal en activo y no a los prejubilados (**TS 2-7-25, Rec 43/24, confirma AN 17-10-23, Proc 208/23**).

Universidad de Zaragoza Se reclama, por el procedimiento de **conflicto colectivo**: «Primero: Que se apliquen los **complementos de los quinquenios** de docencia e investigación **a los profesores asociados a tiempo parcial** desde el año 2022, ya que dejarlos fuera del Acuerdo de empresa es contrario al principio y derecho a la igualdad en las condiciones salariales del trabajo prestado e incumple el objetivo de financiación básica del Acuerdo del Gobierno de Aragón, por el que se aprueba el Modelo Global de Financiación de la Universidad de Zaragoza para el periodo 2022-2026. Segundo: Que el Acuerdo de empresa sobre **mejoras retributivas** del personal docente e investigador laboral de 16 de diciembre de 2022, sea aplicado cumpliendo el acuerdo de financiación de estos complementos recogido en la O CUS/603/2022, por la que se dispone la publicación del Acuerdo del Gobierno de Aragón, por el que se aprueba el Modelo Global de Financiación de la Universidad de Zaragoza para el periodo 2022-2026, desde el año 2022 en lo que atañe a la equiparación del salario del profesorado Ayudante Doctor a las retribuciones del profesorado de enseñanza preuniversitaria que afecta a los Profesores Ayudantes Doctores, desde el año 2022 y al 100% desde el 1-1-2022. Del mismo modo, se solicita que, desde la citada fecha, los profesores Colaboradores no doctores perciban el 100% de su subida salarial. Tercero: Que se cumpla el Acuerdo de la CIVEA Zaragoza de 25-1-2019, relativo a las **condiciones laborales y retributivas del personal docente e investigador** contratado de la Universidad de Zaragoza conforme al D 84/2003 art.10 bis.6, para su equiparación en materia salarial de los profesores con Contrato de Interinidad a los Profesores Ayudantes Doctores y Profesores Ayudantes. Cuarto: Que se aplique el acuerdo de empresa de 16-12-2022 también al **personal laboral estrictamente investigador** de la Universidad de Zaragoza para que puedan percibir los **sexenios de investigación y**, en su caso, los **quinquenios de docencia**». Se **estiman parcialmente** en instancia dichas pretensiones y se declara que el profesorado asociado a tiempo parcial de la Universidad de Zaragoza, representado por las partes firmantes del acuerdo, tiene derecho a la evaluación de su actividad docente a efectos del componente del complemento específico por méritos docentes, y que los profesores con contrato de interinidad seguirán cobrando las retribuciones previstas en el I CCol del Personal docente e investigador contratado laboral de la Universidad de Zaragoza, integrado con el Acuerdo de la CIVEA de 25-1-2019, pero no las previstas en el acuerdo de 16-12-2022, para la categoría de Profesor Ayudante Doctor, en el caso de que posean el título de doctor, y las previstas para la categoría de Profesor Ayudante, en el caso de que no posean el título de doctor, por cuanto no se han acreditado razones sólidas, que justifiquen retribuciones diferenciadas con el personal fijo (**TS 3-7-25, Rec 301/23**). **2920**

Verallia Spain, SA Se **impugna parcialmente** un convenio colectivo de empresa, concretamente la regulación del **incentivo de mejora**. Se declara la adecuación del procedimiento. Se estima en instancia la demanda, que se casa por el TS, que mantiene que el **cómputo** a efectos de este complemento salarial de las **ausencias por enfermedad o por conciliación** de la vida familiar y laboral supondría una **discriminación** por enfermedad, por razón de sexo y por asociación por razón de enfermedad. Pero ello **no implica que deba anularse** la regulación convencional del incentivo de mejora, en cuanto tiene en cuenta la asistencia al trabajo a efectos del abono de ese plus de productividad, calidad y absentismo, porque ello supondría que las ausencias no justificadas o debidas a factores no discriminatorios tampoco se tendrían en cuenta respecto de un complemento que pretende combatir el absentismo laboral, lo que es una causa lícita, **sin perjuicio** de que, al interpretar y aplicar ese precepto convencional, además de las ausencias expresamente mencionadas en él, deban excluirse también las demás ausencias en las que concurran factores discriminatorios (**TS 20-1-25, Rec 99/24, casa AN 22-1-23, Proc 280/23**). **2924**

2929 **Viuda de Lauro Clariana** Se reclama, por el procedimiento de **conflicto colectivo**, se declare el derecho de los trabajadores afectados a que se les compute todo el **tiempo trabajado** en la empresa a efectos del devengo del **complemento personal** regulado en el art.14.a del convenio colectivo. Se estima en instancia la demanda, que se casa parcialmente por el TS, que considera que la **antigüedad**, devengada a partir del 1-1-2017 a los efectos del complemento personal del convenio de cobertura, **no** es objeto de **compensación ni absorción**, pero sí puede compensarse la correspondiente al periodo anterior, al ser aplicable en toda su dimensión el art.14 del convenio colectivo, por mor de la excepción que contempla el último inciso transcrito del mismo art.35 del convenio colectivo, que a su vez asienta el deslinde en ese momento temporal (**TS 10-6-25, Rec 11/24, casa parcialmente AN 11-10-23, Proc 143/23**).

2933 **Unespa y otros** Se reclama, por el procedimiento de **conflicto colectivo**, que se declare el derecho de los trabajadores regulados por el CCol general de Entidades de seguros, reaseguros y mutuas colaboradoras con la Seguridad Social, publicado por la DGTr Resol 15-12-21, a percibir el **incremento salarial** que resulte de la aplicación del art.44.1 y 2 del referido convenio colectivo, teniendo en cuenta el IPC del 3,1% constatado oficialmente a 31-12-2023 sobre 31 de diciembre del año anterior, y el PIB del 2,7% referido al 2023,constatado por el INE el pasado día 18-9-24. Se desestima la excepción de falta de legitimación activa de CGT, por cuanto acredita una implantación del 2% en el sector, que se considera suficiente. Se desestima la demanda, apartándose de la interpretación efectuada por la comisión paritaria, por las razones siguientes: A.- El incremento previsto para 2023 es claro que se han fijado de forma definitiva en **acuerdo de la Comisión negociadora** publicado en el BOE, tal y como consta en la disp.adic.10ª. B.- La **interpretación literal del precepto** es clara a la hora de prever un único cálculo y en una sola paga (art.45.4), sin que se prevean alteraciones posteriores por nuevas estimaciones de la cuantía del PIB o del IPC con posterioridad al conocimiento de dichos datos. C.- Este criterio se respalda acudiendo a la interpretación histórica del precepto, así como se ha reconocido por CGT, ante una regulación similar en el año 2019, se publicaron inicialmente unos datos de PIB sobre los que se calculó el incremento y posteriormente otros que perjudicarían a los trabajadores sin que procediese recálculo alguno, lo que evidencia que la **intención de las partes** fue calcular el incremento con arreglo a los primeros cálculos conocidos (**AN 12-9-25, Proc 200/25**).

2938 **Grupo Groundforce** Se reclama, por el procedimiento de **conflicto colectivo**, que se declare que los V CCol del Grupo de empresas Groundforce art.94 y 95 deben ser interpretados en el sentido de que los trabajadores ostentan el derecho a una **subida salarial** del 6,5% en el devengo correspondiente al año 2021, quedando dicha subida consolidada en la base salarial, y por tanto, las subidas salariales previstas para los **años posteriores**, conforme al art.94, deben aplicarse **sobre una base ya incrementada** con ese 6,5% ya devengado, así como que el art.95 se refiere al abono diferido de dicha subida correspondiente al ejercicio 2021, sin que ello afecte al devengo y consolidación del incremento ya reconocido. Se desestima dicha pretensión, porque la **Comisión Paritaria ha interpretado** el precepto en sentido contrario, sin que pueda considerarse que dicha interpretación se aparte de modo manifiesto de la intención de las partes a la hora de suscribir el convenio (**AN 24-9-25, Proc 118/25**).

2942 **Asociación de empresas privadas de Hospitalización de la provincia de Cádiz** Se reclama, por el procedimiento de **conflicto colectivo**, que se declare el derecho de los trabajadores afectados por el CCol de sector de Establecimientos sanitarios de carácter privado de la provincia de Cádiz al reconocimiento y abono efectivo de las **cantidades adeudadas** desde el 1-1-2021 por la **subida del IPC** en sus salarios en el periodo correspondiente de enero a diciembre de 2021 del 6,5%, y tomándose esta subida como de **base de cálculo** para el incremento salarial de los **años siguientes**, con la referencia a los conceptos económicos y salariales o tablas utilizadas para realizar los aumentos pactados inicialmente en el convenio referenciado y sobre la base de revisión salarial **pactada en Comisión Paritaria** de 20-10-2020, ello con las consecuencias legales y económicas inherentes a dicho reconocimiento. Se estima en instancia dicha pretensión, que se casa por la Sala IV, porque **durante la ultraactividad** del convenio se aplican los incrementos salariales por IPC, salvo pacto en contra en el propio convenio (que existe en este caso, como hemos visto) o que existan cláusulas de las que inequívocamente se desprenda la limitación temporal, en cuyo caso se mantienen las últimas tablas salariales actualizadas hasta que se negocie un nuevo convenio o se pacte algo específico durante la negociación. Se subraya finalmente, que la **doctrina** aplicada no se opone a la TS 6-5-25, Rec 121/23, respecto de un asunto próximo en su temática pero con una redacción del convenio bien distinta, donde se accedió a la aplicación del IPC durante la ultraactividad del convenio, atendida la redacción de los preceptos convencionales allí contemplados, donde no se daba la especial circunstancia de una **regulación específica de los efectos del incremento del IPC** cuando el convenio hubiera sido denunciado, que es lo que ocurre en el presente caso (**TS 18-9-25, Rec 166/23**).

Konecranes&Demag Ibérica, SLU Se reclama, por el procedimiento de **conflicto colectivo**, que se condene a la empresa a **revalorizar el salario** de la plantilla para los años 2021 y 2022, según el **IPC real** y en aplicación del punto segundo del **Acuerdo de empresa** de 22-6-2009. Se estima en instancia dicha pretensión, que es revocada parcialmente en casación, parcialmente la sentencia recurrida, en el único sentido de **suprimir la mención al IPC real** que contiene su parte dispositiva, limitando la condena a la empresa a la obligación de revalorizar para los años 2021 y 2022 la totalidad del salario de la plantilla de los dos centros de trabajo afectados por el presente conflicto conforme al porcentaje que resulte aplicable conforme al convenio colectivo (**TS 18-9-25, Rec 273/23**). **2946**

RENFE Operadora y otras Se reclama, por el procedimiento de **conflicto colectivo**, que se declare el derecho del Personal de Conducción adscrito a los Cuadros de Servicio de Mercancías de las residencias de Irún y Portbou a devengar el **incremento adicional en la PVT** de 8,74 €/día, o la parte proporcional, en su caso (o el valor que corresponda por futuras actualizaciones), mientras realicen **servicios transfronterizos**. Se estima dicha pretensión en instancia. La Sala IV casa la sentencia, previa interpretación del Acuerdo de 27-6-2018, por el que se abordaba el tratamiento específico de los cuadros de servicios transfronterizos con Francia de RENFE Mercancías, concluyendo que, de su lectura literal se deduce que el montante adicional de la prima variable total (PVT) por valor de 8,74 €/día debe abonarse **solo a los maquinistas** que han accedido mediante las convocatorias específicas para Maquinista de Entrada para cuadros de servicio de Tráficos Transfronterizos adscritos a las residencias de Irún y Portbou. Consiguientemente, **no procede abonarlo a todos** los adscritos a dichas residencias por el hecho de que realicen desplazamientos a Hendaya o Cerbere, porque **no consta** que se superen los 15 km. dentro del territorio francés ni que se utilicen sus infraestructuras ferroviarias. Interpretación del **término «transfronterizo»** a la luz del RD 1561/1995, que se aplica en el caso (**TS 21-10-25, Rec 42/24, casa AN 30-10-23, Proc 228/23**). **2950**

ENAIRE Se reclama, por el procedimiento de **conflicto colectivo**, con carácter principal, la inaplicación de los actos derivados del III CCol profesional de los Controladores de tránsito aéreo en la entidad pública empresarial ENAIRE art.141 bis, en relación con las cantidades de la **masa salarial** destinadas a pagar el **complemento personal de adaptación fijo** (CPAF), 58.593.626 €, que son actualmente distribuidas exclusivamente entre el personal incorporado en la empresa antes del 5-2-2010, generando la existencia de una, no ajustada a derecho, **doble escala salarial** en la empresa, por la única circunstancia de la **fecha de ingreso**, siendo contrario al derecho fundamental de igualdad consagrado en Const art.14 y ET art.17; y liberándose dichas cantidades de su carácter discriminatorio, permitiendo el acceso a las mismas a todo el colectivo de trabajadores a través del Complemento de Nivel recogido en el propio III CCol profesional de los Controladores de tránsito aéreo en la entidad **2956**

pública empresarial ENAIRE art.124 bis y anexo I, incrementando su cuantía a 377,89 € mensuales por nivel profesional. Se desestiman en instancia dichas pretensiones. La Sala IV confirma la sentencia recurrida, desestimando la **excepción de cosa juzgada**, estimada parcialmente en instancia, porque se promueve la interpretación de un convenio posterior, aunque su redacción sea idéntica al actual, porque han podido cambiar las circunstancias que inciden en dicha interpretación. Se desestima el recurso, concluyendo que **no concurre** doble escala salarial, porque la superior retribución del complemento personal de adaptación retribuye a los controladores ingresados antes del 5-2-2010 con la **finalidad** de garantizar que la disminución de retribuciones provocada por la nueva regulación del tiempo de trabajo no disminuyera sus ingresos por debajo de lo que se percibía en 2009. Además, se trata de un **complemento estático** que, si bien no tiene previsto un mecanismo específico orientado a su desvirtuación, desaparecerá por sí mismo con el paso del tiempo (**TS 21-10-25, Rec 35/24, confirma AN 24-10-23, Proc 225/23**).

56. Salario mínimo interprofesional

2960 **Coviran, SCA** Se reclama, por el procedimiento de **conflicto colectivo**, que se incrementen los **salarios base** de las categorías profesionales **cuyo importe sea inferior al SMI**. Se desestima en instancia dicha pretensión, confirmándose por la Sala IV, porque no puede interpretarse legalmente que el salario base convencional debe incrementarse si pasa a ser inferior al nuevo SMI, cuando el salario profesional, **en su conjunto, siga siendo superior** a ese nuevo SMI. Se aplica el último inciso del ET art.27.1, sin que ninguna de las menciones del convenio colectivo empresarial referidas al SMI puedan entenderse en sentido contrario. La regulación de la previsión convencional referida al «complemento personal voluntario», que contempla la actualización del SMI y el carácter parcialmente absorbible de dicho complemento, no puede impedir la aplicación de las reglas de la **compensación y absorción** de la nueva cuantía del SMI a todos los complementos salariales. En particular, concluye que la compensación y absorción derivada de la actualización del SMI no se debe producir respecto del **plus extrasalarial de transporte**. Estimación parcial respecto a la última cuestión (**TS 18-9-25, Rec 233/23, confirma AN 13-6-23, Proc 106/23**).

2964 **Agesfer** Se reclama, por el procedimiento de **conflicto colectivo**: 1. Que las cuantías de los conceptos de **plus transporte y plus vestuario** no deben ser tenidas en cuenta para el cómputo de las retribuciones totales anuales **a efectos de alcanzar el SMI**, todo ello por tener la condición de retribuciones **extrasalariales** que se corresponden con el abono de suplidos para compensar los gastos asumidos con los recursos propios de las personas trabajadoras, tanto para el transporte del domicilio al centro de trabajo como para el mantenimiento del vestuario respectivamente. 2. Que todas las personas trabajadoras encuadradas en el Grupo III (personal auxiliar) del V CCol sectorial estatal de Servicios externos, auxiliares y atención al cliente en empresas de servicios ferroviarios deberán percibir, como mínimo, el importe del SMI en su cuantía anual de 15.120 € como retribución salarial, una vez excluidos los conceptos extrasalariales anteriormente citados. Se estima en instancia dicha demanda. Se confirma en casación, en la que se debate si el procedimiento adecuado es el conflicto colectivo, concluyéndose positivamente por la Sala IV (**TS 24-9-25, Rec 256/23, confirma AN 10-7-23, Proc 136/23**).

57. Seguridad Social

2970 **Universidad de Vigo** Se reclama, por el procedimiento de **conflicto colectivo**, el derecho del **personal universitario docente e investigador, técnicamente postdoctorados**, contratados al amparo del RD 289/2021, en las modalidades de ayudas Margarita Salas y María Zambrano, a que no les sea descontado la **aportación empresarial a la Seguridad Social**, soportando de esta manera el importe de las cuotas patronales de Seguridad Social. Se estima en instancia dicha pretensión y se declara nula la práctica empresarial de descontar la cuota empresarial de Seguridad Social de las cantidades previstas como retribución. Recurre en casación ordinaria la Universidad de Vigo. Se confirma la sentencia por el TS, que defiende que el **régimen jurídico** al que se ha sometido la ayuda y sus cuantías no ha previsto el descuento de la cuota patronal. Las universidades beneficiarias puedan complementar sus cuantías, asumiendo costes asociados, pero no se permite que se descuente del importe de la ayuda la cuota patronal, ya que con este proceder no se complementaría la **ayuda** sino **se reduciría**, conforme a la doctrina reiterada por la propia Sala (**TS 9-9-25, Rec 7/24**).

Universidad del País Vasco Se reclama, por el procedimiento de **conflicto colectivo**, que se reconozca el derecho de los trabajadores afectados por el conflicto colectivo y a todos los efectos, a percibir un importe bruto mensual de 4.000 €, **sin detracción de la cuota patronal**, frente a lo establecido en UPV-EHU Resol 2-7-21 art.16.2, resolución por la que se convocan ayudas para la recualificación del sistema universitario español para 2021-2023, financiado por la Unión Europea –Next Generation EU–, sin descuento de cotizaciones a cargo de la Universidad y se abone al personal afectado por el conflicto las diferencias salariales generadas en el año anterior, junto con los demás pronunciamientos a que haya lugar en derecho. Se estiman en instancia dichas pretensiones, que se confirman en casación, confirmándose igualmente la **competencia del orden social** para la resolución del litigio sobre importe de la retribución del personal investigador incorporado bajo el Programa, incluso si hubiera de resolverse incidentalmente sobre legalidad de las normas reguladoras de las «ayudas». Se admite, del mismo modo, la adecuación de la modalidad de conflicto colectivo, puesto que concurren los elementos propios de esta categoría, sin que sea necesario agotar trámite ante la Comisión Paritaria del convenio colectivo, por ser materia ajena al mismo. Descartada la revisión de hechos probados, **se concluye** que el importe bruto mensual de la ayuda estatal con cargo a la subvención Ministerial es de 4.000 €, sin que de la misma proceda descontar el importe de la cotización empresarial (**TS 16-9-25, Rec 276/23**). **2974**

Universidad de Santiago de Compostela Se reclama, por el procedimiento de **conflicto colectivo**, que: 1. Se anule la práctica de la USC consistente en **detraer** del importe de las ayudas Margarita Salas y María Zambrano, fruto de las **subvenciones** recibidas al amparo del RD 289/2021, la **aportación empresarial a la Seguridad Social**, para determinar de esa manera el salario a abonar al personal contratado. 2. Se declare que las personas trabajadoras con contratos laborales afectados por el presente conflicto colectivo tienen derecho a percibir, al menos, como salario: – en la modalidad de ayudas Margarita Salas del RD 289/2021, la cantidad de 3.500 € brutos mensuales para quienes realicen estancia en el extranjero, y de 2.800 € brutos mensuales para quienes la realicen en España; –en la modalidad de ayudas María Zambrano del RD 289/2021, la cantidad de 4.000 € brutos mensuales. Se estima en instancia dicha pretensión y se confirma la sentencia por el TS. Se declara la **competencia de la jurisdicción social** para el conocimiento del asunto relativo a la regularidad de la imputación a las personas trabajadoras en el importe de sus retribuciones del coste de seguridad social de la empleadora, dado que no se está impugnando ningún acto o resolución administrativa ni se está poniendo en juego la gestión recaudatoria. Mantiene, conforme a reiterada jurisprudencia que, concurriendo una relación laboral, el coste de seguridad social debe ser **asumido por la entidad empleadora**. El **régimen jurídico** al que se ha sometido la ayuda y sus cuantías en modo alguno ha previsto que de él se descuente la cuota patronal, ya que ese importe no deja de estar destinado al beneficiario y para atender la actividad que, por vía de contrato laboral, debe atender, que no es otra que el objeto al que se destinan las ayudas (**TS 14-10-25, Rec 22/24**). **2980**

58. Sucesión empresarial

2985 **Air Nostrum Líneas Aéreas del Mediterráneo** Se reclama, por el procedimiento de **conflicto colectivo**: 1. La plena **aplicación** del IV CCol de Air Nostrum, líneas aéreas del Mediterráneo, SA y sus trabajadores Técnicos de Mantenimiento **a toda la plantilla** de la empresa Air Nostrum Engineering and Maintenance Operations, SL incluidos en el ámbito funcional del mismo, independientemente de su fecha de incorporación a la misma. 2. Que la aplicación de la normativa dispuesta en el IV CCol de Air Nostrum, líneas aéreas del Mediterráneo, SA, que actualmente se encuentra en fase de ultraactividad, al haber sido denunciado por la empresa y estar en fase de negociación, se seguirá aplicando en tanto en cuanto no se firme un nuevo convenio colectivo. 3. Que, en consecuencia, los trabajadores TMAS incorporados a la empresa a partir del 1-1-2022 tienen derecho a los **billetes gratuitos y con descuentos** reconocidos en el IV CCol franja de Air Nostrum, líneas aéreas del Mediterráneo, SA art.9.4. Se estima en instancia dicha pretensión, que se confirma por el TS, así como la designación del convenio colectivo aplicado en la subrogación empresarial, aunque la secuencia natural sería la aplicación del IV CCol sectorial estatal de la Industria de 2022 a la subrogación, ya que se produjo un acuerdo por el que se mantenían las condiciones individuales procedentes del anterior CCol de Air Nostrum, porque así lo decidió la empresa una vez consumada la sucesión, si bien acotado temporalmente al periodo negociador. Consiguientemente, se reconoce el derecho a gratuidad y descuentos de billetes de avión también a los contratados tras la subrogación, partiendo de la premisa previa de que también a estos se les aplicaba el IV CCol de Air Nostrum (**TS 9-4-25, Rec 246/22, confirma AN 8-6-22, Proc 130/22**).

2991 **Global Solutions Services Center y otro** Se reclama, por el procedimiento de **conflicto colectivo**, que se declare la ilegalidad de la **transmisión** efectuada de las **personas trabajadoras** de Somport, correspondiente a la actividad de Global Solution Services Center (GSSC), **a la sociedad** Ricoh Spain IT Services, SLU, puntualizando posteriormente que se refería al personal de los cuatro centros de trabajo de la unidad GSSC. Se desestima la demanda, por cuanto se ha acreditado que existe un **conjunto organizado** de trabajadores ordenado de forma jerárquica, que desarrolla una actividad para la cual es **esencial la utilización de equipos** informáticos y de telefonía móvil para una determinada clientela y todos y cada uno de los elementos necesarios para llevarla a cabo, así como la actividad en sí misma, y la clientela se ha transmitido de una sociedad a otra. No es relevante, para descartar la sucesión empresarial, que no se hayan transmitido de una sociedad a otra los inmuebles donde se realiza la actividad y que la transmisión de los elementos lo ha sido a título de arrendamiento, sin que la sociedad cesionaria adquiera la propiedad de las mismas, porque los **inmuebles no resultan decisivos** para la realización de la actividad transmitida, ya que lo fundamental es un conjunto organizado de trabajadores y sus correspondientes terminales informáticas, siendo las **funciones** desempeñadas **susceptibles de ejecutarse desde el domicilio** del trabajador, y, por otro lado, para que opere la sucesión de empresas no es necesario que exista una compraventa de los elementos materiales e inmateriales necesarios para desarrollar la actividad, sino que la transmisión de los mismos puede operar por cualquier título, siendo lo **esencial la continuidad** en el desarrollo de la actividad económica por un empresario, con los mismos medios que los que utilizaba quien le precedió en el desarrollo de la misma (**AN 16-6-25, Proc 152/25**).

2996 **Iberia LAE y South Europe Ground Services, SL** Se impugna, por el procedimiento de **conflicto colectivo**, la supuesta **sucesión empresarial**, producida entre las empresas demandadas, dado que no se ha producido un cambio en la titularidad de una unidad productiva autónoma, porque nos encontramos ante una **empresa** –South Europe Ground Services– que es **100% propiedad** de Iberia LAE, siendo esta la única accionista de aquella, no existe empresa cesionaria en la fecha del acuerdo. En definitiva, si uno se transmite a si mismo su propio negocio jurídico **no puede**

haber transmisión, no se cede una empresa; se crea una **empresa ad hoc**, bajo el control absoluto de Iberia, con el mismo departamento de recursos humanos, es decir, sin ningún tipo de diferencias. Es por ello por lo que resulta aplicable a estos hechos lo previsto en CC art.1204 y 1205. Se estima la **falta de legitimación activa** del sindicato CTA. Se desestima la **pérdida sobrevenida** de objeto de la demanda. Se desestima la demanda, por cuanto ha quedado acreditado que la empresa Iberia LAE ha cumplido sobradamente con las **obligaciones informativas** que sobre ella pesan en aplicación de lo previsto en el ET art.44, al quedar acreditado que, con fecha 9-4-2024, se informa no solo a la representación legal de los trabajadores, como exige el precepto estatutario, sino también a las secciones sindicales y al comité intercentros, tanto del proyecto de segregación de actividad como de los efectos laborales de la **transmisión de la unidad productiva de asistencia en tierra o handling** entre Iberia LAE y South Europe Ground Services (anteriormente denominada Minotaur Ground Services); resultando probado que, con fecha 14-5-2024, Iberia LAE comunica individualmente a los trabajadores la trasmisión de la unidad productiva de asistencia en tierra. Obligaciones informativas que se realizaron, como prescribe el ET art.44.8, con anterioridad a la fecha de transmisión que viene concretada en la fecha de efectiva constitución de la segregación de actividad, lo que aconteció el día 16-5-2024. Al apreciarse los presupuestos subjetivos y objetivos previstos en el ET art.44, se concluye que la segregación de la actividad de asistencia a tierra para terceros y llevada a cabo por Iberia LAE a favor de South Europe Ground Services constituye un supuesto de subrogación legal ex ET art.44 (**AN 4-4-25, Proc 297/24**).

59. Suspensión del contrato de trabajo

Air Nostrum Se reclama, por el procedimiento de **conflicto colectivo**: 1. Que tanto el **tiempo de trabajo** efectivo de fin de vuelo como los **periodos de descanso** no pueden transcurrir en situación de **ERTE**. 2. Que la demandada debe reconocer todos los días de alta donde haya transcurrido cualquiera de los 30 minutos del tiempo de fin de vuelo. 3. Que la demandada debe reconocer todos los días de alta donde haya transcurrido cualquier periodo de descanso, tanto posterior como previo al vuelo. 4. Que la demandada debe abonar en cualquier caso a los pilotos afectados toda la retribución correspondiente a tales días, con la oportuna y respectiva regularización tanto en el SEPE como en Seguridad Social. Se desestima en instancia la demanda, que se confirma en casación, por cuanto regulación legal y convencional acredita que los descansos comienzan en el mismo momento en el que se produce la situación que lo genera, lo cual determina que su inicio coincida con la finalización de la actividad precedente de la que traen causa y hasta el inicio de un nuevo servicio de vuelo. Es obvio que su finalidad es la de **que el piloto disponga de un tiempo de descanso suficiente** antes de realizar un servicio de vuelo, como **garantía de seguridad** para la correcta realización de las actividades de vuelo posteriores. Consiguientemente, nada impide que el periodo de descanso coincida con el de **suspensión del contrato de trabajo por ERTE** durante el que el piloto no prestará servicio alguno y puede, por lo tanto, descansar hasta el inicio de un nuevo servicio, en las mismas condiciones que disfrutaría en el caso de encontrarse en activo. Por otra parte, los tiempos de descanso se generan por sí solos desde el momento en el que finaliza la actividad precedente que obliga a respetarlos, y no han de ser programadas con la fijación anticipada de un día concreto ya planificado previamente para su disfrute, de manera que se cumple la finalidad del ET art.45.2 (**TS 29-1-25, Rec 108/23, confirma AN 3-2-23, Proc 266/22**). **3000**

Ilunion CEE Contact Center, SAU Se impugna, por el procedimiento de **impugnación de actos administrativos**, una resolución administrativa, y se solicita que se declare no conforme a derecho el acto impugnado y su anulación total y se proceda a reconocer y constatar expresamente la concurrencia de **fuerza mayor**, habilitando a la empresa a la adopción de las **medidas suspensivas** reconocidas en el ET art.47 **3006**

respecto de los trabajadores afectados, (i) por la concurrencia de la nulidad del procedimiento y de la Resolución impugnada, en base a los argumentos contenidos la presente demanda, y/o (ii) subsidiariamente, por los motivos de fondo expuestos. Se estima en instancia dicha pretensión. Se casa parcialmente dicha sentencia y se desestima la demanda en relación con la **pretensión de nulidad** de la Resol 15-7-21, por extemporánea, sin que proceda entender estimada por silencio la **solicitud de ERTE** por fuerza mayor de la empresa demandante. No obstante, se confirma la resolución recurrida en el sentido de reconocer y constatar expresamente la concurrencia de fuerza mayor, habilitando a la empresa a la adopción de las medidas suspensivas reconocidas en el ET art.47 respecto de los trabajadores afectados (**TS 3-7-25, Rec 216/23, casa parcialmente AN 26-5-23, Proc 14/22**).

3010 **Osga Taronja, SL** Se promueve **demanda de oficio**, en la cual se solicita que se reconozca el **abuso de derecho** e invalide el acuerdo presentado como fin del periodo de consultas y por la presentación del **ERTE de suspensión** de los contratos de trabajo. Se estima en instancia dicha pretensión, que se casa por el TS, toda vez que, la empleadora promovió a un ERTE, existiendo causa temporal que lo justificaba: la **inminencia de una subrogación convencional** en ese momento en trámite, sin perjuicio de que esta **finalmente no se produjera**. El periodo de consultas concluyó con acuerdo, entendiéndose por la Sala que, en el momento de la conclusión del acuerdo alcanzado en el periodo de consultas, no cabe apreciar la existencia de abuso, pues de los hechos objetivos enjuiciados no se constata una actuación que sobrepasara el límite normal del ejercicio de un derecho ni una intención de eludir la extinción de los contratos, sino, insistimos, la de tan solo de mantener vivo el vínculo a efectos de facilitar la subrogación empresarial en ese momento en trámite (**TS 21-4-25, Rec 33/22**).

60. Teletrabajo

3015 **Endesa** Se reclama, por el procedimiento de **conflicto colectivo**, la nulidad de **Acuerdo de Teletrabajo** cláusula 1, 6 y 9 y la nulidad parcial de la cláusula 11. Asimismo, que se declare el derecho de los trabajadores a ser compensados por sus **gastos de teletrabajo**, con los efectos legales inherentes a tales declaraciones. E, igualmente, que se declare el derecho de los trabajadores a la realización de una evaluación con métodos alternativos en caso de ausencia de consentimiento sobre el **acceso a su domicilio particular**, en el marco del ejercicio efectivo de los derechos fundamentales a la intimidad y a la integridad. Se estima parcialmente en instancia dicha pretensión, que se confirma en casación, por cuanto la L 10/2021 art.8.1 prohíbe modificar unilateralmente el **porcentaje de presencialidad**, por lo que no es admisible que en un acuerdo individual de teletrabajo se pueda exigir el trabajo presencial en días no previstos. La L 10/2021 art.7.b y 12, relativos a la compensación de gastos, son **normas de derecho necesario relativo**, en las que se admite su mejora para el trabajador, pero no su empeoramiento, por lo que el acuerdo individual de teletrabajo no puede dejarlos sin efecto. La aplicación analógica de las normas (pretendida en el recurso) exige que haya una laguna legal, y eso no existe en una norma colectiva como la discutida, que dispone expresamente que la comunicación del cambio de teletrabajo al trabajo presencial para realizar gestiones necesarias debe hacerse «con la máxima antelación posible» (**TS 4-3-25, Rec 56/23, confirma AN 10-11-22, Proc 144/22**).

3019 **Ericsson** Se reclama, por el procedimiento de **conflicto colectivo**: 1. El derecho de las personas trabajadoras que han estado desempeñando teletrabajo sin suscribir **acuerdos individuales de teletrabajo** desde el 13-10-2020 a que se les hubiera posibilitado por la empresa la formalización de los mismos conforme la instrucción de 2010, en aplicación del RDL 28/2020, de trabajo a distancia. 2. El derecho de todas las personas trabajadoras que han estado desempeñando teletrabajo sin suscribir acuerdos individuales de teletrabajo desde el 13-10-2020 a recibir el **coste del servi-**

cio de acceso a internet con una conexión de banda ancha con un importe máximo de 40 € mensuales, desde el 13-10-2020 hasta diciembre de 2021 incluido. Se desestima en instancia la demanda y se confirma en casación, por cuanto el postulado de la demanda se soporta en una mixtura de disposiciones, es decir, sin que lleve a cabo el necesario deslinde entre el cauce prevenido para la situación de teletrabajo en la empresa precedente a la pandemia –instrucción de 2010, que plasmaba una suerte de requerimientos para su aplicación–, y el diseñado para quienes empezaron a trabajar a distancia por mor de la normativa COVID-19, y porque nada refiere acerca del momento en el que el Estado declara la finalización de la crisis sanitaria. Por otra parte, soslaya el recurso el carácter voluntario que en todo caso ha de predicarse de la instauración y continuidad de tales modalidades de trabajo, cuando las normas que lo regulan lo manifiestan de forma nítida. Y, finalmente, en razón a las consideraciones antedichas acerca del cumplimiento por la parte empresarial de la exigencia u obligación que establece la misma L 10/2021 de, en todo caso, dotar de los medios, equipos, herramientas y consumibles que exige el desarrollo del trabajo a distancia, así como al mantenimiento que resultare necesario (**TS 3-2-25, Rec 24/23, confirma AN 26-9-22, Proc 149/22 y 166/22**).

Indra Production Software, SLU y otros Se reclama, por el procedimiento de **conflicto colectivo**, que se declare: que los trabajadores afectados tienen derecho a ser compensados en la totalidad de los **gastos** incurridos por el **teletrabajo** desde lo comienzo de la prestación en esta modalidad, esto es, de marzo de 2020 a enero de 2022, en el que se firmó un acuerdo que fija como se van a retribuir, esto es, a razón de 2.939,25 €, según el gasto real ocasionado por el teletrabajo, o, subsidiariamente, se declare el derecho de los trabajadores afectos a que se le abonen los gastos de teletrabajo conforme a los acuerdos señalados, en el periodo de marzo de 2020 a enero de 2022 (23 meses), a razón de 17 €/mes, lo que implica el importe de 391 € para cada trabajador. Se desestiman las **excepciones** de falta de legitimación activa, defecto en el modo de proponer la demanda e inadecuación de procedimiento. Se desestima la demanda, por cuanto **normativa aplicable no imponía** la obligatoria compensación de gastos automática, con independencia del resultado de la negociación colectiva. Consiguientemente, acreditado que las empresas demandadas **proporcionaron los medios, equipos y herramientas** precisos para el desempeño del trabajo durante el periodo cuestionado, no es posible reconocer una compensación como la interesada de forma genérica en la demanda. No se trata, por otra parte, de un supuesto de desigualdad entre personas trabajadoras en idéntica situación de teletrabajo, situación ya examinada en la AN 5-11-21, Proc 218/21 (**AN 30-6-25, Proc 270/24**). **3023**

Teleperformance Se reclama, por el procedimiento de **conflicto colectivo**, que se declare la nulidad, o subsidiariamente no ajustadas a derecho, de las cláusulas 2, 3.3, 3.4, 3.6, 5.5, 6.1 y 7.1 incluidas en los **acuerdos de** trabajo a distancia o **teletrabajo suscritos individualmente** con cada uno de sus empleados y, en consecuencia, que se condene a la empresa a estar y pasar por esta declaración. Se desestiman en instancia las **excepciones** de litispendencia e inadecuación de procedimiento y se declaran **nulas las cláusulas siguientes**: – el inciso de la cláusula 2, referido a: «según lo previsto en la negociación colectiva sectorial»; – la cláusula 3.4, que indica: «El trabajador facilitará a la empresa su correo electrónico y número de teléfono personal, por si fuera necesario contactar con él, por urgencias del servicio»; – los siguientes párrafos de la cláusula 3.6: «El trabajador tendrá derecho a no atender dispositivos digitales, cuando su jornada laboral hubiese finalizado, salvo que concurran las circunstancias de urgencia justificada señaladas en esta cláusula. Se considerará que existen circunstancias de urgencia justificada en situaciones que puedan suponer un perjuicio empresarial o del negocio cuya urgencia temporal requiera una respuesta o atención inmediata por parte del trabajador»; – la cláusula 5.5, que indica: «Cuando las circunstancias así lo requieran, de conformidad con lo previsto en L 10/2021 art.16.2, el trabajador autoriza a entrar periódicamente a su domicilio al Servicio de Prevención de Riesgos de la empresa para que pueda evaluar las condi- **3027**

ciones de seguridad y salud del Home Office con un preaviso mínimo de 7 días»; – la cláusula 6.1, en lo referido a las causas por las que el trabajador puede revertir el trabajar a distancia; – la cláusula 6.3 en su integridad. Se casa parcialmente la sentencia en casación y se deja sin efecto la declaración de nulidad del inciso de la cláusula 2 del contrato tipo de trabajo a distancia que dice «según lo previsto en la negociación colectiva sectorial», así como eliminar igualmente de su fallo la declaración de nulidad de la cláusula 3.4 («el trabajador facilitará a la empresa su correo electrónico y número de teléfono personal, por si fuera necesario contactar con él, por urgencias del servicio»), manteniendo el resto de sus pronunciamientos (**TS 2-4-25, Rec 169/22, casa parcialmente AN 22-3-22, Proc 35/22, y acumulados**).

3030 **Tecnilógica Ecosistemas, SAU** Se reclama, por el procedimiento de **conflicto colectivo**, que se declare la obligación de la empresa de **facilitar al personal** que presta servicios a través de la modalidad de **teletrabajo la silla ergonómica** que sí proporciona a los trabajadores que prestan servicios de manera presencial en los centros de trabajo de la compañía. Se desestima en instancia dicha pretensión, confirmándose en casación, concluyéndose por la Sala IV que **no se vulnera el principio de igualdad** entre los trabajadores presenciales y las personas teletrabajadoras, al no ser la silla una condición de trabajo, y no estar contemplada su dotación ni en los acuerdos de trabajo a distancia ni en el convenio colectivo de aplicación. El **riesgo ergonómico** considerado genéricamente, no evaluado teniéndose en cuenta el concreto puesto de trabajo, **no genera el deber** de la empresa de adoptar una concreta medida preventiva, como es proporcionar la silla ergonómica a toda la plantilla de personas trabajadoras (**TS 10-9-25, Rec 14/24, confirma AN 3-10-23, Proc 168/23**).

61. Tiempo de trabajo

3035 **Paradores de España** Se reclama, por el procedimiento de **conflicto colectivo**, que se declare que el **tiempo** dedicado al desempeño de las funciones como miembros de las mesas electorales de los **procesos de elección de representaciones unitarias** de las personas trabajadoras en Paradores de Turismo de España es tiempo de trabajo a todos los efectos; condenando a la empresa a estar y pasar por tal reconocimiento. Se estima en instancia dicha pretensión. El TS casa la sentencia, por cuanto **no es tiempo de trabajo** el empleado por los trabajadores designados Presidente y Vocales de las mesas electorales en los procesos de elección de representantes de los trabajadores en la empresa, **sin perjuicio** de que ese tiempo sea retribuido como una licencia, de modo análogo a lo que sucede con el derecho a ausentarse del trabajo para ejercer el derecho al sufragio activo, como admite la propia empresa y sin perjuicio de los efectos jurídicos o económicos derivados de ese consideración de permiso o licencia retribuida, la cual precisamente atiende a la utilidad que para la empresa tiene la elección de representantes, esto es, un interlocutor válido a efectos, por ejemplo, de la negociación colectiva (**TS 4-6-25, Rec 234/23, casa AN 2-6-23, Proc 86/23**).

3039 **RENFE Viajeros y otros** Se reclama, por el procedimiento de **conflicto colectivo**: a) El derecho a que **se compute toda la jornada** que realiza el **personal** de intervención, categorías OCN1 y OCEN1, **como efectiva**, por existir presencia y disponibilidad conforme a la Dir 2003/88/CE y a la jurisprudencia existente. b) Que se ajusten los gráficos de servicio en los que existan ciclos de trabajo que excedan el máximo de horas establecidas (ciclos de 5 días de trabajo máximo 40 horas, ciclos de 4 días máximo 32 horas, etc.), así como todos los turnos de trabajo que superen la jornada máxima diaria, al considerarse toda la jornada efectiva. c) Que se compensen las horas extraordinarias realizadas en el último año por el personal de intervención. Se desestiman en instancia dichas pretensiones y se confirma la sentencia por el TS, por cuanto el **tiempo de espera del personal de intervención**, contemplado en el marco regulador de este personal, no constituye tiempo de trabajo en los términos de la Dir 2003/88/CE, reiterándose la **doctrina** general de la Sala, que ha **distinguido**

entre tiempo de trabajo, tiempo de descanso y las guardias de presencia y situaciones de disponibilidad del trabajador, que no son propiamente tiempo de trabajo (**TS 21-5-25, Rec 81/23, confirma AN 22-11-22, Proc 273/22**).

Sasemar Se reclama, por el procedimiento de **conflicto colectivo**, que se declare el derecho de los trabajadores afectados por el conflicto a que la realización de los **cursos de revalidación** para los certificados de formación básica en seguridad, embarcaciones de supervivencias y botes de rescate (no rápidos) y avanzado en lucha contra incendios, conforme a los certificados de suficiencia exigidos por el Convenio STCW, sea reconocido como **tiempo efectivo de trabajo**, así como el tiempo que emplean para el **desplazamiento** a dichos cursos. Se desestima en instancia la demanda. El TS casa la sentencia recurrida, por cuanto el ET art.23.1.d establece que el trabajador tiene derecho a: «la formación necesaria para su adaptación a las modificaciones operadas en el puesto de trabajo». Consiguientemente, como los trabajadores de la empresa están **obligados a realizar los cursos de actualización** de sus certificados de formación precisos para embarcarse, lo cual comporta que dichos certificados deban ser **renovados periódicamente**, exigiéndose, para ello, la acreditación de experiencia y la realización de cursos de actualización, es claro que este tipo de formación está comprendida en el ET art.23.1.d y relacionada –directa o indirectamente– con las obligaciones derivadas de LPRL art.14 y 19; por lo que no cabe duda alguna de que el tiempo dedicado a dicha formación debe ser considerado como tiempo de trabajo, tal como dispone el referido precepto del ET (**TS 9-9-25, Rec 34/24, casa AN 10-11-23, Proc 171/23**). **3042**

62. Trabajadores a tiempo parcial

Universidad Politécnica de Madrid y otras Se reclama, por el procedimiento de **conflicto colectivo**, que se declare el derecho del **personal docente e investigador no permanente a tiempo parcial** a someter la actividad docente realizada cada 5 años a una **evaluación** ante la Universidad en la que preste sus servicios sin aplicar **coeficiente de parcialidad** alguno y, en caso de superar favorablemente la misma, a adquirir y consolidar por cada una de ellas un complemento por méritos docentes, en una cuantía anual que varía según la figura docente e investigadora de que se trate y la dedicación desarrollada, en los mismos términos que el personal docente e investigador laboral a tiempo completo, ya sea indefinido o temporal. Se estima parcialmente en instancia la demanda y se reconoce al personal temporal el derecho a solicitar la evaluación de méritos docentes en los mismos términos que el personal docente investigador laboral permanente, siempre y cuando concurra el elemento temporal exigido en las normas de desarrollo del referido complemento. El TS confirma la sentencia de instancia, por cuanto concluye que estos trabajadores tienen derecho a percibir el **componente por méritos docentes** cuando superan la evaluación docente en proporción a su jornada. Fundamentan su conclusión en que los PDI con contrato laboral a tiempo completo son **trabajadores comparables** respecto de los PDI con contrato laboral a tiempo parcial. Consiguientemente, la denegación del derecho a la evaluación reclamada constituye una discriminación que vulnera el ET art.14.2.d, sin perjuicio de que se aplique el principio de proporcionalidad. Finalmente, rechaza que se exija a todos ellos un coeficiente de parcialidad de 0,5, con independencia de su jornada, porque implicaría un doble cómputo de la parcialidad; y considera que dicho **coeficiente vulnera** la prohibición de discriminación de los trabajadores a tiempo parcial (**TS 23-7-25, Rec 154/23**). **3048**

63. Transporte

Repsol Petróleo Se reclama, por el procedimiento de **conflicto colectivo**, que se declare el derecho de los **trabajadores que disfrutan de reducción** de jornada a iniciativa propia a disfrutar del transporte en los términos previstos en Const art.39 y 49, toda vez que la finalidad única de la jornada reducida es la protección de la fami- **3055**

lia y a la situación de discapacidad, solicitándose sentencia estimatoria para ambas situaciones. Se desestima dicha pretensión, porque se ha acreditado que desde el XII convenio colectivo se ha venido realizando la misma interpretación por la empresa respecto al abono de los gastos de desplazamiento, vinculando los mismos a los cambios de horario producidos a instancia de la compañía, y así se ha venido manteniendo hasta la actualidad. Ello comporta que **no exista discriminación** alguna amparada por la L 15/2022, pues el convenio colectivo, si bien nada indica sobre el origen de la falta de coincidencia con los horarios de transporte, vincula el reconocimiento del derecho a unas concretas circunstancias de desempeño del trabajo, ajenas a la voluntad del trabajador. **No existe**, por ende, una **situación comparable** que permita concluir la existencia de la pretendida discriminación, pues los trabajadores sometidos al sistema de **turnos rotativos** llevan a término los **horarios impuestos por la compañía** para llevar a cabo los mismos, mientras que los trabajadores con **reducción de jornada** disponen de sus horarios por mor de una **decisión voluntaria y personal** que no concurre en aquellos. Asimismo, tampoco coinciden sus circunstancias con las de los trabajadores que prestan sus servicios **a tiempo parcial**, a los que se les abonan los gastos de kilometraje, al no depender de su voluntad el tipo de contratación ofertada por la empresa al inicio de su relación laboral (**AN 16-12-24, Proc 360/24**).

64. Traslados colectivos

3060 **Konecta BTO** Se reclama, por el procedimiento de **conflicto colectivo**, que se declare nula la **decisión empresarial de traslado** de los trabajadores a los centros de Elche y Sevilla respectivamente, o con carácter subsidiario, se declare la falta de justificación o el carácter no ajustado a derecho del traslado colectivo, por no concurrir la causa legalmente prevista o por no ser adecuada ni proporcionada, y, en todo caso, dejándose sin efecto el traslado, reconociendo el derecho de la plantilla a ser repuesta en sus anteriores lugares de trabajo, sitos en Córdoba y Madrid, con sus condiciones de trabajo. Se estima la **falta de legitimación pasiva** de Konecta. Se estima la demanda, por cuanto **no se ha demostrado** ni un solo dato objetivo, individualizado o concreto que acredite en qué consisten las dificultades que avalan la medida, ni qué parámetros referentes a la gestión de los equipos vienen siendo utilizados y que serían mejorados con la medida adoptada, y en qué medida un aglutinamiento de los trabajadores en un centro de trabajo mayor permitiría llevar a cabo una formación más adecuada, máxime cuando las actividades formativas pueden llevarse a cabo incluso a distancia. Por otro lado, aunque el **informe técnico** repita hasta la saciedad que el mantenimiento de centros de trabajo dispersos y con pocos trabajadores inciden en la organización de la actividad, los centros afectados por la movilidad geográfica, perdiendo trabajadores, van a continuar prestando servicios, aunque sea para campañas distintas a las de MasMovil en las que no se constata si los trabajadores afectados por la medida pudieran ser reubicados. Se ofrece asimismo una **comparativa con otras empresas**, cuya entidad o magnitud no se corresponde con la ahora examinada. Y como colofón, tanto el informe como su autora en sede judicial ratificaron un hecho, a nuestro juicio, más que relevante: si los trabajadores afectados no aceptan la medida, necesariamente se deberán llevar a cabo **nuevas contrataciones** para hacer frente a la demanda de servicios en los centros de destino. La medida de movilidad geográfica, no justificada de forma adecuada, sirve así para **paliar necesidades de contratación** que inciden en los costes empresariales y que se ven claramente mitigados con el traslado de los trabajadores afectados (**AN 16-6-25, Proc 163/25**).

65. Turnos

3070 **Azulhandling Spain LTD Sucursal Española** Se reclama, por el procedimiento de **conflicto colectivo**, que se condene a la empresa a la **fijación de los turnos**, tal y como se indica en el convenio, esto es, cuatro turnos básicos más uno adicional. Se desestiman las **excepciones** de inadecuación de procedimiento y prescripción de la acción. Se desestima la demanda, porque se acreditó que los turnos se fijan atendiendo a la **programación de los vuelos** de la compañía Ryanair, única para la que prestan los servicios de asistencia en tierra. Así pues, una vez que el día 25 de cada mes la empresa fija las programaciones de vuelo, en cada aeropuerto se aprueban los turnos de trabajo, que dependen de diversos factores y no son unitarios para cada aeropuerto, tomándose en consideración distintos **factores como** el tamaño del aeropuerto en cuestión o Staffing Levels, la temporada en la que nos encontremos (verano o invierno), vuelos atendidos, personal disponible y las puntas operativas, que son las necesidades a atender una vez que una aeronave se encuentra en tierra, no habiéndose probado por los demandantes la concurrencia de fraude de ley por el hecho de iniciarse ciertos turnos en horario no coincidente con los que dan derecho al cobro de los pluses o ayudas del CCol Azulhandling Spain LTD sucursal española art.28, puesto que la hora de entrada se fija dependiendo del servicio a atender, con una antelación específica suficiente (**AN 20-1-25, Proc 376/24**).

66. Vacaciones

Castilian Enterprise Union, SA Se impugna, por el procedimiento de **conflicto** **3075**
colectivo, y se solicita la nulidad del apartado de la «Normativa de vacaciones 2025», que señala que tal periodo es el comprendido entre el 9-6-2025 y el 14-9-2025, reclamándose que se declare que el «**periodo estival**», dentro del cual las personas trabajadoras han de disfrutar dos semanas de vacaciones, **comprende** desde el solsticio de verano hasta el equinoccio de otoño, siendo en 2025 las fechas comprendidas desde el 21 de junio hasta el 21 de septiembre. Se estiman dichas pretensiones, aunque el **proceso de determinación** del periodo de disfrute de vacaciones requiera de un **sistema de asignación lo más preciso posible** para coordinar los intereses de todos los trabajadores y el desarrollo de la actividad empresarial, pero dichas razones no permiten que se produzca una extralimitación respecto del convenio colectivo de aplicación en cuanto a la extensión del periodo estival no prevista por las partes negociadoras, cuya literalidad es patente (**AN 23-1-25, Proc 371/24**).

Se impugna, por el procedimiento de **conflicto colectivo**, el **sistema de elección de** **3079**
vacaciones, impuesto por la empresa, que modifica el sistema que se venía siguiendo hasta la fecha, que tal decisión se adopta **unilateralmente** por la empresa y que misma infringiría múltiples disposiciones del convenio colectivo. Así, se cita la imposición de un **sistema rígido** de elección que elimina cualquier posibilidad de negociación, al obligar la empresa a que el trabajador seleccione tres fechas en cada uno de los **periodos establecidos**, asignando a cada trabajador uno con base a razones arbitrarias; la introducción de **restricciones innecesarias** no previstas en el convenio, tales como la generación de días adicionales o limitaciones en las permutas; la fragmentación del disfrute de vacaciones en periodo estival, al dividir tal periodo en 7 quincenas y limitando la elección con la introducción de criterios de rotación alfabética; restricciones impuestas para las permutas, como el límite del 3% de la plantilla y la exigencia de pertenecer al mismo departamento; y el uso de criterios como la rotación por iniciales del apellido (letra «V» en 2024 y «D» en 2025), carentes, al parecer de la demandante, de justificación razonable. Con carácter previo, la Sala desestima las **excepciones** de falta de litisconsorcio pasivo necesario, falta de acción, falta de agotamiento de la vía administrativa previa y caducidad. Se **estima parcialmente** dicha pretensión, una vez examinados los protocolos de vacaciones de los años 2024 y 2025, descartándose que, con carácter general, limiten o supriman el derecho a la negociación de los periodos de vacaciones entre trabajador y empresa, pues obedece a la **necesidad de implantación de un sistema objetivo** de asignación de vacaciones que garantice la adecuada prestación del servicio. Sin embargo, se declara la nulidad del apartado de tales protocolos que impone la necesidad de disfrute de dos semanas fuera del periodo estival una en el primer semestre y otra

en el segundo, al carecer tal medida de la cobertura del convenio ni estar negociada con la RLT (**AN 18-2-25, Proc 417/24**).

3082 **Global Sales Solutions Line** Se reclama, por el procedimiento de **conflicto colectivo**, que se declare el derecho de los trabajadores afectados por el conflicto a que se les computen las cantidades percibidas en concepto de **plus festivo hora**, a los efectos del cálculo de la **retribución en vacaciones** regulada en el CCol Contact center art.50. Se estima en instancia dicha pretensión, que se ratifica en casación, por cuanto debe percibirse el plus festivo hora, toda vez que constituye parte normalizada de la retribución de los trabajadores (**TS 12-3-25, Rec 82/23, confirma AN 19-12-22, Proc 288/22**).

3087 **Logirail Sociedad Estatal Mercantil** Se reclama, por el procedimiento de **conflicto colectivo**, que se reconozca el derecho de los trabajadores a percibir y que se incluyan como conceptos computables en el cálculo de la **retribución de vacaciones** los **pluses** de nocturnidad y de trabajo en sábados, domingos y festivos. Se desestima la **excepción** de inadecuación de procedimiento. Se estima la demanda, toda vez que los pluses reclamados forman parte de la retribución ordinaria de los trabajadores que los perciben (**AN 25-3-25, Proc 19/25**).

3090 **Grupo Kalise** Se reclama, por el procedimiento de **conflicto colectivo**, que: a) Se reconozca la vigencia de las condiciones respecto al **disfrute de días adicionales y meses excluidos de vacaciones** fijadas en el Acuerdo 12-5-1989, condenando a la demandada a estar y pasar por dicha declaración y ordenar su cumplimiento. b) Se reconozca el derecho de los **representantes de los trabajadores** a que la dirección de la empresa demandada proceda a **negociar** con estos el **calendario de vacaciones** en el primer semestre de cada año, condenando a la demandada a estar y pasar por dicha declaración. c) Se reconozca la vigencia del sistema de puntuaciones para la **elección preferente de** los días de **vacaciones** del año siguiente referido en el fundamento séptimo del escrito de demanda, condenando a la demandada a estar y pasar por dicha declaración y ordenar su cumplimiento. Se estima en instancia dicha pretensión, previa desestimación de las **excepciones** de inadecuación de procedimiento y falta de legitimación activa de USO, aunque se estima la falta de legitimación activa del comité de empresa. Se confirma la sentencia en casación, toda vez que el CCol Grupo Kalise Menorquina, SA art.25 mantiene **vigente el Acuerdo** 12-5-1989, en el que queda perfectamente claro que debe negociarse el calendario de vacaciones con la RLT, manteniéndose la puntuación reclamada (**TS 8-4-25, Rec 139/23**).

3094 **Ilunion Contact Center y otra** Se denuncia, por el procedimiento de **conflicto colectivo**, la práctica empresarial consistente en limitar la **acumulación de días de vacaciones** durante el periodo comprendido de octubre a febrero, así como la **asignación unilateral** de días de vacaciones fraccionados en periodos de 7 días con antelación al término de los plazos establecidos para las solicitudes, y se reclama el derecho de la plantilla a solicitar sus vacaciones dentro de los plazos de solicitud asignados al efecto, sin imposición previa a la conclusión de los mismos, y a disfrutar de periodos vacacionales acumulables en periodos superiores a 7 días **hasta el 28 de febrero del año siguiente**, condenando a las empresas demandas a estar y pasar por dicha declaración. Se desestima la excepción de inadecuación de procedimiento. Se desestima la demanda, por cuanto la empresa **no puede apartarse unilateralmente de los pactos** referidos al disfrute de vacaciones, aun cuando concurran circunstancias sobrevenidas que justifiquen la medida, en cuyo caso debe acudir al procedimiento de MSCT (**AN 20-5-25, Proc 332/24**).

3098 **Lectra Sistemas Española** Se reclama, por el procedimiento de **conflicto colectivo**, que: – Se declare el derecho de los trabajadores/as afectados por el conflicto a disfrutar de los 3 **días extra de vacaciones** otorgados por la empresa **sin que se vean compensados o absorbidos** por los días de vacaciones otorgados por la empresa **por exceso de jornada**. – Se declare como no conforme a Derecho la práctica empresarial de compensar o absorber los 3 días extra de vacaciones otorgados por la mercantil con los días de vacaciones otorgados por la empresa por exceso de jornada. – Se condene a la empresa a no absorber los 3 días extra de vacaciones reconocidos a la plantilla con los días de vacaciones otorgados por la empresa por exceso de jornada. – Se declare como no conforme a Derecho la imposición de la empresa en el disfrute de días de vacaciones generados por exceso de jornada, en concreto, la imposición de la empresa del disfrute durante los días 24 y 31-12-2024. Se condene a la mercantil a no imponer el disfrute de días de vacaciones generados por exceso de jornada, en concreto, la imposición del disfrute durante los **días 24 y 31 de diciembre**. Se condene a la empresa a otorgar a la plantilla afectada los 3 días de vacaciones generados durante el año 2023 y que han sido absorbidos por la compensación de exceso de jornada. Acreditado que la **empresa reconoce** a sus trabajadores 3 **días adicionales** de vacaciones y elabora el calendario laboral partiendo de la jornada prevista en el convenio (1.770 horas), descontando los sábados, domingos, festivos y tales periodos vacacionales, se concluye que dicho cómputo **no constituye compensación indebida** de los días de vacaciones con los días de descanso por exceso de jornada ni imposición unilateral para el disfrute de estos últimos los días 24 y 31-12-2024 y en el periodo comprendido entre el 1 de octubre y el 31 de diciembre de ese año (**AN 5-12-24, Proc 324/24**).

Marktel Global Services Se reclama, por el procedimiento de **conflicto colectivo**, que se declare la nulidad de la decisión empresarial de **computar como vacaciones** los **días festivos inmediatamente posteriores** al periodo de vacaciones disfrutado por el trabajador, condenando a la demanda a la demandada a estar y pasar por dicha declaración. Previamente se rechaza la **excepción de caducidad**, por cuanto que es manifiesto que la acción ejercitada no está sujeta a dicho plazo. Se estima la demanda y se declara la **nulidad de la decisión empresarial** de computar como vacaciones los días festivos inmediatamente posteriores al periodo de vacaciones solicitado por el trabajador, condenando a la demandada a estar y pasar por dicha declaración. Se razona que no existe norma convencional o legal que avale tal proceder, habiéndose pronunciado en este sentido la Comisión Paritaria del convenio cuando se le sometió la cuestión a su consideración. Finalmente, impone a la empresa una **sanción por temeridad** por importe de 1000 € por la inconsistencia de su oposición, tanto en el plano procesal al aducir la caducidad como en cuanto al fondo, máxime cuando se trata de una cuestión resuelta por la meritada comisión paritaria (**AN 28-2-25, Proc 5/25**). **3103**

RENFE Operadora y otros Se reclama, por el procedimiento de **conflicto colectivo**, que se reconozca el derecho del **personal de conducción** a incrementar los 35 días de vacaciones anuales en tantos días como **festivos coincidan con sus periodos vacacionales**, debiendo la empresa estar y pasar por dicha declaración. Se desestima dicha pretensión, conforme a lo dispuesto en el acuerdo de desarrollo profesional vigente a partir del año 2013, sobre la que RENFE elabora los cuadros anuales del personal de conducción, tomando en consideración las previsiones de este en cuanto a la compensación de festivos descansados. Examinado dicho **cuadro de servicio**, en el que se contemplan los días de trabajo efectivo, días de vacaciones, días de descanso y días detraídos, se constata que **se ha efectuado la compensación** en descanso de los días festivos, tal y como marca el citado Acuerdo. En todos los cuadros aportados por RENFE, la jornada anual de los trabajadores es inferior a los 213 días previstos en III Convenio colectivo del Grupo RENFE cláusula 5ª (**AN 4-7-25, Proc 149/25**). **3108**

Verallia Spain Se reclama, por el procedimiento de **conflicto colectivo**: 1. El derecho de los trabajadores que prestan sus servicios en **jornada de turno total** a que se señalicen y computen **en sus calendarios laborales** los días de vacaciones en días laborales conforme a su turno, **descontando los días de descanso** que le correspondan a cada trabajador conforme a dicho turno, tanto al inicio como al final como los que coincidan, dentro de un periodo ininterrumpido de varios días de vacaciones, y, **3112**

por consiguiente, el derecho de estos trabajadores a que se realice por la empresa de este modo el cómputo de los 24 días laborales de vacaciones que les corresponde conforme al convenio. 2. El derecho de los trabajadores que prestan sus servicios en jornada de turno total a la asignación de **dos semanas laborales seguidas de vacaciones** señaladas en sus calendarios laborales y computadas conforme a lo anterior. Y condene a la empresa a estar y pasar por las anteriores declaraciones a todos los efectos. La sentencia de instancia **estima parcialmente** la demanda y declara que los trabajadores que prestan sus servicios en jornada de turno total tienen derecho a que se señalen y computen en sus calendarios laborales los días de vacaciones en días laborales conforme a su turno. Se confirma en casación, toda vez que el único modo de que los trabajadores disfruten los 24 días laborables de vacaciones anuales, como se les reconoce convencionalmente, es que se les señalen en los días laborables que corresponden a su turno (**TS 21-5-25, Rec 255/23, confirma AN 20-6-23, Proc 110/23**).

3115 **Castilian Enterprise Union, SA y otros** Se reclama, por el procedimiento de **conflicto colectivo**, que se reconozca y declare que el **«periodo estival»**, dentro del cual las personas trabajadoras han de disfrutar dos semanas de vacaciones, **comprende** desde el solsticio de verano hasta el equinoccio de otoño, siendo en 2025 las fechas comprendidas desde el 21 de junio hasta el 21 de septiembre. Y en consecuencia con lo anterior, declare la **nulidad** del apartado de la **«Normativa de vacaciones 2025»**, que señala que tal periodo es el comprendido entre el 9 de junio y el 14-9-2025. Se estima en instancia dicha pretensión y se confirma por el TS, quien tiene presente la finalidad de la cláusula convencional aplicable, según la cual se pretende asegurar que **al menos una parte significativa** de las vacaciones anuales se tome en la época tradicional de verano, propiciando el descanso en temporada alta y la conciliación familiar y, por ello, al no concurrir una definición convencional exacta, cabe recurrir al **sentido literal y usual del término**, conforme a las reglas de interpretación del CC (**TS 9-9-25, Rec 99/25, confirma AN 23-1-25, Proc 371/24**).

3119 **Ferrovial Servicios** Se reclama, por el procedimiento de **conflicto colectivo**, que se declare el derecho de los trabajadores que conforman la plantilla de la empresa al reintegro de las **cuantías detraídas concepto de vacaciones** por Ferrovial Servicios, SA, todo ello con plenitud de efectos. Se desestima en instancia dicha pretensión, que se confirma en casación. En efecto, reclamándose el reembolso de las vacaciones liquidadas en nómina por Ilunión Emergencias, SA de la **parte proporcional devengada y no disfrutada en el momento de la subrogación** en la contrata por Ferrovial Servicios, SA, que después concede las vacaciones del año en descanso, se concluye que el pago por Ilunión fue indebido, porque las **vacaciones no pueden compensarse en metálico**, salvo que se haya extinguido la relación laboral y, en el caso de sucesión o subrogación, la relación laboral sigue vigente. No constando, que concurriese mala fe por parte de Ilunión ni tampoco voluntad de conceder un derecho superior al mínimo exigible, por lo que debe reintegrarse lo cobrado indebidamente (**TS 18-9-25, Rec 244/23**).

67. Voto telemático

3125 **Iberdrola** Se reclama, por el procedimiento de **conflicto colectivo**, que se declare ilícito el **sistema de voto telemático**, incluido en el acuerdo que promueve las elecciones en el ámbito del conflicto, y se anulen las cláusulas referidas del acuerdo que aludan o regulen dicha modalidad de voto, así como todos los procedimientos en los que se ha utilizado el voto telemático y sus votos, acordando lo necesario para que se proceda a la repetición de los actos de votación en dichos procedimientos, de manera **que se repitan**, practicándose del modo indicado por el ET y su norma de desarrollo reglamentario. Se estima en instancia la demanda y **se declara ilícito el sistema** de voto telemático incluido en el acuerdo que promueve las elecciones en el ámbito del conflicto, por cuanto las **normas electorales son de orden público**, contemplándose únicamente en las mismas el voto presencial y por correo. No hay una habilitación legal que se remita en esta materia a la negociación colectiva. Los resultados electorales tienen relevancia en ámbitos sectoriales y territoriales superiores al de empresa. No puede aceptarse la validez de un acuerdo que permite el voto telemático, firmado únicamente por la empresa y alguno de los sindicatos con implantación en la misma (**TS 5-2-25, Rec 76/23, confirma AN 12-12-22, Proc 338/22**).

VII. Procedimiento de impugnación de actos administrativos

Anticimex 3D Sanidad Ambiental Se reclama, por el procedimiento de **impugnación de actos administrativos**, que se declare: la nulidad de pleno derecho de la resolución de 23-11-2022 del Subdirector General de Relaciones Laborales, así como de la desestimación por silencio administrativo del recurso de alzada que esta parte interpuso ante la Ministra de Trabajo y Economía Social, y se condene a la demandada a **inscribir y registrar el plan de igualdad** de Anticimex 3D Sanidad Ambiental, SLU, previa declaración de que su solicitud de inscripción de fecha 1-6-2022 fue estimada mediante silencio administrativo en fecha 1-9-2022. Se estima en instancia la demanda y se confirma en casación, por cuanto opera el **silencio administrativo positivo** por el transcurso de 3 meses en el registro de los planes de igualdad, aplicando doctrina de la TS pleno 11-4-24, Rec 258/22, Ilunion. Plan de igualdad elaborado por la empresa ante la **prolongada incomparecencia sindical**. Supuesto subsumible en la excepcionalidad apuntada por las TS 832/2018, 95/2021 y 571/2021. Toma en cuenta del RD 901/2020, sobre elaboración y registro de planes de igualdad, y confirma la TSJ Madrid que dejó sin efecto la decisión administrativa denegando la inscripción del Plan. Aplica doctrina de TS pleno 11-4-24, Rec 123/23, Asseco Spain, SA (**TS 3-6-25, Rec 241/23**). 3135

Boehringer Ingelheim España, SA Se impugna, por el procedimiento de **impugnación de actos administrativos**, la Resol 14-7-22, de liquidación, tramitada por el Ministerio de Empleo y Seguridad Social, en relación con la propuesta de liquidación de fecha 18-12-2020, emitida por la Dirección General del SEPE, contra el Ministerio de Empleo y Seguridad Social-Dirección General del SEPE, correspondiente a la **aportación económica** (liquidación) a realizar por las empresas con beneficios que realicen **despidos colectivos** que afecten a **trabajadores de 50 o más años** (anualidad 2018), bajo el expediente núm 000, por importe de 20.140,59 €; y, en méritos de todo lo expuesto, en atención a las excepciones legales alegadas y, subsidiariamente, a las cuestiones de fondo indicadas en el cuerpo de la presente demanda, se declare la nulidad de la misma y se deje sin efecto, con absolución empresarial del pago de la cuantía citada, o, con carácter subsidiario, se proceda a aminorar dicha liquidación de conformidad con lo indicado en el HP 5º de la demanda. Se desestima en instancia la demanda y se confirma en casación, si bien con un voto particular. El debate casacional se centró en la competencia funcional de la Sala para abordar el motivo del recurso que pretende la nulidad de actuaciones por quebrantamiento de las normas reguladoras de la sentencia con resultado de indefensión, siendo que el objeto del procedimiento es la **impugnación de una resolución del SEPE**, correspondiente a la aportación económica (liquidación) a realizar por la mercantil demandante como consecuencia de haber realizado un despido colectivo con beneficios que afectó a trabajadores de 50 o más años, por importe de 20.140,59 €, inferior a 150.000 €. Se concluye que, en orden a obtener la tutela judicial efectiva, se procede admitir el recurso a los solos efectos de resolver el motivo de nulidad. No se constata defecto de motivación o arbitrariedad alguna en la sentencia recurrida, pues la misma toma en cuenta el contenido de la resolución administrativa impugnada, al no haber dato que justifique que no sea cierto lo afirmado por el SEPE en la referida resolución. En cuanto al fondo del asunto, se declara que la sentencia **no es recurri-** 3140

ble por razón de cuantía litigiosa –falta de competencia funcional– (**TS 9-7-25, Rec 112/23**).

3148 **Caja Rural de Aragón Sociedad Cooperativa de Crédito** Se impugna, por el procedimiento de **impugnación de actos administrativos**, una resolución administrativa, en la que se solicita, con estimación de los motivos primero y/o segundo de la demanda, que revoque la resolución recurrida, dejando sin efecto la misma y la liquidación practicada, condenando al Servicio Público de Empleo a estar y pasar por tal declaración a los efectos legalmente procedentes. Se estima en instancia la demanda y se confirma en casación, toda vez que la **aportación económica al SEPE por despido colectivo** previsto y autorizado para un máximo de 119 empleados y que finalmente **solo afecta a** 98, **cifra inferior a los 100 trabajadores** a que se refiere la L 27/2011 disp.adic.16ª para que nazca la obligación empresarial de efectuar aportaciones económicas al Tesoro Público en caso de despido colectivo, siendo el número real de los despidos y no el máximo autorizado el que debe tenerse en cuenta para que surja tal obligación. Habiéndose resuelto esta cuestión en relación a la propuesta de liquidación realizada por el SEPE para la anualidad 2011, con sentencia anulatoria de la liquidación, se emitió por el SEPE **nueva propuesta** para el ejercicio 2013, respecto de la que se aprecia el efecto positivo de cosa juzgada de la resolución judicial firme ya emitida (**TS 17-12-24, Rec 13/23**).

3153 **Claro Sol Logistics** Se impugna, por el procedimiento de **impugnación de actos administrativos**, la DG SEPE y MTES Resol 12-7-22, y se solicita que se deje sin efecto la resolución impugnada, y, atendiendo a las alegaciones presentadas, se proceda a la **anulación** de la liquidación y pago de la **aportación económica** a realizar por las **empresas con beneficios** que realicen **despidos colectivos que afecten a trabajadores de 50 o más años**, referida al ejercicio 2014, mediante la apreciación de la **prescripción**, al haberse superado el plazo de 4 años respecto de la totalidad de los trabajadores cuya liquidación se ha practicado, o, subsidiariamente, se declare caducidad del plazo administrativo para incorporar y resolver las aportaciones al Tesoro Público en relación con la anualidad de 2015. Subsidiariamente, también se entienda que la **propuesta de liquidación** es **desproporcionada**, reclamándose la devolución de las cantidades indebidamente ingresadas por importe de 239.146,69 €, más los intereses legales que se devenguen desde el momento de su pago hasta la efectiva devolución. Se estima en instancia dicha pretensión, que se confirma en casación, por cuanto la reclamación se ha producido después de los 4 años previstos legalmente, lo cual comporta que la reclamación está prescrita (**TS 3-4-25, Rec 132/23**).

3157 **Cuevas Gestión de Obras, SL** Se reclama, por el procedimiento de **impugnación de actos administrativos**, que se revoque la resolución recurrida por ser contraria a Derecho, se declare que la actividad de **transporte de mercancías por ferrocarril** desarrollada por los trabajadores de Cuevas Gestión de Obras, SL está incluida en el ámbito de **aplicación del antiguo régimen especial de trabajadores ferroviarios (RETF)** y, por tanto, se declare el derecho a que los trabajadores de Cuevas Gestión de Obras, SL que presenten sus servicios como maquinista tracción diésel y capataz de maniobras les sean asignados los **coeficientes de reducción de la edad ordinaria de jubilación** en un 0,10, todo ello en los términos referidos en este escrito de demanda, condenando a las demandadas a estar y pasar por tales declaraciones. Se desestima en instancia dicha pretensión. Se confirma en casación, porque en la demanda se reclamaba que, a efectos de acceder a la prestación de jubilación anticipada por razón de edad (LGSS art.206) a los trabajadores afectados por el conflicto y que prestan servicios ferroviarios, pero que no desarrollan labores incluidas en el ámbito de aplicación del Régimen Especial de Trabajadores Ferroviarios (RETF), se les aplicasen los mismos coeficientes reductores de edad que a los trabajadores ferroviarios. La sentencia de instancia, tras admitir que la **penosidad** de las tareas que estos desempeñan es la propia de los trabajadores ferroviarios, desestimó la demanda, porque las labores que desempeñan son ajenas al tráfico general de uso público entre ciudades, **no están incluidas en el RETF**, y, si no lo están es porque no pertenecen al ámbito de reglamentación de la Red Nacional de Ferrocarriles Españoles y de los ferrocarriles de uso público integrados en RENFE (**TS 25-2-25, Rec 271/22**).

Federación Estatal de Industria de CCOO Se impugna una resolución de la Secretaría de Estado de Seguridad Social y Pensiones. Se estima la **excepción de incompetencia objetiva**, toda vez que, cuando el Secretario de Estado actúa resolviendo un recurso respecto de un acto cuya competencia originaria le corresponda a un órgano inferior, el presupuesto necesario para que la AN resulte competente es que el criterio de dicho órgano sea rectificado por el Secretario de Estado, lo que aquí no sucede y hace que esta Sala carezca de competencia objetiva para conocer de la demanda planteada, que corresponde a la Sala Social del TSJ de Madrid (**AN auto 30-6-25, Proc 198/25**). 3160

Fres los Príncipes, SA Se impugna, por el procedimiento de **impugnación de actos administrativos**, el Acuerdo del Consejo de Ministros de fecha 11-4-23, que confirmó el **acta de infracción** de la ITSS de fecha 27-10-22, la cual impuso a la citada empresa una sanción de multa de 225.018 € por la comisión de una infracción muy grave por **obstrucción a la labor inspectora** en su grado máximo. La ITSS levantó acta de infracción en fecha 27-10-22, en la cual se propuso la imposición de una sanción de 225.018 € a la empresa Fres Los Príncipes, SLU por la comisión de una infracción muy grave en grado máximo, consistente en obstrucción a la labor inspectora de LISOS art.50.4.a en relación con L 23/2015 art.14.4 y 18.1.b. Incoado el correspondiente expediente administrativo sancionador. El recurso empresarial no fue atendido, toda vez que el Consejo de Ministros acordó en fecha 11-4-2023 confirmar el acta. Frente a esa decisión, la empresa interpuso demanda en la que atacó la **presunción de certeza** de las actas por la ITSS, y alegando la caducidad del expediente administrativo, impugnó la calificación de la sanción, así como su cuantía. El TS, **desestima** todas y cada una de las pretensiones y, tras confirmar la comisión de la falta, declara ajustada a derecho la cuantía de la sanción (**TS 20-5-25, Rec 2/23**). 3164

Future Logistics Se impugna, por el procedimiento de **impugnación de actos administrativos**, la resolución del Secretario de Estado y Empleo en delegación de la Ministra de Trabajo y Economía Social por la que se imponía a la empresa demandante una **multa** de 10.000 € **por obstrucción a la labor inspectora** de la Inspección de Trabajo, solicitando en el suplico de la demanda que: a) Se declarase la **nulidad del acta de infracción**, así como de la citada resolución. b) Subsidiariamente, se declarase la nulidad de las actuaciones de comprobación iniciadas a la empresa por concurrir el inspector actuante en desviación de poder. c) Y, subsidiariamente, se declarase la **improcedencia** del acta de infracción y de la resolución impugnada, al haberse acreditado que no se ha incurrido en infracción alguna. Se estima la demanda y se deja sin efecto la sanción por obstrucción impuesta a la empresa Future Logistics, al **no constar motivación** del inicio de las actuaciones inspectoras por propia iniciativa del inspector actuante y no atenderse al requerimiento de la empresa de su puesta en conocimiento de la misma, con la consiguiente **afectación de sus derechos de defensa**, máxime cuando, en actuaciones inspectoras previas, se habían anulado las inspecciones realizadas a otras empresas del grupo Primor o conectadas con ellas, iniciadas por el mismo inspector, entre las que se encontraba como afectada la empresa ahora recurrente (**AN 10-12-24, Proc 276/24**). 3169

Galiempleo ETT Se impugna, por el procedimiento de **impugnación de actos administrativos**, la sanción impuesta a la empresa demandante por importe de 120.006 €, derivada de expediente sancionador iniciado por **acta de infracción** de la ITSS, extendida como consecuencia de la **obstrucción a la labor inspectora**. Se estima la demanda, entendiéndose que no se han producido actuaciones obstructoras a la labor de la Inspección, por cuanto es la **empresa usuaria y no la ETT** quien ostenta las **facultades de dirección y control** de la actividad laboral. Y, siendo ello así, lo que consta acreditado (y no se cuestiona entre las partes) es que, en el mismo día de la 3173 actuación, **se facilitó a la Inspección** tanto el listado de trabajadores como el registro de jornada de ese día. Y, tras requerimiento de la Inspección, también fueron aportados los contratos y autorizaciones para trabajar de las personas cuyas firmas se encontraban en el registro de jornada. No cabe apreciar, por ello, una conducta obstaculizadora por parte de la ETT ni cabe presumir la existencia de una orden impartida a los trabajadores para que huyeran en caso de que se personara en el centro la Inspección de Trabajo (**AN 4-6-25, Proc 110/25**).

3177 **Gym Iberia, SLU** Se solicita, por el procedimiento de **impugnación de actos administrativos**, la revocación y anulación de la resolución de fecha 15-9-2021, por la que se acordaba **denegar la inscripción del plan de igualdad** de la entidad Vivagym, considerando válido el plan de igualdad de Vivagym, y acuerde se proceda al registro e inscripción del I Plan de igualdad de Vivagym, de conformidad con el RD 713/2010 art.6, sobre registro y depósito de convenios colectivos de trabajo y planes de igualdad. Se estima en instancia la demanda, que se casa por el TS. En la elaboración de un plan de igualdad no cabe sustituir la comisión constituida por la representación de los trabajadores por una **comisión ad hoc**. Ahora bien, de manera **muy excepcional**, cuando se demuestra un bloqueo negocial reiterado, negativa a negociar o ausencia de órganos representativos, puede aceptarse que la empresa estableciera provisionalmente un plan de igualdad obviando la referida exigencia, pero entendido como **provisional**. Reitera doctrina establecida, entre otras, en TS 1365/2024 (**TS 7-1-25, Rec 101/23**).

3180 **Randstad Project Services, SL** Se solicita, por el procedimiento de **impugnación de actos administrativos**, que se declare la nulidad y deje sin efecto la mencionada resolución, acordándose la inscripción del I Plan de Igualdad de la empresa Randstad Project Services SLU. Se estima en instancia dicha pretensión, que se casa por el TS, por cuanto el legislador ha optado por que los **planes de igualdad** se registren con arreglo a la misma normativa y procedimiento aplicable a los convenios colectivos y ante el mismo órgano administrativo. Consiguientemente, un plan de igualdad **pactado colectivamente** es un producto de la negociación colectiva, no sujeto para su validez a una homologación por la autoridad laboral. Por tanto, ante un plan de igualdad pactado con los sindicatos presentes en los órganos de representación unitaria en la empresa, la **autoridad encargada del registro** de convenios colectivos **no puede** ejercitar funciones de control de la legalidad que no podría asumir tampoco si se tratase del registro de un convenio colectivo (**TS 27-5-25, Rec 111/23**).

3185 **Tu Empleo ETT, SL** Se impugna, por el procedimiento de **impugnación de actos administrativos**, la sanción impuesta por la Consejería de Economía Sostenible, Sectores Productivos, Comercio y Trabajo de la Generalitat Valenciana Resol 8-9-22, y se solicita que se anule la **sanción** impuesta de 187.515 €, así como cuantas consecuencias sean inherentes a dicho pronunciamiento, con expresa condena en costas a la Administración demandada. Asimismo, con carácter subsidiario y en el supuesto de que la petición principal de nulidad fuese finalmente desestimada, esta parte solicita a la Sala que los hechos reflejados en el acta de infracción sean calificados como una falta grave, y ello en base a la aplicación de lo contemplado en la LISOS art.7.10. Se estima parcialmente en instancia dicha reclamación y se declara que la falta cometida por la empresa debe ser calificada como grave, con imposición de sanción en su grado máximo a Tu Empleo ETT, SL de 3.751 €, condenando a las partes a estar y pasar por esta declaración, con todas las consecuencias a ello inherentes. Se confirma dicha sentencia en casación, que la sanción administrativa impugnada lo fue por **infracción muy grave**, consistente en **pagar un salario inferior al debido** a 4.039 trabajadores cedidos por una ETT a empresas usuarias para recolectar productos agrícolas. Se discute si la infracción debe **tipificarse como muy grave** al amparo de LISOS art.8.1 **o grave** de LISOS art.7.10. Se concluye que debe aplicarse el tipo de infracción grave cuando se trata de impagos de parte del salario que no reúnen, individualmente considerados, suficiente gravedad, siendo el número de trabajadores un mero criterio de graduación de la sanción que no afecta al tipo, por lo que se desestima el recurso de la Generalitat. Se desestima el recurso de la empresa, porque no es viable la revisión de hechos probados pretendida y no se ha vulnerado el principio de presunción de inocencia, al haberse valorado prueba de cargo suficiente (**TS 3-4-25, Rec 94/23**).

Pharmamar Se impugna, por el procedimiento de **impugnación de actos administrativos**, la revocación y anulación de la Resol 3-11-22, por la que se acordaba archivar el procedimiento de **inscripción del plan de igualdad** de la Entidad PharmaMar, considerando válido el plan de igualdad de PharmaMar, y acuerde que se proceda a su registro e inscripción, de conformidad con RD 7132010 art.6, sobre registro y depósito de convenios colectivos de trabajo y planes de igualdad. Se estima en instancia dicha pretensión, confirmándose dicha sentencia por la Sala IV, quien aplica la **doctrina** de la TS pleno 11-4-24, Rec 258/22, reiterada y aplicada por las TS 20-11-24, Rec 236/23, 26/24, 29/24 y 63/24; 20-12-24, Rec 265/23, 88/24, y 3-6-25, Rec 241/23, una vez constatado que la empresa convocó a los **sindicatos legitimados** para la negociación del plan de igualdad, quienes **no respondieron** a dicho llamamiento (**TS 10-9-25, Rec 264/23**). **3188**

Singular Bank, SAU Se impugna, por el procedimiento de **impugnación de actos administrativos**, la Resolución que denegó la **inscripción del plan de igualdad** de la empresa y se reclama su nulidad, por haber actuado la Administración contra legem, incumpliendo lo establecido en la LPAC, procediendo a la inscripción del plan de igualdad operando el **silencio administrativo positivo**. Se estima en instancia dicha pretensión, que se confirma en casación. Es así, por cuanto la aprobación del plan de igualdad, **decidida unilateralmente** por la empresa, o, en su caso, negociado sin intervención de los legitimados para negociar por la parte social, es admisible únicamente cuando concurran **circunstancias excepcionales**, como sucede cuando se produce un bloqueo negocial reiterado e imputable a la contraparte, una negativa a negociar, o la ausencia de órganos representativos. En estos supuestos, se podrá aprobar el plan de igualdad con carácter provisional y podrá ser inscrito en el registro. Reitera doctrina. En cualquier caso, opera el silencio positivo por el transcurso de 3 meses sin que recaiga resolución expresa, ya que la resolución extemporánea solo puede ser estimatoria (**TS 17-9-25, Rec 258/23**). **3192**

Instituto de Censores Jurados de Cuentas de España Inscripción y registro de **plan de igualdad**. Silencio administrativo positivo. Aplica doctrina de la TS pleno 11-4-24, Rec 258/22, reiterada y aplicada por las TS 20-11-24, Rec 236/23, 26/24, 29/24, 63/24 y 265/23; 20-12-24, Rec 88/24; y 3-6-25, Rec 241/23 (**TS 17-9-25, Rec 237/23**). **3195**

Mutua Intercomarcal Se reclama, por el procedimiento de **impugnación de actos administrativos**, que: 1. Con carácter principal, se anule la **sanción** relativa a las siguientes materias: **Retribuciones** del personal de alta dirección; Retribuciones del personal laboral; Indemnizaciones con ocasión de la extinción de las relaciones laborales; Compensaciones de los miembros de la Junta Directiva y de la Comisión de Control y Seguimiento, para el supuesto de que no se estimar litispendencia sobre esta cuestión; y Gastos en establecimientos de hostelería asociados a las reuniones de la Junta Directiva y de la Comisión de Control y Seguimiento. 2. Con carácter subsidiario, en caso de imponerse una sanción en relación a las referidas materias, que aquélla lo sea en grado mínimo. 3. Se aprecie en grado mínimo la sanción relativa a la Reserva de Estabilización de Contingencias Profesionales. 4. Se aprecie en grado mínimo la sanción relativa a la falta de supervisión en la gestión de la prestación (conciertos sanitarios). 5. Con carácter principal, se anule la sanción relativa a llevar a cabo operaciones distintas a las que debe limitar su actividad la Mutua (acciones formativas); y 6. Con carácter subsidiario, en caso de imponerse una sanción en relación a dicha materia, que aquélla lo sea en grado mínimo. Se estima parcialmente la demanda en instancia. La Sala IV razona, sobre el recurso de **3200**

la Mutua, que el LISOS art.28.5 tiene carácter amplio y permite incluir **infracciones no enumeradas expresamente** en el RD 1993/1995, siempre que entren en aquellas categorías; es por ello que las conductas sancionadas han sido debidamente tipificadas. En segundo lugar, no se infringe, respecto de las retribuciones del alto directivo, el RD 451/2012 art.7, porque la modificación fáctica pretendida por la Mutua no se ha acogido. En lo tocante a las indemnizaciones abonadas por la Mutua en supuestos despidos de trabajadores, el tipo infractor del LISOS art.28.5 consiste en la gestión inadecuada en materia de gastos de administración, y se concreta en el LGSS art.88.6, al abonar indemnizaciones por encima de las legalmente previstas, y **no consta** que así haya sido, sin que la redacción de cartas muy genéricas pueda justificar la presunción de un **actuar fraudulento**. Ello conlleva la estimación parcial del recurso de la Mutua y una rebaja de la sanción a 3.751 € (**TS 30-9-25, Rec 15/24, casa parcialmente AN 16-10-23, Proc 166/23**).

3204 **Transport de Barcelona** Se reclama la **nulidad** y dejar sin efecto la sanción de 150.000 € derivada del **acta sobre obstrucción** y, por ende, no imponer acta de infracción por obstrucción y subsidiariamente, en caso de considerarse que existe algún incumplimiento, se disminuya a su mínima expresión, tanto la sanción, pudiéndose calificar como leve o grave, como su graduación en su grado mínimo o medio, por los hechos expuestos. La Sala IV desestima la demanda, por cuanto **quedaron acreditados los actos de obstrucción** a la actuación inspectora, concretados en repetidos incumplimientos de la obligación de colaborar con la Inspección de Trabajo, en concreto, la **falta de aportación** de parte de la documentación requerida y retrasos en la entrega de otra documentación, así como la **incomparecencia** de responsable del área de organización y personas tras ser reiteradamente requerido. Se activa, por tanto, la **presunción de veracidad** de hechos constatados personalmente por las inspectoras actuantes, que no ha sido destruida, concluyéndose que la tipificación como falta muy grave es adecuada (**TS 1-10-25, Proc 1/24**).

3209 **Kutxabank Vida y Pensiones, SAU** Se reclama, por el procedimiento de **impugnación de actos administrativos**, que: 1. **Se anule la OM 17-5-23**, dictada por el Secretario de Estado de Empleo y Economía Social, por delegación de la Ministra y a propuesta del Subdirector General de Informes, Recursos y Publicaciones del Ministerio de Trabajo y Economía Social. Y se declare que **la DGTr Resol 11-10-22, mediante la que se desestima la inscripción del plan de igualdad** de la empresa, es nula de pleno derecho, siendo que se trata de una actuación que contraviene sus actos propios y, por ende, los principios de buena fe y confianza legítima, derivados del principio de seguridad jurídica previsto en el Const art.9.3, **quedando inscrito** el plan de igualdad por silencio administrativo. 2. Subsidiariamente, se declare que se habría producido una vulneración del RD 713/2010 art.8.3, sobre registro y depósito de convenios y acuerdos colectivos de trabajo, en relación con la aplicación del RD 901/2020 art.5.3, por el que se regulan los planes de igualdad y su registro y se modifica el RD 713/2010. Se confirme que el plan de igualdad presentado por la empresa para su registro en fecha 18-5-2022 **cumplía con los requisitos legales** para proceder a su inscripción. Y se solicite a la Administración. competente la inscripción del plan de igualdad en los términos legalmente previstos. Examinada cuestión casacional planteada, consistente en determinar si opera el silencio administrativo positivo respecto de la solicitud de inscripción y registro del plan presentada el 18-5-2022, a la luz del LPAC art.24.1, de los LO 3/2007 art.45 y 46 y de los RD 901/2020 art.5 y 713/2010 art.2, 6, 8 y 11, se concluye que, conforme a los hechos acreditados (requerimiento de subsanación de 29-8-2022, alegaciones de 12-9-2022 y resoluciones denegatorias de 11-10-2022 y 11-1-2023), el Tribunal reitera la doctrina de la TS pleno 11-4-24, Rec 258/22 (Ilunion), conforme a la cual, transcurrido el plazo de 3 meses sin notificación de resolución expresa, la solicitud debe entenderse estimada por **silencio positivo**, siendo improcedente dictar después resolución desestimatoria, que carece de eficacia jurídica, salvo revisión por los cauces legales. Por consiguiente, rechaza que concurra la excepción del LPAC art.24.1, relativa a transferencia de facultades de servicio público, y estima el recurso, casa y anula la sentencia recurrida, deja sin efecto las resoluciones administrativas y declara inscrito el plan de igualdad por silencio positivo, con la obligación de la Administración de practicar las actuaciones pertinentes (**TS 14-10-25, Rec 95/24**).

VIII. Procedimiento de impugnación de despido colectivo

3215

1. Aportaciones al Tesoro

Boehringer Ingelheim, SA Se impugna, por el procedimiento de **impugnación de actos administrativos**, la **liquidación**, emitida por la Dirección General del SEPE, por la que se le comunicaba la **aportación económica** a ingresar **en el Tesoro Público** en relación al expediente núm 000, ERE núm 001, la cual ascendía a 58.473,39 €, correspondiente a la anualidad de 2016. Se desestima dicha pretensión, por cuanto la valoración económica de la referida impugnación es la correspondiente a dicha cuantía, que no alcanza la cuantía mínima de 150.000 €, por lo que no puede caber duda alguna sobre la firmeza de la sentencia dictada por la Sala del TSJ Madrid (**TS 8-7-25, Rec 83/23**). 3219

2. Causas

Geopost, Stuart Urban, Stuart Delibery y otras Se impugna, por el procedimiento de **impugnación de despido colectivo**, un despido colectivo y se reclama su nulidad o, subsidiariamente su injustificación, con las consecuencias jurídicas previstas para ambos supuestos. Solicitan, así mismo, que se declare expresamente que, conforme a las previsiones del LRJS art.160.3, la sentencia dictada declarando la nulidad del despido colectivo comunicado en fecha 17-6-2024 habrá de surtir efectos procesales no limitados a quienes sean parte en el presente procedimiento, así como que los pronunciamientos de pretensión de condena devienen susceptibles de ejecución individual en los términos de LRJS art.160.3 y 247.1 y 2. Adicionalmente, que, con estimación de la pretensión deducida en el FD 5º.2 de la presente demanda, se condene solidariamente a todas las demandadas a abonar a todas las personas trabajadoras afectadas por el despido colectivo que se impugna –referidas en los antecedentes epígrafes I.a) y I.b)– una **indemnización** que, no susceptible de compensación con los salarios de tramitación que eventualmente se devenguen, resarza el **incumplimiento del preaviso** de 6 meses impuesto por RD 1483/2012 disp.adic.6ª; indemnización que habrá de calcularse en razón del parámetro de salario diario correspondiente a cada persona trabajadora, multiplicado por el número de días de preaviso omitido –preaviso que se determinará en atención al número de días comprendidos entre las fechas de notificación de sus respectivos despidos y el día 10-11-2024–. Se estima la **excepción de inadecuación de procedimiento** invocada por Stuart Urban, SL y Stuart Delibery SL, respecto de la impugnación de los ceses de los repartidores con contrato de trabajadores autónomos. Se estima, así mismo, la excepción de **falta de legitimación pasiva** esgrimida por SRT Group SAS, Stuart 3225

Delibery Limited, SFRT Delivery Portugal, Unipessoal, LDA, Stuart Polska, Sp. z o.o., SRT France, SAS, SRT Italy, S.R.L. Mutares SE & Co.KGaA, Mutares Holding-67 GmbH y Geopost, S.A, por cuanto no se acreditó la concurrencia de grupo de empresas a efectos laborales. Examinado el desarrollo del periodo de consultas, se deduce con claridad que **se dio la información pertinente** y que, a lo largo del mismo, por parte de las empresas se han efectuado **sucesivas ofertas extintivas** en las que se reconocen indemnizaciones, tanto en favor de los trabajadores afectados como incluso de los repartidores autónomos, bastante superiores a las que corresponderían a un despido improcedente, regularizando la situación de estos últimos con la Seguridad Social, la respuesta por parte de la CRT siempre ha sido negativa, bien directamente, bien remitiéndose a lo acordado en asambleas de trabajadores. Se declara justificado el despido colectivo, al acreditarse la concurrencia de causas económicas, organizativas y productivas (**AN 21-1-25, Proc 232/24**).

3. Causas económicas

3230 **Hotel Marina D'or y otros** Se impugna un despido colectivo y se reclama se declare la **nulidad del despido colectivo** de los 76 personas trabajadoras que se detallan y, por tanto, el derecho de las personas trabajadoras afectadas a la reincorporación a su puesto de trabajo; y, de forma subsidiaria, que el mismo no es ajustado a derecho, condenando en ambos casos a las codemandadas a las respectivas responsabilidades que se determinen por la Sala, de conformidad con los fundamentos expresados en la presente, y a estar y pasar por dicha declaración. Se desestima en instancia la demanda. El TS casa la sentencia recurrida, que se anula, por infracción de las normas reguladoras de la sentencia produciendo indefensión para la parte (Const art.24): **incongruencia ex silentio y carencia de sustento fáctico** (**TS 19-2-25, Rec 214/24**).

3234 **MasOrange y otras** Se impugna un despido colectivo, cuyo periodo de consultas concluyó con acuerdo, en el que se solicita su nulidad y subsidiariamente su injustificación. Se desestiman las demandas de **impugnación del despido colectivo** operado en la empresa MasOrange, SL, cuya afectación se proyecta a 6 sociedades dependientes de esta. Se admite previamente la existencia de un **grupo de empresas laboral**. Se desestiman las causas de nulidad, propuestas por los demandantes, concluyéndose que no concurre la conformación artificiosa del grupo, aunque la totalidad de las empresas codemandadas constituyan un grupo mercantil, toda vez que en las 6 empresas que han promovido el despido colectivo sí concurren las notas exigidas jurisprudencialmente para la existencia de grupo laboral, lo que no sucede con las demás. Se concluye, por otro lado, que la **composición de la comisión negociadora** se ajustó a derecho y se descarta la concurrencia de mala fe en la negociación del periodo de consultas, al que se reconoce un valor reforzado, toda vez que concluyó con acuerdo. Descartados los motivos de nulidad invocados, se analizan las causas del citado despido, concluyendo que **concurren las causas** económicas, productivas y organizativas, acreditadas pérdidas millonarias y el solapamiento de actividades, por lo cual se declara el carácter de ajustado a derecho del despido colectivo impugnado (**AN 21-4-25, Proc 369/24**).

4. Causas organizativas

3240 **Delcom Operador Logístico, SA** Se impugna, por el procedimiento de impugnación de despido colectivo, un despido colectivo y se reclama que se declare que la decisión extintiva sea considerada nula, condenando a la demandada a estar y pasar por esta declaración, reconociendo el derecho de los trabajadores afectados a la incorporación a su puesto de trabajo con los **salarios y jornada** correspondientes al CCol para las Empresas de transportes por carretera y actividades auxiliares y complementarias del transporte de Bizkaia, en virtud del RDL 32/2021, de medidas urgentes para la reforma laboral. O, subsidiariamente, se declare no ajustada a derecho, con los salarios correspondientes al citado convenio. con todos los efectos legales inherentes a la misma, todo ello sin perjuicio de lo que se fije en conclusiones definitivas. Se reclama, así mismo, que se condene adicionalmente a la empresa a **indemnizar a cada trabajador** en la cantidad de entre 7.501 a 15.000 €, por lesión de derechos fundamentales o, en su caso, y en caso de no apreciar lesión de derechos fundamentales, que se condene a la misma cuantía de 7.501 € para cada trabajador por daños morales, con todos los efectos legales inherentes. Se desestima en instancia la demanda, se declara justificado el despido colectivo, por cuanto la **empresa había perdido a su principal cliente** y se declara, al tiempo, que el convenio aplicable es el de empresas de transporte de Bizkaia. Se estima parcialmente el recurso de la empresa en casación, por cuanto se estima aplicable el propio convenio de empresa. Consiguientemente, tras considerar que la sentencia está suficientemente motivada, se concluye que, cabe resolver cuál es el **convenio aplicable** para el cálculo de las indemnizaciones, aplicándose lo dispuesto en ET art.42.6 (**TS 29-1-25, Rec 202/24**).

5. Causas productivas

Teleperformance España, SA y otros Se reclama, por el procedimiento de impugnación de despido colectivo, por uno de los sindicatos demandantes, la nulidad del despido colectivo y, subsidiariamente, no ajustada a derecho la decisión extintiva, condenando a la demandada a estar y pasar por dicha declaración; mientras que otro sindicato reclama la nulidad de la decisión extintiva impugnada, respondiendo de forma solidaria Teleperformance España SA, Konecta BPO y Covisian España SLU en caso que se aprecie el fraude de ley por falta de subrogación, nulidad por vulneración del derecho de huelga, siendo condenadas por esta conducta atentatoria de la libertad sindical Teleperformance España, SA, Vodafone España SAU, Vodafone Ono SAU, Vodafone Servicios SLU y Konecta BPO, nulidad en el resto de casos que ha de responder Teleperformance España, SA, o, subsidiariamente la declare no ajustadas a derecho, con los efectos inherentes en dicha declaración. Se desestiman dichas pretensiones en instancia. Se confirma por el TS, quien confirma que el despido colectivo, cuyo periodo de consultas concluyó con acuerdo, **se ajustó a derecho**, toda vez que concurren **causas productivas**, consistentes en el **descenso del volumen de servicios** a Vodafone y Netflix. Por lo demás, no se vulneró la libertad sindical de CSIF y UGT cuando la empresa, con la finalidad de resolver las dudas de la plantilla, llevó a cabo una **conferencia telemática** a la que pudieron conectarse los trabajadores. Finalmente, la **compra de acciones** de Majorel por Teleperformance no afecta a la calificación del despido colectivo (**TS 21-5-25, Rec 119/24, confirma AN 12-2-24, Proc 266/23**). 3250

Zelenza Sistemas de Información SA, Zelenza CEX SL, Zelenza Soluciones Integrales SA, Zelenza Servicios de Movilidad y Vigilancia SL Se reclama, por el procedimiento de impugnación de despido colectivo, que se declare nula la decisión extintiva colectiva, por las causas expuestas en el cuerpo de esta demanda, condenando a la empresa a **readmitir** en su puesto de trabajo a los trabajadores afectados, así como a los trabajadores despedidos fuera de este despido colectivo, durante la tramitación del mismo, condenándola a estar y pasar por tal declaración, y, subsidiariamente, que las extinciones llevadas a efecto no son ajustadas a derecho, condenando a la entidad demandada a estar y pasar por tal declaración, con las consecuencias legales indemnizatorias que se derivan de tal pronunciamiento. Se desestima en instancia la demanda y se confirma en casación la justificación del despido por causas productivas y organizativas, por **pérdida de la contrata** de Masmovil, porque se respetó el procedimiento legal, se negoció de buena fe con la representación de los trabajadores, lográndose un acuerdo con la mayoría sindical (UGT), y la documentación aportada fue **suficiente para acreditar causas productivas y organizativas**. Rechaza la revisión de los hechos probados, al no acreditarse error manifiesto, y descarta tanto la nulidad como la improcedencia de los 3259 despidos. Igualmente, niega la aplicación del régimen de subrogación del convenio colectivo por falta de concurrencia de los presupuestos exigidos (**TS 6-5-25, Rec 11/25, confirma AN 11-10-24, Proc 181/24**).

3265 Se reclama, por el procedimiento de impugnación de despido colectivo, la nulidad del despido colectivo y, subsidiariamente, su injustificación. Se desestiman en instancia dichas pretensiones. Se confirma en casación la sentencia recurrida, previa desestimación de la modificación de hechos. Se descarta que no se aportara documentación pertinente, subrayando, a estos efectos, que la **valoración sobre la documentación que debe facilitarse** ha de hacerse con respecto a la prevista legalmente atendiendo a su trascendencia y, con relación a la no prevista normativamente, desde una óptica finalista, cohonestando la solicitud que haya podido hacer la representación social y la utilidad, debiendo ser en todo caso relevante. Sobre el fondo del asunto, destaca que el **periodo de consultas** concluyó **con acuerdo**, lo que le otorga un valor reforzado, asumiendo que la **pérdida de la contrata** justifica la causa productiva. Se apoya en la doctrina, contenida en la TS 19-12-23, Rec 3481/22, sobre las contrataciones simultáneas o próximas a la fecha de la extinción colectiva, incidiendo en el caso de autos en el distinto perfil, administrativo y no cualificado de los trabajadores que ocupaban los puestos de trabajo extinguidos, habiendo quedado acreditado que no podían ser reubicados en otros proyectos y servicios de la empresa (**TS 21-5-25, Rec 3/25, confirma AN 24-9-24, Proc 121/24**).

3269 **Mecanizados de precisión INDE** Se solicita la nulidad o, en su caso, injustificación del despido colectivo. Se desestiman en instancia las pretensiones de la demanda. La sentencia se confirma por la Sala IV, porque se acreditó la notificación del despido colectivo al representante de los trabajadores. Se concluye que **la empresa negoció de buena fe**, sin que sea exigible la negociación de un nuevo convenio colectivo, por cuanto está vigente otro. Se ha demostrado, por otra parte, la **concurrencia de causa productiva**: al haber dejado Lantegi Batuak de hacer pedidos a Mecanizados de Precisión Inde, de manera progresiva y más acentuada en 2024, la actividad de esta última ha disminuido hasta tal punto que resulta razonable y proporcionado el despido de la totalidad de la plantilla restante, esto es, 5 trabajadores (**TS 10-9-25, Rec 89/25**).

3274 **Concentrix Sapin Business Process Outsourcing, SLU** Se reclama, por el procedimiento de impugnación de despido colectivo, la nulidad de un despido colectivo cuyo **periodo de consultas** concluyó **con acuerdo**. Se desestima la excepción de falta de legitimación ad causam y, se desestima la demanda, por cuanto quedó acreditado que el periodo de consultas, negociado con los sujetos legitimados, concluyó con acuerdo **mayoritario**, sin que se hayan acreditado por la parte demandante indicios de discriminación alguna (**AN 20-10-25**).

6. Despido colectivo de hecho

3280 **Asociación Landalan para la Inserción Sociolaboral/Elkartea Landalan, Agintzari Sociedad Cooperativa de Iniciativa Social, Diputación Foral de Bizkaia-Departamento de Acción Social, Instituto Foral de Asistencia Social Y Adaka Sociedad Cooperativa** Se desestima en instancia la pretensión, que se confirma en casación, por cuanto la extinción del contrato de trabajo de 15 trabajadores de un **centro de acogida de menores de edad extranjeros no acompañados** no constituye despido colectivo de hecho, puesto que no se ha acreditado la concurrencia de los requisitos de la sucesión legal o convencional. Se han acreditado, por el contrario, las **causas justificativas** del **despido colectivo**. No se vulneró la buena fe en la negociación llevada a cabo en el periodo de consultas. El despido colectivo es ajustado a derecho (**TS 19-2-25, Rec 183/24**).

3285 **Carbó Collbatallé, SLU y otras** Se reclama, por el procedimiento de impugnación de despido colectivo, que se declare que la **sucesión de empresa** invocada por la empresa Carbó Collbatallé, SLU no es ajustada a derecho, así como el derecho del colectivo afectado a **permanecer en la plantilla o reingreso** a la empresa Carbó Collbatallé, SLU. Se reclama, consiguientemente, que se declaren nulos los despidos realizados con fecha de efectos del 31-12-2024 por esta causa, que se dejen sin efecto las subrogaciones operadas el 1-1-2025 con las empresas subcontratistas codemandadas, y, por ello, se reconozca el derecho de los trabajadores despedidos a permanecer en la plantilla y a reanudar sus relaciones laborales con Carbó Collbatallé, SLU, siendo reingresados, readmitidos en sus mismos puestos de trabajo, con efectos desde el día de efectos de la finalización de la relaciones laborales, condenado a las empresas demandadas a estar y pasar por dicha declaración, pues así procede en derecho y justicia. Se desestiman las demandas de despido colectivo de hecho interpuestas por el sindicato CSO y distintos representantes unitarios, en las que se considera como tal **subrogaciones empresariales aceptadas por los trabajadores** en su inmensa mayoría y en las que se respetan las condiciones contractuales originarias –antigüedad, salarios y funciones–, puesto que tales subrogaciones, con independencia de que concurran los presupuestos de la sucesión legal de empresas o no, no pueden ser consideradas como extinciones contractuales, sino simplemente como **novaciones subjetivas que no acarrean la extinción** del vínculo contractual. En el **plano procesal**, la Sala considera que no puede acumularse a la acción de despido colectivo de hecho la de cesión ilegal, que los comités de empresa y delegados de personal por sí solos carecen de legitimación activa, y rechaza las excepciones de falta de legitimación pasiva y litisconsorcio esgrimidas por las demandadas, así como la de falta de agotamiento de la vía previa (**AN 28-4-25, Proc 15/25**).

Wizink Bank y Wizink Gestión Se reclama, por el procedimiento de impugnación de despido colectivo, un despido colectivo de hecho, y se solicita: 1. Que son nulas las decisiones extintivas llevadas a cabo por la empresa en los 90 días anteriores al 3-11-2021, así como las que puedan producirse posteriormente, por no haberse llevado a cabo el **procedimiento negociador** que hubiera sido **preceptivo**, condenando a la empresa a readmitir en su puesto de trabajo a los trabajadores afectados y a estar y pasar por tal declaración. Y subsidiariamente, se declaren dichas extinciones como no ajustadas a derecho, con las consecuencias derivadas de tal pronunciamiento. 2. Se declare la **vulneración de los derechos de negociación colectiva y ejercicio de la actividad sindical**, al haber prescindido la empresa total y absolutamente de haber negociado la drástica reducción de plantilla ideada y llevada a efecto y, además, haber ocultado alevosamente la información detallada de las bajas habidas en la empresa y sus causas para dificultar e imposibilitar que se impugnasen estas extinciones, que son comunicadas cuando han transcurrido ya 2 meses y varios días de las últimas de las extinciones, sin facilitar periódicamente la información preceptiva a la RLT. Por ello, se solicita se condene a **indemnizar** a esta parte en la cuantía de 1.000 €; **cuantía simbólica** que no pretende un lucro de esta parte, sino un pronunciamiento que reconozca la existencia de conducta antisindical por parte de la demandada (ya condenada en varias ocasiones por conducta antisindical con trabajadores miembros de CGT). La sentencia de instancia rechaza las **excepciones** de caducidad de la acción opuesta por Wizink Gestión, S.L y falta de legitimación pasiva opuesta por Wizink Bank, SAU, **estima parcialmente** la demanda y declara la **nulidad del despido colectivo** llevado a efecto en el periodo comprendido los 90 días anteriores y posteriores al 3-11-2021 por la empresa **Wizink Gestión, SL**. Declara vulnerado el derecho de libertad sindical de FESIBAC-CGT, en su vertiente de derecho a la negociación colectiva, por parte de las empresas codemandadas, a las que condenamos solidariamente a abonarle la cantidad de 1.000 €. **Absuelve** a la codemandada **Wizink Bank, SAU** del despido. La Sala IV confirma la sentencia, por cuanto los trabajadores afectados por el despido **no formaban parte de la plantilla** de la empresa absuelta en el periodo al que se circunscribe el despido colectivo tácito que es objeto del recurso, toda vez que no pueden ser incluidos en el mismo una vez que se ha descartado la existencia de un grupo laboral de empresas y cualquier participación cómplice e ilícita de la empresa absuelta en la actuación seguida por la condenada. Y añade que en nuestro ordenamiento no hay ninguna previsión legal 3290 que permita calificar como nulos los despidos de unos trabajadores pertenecientes a una empresa distinta a la única a la que se le imputa en la demanda la realización de un despido colectivo tácito (**TS 6-5-25, Rec 1/25**).

7. Ejecución colectiva

3300 **Cotronic** Se inadmite la ejecución colectiva de sentencia de **conflicto colectivo**, promovida por una de las trabajadoras afectadas por el conflicto, por cuanto la **legitimación activa** para promover la ejecución colectiva de títulos colectivos de condena corresponde a los sindicatos (**AN auto 19-6-25, Proc 14/25**).

3306 **Solar Profit Energy Services SL y Profithol SA** Se reclama por uno de los trabajadores despedidos la ejecución colectiva de la sentencia de **despido colectivo**, lo que se inadmite por la Sala, toda vez que la **legitimación activa** para la ejecución de las sentencias colectivas de condena corresponde exclusivamente a los sindicatos (**AN auto 21-4-25, Proc 8/25**).

3310 **Zelenda Sistemas de Información** La trabajadora, que promueve la ejecución colectiva, carece de **legitimación** para instar dicho procedimiento, aunque fuera trabajadora de la empresa y afectada por el despido colectivo, por cuanto no forma parte del procedimiento de ejecución colectiva, promovido por un sindicato legitimado (**AN auto 22-5-25, Proc 11/25**).

8. Inadecuación de procedimiento

3320 **Universidad Politécnica de Madrid y Gastronomía Gemec** Se impugna, por el procedimiento de **impugnación de despido colectivo**, un despido colectivo y se solicita que se declare que el acto de **cerrar el centro de trabajo** (cafetería comedor ubicado en el Etsi agronómica alimentaria y de biosistemas) el 22-9-2023 por las codemandadas constituye un **acto de despido** que han llevado a cabo incumpliendo lo dispuesto en el ET art.51 y en el LRJS art.124.2, motivo por el cual el referido despido debe ser declarado nulo, con los pronunciamientos legales inherentes al mismo. En instancia se declara la **incompetencia de la Sala** para conocer el litigio, por cuanto se considera que el despido no es colectivo. Se confirma en casación, por cuanto el procedimiento de despido colectivo del LRJS art.124 al que acudieron los trabajadores no es el adecuado cuando la extinción de los contratos de trabajo se fundamenta en la pérdida de la contrata en uno de los centros de trabajo, se produce un cese total de la actividad y el número de extinciones no supera los umbrales del ET art.51.1 ni los exigidos por la Dir 98/59/CE. El **procedimiento idóneo**, por el contrario, es el procedimiento de despido individual, lo que determina, por aplicación de LRJS art.6.1 en relación con art.7.a, la falta de competencia objetiva de la Sala de lo Social del TSJ Madrid (**TS 20-12-24, Rec 139/24**).

3328 **TGSS y Konecta BTO, SL** Se reclama, por el procedimiento de **impugnación de despido colectivo**, que se declare que la **decisión de la TGSS de extinguir los contratos** de trabajo de los trabajadores adscritos al servicio de Gestión y Atención Telefónica de Consultas derivadas de la Redes Sociales (Twitter) y de la Atención y Soporte Integral al Autorizado RED a través de canales no presenciales (telefónico y telemático) de la TGSS, al no subrogarse, constituye un despido colectivo efectuado por las codemandadas, que se ha realizado incumpliendo todos y cada uno de los requisitos establecidos en ET art.51 y 53 y LRJS art.124.2, motivo por el cual el referido despido debe ser declarado nulo, condenándose solidariamente a la TGSS y a la empresa Konecta BTO, SL a la readmisión de la totalidad de los trabajadores adscritos al servicio en las mismas condiciones que regían antes del despido, con las consecuencias inherentes a tal declaración, o, subsidiariamente, debe ser declarado improcedente, condenándose solidariamente a la TGSS y a la empresa Konecta BTO, SL a que opten por la readmisión o indemnización en legal forma, con el abono de los salarios dejados de percibir desde el despido y hasta la readmisión en caso que opten por el abono de la indemnización. Se desestima en instancia dicha pretensión. Se estima de oficio la **excepción de inadecuación de procedimiento**, constatado que la contrata, adjudicada a la mercantil Konecta BTO, SL para la realización del servicio de gestión y atención telefónica de consultas derivadas de redes sociales y de la atención y soporte integral al autorizado RED, se mantuvo mientras se producía la **implantación progresiva de un nuevo modelo de gestión por la TGSS paralelamente** al desarrollo de la contrata, que incluye muchas más actividades de las subcontratadas. A la finalización de la contrata, la TGSS no se hace cargo de los trabajadores adscritos a aquella (176 empleados), que desde entonces continúan en alta y prestando servicios para Konecta BTO, SL. Constituye **premisa necesaria** para la tramitación de un proceso de despido colectivo que se haya producido la **extinción de los contratos** de trabajo de los afectados, lo que no ha ocurrido. Inadecuación del procedimiento que condiciona la competencia objetiva (**TS 19-2-25, Rec 185/24**).

9. Periodo de consultas

Cruz Roja Española Se impugna, por el procedimiento de **impugnación de despido colectivo**, un despido colectivo, y se solicita se declare nula la decisión extintiva acordada por la empresa o, con carácter subsidiario, su carácter de no ajustado a derecho, condenando a la demandada al abono de la cantidad de 30.000 € en concepto de indemnización de daños y perjuicios. Se estima parcialmente la demanda y se declara la **nulidad** del despido, por cuanto la empresa **no ha aportado la documentación** legal y reglamentaria. Se descarta la indemnización solicitada, por cuanto la empresa sí ha efectuado el periodo de consultas, aunque no aportó la documentación que le era exigible legal y reglamentariamente (**AN 30-6-25, Proc 59/25**). **3340**

Exceltrop Se solicita la nulidad del despido por el procedimiento de **impugnación del despido colectivo**. Se desestima en instancia la demanda y se confirma la sentencia en casación. Se fundamenta la demanda en que el empresario ha procedido al despido colectivo sin contar con el preceptivo **informe de la ITSS**, lo que se desestima, porque consta acreditada la existencia del informe controvertido. Se denuncia, en segundo lugar, que la empresa lesionó la libertad sindical en su vertiente funcional del derecho a la información durante el periodo de consultas, por cuanto no aportó la **documentación pertinente**, que se le había solicitado. Se desestima también esta segunda pretensión, porque se acreditó que el periodo de consultas se siguió con el comité de empresa en su totalidad, que, tras el cumplimiento de la exigencia de la información pertinente, el acuerdo se adoptó por **unanimidad del comité** de empresa y que la **selección de trabajadores** se efectuó, de mutuo acuerdo, con trabajadores voluntarios y con trabajadores seleccionados a través de los criterios de selección pactados mediante incorporación nominal de los mismos al acuerdo. Se subraya que, en las denuncias de **discriminación por razón de actividad sindical**, a quien compete la **aportación de indicios** –no de meras alegaciones– es al denunciante y, por otra parte, que ningún indicio ha sido aportado por el demandante. Se desestima también modificación de hechos probados y que la sentencia recurrida haya incurrido en la infracción de la normativa que se denuncia como vulnerada (**TS 21-5-25, Rec 274/24**). **3346**

10. Sucesión de empresa

Atreyu Blota Carto, SL y CAM Se impugna, por el procedimiento de **impugnación de despido colectivo**, un despido colectivo, y se solicita que se declare que es nulo y, en consecuencia, se condene a las empresas demandadas, de forma solidaria, a la readmisión de los trabajadores afectados, al abono de los salarios dejados de percibir, o, subsidiariamente se declare la existencia de un despido colectivo no ajustado a derecho, con las consecuencias inherentes a dicho pronunciamiento. Se estima en instancia dicha pretensión, que se confirma en casación, por cuanto la **3355**

resolución del contrato de gestión de la escuela y su gestión directa por parte de la Comunidad de Madrid, en las mismas instalaciones y con los mismos alumnos matriculados, configura un supuesto de **sucesión de empresa** del ET art.44, por lo que la extinción de los contratos de trabajo de las personas afectadas es nula (**TS 2-7-25, Rec 35/25**).

IX. Procedimiento de tutela de la libertad sindical

3365

1. Derecho de huelga

3370 **Iberia Líneas Aéreas de España, SA Operadora SAU** Se reclama, por el procedimiento de **tutela de derechos fundamentales**, que se declare que las conductas expresadas en los fundamentos de la demanda supusieron una vulneración del derecho de huelga de los trabajadores indicados en el escrito rector, así como la **lesión de la libertad sindical** del sindicato USO, y la nulidad de las referidas conductas. Y, ante la imposibilidad de solicitar el cese inmediato de los comportamientos, **se indemnice** a USO en la cantidad de 30.000 €, así como a cada uno de los trabajadores a los que se vulneró su derecho de huelga. Se estiman parcialmente dichas pretensiones, ya que se considera que la conducta empresarial, consistente en la asignación de un vuelo no protegido a los trabajadores que fueron **designados para realizar los servicios mínimos** fijados por el Ministerio de Transportes, constituye un hecho no controvertido, pues así ha sido reconocido que, efectivamente, a 33 trabajadores les fueron asignadas funciones en un vuelo no protegido, cuando habían sido designados para llevar a cabo funciones en vuelos protegidos, que también desempeñaron. Ello se corrobora por la propia empresa, admitiendo tal hecho y por el acta de infracción levantada por la Inspección de trabajo. Dicha conducta vulneró claramente el derecho de huelga (**AN 11-3-25, Proc 416/24**).

3378 **Sindicato Nacional de CCOO de Galicia** Se reclama, por el procedimiento de **tutela de derechos fundamentales**, que se declare la vulneración del derecho fundamental de los actores a la huelga del Const art.28.2 en relación con su derecho a la libertad sindical, a la dignidad y a su integridad moral, contenidos en Const art.10, 15 y 28.1, y, en consecuencia, a la nulidad radical de la actuación denunciada, y en concreto, del requerimiento efectuado a los actores consignado en el ordinal octavo de este; condenando a la entidad demandada a estar y pasar por dicha declaración y al cese de la conducta descrita; disponiendo el restablecimiento de los demandantes en la integridad de su derecho y la reposición de la situación al momento anterior a producirse la lesión del derecho fundamental, así como al abono, a cada una de las personas demandantes, de 120.005,00 € en concepto de indemnización de daños morales. Se estima parcialmente en instancia la demanda, reconociéndose la vulneración del derecho de huelga, aunque se condena únicamente a una **indemnización** de 25.000 € para cada afectado. Acreditado que en los requerimientos remitidos por el sindicato demandado a los actores el 24-1-2023 **se exigió a los huelguistas la suspensión de los señalamientos, vistas o comparecencias**, comunicándoselo a los clientes o personas afectadas, así como comparecer personalmente y realizar las actuaciones profesionales inaplazables e indispensables, si no se hubiese resuelto tal solicitud o se hubiese desestimado, y, en los asuntos afectados por un plazo de vencimiento procesal o administrativo, realizar directa y personalmente las actuaciones necesarias, dentro del plazo de vencimiento, concluyéndose por la Sala IV que se trataba de actuaciones que no tenían como cometido garantizar la reanudación de la actividad del departamento jurídico del sindicato demandado cuando finalizase la huelga, como exige la norma, sino que lo que perseguían era no alterar, en la medida de lo posible, el funcionamiento normal de tal departamento, debiendo realizar los actores las labores que habitualmente desarrollaban en su puesto de trabajo. Consiguientemente, se confirma la sentencia recurrida en lo que afecta a la vulneración del derecho de huelga, si bien se atempera el importe de la indemnización a 7.501 € para cada afectado (**TS 18-7-25, Rec 182/23**).

Sociedad Estatal de Correos y Telégrafos Se reclama, por el procedimiento de **tutela de derechos fundamentales**, que se declare que la Sociedad estatal de Correos y Telégrafos ha infringido el derecho fundamental a la huelga de las **trabajadoras de limpieza** de sus edificios y locales dependientes laboralmente de ACVA, SL, a la cual se pide **responsabilidad solidaria** por los mismos hechos, y por tal motivo y para restablecer a los trabajadores afectados en su derecho, les condene de forma solidaria a ambas sociedades a reparar el daño causado, abonando a cada trabajadora en huelga, en concepto de indemnización por daños y perjuicios, la cantidad de 2.077 € a las trabajadoras con contratos iguales o superiores al 50% de la jornada y la cantidad de 1.038 € en caso de contrato inferior al 50% de la jornada del convenio, con cuanto más proceda en derecho, obligando a las codemandadas a estar y pasar por tal declaración. Se desestima en instancia la demanda y se confirma en casación, por cuanto los demandantes **no acreditaron indicios suficientes** de vulneración del derecho de huelga, lo que impidió activar la inversión de las cargas probatorias. Se destaca a estos efectos que, si bien la vulneración del derecho de huelga puede darse por parte de empresas distintas de la empleadora, lo que puede suceder en los supuestos de externalización de la actividad productiva, aunque solo el esquirolaje externo está prohibido normativamente, la jurisprudencia señala que el interno también vulnera el derecho de huelga, lo que no se ha acreditado (**TS 18-7-25, Rec 181/24**). 3383

RENFE Operadora Se reclama, por el procedimiento de tutela de derechos fundamentales, que se declare que las empresas demandadas vulneraron el derecho fundamental a la huelga y a la libertad sindical por los **servicios que realizaron los trenes** 12441 (A Coruña 19:08-Vigo Guixar 21:26) y 12538 (Vigo Guixar 15:02-A Coruña 17:13) **durante la huelga** del 7-11-2022 y, en consecuencia, se condene a las demandadas a estar y pasar por dicha declaración, a **cesar en su conducta** vulneradora de los citados derechos, así como a abonar al sindicato demandante una **indemnización por daños y perjuicios** de 7.501 €. Se estima en instancia dicha pretensión, que se confirma en casación, una vez acreditado que la demandada **aplicó servicios mínimos** en huelga convocada los días 7 y 11-11-2022, de manera que, el día 7-11-2022 se estableció una **composición doble**, compuesta por dos trenes que cubrían el trayecto A Coruña-Vigo y viceversa, cuando habitualmente dichos trenes funcionan con composición sencilla. Ello implicó que en tales trenes se ofrecieran el doble de las plazas que se ofertaban habitualmente. Consiguientemente, se vulneró el derecho de huelga por utilización abusiva del poder de dirección, ya que la decisión empresarial **excedió de los límites** derivados de los servicios mínimos fijados, afectando, decisivamente, al ejercicio regular del derecho de huelga. Indemnización pertinente y adecuada (**TS 10-9-25, Rec 245/23**). 3387

Arcelormittal España, SA Se reclama, por el procedimiento de tutela de derechos fundamentales, que se declare que la empresa ha **vulnerado en dos ocasiones el derecho de huelga** del sindicato actor, tanto en la convocada el día 14-4-2023 como la convocada el 25-4-2023, por imposición de unos **servicios de mantenimiento y seguridad abusivos**, no negociados y no justificados, así mismo solicitamos que declare la nulidad radical de tal conducta de la demandada, con todas sus consecuencias, incluida la nulidad de la imposición de servicios de seguridad y mantenimiento en las fechas y términos relatados, ordenando el inmediato cese del comportamiento antisindical, así como condene a la empresa demandada que abone al sindicato demandante una **indemnización por daños y perjuicios** que cuantificamos en 3390

240.000 €, así como que le obligue a adoptar las medidas necesarias para la efectividad de todo ello. Se estima parcialmente en instancia dicha pretensión, aunque se reduce la indemnización a 120.000 €. La Sala casacional confirma la sentencia recurrida. Subraya que no se debate sobre la fijación de los servicios mínimos, con los que se pretende que la actividad productiva continúe limitadamente durante la huelga, sino la determinación de los **servicios de seguridad y mantenimiento** aludidos en el RDL 17/1997 art.6.7, con los que se posibilita, además de la seguridad de las personas, que la actividad productiva pueda reanudarse al acabar la huelga. Se concluye, que los servicios de mantenimiento y seguridad, impuestos por la empresa durante las huelgas convocadas, no se ajustaron a derecho, porque la empresa no afrontó su negociación en condiciones necesarias para permitir un acuerdo razonable, pues intentó hacer prevalecer los criterios del Acuerdo de 2005, dejado sin efecto, y no proporcionó información técnica que apoyara sus pretensiones. Además, la producción en los días de huelga no presentó oscilaciones significativas, por lo que los servicios fijados tuvieron un **alcance desmedido**, sin justificación técnica suficiente. Por último, considera que el importe de la indemnización es proporcional y razonable en atención a las circunstancias que concurren (**TS 17-10-25, Rec 39/24**).

2. Derecho de igualdad

3410 **Mutua Intercomarcal y otros** Se reclama, por el procedimiento de **tutela de derechos fundamentales**, que se declare vulnerado el derecho a la igualdad de las personas trabajadoras afectadas, ordenando el cese inmediato de dicha **vulneración en materia de retribuciones**; el derecho a percibir una indemnización que ascendería al 3,5% para los servicios prestados en 2023 y 2,5% para 2024, y la compensación por daños morales en cuantía del 6,4% por los incrementos dejados de percibir durante los años 2023 y 2024. Subsidiariamente y para el caso de no estimarse que concurriera vulneración de derechos fundamentales, se condene al abono de las percepciones salariales correspondientes a 2023 y 2024, más las que se fueran devengando. Se estima la **excepción de indebida acumulación de acciones** (pretensión subsidiaria del suplico), falta de jurisdicción y falta de legitimación pasiva de los Ministerios demandados y se desestima la demanda, subrayando que no existe posibilidad de apreciar la vulneración del derecho fundamental de igualdad retributiva, pues el sindicato actor parte de un **error de base** de su pretensión como es invocar, como grupo o categoría de trabajadores **comparables a los trabajadores de mutua, al resto de personal del sector público**, sin especificar nada más. La generalidad, empleada en el término de comparación, impide que pueda entenderse que las situaciones comparadas sean homogéneas o equiparables y que, por ende, se pueda apreciar una actuación de Mutua Intercomarcal que no justifique no aplicar las subidas salariales que se dicen han percibido el resto de empleados del sector público (**AN 9-7-25, Proc 139/25**).

3. Derecho a la integridad física y a la salud

3430 **SERGAS** Se reclama, por el procedimiento de **tutela de derechos fundamentales**, que: 1. Vulnera los derechos de los médicos de atención primaria y pediatras en materia de **integridad física y salud** e incumple con sus obligaciones en materia de prevención de riesgos laborales, de valoración de la **carga de trabajo** de dicho colectivo y evaluación de los riesgos de sus puestos de trabajo, condenando a la demandada a esta y pasar por tal declaración y a efectuar de forma inmediata la preceptiva evaluación de riesgos laborales, incluyendo especifica y concretamente la valoración psicosocial de dichos puestos de trabajo de los médicos de atención primaria y pediatras. 2. Vulnera los derechos fundamentales a la salud y a la integridad física y psíquica, declarando que, en cuanto a la determinación de la carga de trabajo fijando el número máximo de pacientes a atender por jornada de trabajo y tiempo mínimo de dedicación a cada uno, habrá de **estarse a la dispuesta en los Criterios de Calida-**

de das Axendas: dos/das médicos/as de familia de Atención Primaria, estableciendo un máximo diario de atención para cada jornada laboral diaria de entre 32 y 40 «ocos», en los términos en que dicha normativa define el concepto de «ocos». Se estima parcialmente la demanda en instancia, admitiendo la primera, pero no la segunda de las pretensiones. Se confirma la sentencia en casación y se interpreta del LPRL art.16 y del RD 39/1997 art.2, concluyendo que dicha «[...] normativa y de la finalidad que comporta (la garantía de la salud y seguridad de los trabajadores), abona la conclusión de que la obligación del empresario, consistente en la realización del oportuno plan de prevención, previa evaluación de los riesgos existente, obliga a realizar la evaluación inicial de los riesgos para la seguridad y salud de los trabajadores, teniendo en cuenta, con carácter general, la naturaleza de la actividad, las características de los puestos de trabajo existentes y de los trabajadores que deban desempeñarlos; y, consecuentemente, a plasmar en el plan las medidas necesarias en orden a la desaparición o la mayor reducción de dichos riesgos, tomando para ello las medidas necesarias al efecto. En consecuencia, resulta evidente que **excede** de los límites de una condena a efectuar un **plan de prevención de riesgos laborales**, como la que examinamos, el establecer un contenido concreto del mismo **sin** haber efectuado con anterioridad la oportuna **evaluación de riegos**, y, en modo alguno cabe imponer como contenido del mismo cuestiones –como las discutidas en este recurso– que implican predeterminar la organización del trabajo y la fijación de plantillas, tal como al efecto había razonado, con acierto, la sentencia recurrida. Lo que implica la estimación del motivo.» (**TS 8-4-25, Rec 59/23**).

4. Inadecuación del procedimiento

Consorcio Galego de Servizos de Igualdade e Bienestar Se reclama, por el procedimiento de **conflicto colectivo**, la nulidad de la práctica empresarial de imponer de forma habitual al **personal de servicios generales** la **limpieza de los centros**, pese a que el Acuerdo de integración del Consorcio en el Convenio Único de la Xunta de Galicia solo permite esas tareas con carácter **puntual y fuera del horario** en que exista servicio específico. En instancia se estimó la **excepción de inadecuación** de procedimiento. La sentencia es casada por la Sala IV, que considera que la pretensión encaja en el proceso de conflicto colectivo, puesto que se dirige contra una práctica de alcance general y homogéneo, sin necesidad de individualizar de inicio a cada trabajador afectado. En efecto, la cuestión, a dilucidar en la instancia, es únicamente **si la práctica empresarial existe y si resulta conforme a derecho**, siendo la eventual concreción individual materia propia de la fase de ejecución. Se rechaza, de este modo, el formalismo seguido por la Sala gallega y afirma que la interpretación procesal debe ser flexible para garantizar la **tutela judicial efectiva** del Const art.24. En consecuencia, el TS estima el recurso, declara procedente la vía de conflicto colectivo, anula la sentencia del TSJ de Galicia y devuelve las actuaciones para que se entre a conocer del fondo (**TS 10-9-25, Rec 69/24**). 3450

5. Libertad sindical

ABANCA Se reclama, por el procedimiento de **tutela de derechos fundamentales**, que: a) Declare la existencia de vulneración del derecho a la libertad sindical de CIG. b) Declare la nulidad radical de la conducta empresarial consistente en no facilitar a la asesora de CIG en la Comisión de igualdad la misma información que facilita a los miembros titulares. c) Condene a la empresa demandada a cesar inmediatamente en su actuación y a poner a disposición de la asesora de CIG en la Comisión de igualdad la misma información que facilita a los miembros titulares. d) Condene a la empresa demandada a pasar por las declaraciones anteriores y a abonar a CIG la cantidad de 30.000 € en concepto de indemnización por daños morales. Se desestiman las **excepciones** de falta de acción, falta de legitimación activa e inadecuación de procedimiento. Se desestima la demanda de tutela de la libertad sindical inter- 3470 puesta por el sindicato CIGA contra ABANCA, aunque no se aportara **información directa** por la empresa al asesor designado por el sindicato, toda vez que sí **se entregó al miembro de la Comisión de Seguimiento del Plan de Igualdad**. Consiguientemente, no se vulnera la libertad sindical del CIGA, por cuanto que su representante está facultado para compartir la misma total o parcialmente con el asesor para que pueda asistirle debidamente (**AN 12-5-25, Proc 75/25**).

3478 **AFE.** Se reclama, por el procedimiento de **tutela de derechos fundamentales**, que se declare que la conducta observada por la Asociación de Futbolistas Profesionales (AFE) es vulneradora de los derechos fundamentales a la **libertad sindical y no discriminación por razón de sexo**, por lo que es radicalmente nula, ordenando el cese inmediato de tal comportamiento y condenando a la demandada AFE a que indemnice a la parte actora en la cantidad 60.002 €. Se estima en instancia dicha pretensión. Se casa dicha sentencia, por cuanto la regulación del **Fondo Fin de Carrera** de AFE, que solo contempla como beneficiarias a las **jugadoras** de Primera División Femenina que estén **afiliadas** dicha asociación, en la medida en que se financie exclusivamente con fondos propios de AFE, no vulnera el derecho a la libertad sindical del sindicato demandante ni de sus afiliadas ni de otras jugadoras no afiliadas. Tampoco implica una discriminación por razón de sexo (**TS 18-2-25, Rec 21/23, casa AN 17-10-22, Proc 238/22**).

3485 **CGT** Se reclama, por el procedimiento de **tutela de derechos fundamentales**, que: 1. Se declare que ha existido vulneración del derecho de libertad sindical de CCOO de Industria y de ATP-Sae, siendo CGT la responsable de dicha conducta antisindical. 2. Se declare que ha existido **intromisión en el derecho al honor** de CCOO de Industria, ATP-SAe y de D. Emilio, extensiva a sus representantes legales y a sus afiliados, siendo responsable de dicha conducta el Sindicato CGT. 3. Se declare la nulidad radical de la conducta del demandado, ordenando el cese inmediato de la misma, prohibiéndole insultar, coaccionar y mentir. 4. Se condene a CGT a estar y pasar por dichas declaraciones y a que, por vía de reparación: a) Procedan a publicar en sus páginas y web y enviar mediante el correo electrónico del que dispone la demandada al conjunto de los trabajadores de la plantilla de Getafe la sentencia que recaiga. b) Indemnicen a CCOO y ATP en la cuantía de 15.000 € a cada uno de ellos en concepto de **daños morales**. Se estima la **excepción de incompetencia objetiva** de la AN para enjuiciar las responsabilidades individuales de las personas físicas demandadas. Se desestima la demanda porque, aunque se hayan utilizado **calificativos desafortunados e incluso soeces** y despectivos en los comunicados y publicaciones, los mismos se encuadran en la valoración que CGT efectúa de la actuación de los actores en el marco de un conflicto laboral, lo que hace que deba prevalecer el derecho de esta entidad a su **libertad de expresión** (**AN 13-2-25, Proc 398/24**).

3494 **Airbus Operations y otros** Se reclama, por el procedimiento de **tutela de derechos fundamentales**, que: 1. Declare la vulneración del derecho fundamental a la libertad sindical (Const art.28.1), por la revocación de los representantes por UGT FICA en los comités europeos del grupo demandado. 2. Anule el nombramiento realizado por el Comité Interempresas de 25-1-2025, a propuesta y por acuerdo de los sindicatos CCOO y ATP SAE. 3. Restituya, en su condición de representantes por España a los correspondientes comités europeos del Grupo Airbus, a los representantes de UGT designados el 25-10-2023 y el 13-3-2024. 4. Condene a las sociedades, sindicatos demandados y Comité Interempresas a tomar las medidas correspondientes para hacer efectiva la anulación solicitada y el restablecimiento de su representación ante los comités europeos en Airbus. 5. Condene a ATP SAE a abonar al demandante en concepto de daños y perjuicios una indemnización de 4.804,50 € netos. 6. Condene a CCOO de Industria a abonar, en concepto de daños y perjuicios, una indemnización de 19.218 € netos. Se desestima la demanda, porque en las empresas ahora codemandadas se aplica un **acuerdo de designación de los integrantes del Comité de Empresa Europeo** que también se remite a las normas o prácticas nacionales vigentes, salvo en caso de que haya consenso entre los representantes de los trabajadores del país correspondiente, habiéndose acreditado que es al **Comité Interempresas** al que corresponde, según su propio reglamento, designar a los integrantes del CEE, conforme a las mayorías sindicales que pudieran alcanzarse en el seno de tal Comité, como se ha venido haciendo en sucesivas anualidades desde al año 2016. Por otro lado, aunque el sindicato demandante no suscribió el nuevo convenio colectivo y el sindicato CCOO le remitió una comunicación el 24-10-2024, en la cual se señalaba que debería actualizarse el comité europeo conforme a las nuevas mayorías sindicales existentes tras la firma del convenio, dichas circunstancias **no** constituyen **elementos suficientes** que permitan afirmar la existencia de un **ánimo de represaliar** al sindicato UGT por la falta de firma del nuevo convenio o la existencia de una actitud obstaculizadora a un legítimo derecho a designar representantes en los comités de empresa europeos. Es más, tampoco se aprecia incumplimiento alguno de los pactos previamente alcanzados entre CCOO y UGT (hechos probados octavo y noveno), por cuanto tales posibles acuerdos en materia de designación de miembros del CEE quedan legítimamente condicionados a la existencia de una **mayoría sindical suficiente** (cuestión que no resulta del régimen de mayorías que dio lugar al acuerdo adoptado en la reunión de fecha 24-1-2025, en la que el sindicato ahora demandante no formuló, por otra parte, propuesta alguna (**AN 19-6-2025, Proc 134/25**).

Se reclama, por el procedimiento de **tutela de derechos fundamentales**, que: 1. Se declare la vulneración del derecho fundamental a la libertad sindical en su vertiente de **negociación colectiva** del sindicato CGT. 2. Se condene a la empresa al abono de una **indemnización** de 6.250 € por el **daño moral** producido al sindicato demandante. Se estima parcialmente en instancia la demanda. Se casa la sentencia de la AN, al haber transcurrido más de 20 días hábiles desde la notificación de la medida a la RLT, por lo que se declara caducada la acción (**TS 2-7-25, Rec 219/23, casa AN 26-6-23**). **3500**

ASIME Se impugna, por el procedimiento de **tutela de la libertad sindical**, la decisión de **excluir de la comisión paritaria** del convenio al sindicato CCOO, quien no había firmado el convenio. Se desestima en instancia dicha pretensión, que se confirma en casación, por cuanto en el proceso de negociación del CCol para Empresas del metal sin convenio propio de Pontevedra se convocó una reunión que terminó con la firma de un preacuerdo por todos los integrantes. Tras las correcciones correspondientes, el texto definitivo se envía a la firma y **CCOO decide no firmarlo**, y por ello se le excluye de la comisión paritaria. No concurre vulneración de derechos fundamentales a la libertad sindical en su vertiente de negociación colectiva, con base a la naturaleza del preacuerdo, concluyéndose que **se trataba ya del convenio en toda su extensión**, del que la firma era solo la culminación del proceso negociador, de modo que, si el sindicato decidió no acudir a la reunión a la que fue citado y no firmarlo, obedeció solo a su libre voluntad. Consiguientemente, la exclusión de la comisión paritaria se justifica en la asentada doctrina de la Sala sobre diferenciación entre comisiones negociadoras y aplicadoras, para concluir que, según la configuración de esta en el convenio, se trata de un **órgano de interpretación, conciliación y vigilancia** por lo que su composición queda **limitada a los firmantes del convenio**, de modo que la exclusión de un sindicato no firmante no vulnera su derecho a la libertad sindical. Finalmente, tampoco se acoge una especie de derecho preventivo a incorporarse ante una hipotética futura función negociadora (**TS 2-7-25, Rec 152/24**). **3508**

Avanza Movilidad Urbana Se reclama, por el procedimiento de **tutela de derechos fundamentales**, que: «a) Se declare la nulidad radical de la actuación patronal. b) Se cese en el comportamiento denunciado, abonando el crédito sindical mensual no utilizado y detraído en los siguientes 12 meses. c) Se repare el daño causado mediante la publicación de la sentencia que se dicte en la web de la empresa, con acceso directo. d) Se indemnice por daños y perjuicios, en cuantía de 30.001 €. e) Y, todo ello, con plenitud de efectos. Se desestima en instancia la demanda y se confir- **3514**

ma la sentencia en casación. El sindicato había **agotado el crédito horario anual** que le correspondía. La empresa le comunicó que a partir del 23-9-2021 ya no podría disponer de permiso sindical alguno hasta final de año, salvo el que legalmente fuera con cargo a la empresa. El sindicato entendió que esta comunicación vulneraba su libertad sindical en la vertiente del derecho a la actividad sindical y que el exceso debía correr a cargo de la empresa. La Sala, tras examinar lo dispuesto en el ET art.68 y en el art.34 del convenio colectivo de ámbito interprovincial, concluye que, según los hechos probados, venía siendo una **práctica habitual** admitida por las partes la aplicación de un **sistema de compensación**, de modo que el exceso del crédito mensual se compensaba en los meses siguientes. Ningún reparo observa en este sistema de compensación, sin embargo, ello no impide que el sindicato deba atenerse al crédito anual del que dispone. Por ello, dado que la empresa ha respetado ese crédito anual y se ha limitado a aplicar el sistema de compensación que venía siendo una práctica pacífica de las partes, la Sala no aprecia vulneración alguna (**TS 20-5-25, Rec 84/23**).

3520 **Bridgestone Hispania Manufacturing** Se impugna, por el procedimiento de **tutela de derechos fundamentales**, la decisión empresarial de desalojar del local sindical al sindicato demandante, y se reclama una indemnización de 35.000 €. Con carácter previo, se desestiman las **excepciones** procesales de falta de competencia objetiva de la Sala para el conocimiento del asunto, pues el ámbito de actuación de la sección sindical es nacional, de falta de litisconsorcio pasivo necesario –se razona que no hay que traer al resto de sindicatos con presencia en la empresa– e inadecuación de procedimiento, pues basta la invocación de un derecho fundamental para que el procedimiento de tutela pueda activarse, si bien con su cognitio limitada. Se estima parcialmente la demanda, apreciándose la existencia de una conducta empresarial vulneradora del **derecho a la libertad sindical**, aunque se rechaza la vulneración de la garantía de indemnidad. Consiguientemente, se declara la **nulidad de la medida** adoptada por la empresa de **desalojar del local** previamente asignado a la sección sindical estatal del sindicato demandante, por lo que se condena a la demandada a reponer a la tal sección sindical en el uso del mismo local, sito en el centro de trabajo de Basauri, o en otro de similares características en la misma planta y pasillo que el resto de secciones sindicales. Igualmente, se reconoce al sindicato demandante una **indemnización** por la vulneración de derechos fundamentales de 1.500 € (**AN 30-4-25, Proc 57/25**).

3527 **Cobra Instalaciones y Servicios, SA** Se reclama, por el procedimiento de **tutela de derechos fundamentales**, que se declare: 1. Violado el derecho fundamental de libertad sindical, en su vertiente de negociación colectiva. 2. Condene a la empresa al cese inmediato de la conducta constitutiva de la citada vulneración, consistente en **impedir que participe en la negociación del plan de igualdad** la persona designada por CCOO Industria en representación de los centros de trabajo afectados, en este caso a Teofilo. 3. Condene a la empresa a abonar al sindicato demandante las siguientes cantidades: por el periodo comprendido entre el 28-4-2022, fecha en que debió finalizar la negociación del Plan, y la fecha de presentación a razón de la demanda, a razón de 72,34 €/día (1096 días): 79.284,64 €; –108,51 € día por el periodo transcurrido desde el día siguiente a la fecha de interposición de la demanda hasta la fecha de la presente resolución, y 144,68 € día por el periodo transcurrido desde el día siguiente a la fecha de la sentencia que ese dicte hasta aquel en que concluya el procedimiento de negociación y se apruebe el definitivo plan de igualdad. Se estiman parcialmente las pretensiones de la demanda, se declara violado el derecho fundamental de libertad sindical, en su vertiente de negociación colectiva, y se condena a la empresa al cese inmediato de la conducta constitutiva de la citada vulneración, consistente en impedir que participe en la negociación del plan de Igualdad la persona designada por CCOO Industria en representación de los centros de trabajo afectados, en este caso a Teófilo, así como a abonar al sindicato demandante la cantidad de 1.000 €, por cuanto CCOO, en uso de su autonomía organizativa para participar en la negociación del plan de igualdad de la demandada, está facultada para designar a cualquier persona de su organización, entre los que se encuentra el Sr. Teofilo, cuya afiliación sindical no se ve alterada por la calificación del cese. Sin que sea admisible la **intromisión de la empresa en la designación** de las personas que deben conformar la **comisión negociadora** respecto de aquellas cuya designación no exige que tengan la condición de representantes unitarios de los trabajadores ni de trabajadores de la empresa, siendo competencia de las organizaciones sindicales, que suponen una vulneración del derecho a la libertad sindical de CCOO que, como hemos visto, implica el ejercicio del derecho a la negociación colectiva con arreglo a la su autonomía organizativa. Se desestima parcialmente la **indemnización** reclamada por **falta de justificación** de su cuantía (**AN 23-6-25, Proc 155/25**).

Confederación Empresarial Vasca CONFEBASC Se reclama, por el procedimiento de **tutela de derechos fundamentales**, que: - se declare la existencia de vulneración del derecho de libertad sindical, en su vertiente de derecho a la negociación colectiva; - se declare la nulidad radical de la actuación de Confebask, consistente en su negativa de acceder a la **constitución de la Mesa de Negociación** del Convenio Colectivo del sector de las personas **trabajadoras del hogar** para el ámbito de la Comunidad del País Vasco, por ser constitutiva de vulneración del derecho a la negociación colectiva; - se ordene el cese inmediato de la actuación de Confebask, por ser contraria al derecho a la negociación colectiva, con obligación de constituir formalmente la Mesa de Negociación; se disponga el restablecimiento del derecho de LAB en la integridad de su derecho y la reposición al momento anterior a producirse la lesión del derecho fundamental; - se condene a Confebask a abonar a la Central Sindical LAB la **indemnización** de 30.000 € por los daños morales causados, sin perjuicio del acto de donación que la beneficiaria realice posteriormente en favor de colectivos de trabajadoras del hogar familiar de la CAPV, en el supuesto de eventual estimación de la demanda. Se desestima en instancia la demanda y se confirma por el TS. No habiéndose probado por LAB que tuviese la legitimación exigida por el ET art.88.1 para promover la negociación, resulta imposible que la negativa de Confebask a negociar un convenio colectivo para el servicio del hogar familiar en el País Vasco pudiera constituir una vulneración de la libertad sindical, en su vertiente de derecho a la negociación colectiva, pues no tenía ningún deber de negociar con quien por sí solo no podía promover válidamente un proceso de negociación y, consecuentemente, obligar a negociar a la Confederación demandada. En estas condiciones y estando la vía jurisdiccional de tutela de los derechos de libertad sindical limitada a las lesiones directas de derechos fundamentales, **no cabe analizar** en tal proceso el derecho del personal al servicio de hogar familiar a que sus relaciones laborales puedan ser reguladas por los convenios colectivos (**TS 7-5-25, Rec 44/23**). **3535**

CRTVG Se reclama, por el procedimiento de **tutela de derechos fundamentales**, que se declare que la decisión de la empresa de **mover el emplazamiento de los tablones de anuncio sindicales** ha vulnerado el derecho a la libertad sindical en su vertiente funcional informativa, reclamándose, además de las exigencias propias de este tipo de reclamaciones, una indemnización de 7.500 €. Se desestima en instancia dicha pretensión y se confirma la sentencia por el TS. Se concluye que la decisión empresarial de modificar la ubicación de los tablones de anuncio se ha adoptado **justificada y proporcionadamente**, por razones ajenas a persecución o discriminación sindical, sin que se aprecie que las mismas ocasionen limitación o perjuicio alguno al sindicato o a los trabajadores, ya que **perturbaba la actividad normal** de la empresa, al tratarse de una zona de intenso trabajo; y, por otro, la decisión estuvo justificada porque, en reiteradas ocasiones, como se ha acreditado, se habían producido diversas perturbaciones de la actividad laboral. La empresa había ofrecido distintas **ubicaciones alternativas** que no fueron aceptadas expresamente por los trabajadores. Consta, además, que el resto de tablones de los distintos centros de trabajo están ubicados en pasillos, y la sentencia considera que la nueva ubicación en modo alguno impide o dificulta el acceso de los trabajadores a los avisos incorporados al tablón de anuncios, ya que el lugar en que se encuentra ahora existe **espacio** **3541**

más que suficiente para proceder a la lectura de los anuncios, siendo el lugar de acceso más adecuado, ya que no hace falta entrar en la redacción de la radio gallega, y sin duda un lugar visible y de fácil acceso y permanencia en el mismo (**TS 11-6-25, Rec 199/23**).

3547 **Dirección General de Trabajo de la Comunidad de Madrid** Se reclama, por el procedimiento de **tutela de derechos fundamentales**, que: – Se obligue a la demanda a trasladar la **información sindical** alegada en el cuerpo del escrito en los mismos términos que con anterioridad a la restricción de 27-11-2022. – Se declare que se ha vulnerado el derecho fundamental a la libertad sindical, con todos los efectos que de ello derivan y, por tanto, se obligue al resarcimiento por la violación de los derechos fundamentales sufridos por la parte actora, que se valoran en 30.000 €. Se declara en instancia la **caducidad de la acción** y se confirma en casación, por cuanto que ASI ya conocía la resolución sobre la información a través del tablón de anuncios y su contenido el 21-11-2022, por lo que a partir de tal fecha comenzó a transcurrir el plazo de caducidad legalmente previsto, que había finalizado, con mucho, en la fecha de interposición de la demanda, el 12-4-2023. Ello implica, tal como acertadamente razona la sentencia recurrida, que la acción estaba caducada (**TS 7-7-25, Rec 226/23**).

3554 Se reclama, por el procedimiento de **tutela de derechos fundamentales**, que se obligue a la demanda a trasladar la **información sindical** alegada en el cuerpo del escrito en los mismos términos que con anterioridad a la restricción de 27-11-2022. Se declare que se ha vulnerado el derecho fundamental a la libertad sindical, con todos los efectos que de ello derivan, y, por tanto, se obligue al **resarcimiento** por la violación de los derechos fundamentales sufridos por la parte actora, que se valoran en 30.000 €. Se desestiman dichas pretensiones en instancia y se confirma la sentencia por el TS. Se mantiene la sentencia recurrida, por cuanto el **sindicato demandante conocía** la resolución sobre la información a través del tablón de anuncios y su contenido el 21-11-2022, por lo que a partir de tal fecha comenzó a transcurrir el **plazo de caducidad** legalmente previsto, que había finalizado, con mucho, en la fecha de interposición de la demanda, el 12-4-2023, lo cual conduce necesariamente a declarar caducada la acción (**TS 9-7-25, Rec 226/23**).

3560 **ENEL Iberia y otros** Se reclama, por el procedimiento de **tutela de derechos fundamentales**, la vulneración del derecho a la libertad sindical en su vertiente funcional al **derecho de información**, y se solicita: 1. Que el actuar de la empresa ha supuesto vulneración del derecho de libertad sindical, en su vertiente de derecho de información sindical y derecho a la negociación colectiva, procediendo, en consecuencia, a declarar la nulidad radical de dicha conducta lesiva. 2. Se condene a las empresas a remitir a todos y cada uno de los trabajadores el contenido íntegro de la sentencia estimatoria que en su día se dicte. 3. Se condene a las empresas a abonar al Sindicato Independiente de la Energía una indemnización por daños morales en cuantía de 7.501 €, o la que prudencialmente se estime. Se desestima que se haya producido variación sustancial de la demanda. Se desestima la demanda, por cuanto **no hay elementos de juicio** que permitan considerar que la empresa intentara, con aquellos comunicados de contenido informativo dirigidos a la plantilla, **presionar de forma indebida** a las secciones sindicales, limitar en su libertad negociadora o perjudicar su imagen ante los trabajadores. Y ello, siendo el cruce de comunicados dirigidos a la plantilla práctica habitual, tanto en este proceso negociador como durante la negociación del VI convenio colectivo de empresa (HP 11º). Se concluye, por tanto, que la actuación empresarial no puede calificarse como acto de injerencia en la actividad sindical en los términos contemplados en LOLS art.13 y OIT Convenio núm 98, lo que exigiría un comportamiento empresarial de mucha mayor intensidad al que ha resultado acreditado en el proceso (**AN 25-3-25, Proc 17/25**).

3568 **Federación Estatal de Construcción y Servicios de CCOO y otros** Se reclama, por el procedimiento de **tutela de derechos fundamentales**, la nulidad del congreso de la federación, por considerar que se han producido diversas lesiones de Const art.14 y 28. Se desestima en instancia dicha pretensión, que se confirma por el TS en casación. Se concluye que **no concurre incongruencia ni errores probatorios ni quebrantos procesales**. Se confirma que ni el congreso extraordinario de la Federación de Construcción y Servicios de Madrid celebrado en 2018 ni el anexo organizativo que lo reguló vulneraron los derechos de igualdad y libertad sindical de los demandantes: los censos electorales estuvieron disponibles, la organización por sectores y la fijación de lugares y horarios de votación fueron lícitas y no discriminatorias y las comisiones internas actuaron dentro de sus competencias (**TS 10-6-25, Rec 146/23**).

Foundever Spain, SA Se reclama, por el procedimiento de **tutela de derechos fundamentales**, que: 1. Se declare la vulneración del derecho fundamental de libertad sindical del sindicato CGT por la empresa demandada, por **no informar** a los delegados/as de CGT de las secciones sindicales de Barcelona, Madrid y Sevilla, sobre los parámetros, reglas e instrucciones en los que se basan los **algoritmos** que posee la empresa y que afectan a las condiciones de la plantilla, así como del sistema algorítmico o automatizado que se está usando para la asignación de las libranzas variables a la plantilla en los centros de trabajo de Barcelona, Madrid y Sevilla. 2. Se declare la nulidad de la práctica empresarial de no informar a los delegados/as de CGT de las secciones sindicales de Barcelona, Madrid y Sevilla, sobre los parámetros, reglas e instrucciones en los que se basan los algoritmos que posee la empresa y que afectan a las condiciones de la plantilla, así como del sistema algorítmico o automatizado que se está usando para la **asignación de las libranzas variables a la plantilla** en los centros de trabajo de Barcelona, Madrid y Sevilla. 3. Como consecuencia de lo anterior, se condene a la demandada a abonar al sindicato CGT la cantidad de 6.250 € en concepto de **indemnización por los daños y perjuicios** causados por la vulneración de la libertad sindical. 4. Se condene a la demandada a informar de manera inmediata, de forma clara y accesible a los delegados/as de las secciones sindicales de CGT de Barcelona, Madrid y Sevilla sobre los parámetros, reglas e instrucciones en los que se basan los algoritmos que posee la empresa y que afectan a las condiciones de la plantilla, así como del sistema algorítmico o automatizado que se está usando para la asignación de las libranzas variables a la plantilla en los centros de trabajo de Barcelona, Madrid y Sevilla. Se estiman dichas pretensiones y se declara vulnerado el derecho a la libertad sindical de CGT en su vertiente funcional al derecho de información, puesto que CGT no sólo ha aportado **indicios** de que la empresa utiliza algoritmos o fórmulas matemáticas para programar el sistema de libranza del personal a turnos rotatorios, sino que lo ha **probado de forma directa**, ya que así se constató en nuestra AN 5-11-24, Proc 315/24, y así lo ha reiterado el testigo propuesto por la empresa que desempeña el cargo de Jefe de producción. Se condena también a la indemnización solicitada (**AN 4-7-25, Proc 182/25**). 3574

Grupo MasOrange Se reclama, por el procedimiento de **tutela de derechos fundamentales**, contra la **exclusión del sindicato** USO de la **mesa de negociación** delimitada por las empresas integradas dentro del grupo mencionado. Se desestima dicha pretensión y se valida el ámbito negocial, convenido en el acuerdo colectivo, por cuanto, a la vista de los objetos sociales de las empresas integradas en la mesa de diálogo y negociación, todos ellos vinculados a las actividades de las telecomunicaciones que resulta ser la actividad nuclear del grupo MasOrange, se aprecia una **delimitación de la unidad de negociación** objetiva y razonable; hasta el punto de que, habiéndose incluido inicialmente una empresa –Energía Colectiva, SL–, cuya actividad no encajaba en la actividad nuclear antecitada, queda excluida del proceso de negociación en el momento de constituir la mesa de diálogo y negociación. Por lo demás, se ha acreditado que USO tiene 6 representantes de un total de 139 representantes, es decir, el 4,3% de la representación en la unidad de negociación. También ha quedado acreditado que, si tomamos como referencia la totalidad de las empresas que conforman el grupo, el sindicato USO tiene 14 representantes de un 3580 total de 205, es decir, ostenta el 6,83% de la representación. Pero si solo tomamos en cuenta las empresas incluidas en la unidad de negociación y la otra empresa del grupo –que ha sido excluida de la negociación– donde tiene representantes el sindicato USO, este tendría 14 representantes de un total de 160 (139 representantes empresas incluidas en la unidad de negociación más 21 de la empresa excluida), lo que supone que USO tendría el 8,75% de la representación. Por lo tanto, **en ninguno de los supuestos** el sindicato demandante alcanzaría el **mínimo requerido del 10%** para integrar la **comisión negociadora**. Si ello es así, difícilmente se puede imputar a las empresas demandadas y a los sindicatos que se oponen a la demanda una finalidad torticera encaminada a impedir a USO poder negociar, puesto que en ninguno de los escenarios que son posibles y que hemos descrito tendría derecho a estar en el proceso negociador (**AN 17-2-25, Proc 339/24**).

3587 **Grupo RENFE** Se reclama, por el procedimiento de **tutela de derechos fundamentales**, que: 1. Se declare que la conducta de las demandadas ha provocado la vulneración del derecho a la libertad sindical de las **secciones sindicales** estatales constituidas en ADIF y RENFE, por los afiliados a la Confederación General del Trabajo. Y con ello, se declare la obligación de ambas mercantiles de reconocer el **derecho de los afiliados** de CGT a constituir dichas secciones, imponiendo la obligación de reconocimiento de las mismas. 2. Se declare la reposición de la situación al momento anterior a producirse la vulneración del derecho a la libertad sindical en consecuencia: 3. Se proceda, sin más trámite, al reconocimiento de las secciones sindicales estatales constituidas por los afiliados de la Confederación general del Trabajo. 4. Se condene a las empresas demandadas, solidariamente, a abonar una **indemnización** por importe de 35.000 € en concepto de resarcimiento por los **daños morales** ocasionados. Se desestima la demanda, por cuanto de los hechos que se declaran probados **no se infiere indicio alguno** del que quepa inferir que las empresas nieguen el derecho de los trabajadores afiliados a CGT a constituir secciones sindicales diferenciadas de las ya constituidas por el Sindicato Federal del Sector Ferroviario de la CGT (**AN 23-7-25, Proc 185/25**).

3595 **Ilunion Emergencias** Se reclama, por el procedimiento de **tutela de derechos fundamentales**, que se declare la nulidad de los actos constitutivos de la lesión del derecho fundamental invocado y de las comunicaciones impugnadas –tutela declaratoria–, ordene que cese el **comportamiento discriminatorio** respecto de la **delegada sindical** de la Sección Sindical Autonómica de CGT-A, declare que a dicha delegada sindical le asisten todos los derechos que le reconoce la LOLS y el convenio colectivo, se enlace la sentencia que se dicte directamente a la página web de acceso a la principal de la empresa y se publique la sentencia en el diario de mayor tirada de Andalucía, todo ellos a expensas de la parte condenada –tutela repositoria–, y condene a la empresa demandada al pago de la **indemnización** de 120.006 € en concepto de **daños y perjuicios** y conforme a lo dicho en el cuerpo de la demanda, surtiendo cuantos efectos en Derecho correspondan con reposición de los afectados en su justa posición jurídica. Se estima parcialmente en instancia la demanda. El TS, en contra de lo que reclama la empresa, confirma la sentencia de la Sala de lo Social TSJ dictada en primera instancia, que consideró vulnerado el derecho del sindicato demandante a la libertad sindical cuando se le niega la posibilidad de constituir una sección sindical a nivel autonómico y consecuente la designación de una delegada sindical con los derechos, facultades y prerrogativas que reconoce el LOLS art.10.1. Sobre la **cuantía** fijada en concepto de indemnización fijada por daños morales en la sentencia, reclaman: el sindicato, que se incremente hasta los 120.001 €, y la empresa, que se reduzca hasta los 1.500 €. La Sala de casación rechaza este motivo y confirma la sentencia, y considera que la suma de 6.000 € resulta sin duda perfectamente razonable y ajustada a las circunstancias del caso, en cuanto que la negativa de la empresa perjudica el prestigio y la imagen del sindicato frente a los trabajadores (**TS 20-12-24, Rec 29/23**).

Junta de Andalucía Se reclama, por el procedimiento de **tutela de derechos fundamentales**, que se declare que la **no entrega por la Administración** demandada de la **información** solicitada, que se describe en el hechos segundo de la demanda, supone una vulneración del derecho a la **libertad sindical** de mi representada y, en consecuencia, condene a la demandada a que cese en dicho comportamiento y a la entrega de dicha información, y a indemnizar en la suma de 1 €, condenando a la demanda a estar y pasar por tales declaraciones, junto con la condena en costas, y a cuanto más derive de dichos pronunciamientos. Se desestima en instancia la demanda y se desestima el recurso de casación, confirmándose que no se ha vulnerado el derecho fundamental a la libertad sindical por la denegación de información sobre los **ERTE derivados de la COVID-19**. La organización sindical reclamaba datos (CIF de empresas, provincia, periodo de aplicación, número de personas trabajadoras y sector), sosteniendo que la negativa a facilitar tal información lesionaba la libertad sindical (Const art.28 y 7, entre otros). La sentencia considera que el recurso no cumple los requisitos legales de fundamentación: se limitó a mencionar normas sin exponer de modo expreso cómo habrían sido infringidas. Además, confirma la argumentación del TSJ Andalucía, que enmarcó la petición de CCOO en su propuesta de crear una «Comisión de Seguimiento de ERTE» para intercambiar información, iniciativa que no haya cobertura en la normativa aplicable. Asimismo, el TS subraya que el derecho a la información sindical en los ERTE se reconoce, sobre todo, en el periodo de consultas cuando actúa la comisión representativa en empresas sin representación legal de los trabajadores; esto no confiere a los sindicatos un derecho generalizado de acceso a datos de todos los expedientes (**TS 20-12-24, Rec 213/22**). 3600

Leroy Merlin Se reclama, por el procedimiento de **tutela de derechos fundamentales**, que se declare que la conducta de la demandadas, consistente en la **negociación en la comisión de seguimiento**, supone una vulneración del derecho fundamental a la **libertad sindical** en su vertiente de negociación colectiva; en consecuencia, que se declare la nulidad del acuerdo, se ordene el cese inmediato de dicha conducta y se condene a Leroy Merlin SLU y FETICO, a abonar a la Federación de Servicios de CCOO, en concepto de indemnización por los **daños y perjuicios** ocasionados de toda índole, la cantidad de 3.750 € cada uno. Se estiman parcialmente en instancia dichas pretensiones, si bien se reduce la indemnización a la cantidad de 10 €. Se confirma dicha sentencia en casación, concluyéndose que se ha vulnerado el derecho a la libertad sindical en su vertiente de negociación colectiva del sindicato demandante, puesto que se alcanzó un acuerdo colectivo canal venta a distancia (acuerdo VAD 18-3-2022) en la comisión de seguimiento, **excluyéndose a un sindicato**, integrante del Comité Intercentros, que no participa y se opone al acuerdo, tratándose, en este caso, de una comisión negociadora y no aplicativa. Se considera adecuado el procedimiento de tutela. Aplica **doctrina** TS 3-7-24, Rec 255/22; 11-12-24, Rec 253/22 (**TS 3-4-25, Rec 67/23, confirma AN 28-11-22, Proc 196/22**). 3607

Majorel SP Solutions y otros Se reclama, por el procedimiento de **tutela de derechos fundamentales**, la vulneración del derecho fundamental a la libertad sindical de CSIF, en relación con el derecho a la negociación colectiva (Const art.37) tras la **represalia** de la empresa de **expulsar** a este **sindicato de la Comisión Negociadora** del II Plan de Igualdad, quedando por tanto fuera de la misma. Que se proceda a la readmisión de CSIF en la Comisión Negociadora del II Plan de Igualdad. Asimismo, que se reconozca la cuantía indemnizatoria de 1.500 € como consecuencia de la lesión del derecho fundamental a la libertad sindical del sindicato demandante, atendiendo al daño moral que se reclama al haber sido expulsado de la comisión negociadora, influyendo esto en su imagen y crédito. Se desestima en instancia dicha pretensión y se confirma en casación, por cuanto el sindicato demandante **no acreditó un 10% de representatividad** en el ámbito del plan de igualdad, lo que obliga a descartar la vulneración de su derecho a la libertad sindical en su vertiente funcional a la negociación colectiva (**TS 22-5-25, Rec 39/23, confirma AN 14-11-22, Proc 268/22**). 3613

3620 **ONCE** Se reclama, por el procedimiento de **tutela de derechos fundamentales**, que se declare el derecho a pertenecer a la **comisión permanente del comité intercentros** de la empresa ONCE, subsidiariamente el derecho a ser informada puntualmente de todas las actas, así como acciones realizadas tanto por el comité como por la comisión permanente, todo ello con el pago de una indemnización de 1.500 €. Se desestima la **excepción de falta de legitimación** de CCOO. Se desestima la demanda, porque **no consta** que, con anterioridad a esta, CCOO hubiese solicitado formar parte de la misma. Por otra parte, el **Reglamento** del CIC, no impugnado por CCOO, exige que se respete la **composición proporcional**, en reflejo de la composición del CIC, en el que CCOO cuenta con un único representante, lo que hace que, por aplicación de los restos, el mejor sea el de UGT que es de un 12,38%, frente al 7,62% que ostenta CCOO por su único representante. Finalmente, no consta que el convenio otorgue a la CIC función negociadora alguna y, en este caso, que el CIC haya delegado tales funciones en su comisión permanente (**AN 6-3-25, Proc 8/25**).

3628 **Orange Spagne** Se reclama, por el procedimiento de **tutela de derechos fundamentales**, que se declare que las conductas descritas en el escrito rector vulneraban el derecho de libertad sindical del sindicato actor, y se ordene el cese inmediato de las conductas empresariales y se reparen los daños y perjuicios causados, condenando al abono de una indemnización de 8.000 €. Se desestiman dichas pretensiones, por cuanto **no se ha acreditado** la concurrencia de un **atentado constante a su derecho a emitir la información** que el sindicato demandante estime pertinente a los trabajadores a través de comunicados sindicales. No es más que una negativa puntual y justificada, dado el contenido de la comunicación, frente a la constante emisión de comunicados los viernes de cada mes y algún que otro día adicional, que se constata al hecho probado 19º de la presente resolución: 13, 20 y 27 de septiembre; 4, 11, 18, 25 de octubre; 15, 22 y 29 de noviembre; 27 de diciembre de 2024 y 3, 10, 17, 24 y 31 de enero; 7, 14, 21 y 28 de febrero; 7, 14, 21 y 28 de marzo; 4, 11 y 25 de abril; 9, 16, 23 y 30-5-2025, así como el jueves 5-12-2024; miércoles 16-4-2025 y miércoles 30-4-2025. Además, en el tratamiento de las asambleas, se ha acreditado que la conducta empresarial no difiere de la mantenida frente a otros comunicados de otros sindicatos ante expresiones o imputaciones que la empresa consideraba poco apropiadas. Y, respecto al comunicado de 25-11-2025, obrante al descriptor 149, no consta las razones por las que se dice no fue enviado, sin que la Sala pueda valorar las mismas (**AN 3-7-25, Proc 409/24**).

3635 **Repsol, SA y otros** Se impugna, por el procedimiento de **tutela de derechos fundamentales**, que el grupo de empresas demandado ha adoptado un acuerdo en el seno de la comisión negociadora y de seguimiento del **plan de igualdad** del grupo Repsol sin el concurso del **sindicato** STR, que **no fue convocado** a la reunión en el que se produjo dicho acuerdo, lo que supone lesionar su derecho a la negociación colectiva y, en consecuencia, su libertad sindical. Se desestima dicha pretensión, por cuanto queda acreditado que el sindicato STR fue llamado para abordar la modificación y **nada dijo durante varios meses**, incluso con dos requerimientos de la representación de la empresa, mientras que su asesora mostraba su aquiescencia a la modificación. No quedando acreditado, por el contrario, que se impidiera su participación, porque, a diferencia de lo que sostiene el sindicato demandante, el acta nº 7 no habla de la existencia de una reunión a la que no se le convocó, sino de la firma del texto de un acuerdo, de cuya propuesta era conocedor desde el 4 de febrero. Si desde esa fecha nada dijo al respecto, suya única y exclusivamente es la responsabilidad, sin que se pueda imputar a las empresas demandadas conducta alguna que lesiones su derecho a negociar (**AN 21-7-25, Proc 184/25**).

3642 **Sindicato Unión Anarcosindicalista de la CNT-AIT de Alcalá de Henares y otros** Se reclama, por el procedimiento de **tutela de derechos fundamentales**, lo siguiente: 1) Que se declare vulnerado el derecho a la libertad sindical de esta parte, declarando la nulidad radical de las conductas descritas que atenten contra la **libertad sindical** de mi representado; 2) Que se condene al demandado a que **se abstenga**

de inmediato de utilizar la «Confederación Nacional del Trabajo» o las siglas «C.N.T.» o su **logotipo**, sea en sus sedes y letreros, publicaciones, folletos, pancartas, secciones sindicales, núcleos confederales, páginas webs, redes sociales o cualquier otro soporte o medio de comunicación al público, y a suprimir esta denominación y siglas de todos ellos. 3) Se condene expresamente al demandado a retirar de los locales y dependencias que ocupan, o que ocupen o utilicen por cualquier título cualesquiera de sus secciones sindicales y núcleos confederales, todos los **carteles o letreros** en los que se emplea la expresión «Confederación Nacional del Trabajo» y las siglas «C.N.T.», y a suprimir esta denominación y siglas de todos ellos; 4) Se condene expresamente al demandado a suprimir la **denominación** «Confederación Nacional del Trabajo» y las siglas «C.N.T.» de todas las secciones sindicales que tenga constituidas y comunicar dicho extremo a las empresas donde dichas secciones sindicales estén constituidas. 5) Se condene expresamente al demandado al pago de una **indemnización por daños morales** de 50.000,00 € o, subsidiariamente, a la cantidad que el Tribunal determine prudencialmente. Se estiman parcialmente dichas pretensiones, por cuanto se concluye que los demandados están usando indebidamente las denominaciones antes dichas, y se les condena a una indemnización de 2.000 € (**AN 16-12-24, Proc 235/24**).

Sopra Steria España, SA Se denuncia, por el procedimiento de **tutela de derechos fundamentales**, que la demandada no facilita al banco social la redacción del plan, que consideramos que con esta inscripción se vulnera la negociación colectiva, que se finaliza la negociación sin informe de diagnóstico, que no existen medidas correctoras, que el sistema de seguimiento y evolución tampoco se ha determinado, que el registro retributivo no se ajusta al contenido de la normativa y, por tanto, existe un incumplimiento parcial del RD 901/2020 art.8.2; y el **REGCON** contesta que no tiene competencia para resolver e **inscribe y registra el II Plan de igualdad** de la empresa demandada. Lo expuesto constituye una **lesión del derecho a la libertad sindical**, en su vertiente de negociación colectiva del Const art.28.1 en relación con Const art.37.1, ET art.83.1 y 87 y LOLS art.2.2. Se desestiman dichas pretensiones, por cuanto ha quedado acreditado que la empresa no procede a inscribir y registrar el plan de igualdad, sino que, en aplicación de la normativa y como viene exigiendo la interpretación jurisprudencial, el 22-6-2024 presenta escrito ante el SIMA instando la mediación, celebrándose el **acto de mediación** el día 13-7-2024, con el resultado de intentado con falta de acuerdo. Pero ni siquiera fracasada la mediación procede a la inscripción del plan de igualdad, pues ha resultado conforme que el día siguiente a fracasar la mediación la empresa se dirige a la parte social **planteando la posibilidad** de continuar el proceso de **negociación en el seno del SIMA**, tras el ofrecimiento realizado por este; posibilidad que es rechazada por la parte social, que considera que el proceso negociador debe desarrollarse en el seno de la empresa y no en el SIMA. Y solo cuando se rechaza la alternativa de continuar la negociación en el seno del SIMA con la asistencia de los mediadores es cuando la empresa comunica a la parte social integrante de la comisión negociadora que en dicha fecha se va a proceder a **registrar sin acuerdo** en el REGCON **el II Plan de Igualdad**. Llama la atención que, ante una situación de bloqueo que tiene como claro exponente la imposibilidad de acordar el informe de diagnóstico, una de las partes rechace continuar el proceso negociador con la asistencia de mediadores experimentados que pueden desbloquearla; posibilidad que, además, está prevista en la normativa. No parece lógico que quien rechaza esta vía de mediación impute a la otra parte una voluntad de no negociar y, en consecuencia, lesionar un derecho fundamental (**AN 4-3-25, Proc 380/24**). 3649

Summa Insurance Correduría de Seguros, SLU Se denuncia, por el procedimiento de **tutela de derechos fundamentales**, que la empresa demandada **impide a la sección sindical** de UGT, constituida a nivel de empresa, con representantes unitarios en 3 de sus 21 centros de trabajo, **negociar determinadas materias** como el horario o la distribución irregular de la jornada a nivel de empresa. Se estima parcialmente la demanda y se declara que la empresa ha vulnerado el derecho de liber- 3655 tad sindical de la demandante en su vertiente funcional a la negociación colectiva, por cuanto no ha negociado con la sección sindical de empresa el horario y las vacaciones, condenándole a satisfacer a la demandante una indemnización de 1.500 € (**AN 9-6-25, Proc 123/25**).

3660 **Webhelp Spain Business Process Outsourcing, SL** Se reclama, por el procedimiento de **tutela de derechos fundamentales**, que: 1. Se ponga a disposición de la **sección sindical** de FIST de una **sala o local** habilitado de manera inmediata en el seno de la empresa. 2. Se dote a la sección sindical de FIST del **equipamiento y herramientas** necesarias para el pleno ejercicio de las actividades de representación sindical, a saber: herramientas informáticas de hardware y software, entre ellas ordenadores e impresoras sin restricciones o limitaciones, así como equipos de telecomunicaciones, conexión a Internet, conexión vpn para acceder a la intranet de la empresa y correo electrónico corporativo necesario para acceder a la intranet de la empresa, así como a las diferentes herramientas internas, tales como el programa de registro horario, Teams y Wise; Y que, así mismo, se faciliten de igual manera y contenido las herramientas necesarias a los representantes unitarios y sindicales de FIST que trabajan en modalidad de trabajo a distancia. 3. Se reconozca por parte de la empresa la dirección de correo electrónico de la sección sindical webhelp@fist.cat como **medio de comunicación electrónica oficial** entre la sección sindical, la plantilla y la empresa. 4. Se conceda una **cuenta de correo electrónico corporativa** para la sección sindical de FIST para el ejercicio de sus actividades de representación sindical, a diferencia de lo que ha ocurrido con las restantes secciones sindicales, que sí disponen de ellas, al objeto de poder acceder a los diferentes portales virtuales de la empresa, y que esa dirección de correo carezca de restricciones que imposibiliten añadir o quitar destinatarios, adjuntar o descargar archivos, descargar el correo en formato pdf, o cualquier otra restricción que dificulte o imposibilite la acción sindical. 5. Que se reconozca el derecho adquirido de la sección sindical de FIST a usar la herramienta de mensajería de **Teams como herramienta de comunicación y difusión de la información** sindical, lo que implica la libertad de crear grupos de difusión y enviar documentos y mensajes en los mismos términos que se lleva ejerciendo tal derecho por la sección sindical de FIST desde el 23-10-2023, momento en el cual se creó el grupo de difusión de Teams de la sección sindical de FIST. 6. Se conceda a los representantes legales de los trabajadores de FIST la posibilidad de reenviar la información sindical que reciba en su cuenta de correo electrónico asignada para su actividad productiva, que no sindical, a una cuenta de correo electrónico corporativa asignada a FIST, o que ya disponga FIST por su propia cuenta creada para el ejercicio de su actividad de representación sindical. 7. Se reconozcan a Palmira y Encarna como **delegadas sindicales** de FIST en el centro de trabajo de Barcelona, Rodrigo como delegado sindical de FIST en el centro de trabajo de Valencia, Mariola como delegada sindical de FIST en el centro de trabajo de Málaga, hasta el 5-10-2023. 8. Se ordene a la empresa la entrega a la sección sindical de FIST de la **relación nominal de trabajadores y un censo actualizado** de trabajadores de la empresa en el territorio español, con ánimo de verificar el número de delegados que le corresponden, en perjuicio de lo dispuesto en el ET art.64; así como las novaciones de contrato, acuerdos de teletrabajo, copias básicas, relación nominal de trabajadores, control horario y cualquiera otra documentación e información que la ley, el convenio o los acuerdos obliguen de todos los trabajadores de la empresa, y que dicha información sea proporcionada de tal manera que los representantes de FIST puedan descargar e imprimir tal información. 9. Se reconozcan las **horas sindicales** de los representantes de FIST desde septiembre hasta el 5-10-2023, así como la cesión de estas. 10. Se reconozca la condición de RLT a los representantes electos Leovigildo, Virgilio y Marina y todo acceso a los canales de comunicación de la empresa, así como a las instalaciones de la misma, para el ejercicio de toda acción de representación sindical sin excepción, incluida la posibilidad de ceder su crédito horario previsto en el ET art.68 para el ejercicio de las funciones de representación de los trabajadores, que, si bien la empresa ya los reconoce, debido a sendas sentencias donde se determina la improcedencia de sus despidos, hasta la fecha ha impedido la actividad sindical de estos representantes. 11. Se reconozca la **sección sindical** de FIST **de ámbito empresarial**. 12. Se reconozca al sindicato el **derecho a escoger** a 4 representantes sindicales. 13. Se reconozca el derecho a los representantes unitarios y sindicales de FIST de hacer **uso del correo electrónico y** la herramienta de mensajería instantánea **Teams** para cumplir con sus labores de representación, que incluyen enviar información y propaganda a la plantilla, promover reuniones y asambleas y atender a las casuísticas y problemáticas de la plantilla. Y que la empresa dé cumplimiento a la ley de trabajo a distancia y facilite un directorio de correos electrónicos a la representación de FIST. 14. Se establezca un **tablón de anuncios virtual** alojado en la intranet de la empresa, que sea visible en la página de inicio de la intranet y al cual toda la plantilla tenga acceso. Y, así mismo, que se habilite la opción de administrador de este tablón a toda la RLT y delegados sindicales, para que estos puedan colgar y editar la información de la sección sindical y comité de empresa. 15. La empresa conceda al sindicato FIST **liberar a unos de sus representantes**, tal y como otorga la liberación a los de USOC y UGT, así como una **indemnización de daños morales**, por importe de 60.000 € respecto de FIST y 3.000 € para cada uno de los delegados sindicales que suscriben la presente demanda, conforme a LISOS art.5, 8.2 y 40, por infracciones muy graves, todo ello al amparo de lo dispuesto en el LRJS art.183, que anuda la vulneración de derechos fundamentales y la reparación del daño moral al abono de la correspondiente indemnización resarcitoria íntegramente del daño producido, además de contribuir a la finalidad de prevención general del daño, en relación con la doctrina del TS establecida, entre otras, por TS 13-7-15 y 5-10-17. Se estima la **excepción de incompetencia objetiva** de la Sala para conocer sobre las pretensiones referidas a los representantes unitarios, que no son delegados sindicales, quienes podrán reclamar ante los JS de Valencia. Se estima la **excepción de prescripción** de las reclamaciones de cantidad anterior al año de interposición de la reclamación. Se estima parcialmente la demanda y se declara vulnerado el derecho de libertad sindical de FIST, condenando a la empresa a entregar a los delegados sindicales de dicho sindicato la **misma información y documentación** que a los comités de Empresa, si bien referidas al ámbito de la totalidad de la empresa y con la misma periodicidad, así como a abonar al sindicato actor la cantidad de 1.500 € en concepto de **daños y perjuicios** (**AN 24-6-25, Proc 28/25**).

Sindicato Federal Ferroviario de CGT CGT reclama, por el procedimiento de **3666**
tutela de derechos fundamentales, que: 1. Se declare que la conducta de la demandada ha provocado la vulneración del derecho a la **libertad sindical** de la Confederación General del Trabajo (CGT). 2. Se declare que la conducta de la demandada ha vulnerado el **derecho a la igualdad** y no discriminación del sindicato demandante. 3. Se ordene el cese inmediato por parte de la demandada de su comportamiento antisindical, dejando de emplear las **siglas CGT** en adelante. 4. Se condene a la demandada a abonar una **indemnización** por importe de 35.000 €, en concepto de resarcimiento por los daños morales ocasionados. Previa desestimación del desistimiento, propuesto por CGT, porque se negó la parte demandada, se desestima la demanda de tutela, en la que se reputa que el uso de las siglas CGT por dicho sindicato vulnera la libertad sindical de la confederación, porque **no se ha acreditado**, ni siquiera de manera indiciaria, la **desvinculación** definitiva de dicho sindicato de la Confederación (**AN 8-9-25, Proc 192/25**).

Webhelp Spain Bussiness Process Outsourcing, SLU Se reclama, por el **3672**
procedimiento de **tutela de derechos fundamentales**, que: 1. Se declare que han sido vulnerados por los demandados los derechos a la **igualdad de trato y no discriminación** y el derecho a la **libertad sindical** de la asociación sindical actuante, Fuerza Sindical Independiente de Trabajadores. 2. Se ordene a los demandados que procedan al inmediato cese de la práctica discriminatoria y atentatoria de derecho de libertad sindical, en el marco de su política empresarial. 3. Se condene a los demandados a la inmediata reposición de la asociación sindical actuante, Fuerza Sindical Independiente de Trabajadores, a la situación anterior a la vulneración de sus dere-

chos fundamentales, lo que implica que se le debe permitir la **incorporación a la Mesa Negociadora** del Plan de Igualdad y recomponer la mesa de negociación para adaptarse a la representatividad derivada de los procesos electorales del año 2023. 4. Se condene a la demandada a abonar a la asociación sindical actuante, Fuerza Sindical Independiente de Trabajadores, una **indemnización por daño moral** de 10.001 € por la vulneración de su derecho a no ser discriminado, y de 10.001 € por la vulneración de su derecho a la libertad sindical. Se desestiman las **excepciones** de falta de acción y litisconsorcio pasivo necesario. Se desestima la demanda, aunque se haya acreditado un cambio en el **mapa de representación sindical** en la empresa, que se considera insuficiente para alterar la **composición de la comisión** negociadora, si se tiene en cuenta que las reuniones se han prodigado a la lo largo de los 4 años que ha durado la negociación del plan de igualdad, llegando a culminar con la consecución acordada del mismo. Se entiende, por otra parte, que la prórroga de las negociaciones más allá del año previsto en el RD 901/2020 art.4 no comportan la caducidad de la mesa negociadora y la composición de una nueva, por cuanto fueron los propios negociadores quienes decidieron la prórroga. Se concluye finalmente que la admisión del sindicato USOC en las negociaciones, a raíz de los procesos electorales, no constituye una vulneración del principio de igualdad de trato intersindical, porque las **personas que han conformado la comisión** negociadora son las que fueron inicialmente designadas por los sindicatos con representatividad suficiente a la fecha de la constitución de la misma, siendo el **cambio de afiliación** de las representantes de CSI-F a USOC un hecho tolerado por aquel sindicato, que no consta que haya cedido su potestad de designar representantes a otras organizaciones, no existiendo por otro lado acuerdo de recomposición de la mesa (**AN 23-9-25, Proc 168/25**).

3677 **Ambuvital Transporte Sanitario, SL** Se reclama, por el procedimiento de **tutela de derechos fundamentales**: 1. Vulnerado el derecho de **libertad sindical** de la Unión Sindical Obrera, de todos los miembros de USO en los comités de empresa de Ambuvital Transporte Sanitario y de sus delegados sindicales, a la fecha de interposición de la demanda. 2. Que sea condenada la empresa demandada a **indemnizar por daños morales**, por la cuantía de 7.500 € para cada trabajador representante y 120.006 € para el sindicato. 3. Que se ordene el **cese inmediato** del comportamiento antisindical de la empresa. 4. Que se reponga al Sindicato USO y a los representantes legales de las personas trabajadoras y delegados sindicales en su **imagen, honor y dignidad**, utilizando para ello los mismos medios y formatos empleados para en su difusión. 5. Que se condene a la empresa a estar y pasar por tales declaraciones. Se desestiman en instancia dichas pretensiones, en las que se denuncia que la empresa reclame justificaciones de las horas sindicales. La Sala IV confirma la sentencia de instancia: descarta que se haya producido dicha vulneración, razonando que, lo mismo que los restantes permisos retribuidos, el **ejercicio del crédito horario requiere preaviso y justificación**, determinados por la necesidad de organizar el proceso productivo y de prevenir el uso abusivo del crédito, cualquier tipo de **control** sobre el disfrute de estas horas de representación ha de aceptarse como legítimo, salvo que se considere contrario a la libertad sindical. Consiguientemente, como el sindicato demandante denuncia que la justificación exigida por la empresa no era debida o era innecesaria, se concluye que la **empresa se limitó** simplemente a requerir –a todos los sindicatos y a todos los miembros del comité de empresa– una justificación genérica del uso del crédito sindical durante el primer trimestre del año, y ha sancionado a los representantes legales de los trabajadores por hechos realizados por ellos, no por la simple negativa del sindicato a responder al requerimiento. No puede haber discriminación porque **no hubo desigualdad de trato**: USO se situó por decisión propia en una situación totalmente diferente a la de los demás sindicatos, se negó a justificar el crédito y, por dicho motivo, se abrieron expedientes a sus afiliados y no se abrió expediente a ningún representante de los demás sindicatos (**TS 18-9-25, Rec 212/23**).

RENFE Operadora y otros Se reclama, por el procedimiento de **tutela de derechos fundamentales**, que se declare la nulidad radical del art.5.5 del Reglamento, cuyo tenor literal se transcribe a continuación, por no respetar el principio de proporcionalidad y representatividad, al **excluir al Sindicato** Alternativa Ferroviaria de las **comisiones** de Política Social, de Recursos, de Personal y Formación y de la Comisión de Igualdad, restableciendo el criterio de la proporcionalidad en la composición de dichas comisiones, condenando a los demandados a asignar en cada una de las Comisiones relacionadas a un miembro del Sindicato Alternativa Ferroviaria. Se desestima en instancia dicha pretensión y se confirma la sentencia por la Sala IV, quien analiza de forma pormenorizada sus **pronunciamientos anteriores** sobre la diferencia entre comisiones negociadoras y aplicadoras y la viabilidad de la exclusión en estas últimas de un sindicato incluido el caso especial de los Comités de Seguridad y Salud Laboral, sin que con ello se vulnere el derecho a la libertad sindical, siempre que la composición y funcionamiento del Comité se ajusten a la normativa y se respeten los procedimientos democráticos. Dado que las comisiones impugnadas tenían carácter aplicador, la exclusión del sindicato recurrente no vulneró ningún derecho (**TS 24-9-25, Rec 235/23**). **3681**

Intersindical CSC Se reclama, por el procedimiento de **tutela de derechos fundamentales**, se declare que las conductas descritas en el cuerpo de la demanda vulneran los derechos fundamentales de la actora, ordenando su cese, así como el restablecimiento de la demandante en la integridad de sus derechos, reponiéndola en la situación anterior al momento en el que se produjo la lesión denunciada. Esta declaración, por tanto, deberá ordenar el **cese del uso** en cualquier ámbito y especialmente en el ámbito de **elecciones sindicales, del nombre** de Somos Intersindical, así como de los logotipos, eslóganes, imágenes o sonidos que puedan inducir a confusión con el nombre, logotipos, eslóganes, imágenes o sonidos utilizados por Intersindical CSC. Asimismo, para poder restablecer a esta parte en la integridad de sus derechos, interesa esta parte se condene adicionalmente a Somos Intersindical a publicar, a su costa, tanto en su web y redes sociales como en los diarios Ara, Crónica Global, La Vanguardia, El Periódico, Vilaweb, El Nacional, El Mon, Nació Digital, El Diario, Directe, El Punt Avui, el contenido de la sentencia estimatoria de las pretensiones de esta parte. La **reparación del daño** incluirá también la condena a abonar, en concepto de **daños y perjuicios**, el importe total de 3.000 €. Se desestiman en instancia dichas pretensiones. La Sala IV **estima parcialmente** el recurso y declara que la conducta considerada vulnera el derecho de libertad sindical del demandante, y ordena su cese así el restablecimiento de la demandante en la integridad de sus derechos, con reposición a la situación anterior al momento en el que se produjo la lesión denunciada, y condena al demandado SOM Intersindical de Catalunya-Sindicat República Catalá a estar y pasar por la anterior declaración, procediendo al cese del uso en cualquier ámbito y especialmente en el ámbito de elecciones sindicales, del nombre de «Somos Intersindical», así como de los logotipos, eslóganes, imágenes o sonidos que **puedan inducir a confusión** con el nombre, logotipos, eslóganes, imágenes o sonidos utilizados por Intersindical CSC, condenando al demandado al abono de la cantidad de 3.000 € en concepto de indemnización por daños y perjuicios. La Sala concluye que la denominación y el logo utilizados inducen a error. La indemnización solicitada y acordada de 3.000 € en concepto de indemnización de daños y perjuicios puede considerarse adecuada en el caso como reparación prevista en el L 11/1985 art.15. **No procede la publicación** de la sentencia **en medios de comunicación y redes sociales**, al no concurrir los presupuestos contemplados, por ejemplo, en la LO 1/1982, de protección civil del derecho al honor, a la intimidad personal y familiar y a la propia imagen, o en la L 3/1991, de Competencia Desleal (**TS 2-10-25, Rec 53/24**). **3687**

Compañía Operadora de corto y medio plazo Iberia Express y otros Se reclama, por el procedimiento de **tutela de derechos fundamentales**, lo siguiente: 1. Que se declare la vulneración por parte de la demandada del derecho de **libertad sindical** de UPPA y de su derecho a la **negociación colectiva**, declarando igualmente **3692**

la nulidad de todas las citadas conductas y ordenando a la demandada el cese en las mismas. 2. Que se condene a las empresas a remitir a todos y cada uno de los trabajadores el **contenido íntegro de la sentencia** que en su día se dicte. 3. Que se condene a la demandada, conforme el LRJS art.183, a abonarme una **indemnización por los daños y perjuicios** derivados de la vulneración citada, que deberá ser fijada al arbitrio del juzgador, pero que, en cualquier caso, se solicita la suma de 60.000 €, equivalente a las sanciones económicas por faltas muy graves previstas en LISOS art.8 y 9, cuantía que podrá compensar el daño moral derivado de la actuación inconstitucional de la empresa. 4. Que se condene a la demandada a estar y pasar por tales declaraciones. Se desestiman dichas pretensiones, por cuanto **no se ha acreditado** indicio alguno de vulneración del derecho a la libertad sindical, en su vertiente funcional a la negociación colectiva, sin que la empresa haya cercenado la capacidad de participar en el proceso negociador por parte de UPPA ni que se le haya otorgado un trato diferente del proporcionado a SEPLA, habiéndose limitado a proporcionar los medios para que las organizaciones sindicales efectuaran las consultas que tuviesen por conveniente, tanto a su militancia en el caso de UPPA como a la totalidad de la plantilla en el caso de SEPLA, y siempre con exquisita neutralidad (**AN 9-10-25, Proc 222/25**).

3699 **Fábrica Nacional de Moneda y Timbre** Se reclama, por el procedimiento de **tutela de derechos fundamentales**, que se declare que las **comisiones de clasificación profesional y jubilación parcial anticipada** son comisiones negociadoras, lo cual comporta que la fijación del número de miembros de las estas y la consiguiente exclusión del sindicato demandante de su composición vulneró su derecho a la libertad sindical en su vertiente funcional a la negociación colectiva. Se desestiman las **excepciones** de falta de legitimación activa, falta de legitimación pasiva, inadecuación de procedimiento y falta de acción. Se desestima la demanda, por cuanto quedó acreditado que las comisiones de clasificación profesional y jubilación parcial anticipada **no son comisiones negociadoras**, no advirtiéndose, por consiguiente, arbitrariedad ni ilegalidad en la fijación del número de miembros de las mismas y en la exclusión del sindicato demandante de su composición (**AN 31-10-25, Proc 136/25**).

X. Impugnación de estatutos sindicales

3730

Motivos de impugnación

3738 **Confederación Sindical de CCOO** Se reclama, por el **procedimiento ordinario**, que la Comisión de Interpretación de Normas congresuales reconozca la nulidad de la resolución ahora impugnada, de fecha 25-9-24, y que en su lugar debió desestimar la reclamación formulada contra las resoluciones de la Comisión de Interpretación de Normas congresuales de la FSC, de 11 y 13-9-2024, declarando el pleno ajuste a la legalidad estatutaria interna de CCOO, así como a la LOLS, de esta resolución, y demás efectos asociados a estas declaraciones. Se desestiman las **excepciones** de falta de legitimación activa, falta de litisconsorcio pasivo necesario, caducidad y prescripción de la acción. Y se desestima la demanda, por cuento el Protocolo de personas afiliadas art.2.3 prevé la **situación laboral de las personas afiliadas**, reconociendo tres categorías: con empleo, en paro y pensionistas. Dentro de las personas con empleo, se reconocen las siguientes categorías: A (con empleo); D (servicio doméstico); E (Reservada); T (con trabajo autónomo) y V (eventual del campo). En caso de personal en paro se reconocen las categorías: J (en prejubilación) y P (en paro con rama); y las categorías correspondientes a los pensionistas. Consiguientemente, la **situación de los PSI** de ningún modo puede entenderse que sea encuadrable en la situación de desempleo, como tampoco en jubilados ni prejubilados, entendiéndose que son **trabajadores «con empleo», pero con su contrato de trabajo sus-**

pendido. Así pues, una cosa es que el trabajador en situación de PSI ya no se vaya a incorporar, manteniendo su contrato suspendido sin obligación de trabajar, y otra bien distinta que dicha situación repercuta en la foto fija que, a 30-4-2024, ha de tomarse en consideración para determinar el número de delegados que han de conformar el censo para el reparto de representantes. De hecho, las personas afiliadas a CCOO en la empresa Telefónica España, ubicadas en el soporte de nómina con redn teld (soporte que integra a los trabajadores desvinculados de la empresa Telefónica de España) asciende a 2.668 personas, y todos ellos abonan la cuota V (15,40 € mensuales), por lo que, si ello es así, no están desvinculados de las empresas, teniendo un relación vigente pero suspendida, ni del sindicato, abonando religiosamente sus cuotas todos los meses (**AN 11-7-25, Proc 159/25**).

UNITS Se reclama, por el procedimiento de **impugnación de actos administrativos**, una resolución de la Dirección General de Trabajo, en la cual se resuelve **denegar el trámite correspondiente a la solicitud de depósito de la constitución del sindicato** Unión para Nuevas Iniciativas de Trabajo y Solidaridad (UNITS) y, una vez realizados los trámites legales oportunos, se proceda a citar a las partes para los actos de conciliación y subsiguiente juicio por el que, en definitiva, declare anular la resolución mencionada del 22-8-2023 y, en su virtud: – se admita el depósito de la constitución del sindicato Unión para Nuevas Iniciativas de Trabajo y Solidaridad (UNITS), con las consecuencias legales inherentes a tal declaración; o, subsidiariamente, se conceda a los demandantes un nuevo plazo de 10 días para subsanar los defectos señalados en la resolución de fecha 22-8-2023. La resolución impugnada se basó en que en los estatutos no se indica el destino de los bienes en caso de disolución, que la redacción del art.16 de los estatutos es confusa, que la fecha de los estatutos no coincide con la fecha del acta fundacional y que no se acredita la delegación para presentar la solicitud de depósito de los estatutos. La AN estima la pretensión y se confirma su decisión por el TS, porque, estando en juego la libertad sindical en su vertiente funcional de constitución de sindicatos (Const art.28.1 y LOLS art.2), la **interpretación y aplicación de las normas** debe hacerse **en el sentido más favorable** al ejercicio y disfrute de los derechos fundamentales, que ha de tenerse en cuenta por todos los poderes públicos (TCo 192/2012); y, en este supuesto, ninguno de los defectos apuntados tiene la relevancia necesaria para impedir su registro (**TS 16-10-25, Rec 66/24, confirma AN 27-11-23, Proc 236/23**). **3745**

CAPÍTULO 3

Seguridad Social

1. Contingencias profesionales

Caída en el porche de la vivienda familiar. No es accidente in itinere 4015

En la línea desestimatoria, la **TS 2-6-25, Rec 813/23**, descarta el carácter laboral de una caída en el porche de la vivienda familiar. En concreto, el trabajador de autos sufrió una **caída por las escaleras de su casa** cuando, sin haber abandonado la finca –pues se trataba de una **vivienda unifamiliar**– pretendía **iniciar el trayecto hacia su lugar de trabajo**. La Sala llega a esta convicción tras insistir en que el trabajador no había iniciado su desplazamiento al centro de trabajo, porque todavía no había accedido a la vía pública, permaneciendo en una **zona intermedia entre la vivienda** en sentido estricto **y la salida de su jardín**. Esta circunstancia, el no haberse incorporado aún a la vía pública, resulta determinante en la decisión, pues si el accidente in itinere merece la consideración de laboral es porque el desplazamiento se encuentra motivado única y exclusivamente en el **despliegue de la actividad laboral**, debiendo concurrir en dicho desplazamiento cuatro elementos: – teleológico: el accidente debe producirse al ir o al volver del trabajo; – cronológico: en un momento inmediato o razonablemente próximo a las horas de entrada o salida del trabajo; – topográfico: se utiliza un trayecto habitual entre el domicilio y el centro de trabajo que no tiene por qué ser el más corto, pero sí el habitual; – idoneidad del medio utilizado para el desplazamiento: que debe ser razonable y adecuado a la realidad social, pudiendo ser a pie o mecánico, público o privado. Pues bien, en el caso de autos, la **observancia del elemento topográfico** queda **ligada a lo que se entienda por domicilio**, puesto que, en términos generales, el accidente que se produce dentro de la vivienda unifamiliar no se puede considerar in itinere, ya que la persona accidentada es quien debe mantenerla y cuidarla y, por tanto, controla el riesgo de que ocurra y puede tomar las medidas para que se minimice, de manera que solo la concurrencia de **circunstancias excepcionales** permitiría considerar el accidente laboral –como sucedió en la TS 14-2-11, Rec 1420/10, respecto del accidente producido dentro del recinto de la vivienda unifamiliar, por haber tomado la motocicleta con clara intención de dirigirse al trabajo–.

Es por ello que la Sala ya ha aclarado en alguna ocasión que resbalar **en el porche** al salir de la puerta de la casa no es accidente de trabajo, por encontrarse en una zona de su exclusiva titularidad (TS 22-2-18, Rec 1647/16). Esto es lo que acontece en este caso, en el que el trabajador accidentado no había salido de su vivienda a la vía pública, no habiendo iniciado, por ende, el trayecto al centro de trabajo, sin que concurriesen circunstancias excepcionales que permitiesen alcanzar la calificación de accidente laboral.

4018 **Crisis tónico-clónica con origen en malformación congénita producida en tiempo y lugar de trabajo (epilepsia)** En la otra cara de la moneda, resulta de máximo interés la **TS 17-7-25, Rec 694/24**, que se pronuncia sobre la consideración como derivado de accidente de trabajo del proceso de incapacidad temporal de autos, que trae causa en una crisis tónico-clónica con origen en malformación de arteria venosa cavernoma tempo parietal izquierdo y que se manifestó **en tiempo y lugar de trabajo**. Obviamente, la cuestión está en decidir el alcance que en tal contexto deba atribuirse a la presunción de laboralidad que se formula en la LGSS art.156.3, teniendo en cuenta que la crisis se produjo cuando el trabajador estaba **finalizando su jornada laboral y aparcando su furgoneta** y le sobrevino un episodio de inestabilidad, cefalea y crisis tónico-clónica, siendo trasladado de urgencias al hospital. En el hospital se le efectuó un TAC cerebral con diagnóstico de lesión pseudo nodular yuxtacortal de 9 mm en vertiente posterior del lóbulo parietal izquierdo, sugestivo de cavernoma. En resonancia magnética posterior se confirmó el diagnóstico de lesión ocupante de espacio, compatible con lesión cerebral de estirpe Glial. Se le practicó una craneotomía y falleció a los 3 días.

A fin de solventar el debate, la Sala rememora la jurisprudencia previa sobre crisis similares, recordando, en primer lugar, la TS 27-2-08, Rec 2716/06, que **diferencia** estas **crisis epilépticas**, en lo que se refiere a la su conexión con el trabajo, de los episodios cardiocirculatorios, advirtiendo que la epilepsia es una «dolencia que por su propia naturaleza excluye la etiología laboral», y, como sucedía en aquel caso, no había indicio alguno de que la crisis comicial estuviera relacionada con el trabajo del actor, por lo que, como se sostuvo entonces, «solo el azar determinó que (la crisis epiléptica) se produjese durante la actividad laboral». En consonancia con ello, decía la Sala en aquella ocasión que «aceptar la **laboralidad** del suceso epiléptico implicaría **desnaturalizar el concepto** del (accidente de trabajo), atribuyendo tal cualidad... a toda alteración de la salud sobrevenida en el tiempo y lugar de trabajo, incluso tratándose de las enfermedades comunes más corrientes». La diferencia es que, en aquel caso, la crisis epiléptica supuso que el trabajador tuviera una caída que le originó un grave traumatismo craneal que le ocasionó la muerte, y se entendió que se trataba de un accidente de trabajo porque la caída con tan fatales consecuencias tuvo lugar durante el tiempo y en el lugar de trabajo. Por tanto, lo que se consideró

accidente de trabajo fue **la caída y sus graves consecuencias**, no la crisis epiléptica, que la sentencia descarta expresamente que, en sí misma y por sí sola, pueda considerarse accidente de trabajo.
Tan particular circunstancia (golpe a causa de la caída) no concurre en el caso de autos, por lo que resulta razonable llegar a la convicción contraria, trayendo además a colación la **TS 3-2-25, Rec 2707/22**, que recopila gran parte de la **jurisprudencia sobre infarto de miocardio y presunción de accidente de trabajo**, poniendo el acento en el verdadero alcance que debe reconocerse a la presunción. Todo ello para concluir que, en este caso, la crisis epiléptica se produjo ciertamente en tiempo y lugar de trabajo, por lo que opera la presunción legal de laboralidad derivada del LGSS art.156.3. Sin embargo, se trata de una **presunción iuris tantum**, que puede ser desvirtuada mediante prueba en contrario, que se estimó producida en instancia por cuanto constaba acreditada la existencia de una dolencia de base (malformación de arteria venosa-cavernoma tempo parietal izquierdo) que es causa de la crisis epiléptica y de etiología común. La existencia, como aquí ocurre, de una importante **dolencia previa** de naturaleza **no laboral, que es la causa última de la crisis epiléptica**, constituye un hecho que justifica racionalmente la valoración probatoria del Juez de lo Social si no se presenta desvirtuada por la concurrencia, siquiera indiciaria, de elementos que pudieran justificar que la concreta crisis epiléptica pudiera haber sido causada por factores laborales, como el estrés derivado del trabajo, la falta de sueño originada por turnos nocturnos, situaciones que pudieran afectar a la fotosensibilidad u otros que pericial y científicamente puedan determinarse como aptos para causar una crisis tónico-clónica. En este caso, no hay dato ni circunstancia alguna que permita deducir que concurriera alguna especial condición vinculada al entorno laboral que pudiera estar en el origen de la concreta crisis epiléptica y que pudiera haber sido su factor desencadenante o agravante.

Contagio Covid-19 como enfermedad profesional del personal no sanitario que trabaja en dependencias auxiliares de un centro de salud 4025 La interesante **TS 12-3-25, Rec 1395/23**, califica como enfermedad profesional el proceso de incapacidad temporal derivado de un **contagio Covid-19** de la actora, que prestaba servicios en el Centro Médico Traumatológico Rehabilitador Ortopédico, SA como **telefonista en un cubículo aislado**. Como recuerda la sentencia, la LGSS art.157 exime al trabajador de la «prueba del nexo causal lesión-trabajo» para calificar como **enfermedad profesional** las patologías laborales listadas. Basta al efecto con demostrar que el causante reúne los tres **requisitos** que la citada norma exige: que la enfermedad se haya contraído a consecuencia del trabajo realizado por cuenta ajena, que se trate de alguna de las actividades que reglamentariamente se determinan y que esté provocada por la acción de elementos y sustancias que se determinen para cada enfermedad. Circunstancias que, según entiende la sentencia, concurren en este caso, pues la enfermedad contraída fue causada por **agentes biológicos**, y la IT se produjo en el contexto de la **pandemia**, concurriendo un riesgo de infección demostrado, pues en marzo de 2020 se inició la ola más letal de la pandemia por coronavirus y los centros sanitarios se vieron desbordados. Es verdad que los más elevados porcentajes de afectación incidieron en los profesionales sanitarios, pero ello no es óbice para que se constatase igualmente que los contagios de los **trabajadores no sanitarios en centros de salud** superaban los sufridos por trabajadores de otros sectores de la sociedad, en razón a la alta presión asistencial, lo que aconteció en este caso.

Precisiones **1)** La Dir (UE) 2020/739 de la Comisión, por la que se modifica el anexo III de la Dir 2000/54/CE del Parlamento Europeo y del Consejo, en lo que respecta a la inclusión del SARS-CoV-2 en la **lista de agentes biológicos** que son patógenos humanos conocidos, ha sido incorporada al derecho español por la OM TES/1180/2020, por la que se adapta el RD 664/1997 y que viene a corroborar su naturaleza de agente biológico.
2) Como señala la Sala, fue precisamente en los **centros sanitarios** donde las **tasas de contagio** fueron superiores al del resto de la población, alcanzando en mayor medida a los profesionales en contacto con pacientes infectados por Covid-19.

4033 **Indemnización por daños. Reclamación de causahabientes** La **TS 9-12-24, Rec 391/23**, reconoce el derecho de los causahabientes del demandante de autos a continuar con la reclamación de indemnización por daños y perjuicios derivada de contingencia profesional iniciado por él, cuando el **fallecimiento** se produce antes de que se dicte sentencia. Y lo hace aclarando que la **cuantificación de la indemnización** en estos casos debe llevarse a cabo conforme a las reglas del RDLeg 8/2004 art.45 cuando están estabilizadas las lesiones (en este caso por mediar declaración de incapacidad permanente) y el lesionado fallece antes de fijarse la indemnización, ya sea por acuerdo extrajudicial como por resolución judicial. Como ya dijera la TS 2-3-16, Rec 3959/14, en estos casos, el legislador indica que la indemnización por secuelas va a ser calculada de una forma determinada, bajo lo que se identifica como **«iure hereditatis»**, ya que va a favor de los herederos, y este derecho, el del RDLeg 8/2004 art.45, es lo que el RDLeg 8/2004 art.47 refiere como compatible con la indemnización que corresponde a los perjudicados por la muerte del trabajador a causa de tales lesiones. En la misma línea, **TS 13-3-25, Rec 24/23**.

Por su parte, la **TS 25-2-25, Rec 1899/22**, reconoce que el derecho a indemnización de daños y perjuicios reconocida a un trabajador por haber sido declarado en situación de IPA, por padecer mesotelioma plural como consecuencia de haber estado en contacto con amianto, no impide que posteriormente su viuda y sus dos hijas perciban otra indemnización por el ulterior fallecimiento producido como consecuencia del mismo mesotelioma plural.

4040 **Indemnización por daños. Estibadores portuarios** En cuanto a la jurisprudencia de la Sala sobre el reparto de responsabilidad en el abono de indemnizaciones por daños y perjuicios generadas por **enfermedades profesionales** contraídas por estibadores portuarios como consecuencia de la **exposición al amianto** entre la Sociedad de Estiba y Desestiba del puerto en cuestión y la Organización de Trabajos Portuarios (en adelante, OTP). La TS 17-4-24, Rec 2299/21, resuelve esta cuestión respecto de la Sociedad de Estiba y Desestiba del Puerto de la Bahía de Cádiz SAGEP, razonando que, si la OTP hubiera cumplido sus obligaciones en materia de prevención establecidas por la normativa vigente entonces, se hubiera podido evitar la inhalación de amianto y la consiguiente enfermedad. Pues bien, esta misma **doctrina** se reproduce en las **TS 3-12-24, Rec 4817/22** y **9-12-24 Rec 5031/22**.

La consolidación de esta doctrina no es óbice para que la **TS 25-3-25, Rec 3467/22**, por las **singularidades procesales** del caso, descarte la imputación a OTP de responsabilidad, razonando que no cabe que Estibarna deba subrogarse como nueva empleadora en una obligación inexistente, porque el recurso no combate el expreso pronunciamiento que motivadamente descarta la existencia de esa responsabilidad de la extinta OTP.

4048 **Marinero-pescador embarcado en buque pesquero que fallece en el camarote por infarto de miocardio, durante descanso** La relevante **TS 7-5-25, Rec 1604/23**, se pronuncia sobre la consideración como accidente de trabajo del fallecimiento de un marinero enrolado en una embarcación de pesca, a causa de un infarto de miocardio que sufrió durante el descanso mientras estaba en su camarote. A fin de conformar su convicción, la Sala recuerda la doctrina previa, comenzando por la TS 6-7-15, Rec 2990/13, que, acudiendo a la **ocasionalidad relevante**, declaró derivada de accidente de trabajo la lesión de un trabajador, patrón de pesca que, estando embarcado en el buque, sufrió una afección nervio tibial superior/peroneal en pierna derecha que detectó **al levantarse de la cama**. Ello en la misma línea de lo dicho en la TS 24-2-14, Rec 145/13, respecto del fallecimiento de un trabajador (cocinero) por **caída al mar**, a consecuencia del mal tiempo, cuando tras un descanso accedió a su barco atracado en puerto saltando desde otro buque (forma habitual de acceso). O en la TS 16-7-14, Rec 2352/13, a propósito de una lesión sufrida por un trabajador embarcado durante un **periodo de descanso**, al resbalar y caer al suelo. Como se recuerda en estas resoluciones, la consideración como accidente de trabajo de lo acaecido en el mar exige tener en cuenta las singularidades del entorno marítimo y, en concreto, que el buque durante el embarco se convierte en el **centro**

de trabajo y en el **domicilio ocasional** del trabajador, y es un lugar potencialmente peligroso, por lo que hay que estar a las circunstancias concretas del caso para valorar la trascendencia del riesgo en el suceso en cuestión, tomando de un modo especial la ocasionalidad relevante.

Pues bien, partiendo de esta doctrina, la Sala, en el caso que se comenta, entiende que debe tenerse en cuenta que el infarto que acabó con la vida del trabajador sobrevino **a bordo del buque**, y aunque aconteció en el camarote, no hay que olvidar que el barco es centro de trabajo y vivienda a la par durante el embarque, lo que hace que no resulta posible mantener sin más que el descanso rompe el nexo de causalidad con la actividad productiva. La valoración del alcance real de los riesgos laborales en este sector exige tomar en consideración la **combinación de elementos concurrentes**, en concreto, el entorno de trabajo (el trabajo se lleva a cabo en el mar, un medio singular, y extremadamente hostil), el centro de trabajo, centro móvil y especial en el que pueden confluir una multiplicidad de factores que comprenden desde el número de tripulantes, dimensión y tamaño de la embarcación y el tiempo en que el buque sale de puerto y regresa. Combinación que la propia legislación siempre ha valorado.

Esta realidad hace que **no** pueda imponerse una **interpretación excesivamente estricta** de las reglas generales, sin que, por ejemplo, en el caso de autos pueda descartarse la consideración como accidente laboral por el mero hecho de que la lesión irrumpiese en tiempo de descanso, cuando ese descanso ha de llevarse a cabo en el propio centro de trabajo. Pues una aplicación de este tipo supondría desplazar, implícita e indebidamente, a la parte demandante (que en el caso y en el procedimiento son los beneficiarios de la prestación, viuda e hijos del trabajador) la carga de probar la relevancia de un hecho que se encuentra comprendido directa o indirectamente en la presunción de accidente de trabajo de la lesión producida en tiempo y lugar de trabajo (LGSS art.156.3). **Carga probatoria**, por lo demás, contraria al régimen de presunción de la laboralidad y que puede tener sentido en el accidente en misión, en el que es clave la prueba al no operar durante toda la extensión de la misión la presunción de laboralidad, exigiéndose una conexión entre el trabajo realizado y la dolencia o que conste que esta tiene su origen en aquel, pero que no funciona en el contexto marítimo, en especial en este caso, pues el hecho de que el trabajador estuviera durante la mañana realizando tareas reparación y mantenimiento debido a una avería sufrida en la embarcación, que provocó que ese día el pesquero tomase rumbo al puerto de Empedocle (Italia), es un elemento fáctico que fortalece la conexión de la lesión con la ejecución del trabajo y, por extensión, con la aplicación de la presunción legal de accidente.

No se considera accidente de trabajo el infarto cuya sintomatología se inicia fuera de la jornada laboral, con desenlace en tiempo y lugar de trabajo Sin duda merece la consideración de absolutamente imprescindible la **TS 3-2-25, Rec 2707/22**, que sostiene que no deriva de accidente de trabajo la incapacidad temporal derivada del infarto de miocardio de autos, en el que concurren una serie de **circunstancias específicas**, a saber: el trabajador tuvo el domingo anterior molestias centro-torácicas por las que acudió al centro de salud, donde **se le indicó** que debía acudir al hospital, lo que **no hizo**, acudiendo a su centro de trabajo horas después, donde comenzó a sentirse mal y fue llevado a urgencias, sin que quedara acreditado que durante el tiempo y lugar de trabajo hubiese realizado ningún esfuerzo excepcional que contribuyera a agravar la sintomatología previa. 4055

La sentencia que nos ocupa tiene especial transcendencia porque puntualiza (o matiza) la doctrina de la Sala respecto del juego de la **presunción de laboralidad** (LGSS art.156.3), al sostener que, para que en el supuesto de infarto de miocardio iniciado con anterioridad a la prestación de servicios opere dicha presunción, se requiere que durante el tiempo y en lugar de trabajo los **síntomas se agraven o intensifiquen**, de manera que pueda concluirse que el trabajo es el **factor determinante o desencadenante** de la crisis. Lo que, a entender de la Sala, no ocurre en este caso, al constar probado que las tareas que estaba realizando el trabajador eran «las de preparación de material, así como el apoyo al oficial albañil en las tareas de alicatado y revestimiento de mortero en la obra». Por tanto, estaba efectuando, durante el tiempo y en el lugar de trabajo, su **trabajo ordinario**, sin que se encontrara realizando **ningún exceso** de esfuerzo ni un trabajo más intenso de lo normal. Además, destaca la Sala que no debe pasar desapercibido el hecho de que el facultativo del centro de salud le indicó que debía ir en ese momento al hospital acompañado de personal sanitario, haciendo el trabajador caso omiso de la indicación médica, lo que impide que opere sin más la presunción de accidente de trabajo (LGSS art.156.3).

Es más, la sentencia viene a insinuar que tal conducta pudiera encajarse en la LGSS art.156.4.b, que descarta la calificación como laboral cuando el suceso acaezca mediando **imprudencia temeraria** de la persona accidentada. La proximidad temporal entre la prescripción del servicio público de salud y el momento en que se manifiesta el infarto, la ausencia de periodos de esfuerzo laboral entre una recomendación tan seria como la del caso (que acuda al hospital, acompañado de personal sanitario) y el momento en que sobreviene la crisis cardiovascular (pocas horas después, al iniciar la actividad laboral) entroncan también con esa previsión. Concluye en este sentido la sentencia que quien **se desentiende** de la indicación médica y acude a su trabajo está poniendo en grave riesgo su propia salud, y con ese modo de proceder aparece un hecho que, en unión de lo reseñado, contribuye a **desvirtuar la presunción** de la LGSS art.156.3.

4059 **Recargo de prestaciones. Culpa «in vigilando»** La interesante **TS 23-1-25, Rec 2396/22**, descarta la imposición de responsabilidad solidaria a la empresa principal respecto del recargo de prestaciones impuesto a la empresa contratista por el accidente. En concreto, la **empresa principal** había comprado el **derecho a explotar la madera** de 3 parcelas propiedad de un particular, empleando para la tala a la contratista, que llevaba a cabo el trabajo mediante un empleador y 3 trabajadores más, entre ellos el accidentado. El demandante trabajaba junto a un talador, que derribó un pino de unos 20 m de altura con un tronco de 53 cm de diámetro. El **pino cayó** en la dirección elegida y golpeó al actor, quien estaba a escasos 5 m de la base del pino, buscando su motosierra, en la dirección de la caída. A causa del accidente, el demandante sufrió **graves lesiones** que derivaron en una declaración de **incapacidad permanente total**. Por el accidente se impuso un **recargo de prestaciones** al contratista del 30%, siendo lo que sostiene la Sala que no cabe imponérselo también solidariamente a la principal.

A tal fin, se recuerda la doctrina previa sobre los **contextos** en los que procede esta **imposición solidaria** de responsabilidad en el recargo respecto de la principal, por ejemplo, cuando se trata de tareas de colocación del tendido eléctrico dentro de la propia actividad. Responsabilidad que se ha extendido a la indemnización de los daños y perjuicios respecto del desmontaje de los conductores y postes de madera de una línea de baja tensión (TS 11-5-05, Rec 2291/04); a propósito del vuelco de una carretilla cuando la empresa contratista estaba pavimentando los caminos de un jardín municipal (TS 26-5-05, Rec 3726/04); y respecto de la caída de un andamio cuando se llevaban a cabo trabajos de albañilería en un edificio propiedad de la empresa principal (TS 10-12-07, Rec 576/07).

Así las cosas, cabe imponer solidariamente un recargo de prestaciones a la principal si esta incurre en **culpa «in vigilando»**, cuando se trate de una actividad que le es propia y las labores se realizan en su centro de trabajo o en uno al que alcanza su esfera de control (TS 20-3-12, Rec 1470/11). Siempre que no resulte irracional exigir en el contexto concreto del que se trate el efectivo cumplimiento de esa labor de vigilancia. Lo que sucede en este caso, pues en la ejecución de esa prestación de servicios (la tala de árboles) **no se requería** de una **coordinación empresarial específica**, ocurriendo que la empresa principal no tenía ningún medio personal ni humano en el concreto desarrollo de la actividad. No en vano, la encomienda de tareas propias de la propia actividad a otra empresa genera específicos y reforzados deberes de seguridad laboral, pero no comporta un automatismo en la responsabilidad del recargo de prestaciones que pueda imponerse a los trabajadores de las contratistas o subcontratistas. **Lo decisivo** es comprobar si el accidente se ha producido por una infracción imputable a la empresa principal y dentro de su esfera de responsabilidad (TS 18-9-18, Rec 144/17).

Precisiones 1) La TS 18-4-92, Rec 1178/91, **impuso esta responsabilidad** respecto de un accidente en una actividad de reparación y mantenimiento de líneas de tendido eléctrico, porque se trataba de «propia actividad» de la empresa principal y porque, «aunque esas líneas se encuentran, lógicamente, en el campo y el aire libre, son sin duda instalaciones propias de dicha empresa FECSA, estando esta obligada a cuidar de su adecuada conservación y buen estado». La TS 22-11-02, Rec 3904/01, respecto de la colocación de postes del tendido aéreo de líneas telefónicas, puesto que esta actividad «... forma parte de la actividad propia de la empresa que va prestar sus servicios de telefonía por medio de esa estructura o red, el lugar donde se están realizando esas tareas de colocación de los elementos materiales que la soportan, aunque sea en despoblado o en el campo, como en este caso, realmente constituye un centro de trabajo de la empresa principal que ha contratado las tareas».
2) La TS 28-2-19, Rec 508/17, **descartó** la imposición de este tipo de **responsabilidad** porque el accidente de trabajo se había producido cuando se sustituía una torre de un tendido eléctrico, no siendo razonable ni factible que el empresario estuviese allí controlando la operación, al igual que en otros lugares donde se estuvieran realizando actividades peligrosas, donde había enviado para realizar esa misión a personal formado y suficientemente cualificado con un jefe de servicio igualmente cualificado y con un protocolo de actuación conocido por todos. Como razona la Sala, «sería diabólico exigir al titular de la empresa el don de la ubicuidad para estar presente en todos los lugares en que se desarrollan actividades de peligro».

Recargo de prestaciones. La concurrencia de culpas no exonera de responsabilidad empresarial, pero sí rebaja el porcentaje Es doctrina de la Sala, que ahora recuerda la **TS 4-12-24, Rec 3939/21**, que, cuando en un supuesto de accidente de trabajo, junto con la infracción empresarial en materia de prevención de riesgos laborales, se ha apreciado **culpa no temeraria del trabajador**, esta última circunstancia puede ser tenida en cuenta en la fijación del porcentaje del recargo por falta de medidas de seguridad. Ello porque la **concurrencia de culpas** no neutraliza la existencia de una infracción preventiva ni rompe el nexo causal que proviene del agente externo –en este caso, los incumplimientos de la empresa–, salvo que traiga causa exclusiva en una actuación culposa imputable a la víctima (TS 12-6-07, Rec 938/06; 20-1-10, Rec 1239/09), pero sí permite establecer reglas de ponderación (TS 22-7-10, Rec 3516/09). 4065
El **porcentaje del recargo** viene, por ende, determinado por la gravedad de la infracción preventiva y por las circunstancias concurrentes, de modo tal que la imprudencia no temeraria del trabajador puede atenuar la gravedad, porque incide en el nivel de peligrosidad de las actividades desarrolladas en el centro de trabajo, en la gravedad de los daños que pudieran haberse producido de no mediar la imprudencia, en el número de trabajadores afectados –ya que queda limitado a quien ha cometió ese comportamiento– y en la conducta general del empresario en orden a la estricta observancia de las normas preventivas.
De todos modos, a la hora de concretar el impacto que deba atribuirse a esa imprudencia en la determinación del porcentaje de recargo, es necesario tener presente que la LGSS art.164 no contiene criterios precisos de atribución, pero sí indica una **directriz general** relacionada con la «gravedad de la falta». Esta configuración normativa supone reconocer un **amplio margen de apreciación** al juez de instancia en la determinación del porcentaje de recargo, pero siempre con **posibilidad de control y revisión** jurisdiccional posterior cuando el recargo impuesto no guarda manifiestamente proporción con esta directriz legal (TS 4-3-14, Rec 788/13).

Recargo de prestaciones. Prescripción de la acción. No se revive porque sea otra la prestación demandada Como se recuerda en la **TS 26-2-25, Rec 409/22**, la prescripción de la acción de recargo ejercitada por el causante no revive porque a su fallecimiento se demande una prestación de viudedad derivada de la misma contingencia. 4070

4074 **Reclamación por los causahabientes de una indemnización por daños derivada de enfermedad profesional** La Sala IV ha reconocido que, cuando un sujeto reclama una indemnización por daños derivados de contingencia profesional, **falleciendo antes de que se dicte sentencia**, sus causahabientes tienen derecho a continuar la demanda (TS 9-12-24, Rec 391/23 y 13-3-25, Rec 24/23). Ello se sostiene con la advertencia de que, si las **lesiones** están **ya estabilizadas**, la cuantificación de la indemnización se rige por las reglas del RDLeg 8/2004 art.45. Esta doctrina se reitera en la **TS 13-11-25, Rec 2081/24**, recordando que la TS 2-3-16, Rec 3959/14, ya sostuvo que, en estos casos, el legislador indica cómo se calcula la indemnización por secuelas, que integrará el iure hereditatis a favor de los herederos, y que resulta compatible con la indemnización que corresponde a los perjudicados por la muerte del trabajador a causa de tales lesiones (RDLeg 8/2004 art.47).

4080 **Reintegro de gastos farmacéuticos asumidos por la mutua si posteriormente la prestación se declara derivada de contingencia común** La **TS 25-3-25, Rec 1005/23**, reconoce a la mutua el derecho a recuperar todos los gastos farmacéuticos asumidos por una IT inicialmente calificada por contingencias profesionales y después declarada de enfermedad común, sin que esa obligación de reintegro se limite al 60% de su importe. Como se sabe, la normativa reguladora prevé que los beneficiarios del sistema de salud están exentos de la aportación económica farmacológica en los tratamientos derivados de accidentes de trabajo o enfermedad profesional; aportando como regla general un 40% en los supuestos normales y un 10% en aquellos casos concretos de aportación reducida. Debido a la inicial calificación de la incapacidad, la **mutua** asumió la **totalidad de los gastos de farmacia** durante el tratamiento por la contingencia de accidente de trabajo, y lo que le reconoce la Sala es el derecho, tras el **cambio de contingencia**, a recuperarlo todo. La repetición frente al beneficiario corresponde a la entidad que finalmente está obligada a soportar el gasto en prestaciones de farmacia derivado del tratamiento del trabajador durante la IT, y no es razonable que la **mutua** se encuentre totalmente exenta de la obligación de hacerse cargo del gasto farmacéutico, una vez que la contingencia es de enfermedad común, pero deba sin embargo asumir la de **reclamar al usuario el pago** del porcentaje económico de la aportación que le corresponde. Si no le es exigible esa obligación principal, tampoco se le puede imputar la carga de actuar frente al trabajador. Y, puesto que el pago de los medicamentos es finalmente **imputable al servicio público de salud**, es este organismo el que debe reclamar al usuario el porcentaje del que quedó indebidamente excluido al calificarse inicialmente la contingencia como derivada de accidente de trabajo.
Por tanto, en aplicación del RD 1430/2009 art.6.3, la **mutua debe ser reintegrada** por la entidad gestora y el servicio público de salud de los gastos generados por las prestaciones económicas y asistenciales asumidas con aquella inicial calificación de la contingencia. Y el **servicio público de salud** debe proceder en consecuencia a ese reintegro, sin perjuicio de que pueda activar los mecanismos oportunos para reclamar al trabajador el importe de su aportación.

4087 **Responsabilidad de la empresa en caso de infracotización** La **TS 28-5-25, Rec 4319/23**, declara a la empresa proporcionalmente responsable de la prestación causada por un **accidente** ocurrido mientras se produjo una **infracotización parcial** a la Seguridad Social, toda vez que el sujeto tenía una jornada del 87,58% y la empresa cotizaba como si la tuviese del 50%. La **empresa regularizó** las diferencias de bases de cotización tras el accidente, pero **antes de** que se resolviese la declaración de **incapacidad permanente total**. Como recuerda la Sala, la **fecha a tener en cuenta** para determinar la entidad responsable de las secuelas y correspondientes prestaciones del accidente es la fecha en se ha producido este, y en ese momento existía infracotización empresarial. De otra parte, no hay que olvidar que el incumplimiento de las obligaciones en materia de afiliación, altas y bajas de cotización determina la exigencia de **responsabilidad en el pago de las prestaciones**. Incumplimiento que no solo se refiere a la no cotización, sino también a la cotización por cantidad inferior a la procedente, en la medida en que influya sobre el importe de una prestación

(LGSS art.167.2). Así las cosas, la empresa debe abonar la diferencia entre la cuantía total de la prestación si hubiera cumplido correctamente su obligación de cotización y la que le corresponda asumir a la Seguridad Social o a la mutua por las cuotas efectivamente ingresadas.

2. Complemento a mínimos

Rescate de plan de pensiones Es doctrina reiterada de la Sala, reproducida en la **TS 2-10-25, Rec 2106/24**, que el rescate de un plan de pensiones ha de **computarse** de forma íntegra y en el ejercicio anual en que se perciba para determinar los ingresos del sujeto de cara al acceso al complemento a mínimos de las pensiones (así se había sostenido, entre otras, en la TS 28-11-23, Rec 3096/22). **4100**

3. Complemento de aportación demográfica y reducción de la brecha de género

4130

Cálculo del complemento de aportación demográfica. Porcentaje aplicable a la pensión máxima, no a la base reguladora El complemento por aportación demográfica ha suscitado múltiples debates jurídicos. El que resuelve la **TS 3-7-25, Rec 3313/24**, es el relativo a **cómo debía calcularse** este **porcentaje adicional**, atendiendo a la redacción de la LGSS art.60 anterior al RDL 3/2021. En concreto, la cuestión a decidir era si el complemento debía aplicarse **sobre la cuantía legal máxima** de la pensión de jubilación **o sobre la superior base reguladora** de dicha pensión. La Sala apuesta por la primera opción, teniendo en cuenta que el precepto señalado hacía referencia al límite establecido en el LGSS art.57, expresamente por dos veces en sus párrafos primero y segundo e implícitamente también en su tercer párrafo. El precepto legal, por tanto, recurría a la expresión «cuantía inicial» de las pensiones contributivas y hacía referencia al «límite» del LGSS art.57, en lugar de emplear conceptos como base de cotización y base reguladora. Y no hay que olvidar que el señalado LGSS art.57 establece que el «importe inicial» de las pensiones contributivas de la Seguridad Social no podrá superar la cuantía íntegra mensual que establezca anualmente la correspondiente Ley de Presupuestos Generales del Estado. Luego el concepto de «cuantía inicial» de las pensiones contributivas es el que define este precepto y sobre el que han de hacerse los cálculos del complemento de maternidad, y no sobre una eventual base reguladora superior de la pensión, base que en ningún momento aparece en el LGSS art.60.2. **4140**

Complemento de maternidad por aportación demográfica Las más recientes sentencias sobre esta mejora en la redacción previa al vigente complemento para reducción de la brecha prestacional, en general, ahondan en la doctrina previa, en cuestiones tales como que el INSS no puede ser condenado al abono de intereses moratorios sustantivos por el retraso en el reconocimiento y abono del complemento (**TS 2-10-25, Rec 3493/24; 21-10-25, Rec 5027/23**); que la cuantía del complemento por aportación demográfica del padre debe reducirse en la cuantía por los hijos comunes del complemento que percibe la madre para la reducción de la brecha de género (**TS 15-10-25, Rec 914/24**); que no procede el reconocimiento en caso de jubilación anticipada voluntaria causada bajo la vigencia de la LGSS art.60, antes de la modificación operada por el RDL 3/2021 (**TS 16-10-25, Rec 2054/23**); sobre la imprescriptibilidad del derecho a percibir el complemento al progenitor varón, aunque hayan transcurrido 5 años desde la fecha del hecho causante, siempre que cum- **4148**

pla el resto de los requisitos, aunque la pensión reconocida fuera la de IPT (**TS 16-10-25, Rec 934/24 y 891/24**).

A ello se añaden cuestiones no tan consolidadas, relativas a la fijación del hecho causante del complemento. Así se advierte que, cuando la pensión de jubilación se declara por conversión de una IPT debido al cumplimiento de la edad establecida, si la pensión reconvertida no tenía reconocido el complemento, no cabe su atribución con el mero cambio de la pensión, pues no se genera, en sentido estricto, una nueva prestación, sino que la inicial varía su denominación (**TS 1-10-25, Rec 1818/24**).

Paralelamente, se reitera la jurisprudencia que entiende que la fecha del hecho causante de la prestación de incapacidad permanente a efectos de lucrar el complemento por maternidad (en la redacción posterior al RDL 3/2021) es aquella en la que se ha extinguido la incapacidad temporal de la que se deriva la incapacidad permanente en atención a lo dispuesto en la OM 18-1-96 art.13.2 (**TS 15-10-25, Rec 142/24; 16-10-25, Rec 1457/24**).

La **TS 21-10-25, Rec 3389/24**, recuerda que, en el cálculo del complemento de maternidad, cuando conforme a la regulación precedente se fijaba un porcentaje sobre el importe de la pensión, no se incluye el complemento por gran incapacidad.

Por su parte, la **TS 21-10-25, Rec 4106/24**, reconoce el derecho a lucrar el complemento de maternidad por aportación demográfica (normativa anterior al RDL 3/2021) en un supuesto de baja incentivada en el seno de un procedimiento colectivo de reestructuración de empresa basado en causas ETOP. Considera que se trata de una extinción no voluntaria, porque el trabajador se acogió al plan de prejubilaciones pactado colectivamente, por lo que procede tal reconocimiento. Al efecto, se rememora la regulación de la jubilación anticipada no imputable al trabajador ex LGSS art.207.1, que califica como tal el «cese en el trabajo (que) se haya producido como consecuencia de una situación de reestructuración empresarial que impida la continuidad de la relación laboral», y, en particular, el «despido colectivo por causas económicas, técnicas, organizativas o de producción» y el «despido objetivo por causas económicas, técnicas, organizativas o de producción». En ambos casos, para poder acceder a esta modalidad de jubilación anticipada, será necesario que el trabajador acredite haber percibido la indemnización correspondiente a la decisión extintiva. Por tanto, a entender de la Sala, la extinción no es voluntaria, pues, en el caso de autos, el trabajador se acogió al plan de prejubilaciones, pactado colectivamente. Y si la jubilación no puede calificarse como voluntaria a los efectos exigidos por el LGSS art.60, el trabajador resulta acreedor del derecho al complemento de pensión peticionado.

Precisiones A esa última sentencia añade la Sala una aclaración, en el sentido de que el supuesto no es el mismo que en la TS 14-2-24, Rec 419/23, en relación al mismo expediente de despido colectivo y movilidad geográfica de la misma entidad bancaria, en el que la **jubilación anticipada** reconocida era **consecuente a una movilidad geográfica no aceptada**, aun en el seno de un procedimiento colectivo de reestructuración de empresa, y donde se concluyó que no podía calificarse como involuntaria a los efectos exigidos por la LGSS art.60, porque, con posterioridad al hecho causante de la prestación de jubilación del actor, la L 21/2021 art.207.1 incluyó expresamente La extinción del contrato por voluntad del trabajador por las causas previstas en ET art.40.1, 41.3 y 50, pero tal reforma no alcanzó a las jubilaciones anteriores a la entrada en vigor de la norma, en tanto ninguna retroactividad dispuso.

4155 **Cuestiones comunes de reiteración de doctrina** La doctrina de la Sala sobre la imposibilidad de generar en el marco de las **pensiones de jubilación anticipada**, hasta la promulgación del RDL 3/2021, complementos por aportación demográfica había obtenido respaldo constitucional mediante el TCo auto 114/2018. Esta doctrina se reitera en las **TS 29-1-25, Rec 4138/23 y 22/23; 16-2-25, Rec 5414/23; 11-6-25, Rec 3994/23**.

Por su parte, la TS 29-1-25, Rec 4349/23, recuerda que la **cuantía** del complemento por aportación demográfica del padre debe reducirse en su importe por los hijos comunes del complemento que percibe la madre para la **reducción de la brecha de**

género, según la LGSS disp.trans.33ª redacc RDL 3/2021. También lo hacen las TS 26-2-25, Rec 3951/23 y 25-3-25, Rec 1576/24 y 1576/24.
Paralelamente, se recuerda el derecho de los varones, a los que el INSS denegó reiteradamente el complemento de maternidad por aportación demográfica, a lucrar una **indemnización** derivada de la vulneración del derecho fundamental a no ser discriminado ex TJUE 12-12-19, C-450/18, en TS 20-11-24, Rec 3933/23 y 2344/23; 14-1-25, Rec 4419/23, 4367/22, 3184/23, 4571/23 y 3974/23; 25-3-25, Rec 5566/23, 283/24, 5436/23, 4189/23, 418/24 y 2467/23. Aclarando la TS 29-1-25, Rec 117/24, que, para la reclamación de este complemento, el inicio del plazo de prescripción nunca puede quedar fijado en fecha previa a dicha sentencia del TJUE –lo que se reitera en TS 25-3-25, Rec 889/24–.
Por lo demás, se recuerda también (TS 29-1-25, Rec 4276/23) que el complemento se reconoce a favor de las pensiones generadas a partir del 1-1-2016, por lo que está incluido en ese supuesto la pensión de jubilación de quien cesa en el **RETA** el 31-12-2015, pues la pensión está causada al día siguiente, como ya sostuvo la TS 17-10-24, Rec 2032/22.
En todo caso, hay que tener en cuenta que toda esta jurisprudencia debe considerarse al calor de la TJUE 15-5-25, asuntos acumulados C-623/23 (Melbán) i y C-626/23 (Sergamo), que declara que la regulación vigente del **complemento de reducción de la brecha** prestacional es contrario a la Dir 79/7/CEE, interpretada a la luz de Carta de los Derechos Fundamentales de la Unión Europea art.23, en la medida en que el reconocimiento de este complemento a los hombres que se encuentran en una situación idéntica está sujeto a **requisitos adicionales** relativos a que sus carreras profesionales se hayan interrumpido o se hayan visto afectadas con ocasión del nacimiento o de la adopción de sus hijos. Habrá que ver cómo reacciona el legislador, porque parece evidente que el único modo de salvar la legalidad de la medida es reconfigurando por entero su régimen jurídico. Aunque, por el momento, la Sala, en la **TS 25-6-25, Rec 4933/22**, ha tenido que confirmar que, conforme a la nueva jurisprudencia europea, los varones tienen que acceder al complemento en las mismas condiciones que las mujeres.

No reconocimiento de intereses moratorios por la denegación a los varones del complemento de aportación demográfica Las trascendentes **TS 8-4-25, Rec 1818/23 y 7-4-25, Rec 4716/23**, sostienen, aunque con importante voto particular, que **no procede el reconocimiento de intereses moratorios** a favor de los varones a los que se denegó indebidamente el complemento de aportación demográfica, desde el convencimiento de que **en la relación de protección no se devengan intereses** a favor del beneficiario ni de la Administración, sin que la relación de cotización del empleador con la TGSS, que sí devenga intereses moratorios, sea un término de comparación homogéneo para, por aplicación del derecho fundamental a la igualdad de la Const art.14, condenar al pago de intereses moratorios en la relación de protección (en las prestaciones de la Seguridad Social). Si se sostuviese lo contrario, podría incluso devengarse intereses moratorios en contra del beneficiario cuando percibiera una prestación indebidamente. **4163**
A la misma conclusión se llega si se acude al CC art.1108 y 1100, que regulan los intereses moratorios. Como se sabe, la aplicación supletoria del CC a los cuerpos legales que contienen normas de Derecho público, que se rigen por unos principios diferentes a los del ordenamiento privado, debe limitarse a aquellos preceptos que sean compatibles con esos principios. Y en este concreto caso, conviene tener presente que la **LGSS sí que regula expresamente los intereses de demora**, lo que hace innecesario acudir supletoriamente al CC art.23, 25, 26, 28, 31, 32, 33, 34, 38, 295, 308, 319, disp.adic.44ª y disp.trans.22ª. Además, la propia naturaleza de los intereses moratorios del CC art.1108 en relación con el CC art.1100, propios del ordenamiento privado, impide su aplicación a estas prestaciones públicas. Esos preceptos exigen que haya una obligación líquida y vencida y que el acreedor intime la mora mediante la reclamación de la deuda. Los intereses moratorios se devengan desde la reclamación judicial o extrajudicial, porque es el momento en el que el deudor se constituye en mora. Pues bien, a entender de la mayoría de la Sala, no cabe

4163 (sigue) equiparar la reclamación de la prestación de la Seguridad Social a la entidad gestora con la reclamación extrajudicial del CC art.1100, que intima la mora. Si se aplicase supletoriamente los señalados CC art.1108 y 1100 a las prestaciones de la Seguridad Social, habida cuenta de que el reconocimiento de estas prestaciones no es inmediato, sino que normalmente transcurre un lapso temporal desde la fecha de solicitud de la prestación hasta la fecha en la que se comienza a abonar (mientras se tramita la solicitud), en todos los reconocimientos de prestaciones de la Seguridad Social se devengarían intereses moratorios a cargo de la Administración de la Seguridad Social. Lo que desde luego no es la voluntad del legislador. En suma, en esta materia **no hay ninguna omisión normativa en la LGSS que justifique la aplicación del CC**.

Tampoco cambia la conclusión el manejo de la LGP art.24, que dispone: «Si la Administración no pagara al acreedor de la Hacienda Pública estatal dentro de los tres meses siguientes al día de notificación de la resolución judicial o del reconocimiento de la obligación, habrá de abonarle el interés señalado en el artículo 17 apartado 2 de esta ley, sobre la cantidad debida, desde que el acreedor, una vez transcurrido dicho plazo, reclame por escrito el cumplimiento de la obligación [...]». La Sala contencioso-administrativa del TS ha condenado a las Administraciones públicas al **pago de intereses de subvenciones públicas** desde la fecha de la reclamación de la subvención, pero la aplicación de la LGP art.24 en ningún caso puede suponer la condena al pago de intereses moratorios desde el día en que debió reconocerse la **prestación de la Seguridad Social**, en los casos en que la entidad gestora inicialmente deniega una prestación de Seguridad Social y posteriormente se reconoce el derecho a percibirla, porque ese precepto exige que se dicte una resolución judicial o que reconozca una obligación, que se notifique al interesado, que transcurran 3 meses sin que la Administración le pague y que el acreedor, una vez transcurrido dicho plazo, reclame por escrito el cumplimiento de la obligación. Además, el Sistema de la Seguridad Social se rige por su propia «lex specialis», que únicamente condena al pago de esos intereses moratorios sustantivos cuando se acuerda el fraccionamiento de pago para el reintegro de las prestaciones por desempleo indebidamente percibidas (LGSS art.295.3).

También es cierto que la doctrina jurisprudencial ha condenado a las **Administraciones públicas** al pago de intereses moratorios cuando intervienen **como empleadores**. Pero se trataba de deudas salariales, en cuyo caso el ET art.29.3 obliga a imponer los intereses moratorios; o bien de indemnizaciones derivadas del contrato de trabajo, lo que conlleva la aplicación del CC art.1108. Y, de nuevo, esta es una cuestión ajena a las prestaciones públicas de la Seguridad Social. Lo mismo cabe decir respecto de la jurisprudencia que ha condenado al pago de intereses moratorios en las **mejoras voluntarias de la Seguridad Social** (por todas, TS 29-12-11, Rec 4727/10). Las mejoras voluntarias las abona el empleador y traen causa del contrato de trabajo, que puede incluir, además del salario, el compromiso del empresario de abonar a su trabajador dicha mejora voluntaria. Su origen contractual y el incumplimiento por parte del empleador que genera una deuda líquida y exigible explica por qué se aplican los intereses moratorios del CC art.1108, pero la situación **no guarda similitud con la de las prestaciones públicas**. En resumen, los intereses moratorios del CC art.1108 o del ET art.29.3 se devengan cuando un empleador público o privado incumple el contrato de trabajo y surge una obligación líquida, vencida y exigible. Pero no son aplicables a las prestaciones de la Seguridad Social que deben abonar las Administraciones públicas.

Por último, aclara la Sala que, aunque es cierto que el INSS demoró el abono a los varones del complemento de maternidad por aportación demográfica a pesar de que el TJUE ya había dictado la sentencia de 12-12-19, C-450/2018, se ha venido reconociendo a los perjudicados una **indemnización** de 1.800 €, que compensa los daños y perjuicios sufridos por la discriminación que generó esa negativa de la entidad gestora a reconocerles el complemento. Esa cantidad permite una reparación integral del perjuicio sufrido y, como señala la TJUE 14-9-23, C-113/22, el Derecho español prevé efectivamente que los órganos jurisdiccionales competentes en materia de

Seguridad Social concedan una indemnización a las víctimas de una discriminación con el fin de restablecerlas en su situación anterior a la lesión, así como para contribuir a la finalidad de prevenir el daño (LRJS art.183). Pero el ordenamiento jurídico interno **no prevé la condena al pago de intereses moratorios** de las prestaciones de la Seguridad Social, lo que impide que pueda condenarse a su abono. Los daños y perjuicios deben compensarse con la citada indemnización.
Así las cosas, concluye la sentencia, «no siendo pertinente la reclamación de intereses como consecuencia del tardío abono del complemento, pero sí la reparación reseñada, la solución al caso queda condicionada por la circunstancia de que en la presente litis la parte actora no ha reclamado el pago de dicha indemnización de daños y perjuicios sino el pago de intereses moratorios. En definitiva, habida cuenta de los términos en los que se suscita en debate en este recurso de casación unificadora, centrado exclusivamente en si procede condenar al abono de los referidos intereses, esta Sala no puede condenar al pago de la mentada indemnización por vulneración del derecho fundamental».

4. Prestación por nacimiento y cuidado de hijos

4180

Determinación del hecho causante en filiación fijada por sentencia La interesante **TS 25-9-25, Rec 3077/23**, se pronuncia sobre la fijación del hecho causante de las prestaciones de nacimiento y cuidado del menor cuando quien la solicita es un **progenitor**, en el caso de autos el padre, cuya **filiación biológica no matrimonial** se ha declarado por sentencia firme dictada en el orden jurisdiccional civil **con posterioridad al nacimiento**, a los efectos de fijar su duración en atención a la normativa aplicable. A entender de la Sala, es la **fecha de la sentencia de filiación** y no la del nacimiento la que debe tenerse en cuenta para el acceso a la prestación, porque, cuando la LGSS art.177 se refiere, entre otras, al nacimiento como situación protegida, se está refiriendo a la **filiación por naturaleza, sin distinción** alguna entre la matrimonial y la no matrimonial, pero, cuando se ejercita una acción para determinar la afiliación, los tiempos varían si el comienzo de la situación protegida viene determinado por el momento en que se declara la filiación por naturaleza no matrimonial del solicitante de la prestación con relación a la menor. La naturaleza constitutiva de la sentencia firme de filiación es el punto crucial que actualiza la contingencia determinante de la situación protegida, y da sentido a la **finalidad** a que está destinada la **prestación de nacimiento y cuidado de menor**. **4186**
Es cierto que el CC art.112 dispone que la «filiación produce sus efectos desde que tiene lugar». Y, a continuación, precisa que su «determinación legal tiene efectos retroactivos siempre que la retroactividad sea compatible con la naturaleza de aquéllos y la Ley no dispusiere lo contrario». Pero lo que viene a decir esta norma es que la filiación, como hecho biológico, produce efectos independientemente del hecho jurídico. Ahora bien, el **efecto retroactivo** de la **determinación legal de la filiación** opera cuando este sea positivo para el menor, pero no en supuesto contrario, como ocurriría, con claridad, en este caso. Por ello esa retroactividad no **juega en el ámbito de la prestación** de la Seguridad Social que nos ocupa. Es difícil concebir que operen esos efectos retroactivos con normalidad en una prestación de seguridad social como esta. La situación debe contemplarse en clave de material de protección asimilable a lo que significa el ejercicio de funciones inherentes a la patria potestad o al deber de velar por el hijo.
Así las cosas, como señala la sentencia, la **determinación tardía de la filiación**, en cuanto separada del nacimiento, no puede producir efectos retroactivos respecto de

la prestación, sino que el momento que ha de contemplarse es a partir de la determinación de la filiación, que es cuando legalmente nace o se constituye ese **deber de cuidado**. Por tanto, si bien la filiación produce efectos desde que tiene lugar, y si bien se produce retroactividad de los efectos cuando la filiación ha sido establecida con posterioridad al nacimiento, el CC art.112 también condiciona su compatibilidad con la naturaleza de aquellos, siempre que la ley no disponga lo contrario. El cuidado y protección del menor participa de la naturaleza de la finalidad de la prestación por nacimiento, y tiene pleno sentido hacer coincidir temporalmente el momento en que se declara la filiación no matrimonial con el régimen jurídico de duración aplicable para ese momento.

Conforme al ET art.48.4, el nacimiento suspenderá el contrato de trabajo del **progenitor distinto de la madre biológica** para el cumplimiento de los deberes de cuidado previstos en el CC art.68. Pues bien, de mantener un efecto retroactivo en este caso, el desajuste entre prestación de seguridad social y prestación de servicios sería manifiesto para el caso de retrotraer los efectos suspensivos del contrato de trabajo, cuando el derecho a la prestación de nacimiento y cuidado de menor se reconoce conforme al régimen jurídico vigente al tiempo del nacimiento de la menor, y en cambio, la suspensión del contrato de trabajo o de la actividad profesional, en caso de trabajo autónomo, ya se hubiera consumado.

En suma, el hecho causante, centrado en el caso en la firmeza de la sentencia de filiación, actúa como **indicador del momento** en que han de cumplirse los **requisitos de acceso a la protección**. En la medida en que este hecho causante se identifica con el comienzo de la situación protegida, constituye también un elemento esencial en la ordenación de la dinámica de la protección y, más específicamente, en la determinación del régimen normativo de duración de la prestación, que ha de hacerse coincidir con legislación aplicable.

El criterio se reitera en la **TS 22-10-25, Rec 1815/24**.

4195 **Incremento en el caso de familias monoparentales** Siguiendo consolidada doctrina previa, las **TS 14-10-25, Rec 4875/23, 3298/24**; 15-10-25, Rec 3151/24, 1777/24, 2254/24, 4721/23, 4361/23; 16-10-25, Rec 3707/24, 4657/23, 4874/23, 2754/24, 287/24, 675/24, 164/24, 3707/24; 21-10-25, Rec 3935/24, 2751/24, 4114/23, 1593/24, 4262/24, 1593/24; 22-10-25, Rec 534/24, 2225/24, 4378/23, 185/24, 3217/24, 1714/24, 3306/24, 2993/24, recuerdan el derecho que tienen las familias monoparentales a disfrutar de 10 semanas de permiso **acumuladas** a la duración ordinaria de la prestación.

4200 **No reconocimiento al progenitor no gestante en caso de fallecimiento intrauterino** Es doctrina consolidada de la Sala, que se recuerda en la **TS 26-6-25, Rec 4898/23**, que el progenitor no gestante no tiene derecho a la prestación por nacimiento y cuidado de menor en el caso de fallecimiento intrauterino del feto que ha permanecido **más de 180 días** en el seno materno. Así se dijo ya en TS 19-10-23, Rec 292/22; 5-7-22, Rec 906/19; 30-5-24, Rec 793/23. Sin que el nuevo RDL 9/2025 haya variado esta situación.

4208 **Reconocimiento en caso de familias monoparentales (ajuste a la doctrina constitucional)** Inicialmente, la TS 2-3-23, Rec 3972/20, había rechazado que la madre biológica tuviese derecho a disfrutar una nueva prestación, acumulada a la ya disfrutada, en los casos de familias monoparentales, y esta doctrina había sido seguida por TS 11-9-24, Rec 3482/22; 12-9-24, Rec 2787/23, 1711/23, 2522/23, 1691/23, 5861/22, 575/23, 657/23; 13-9-24, Rec 2944/23, 2584/23, 2277/23. Pero este criterio habría de variar a la luz de la TCo 140/2024, que acogió la tesis de la Sala III del propio TS, reconociendo la **ampliación del permiso** en un total de 10 semanas adicionales, y declarado la inconstitucionalidad de los ET art.48.4 y LGSS art.177.

Pues bien, como cabía esperar, la Sala ha incorporado esta doctrina constitucional en las **TS 19-2-25, Rec 878/22**; 21-2-25, Rec 1562/23; 20-5-25, Rec 1771/24; 9-5-25, Rec 2585/23, 1538/23 y 1678/23; 8-5-25, Rec 4638/23, 1569/23, 1612/23, 2498/23, 4266/23, 2718/23, 1306/24 y 1128/23; 5-5-25, Rec 3018/23, 1675/23, 2774/23 y

2785/23; 26-6-25, Rec 1561/23; 27-5-25, Rec 4736/23; 24-6-25, Rec 89/24 y 196/23; 25-6-25, Rec 657/23 y 67/23; 27-6-25, Rec 2166/24, 2703/24, 929/24 y 5149/23; 3-7-25, Rec 698/24.

El único progenitor de la familia monoparental tiene **derecho a la adición de diez semanas** del permiso que correspondería al otro progenitor. Y tal reconocimiento se acompaña de la correspondiente prestación de Seguridad Social.

Por lo demás, también cabe tener en cuenta que el RDL 9/2025, por el que se amplía el permiso de nacimiento y cuidado para completar la transposición de la Dir (UE) 2019/1158, ha ampliado a 19 semanas el permiso por nacimiento y cuidado en general, mejorando, con mucho, la situación de las familias monoparentales, que tendrán ahora un **permiso de 32 semanas**, 4 de ellas a disfrutar de forma flexible hasta los 8 años de edad del menor.

5. Incapacidad temporal

4220

Abono de la prestación superada la duración máxima legalmente prevista Es doctrina de la Sala, que se recuerda en la **TS 9-12-24, Rec 5638/22**, que, del abono de la prestación de IT derivada de contingencia común, superada la duración máxima legalmente prevista y hasta la declaración de incapacidad permanente, es **responsable** la Mutua aseguradora de la IT y no el INSS. 4230

Concurrencia de la IT y la permanente. Opción de la persona beneficiaria Es doctrina de la Sala que existe incompatibilidad entre la incapacidad permanente total y la posterior gran invalidez –llamada gran incapacidad tras la L 2/2025–, derivadas ambas de un accidente de trabajo en el mismo régimen de la Seguridad Social. Dicha incompatibilidad deriva de la OM 3-4-1973 art.13 y, como tiene señalado la doctrina unificada (TS 19-12-00, Rec 4635/99 y 22-5-01 Rec 2613/00), «en nuestro ordenamiento, la pérdida de una renta profesional no puede protegerse a la vez con dos prestaciones que tengan la misma finalidad de sustitución, porque en ese caso la renta de sustitución podría ser superior a la sustituida. Cierto es que en la prestación de gran invalidez (ahora gran incapacidad) entran dos componentes: renta de sustitución y compensación por la asistencia de terceros. Pero la coincidencia de renta de sustitución se produce entre uno de dichos componentes y la prestación por incapacidad permanente total, de modo que han de operar los mandatos más arriba expuestos» (TS 18-7-03, Rec 2924/02). La **TS 27-2-25, Rec 5804/22**, recuerda esta doctrina para concluir que, en la concurrencia de prestaciones de IT e incapacidad permanente total, el **derecho de opción corresponde** a la persona beneficiaria –en ejecución de la TS 23-11-21, Rec 87/19–. 4238

Contagio Covid-19 como enfermedad profesional del personal (enfermera) de un centro de salud La **TS 24-9-25, Rec 1343/24**, reitera la doctrina formulada en la TS 12-3-25, Rec 1395/23, en la que se califica como enfermedad profesional el proceso de incapacidad temporal derivado de un contagio Covid-19 de la actora, que en este caso prestaba servicios en un centro de salud como enfermera. Como recuerda la sentencia, la LGSS art.157 exime al trabajador de la «prueba del nexo causal lesión-trabajo» para calificar como enfermedad profesional las **patologías laborales listadas**. Basta al efecto con demostrar que el causante reúne los 3 requisitos que la citada norma exige: que la enfermedad se haya contraído a consecuencia del trabajo realizado por cuenta ajena, que se trate de alguna de las actividades que reglamentariamente se determinan y que esté provocada por la 4245

4245 (sigue) acción de elementos y sustancias que se determinen para cada enfermedad. Circunstancias que, según entiende la sentencia, concurren en este caso, pues la enfermedad contraída fue causada por agentes biológicos y la IT se produjo en el contexto de la pandemia, concurriendo un riesgo de infección demostrado, pues en marzo de 2020 se inició la ola más letal de la pandemia por coronavirus y los centros sanitarios se vieron desbordados. En esta ocasión, añade la Sala que si ya se insistió en la resolución precedente sobre que **no hacía falta** la **prueba de la relación de causalidad** respecto de una persona no sanitaria (telefonista en aquel otro caso), con más razón acabe sostenerlo respecto del personal sanitario como es el caso, enfermera.

No en vano, el RD 1299/2006 aprueba el **cuadro de enfermedades profesionales** en el sistema de la Seguridad Social, en desarrollo de la LGSS art.157, clasificando las enfermedades profesionales en grupos según el agente causante. En particular, el Grupo 3 abarca las «Enfermedades profesionales causadas por agentes biológicos». Dentro de este grupo, la normativa incluye varias entradas (fichas) relativas a enfermedades infecciosas propias de determinados entornos laborales. En lo que atañe al **personal sanitario**, el cuadro incluye las enfermedades infecciosas contraídas por trabajadores que, por su actividad, están expuestos a **riesgos biológicos**. Así, enfermedades infecciosas adquiridas por personal que realiza labores de prevención sanitaria, asistencia médica o actividades con riesgo demostrado de infección (salvo microorganismos del grupo 1 de riesgo biológico) se consideran **enfermedades profesionales**, siempre que se den en las actividades previstas. Pues bien, bajo el código 3A0101 del Anexo I figuran las infecciones causadas por agentes biológicos contraídas por personal sanitario en el ejercicio de su profesión.

Así pues, aunque el **virus SARS-CoV-2** no aparece mencionado por tal concreto nombre (por ser obviamente desconocido en 2006), su contagio encaja en la **categoría genérica de enfermedad infecciosa** por agente biológico en entornos sanitarios, categoría que no ha sido exceptuada por ninguna norma posterior. De hecho, cabe recordar que el RDL 3/2021 declaró que «las prestaciones que pudieran devengar estos profesionales serán las mismas que el sistema de la Seguridad Social otorga a quienes hubieran contraído una enfermedad profesional». Se trata con ello de dar una respuesta excepcional a una situación también excepcional, que a la vez permite satisfacer las demandas que se habían formulado en este sentido desde distintas corporaciones y asociaciones de profesionales sanitarios y socio-sanitarios». Y así, en su RDL 3/2021 art.6.1 se estableció que: «El personal que preste servicios en centros sanitarios y sociosanitarios inscritos en los registros correspondientes que, en el ejercicio de su profesión, durante la prestación de servicios sanitarios o sociosanitarios, haya contraído el virus SARS-CoV-2, dentro del periodo comprendido desde la declaración de la pandemia internacional por la Organización Mundial de la Salud hasta el levantamiento por las autoridades sanitarias de todas las medidas de prevención adoptadas para hacer frente a la crisis sanitaria ocasionada por el mencionado virus SARS-CoV-2, tendrá las mismas prestaciones que el sistema de la Seguridad Social otorga a las personas que se ven afectadas por una enfermedad profesional».

Por tanto, las **normas de urgencia** ofrecieron una solución específica para esta infección considerándola **accidente de trabajo en un inicio**, como vía de respuesta ante la lógica falta de su descripción en el RDL 6/2020, para finalmente evolucionar, en lo que al personal que presta servicios en centros sanitarios, hacia la declaración de **enfermedad profesional**. En suma, en estos casos no es necesario probar el contagio exacto en el trabajo, pues al darse la concurrencia de enfermedad (Covid-19) y entorno de trabajo incluido en el listado (centro sanitario con riesgo biológico), opera la **presunción legal** de «profesionalidad».

Precisiones **1)** La Dir (UE) 2020/739 modifica el Dir 2000/54/CE anexo III en lo que respecta a la **inclusión del SARS-CoV-2 en la lista de agentes biológicos** que son patógenos humanos conocidos, y ha sido incorporada al derecho español por la mencionada OM TES/1180/2020, por la que se adapta el RD 664/1997, y que viene a corroborar su naturaleza de agente biológico.

2) Como señala la Sala, fue precisamente en los **centros sanitarios** donde las **tasas de contagio** fueron superiores al del resto de la población, alcanzando en mayor medida a los profesionales en contacto con pacientes infectados por Covid-19.

Diferencias por infracotización Resuelve la **TS 8-4-25, Rec 634/23**, la reclamación de diferencias en la prestación de IT por infracotización de autos, respecto de la concreta cuestión del día de inicio para el cómputo del plazo de retroactividad de 3 meses establecido en la LGSS art.53.1, cuando las diferencias reclamadas se evidencian por sentencia de despido posterior a aquella situación de la que se infiere que ha existido infracotización. Como recuerda la sentencia, la jurisprudencia tiene dicho que los **efectos económicos** se producen desde los 3 meses anteriores a la petición cuando no rige el principio de oficialidad (por todas, TS 13-1-21, Rec 2245/19), respecto del primer reconocimiento del derecho a percibir la prestación o las mejoras voluntarias de la acción protectora (TS 8-5-24, Rec 374/22). Si **una vez efectuado el reconocimiento inicial** se solicitan diferencias derivadas de una cuantía que no se calculó correctamente, la retroacción puede extenderse al momento del inicial reconocimiento, obviamente con el límite máximo de 5 años (TS 4-2-14, Rec 1173/13). **4253**

En el concreto caso de autos, conviene tener presente que lo que se ventila son los efectos económicos de la revisión de la cuantía de la prestación de IT, que se produce a instancia del beneficiario en virtud de la constatación judicial –en un procedimiento de despido– de que el trabajador había realizado un **trabajo a tiempo completo**, mientras que la empresa lo había dado de **alta a tiempo parcial** y con cotización mucho menor de la que hubiera debido hechos nuevos. Por tanto, lo debatido es una diferencia en el importe de una prestación ya reconocida, lo que significa que se está reclamando contra una falta de reconocimiento de una parte del derecho. Y el titular de una prestación reconocida que interesa su revisión no tiene límite temporal alguno para el ejercicio de la acción tendente a la modificación de su cuantía, pero los efectos económicos de tal revisión solo tendrán una retroactividad de 3 meses. Aunque, cuando se inste la revisión como consecuencia de un **hecho acaecido con posterioridad a tal reconocimiento** (como es el caso), el **«dies a quo»** para el cómputo del plazo de 3 meses es aquel en que se produce el nuevo hecho que desencadena la revisión de la prestación ya reconocida, es decir, a partir del día en que acaece este nuevo hecho el beneficiario de la prestación dispone de 3 meses para solicitar la revisión de la base reguladora reconocida, en cuyo supuesto, los efectos económicos se retrotraerían al momento inicial en el que, conforme con los nuevos datos, corresponde aplicar la nueva base reguladora. En este caso concreto, el beneficiario podía intuir que merecía un subsidio económico por IT de cuantía superior, porque en la sentencia recurrida consta que celebró los contratos de trabajo a tiempo parcial, pero que los servicios los prestó a jornada completa y, por tanto, debía percibir un salario inferior a la jornada realmente realizada cuya cuantía determina la base reguladora. Pero, en realidad, **no tenía por qué saber** cómo se calculaba la base reguladora del subsidio por IT, por lo que hasta que hasta que la sentencia posterior no reportó certeza sobre esta cuestión, no pudo iniciarse el plazo correspondiente.

Efectos económicos de la determinación de la contingencia La Sala tiene dicho en las TS 13-1-21, Rec 2245/19, y 10-11-22, Rec 856/19, que la **fecha** en la que deben fijarse los efectos económicos derivados del procedimiento judicial de determinación de contingencia de la prestación de incapacidad temporal, reconocida en vía administrativa por enfermedad común y calificada como derivada de accidente de trabajo en el proceso judicial, es la de los **3 meses anteriores** a la presentación de la solicitud de determinación de contingencia. Doctrina que se reitera en las **TS 28-5-25, Rec 2273/23** y **TS 24-11-25, Rec 2433/24.** **4260**

No se olvide que la LGSS art.53.1 dispone que «1. El derecho al reconocimiento de las prestaciones prescribirá a los 5 años, contados desde el día siguiente a aquel en que tenga lugar el hecho causante de la prestación de que se trate, sin perjuicio de las excepciones que se determinen en la presente ley y de que los efectos de tal reconocimiento se produzcan a partir de los 3 meses anteriores a la fecha en que se presente la correspondiente solicitud». El resultado de la aplicación de este precepto legal es que los **efectos económicos de las prestaciones de Seguridad Social** se generan en la fecha del hecho causante si la solicitud se ha presentado en los 3 meses siguientes, y con esa misma retroacción máxima desde la solicitud que se haya cursado una vez transcurrido tal plazo.

Es cierto que en materia de **incapacidad temporal** rige el principio de automaticidad y oficialidad, que hace innecesaria la expresa presentación de una solicitud para generar el derecho a su percepción. No obstante, esa regla quiebra cuando se discute la etiología de las dolencias de las que deriva la incapacidad temporal, pues en tal tesitura el trabajador debe presentar una **solicitud de determinación de contingencia** para debatir la calificación de enfermedad común atribuida por la entidad gestora. Y esa solicitud rige igualmente cuando se trata de trabajadores por cuenta ajena. De tal forma que, si se presenta la solicitud de determinación de la contingencia **una vez transcurrido el plazo de 3 meses** desde el hecho causante, hay que limitar los efectos económicos derivados del reconocimiento de esa pretensión a los 3 meses anteriores a la fecha de dicha solicitud.

6. Prestación de riesgo durante el embarazo

4275 **Riesgo durante el embarazo y ERTE** La interesante **TS 15-9-25, Rec 1198/24**, reconoce el derecho de una trabajadora que está en situación de suspensión del contrato por riesgo durante el embarazo a **continuar en tal situación** cuando se produce un ERTE que afecta al resto de la plantilla y en el que se la incluye. Como recuerda la sentencia, la Sala tiene dicho que, aun cuando se inicie un expediente de inactividad temporal, se mantiene el derecho a permanecer en la situación previa, pues «la prestación por riesgo porque en definitiva persiste la imposibilidad de la trabajadora para incorporarse a su puesto anterior o a otro compatible con su estado [...], por lo que la prestación ha de mantenerse en tanto no concurra una causa legal de extinción de la misma» (TS 10-12-14, Rec 3152/13).

Así las cosas, no cabría plantear el reconocimiento de la prestación de riesgo por embarazo en aquellos supuestos en los que, cuando se produce dicho embarazo, está el **contrato suspendido por causa ERTE**, pues, en tal contexto, difícilmente puede darse la situación de incompatibilidad entre la gestación y el trabajo, porque no hay prestación de servicios (obviamente, en tales circunstancias no podrá reconocerse la prestación, por no existir la causa objetiva que la sustenta). Pero en el caso contrario, **cuando se están prestando servicios** por cuenta ajena, se produce situación de riesgo para la trabajadora embarazada en su actual puesto de trabajo, y no resulta técnica u objetivamente posible, o no puede razonablemente exigirse por motivos justificados, cambiar de puesto de trabajo por otro compatible con su estado: deberá suspenderse el contrato de trabajo, y ello da lugar automáticamente al reconocimiento de la prestación por riesgo durante el embarazo. Cuando **después** se produce una situación que, de no estar suspendido el contrato de trabajo sería causa de suspensión, no es posible aplicar dicha **«segunda» causa de suspensión** en tanto que el contrato de trabajo ya estaba suspendido. Dicho de otro modo, **no es posible** suspender un contrato de trabajo por causa sobrevenida, ERTE, cuando el mismo ya estaba suspendido por una causa anterior, riesgo durante el embarazo. Por tanto, en estos casos debe persistir la **prestación inicial** (riesgo durante el embarazo). Esta misma regla resulta de aplicación cuando finaliza una suspensión del contrato sustentada en un ERTE, durante la cual se ha producido el embarazo, y en ese momento se plantea la obligación de reincorporarse a un puesto de trabajo que implica riesgo, momento en el que finalizada la suspensión derivada del ERTE y se activará la suspensión del contrato por riesgo durante el embarazo.

7. Prestación de riesgo durante la lactancia natural

 4300

Trabajo a turnos: evaluación de riesgos no específica La **TS 2-10-25, Rec 2306/24**, reitera doctrina sobre el acceso a la prestación por riesgo durante la lactancia del **personal de ambulancias**, en este caso respecto de una conductora, que tenía un **trabajo a turnos** de 24 horas (con 2 o 3 salidas por turno que duran entre 4 y 5 horas), seguido de 3 o 4 días de descanso y nocturnidad, mediando una evaluación de riesgos no específica, que no tenía en cuenta que la trabajadora sufrió una mastectomía. La sentencia aprecia incumplimiento de Dir 92/85/CEE art.4.1, y aplica doctrina contenida en las TS 26-6-18, Rec 1398/16, y 27-1-21, Rec 3263/18, para reconocer el derecho a la prestación. 4315

Reconocimiento pese a que la trabajadora a la que se le denegó inicialmente acudió a permisos y vacaciones retribuidos para esquivar el riesgo La interesante **TS 27-2-25, Rec 912/23**, reconoce a la trabajadora de autos el derecho a la prestación económica de riesgo durante la lactancia natural, en un caso en el que la falta de reconocimiento del subsidio en vía administrativa y luego judicial le había obligado a acogerse a permisos o vacaciones para eludir el riesgo efectivo durante la lactancia denegada. Como se advierte en la sentencia, la trabajadora tenía derecho al subsidio por cumplir los requisitos legales, por lo que debe reconocérsele desde el momento en lo que reclamó, sea cual sea la situación que se haya producido desde la denegación inicial hasta el reconocimiento judicial final, sin que las medidas a las que, en el marco de la relación laboral, haya acudido la trabajadora para evitar su asistencia al puesto de trabajo y con ello eludir el riesgo que durante la lactancia natural de su hijo pudiera provocarle su actividad laboral, puedan servir para eludir el momento del nacimiento del derecho prestacional que, además, se va a extinguir cuando el hijo alcance los 9 meses. 4322

Es cierto que, como la trabajadora acudió a vacaciones y permisos retribuidos, puede resultar extraño reconocer la prestación que debe sustituir a un salario que no llegó a perderse, pero, ante la denegación y **negación de la existencia de un riesgo** que se ha acreditado como concurrente, a la trabajadora no se le podía exigir que renunciara a un salario cuando le era denegado aquel subsidio que debía sustituirlo. Por tanto, el reconocimiento del subsidio no va contra el principio de prohibición del enriquecimiento injusto, pues este precisa la concurrencia de una ventaja patrimonial para una de las partes junto con el empobrecimiento de la otra, que exista una conexión entre dichas situaciones y también una falta de causa o justificación. Y no es posible trasladar aquí el efecto jurídico que tiene la IT en su concurrencia con una situación de riesgo durante la lactancia natural, ya que no es lo mismo estar con el contrato suspendido por IT, en la que no hay precisamente actividad laboral y, por tanto, tampoco concurre el riesgo durante la lactancia, estando la trabajadora protegida por el sistema de Seguridad Social, con la situación de una trabajadora que se ve obligada a tener que reincorporarse al trabajo en el que está presente el riesgo y solicitado de la mutua correspondiente la protección del sistema, le es denegada cuando finalmente se ha constatado el riesgo, y, por tanto, debió debe serle reconocida desde el mismo momento en que lo reclamó.

Reconocimiento sin certificado médico La **TS 27-2-25, Rec 1182/23**, reconoce a la actora de autos el derecho a acudir a la vía judicial en reclamación del subsidio por riesgo durante la lactancia cuando la mutua colaboradora con la Seguridad Social **no emite el certificado médico de existencia de riesgo** (que ella le solicitó) y decide no seguir con el trámite para el reconocimiento de la prestación, habiendo agotado la trabajadora la vía administrativa previa frente a esa denegación. El certi- 4330 ficado médico de existencia del riesgo no se emitió por entender la mutua que no concurría el riesgo que la trabajadora alegaba, frente a lo cual formuló reclamación previa que no prosperó y acudió después a la vía judicial.

La Sala concluye que **basta con la solicitud del certificado médico** que haya evaluado el riesgo para que se dé curso al procedimiento de riesgo durante la lactancia natural, aunque aquel certificado no sea finalmente emitido por la entidad competente y esta no inicie los trámites para reconocer la prestación económica, pudiendo la trabajadora, tras agotar la vía administrativa, reclamar en vía judicial el reconocimiento de la prestación por riesgo durante la lactancia natural. Como razona la sentencia, si los pasos que debe seguir la trabajadora para obtener el subsidio comienzan, necesariamente, con la solicitud de emisión el certificado médico de riesgo, que de ser positivo va a permitirle reclamar el subsidio, **su denegación no puede cerrarle una vía de impugnación** ni obligarle a tener que presentar una segunda solicitud del derecho prestacional con una resolución negativa de emisión del certificado médico, emitido por los servicios de la propia entidad competente, ya que solo está prevista esa segunda solicitud, lógicamente, para cuando se obtiene el certificado, en el que la propia entidad competente en la materia viene a reconocer la existencia del riesgos, lo que le obliga necesariamente a seguir con el procedimiento a efectos de reconocer la prestación económica.

Además, en el caso de autos, la propia entidad colaboradora le indicó a la trabajadora, al notificarle que no emitía el certificado médico y que no iba a iniciar el procedimiento de reconocimiento del subsidio, que frente a dicha decisión podía **interponer reclamación previa**, que fue lo que hizo la trabajadora ante la entidad que le indicó aquella, la mutua colaboradora, aunque indebidamente (INSS). Resultando absolutamente contradictorio que tras esta indicación se le diga que, además de formular una reclamación previa frente a la denegación del certificado, debía presentar también una solicitud de la prestación económica. La negativa a expedir el certificado de existencia de riesgo en el puesto de trabajo y la negativa a iniciar el procedimiento de reconocimiento de la prestación permiten a la trabajadora acudir, una vez agotada la vía administrativa, a la **vía judicial, en defensa del derecho** que cree ostentar y en el que las partes enfrentadas pueden presentar todos los medios de prueba necesarios para defender sus respectivas posiciones.

8. Prestación por cuidado de menores afectados por cáncer u otra enfermedad grave

4350 **Prestación por cuidado de menores afectados por cáncer u otra enfermedad grave. Requisito de ingreso hospitalario de larga duración** En su momento, la determinante TS 21-6-16, Rec 80/15, fijó criterio respecto del derecho de la madre de un menor diagnosticado de hemorragia cerebral escolarizado en un centro especializado donde recibía atención de fisioterapeuta, ocupándose de él una profesora de audición y lenguaje, de pedagogía terapéutica y una auxiliar educativa, a reducir su jornada para el cuidado de menores aquejados de enfermedad grave con derecho a prestación de Seguridad Social. Ello sobre la base de que de la normativa reguladora **no se deducía la necesidad de cuidar de manera, directa, continua y permanente al menor** durante las 24 horas del día. Es más, la exigencia de que el beneficiario reduzca su jornada al menos en un 50% supone que este no va a dedicar la totalidad de su tiempo al cuidado del menor, ya que una parte del mismo la dedica a la realización de su trabajo. A lo que se había de sumar el hecho de que el que la **escolarización** no suponía que, dada la gravedad de sus dolencias y las severas limitaciones que comportaban, durante el tiempo en el que permanecía en su domicilio no tuviera que ser objeto de intensos cuidados por parte de su madre, de manera, directa, continua y permanente.

Esta doctrina se toma de referencia para resolver el caso de autos, en la **TS 3-12-24, Rec 1524/22**, para entender que el requisito de ingreso hospitalario de larga duración es equivalente a la **atención sanitaria prolongada en centros hospitalarios de día** que exigen el tratamiento directo y continuado de la enfermedad. En concreto, en este caso el menor estaba sometido a un tratamiento médico continuado de carácter ambulatorio en un centro de día y en su propio domicilio. Como recuerda la Sala, el RD 1148/2011 art.2.1 párr 2º precisa que «El cáncer o enfermedad grave que padezca el menor deberá implicar un ingreso hospitalario de larga duración que requiera su cuidado directo, continuo y permanente durante la hospitalización y tratamiento continuado de la enfermedad. Se considerará, asimismo, como ingreso hospitalario de larga duración la continuación del tratamiento médico o el cuidado del menor en domicilio tras el diagnóstico y hospitalización por la enfermedad grave». Tras lo que seguidamente señala en su art.3: «A efectos del reconocimiento de la prestación económica por cuidado de menores afectados por cáncer u otra enfermedad grave, tendrán la consideración de enfermedades graves las incluidas en el listado que figura en el anexo de este Real Decreto». **4350** (sigue)

La Sala entiende, recordando la sentencia señalada, que el asunto tiene encaje en la norma, porque se trata de una **situación sustancialmente coincidente** con la valorada en el otro asunto, con la singularidad de que en este caso la escasa edad del menor hace que ni tan siquiera se encuentre en ese momento escolarizado, con lo que ello supone de mayor e intensa dedicación por parte de su madre, que debe acompañarle a los distintos centros sanitarios y participar de forma directa en las terapias que se le aplican. La **finalidad de la prestación** es compatible, pues, con sus necesidades, toda vez que el menor ha de acudir con regularidad a un centro sanitario de día para recibir la terapia rehabilitadora que su enfermedad requiere. Esa **asistencia sanitaria tan intensa, directa y continuada** del menor en los centros de día es equiparable a la situación de ingreso hospitalario de larga duración, por cuanto igualmente se trata de cuidados médicos ineludibles para el tratamiento de la enfermedad que se prolongan de manera indefinida en el tiempo. Es más, como razona la sentencia, el ingreso hospitalario permite incluso cierto alivio y menores requerimientos para la madre, que no se produce en estos otros casos en los que la asistencia hospitalaria se presta de manera ambulatoria en centros de día, a los que le lleva la madre, que igualmente le acompaña durante el desarrollo de la terapia por su escasa edad.

Para concluir, la sentencia destaca que el propio RD 1148/2011 art.2.1 equipara de forma expresa la **asistencia a domicilio con el ingreso hospitalario** en estas circunstancias tan extremas, al atribuir esa misma naturaleza a «la continuación del tratamiento médico o el cuidado del menor en domicilio tras el diagnóstico y hospitalización por la enfermedad grave». Añadiendo que el hecho de que el diagnóstico de la enfermedad grave pudiere haberse efectuado sin requerir un previo periodo de ingreso hospitalario de larga duración, no puede ser obstáculo para el reconocimiento de una prestación de Seguridad Social cuya finalidad es la de compensar la pérdida de ingresos, generada por la necesidad de reducir la jornada de trabajo para atender de manera directa al cuidado de los hijos menores que necesitan un tratamiento médico prolongado en el tiempo. Bien al contrario, como se desprende de ese precepto, se trata de que la **continuidad del tratamiento** en el domicilio pueda sustituir al ingreso hospitalario cuando sea posible, con el objeto de hacerlo innecesario, recortar su duración o minimizar su impacto, en beneficio del paciente, sus familiares y del propio sistema de asistencia sanitaria, en aras a reducir la necesidad de recurrir al ingreso hospitalario al que puede verse abocado el menor en el caso de no disponer de esa otra posibilidad de asistencia sanitaria sin ingreso.

Convicción que tampoco se desvirtúa porque se trate de una **enfermedad permanente e incurable**. La asistencia hospitalaria continuada y de larga duración que justifica la prestación, tanto puede estar dirigida a la sanación total y definitiva del menor como al alivio y mejora de las secuelas de una enfermedad que pudiera resultar desgraciadamente incurable, con el objetivo de paliar sus consecuencias y mejorar la calidad de vida del enfermo.

Precisiones Como se recuerda en las TS 20-7-21, Rec 4710/18 y 12-6-18, Rec 1470/17, se trata de un subsidio que «viene a compensar la pérdida de ingresos que sufren las personas interesadas al tener que reducir su jornada, con la consiguiente disminución de salarios, por la necesidad de cuidar de manera, directa, continua y permanente a los hijos menores a su cargo durante el tiempo de hospitalización y tratamiento continuado de la enfermedad fuera del centro hospitalario».

9. Incapacidad permanente

4380

4388 **Compatibilidad de prestaciones en regímenes distintos** La interesante **TS 27-11-24, Rec 1227/22**, apuesta por reconocer la compatibilidad entre una pensión de incapacidad permanente total reconocida en el RETA con otra del Régimen general, como consecuencia de **distintas dolencias**. En concreto, la incapacidad permanente total como **peluquera** en el RETA, para la que se tuvieron en cuenta determinadas cotizaciones en el RGSS, es compatible con la posterior pensión de incapacidad permanente total de **limpiadora** en el RGSS, reconocida en base, exclusivamente, a cotizaciones posteriores en dicho régimen de un periodo distinto y no coincidente con el anterior.

A tal fin, la Sala trae a colación la doctrina europea formulada en la TJUE 30-6-22, asunto C-625/20, referida a un asunto en el que se le había reconocido a la trabajadora en el año 1999 una primera incapacidad permanente total en el régimen general para su profesión de auxiliar administrativa, con base a las cotizaciones del periodo comprendido entre mayo de 1989 y abril de 1994, y posteriormente se le reconoce una segunda incapacidad permanente total para la profesión de subalterna en el mismo régimen general derivada de accidente no laboral, calculada en consideración a las cotizaciones comprendidas entre febrero de 2015 y enero de 2017. Como resuelve el TJUE en la mencionada sentencia «El artículo 4, apartado 1, de la Directiva 79/7/CEE del Consejo, de 19 de diciembre de 1978, relativa a la aplicación progresiva del principio de igualdad de trato entre hombres y mujeres en materia de Seguridad Social, debe interpretarse en el sentido de que se opone a una normativa nacional que impide a los trabajadores afiliados a la Seguridad Social percibir simultáneamente dos pensiones de incapacidad permanente total cuando corresponden al mismo régimen de Seguridad Social, mientras que permite tal acumulación cuando dichas pensiones corresponden a distintos regímenes de Seguridad Social, siempre que dicha normativa sitúe a las trabajadoras en desventaja particular con respecto a los trabajadores, especialmente en la medida en que permita disfrutar de dicha acumulación a una proporción significativamente mayor de trabajadores, determinada sobre la base de todos los trabajadores sujetos a la referida normativa, respecto de la proporción correspondiente de trabajadoras, y que esa misma normativa no esté justificada por factores objetivos y ajenos a cualquier discriminación por razón de sexo».

Pues bien, como aclara la Sala, la integración de los principios allí formulados ha de conducir a admitir que resultan **compatibles** las dos **pensiones de incapacidad permanente total generadas con distintas cotizaciones**, más en este caso, en el que cada una de ellas ha sido reconocida en un régimen de Seguridad Social distinto. Ello aunque para declarar la prestación de incapacidad permanente total en el RETA se hiciera necesario tener en cuenta un breve periodo de cotización en el régimen general, toda vez que la ulterior pensión de incapacidad permanente total del régimen general se sustentó exclusivamente en cotizaciones en dicho régimen **posteriores, distintas y no coincidentes** con las que ya fueron consideradas en la primera incapacidad, por lo que no se produce la utilización superpuesta de unas mismas cotizaciones. Además, se trata de **dos profesiones distintas**, en ambos casos fuertemente feminizadas, por lo que «cobra singular trascendencia la incidencia de esos factores que inciden en la situación de desventaja de las trabajadoras respecto a los trabajadores en los que se sustenta aquella decisión del TJUE». Y, por último, las **dolencias** que generan cada una de las dos situaciones de incapacidad son **también diferentes**.

Enfermedad común y accidente no laboral. Delimitación La **TS 17-12-24, Rec 232/23**, se pronuncia sobre la contingencia generadora de la incapacidad permanente total de autos y, en particular, descarta la aplicación de la regla contenida en la LGSS art.156.2.f cuando el accidente en cuestión no es laboral. En concreto, en este caso, la actora presentaba ciertas **patologías** que resultaron **agravadas** como consecuencia de un **accidente de tráfico**, y lo que se debate es si las dolencias finalmente incapacitantes pueden considerase derivadas de accidente no laboral (el de tráfico) por aplicación analógica de la señalada regla de la LGSS, tal como hizo la sentencia recurrida. La Sala rechaza esa aplicación, porque, conforme a la doctrina previa, así como esas enfermedades o defectos padecidos con anterioridad por la persona trabajadora, si se agravan, sí pueden considerarse accidente de trabajo si el agravamiento se materializa en tiempo y lugar de trabajo, no sucede lo mismo con el **accidente no laboral**, que siempre exige que ocurra una **acción violenta y súbita** y no puede ser un agravamiento de un deterioro de lesiones o defectos previos –TS 30-4-01, Rec 2575/00, y 10-6-09, Rec 3133/08–. **4395**

En este caso, **antes del accidente** de tráfico, la actora ya tenía una omalgia derecha de larga evolución, habiendo sido examinada en la consulta de traumatología e incluida en la lista de espera para una artroscopia del hombro derecho. Y como el sistema solo otorga la condición de accidente no laboral al accidente propiamente dicho y no a las lesiones corporales producidas por otras causas, como las que se relacionan en el LGSS art.156.2 y, en especial, las enfermedades que se mencionan en los apartados e), f) y g), no cabe considerar la situación finalmente incapacitante como derivada de accidente no laboral en lugar de enfermedad común.

Equiparación entre la IPT y la discapacidad Las **TS 2-10-25, Rec 356/24, 14-10-25, Rec 438/24**, y **15-10-25, Rec 238/24**, reiteran doctrina sobre que la equiparación de efectos entre pensionistas de IPT con el grado de discapacidad del 33% contemplada en el RDLeg 1/2013 (antes de la reforma operada por Ley 3/2023) es **«ultra vires»**. **4405**

Gran incapacidad. Determinación de las dolencias, según terminología anterior a la L 2/2025 Se plantea en el recurso que solventa la **TS 16-10-25, Rec 1/24**, si las dolencias que padece el demandante justifican la calificación de gran invalidez (actualmente, gran incapacidad), según la regulación anterior a la L 2/2025. La sentencia tiene interés porque, si bien termina apreciando falta de contradicción, contiene **doctrina relevante** sobre la cuestión litigiosa y su concreción en términos de cumplimiento de la exigencia de contradicción que abre las puertas del recurso. Así, comienza recordando lo dicho en TS 4-6-25, Rec 2508/23, a cuyo tenor, las cuestiones relativas a la **calificación de la incapacidad permanente no** son materia propia de la **unificación de doctrina**, tanto por la dificultad de establecer la identidad del alcance del efecto invalidante, como por tratarse, por lo general, de supuestos en los que el enjuiciamiento afecta más a la fijación y valoración de hechos singulares que a la determinación del sentido de la norma en una línea interpretativa de carácter general. Pero, recordando a continuación la TS 3-10-23, Rec 1037/21, en la que se sostiene que esa doctrina general no ha sido óbice para que la Sala haya apreciado **excepcionalmente** la existencia de contradicción en algunos supuestos, en los que la calificación de la incapacidad permanente queda exclusivamente supeditada a **4410**

4410 (sigue) valoraciones jurídicas de aspectos sustancialmente coincidentes en los casos en comparación y sobre lo que resulta factible la unificación de doctrina. Contradicción que se ha admitido con cierta habitualidad en supuestos de gran invalidez (actualmente, gran incapacidad), en los que se presenta con mayor frecuencia la posibilidad de unificar doctrina en aspectos o **cuestiones de naturaleza eminentemente jurídica**, en las que concurre una sustancial identidad en la problemática analizada en cada uno de los casos sometidos a comparación.

En relación con ello, en el caso de autos conviene tener presente que se declara probado que los trabajadores **pueden realizar por sí solos** las tareas cotidianas de la vida ordinaria, sin requerir la ayuda de terceras personas para los actos esenciales de la misma, como vestirse, desplazarse, comer o análogos. A la vez que se considera igualmente acreditado, en los dos supuestos, que necesitan, sin embargo, de la **supervisión de un tercero**. Desde esta perspectiva se trata de decidir si esa exigencia de supervisión es equiparable al concepto legal de necesidad de asistencia para los actos más esenciales de la vida que exige la LGSS disp.trans.26ª (art.194.6), para lo cual es preciso **valorar individualizadamente las concretas patologías y limitaciones** anatómicas o funcionales de cada sujeto (TS 4-6-25, Rec 2508/23), teniendo en cuenta que la configuración legal de la gran invalidez (actualmente, gran incapacidad) exige que la asistencia de tercera persona constituya una necesidad ineludible para la realización de los actos cotidianos de la vida ordinaria. La cuestión resulta particularmente problemática cuando el afectado puede realizar por sí solo esa clase de actos sin necesitar la asistencia de otra persona, porque está físicamente capacitado para ello, pero sufre alguna clase de **déficit intelectivo** que requiere de un cierto nivel de supervisión por parte de un tercero.

Esa **supervisión** puede ser especialmente **intensa, continuada y relevante**, hasta el punto de confundirse con la imprescindible necesidad de asistencia de otra persona en los términos de la LGSS, contexto en el que, por tanto, procedería el reconocimiento de la prestación de LGSS disp.trans.26ª (art.194.6). O puede, por el contrario, se trate de una **mera vigilancia o genérica inspección, o** afecte exclusivamente a **actos aislados, concretos y puntuales**, por ejemplo, la organización en la toma de medicamentos. Cuando la supervisión se limita a un mero y genérico control que no vaya más allá de una cierta vigilancia, inspección o simple observación del incapacitado, como instrumento de apoyo y estímulo en su actividad diaria, la situación no resulta comparable con la necesidad de asistencia permanente en la realización de los actos cotidianos de la vida ordinaria, con la intensidad y alcance que requiere aquel precepto legal para el reconocimiento de la prestación de gran invalidez (actualmente, gran incapacidad). Como tampoco lo serán para los casos en los que la supervisión solo es necesaria en actividades más relevantes y diferentes a las calificables de esenciales en la vida cotidiana, tales como la gestión del patrimonio o decisiones personales de singular trascendencia.

Pues bien, es en este punto en el que la Sala entiende que **no media contradicción entre las resoluciones comparadas**, pues en la recurrida el trabajador padece una lesión axonal difusa de grado III, cuya grave y severa afectación funcional determina que requiera de una especial supervisión permanente por parte de un tercero, sin la que no es factible que pueda llevar efectivamente a cabo esos actos esenciales de la vida, por más que pudiere estar físicamente capacitado para realizarlos. Mientras que en la referencial padece un retraso mental leve, secundario a encefalopatía, con trastorno de adaptación con ansiedad mixta y estado de ánimo deprimido, adicción patológica al juego, en el que la supervisión que necesita el afectado está más bien dirigida a la genérica inspección y vigilancia de su vida cotidiana. Por más que en los dos supuestos concurra la común circunstancia de que el trabajador está físicamente capacitado para realizar por sí mismo los actos esenciales de la vida cotidiana, el **nivel e intensidad de la supervisión** que cada uno de ellos necesita es ciertamente **muy diferente**, lo que justifica la distinta conclusión alcanzada en cada una de las sentencias en comparación, sin que pueda apreciarse, por ende, la existencia de contradicción.

Gran incapacidad por ceguera. Consideración individualizada La **TS 21-10-25, Rec 5389/23**, reitera doctrina de la Sala sobre el **impacto de las lesiones oculares** en el acceso de la prestación de **gran invalidez (ahora gran incapacidad)**. En particular, en el caso de autos, respecto de un sujeto que tenía agudeza visual en el ojo derecho de 0,1 y en el izquierdo de 0,02. La Sala entiende que no procede el reconocimiento de la prestación pretendida, al no estar acreditado que el sujeto no pudiese atender por sí solo los actos más esenciales de la vida. **4420**
En la misma línea, la **TS 21-10-25, Rec 3845/23.**

Incapacidad permanente total derivada de enfermedad profesional desde situación de desempleo La **TS 27-2-25, Rec 4724/22**, reconoce al actor de autos, afectado por una silicosis simple grado I, una incapacidad permanente total derivada enfermedad profesional, incompatible con el trabajo en ambientes en los que existe riesgo de inhalar polvo de sílice. Ello pese a estar en situación de desempleo, porque el acceso a tal situación fue **inmediatamente posterior al cese** en la actividad laboral como marmolista y **sin solución de continuidad**, lo que determina que esta sea la profesión habitual que ha de tomarse en consideración a estos efectos. Como ha sostenido ya la Sala, «la profesión habitual a efectos de reconocer la prestación de invalidez permanente total es aquella a la que el trabajador dedicaba su actividad fundamental durante el tiempo anterior a la iniciación de la incapacidad. Esta referencia temporal concreta de la profesión habitual obliga a una valoración también concreta de todas las circunstancias de la actividad de trabajo, incluida la incompatibilidad con un ambiente determinado» (TS 20-12-72; 16-12-91, Rec 330/91 y 18-1-07, Rec 2827/05). **4425**
El hecho de que el trabajador se encuentre en **situación de desempleo** no puede justificar la denegación de la incapacidad permanente total con el argumento de que no existe la posibilidad de recolocarlos en otro puesto de trabajo, cuando la prestación se ha solicitado inmediatamente después y sin solución de continuidad con el cese en la última actividad laboral cotizada como marmolista, sin que concurra el menor elemento o indicio que pudiere apuntar la existencia de un posible fraude de ley o abuso de derecho. La prestación de incapacidad permanente total tiene como finalidad la de «compensar la pérdida de ingresos provenientes del desempeño de la actividad profesional del trabajador...» (TS 11-4-24, Rec 197/23), y esa situación jurídica se genera igualmente y de manera definitiva cuando el trabajador se encuentra en situación de desempleo y **pierde la posibilidad de volver a desempeñar su profesión habitual**.
Es cierto, como advierte la sentencia, que, aunque por sí sola la silicosis simple grado I puede no resultar incapacitante cuando no está acompañada de otras dolencias adicionales, la profesión habitual de marmolista es totalmente incompatible con el desempeño de una actividad que, por su propia naturaleza, debe desarrollarse necesariamente en ambientes sometidos al riesgo de inhalación de polvo de sílice. Por tanto, procede el reconocimiento de la incapacidad permanente total para dicha profesión, con independencia de que la prestación pudiere resultar de futuro incompatible con el desempeño de un puesto de trabajo en esa misma profesión habitual que, eventualmente, pudiere estar exento del riesgo de desarrollar la actividad laboral en ambientes pulvígenos.

Incapacidad permanente parcial. Reintegro de prestaciones La Sala, en la TS 2-2-21, Rec 1891/18, ya había dicho que, en el caso de las prestaciones de incapacidad permanente parcial, cuando la indemnización es reconocida en resolución administrativa que es **dejada sin efecto** en sentencia judicial firme, el **reintegro de prestaciones indebidamente percibidas alcanza** a toda la cantidad percibida porque se trata de una prestación de pago único a tanto alzado y no resulta aplicable lo dispuesto en el RD 1415/2004 art.71, para las de pago periódico. Esta doctrina se reitera en la **TS 7-5-25, Rec 184/22.** **4432**
Como recuerda la sentencia, en este caso, el beneficiario ha percibido una **prestación de importe superior** a la que le correspondía, al haberse declarado inicialmente por el INSS que la incapacidad derivaba de accidente de trabajo, y en la **posterior**

sentencia judicial que la contingencia era de enfermedad común, y **debe reintegrarlo**, sin que se oponga a esa conclusión el hecho de que las resoluciones del INSS sean inmediatamente ejecutivas, porque tal condición solo supone que puede procederse a su inmediata ejecución sin esperar a que alcance firmeza, «pero en absoluto significa que no quepa su revisión». En el **único caso en el que no procede** el reintegro de prestaciones indebidamente percibidas es el supuesto de ejecución provisional de la sentencia condenatoria al pago de prestaciones periódicas de Seguridad Social, cuando la sentencia favorable al beneficiario fuera revocada, y ello es así porque, en estos supuestos, la LRJS art.294.2 dispone que el beneficiario no estará obligado al reintegro de las cantidades percibidas durante el periodo de ejecución provisional, y conservará el derecho a que se le abonen las devengadas durante la tramitación del recurso. A ello hay que añadir que no procede la aplicación del RD 1415/2004 art.71, Reglamento General de Recaudación de la Seguridad Social, que dispone «En los casos en que, como consecuencia de sentencia firme, se anule o reduzca la responsabilidad de la mutua o de la empresa declarada por resolución administrativa, estas tendrán derecho a que se les devuelva la totalidad o la parte alícuota, respectivamente, de la prestación o del capital ingresado, más el recargo, el interés de demora, en su caso, y el interés legal que procedan, sin detracción de la parte correspondiente a las prestaciones satisfechas a los beneficiarios, que quedan exentos de efectuar restitución alguna».

Como aclara la Sala, se trata de un precepto legal que se encuentra dentro del RD 1415/2004 Título II, relativo al procedimiento de recaudación en periodo voluntario, y más concretamente en su Capítulo III, Sección segunda, referente a los capitales coste de pensiones y otras prestaciones, por lo que su finalidad no es otra que la de regular la situación jurídica que se presenta cuando una sentencia judicial anula o reduce la responsabilidad de la mutua o de la empresa que ha sido declarada en una resolución administrativa, en cuya virtud los beneficiarios ya han percibido las prestaciones que les fueron satisfechas como consecuencia de la ejecutividad de la resolución que queda posteriormente sin efecto. Pero esta previsión legal **solo es aplicable** a los supuestos en los que **las mutuas o las empresas estén obligadas a constituir capital coste** para hacer frente al pago de prestaciones de Seguridad Social de las que sean responsables, cuando la responsabilidad declarada en resolución administrativa pueda ser ulteriormente revisada en vía judicial y ello da lugar a la anulación o minoración del capital coste constituido. En estos casos, lo que se desprende de esta norma es que las **mutuas o empresas tienen derecho a que se les devuelva** la totalidad o la parte alícuota del capital ingresado, pero sin que ello suponga que deban considerarse como indebidamente percibidas las **prestaciones ya satisfechas** al beneficiario, que **no habrán de ser reintegradas**. La finalidad de esa regla no es otra que la de regular la situación que se produce en los supuestos de prestaciones de Seguridad Social de pago periódico, que se vienen abonando al beneficiario conforme a lo establecido en una resolución administrativa que es posteriormente revisada en sede judicial.

Esta regla **no puede trasladarse** al supuesto de la **incapacidad permanente parcial que se deja posteriormente sin efecto**, porque se trata de la íntegra percepción de la cantidad a **tanto alzado**, sin que se hayan satisfecho pagos periódicos que puedan entenderse ya consolidados. El beneficiario ha percibido en su totalidad la prestación en razón de la naturaleza ejecutiva de la resolución administrativa, que no es firme, con lo que al quedar la misma sin efecto debe aplicarse el régimen jurídico previsto en la LGSS art.55 y devolverse lo indebidamente percibido, esto es: el montante completo de la indemnización. Admitir lo contrario supondría un enriquecimiento injusto del beneficiario.

Precisiones La TS 7-5-25, Rec 3934/22, respecto de la extinción y reintegro de pensión no contributiva por superar sobrevenidamente el límite de ingresos, declara que se trata de un **acto de gestión**, por lo que resulta innecesario que la Administración inste la tutela judicial conforme a la LRJS art.146. Así se había dicho ya en la TS 11-3-25, Rec 837/22.

4440 **Integración de lagunas con actividades en distintos regímenes** La **TS 10-9-25, Rec 4374/23**, reitera lo dicho en la TS 17-5-22, Rec 1836/19, sobre el cálculo de la base reguladora de **pensión de incapacidad permanente** causada en el Régimen General de la Seguridad Social cuando el beneficiario tiene periodos de cotización **en regímenes o sistemas** de Seguridad Social en los que **no está prevista** la **integración de lagunas de cotización**. Como había mantenido ya la Sala, en estos casos, si la pensión se causa en el Régimen General, debe aplicarse la integración de lagunas prevista en las normas en dicho régimen a todos los periodos sin cotización, aunque sean posteriores al desarrollo de la actividad productiva en los mismos, y ello porque la norma reguladora del cómputo recíproco no hace excepción de dicho supuesto. Por tanto, si la pensión es causada en el Régimen General, para su cálculo se aplican las normas propias de este y no las de otros regímenes o sistemas especiales.

Prorrata temporis. Incapacidad permanente de mineros checos La **TS 12-6-25, Rec 1399/23**, retoma la cuestión de **cómo** han de **computarse las cotizaciones ficticias** tenidas en cuenta para el cálculo de la base reguladora de la prestación de incapacidad permanente (LGSS art.197.1.b) en la determinación de la prorrata temporis a cargo de la Seguridad Social española, cuando se trata de un trabajador de la minería que ha prestado **servicios en España y Chequia**. Conviene recordar, en tal sentido, que el Rgto UE/883/2004 art.1.t dispone, respecto de los periodos de seguro, que son los periodos de cotización o de actividad por cuenta ajena o propia, tal como se definen o admiten como periodos de seguro por la legislación bajo la cual han sido cubiertos o se consideran cubiertos, así como todos los periodos asimilados en la medida en que sean reconocidos por esta legislación como equivalentes a los periodos de seguro. Sucediendo que, **en el sistema español** de Seguridad Social, el periodo de tiempo en que resulte rebajada la edad de jubilación del trabajador **se computará como cotizado** para determinar el porcentaje aplicable para calcular el importe de la pensión (OM 3-4-1973 art.21.4). Por tanto, como ya dijera la **TS 13-7-21, Rec 3219/18**, los días ficticios de cotización para el cálculo de la base reguladora son días que **han de ser computados**, ya que son reconocidos como asimilados para el cálculo de la base reguladora. En consecuencia, dicho periodo asimilado de días cotizados ha de adicionarse a los días efectivamente cotizados en España, obteniendo así la prorrata temporis, sin que puedan descontarse para concretar la parte de la pensión que ha de asumir la Seguridad Social española. **4448**

Así las cosas, para el cálculo de esa prorrata de la pensión de jubilación o incapacidad permanente de un trabajador que ha prestado servicios en España y en otro Estado miembro de la Unión Europea, deben **incluirse las cotizaciones ficticias junto a las cotizaciones reales**, de modo que todos los días de adelanto de la edad de jubilación se tengan en consideración a estos efectos.

Reconocimiento judicial de grado inferior al solicitado Es doctrina consolidada de la Sala, que se recuerda en la **TS 27-5-25, Rec 3203/23**, que el reconocimiento de un grado de incapacidad inferior al expresamente solicitado no vulnera el principio de congruencia de la sentencia, siempre que lo otorgado pueda quedar subsumido en lo más que se pidiere. Por tanto, ha de admitirse, en términos generales, el reconocimiento de un grado de incapacidad permanente inferior al postulado en la demanda, **en tanto no esté expresamente excluido** de la pretensión del actor. En este caso, se reconoció una incapacidad permanente parcial, que **no se había solicitado** en la demanda inicial, aunque sí de forma subsidiaria en el recurso de suplicación. **4455**

Valoración subjetiva de la gran invalidez (ahora gran incapacidad) La **TS 2-4-25, Rec 4235/23**, reitera doctrina previa sobre el acceso a la gran incapacidad en caso de **ceguera**, sosteniendo que no es suficiente la pérdida de agudeza visual si no se acredita que la actora necesite la asistencia de otra persona para los actos más esenciales de la vida. **4460**

10. Prestación de jubilación

4500 **Compatibilidad de pensión de IPT con pensión de jubilación parcial causada en virtud de un trabajo distinto al que dio origen a aquella**
Reiterando lo dicho en la TS 28-10-14, Rec 1600/13, la **TS 30-9-25, Rec 4276/24**, confirma la compatibilidad entre la pensión de IPT y la de jubilación parcial cuando proceden de trabajos distintos. Como recuerda la sentencia, la pensión de **IPT** solamente otorga el 55% de la base reguladora, habida cuenta de que al sujeto le queda una **capacidad de trabajo suficiente** para poder percibir, en una actividad distinta, una renta profesional que, obviamente, es compatible con el percibo de la pensión de IPT derivada de la primera actividad. Por tanto, si el trabajador decide **jubilarse parcialmente de dicha segunda actividad** es completamente lógico que perciba la correspondiente **pensión sustitutoria de la parte de renta** profesional que deje de percibir por esa segunda actividad, en la que seguirá trabajando parcialmente, con la correspondiente reducción salarial. Cuando deje de hacerlo, pasará a la jubilación total, que sí es incompatible con la IPT. Además, las **cotizaciones que se computan para la jubilación** (tanto a efectos de periodo de carencia como de cálculo de la cuantía) son cotizaciones que, con suma frecuencia, han dado lugar a otras prestaciones –de desempleo, de IT para el trabajo, etc.– a lo largo de la vida del beneficiario. De ahí que no sea coherente con el funcionamiento general del sistema que se diga que las cotizaciones que se computaron para otorgar la IPT no pueden ser tenidas en cuenta para conceder una pensión de jubilación, tanto si ésta es completa como si es parcial.
Así se sostuvo ya en la señalada TS 28-10-14, Rec 1600/13, y, aunque hayan transcurrido más de 10 años desde entonces, las normas aplicadas antes y ahora no han variado su tenor sustancial, dicha doctrina ha venido considerándose como válida, tanto en algunos autos cuanto en la reciente TS 4-6-24, Rec 3802/21, sin que se hayan aparecido elementos nuevos en el debate, por lo que, por elementales razones de seguridad jurídica e igualdad en la aplicación del ordenamiento debe persistirse en ella.

4505 **Compatibilidad entre la prestación de IPT y el subsidio de desempleo para mayores de 52 años** Resultan de particular interés las **TS 29-9-25, Rec 4435/23 y 3628/23; 14-10-25, Rec 4234/23; 21-10-25, Rec 416/24 y 4236/24; 11-11-25, Rec 5048/23**, en las que se sostiene que, en los casos de acceso al **subsidio de mayores de 52 años** por beneficiario de una previa **pensión de IPT**, si la pensión de incapacidad no determina la superación del límite de rentas que impide el acceso al subsidio, ambas prestaciones **no dejan de ser compatibles**, de manera que el beneficiario no queda obligado a optar entre ambas por el hecho de que las cotizaciones anteriores a la IPT se hayan computado para alcanzar la carencia propia de la pensión de jubilación que constituye un presupuesto legal para poder lucrar el subsidio para mayores de 52 años (LGSS art.274.4, art.280.1 actual).
No hay que olvidar, en tal sentido, que los **requisitos de acceso** a la prestación de **desempleo y** al **subsidio de mayores de 52 años son diferentes**. Y, aunque es cierto que el periodo de carencia necesario para lucrar la prestación por desempleo por

una situación legal de desempleo posterior a la IPT debe haberse alcanzado con las cotizaciones posteriores a dicha IPT, no siendo susceptibles de cómputo las cotizaciones efectuadas en la profesión a la que va referida dicha incapacidad, porque en tal caso sí se produciría la incompatibilidad prescrita por la Ley, esta **exigencia fijada jurisprudencialmente de que exista cotización posterior a la incapacidad permanente** para poder lucrar la prestación por desempleo **se refiere al requisito de carencia**, y sería claramente aplicable al subsidio de desempleo en aquellos supuestos en los que el acceso al mismo exige algún tipo de carencia, como es el caso de la LGSS art.274.3, que requiere cotizaciones de al menos 3 o 6 meses. Pero, en otros supuestos que no exigen carencia para el acceso al subsidio, la doctrina no se puede aplicar. Así sucede con el acceso al subsidio en el caso de mayores de 52 años. El requisito legal en este caso es acreditar que «en el momento de la solicitud, reúnen todos los requisitos, salvo la edad, para acceder a cualquier tipo de pensión contributiva de jubilación en el sistema de la Seguridad Social», lo que implica que el requisito para el acceso a la pensión de jubilación de 15 años de carencia debe cumplirse computando únicamente cotizaciones posteriores a la IPT, extendido así al mismo la doctrina jurisprudencial referida a la carencia propia de la prestación o subsidio de desempleo (en este último caso, cuando se exige carencia), o, por el contrario, pueden computarse también las cotizaciones anteriores. Dicho requisito no constituye una exigencia de periodo de carencia para lucrar el subsidio por desempleo para mayores de 52 años, por lo que la doctrina señalada no resulta de aplicación.

El requisito de **cotización de 15 años**, que es el que motiva el recurso de la entidad gestora, **no** aparece diseñado como **carencia necesaria para acceder al subsidio de mayores de 52 años**, sino que es un efecto reflejo de la exigencia de que «en el momento de la solicitud, reúnen todos los requisitos, salvo la edad, para acceder a cualquier tipo de pensión contributiva de jubilación en el sistema de la Seguridad Social» (LGSS art.274.4). Por tanto, la carencia a la que se refiere, de forma refleja, es la regulada en la LGSS art.205.1.b, que es la carencia propia de la pensión de jubilación (15 años), a cuyos efectos, desde luego, se pueden computar las cotizaciones anteriores a la IPT. No hay que olvidar que el beneficiario de una pensión de IPT puede lucrar la pensión de jubilación al alcanzar la edad ordinaria para ello, incluso sin estar de alta, si reúne los requisitos de carencia genérica y específica, a cuyos efectos, desde luego, se deben computar todas las cotizaciones efectuadas durante su vida laboral, aunque sean previas a la incapacidad permanente. No puede, en definitiva, transformarse ese requisito de carencia propia de jubilación en una carencia propia del subsidio para mayores de 52 años.

Lo contrario supondría mutar la naturaleza de las prestaciones, porque la concesión y la duración del subsidio para mayores de 52 años está vinculada precisamente al acceso futuro a la jubilación y sirve para cubrir las necesidades de la persona beneficiaria en situación de desempleo durante tal periodo de la vida posterior a los 52 años hasta que tiene derecho a la jubilación. De hecho, esta realidad es la que explica que durante la percepción del subsidio para mayores de 52 años la entidad gestora cotice por la contingencia de jubilación.

Jubilación anticipada de bomberos La interesante **TS 17-12-24, Rec 5336/22**, a propósito de la jubilación anticipada de bomberos, sostiene que la exigencia contenida en el RD 383/2008 art.5 de que, para aplicar el coeficiente reductor de la edad de jubilación, el bombero permanezca en **situación de alta por dicha actividad** o en otra actividad laboral diferente hasta la fecha en que se produzca el hecho causante de la pensión de jubilación, vulnera el LGSS art.206.1. En efecto, este precepto incurrió en un **exceso en el desarrollo normativo** de la LGSS, porque no se limitó a aspectos procedimentales o instrumentales para facilitar la aplicación de ese precepto legal, sino que añadió un requisito para poder ser beneficiario de la pensión de jubilación anticipada que la ley no preveía: que el solicitante de la pensión permaneciera de alta en la Seguridad Social. **4510**

En el caso de autos, el bombero dejó de reunir las exigencias físicas propias de su profesión habitual, fue declarado afecto de incapacidad permanente total, pero, como el municipio para el que prestaba servicios no preveía el pase a segunda actividad, no pudo continuar siendo bombero, inscribiéndose como demandante de empleo. Pues bien, entiende la sentencia que la exigencia introducida por el RD 383/2008, infringe el principio de jerarquía normativa y no puede considerarse, porque cuando la LGSS ha querido exigir el requisito de permanencia de alta en la Seguridad Social para el devengo de la jubilación anticipada por razón de la actividad lo ha hecho, como en el caso de los miembros del Cuerpo de la Ertzaintza, los Mossos d'Esquadra y la Policía Foral de Navarra. Al **no exigirlo respecto de los bomberos**, hay que entender que el precepto reglamentario ha excedido su mandato, formulando un requisito adicional para el reconocimiento de la pensión de jubilación que la LGSS no exige.

4517 **Jubilación anticipada involuntaria** La Sala tiene dicho en múltiples ocasiones que, antes de la L 21/2021, que modificó la LGSS art.207, no era posible el acceso a la jubilación anticipada involuntaria por la **extinción del contrato por MSCT** prevista en el ET art.41.3. Cuestión en la que vuelve a insistir en la **TS 12-6-25, Rec 1575/23**.

4520 **Jubilación en el sistema especial ferroviario** Reiterando doctrina previa, la **TS 25-2-25, Rec 271/22**, descarta la aplicación de **coeficientes reductores de la edad de jubilación** en el sector ferroviario al caso de autos, destacando que ha de realizarse una aplicación estricta de las exigencias del RD 2621/1986, sin que, por ende, pueda asimilarse a este sistema a los maquinistas que circulan solo por vías de un complejo industrial, que no hacen el trazado ferroviario público que justifica la reducción de la edad de retiro. En este caso concreto, es relevante tener presente que la comercial del actor no despliega actividades de índole ferroviaria porque su centro no está integrado en la red pública ferroviaria, por mucho que utilice infraestructura ferroviaria y material rodante. La **existencia de vías de tren y de vagones o máquinas tractores** dentro del complejo industrial no cambia esta convicción, pues las personas que ejercen como maquinistas o capataces de maniobras solo están pendientes de cuanto concierne al ciclo productivo de su propia empresa. La responsabilidad y peligrosidad inherente al cruce con convoyes, pasos a nivel, apeaderos peatonales, recepción de órdenes desde los puestos de mando circulatorios, atención a instrumentos de navegación del gestor público de infraestructuras ferroviarias, etc. no ha quedado probado. Habiendo sostenido ya la Sala que en estos contextos **no cabe aplicación alguna de la analogía**, porque los supuestos concurrentes poseen heterogeneidad.

4526 **Jubilación forzosa** Reiterando doctrina previa, la **TS 6-2-25, Rec 3702/23**, se pronuncia sobre si la pensión de jubilación forzosa de la trabajadora demandante, personal laboral de la Universidad Menéndez Pelayo (UIMP), es compatible con la prestación por jubilación prevista en el CCol del personal laboral de la UIMP art.56, atendiendo a lo dispuesto en RDL 20/2012. La convicción final de la Sala es que el RDL 20/2012 art.1.2 proclama claramente la **incompatibilidad entre la pensión de jubilación** del sistema de Seguridad Social **y cualquier otra percepción económica** que el empleado público, por cesar como tal y pasar a la situación de jubilación, tenga derecho a percibir. Así como, además, que las previsiones de los convenios colectivos que fueran contra lo regulado en el citado RDL se encontraban suspendidas en el momento en el que el demandante cesó como empleado público. El convenio colectivo solo establece esa percepción cuando el trabajador cesa en su actividad en la empresa; cese que además se vincula exclusivamente a la situación de jubilación, y así lo denomina el propio convenio cuando identifica ese derecho como **«prestación por jubilación»**. En modo alguno se puede obtener del CCol del personal laboral de la UIMP art.56 que la prestación allí recogida, aunque lo sea a tanto alzado, venga a retribuir el tiempo de trabajo dedicado, aunque se exija una antigüedad mínima y su importe venga determinado en atención a números de años que superen ese mínimo, ya que es el cese en la relación laboral y el pase a la jubilación lo que se retribuye y no un premio de permanencia.

Jubilación no contributiva La **TS 25-2-25, Rec 2859/22**, aplica la doctrina formulada para la exclusión de las asignaciones por hijo a cargo en el cómputo de los límites cuantitativos para excluir igualmente la asignación económica a la actora por el acogimiento de sus nietos menores de edad, a efectos de que no compute para devengar una pensión de jubilación no contributiva. 4530

Jubilación de trabajadores a tiempo parcial. Inaplicación del coeficiente de parcialidad A propósito de una incapacidad permanente absoluta, la TS 18-1-24, Rec 2231/21, rechazó en su día la aplicación del coeficiente de parcialidad, aplicando doctrina constitucional. Se recuerda esa misma doctrina respecto de una pensión de jubilación en la **TS 5-3-25, Rec 1238/23**, rememorando lo dicho en la TCo 91/2019, que declaró la incompatibilidad con la Const art.14 de los coeficientes de parcialidad respecto de las pensiones de jubilación. En la misma línea, **TS 9-4-25, Rec 189/23; 27-5-25, Rec 3173/23; 10-9-25, Rec 5385/23; 19-11-25, Rec 3811/24**. 4537

Jubilación parcial La **TS 21-10-25, Rec 5489/23**, aplica doctrina previa (TS 25-9-24, Rec 403/22) sobre la **equivalencia de bases de cotización entre el trabajador relevado y el relevista**. El trabajador relevista debe mantener una cotización no inferior al 65% del promedio de las bases de cotización correspondientes a los 6 últimos meses del periodo de base reguladora de la pensión de jubilación parcial, y la misma también se corresponde con la cotización realizada por el trabajador jubilado, sin que aquel porcentaje deba, a su vez, estar afectado por el **porcentaje de jornada** que realice el trabajador relevista. Así se ha sostenido en la interpretación de la LGSS art.215.2.e. 4540

La Sala comparte este criterio, apostando por dicha interpretación literal, desde el convencimiento de que es esta la **voluntad del legislador**. No en vano, la reforma operada por la L 40/2007, al introducir la posibilidad de que el relevista no tuviera que atender el mismo puesto o similar con la condición de que se mantuviera una correspondencia entre las cotizaciones de ambos trabajadores, vino a facilitar el uso de esta institución, pero con la previsión de que, al generarse una prestación a cargo de la Seguridad Social, esa carga adicional para el sistema se compensase, manteniendo la contribución al mismo en términos que se correspondieran con la contratación laboral existente con anterioridad. Línea de tendencia en la que ahondó la ulterior flexibilización acometida por la L 27/2011, que permitió la ocupación de puestos diferentes, pero perfilando la expresión «por la que venía cotizando» como equivalente a un promedio de bases de un periodo concreto de los últimos 6 meses trabajados a tiempo completo. Lo que la Sala ha interpretado, en la TS 24-4-12, Rec 1548/11, en el sentido de una concreción de la exigencia legal para endurecer los requisitos de acceso a esta jubilación.

A este posicionamiento también contribuye la regulación en relación con la cotización durante el periodo de compatibilidad de la pensión de jubilación parcial con el trabajo a tiempo parcial, a cuyo tenor hay que cotizar por la **base de cotización** que, en su caso, hubiere correspondido **de seguir trabajando a jornada completa**. Por tanto, a pesar de que por el trabajador jubilado parcialmente se va a seguir aportando al sistema Seguridad Social la misma cotización que si estuviera a tiempo completo, siendo que su salario responde a una actividad que no lo es, se impone un **mínimo de cotizaciones por el contrato del relevista, cualquiera que sea su jornada**, de al menos el 65% de las que, en un promedio de tiempo, el trabajador jubilado hubiera realizado a tiempo completo y servían para el cálculo de la base reguladora de la pensión de jubilación parcial, sin más parámetros.

Así las cosas, concluye la sentencia que, conforme a este criterio, el reconocimiento de la pensión de jubilación parcial en los términos legales exigidos impide que los ingresos y financiación de la Seguridad Social se vean mermados y permite que se mantenga esa garantía de cotización que ha estado presente en este régimen jurídico.

11. Prestaciones de muerte y supervivencia

4573 **Indemnización a tanto alzado en caso de fallecimiento por contingencia profesional** La interesante **TS 13-5-25, Rec 4467/22**, se pronuncia sobre el **montante** de la indemnización a tanto alzado por muerte causada por accidente de trabajo o enfermedad profesional, concluyendo que su **importe se calcula** sobre la cuantía de la pensión o sobre la base reguladora, según la cotización, aun cuando exceda del tope máximo de las pensiones públicas. Como recuerda la sentencia, la LGSS art.42, al regular la acción protectora del sistema de la Seguridad Social dentro del Capítulo IV (acción protectora), Sección 1ª, incluye la indemnización en caso de muerte por accidente de trabajo o enfermedad profesional; es en la Sección 4ª cuando analiza los importes máximos de las pensiones, LGSS art.57, pero en ningún momento hace referencia alguna a limitación en la cuantía para prestaciones diferentes de pensiones, como es la indemnización en discusión. Por tanto, de la norma vigente no cabe deducir la existencia de ningún tipo de limitación a la cuantía máxima de la prestación de indemnización a percibir, en la medida que las referencias a la cuantía máxima se refieren a las pensiones. Y la indemnización a tanto alzado es una prestación que no participa de la naturaleza de las pensiones como la viudedad o la orfandad, en tanto que no responde a la finalidad de remediar una situación de necesidad surgida por la muerte del causante, sino que tiene por objetivo la reparación del daño que sufre la unidad familiar derivada de la muerte del causante y en función de lo por él cotizado.

Sucede, además, que el D 3158/1966 que la regula establece que la indemnización por fallecimiento debe ser calculada sobre la base reguladora de las prestaciones de muerte y supervivencia, criterio que se mantiene después en la OM 13-2-1967 y en el D 1646/1972, y en el momento en que entraron en vigor estas normas no existía ninguna limitación a la cuantía máxima, ni siquiera de las pensiones, como no fuese la derivada de su propio cálculo, que estaba topado lógicamente por las bases máximas de cotización que sustentaban la base de su cálculo. Así las cosas, **no existe norma** alguna de derecho positivo **que limite la cuantía de la indemnización por muerte** y no puede la jurisprudencia generar una limitación de este tipo. No hay que olvidar tampoco, a la hora de valorar la realidad normativa en juego, que históricamente las prestaciones derivadas de accidente de trabajo se han acercado lo más posible al salario real percibido; de hecho, se integra en el montante de la base reguladora lo percibido por horas extraordinarias, que queda al margen en el caso de las contingencias de origen común. Y eso es lo que se ha querido también respecto de la indemnización a tanto alzado, acercándola al salario, aunque supere el límite legal que funciona para las pensiones.

4578 **Orfandad. No aplicación al caso de la doctrina humanizadora que exime de la exigencia de alta o situación asimilada** Reiterando la doctrina formulada en la TS 29-10-24, Rec 3765/22, la **TS 8-4-25, Rec 2393/23**, deniega el derecho a pensión de orfandad de autos, pues si bien el causante acreditaba cotizados 9 años y

9 meses (recuérdese que no se exige carencia para la orfandad), no cumplía el de alta o situación asimilada, sin que resultase de **aplicación la doctrina humanista y flexibilizadora** que exime de este requisito en determinadas circunstancias. Ello porque el trabajador se ha **apartado voluntariamente del mundo laboral** sin causa justificada desde que cesó en su última actividad cotizada en 2012, no se inscribió como demandante de empleo hasta agosto de 2017 y falleció en octubre de ese mismo año, sin que conste que padeciese enfermedad o patologías que justificasen su apartamiento del mundo laboral en el periodo de 3 años comprendido entre junio de 2012 y agosto de 2015, durante el que ni tan siquiera se inscribió como demandante de empleo.

Prestación en favor de familiares. Exigencia de convivencia 2 años antes del óbito El acceso a estas prestaciones de la Seguridad Social está condicionado, como se sabe, a que se haya producido una convivencia efectiva con la persona fallecida. Pues bien, como sostiene la **TS 15-7-25, Rec 4994/23**, este requisito no se cumple cuando la persona en cuestión fue **ingresada en una residencia 2 años y medio antes** de que se produjese el **óbito**. La finalidad de la prestación es subvenir a la situación de necesidad a que los hijos o hermanos del causante se ven abocados por el fallecimiento del padre o hermano del que dependían económicamente. Esto supone que el **término convivencia** no ha sido interpretado como un mero vivir en compañía de alguien, sino con un criterio más amplio, en el que lo que debe valorase es, por un lado, la **dependencia económica** del beneficiario respecto de su causante, y por otro, la dedicación al **cuidado y compañía** del causante realizada por el beneficiario. Se trataría de un **criterio de interpretación flexible y humanizador** del concepto de convivencia física que priorizaría la efectividad de las atenciones y cuidados hacía el sujeto causante, y que la Sala ha aplicado en circunstancias excepcionales impuestas por **circunstancias transitorias** de trabajo fuera de la residencia habitual, con la finalidad de atender mejor al sostenimiento de la familia cuando las relaciones afectivas y económicas no han desaparecido (TS 9-2-85, Rec 355/84). Ahora bien, en el caso de autos no consta ningún dato que permita aplicar este tipo de interpretación flexible, pues **no se ha acreditado** que la actora hubiera dispensado cuidados a su padre durante su estancia en la residencia de mayores que permitiesen acreditar la permanencia de una relación directa, frecuente o habitual entre la actora y el causante; lo que impide poder tener por superado el requisito de la convivencia, ni siquiera en su interpretación más flexibilizadora. 4582

Prestación en favor de familiares. Exigencia de edad. No cabe interpretación con perspectiva de género que suponga variar las reglas legales de edad La **TS 10-6-25, Rec 3047/23**, descarta el reconocimiento a la actora de autos de la prestación en favor de familiares (por el fallecimiento de su padre), **por no tener la edad mínima legalmente exigida** de 45 años. Como razonablemente sostiene, una exigencia legal de edad no admite una interpretación con perspectiva de género por ser la actora víctima de violencia de género, pues una interpretación de este calado supondría, en realidad, contravenir la legalidad, fijando una edad diferente a la requerida por la norma, en concreto, por la LGSS art.226.2.b. Es verdad que la TS 29-1-20, Rec 3097/17, acogió una **interpretación con perspectiva de género** respecto de la prestación en favor de familiares, pero **no respecto del requisito de la edad**, que es lo debatido en este caso, sino en relación con la naturaleza de la pensión que percibía el causante, para incluir también a los causantes que vinieran percibiendo una pensión SOVI a través de una interpretación normativa acorde con los postulados impuestos por la LO 3/2007, para la igualdad efectiva entre mujeres y hombres –LOIEMH–, a lo que se anuda la doctrina del TJUE (TJUE 9-2-99, Seymour-Smith y Pérez, C-167/97, y, más recientemente, TJUE 8-5-19, Villar Laíz, C-161/18, y 3-10-19, Schuch Ghannadan, C-274/18, y TJUE auto 15-10-19, AEAT, C-439/18 y C-472/18, entre otras). 4586

Dicha doctrina no puede trasladarse mecánicamente al supuesto de autos, pues interpretar con perspectiva de género implica añadir un canon hermenéutico para la comprensión del derecho que consiste en rechazar cualquier inteligencia de la norma que conduzca a una discriminación de la mujer. Su aplicación se residencia en la búsqueda de criterios hermenéuticos que favorezcan la aplicación de las normas legales de la manera que mejor se ajuste a ese principio informador del ordenamiento jurídico que busca garantizar la igualdad de trato y de oportunidades entre mujeres y hombres. Pero no tiene sentido la invocación de la perspectiva de género cuando **la norma a interpretar afecta** exactamente por **igual y sin distinción alguna a mujeres y hombres**, como sucede con una exigencia **concreta de edad mínima**. El cumplimiento de una determinada edad –con independencia de cuál sea– es uno de los requisitos comunes a varias prestaciones del sistema de Seguridad Social que actúan de forma neutra en el conjunto de la sociedad, ya que su finalidad va ligada, generalmente, a compensar la paulatina pérdida de oportunidades laborales, que va ligada –socialmente– al progresivo envejecimiento, excluyéndose una finalidad o consecuencia discriminatoria (TCo 137/1987). De hecho, sobre el requisito de la edad como exigencia para causar derecho a las prestaciones en favor de familiares ya sostuvo la Sala, en la TS 1-6-17, Rec 2637/15, que este tipo de exigencias han de concurrir «necesariamente» en la fecha del hecho causante.

4590 **Viudedad de parejas de hecho. Exigencias formales** Es doctrina consolidadísima de la Sala, que se recuerda en las **TS 25-3-25, Rec 4398/23, 3316/23 y 4803/23** y **TS 7-5-25, Rec 2955/23**, que la inscripción en el registro específico o el otorgamiento en documento público en el que se recoge la **constitución de la pareja de hecho** es **requisito ad solemnitaten** a los efectos de la pensión de viudedad. Por tanto, la pensión de viudedad que la norma establece no es en favor de todas las parejas «de hecho» con 5 años de convivencia acreditada, sino en exclusivo beneficio de las **parejas de hecho «registradas»** cuando menos 2 años antes (o que han formalizado su relación ante Notario en iguales términos temporales) y que asimismo cumplan aquel requisito convivencial; lo que ha llevado a afirmar que la titularidad del derecho –pensión– únicamente corresponde a las «parejas de derecho» y no a las genuinas «parejas de hecho».

Por ello, aunque la **acreditación de la convivencia** puede realizarse por cualquier medio de prueba que tenga fuerza suficiente para procurar convicción al respecto, sin que necesariamente haya de serlo por el certificado de empadronamiento, la **existencia de la pareja de hecho** debe acreditarse en los concretos términos establecidos en la norma, no teniendo validez a esos efectos otro tipo de documentos, como la tarjeta sanitaria en la que la demandante figura como beneficiaria del causante, emitida por el INSS, el certificado de empadronamiento, el Libro de Familia, el testamento nombrando heredera a la persona con la que se convive, las disposiciones testamentarias de los convivientes en las que, además de legar una cuota del 30% de su herencia al otro, manifiestan que ambos convivían maritalmente, el certificado municipal de la reserva para la ceremonia nupcial o la condición de beneficiaria del plan pensiones del causante.

4593 La **TS 16-10-25, Rec 1744/23**, reitera la consolidada doctrina de la Sala, según la cual, en el caso de las pensiones de viudedad de pareja de hecho, la constitución de esta solo puede acreditarse por los **mecanismos** previstos legalmente y no por cualesquiera admitidos en derecho.

4600 **Viudedad de parejas de hecho. Exigencias formales. Aplicación de criterios flexibles de acreditación de la condición de víctima de violencia de género para el acceso a viudedad** En coherencia con lo mantenido en la TS 30-5-24, Rec 1116/21, la **TS 27-6-25, Rec 4252/23**, admite que, en el caso de autos, la actora acceda a la pensión de viudedad por la vía especial prevista para las excónyuges víctimas de violencia de género, autorizando la acreditación flexible de esta condición, argumentando que la adopción de orden de protección, el reconocimiento de la renta activa de inserción por víctima de violencia de género y la existencia de visitas al centro de atención a la mujer constituyen un **panorama fáctico indiciario suficiente** para concluir que concurre en ella la condición de víctima de violencia de género.

Viudedad de parejas de hecho. Pareja que no pudo contraer matrimonio por decretarse el estado de alarma. Reconocimiento de la pensión de viudedad por la excepcionalidad de las circunstancias concurrentes 4603
La interesantísima **TS 1-10-25, Rec 5529/23**, reconoce el derecho a percibir pensión de viudedad a la pareja supérstite de una unión no inscrita, pero que **acreditaba 20 años de convivencia**, por las singularidades del caso, toda vez que la pareja pretendió contraer matrimonio, obteniendo **auto del Registro Civil** de fecha 11-3-2020 **autorizando el matrimonio** que se iba a celebrar ante notario.
Con fecha 14 de marzo se decretó el **estado de alarma que impidió** la celebración del matrimonio, falleciendo la causante el 30-5-2020. Según razona la sentencia, la formalización del matrimonio ante Notario no pudo celebrarse, no porque así lo decidieran de manera voluntaria los contrayentes ni porque lo pospusieran voluntariamente. El impedimento se debió a la concurrencia de un evento extraordinario y ajeno a su voluntad cual fue la aparición de la pandemia consecuencia del Covid-19 y el subsiguiente estado de alarma que motivó la suspensión de su cita matrimonial. Esta última **situación era imprevisible** cuando iniciaron el expediente judicial con la finalidad de contraer matrimonio que, finalmente, no pudo llevarse a cabo por el fallecimiento de la causante, ocurrido el 30-5-2020. No hay que olvidar que la situación se extendió hasta el 21 de junio de dicho año.
Por tanto, se trata de una **situación** que resultó **claramente impeditiva** de la celebración del matrimonio previsto al que solo le faltaba el trámite de la comparecencia y ratificación ante Notario. En definitiva, se trata de analizar, acumulativamente, qué valor haya de darse a la incoación de un expediente judicial de matrimonio, en el que ya había recaído autorización para la celebración del mismo ante el Registro Civil y, también, al hecho de que el matrimonio no pudiera celebrarse por causas ajenas por completo a la voluntad de los contrayentes y debidas –sin duda– a las circunstancias derivadas de la declaración del estado de alarma con motivo de la referida pandemia.
Pues bien, la Sala destaca que la imprevisibilidad, inevitabilidad, imposibilidad y la relación causal entre las consecuencias y circunstancias concurrentes derivadas de la pandemia y la declaración del estado de alarma con la no celebración del matrimonio previsto conducen, inevitablemente, a considerar, en aplicación de una **interpretación finalista** de la norma, cumplido el requisito formal exigido por la LGSS art.221.2. Por ello, aunque Sala ha declarado reiteradamente que, en ausencia de vínculo matrimonial, resulta que la exigencia de inscripción en el registro administrativo de parejas de hecho o su formalización mediante escritura pública es un requisito normativo de carácter constitutivo para adquirir la pensión de viudedad, en este caso concurren circunstancias y matices diferentes en atención a la constatada y expresa voluntad de contraer matrimonio, al punto de que habían iniciado y tramitado el correspondiente expediente matrimonial ante el Registro Civil que había autorizado su celebración ante notario y que, finalmente, no pudo llevarse a cabo por causas ajenas a la voluntad de los miembros de la pareja.

Viudedad. Interpretación flexible del reconocimiento de pensión compensatoria Es doctrina consolidada de la Sala, que se reitera en la **TS 18-7-25, Rec 3117/24**, que, en los casos de ruptura matrimonial, la exigencia legal de reconocimiento de pensión compensatoria puede cubrirse mediante **instrumentos no estrictamente calificados** de este modo, como ocurre en este caso, porque en la sentencia de divorcio se decretó que el exmarido de la actora tenía la obligación de abonar el 50% del importe de la **cuota del préstamo hipotecario** de la vivienda familiar, que se le había asignado a la demandante (véase las TS 11-4-23, Rec 2973/20; 14-4-21, Rec 4997/18; y 14-10-20, Rec 3186/18). 4608

Viudedad en caso de separación o divorcio. Separación con reanudación de la convivencia, sin comunicación Es consolidada doctrina de la Sala, que recuerda la **TS 11-3-25, Rec 2115/23**, que no resulta posible reconocer una pensión de viudedad a uno de los elementos de un matrimonio separado que posteriormente reanudó la convivencia conyugal **sin ponerlo en conocimiento del Juez Civil**. 4612

Así se había sostenido ya en TS 30-10-12, Rec 212/12 y 279/18; 13-3-18, Rec 3519/16 y 389/18; 12-4-18, Rec 1613/16 y 21-7-20, Rec 429/18.

4615 **Viudedad en caso de separación o divorcio. Divorcio con posterior pareja de hecho, sin alcanzar 5 años de convivencia** Se discute en la **TS 1-4-25, Rec 2729/23**, si procede reconocer la pensión de viudedad a la excónyuge sobreviviente –víctima de violencia de género– que tras el divorcio constituyó formalmente una pareja de hecho con la que no llegó a convivir durante un periodo de 5 años. Como recuerda la Sala, la LGSS art.220.1 dispone: «En los casos de separación o divorcio, el derecho a la pensión de viudedad corresponderá a quien, concurriendo los requisitos en cada caso exigidos en el artículo 219, sea o haya sido cónyuge legítimo, en este último caso siempre que no hubiera contraído nuevas nupcias o hubiera constituido una pareja de hecho en los términos a que se refiere el artículo siguiente». En este caso, lo único que se discute es si la actora tiene derecho a la pensión, teniendo en cuenta que **se había constituido como pareja de hecho** y «el derecho a pensión de viudedad se extinguirá, en todo caso, cuando el beneficiario contraiga matrimonio o constituya una pareja de hecho en los términos regulados en el artículo 221...», dándose la circunstancia de que la **convivencia no había alcanzado aún los 5 años** que legalmente se exigen para generar pensión en el contexto de la pareja de hecho.

Recuerda la sentencia que, aunque aún no se ha pronunciado la Sala sobre esta concreta cuestión, sí lo ha hecho respecto de la **configuración de las parejas de hecho** que deriva de la LGSS art.221.2, para sostener que la generación de pensiones en el contexto convivencial exige la concurrencia de **2 requisitos acumulativos**: la **convivencia** estable y notoria durante al menos 5 año –salvo que tengan hijos en común, lo que no es el caso–; y la **inscripción en registro específico** acreditada mediante la certificación correspondiente. Por tanto, si se trata de dos requisitos simultáneos, sucediendo que la ausencia de uno de ellos impide el disfrute de la pensión, es razonable entender que para que la pensión de viudedad se extinga, no solo se exige que la pareja se registre formalmente, sino también que haya convivido al menos 5 años ininterrumpidos. Lo que «examinado desde la perspectiva del acceso a la pensión, determina que sea claro que solo una pareja de hecho así constituida podría impedirlo, porque tal pareja de hecho es la única diseñada en el precepto y no resulta lógico y coherente que se puedan exigir requisitos distintos para el acceso al derecho que para su extinción, cuando el legislador, en ambos supuestos se remite al mismo precepto».

12. Desempleo

4650

Acceso desde excedencia compensada. Inaplicación de la doctrina del paréntesis 4652 La interesante **TS 13-11-25, Rec 792/24**, se pronuncia sobre el **acceso al desempleo desde la situación de excedencia voluntaria** compensada a la que se acogió la trabajadora en el seno de un ERE, a cuyo término fue despedida, solicitando prestación por desempleo, que le fue reconocida con duración inferior a la deseada, al no existir cotizaciones en el periodo de excedencia. Entiende la Sala que **no** puede fundar la aplicación de la **doctrina del paréntesis** para generar una mayor duración de la posterior prestación por desempleo. Ello porque la excedencia en liza, aunque es una excedencia mejorada respecto de la voluntaria ordinaria, pues se asocia a una compensación económica y garantiza el reingreso obligatorio (aunque no la reserva de puesto), no pierde por ello su carácter voluntario, pues la trabajadora fue quien a su voluntad e interés decidió libremente pasar a esa situación. No consta que la interesada hubiera tenido intención de trabajar ni ninguna otra circunstancia que pudiera asociarse al infortunio que puede paliarse con la teoría del paréntesis; tampoco es relevante que la trabajadora se hubiera dedicado al cuidado de su padre, lo que nada indica en el caso sobre su disponibilidad para trabajar.

No se olvide, en tal sentido, que la Sala tiene dicho que no cabe la reducción de los periodos de carencia o cotización impuestos en las normas legales y reglamentarias; que los intervalos excluidos del cómputo del periodo o plazo reglamentario anterior al hecho causante son, en principio, aquellos en que el asegurado no pudo cotizar por circunstancias de infortunio o ajenas a su voluntad, como la situación de desempleo; que cabe excluir de dicho cómputo, a efectos del cumplimiento de los requisitos de alta y cotización, un «interregno de breve duración en la situación de demandante de empleo» que no revele «voluntad de apartarse del mundo laboral»; que **la valoración de la brevedad del intervalo de ausencia del mercado de trabajo se ha de hacer en términos relativos** que tengan en cuenta el tiempo de vida activa del asegurado, su «carrera de seguro», y también, en su caso, la duración del periodo de reincorporación al mundo del trabajo posterior a su alejamiento temporal.

A esta doctrina general hay que añadir que las **prestaciones por desempleo** siguen una **dinámica propia** derivada. De hecho, para situaciones de tan intenso significado como son las derivadas de las medidas de emergencia para hacer frente a la pandemia del Covid-19, la Sala, a partir de la TS 16-11-23, Rec 5326/22, ya mantuvo que **no puede computarse como cotizado** el periodo de percepción de prestaciones de desempleo como consecuencia de la suspensión del contrato de trabajo en **ERTE Covid-19 por fuerza mayor**, a efectos de percibir una nueva prestación de desempleo tras una posterior extinción.

Por tanto, no cabe aplicar esa doctrina al caso cuando la interesada **no tenía limitación o condicionamiento alguno para trabajar**, o para intentarlo (salvo en el sector de la banca), generando con ello cotizaciones con incidencia en el posterior reconocimiento de una prestación por desempleo o, en su defecto, una situación que tolerara la aplicación de la teoría del paréntesis.

4660 **Agotamiento de la RAI** La **TS 14-10-25, Rec 846/24**, mantiene que el agotamiento de la Renta Activa de Inserción (RAI) **se equipara** al del subsidio por desempleo, por lo que antes del RDL 8/2019 podía dar acceso al subsidio para mayores de 52 (o 55) años, y tras la modificación del art.280 LGSS (RDL 8/2019) la solución debe mantenerse, pues la redacción vigente (RDL 2/2024) es inaplicable al caso.

4665 **Desempleo Covid-19** Las **TS 14-10-25, Rec 811/24**, 2818/24, 2596/24, 2563/24, 842/24, 3235/24; 15-10-25, Rec 4477/23, 5001/23, 962/24, 5551/23, 1502/24; 16-10-25, Rec 2157/24, 464/24, 1557/24, 957/24; 21-10-25, Rec 4861/23, 5137/23, 1364/24, 658/24, 961/24, 5484/23, 1127/24, 1361/24, 4924/23, 4243/24, 172/24, 3761/23; 22-10-25, Rec 3423/24; 25-11-25, Rec 127/24, 5004/23, reiteran la consolidadísima doctrina de la Sala, a cuyo tenor, el periodo de percepción de prestaciones de desempleo como consecuencia de la suspensión del contrato de trabajo por un ERTE Covid-19 **no debe computarse** como cotizado a efectos de percibir una nueva prestación de desempleo. Reitera doctrina.
Paralelamente las **TS 21-10-25, Rec 579/24; 12-11-25, Rec 5418/23**, recuerdan lo dicho en TS 23-10-23, Rec 1926/20, y las que la siguen sobre el derecho a la percepción de prestación por desempleo de una persona trabajadora durante el tiempo en que permanece en situación de inactividad, cuando es contratada por tiempo indefinido a tiempo parcial con concentración de la jornada y ve su contrato suspendido por un ERTE por causa de fuerza mayor Covid-19.
Por su parte, la **TS 12-11-25, Rec 3529/24**, reitera lo dicho en las TS 4-7-25, Rec 5042/23 y 10-6-25, Rec 3005/23, sobre el derecho a prestación por desempleo cuando el sujeto presta **servicios por cuenta ajena y por cuenta propia** en el momento en que es afectado a un ERTE Covid-19 en la empresa en la que lo hacían por cuenta ajena. La LGSS art.282.1 prevé una regla de **incompatibilidad entre la prestación y el subsidio por desempleo** y el trabajo por cuenta propia, aunque su realización no implique la inclusión obligatoria en alguno de los regímenes de la Seguridad Social o en alguna mutualidad de previsión social alternativa al RETA. Pero esa incompatibilidad no significa que el **eventual derecho** al percibo de la protección haya desaparecido, máxime en este caso, en el que la situación de desempleo la sufre quien venía desempeñando actividad tanto por cuenta ajena como propia y que no se ha cuestionado en modo alguna la realidad por la que atraviesa (carencia de salarios, carencia de ingresos propios). Múltiples previsiones legales y reglamentarias se dedicaron a disciplinar el modo en que la realidad productiva debiera incidir en el despliegue de la protección social, asumiendo con naturalidad que era posible afectar o desafectar personas al ERTE que viniera aplicando la empresa. Sería muy incongruente que la empleadora activase un ERTE conforme a Derecho, que el trabajador cumpliera todos los requisitos para acceder a la prestación por desempleo y que permaneciese sin salarios y sin prestación económica. Con independencia de la denominación que se le otorgue a esta prestación (extraordinaria o especial), el hecho de que se regulen medidas excepcionales en el contexto de una situación de pandemia no implica la creación de una prestación autónoma con respecto a la regulación de la LGSS, por lo que se justifica una remisión a la regulación general ante el silencio de la norma especial en algunos extremos, regulación que debe considerarse común supletoriamente a dicha normativa de emergencia (por todas, TS 10-7-24, Rec 3484/22). Y tal aplicación conlleva que, **si la suspensión del contrato se prolonga** en el tiempo, el derecho a la prestación de desempleo se inicia cuando se cesa voluntariamente en la actividad por cuenta propia incompatible, siempre y cuando no hayan transcurrido más de 24 meses.

Desempleo de mayores de 52 años La **TS 8-5-25, Rec 3111/23**, mantiene que no tiene derecho a esta prestación la beneficiaria que agotó la prestación por desempleo (modalidad de pago único), causando alta después en el RETA, donde causó baja sin constar las causas de la misma. En concreto, la actora percibió la prestación de **desempleo en un solo pago** en el año 2008, con efectos demorados al 31-5-2009 (fecha de cumplimiento de los 720 días de prestación), solicitando el **subsidio para mayores de 52 años** en marzo de 2021. La Sala rechaza su pretensión, porque consta que estuvo de **alta en el RETA** desde el 1-10-2008 al 28-2-2013, régimen en el que causó **baja, sin acreditar las causas** en orden a determinar si el cese en esa última actividad fue involuntario, lo que impide apreciar si cumple los requisitos legalmente establecidos para acceder al subsidio solicitado. 4672

No hay que olvidar, en tal sentido, que el RD 1044/1985 art.5.1 dispone que la prestación por desempleo se considerará extinguida por la «causa prevista en el apartado a) del artículo undécimo de la Ley 31/1984 cuando el trabajador perciba el importe total de la misma, por su valor actual», causa de extinción que se refiere al «agotamiento del plazo de duración de la misma» (actual LGSS art.272.1.a). Por tanto, en este caso, la **causa de extinción de la prestación** fue el agotamiento de su duración, lo que aconteció en mayo de 2009, momento en el que la actora se encontraba de **alta en el RETA**, al haberse constituido como autónoma, régimen en el que permaneció hasta el 28-2-2013. Sin que, por aplicación del RD 1044/1985 art.5.2, durante esos 720 días hubiera podido reconocerse un nuevo derecho prestacional por desempleo, al contener dicho precepto la expresión de: «hasta tanto no hubiere transcurrido el periodo de tiempo durante el cual se hubiese extendido la prestación de no haberse percibido en su modalidad de pago único», lo que, **a sensu contrario**, viene a indicar que, transcurrido dicho periodo, podría solicitarse el subsidio para mayores de 52 años, de cumplir los requisitos legales establecidos.

Además, la LGSS art.274.4 dispone que el trabajador puede acceder al subsidio cuando cumpla la edad de 52 años, aunque la situación que le da acceso al mismo sea anterior a una actividad por cuenta propia o ajena, sin límite en cuanto a la duración de la misma. Por lo que, si el trabajador, pese a cumplir el requisito de edad, no solicita el **subsidio para mayores de 52 años**, en este caso por la realización de un trabajo por cuenta propia, puede obtener el subsidio para mayores de dicha edad **cuando finalice dicho trabajo**, siempre que acredite el **cumplimiento de los requisitos** legalmente establecidos, lo que no se cumple en este caso, porque no se acredita que el cese de la actividad en el RETA hubiese sido involuntario.

ERTE Covid-19 Se reitera la doctrina relativa a que el periodo de desempleo durante el Covid-19 **no computa como cotizado** a efectos de percibir una nueva prestación de desempleo (**TS 14-1-25, Rec 3674/23**, 3717/23, 4212/23, 2115/23, 3762/23, 3925/23, 2918/23, 1588/23, 4608/23, 4515/23, 1404/23, 4084/23, 4357/23; 28-1-25, Rec 2281/22, 4656/23; 26-2-25, Rec 126/24, 659/24; 29-1-25, Rec 4733/23, 3976/23, 3706/23, 4113/23, 5156/23, 3419/23, 5153/23, 5306/23, 4493/23, 3696/23; 25-3-25, Rec 1399/24, 932/24, 5553/23, 4863/23, 5456/23, 5063/23, 1556/24, 5483/23, 5003/23, 526/24, 1733/24, 817/24, 733/24, 184/24, 5108/23, 5416/23, 1183/24, 2496/23, 803/24, 585/24, 3757/23, 739/24, 4684/23, 826/24, 5419/23,1399/24, 527/24, 3731/23, 5483/23, 817/24, 184/24, 5416/23, 803/24, 5003/23, 527/24, 3721/23; 22-4-25, Rec 5498/23, 5069/23, 4455/23, 3118/23, 519/24, 1459/24, 823/24, 539/24, 489/24, 1509/24, 1559/24, 4702/23, 3982/23, 4742/23, 4782/23 y 5498/23; 28-5-25, Rec 2035/23, 3712/23 y 5182/23; 24-6-25, Rec 922/24, 5388/23, 1372/24, 1261/23, 702/24 y 1562/24). 4679

Por su parte, las **TS 4-7-25, Rec 5042/23 y 10-6-25, Rec 3005/23**, se pronuncian sobre el derecho a prestación por desempleo cuando el sujeto presta servicios por cuenta ajena y por cuenta propia, en el momento en que es afectado a un ERTE Covid-19 en la empresa en la que lo hacía por cuenta ajena. Como recuerda la Sala, la LGSS art.282.1 prevé una regla de **incompatibilidad entre la prestación y el subsidio por desempleo y el trabajo por cuenta propia**, aunque su realización no implique la inclusión obligatoria en alguno de los regímenes de la Seguridad Social o en alguna mutualidad de previsión social alternativa al RETA. Pero esa incompatibilidad no significa que el eventual derecho al percibo de la protección haya desaparecido, máxime en este caso, en el que la situación de desempleo la sufre quien venía desempeñando actividad, tanto por cuenta ajena como propia, y que no se ha cuestionado en modo alguna la realidad por la que atraviesa (carencia de salarios, carencia de ingresos propios). Múltiples previsiones legales y reglamentarias se dedicaron a disciplinar el modo en que la realidad productiva debiera incidir en el despliegue de la protección social, asumiendo con naturalidad que era posible afectar o desafectar personas al ERTE que viniera aplicando la empresa. Sería muy incongruente que la empleadora activase un ERTE conforme a Derecho, que el trabajador cumpliera todos los requisitos para acceder a la prestación por desempleo y que permaneciese sin salarios y sin prestación económica. Con independencia de la denominación que se le otorgue a esta prestación (extraordinaria o especial), el hecho de que se regulen medidas excepcionales en el contexto de una situación de pandemia no implica la creación de una prestación autónoma con respecto a la regulación de la LGSS, por lo que se justifica una **remisión a la regulación general** ante el silencio de la norma especial en algunos extremos, regulación que debe considerarse común supletoriamente a dicha normativa de emergencia (por todas, TS 10-7-24, Rec 3484/22). Y tal aplicación conlleva que, si la suspensión del contrato se prolonga en el tiempo, el **derecho a la prestación de desempleo se inicia** cuando se cesa voluntariamente en la actividad por cuenta propia incompatible, siempre y cuando **no hayan transcurrido** más de 24 meses.

4683 **No acceso en caso de jubilación parcial concentrada** La doctrina de la Sala que niega el derecho a desempleo a los trabajadores con contrato indefinido a tiempo parcial con periodos de trabajo concentrados, permaneciendo durante todo el tiempo de actividad e inactividad en alta en la Seguridad Social, se reproduce nuevamente en la **TS 24-6-25, Rec 1442/24**, para un supuesto en el que se discute el derecho a la percepción de prestación por desempleo de una persona trabajadora **durante el tiempo en que permanece en situación de inactividad** cuando es contratada por tiempo indefinido a tiempo parcial con **concentración de la jornada** y ve su contrato **suspendido por un ERTE** por causa de fuerza mayor Covid-19.

4687 Es doctrina reiterada de la Sala que no tienen derecho a desempleo los trabajadores con **contrato indefinido a tiempo parcial con periodos de trabajo concentrados**, permaneciendo durante todo el tiempo de actividad e inactividad en alta en la Seguridad Social. Esta doctrina se reproduce nuevamente en la **TS 12-11-25, Rec 2813/24**.

4690 **No rehabilitación del subsidio de mayores de 52 años una vez extinguido por cumplimiento de la edad de jubilación** La **TS 26-3-25, Rec 786/23**, en materia de subsidio desempleo mayores 52 años, mantiene que la aplicación transitoria RDL 8/2019, no permite que una vez extinguido el subsidio conforme a la normativa anterior al alcanzar el beneficiario la edad de jubilación anticipada se rehabilite. Como advierte la sentencia, el subsidio se encuentra definitivamente extinguido, y **no puede ser rehabilitado ni reanudado** hasta la edad de jubilación ordinaria con la entrada en vigor de esa nueva norma, pues sus disposiciones transitorias no admiten esa posibilidad. En efecto, las reglas transitorias no contemplan ningún mecanismo en tal sentido ni regulan como una nueva causa para su devengo el hecho de que se hubiere percibido con anterioridad a su entrada en vigor. Y es al legislador a quien corresponde determinar el alcance de las normas de transitoriedad, sin que resulte admisible una **interpretación extensiva** que permita la rehabilitación de los subsidios de desempleo ya extinguidos conforme a la normativa legal vigente que les era de aplicación. Cuestión distinta es que pueda acceder nuevamente al subsidio quien hubiere sido anteriormente beneficiario en alguna de sus modalidades, en el caso de que concurra uno de los supuestos previstos en los tres primeros apartados de la LGSS art.274, a los que se sigue remitiendo el LGSS art.274.4 bajo la nueva regulación. Lo que no es el caso de autos, en el que el **subsidio** quedó **definitivamente extinguido** antes de la entrada en vigor de esa normativa legal, sin que concurran circunstancias que permitan solicitar con posterioridad un nuevo reconocimiento del derecho.

Régimen sancionador, actividad de un trabajador desempleado sin alta previa 4695 La **TS 11-3-25, Rec 2569/23**, se pronuncia sobre la calificación que merece la infracción cometida por la empresa que da ocupación a tiempo parcial a una trabajadora que es perceptora de prestaciones de desempleo, antes de cursar su alta en Seguridad Social. No hay que olvidar, en tal sentido, que la LGSS art.282.1 declara la **incompatibilidad entre la prestación y el subsidio por desempleo y el trabajo por cuenta propia**, aunque su realización no implique la inclusión obligatoria en alguno de los regímenes de la Seguridad Social, **salvo que se realice a tiempo parcial** (en cuyo caso se procede a la reducción proporcional), mientras que la LISOS art.22.2 califica como **infracción grave de la empresa** en materia de Seguridad Social no proceder a la afiliación/alta del trabajador antes del inicio de la actividad, añadiendo el LISOS art.23.1.a que será **muy grave** cuando se dé ocupación como trabajadores a beneficiarios o solicitantes de pensiones u otras prestaciones periódicas de la Seguridad Social, cuyo disfrute sea incompatible con el trabajo por cuenta ajena. Ambos preceptos incluyen como elemento del tipo el hecho de no haber cursado el alta del trabajador en Seguridad Social con carácter previo al inicio de la relación laboral. Esta actuación se califica como grave con carácter general y muy grave cuando el trabajador es perceptor de una prestación de Seguridad Social incompatible con el trabajo por cuenta ajena. La condición de incompatibilidad de la actividad con la prestación es, pues, clave para fijar el grado de gravedad de la conducta. Por tanto, la percepción de una prestación de Seguridad Social compatible con el trabajo es a estos efectos inocua, como sucede en este caso, porque la actividad laboral realizada lo era a tiempo parcial.

Revocación del derecho a la percepción del subsidio por desempleo indebidamente reconocido por error del SEPE. Improcedencia del reintegro 4700 La TS 15-10-24, Rec 806/22, reiteraba doctrina sobre el efecto de los errores de la Administración, en este caso del SEPE, en el reconocimiento indebido y posterior revocación del derecho a prestaciones. Esa doctrina se rememora en la **TS 11-3-25, Rec 1296/22**, a propósito de un supuesto casi idéntico, en concreto, referido a un trabajador al que se reconoció por el SEPE el subsidio para mayores de 55 años, interponiendo posteriormente dicha entidad gestora la revocación de la resolución cuando tuvo conocimiento de que el beneficiario no cumplía el periodo mínimo cotización exigido para lucrar este subsidio, añadiendo la reclamación de lo indebidamente percibido. En tal estado de cosas, la sentencia recuerda doctrina de la Sala, formulada en las TS 4-4-24, Rec 1156/23, 29-4-24, Rec 1158/23 y 30-5-24, Rec 1093/23, entre otras, referidas a las cuestión ya analizadas sobre **reconocimiento indebido por el SEPE** de la prestación por desempleo en reducción de jornada del 75% como consecuencia de Covid-19, en las que, a su vez, se atienden los argumentos del TEDH, a cuyo tenor en estos casos resulta clave la **actitud del sujeto beneficiario**, que haya actuado de buena fe, que no sea culpable del resultado errado, que concurra la situación de necesidad que protege el subsidio, y que el error en el reconocimiento indebido de la prestación de desempleo fuese imputable únicamente al SEPE.

Partiendo de esta doctrina, la sentencia ahora glosada recuerda las circunstancias del caso de autos, que hacen **indebido el requerimiento de devolución** de lo inadecuadamente abonado: a) El beneficiario no hizo ninguna alegación falsa o inexacta que indujera a error al SEPE: cuando cumplió la edad exigida (55 años), al no tener trabajo ni ingresos suficientes, solicitó el subsidio por desempleo informando al organismo autónomo de cuáles eran sus rentas; b) El mentado subsidio por desempleo satisface necesidades básicas de subsistencia del beneficiario, quien se encontraba sin trabajo y en una situación difícil, habida cuenta de sus escasos ingresos y su edad; c) La cantidad percibida en concepto de subsidio por desempleo es muy modesta, por lo que debemos inferir que ha sido consumida por el beneficiario para

afrontar sus gastos básicos de subsistencia; d) El reconocimiento indebido del subsidio por desempleo es imputable únicamente al SEPE.
A la luz de tales hechos, requerir al beneficiario para que devuelva íntegramente lo percibido le causa un grave perjuicio del que no ha sido culpable, no siendo admisible que el SEPE haga recaer sobre él las **consecuencias negativas de su propio error**.

4705 De nuevo se rememora la doctrina de la Sala sobre el efecto de los **errores de la Administración** del SEPE en el reconocimiento indebido y posterior revocación del derecho a prestaciones en la **TS 27-5-25, Rec 4152/23**, a propósito de un supuesto en el que la empresa presentó **ERTE** por fuerza mayor como consecuencia de la situación originada por **Covid-19, reduciendo la jornada** de la actora en un 88% entre el 22 y el 28-2-2021, y de un 78% entre el 1-3-2021 y el 30-6-2021. La sentencia recuerda doctrina de la Sala en la que, a su vez, se atienden los argumentos del TEDH, a cuyo tenor, en estos casos, resulta clave la **actitud del sujeto beneficiario**, que haya actuado de buena fe, que no sea culpable del resultado errado, que concurra la situación de necesidad que protege el subsidio, y que el error en el reconocimiento indebido de la prestación de desempleo fuese imputable únicamente al SEPE.
Pues bien, en este caso, la trabajadora no contribuyó en modo alguno a la resolución mediante la que se reconoció la prestación por desempleo durante aquel periodo, realizando alegaciones falsas o cualquier acto contrario a la buena fe. Se debe recordar que la reducción de su jornada fue consecuencia de un ERTE por fuerza mayor Covid-19, sin que, por lo demás, tampoco este acuerdo colectivo realizara alegaciones falsas que llevaran a error al SEPE; por el contrario, **se comunicó abierta y transparentemente** a la autoridad laboral que la reducción de jornada era en aquellos porcentajes ya señalados del 88% y el 78%. En segundo lugar, también aquí la prestación de desempleo satisface **necesidades básicas de subsistencia**. Igualmente se puede afirmar que la **cantidad** recibida es **relativamente modesta**. También en el presente supuesto, el error en el reconocimiento indebido de la prestación de desempleo es **imputable únicamente al SEPE** y, sin embargo, **se requirió al trabajador la devolución íntegra** de lo percibido, de manera que el SEPE evitó cualquier consecuencia de su propio error y toda la carga recayó únicamente en el interesado. Finalmente, resulta especialmente relevante valorar que la situación del trabajador se produce en el difícil y complejo contexto de la pandemia de Covid-19. La conjunta concurrencia de todas estas excepcionales circunstancias justifica que debamos extender a este caso esa misma doctrina del TEDH para eximir a la demandante de la obligación de reintegrar las prestaciones de desempleo percibidas.

4709 Situación legal de desempleo. No lo es la resultante de celebrar contrato de corta duración durante la excedencia por cuidado de hijos

Resulta de interés la **TS 4-7-25, Rec 4513/23**, que descarta la aplicación al caso de autos de la doctrina de la TS 5-3-19, Rec 4645/17, formulada respecto del acceso a la prestación por desempleo en el caso de las excedencias voluntarias. En este caso, lo que sucede es que la trabajadora en cuestión, durante el disfrute de una excedencia por cuidado de hijos, celebró un **contrato de muy corta duración** con otra comercial, a cuya finalización solicitó **prestación por desempleo**, que la Sala no reconoce, porque desde esta situación la trabajadora está en condiciones de solicitar en cualquier momento el reingreso en la empresa, sucediendo que la comercial viene **obligada a readmitirla** durante un plazo máximo de 3 años, luego si esa readmisión está asegurada, resulta inviable considerarla en situación legal de desempleo. Como aclara la sentencia, la situación no es comparable a la excedencia voluntaria, respecto de la cual no hay obligación de readmisión inmediata e incondicionada. La persona trabajadora en excedencia por cuidado de hijos que quiera y pueda trabajar debe solicitar el reingreso en la empresa y no encontrarse en situación legal de desempleo, porque la LGSS art.267.2.d dispone que no tendrá derecho a las prestaciones de desempleo si no ha instado previamente esa posibilidad, aunque pudiere haber prestado servicio en otra empresa distinta durante ese periodo de excedencia, puesto que al

finalizar esa prestación laboral no hay impedimento legal para que pueda pedir el reingreso que el empleador está obligado a concederle.
Es factible que el trabajador pueda prestar servicios para otra empresa durante la situación de excedencia por cuidado de hijos, porque ese nuevo entorno laboral le permita compatibilizar su vida personal y familiar en mejores condiciones de las que dispone en su anterior empleo (TS 10-2-15, Rec 25/14), y quizás «... **podría reconocerse** el desempleo si el trabajador reúne **en esa nueva ocupación las cotizaciones necesarias** para acceder a un determinado periodo de prestación conforme a lo establecido en el LGSS art.269.1, sin necesidad de computar las generadas en la empresa para la que se encuentra excedente y en la que puede reingresar en cualquier momento. Pero, en casos como el presente, en los que el trabajo desempeñado durante la excedencia es de muy escasa duración y no alcanza el mínimo legal del periodo de ocupación cotizada exigible conforme a la escala de ese precepto legal, el LGSS art.267.2.d impide que pueda reconocerse la prestación». Esta última reflexión de la Sala, no obstante, siembra la duda sobre si resultaría posible acceder a desempleo de haberse producido en el segundo empleo una cotización suficiente, pese a que el derecho a retornar al primer empleo persiste y, con ello, la posibilidad de prestar servicios, cuya ausencia es la razón de ser de la prestación por desempleo.

Cómputo de ingresos de la unidad familiar en el contexto de las parejas de hecho La **TS 24-9-25, Rec 2058/24**, respecto del cómputo de los ingresos de la pareja de hecho para determinar las cargas familiares a efectos de su reconocimiento, resuelve el derecho de la demandante al subsidio por desempleo que le fue denegado, porque «carecía de responsabilidades familiares, ya que la renta de la unidad familiar dividida por el número de miembros que la componen era superior al 75% del SMI». La actora es soltera, madre de dos hijas menores de edad, y convive con estas y con su padre, también soltero, que en el año 2020 percibió 32.234,14 € como retribuciones brutas. La cuestión concreta es si la **cantidad** con la que la persona conviviente debe garantizar los **alimentos a las descendientes comunes** tiene para estas la calificación de renta a los efectos de no ser consideradas «a cargo», en los términos del LGSS art.275.3, en su versión dada por RDL 8/2019. **4711**
La sentencia reitera lo dicho en la TS 27-4-22, Rec 141/19, y en la TS 2-10-18, Rec 3600/16, en las que se parte de la literalidad del hoy vigente LGSS art.275.3, a tenor del cual «A efectos de lo previsto en este artículo, se entenderá por responsabilidades familiares tener a cargo al cónyuge, hijos menores de veintiséis años o mayores incapacitados, o menores acogidos, cuando la renta del conjunto de la unidad familiar así constituida, incluido el solicitante, dividida por el número de miembros que la componen, no supere el 75 por 100 del salario mínimo interprofesional, excluida la parte proporcional de dos pagas extraordinarias. No se considerará a cargo el cónyuge, hijos o menores acogidos, con rentas de cualquier naturaleza superiores al 75 por 100 del salario interprofesional, excluida la parte proporcional de dos pagas extraordinarias». El precepto identifica expresa, claramente y de forma exhaustiva aquellas personas cuyo parentesco con el beneficiario constituyen responsabilidades familiares. Pues bien, a entender de la Sala, la **interpretación teleológica** de la norma, que se orienta a la protección de los desempleados que cumplen los requisitos de carencia de rentas, lleva a **no computar los ingresos de la pareja de hecho**, en tanto que la norma no alude expresamente a esta figura.

Subsidio de desempleo. No computan las pensiones de alimentos no percibidas en el montante de ingresos de la unidad familiar La interesante **TS 29-9-25, Rec 2756/24**, apuesta por la **integración de la perspectiva de género** en la interpretación de las normas de acceso al subsidio de desempleo respecto del cálculo de los ingresos de la unidad familiar. En concreto, la cuestión a decidir es si se deben incluir las pensiones por alimentos de los hijos a cargo del otro progenitor en el caso de que resulten impagadas. La Sala entiende que la **pensión de alimentos, si no es abonada, no puede ser considerada una renta o ingreso** computable a efectos de determinar las rentas de la unidad familiar para acceder o mantener el subsidio por desempleo, no siendo exigible, siquiera, salvo casos de fraude de ley **4715**

probado, la existencia de reclamación o denuncia. No hay que olvidar que el impago de la pensión (intencionado) es una forma de **violencia económica** que, incluso, está tipificada en el CP art.227, según el cual: «1. El que dejare de pagar durante dos meses consecutivos o cuatro meses no consecutivos cualquier tipo de prestación económica en favor de su cónyuge o sus hijos, establecida en convenio judicialmente aprobado o resolución judicial en los supuestos de separación legal, divorcio, declaración de nulidad del matrimonio, proceso de filiación, o proceso de alimentos a favor de sus hijos, será castigado con la pena de prisión de tres meses a un año o multa de seis a 24 meses».
Por tanto, la violencia económica es una **forma de violencia de género** y como tal debe ser tratada. Y exigir a la beneficiaria que acredite haber agotado todos los recursos a su alcance a efectos de poder concluir de que se trata de un crédito incobrable, determinaría una solución que no incluye una dimensión o perspectiva de género, conforme exige la LO 3/2007 art.3. A lo que se añade que, asimismo, el LO 3/2007 art.15 dispone que el principio de igualdad de trato y de oportunidades entre mujeres y hombres informará, con carácter transversal, la actuación de todos los poderes públicos. Así las cosas, **no es dable exigir que la actora denuncie o interponga demanda ejecutiva** contra su expareja a efectos de poder acreditar el impago de las pensiones de alimentos y, así, poder lucrar o conservar un subsidio de desempleo. Ello supondría desconocer esa dimensión de género, pudiendo colocar incluso a la mujer en una **situación de riesgo**, al obligarla a denunciar o demandar a su expareja. De este modo, la Sala entiende que **lo correcto es que no compute** la pensión de alimentos reconocida a la unidad familiar donde se inserta la actora, al tratarse de una renta que no se ha obtenido efectivamente.

Precisiones La sentencia incluye una referencia expresa al «**Estudio de la Violencia Económica contra las mujeres en sus relaciones de pareja o expareja**», publicado por la Secretaría de Estado de Igualdad y contra la violencia de Género (https://violenciagenero.igualdad.gob.es/wp-content/uploads/ RE_Violencia_economica.pdf), a cuyo tenor la violencia económica es la tercera manifestación más frecuente de violencia de género por detrás de la violencia emocional y la psicológica de control. La prevalencia de la violencia económica a lo largo de la vida es del 11,5%. Se estima que ha podido afectar a 2.350.684 mujeres residentes en España con 16 años o más y, además, una forma muy común es la negativa a entregar dinero para los gastos del hogar, aunque se disponga de él.

4720 **Umbral de ingresos que condiciona el acceso al subsidio por desempleo en despido colectivo** La interesante **TS 3-6-25, Rec 3283/23**, reitera y refuerza lo dicho en TS 3-12-08, Rec 99/08, sobre que, a efectos de cuantificar el umbral de rentas que condiciona el acceso al subsidio por desempleo, en el caso de terminación derivada de despido colectivo pactado (LGSS art.275.4), por **indemnización legal** debe entenderse la establecida con carácter obligatorio (20 días de salario por año de servicios), sin que pueda puede considerarse como tal la superior acordada en el marco del ERE. Como ya había dicho la Sala, el **exceso indemnizatorio sobre la cuantía legal** merece el tratamiento de renta a efectos del subsidio por desempleo, habiéndose sostenido ya que la exención se refiere al importe de la indemnización legal prevista para cada modalidad de despido, no así a las superiores cuantías pactadas que excedan del importe garantizado, advirtiendo que ha de **descontarse** la parte correspondiente al pago de las cuotas para el convenio especial por parte del empresario (TS 7-3-12, Rec 4391/10). El hecho de que el **tratamiento fiscal** de la indemnización por despido varíe como consecuencia de la forma de pago **no implica** que cambie la naturaleza de las indemnizaciones derivadas de la extinción del contrato, en concreto, su carácter de cantidades exentas a efectos del cómputo de ingresos para la percepción del subsidio por desempleo (LGSS art.275). La norma no ha querido penalizar ni tratar de forma distinta la indemnización que se reciba de forma periódica. Lo que **se declara exento** es, pues, lo percibido por indemnización derivada de la extinción del contrato hasta el límite legal, con independencia de la forma de su abono, del tiempo del mismo y del tratamiento fiscal de la indemnización (TS 3-3-23, Rec 4058/20).

La autonomía de la voluntad es libre de pactar indemnizaciones superiores a la mínima o legalmente garantizada. Pero la existencia de un acuerdo colectivo no comporta que la causa extintiva mute.

13. Ingreso mínimo vital

4800

Cuando en la custodia compartida los menores tienen su domicilio con uno de los progenitores, el otro no puede percibir el IMV empleando los criterios de la unidad de convivencia La interesante **TS 18-7-25, Rec 1996/24**, se pronuncia sobre el acceso a la prestación del ingreso mínimo vital cuando se ha producido una **ruptura matrimonial** y aunque la **custodia es compartida**, no lo es el domicilio de los **hijos**, que se encuentran **domiciliados en la residencia de uno** solo de los progenitores. La sentencia que nos ocupa descarta que el otro progenitor pueda lucrar el señalado ingreso por unidad convivencial con esos menores. No en vano, según se deduce de la regulación legal de la prestación –RDL 20/2020, por el que se establece el ingreso mínimo vital–, su finalidad es prevenir el riesgo de pobreza y exclusión social de aquellas personas que viven solas o integradas en una unidad de convivencia y que se encuentran en situación de vulnerabilidad porque carecen de recursos económicos suficientes para la cobertura de sus necesidades básicas. 4803

En este caso, no se cuestiona la situación de vulnerabilidad del solicitante (progenitor en cuya vivienda no están domiciliados los hijos), sino el modo de computar los componentes de la unidad de convivencia y por tanto el **importe de la ayuda**. Y en este sentido, como señala la sentencia, no cabe acoger la tesis de que el actor es un adulto integrante de una unidad de convivencia conformada también por sus hijos menores, porque estos se encuentran domiciliados en la vivienda del otro progenitor. El RDL 20/2020 art.6.1 define la unidad de convivencia como la que está integrada por las personas que residen en un mismo domicilio y están unidas por vínculos de consanguinidad hasta el segundo grado, estableciendo su tercer apartado la regla de que una **misma persona no puede formar parte** de dos o más unidades de convivencia. La residencia en el mismo domicilio aparece por lo tanto como el elemento determinante de la existencia de la unidad de convivencia. Consecuentemente, no concurre esta situación jurídica cuando los hijos menores están domiciliados con el otro progenitor. Convicción de no varía porque el progenitor en cuestión tenga su custodia compartida.

Este género de custodia conlleva de ordinario un elevado grado de convivencia de los menores con ambos progenitores, con independencia del domicilio en el que se encuentren formalmente empadronados. Pero también es razonable pensar que convivirán en mayor medida con el progenitor con el que están domiciliados. De hecho, el propio legislador ha establecido **reglas específicas** para los casos de separación y divorcio, previendo el RDL 20/2020 art.10.4 que, en los supuestos de custodia compartida, debe considerarse que, a efectos de la determinación de la cuantía de la prestación, forman parte de la unidad de convivencia donde se encuentren domiciliados. Previsión de la que se deduce que únicamente a ese progenitor se le puede reconocer la condición de convivencia de un adulto con menores, a efectos de fijar la cuantía de la prestación. Parece que la norma está presuponiendo que ambos progenitores pudieren encontrarse en situación de vulnerabilidad, y en ese contexto viene a integrar los menores en custodia compartida en la unidad de convivencia en la que se han domiciliado. Aun así, esa integración lo es, precisamente, «a efectos de la determinación de la cuantía de la prestación», con lo que claramente está descartando la posibilidad de que **el otro progenitor pueda reclamar la cuantía** de la prestación correspondiente a la unidad de convivencia con los menores no domiciliados en su vivienda.

4805 **Personas que comparten vivienda sin constituir una unidad convivencial** La **TS 15-1-25, Rec 4346/23**, reiterando lo dicho en la TS 28-11-23, Rec 5633/22, se pronuncia sobre si una **persona que comparte con otra una vivienda** sin constituir entre ellas una unidad convivencial, puede ser beneficiaria del Ingreso Mínimo Vital, a tenor de la norma aprobada por el RDL 20/2020. Al efecto, la sentencia recuerda la **literalidad de las normas en juego y su evolución**. Así, en primer término, se recuerda que el RDL 20/2020, ya derogado, estableció el IMV, mecanismo de garantía de ingresos como prestación económica de la Seguridad Social en su modalidad no contributiva, disponiendo su art.4 que serían **beneficiarias**: a) Las personas integrantes de una unidad de convivencia en los términos establecidos en este RDL; b) Las personas de al menos 23 años que no sean beneficiarias de pensión contributiva por jubilación o incapacidad permanente ni de pensión no contributiva por invalidez o jubilación, que no se integren en una unidad de convivencia en los términos establecidos en este RDL, siempre que no estén unidas a otra por vínculo matrimonial o como pareja de hecho, salvo las que hayan iniciado los trámites de separación o divorcio o las que se encuentren en otras circunstancias que puedan determinarse reglamentariamente (...). En cuanto a la **regulación de la unidad de convivencia**, el art.6, en la redacción vigente en ese momento, establecía que: «1. Se considera unidad de convivencia la constituida por todas las personas que residan en un mismo domicilio y que estén unidas entre sí por vínculo matrimonial o como pareja de hecho en los términos del artículo 221.2 del texto refundido de la LGSS, o por vínculo hasta el segundo grado de consanguinidad, afinidad, adopción, y otras personas con las que conviva en virtud de guarda con fines de adopción o acogimiento familiar permanente». Si bien, excepcionalmente, se disponía que también tendrían la consideración de unidad de convivencia las unidades formadas por «personas de al menos 23 años y menores de 65 que, sin mantener entre sí una relación de las consignadas en este precepto, habiten en un mismo domicilio en los términos que **reglamentariamente** se determinen...».
Por tanto, la configuración normativa inicial **necesitaba un desarrollo reglamentario**, que no llegó a producirse. Así las cosas, el acceso al IMV se regula para estas personas solo a partir del RDL 3/2021 art.6 quater.

14. Regímenes especiales

4850

4855 **Régimen Especial Minería del Carbón. Bonificación por la edad para la incapacidad permanente total cualificada** La **TS 4-12-24, Rec 1647/22**, se pronuncia sobre si un trabajador declarado afecto a una incapacidad permanente total en el régimen general, que prestó servicios en el sector de la pizarra, tiene derecho al incremento del 20% de la base reguladora de su pensión al haber alcanzado 55 años ficticios, por aplicación del Régimen Especial de la Minería del Carbón (REMC). La sentencia recuerda que ya se sostuvo por la Sala, en TS 28-10-94, Rec 1297/94, que el trabajador que presta sus servicios en **actividad de minería no carbonífera** (metálica en el caso; de caolín arcilloso en el allí comparado) se beneficia de la bonificación de edad a efectos de acceder al complemento por incapacidad permanente total, pues el sistema de bonificación de edad previsto en el REMC y extendido a trabajadores que no prestaron servicios en ese específico sector minero

no tiene otra razón de ser que la de **compensar el mayor desgaste físico y psíquico** que produce el trabajo en el interior de las minas. Desde esta perspectiva enjuiciadora, y aunque previsto el expresado sistema de bonificación para la contingencia de jubilación dentro del sector de la Minería del Carbón, al haberse **extendido** dentro de mismo, por precepto legal, a la **contingencia de incapacidad permanente total**, no existe razón para eliminar esta mejora para aquellos trabajadores pertenecientes a otros sectores mineros distintos de la del carbón, para los que no estando prevista en principio, la señalada bonificación de edad para la contingencia de jubilación, sin embargo, se les viene aplicando conforme a un ya reiterado criterio jurisprudencial.
Conviene tener presente, respecto de la edad mínima, que la legislación específica del sector minero prescribe que «se rebajará en un periodo equivalente al que resulte de aplicar al periodo de tiempo efectivamente trabajado en cada una de las categorías y especialidades profesionales de la Minería del Carbón el coeficiente que corresponda de conformidad con la siguiente escala...». Añadiendo que «En el supuesto de pensionistas de incapacidad permanente total para la profesión habitual, se tendrá en cuenta su edad incrementada con las bonificaciones que resulten de la aplicación de lo establecido en el artículo 21, tanto a efectos de la sustitución excepcional de su pensión vitalicia por una indemnización a tanto alzado, como del posible incremento de dicha pensión por presumirse la dificultad de obtener empleo en actividad distinta de la habitual anterior; igual norma se aplicará cuando la sustitución o el incremento tenga lugar en otro régimen de la Seguridad Social y afecte a trabajadores que estén o hubieran estado comprendidos en este Régimen Especial de la Minería del Carbón».
Paralelamente, el **Estatuto del Minero** (RD 3255/1983), dispone que la **edad de jubilación** de los grupos profesionales incluidos en el ámbito de esta norma y no comprendidos en el REMC se reducirá mediante la **aplicación de coeficientes reductores** cuando concurran circunstancias de penosidad, toxicidad, peligrosidad o insalubridad en similares términos que dicho régimen especial establece.
De todo ello deduce la Sala que la edad que permite acceder al complemento de IPT está bonificada para quienes se encuentran incluidos en el REMC en términos análogos a lo que sucede respecto de la jubilación; que el Estatuto del Minero extiende a quienes desarrollan actividades de minería no carboníferas la aplicación de coeficientes reductores, cuando concurran circunstancias de penosidad, toxicidad, peligrosidad o insalubridad en similares términos que dicho régimen especial establece, y que las mismas razones que llevan a extender a esos mineros que pertenecen al RGSS la bonificación de edad en materia de jubilación han de conducir a hacer lo propio con la edad de acceso al complemento de IPT.
Esta misma doctrina se reitera en las **TS 11-12-24, Rec 525/23; 28-5-25, Rec 4042/23; 24-6-25, Rec 3935/23; 1-7-25, Rec 4344/23; 13-11-25, Rec 1711/24**.

RETA. Contingencia profesional. Reparto de responsabilidades en caso de trabajador autónomo Con carácter general, la Sala tiene dicho que cuando se produce una incapacidad permanente total derivada de enfermedad profesional, procede el reparto proporcional de responsabilidad entre las aseguradoras. No obstante, cuando el trabajador es autónomo, tal como recuerdan la **TS 25-3-25, Rec 3902/23 y la TS 18-11-25, Rec 1896/24**, el **periodo trabajado como autónomo** anterior a 2008 no puede integrar el reparto de responsabilidades entre el INSS y la Mutua. Así se había dicho ya en TS 29-6-23, Rec 2301/20; 21-5-24, Rec 3346/21; 10-7-24, Rec 2077/21. **4858**

RETA. Carencia para jubilación Las **TS 20-11-24, Rec 4961/22 y 5-2-25, Rec 1492/22**, reiteran consolidada doctrina de la Sala sobre la falta de efecto para el acceso a la pensión de jubilación de los trabajadores del RETA, en materia de cobertura del periodo de carencia de aquellas **cotizaciones no abonadas pero prescritas**. Como recuerda la sentencia, el requisito de estar al corriente en el pago puede tenerse por cumplido acudiendo a la invitación al pago que la entidad gestora deberá realizar, pero ello siempre y cuando el beneficiario tuviera cubierto el periodo de carencia. La **invitación al pago de las cuotas no prescritas** tan solo procede cuando **4860**

previamente se acredita la carencia exigible y la satisfacción de éstas tras el hecho causante no tiene virtualidad carencial alguna; o lo que es igual, la prestación se obtiene con las cuotas satisfechas con anterioridad al hecho causante, pero el requisito adicional de «estar al día» en las cotizaciones admite la subsanación con el obligado mecanismo de la posterior «invitación a su pago» (por todas, TS 14-5-20, Rec 4534/17; 15-11-22, Rec 1390/19; 22-11-22, Rec 4497/19).

4865 **RETA. Jubilación activa de Notario. Revisión de acto declarativo** La Sala, en su **TS 11-12-24, Rec 4233/22**, entiende que no ha prescrito la revisión de acto declarativo de un derecho respecto de un Notario que accedió a la jubilación activa y continuó como titular de su notaría. El INSS procedió a interponer demanda de revisión del acto declarativo del derecho y de reintegro de prestaciones cuando ya habían transcurrido más de 4 años desde la jubilación. No obstante, la Sala entiende que **no procede apreciar prescripción** porque el beneficiario incurrió en una inexactitud en su declaración, en tal sentido destaca la sentencia que el actor de autos solicitó al INSS la jubilación activa, comunicándole que iba a desempeñar una actividad por cuenta propia consistente en ser titular de una notaría y que no iba a desempeñar un puesto de trabajo en el sector público de la L 53/1984 art.1.1. En la **comunicación de inicio de la actividad laboral** por cuenta ajena o propia se informaba de que el trabajo compatible con la jubilación se limitaba al sector privado. Pero al cruzar la base de datos de pensionistas con el fichero general de afiliación, se descubrió que 4 notarios eran al mismo tiempo pensionistas de jubilación activa, incluyendo al demandado. Como razona la sentencia, la jubilación activa tiene por finalidad contribuir a la sostenibilidad del propio sistema de pensiones y promover el envejecimiento activo (LGSS art.214), pero **el trabajo compatible** con la pensión de jubilación activa se limita al **sector privado**. Y aunque el demandado esté de alta en el RETA y perciba aranceles, no ofrece duda que no puede incluirse en el sector privado en sentido estricto, pues el ejercicio de la **función pública notarial**, consistente en dar fe pública de los contratos y demás actos extrajudiciales, lo que no puede resultar compatible con la pensión de jubilación activa.

En cuanto a la concreta cuestión de la **prescripción**, destaca la Sala que el **término «inexactitud»** incluye cualquier declaración que no refleje de forma estricta y rigurosa la realidad. Y en este caso, el demandado incurrió en esa inexactitud cuando comunicó al INSS los términos en los que iba a desarrollar la actividad, supuestamente compatible con su pensión de jubilación. Y cabe recordar que la ley **excluye del plazo de prescripción** de 4 años para la revisión de actos de reconocimiento de derechos los supuestos de inexactitud del beneficiario causante de la percepción indebida de la prestación, para los que la LRJS no establece ningún plazo de revisión. Así, cuando el INSS incurre en un error aritmético, un error material o un error causado por el beneficiario y abona una pensión indebida o con una cuantía superior a la que le corresponde percibir, el hecho de que hayan transcurrido más de 4 años desde el devengo de la pensión no debe impedir que la entidad gestora corrija dicho error, sin perjuicio de que los efectos económicos retroactivos sí que se limiten a cuatro años. Es cierto que el INSS no ejercitó la **potestad de autotutela administrativa**, sino que formuló una demanda contra el notario con la finalidad de revisar la pensión. Pero la potestad de autotutela de las Administraciones públicas no impide que estas puedan ejercitar demandas ante los tribunales contra los beneficiarios con la finalidad de dejar sin efecto el derecho a percibir prestaciones indebidamente reconocidas. Dicho ejercicio judicial no significa que el plazo de prescripción se altere, porque, si el INSS hubiera revocado de oficio la pensión de jubilación activa indebidamente reconocida por una inexactitud del beneficiario, no hubiera estado sujeta a ese plazo prescriptivo. El hecho de que haya formulado una demanda no significa que se aplique el plazo prescriptivo de 4 años, porque la revisión judicial o extrajudicial del derecho a la prestación indebidamente reconocida por una inexactitud del beneficiario no altera el plazo para su ejercicio.

Sistema especial agrario. Cotizaciones durante los periodos de inactividad La **TS 15-1-25, Rec 2534/23**, se pronuncia sobre si en el periodo de carencia para el acceso a la situación de IT derivada de enfermedad común en el sistema especial agrario de **trabajador por cuenta ajena** pueden computarse las cotizaciones en periodo de inactividad. Para resolverlo, la sentencia trae a colación lo dicho en las TS 7-2-24, Rec 1534/21; 4-6-24, Rec 3133/21 y 26-6-24, Rec 2713/21, en las que se reconoce que la **cotización** que se realiza durante los **periodos de inactividad** en el sistema especial agrario dentro del RETA debe computarse para alcanzar el periodo de carencia exigido para la disfrutar de la IT derivada de enfermedad común. No en vano, la LGSS art.256 no regula el periodo mínimo de cotización exigido para las prestaciones, sino que remite a las reglas generales, y, según dispone la LGSS art.172.a, el subsidio de IT derivado de enfermedad común exige un periodo mínimo de cotización de 180 días en los 5 años inmediatamente anteriores al hecho causante. Debiendo tener presente que, a diferencia de la norma que limita las prestaciones que se devengan durante los periodos de inactividad, no hay precepto alguno que excluya las cotizaciones efectuadas por el propio trabajador agrario durante los periodos de inactividad. Por ende, ante la **inexistencia de norma que las excluya**, esas cotizaciones a la Seguridad Social deben computarse a efectos de alcanzar la carencia exigida para devengar el subsidio de IT por enfermedad común: no deben excluirse las cotizaciones realizadas por el propio trabajador cuando se encuentra en un periodo de inactividad. En este sentido, hay que diferenciar: a) Durante los periodos de inactividad cotizados no puede devengarse la prestación de incapacidad temporal derivada de enfermedad común; b) Pero ello no excluye que la cotización durante los periodos de inactividad pueda computarse para devengar una prestación de incapacidad temporal iniciada durante un periodo de actividad. 4870

Así las cosas, se puede **concluir** que ninguna norma jurídica excluye que las cotizaciones durante los periodos de inactividad puedan computarse a efectos de reunir el periodo mínimo de cotización exigido para la prestación de IT derivada de enfermedad común iniciada durante un periodo de actividad. Se evita así la desprotección de estos trabajadores. Sin embargo, dichas cotizaciones del propio trabajador no implican que la **base reguladora del subsidio** pueda superar el promedio mensual de las cotizaciones por el trabajo efectivo. Se evita así que el subsidio por incapacidad temporal supere el salario efectivamente percibido por el trabajador antes de la baja médica.

15. Pensiones SOVI

No computa el tiempo del servicio social femenino para la cobertura de los 1.800 días de carencia requerida para el acceso a la pensión El Servicio Social de la Mujer fue obligatorio desde 1937 hasta 1978, concibiéndose legalmente como un deber de todas las mujeres españolas de entre 17 y 35 años, consistente en el desempeño de las varias funciones mecánicas, administrativas o técnicas precisas para el funcionamiento y progresivo desarrollo de las instituciones sociales. Duraba entre 6 meses de manera ininterrumpida o dos fracciones espaciadas a lo largo del plazo máximo de 3 años. Así se recuerda en la **TS 3-10-24, Rec 831/24**, en la que se suscita el tema de si ese periodo ha de computar a los efectos de **cubrir la carencia** mínima de 1.800 € para lucrar la pensión SOVI. Como se sabe, la LGSS disp.trans.2ª establece: «1. Quienes en 1 de enero de 1967, cualquiera que fuese su edad en dicha fecha, tuviesen cubierto el periodo de cotización exigido por el extinguido Seguro de Vejez e Invalidez o que, en su defecto, hubiesen figurado afiliados al extinguido Régimen de Retiro Obrero Obligatorio, conservarán el derecho a causar las prestaciones del primero de dichos seguros, con arreglo a las condiciones exigidas por la legislación del mismo, y siempre que los interesados no tengan derecho a ninguna pensión a cargo de los regímenes que integran el sistema de la Seguridad Social, con excepción de las pensiones de viudedad de las que puedan ser beneficiarios [...]». 4950

De todos modos, el mantenimiento de sus efectos en la actualidad reviste un **carácter eminentemente residual**, que ha llevado a la jurisprudencia a negar que le sea aplicable a los siguientes supuestos: a) La aplicación al SOVI de los días de bonificación por edad establecidos en la escala incluida en la OM 18-1-1967 disp.trans.2ª, a efectos de reunir la carencia necesaria para lucrar la pensión de vejez (TS 7-10-12, Rec 852/12, y 21-4-14, Rec 759/13); b) Para aplicar el coeficiente de 1,5 que establecía el RD 144/1999 para los contratos a tiempo parcial (TS 16-3-05, Rec 1720/04). Aunque sí se han aplicado al SOVI las siguientes normas: a) La normativa del RGSS relativa a los periodos de cotización asimilados por parto (TS 21-12-09, Rec 201/09; 21-12-09, Rec 426/09; 7-12-10, Rec 1046/10); b) la doctrina jurisprudencial relativa a los días cuotas por las pagas extraordinarias (TS 14-6-93, Rec 1980/92 y 22-6-15, Rec 1693/14); c) para la generación de pensiones en favor de familiares (TS 29-1-20, Rec 3097/17).
Paralelamente, el servicio social femenino se consideró para **cubrir la carencia necesaria para el acceso a la pensión de jubilación anticipada** (TS 6-2-20, Rec 3801/17). Esta sentencia motivó un cambio legal, que se produjo de la mano de la L 21/2021. A tenor de la **normativa hoy vigente**: «[...] A estos exclusivos efectos, solo se computará el periodo de prestación del servicio militar obligatorio o de la prestación social sustitutoria, o del servicio social femenino obligatorio, con el límite máximo de un año». Ahora bien, el periodo de prestación del servicio militar obligatorio, de la prestación social sustitutoria o del servicio social femenino obligatorio solo se computa a efectos de la jubilación anticipada (LGSS art.207.1.c y 208.1.b) y de la jubilación parcial (LGSS art.215.1.d). Se trata de pensiones de jubilación para las que se exigen **periodos mínimos de cotización muy elevados**. Pero la pensión de jubilación ordinaria, como regla general, se exige un periodo mínimo de cotización mucho más breve (15 años) y el legislador no computa, a estos efectos, los periodos de prestación del servicio militar obligatorio, de la prestación social sustitutoria o del servicio social femenino obligatorio. La pensión de vejez del SOVI exige un periodo mínimo de cotización de 5 años (1.800 días), muy inferior a la pensión de jubilación ordinaria (o, en su caso, la inclusión en el antiguo Retiro Obrero). Si la pensión de jubilación ordinaria del Sistema de la Seguridad Social no permite computar, a efectos de un periodo mínimo de cotización mucho más prolongado (15 años), los citados periodos de prestación del servicio militar obligatorio, de la prestación social sustitutoria ni del servicio social femenino obligatorio, tampoco deben computarse **a efectos del SOVI**, que exige un periodo de cotización inferior. El servicio militar obligatorio y la prestación social sustitutoria (cuya duración varió entre 7 meses y varios años) y el servicio social femenino (cuya duración fue más breve, en el caso de la actora, durante 120 días) **se computan** respecto de la pensión jubilación anticipada y parcial. Pero **no se computan** a efectos de la pensión de jubilación ordinaria.

16. Mejoras voluntarias

5000 Las **TS 5-2-25, Rec 4445/22 y 6-2-25, Rec 5047/22**, reiteran lo dicho, entre otras, en las TS 29-1-24, Rec 3467/21 y 24-10-05, Rec 1918/04, sobre la **aplicación del plazo de retroactividad de 3 meses** ex LGSS art.53.1 a una mejora voluntaria de prestación de IT por embarazo y de maternidad en cuanto al concepto de atención continuada (guardias). Como se recordará, hay que distinguir entre la **pérdida de un pago y la pérdida de un derecho**, pues mientras esta última compromete de forma irreparable la finalidad última del sistema de Seguridad Social, que es la protección de una situación de necesidad, la pérdida de un pago no genera ese compromiso. Pues bien, esta distinción es básica para afrontar el tema debatido, pues cuando se discute una diferencia en el importe de la pensión se reclama contra una falta de reconocimiento de una parte del derecho y no contra la falta de pago de un derecho ya reconocido; por tanto, hay que moverse en la LGSS art.53 (anterior art.43) –prescripción de 5 años– y no en el supuesto del art.54 (anterior art.44) –plazo de un año– (en la misma línea TS 7-7-15, Rec 703/14). Por tanto, la inclusión de un concepto retributivo en la mejora prestacional de la IT (guardias médicas) que constituye el objeto de debate es una cuestión sobre la **falta de reconocimiento de una parte del derecho** y no contra la falta de pago de un derecho ya reconocido, por lo que resulta de aplicación la LGSS art.43, prescripción de 5 años, aunque con una retroacción máxima de efectos económicos de los 3 meses anteriores a dicha solicitud. El que se trate de una mejora voluntaria no altera esta convicción (véase TS 20-6-19, Rec 53/18).

Por su parte, la **TS 1-4-25, Rec 713/23**, se pronuncia sobre la determinación de la entidad aseguradora responsable del abono de la cantidad prevista en la póliza por incapacidad permanente absoluta derivada de accidente no laboral, aclarando que debe estarse no a la fecha de los efectos económicos del reconocimiento de aquella situación de incapacidad (2019), sino a la de **fecha del accidente no laboral** (2013). Como destaca la sentencia, los pactos colectivos que tenía suscritos la empresa con los representantes de los trabajadores establecían la obligación de cubrir con un seguro el supuesto, entre otros y en lo que aquí importa, de prestación por incapacidad permanente absoluta derivado de accidente «laboral», pero la póliza de seguro contratada por la empresa amplió la protección a la prestación por incapacidad permanente absoluta derivada de «accidente», sin ninguna otra calificación o exclusión, de manera que quedada protegida también la incapacidad originada por accidente no laboral con un montante de 48.422,68 €.

Cuantía que no se reconoce a la parte, porque la póliza concertada por la empresa disponía que **esta «contingencia»** tenía que ser consecuencia de «un accidente ocurrido durante el periodo de cobertura», siendo el periodo de vigencia de la cobertura de la póliza desde el año 2018 hasta el año 2019, y, por tanto, habiendo ocurrido el accidente en 2013, debía estarse a la póliza vigente en ese momento y reclamarse a la aseguradora entonces contratada. A ello se añade que en este contexto no corresponde el abono de los intereses LCS art.20.

Sobre la aplicación el plazo de 3 meses previos a la solicitud en las reclamaciones de **diferencias de cuantía** relativas al **complemento de IT** establecido en convenio colectivo (**TS 1-10-25, Rec 5117/23; 22-10-25, Rec 4149/23; 12-11-25, Rec 4182/23; 1-10-25, Rec 3376/23**).

Sobre el derecho de los **trabajadores temporales** de la Consejería de Familia, Juventud y Política Social de la Comunidad de Madrid, a percibir la **indemnización** prevista en el CCol para el personal laboral de la Comunidad de Madrid art.151 para el supuesto de declaración de IPT (**TS 11-11-25, Rec 974/24**, reiterando doctrina contenida en TS 22-5-25, Rec 411/24). El derecho se había formulado en el convenio de forma distinta para los funcionarios de carrera, los funcionarios interinos y el personal laboral con contrato fijo, y para el personal laboral temporal y eventual. Tal **trato desigual** vulnera el principio de igualdad ante la ley entre trabajadores temporales e indefinidos, al no estar amparado de justificación objetiva y razonable, porque no existe ninguna razón objetiva atendible que permita justificar que una trabajadora interina de la Comunidad de Madrid, tras ser declarada afecta de IPP, no reciba la cantidad de 15.500 € y que, sin embargo, sí la percibe una persona trabajadora fija. Si el contrato de trabajo se extingue como consecuencia de una declaración de IPT para su profesión habitual, quedan en la misma situación una persona trabajadora con contrato de duración determinada que una persona trabajadora fija. Ambas están incapacitadas para ejercer su profesión habitual y, por tanto, no pueden ser tratadas de forma diferente.

También sobre esta materia se han dictado otras sentencias, tales como la que afirma que si la persona trabajadora ha finalizado su contrato de trabajo antes de que se adopte un acuerdo por el que **se suspende la aportación empresarial al plan de pensiones** de los trabajadores, luego no tiene derecho a ser compensada con la cuantía de las aportaciones cuando dicho acuerdo fue alcanzado dentro de un ERE posterior al cese (**TS 15-10-25, Rec 3088/22**).

17. Seguridad Social complementaria

Seguridad Social complementaria La **TS 19-5-25, Rec 247/23**, se pronuncia 5050
sobre la prestación de **gastos de sepelio** en favor de **jubilados y pensionistas** y bene-

5050 (sigue) ficiarios de los mismos del Banco de España. La sentencia mantiene que la prestación, que constituye una **mejora de la acción protectora** del sistema de Seguridad Social, deriva del antiguo sistema de protección social complementaria de la banca oficial y se extendió al personal pasivo del Banco de España en virtud de una Circular de 1964. Este sistema de previsión social **desapareció en 2006**. Pero, una vez extinguido el sistema de previsión social complementaria, el Banco de España **mantuvo la prestación** de gastos de sepelio por decisión unilateral de su dirección **hasta** que decidió suprimirla en el **año 2023**, si bien dejando claro desde 2006 que esta mejora se reconocía con **carácter temporal**, primero por un plazo de 5 años y posteriormente con prórrogas anuales. De este reconocimiento expreso deduce la Sala que nunca ha existido la decisión ni la voluntad de la entidad empleadora de reconocerla de forma permanente, por lo que su final supresión no vulnera el ET art.41, sino que se atiene a la LGSS art.239. En **similar** sentido, se pronuncia la **TS 2-7-25, Rec 207/23**, para la empresa SEITTSA, en que se mantiene que la supresión unilateral por la empresa de un seguro de vida en favor de los trabajadores adscritos a las concesiones de las autopistas R-4 y AP-36, en las que la empresa se subrogó, se considera una alteración sustancial o supresión de mejoras voluntarias de la acción protectora de la Seguridad Social, amparada por el ET art.41, aunque no se mencione expresamente en el mismo y sí en el ET art.83.2.

En sintonía con ello, la **TS 2-7-25, Rec 71/24**, admite que el que la empresa Enterprise Solutions Procesos de Negocio España SLU reconozca la mejora de prestación de incapacidad temporal no se aplica al personal contratado a partir de 2023. Ello porque tal decisión **no vulnera el principio de igualdad**, habida cuenta que ese reconocimiento, por encima del convenio, solo adquirió el estatus de condición más beneficiosa respecto de la plantilla anterior, por lo que solo a esas personas les es de aplicación, incorporándose al nexo contractual. Se recuerda en tal sentido la TS 28-11-23, Rec 164/21.

Por lo demás, se retoman **cuestiones** de Seguridad Social complementaria **ya resueltas** por la Sala. Así se insiste en las **TS 28-5-25, Rec 3608/23 y 5382/22**, en las que, en el pleito del plan de pensiones de Kutxabank, es contrario al principio de igualdad la adscripción de la trabajadora a la entidad de previsión social Lanaur Hiru en lugar de la entidad de previsión social Lanaur Bat, por razón de la naturaleza temporal del contrato de trabajo, de conformidad con las previsiones del convenio colectivo. Y se retoma la cuestión del **asunto Liberbank** en las TS 13-6-25, Rec 3318/23 y 3-7-25, Rec 3252/23, y del asunto Caixabank en la TS 11-6-25, Rec 4279/23, sobre el premio de jubilación y, en concreto, sobre la procedencia del devengo por parte de antiguos empleados de Caja Granada, que antes de la jubilación vieron extinguidos sus contratos de trabajo por despido colectivo.

Por su parte, la **TS 2-6-25, Rec 4535/23**, reconoce el derecho del actor de autos, trabajador de Radiotelevisión Española SME, SA, a percibir el **premio de desvinculación**, al haber sido declarado afecto de incapacidad permanente absoluta en un expediente administrativo iniciado de oficio por el INSS, aunque el convenio lo reconozca únicamente cuando esa declaración de incapacidad absoluta se produzca a instancias del interesado, porque, a estos efectos, el convenio no puede establecer este tipo de diferencias.

De otro lado, la **TS 2-7-25, Rec 201/24**, rememora doctrina previa sobre **mejora voluntaria de la prestación de IT** del Servicio Murciano de Salud, en el sentido de que plazo de prescripción aplicable a la reclamación es el de 5 años de la LGSS art.53 y no el de un año del ET art.59, ni tampoco el de la LGSS art.54. Por su parte, la **TS 26-6-25, Rec 797/23**, aclara que el **plazo de prescripción de 3 meses** resulta aplicable a la mejora voluntaria consistente en un complemento de la prestación de riesgo por embarazo establecido en convenio colectivo, recordando lo dicho en TS 29-1-24, Rec 3467/21, y las que la siguieron (también **TS 16-7-25, Rec 2336/24**).

Por último, la **TS 2-7-25, Rec 4218/23**, aplicando doctrina europea (TJUE 22-2-24, C-649/22) y jurisprudencia previa (TS 27-5-25, Rec 673/23), reconoce el derecho a la **equiparación de las condiciones** esenciales de trabajo de la **empresa usuaria**, ex L 14/1994 art.11.2, a un trabajador declarado en incapacidad permanente total derivada de accidente de trabajo sufrido en la usuaria. Mantiene que el trabajador en cuestión tiene derecho a percibir la misma indemnización prevista como mejora voluntaria de Seguridad Social para los trabajadores de la usuaria. **5050** (sigue)

CAPÍTULO 4

Derecho procesal

1. Competencia judicial internacional

Declara la **TS 20-12-24, Rec 4626/23**, la incompetencia de los órganos de la jurisdicción social española, con **sumisión al Tribunal Administrativo de la OIT**, para conocer de una demanda en materia de prevención de riesgos laborales, por acoso moral y vulneración de la garantía de indemnidad, formulada frente al **Consejo Oleícola Internacional** (COI) y una persona física de la organización, funcionario con inmunidad. Razona al respecto que existe un mecanismo alternativo de resolución de la controversia en el Acuerdo de sede entre el Reino de España y el COI, conforme al cual el procedimiento laboral relativo a un funcionario del COI ha de someterse al Tribunal Administrativo de la OIT, pues cuenta con **personalidad jurídica internacional** y goza de privilegios e inmunidades en España, donde radica su sede. Distinción entre actos «iure imperii» y actos «iure gestionis», en tanto que solo los primeros afectan realmente a la soberanía del Estado extranjero (LO 16/2015). **6020**

Tras recordar que la competencia judicial internacional es un presupuesto del proceso que se aprecia de oficio, la **TS 12-9-25, Rec 1837/24**, declara la **falta de jurisdicción de los tribunales españoles** para conocer de una demanda por despido y tutela de derechos fundamentales, presentada por un **trabajador de nacionalidad colombiana**. En el caso, en síntesis, consta que el actor recibió una oferta de la demandada (Grupo Repsol) para la **expatriación a Madrid**, que fue aceptada. Prestó servicios en Madrid hasta que se le comunicó que finalizaba el periodo de expatriación y que debía retornar a su puesto a Colombia. Sin embargo, **no se incorporó** a su puesto de trabajo en Colombia en la empresa Repsol Servicios Colombia, SA, en la que había estado en situación de **excedencia** mientras estuvo expatriado, por lo que se le comunicó la finalización de su contrato de trabajo. En una elaborada resolución, como avanzamos, el TS confirma la falta de jurisdicción de los tribunales españoles para conocer de la pretensión y declara inaplicable el Rgto UE/1215/2012 (Bruselas I bis) y la LOPJ art.24, fundamentalmente porque ninguno de los foros allí señalados fundamenta la jurisdicción de los tribunales españoles, a saber, los servicios que ordena la empresa Repsol Colombia han de prestarse en Colombia; el contrato no se celebró en territorio español, el foro del domicilio del demandado también se descarta, a lo que se anuda que el trabajador es de nacionalidad colombiana. Avala esta solución el resultado de llevar a cabo el denominado **proceso de valoración de vinculación más estrecha del contrato** con un Estado distinto del Estado de la realización habitual del trabajo. **6026**

Finalmente, resulta de interés la argumentación de la sentencia destinada a **descartar la aplicación al caso de la cosa juzgada** en relación con otra **sentencia anterior** del mismo trabajador y aportada en el actual como resolución de contraste, porque en aquel supuesto el actor impugnaba una MSCT, consistente en la orden de retorno a Colombia, y en el momento del ejercicio de dicha acción la prestación de servicios era en España, de ahí que se apreciara la jurisdicción de los tribunales españoles.

Precisiones El **proceso de valoración de vinculación más estrecha del contrato** con un Estado distinto del Estado de la realización habitual del trabajo es un criterio acuñado por el

TJUE, que determina que el tribunal competente debe «tener en cuenta la totalidad de los elementos que caracterizan la relación laboral y apreciar el elemento o elementos que, a su juicio, son más significativos» para incluso descartar la aplicación de la ley del país en que se realiza habitualmente el trabajo, cuando del conjunto de las circunstancias resulte que dicho contrato presenta un **vínculo más estrecho** con otro país (TJUE 12-9-13, asunto Boedeker, C-64/12). Es una valoración global en la que, como ha señalado la doctrina, deben pesarse, y no simplemente contarse, las conexiones del contrato de trabajo con distintos Estados, pues hay elementos más importantes que otros elementos que son más aptos que otros para poner de manifiesto una conexión sustancial del contrato con un Estado concreto. Pues bien, entre esos elementos, se encuentra el país en el que el trabajador por cuenta ajena paga sus impuestos y los tributos que gravan las rentas de su actividad y en el que está afiliado a la seguridad social. Esto es lo que ocurre en el caso que examinamos. Es incuestionable que es Colombia, al insertarse la relación laboral en el contexto y anclaje de la suscripción de un acuerdo sobre condiciones de impatriación.

2. Competencia de la jurisdicción social

6050

a. Competencia funcional

6055 Véase la relación de sentencias referidas en el apartado dedicado al recurso de suplicación y al recurso de casación para la unificación de doctrina.

b. Competencia material

6060 **Jurisdicción social vs jurisdicción contencioso-administrativa** Como es sabido, la delimitación del ámbito laboral y el administrativo se mueve en zonas imprecisas, debido a la idéntica alineación de las facultades para el trabajo. Ante ello, el ET art.3.a ha permitido interpretar que el criterio diferenciador se halla en la normativa reguladora de la relación y no en la naturaleza del servicio prestado. Para ello, se hace preciso que el bloque normativo que rige la relación entre las partes, con **destrucción de la presunción de laboralidad** establecida en el ET art.8.1, implique una evidente exclusión del orden social. Así, **frente al criterio** sostenido en la TS 11-1-24, Rec 1673/22, según el cual, todas las **controversias relativas a irregularidades en la contratación administrativa** son competencia del orden contencioso-administrativo y no del social –pues, al no apreciarse ni invocarse causa alguna de irregularidad en las contrataciones administrativas, solo la jurisdicción contencioso-administrativa resulta competente–, en la **TS 2-4-25, Rec 2453/24**, se afirma la competencia del orden social de la jurisdicción para resolver la demanda de una trabajadora que fue contratada a través de sucesivos **contratos temporales de carácter administrativo** conforme a normas propias de la Comunidad Foral de Navarra, en la que se solicita que se declare que tales contratos fueron irregulares y encubrían un verdadero contrato laboral, y se le reconozca como personal laboral indefinido no fijo; y ello por cuanto la contratación administrativa fue irregular y no se adecuó a la norma de cobertura, por lo que encubre un verdadero contrato de trabajo.

Asimismo, el orden social de la jurisdicción es el competente para conocer de la demanda en materia de **prevención de riesgos laborales** planteada por un determinado sindicato frente al SERGAS, conforme a la LRJS art.2.e, tal como indica la TS 25-10-23, Rec 1873/20, que reitera doctrina.

6062 Por el contrario, tras anularse la TS 20-12-24, Rec 4179/23, que no entró en el fondo del asunto, al apreciar falta de contradicción, la **TS 26-3-25, Rec 4179/23**, declaró que el orden social de la jurisdicción es el competente para conocer de una **reclamación de daños y perjuicios** efectuada por un trabajador frente a determinado Ayuntamiento, tras tener que devolver las cantidades que estuvo percibiendo como complemento de productividad, que fue declarado nulo en la jurisdicción contencioso-administrativa. Razona al respecto que la **responsabilidad patrimonial del ayuntamiento** deriva de su condición de empleador y no de Administración Pública en el ejercicio de su potestad administrativa, por lo que sus actos, incluidos los daños y perjuicios que esa actuación pueda generar en el marco de una relación de trabajo, están sujetos al derecho laboral.

La **TS 24-6-25, Rec 4595/23**, declara que la **jurisdicción contenciosa administrativa** es competente para resolver la demanda de un trabajador contratado como **personal eventual** para desempeñar funciones como director de programas en el Ministerio de la Presidencia, y ello porque, cuando la contratación se realiza conforme a la normativa administrativa, no se cuestiona su legalidad, sino solo la duración. Asimismo, reitera que la posible irregularidad derivada de la **duración excesiva** no altera la naturaleza administrativa del contrato ni la competencia judicial. **6064**

Declara la **TS 13-11-25, Rec 246/24**, la incompetencia del orden social de la jurisdicción para conocer de la demanda deducida por conflicto colectivo destinada a decidir si el **personal laboral temporal de la Universidad** del País Vasco, que comprende personal docente contratado laboral interino o con contrato de sustitución, investigador no permanente, profesor asociado, visitante y colaborador temporal, tiene **derecho a que se evalúe su actividad** investigadora cada 6 años y, en su caso, a percibir el complemento retributivo (**sexenio**) correspondiente, **igual que el personal permanente**. Y ello por cuanto en ese caso no se impugna una decisión o actuación de la Universidad empleadora –a diferencia de lo acontecido en la TS 25-1-23, Rec 117/20; 20-3-24, Rec 101/22–, sino un acto administrativo de un ente público distinto y ajeno a la relación laboral, Unibasq –Agencia de Calidad del Sistema Universitario Vasco–, que no mantiene ninguna clase de vínculo de tal naturaleza con los posibles afectados de la resolución. **6066**

En esta línea, la **TS 24-10-25, Rec 317/24**, declara que los **actos administrativos** por los que la comunidad autónoma decide **sobre la financiación** del Servicio de Relaciones Laborales de Castilla y León (SERLA) no son actos en material laboral y sindical, sino ejercicio de su **poder de autoorganización** y, por tanto, la competencia corresponde al orden jurisdiccional contencioso-administrativo, toda vez que no son meros actos de subvención de actividades de una fundación laboral privada, constituida por los interlocutores sociales. **6067**

Reiterando doctrina, la **TS 19-11-25, Rec 1483/24**, declara que el orden social no es competente para conocer de una demanda de quien es **titular de un contrato administrativo** de provisión temporal de vacante y que solicita en dicha demanda el reconocimiento de la condición de personal laboral fijo y subsidiariamente indefinido no fijo, por duración inusualmente larga del contrato administrativo. **6068**

Asimismo, afirma la **TS 14-10-25, Rec 1903/24**, la incompetencia del orden social de la jurisdicción para conocer de la acción de **reclamación de daños y perjuicios** dirigida contra la entidad pública titular del servicio de recogidas de residuos del municipio –además de la empresa empleadora–, en un supuesto en el que la trabajadora sufre **lesiones** en el brazo, **al caer la tapa del contenedor ubicado en la vía pública** en el que arrojaba las bolsas con la basura recogida tras realizar las labores de limpieza en su empresa. Razona la sentencia que, si bien el orden social de la jurisdicción es competente para conocer de la acción ejercitada por la parte actora frente a su empleadora, no lo es frente a la entidad pública y su aseguradora, dado que título jurídico en el que se sustenta la responsabilidad imputada a la entidad pública demandada no surge del incumplimiento por su parte de ninguna obligación que pudiere estar mínimamente vinculada con el desempeño de la actividad laboral, sino que está exclusivamente fundamentada en el anormal funcionamiento de los servi- **6069** cios públicos, por el deficiente estado de conservación en el que se encontraba el contenedor de basuras en el que se produjo el accidente, en aplicación de la LJCA art.2.

6071 En el contexto de un **conflicto colectivo entre el Personal Docente e Investigador** en la modalidad denominada «Margarita Salas» **y la Universidad** del País Vasco (UPV), se polemiza en la **TS 4-6-25, Rec 254/34**, sobre el orden jurisdiccional competente para su conocimiento. La Universidad recurrente sostiene la competencia del orden jurisdiccional contencioso administrativo, porque no se está ante una decisión de la UPV como empleadora que afecte a las condiciones de trabajo, sino ante una decisión adoptada con anterioridad a la formalización de los contratos como entidad pública destinataria de las subvenciones y que afecta a los importes. Así las cosas y no impugnándose directamente ninguna resolución administrativa ni ningún acto de gestión recaudatoria, dirigiéndose el conflicto colectivo contra la **universidad demandada como empleadora** a los efectos de resolver sobre el importe del derecho retributivo de los investigadores contratados laboralmente con base en ese régimen de ayudas, examinado el marco normativo de aplicación, se afirma la competencia del orden social de la jurisdicción, incluso si hubiera de resolverse «incidenter tantum» sobre la legalidad de las normas administrativas reguladoras de las ayudas.

6072 Por el contrario, reiterando la doctrina sentada en la TS 2-4-25, Rec 2453/24, la **TS 30-5-25, Rec 2619/24**, afirma la **competencia del orden social** de la jurisdicción para resolver la demanda de una trabajadora –profesora– que fue contratada a través de **sucesivos contratos temporales** de carácter administrativo conforme normas propias de la Comunidad Foral Navarra, e interesa que se declare que tales contratos fueron irregulares y encubrían un **verdadero contrato laboral**, así como que se le reconozca como personal laboral indefinido no fijo, y ello por cuanto la contratación administrativa fue irregular y no se adecuó a la norma de cobertura, por lo que encubre un verdadero contrato de trabajo. Asimismo, recuerda que ese último supuesto es diferente del abordado en la TS 11-1-204, Rec 1673/22, en el que se ponía en juego única y exclusivamente una duración injustificadamente larga de la vinculación administrativa, sin cuestionar que la misma se correspondía con la causa legalmente prevista. En el mismo sentido, la **TS 1-10-25, Rec 3801/24**, en el caso de una trabajadora que fue contratada como fisioterapeuta a través de **sucesivos contratos temporales de carácter administrativo** conforme a normas propias de la Comunidad Foral de Navarra.

c. Competencia objetiva

6080 En el marco de un conflicto colectivo, en el que se ventila si unos **convenios de ámbito inferior a la empresa** (centro de trabajo o de las provincias donde prestan servicios sus empleados) tienen prioridad aplicativa sobre el convenio estatal del sector en materia salarial –CCol Estatal para las Empresas de Seguridad Privada–, prevista en el ET art.84.2, la **TS 10-4-25, Rec 51/23**, declara que, de conformidad con la LRJS art.8, la **AN** es funcionalmente competente para conocer de la demanda, ya que se trata de un conflicto colectivo que afecta a diversos convenios colectivos de ámbito provincial y uno superior al ámbito de una comunidad autónoma, además del convenio colectivo estatal que se aplica en otras provincias. No en vano, de conformidad con la LRJS art.2.g y 8.1, la Sala de lo Social de la AN es competente para conocer de los convenios colectivos cuando extiendan sus efectos a un **ámbito superior al de una comunidad autónoma**. Sentado lo anterior, concluye asimismo que, en el caso, la competencia para conocer de una demanda de conflicto colectivo no deriva del alcance de la norma o decisión que se trata de interpretar o aplicar, sino del alcance o área a la que se contrate el conflicto y, en el caso, dado que el conflicto real y actual se plantea con diversos convenios de distintas provincias en distintas CCAA, el ámbito territorial de ese conflicto es supraautonómico y, por tanto, entra dentro del acervo competencial de la AN.

Este argumento –ámbito del conflicto con el de la norma legal o convencional aplicada o interpretada– se contempla en la **TS 9-4-25, Rec 155/23**, y, en aplicación de la LRJS art.6, atribuye la competencia objetiva de los juzgados de lo social de Oviedo, y no del TSJ, para conocer del conflicto colectivo, porque los **trabajadores afectados** por el conflicto colectivo están **adscritos a un centro de trabajo fijo** (municipio de Llanera) al que acuden a recoger el material, aunque se desplacen a lo largo del territorio de la comunidad autónoma para atender avisos de avería eléctricas puntuales, y el ámbito del conflicto colectivo se limita ese centro de trabajo. Sin embargo, la **TS 26-2-25, Rec 65/23**, declara la competencia objetiva de la Sala de lo Social del TSJ Asturias, porque el ámbito real del conflicto colectivo planteado no supera el ámbito territorial de la comunidad autónoma asturiana. **6082**

La **TS 8-4-25, Rec 139/23**, declara que el ámbito del conflicto colectivo se extiende a todos los trabajadores de los centros de trabajo de la empresa (Gran Canaria, Fuerteventura y Lanzarote); por lo tanto, en aplicación de la LRJS art.7, la competencia objetiva corresponde a la **Sala de lo Social del TSJ de Canarias correspondiente**. No en vano, para determinar la competencia objetiva para conocer de los conflictos colectivos, ha de aplicarse el alcance territorial del conflicto, que es una materia de orden público procesal e indisponible para las partes. **6084**

Un supuesto de interés es el que se suscita en la **TS 5-2-25, Rec 17/23**, en el que la parte demandada interpone recurso de casación ordinario contra una sentencia que declaró la **incompetencia objetiva** de la Sala de lo Social del TSJ, con el único objeto de que se estimase la **excepción de falta de legitimación activa** del sindicato demandante por su falta de implantación en el ámbito del conflicto. Ahora bien, el Alto Tribunal recuerda que el examen de la competencia objetiva es cuestión de orden público procesal y que, en el caso, aun habiéndose dictado una sentencia (la LRJS art.5.1 prevé la declaración de incompetencia «in limine litis» mediante auto), no significa que pueda soslayar esa falta de competencia y entrar a examinar la implantación del sindicato en el conflicto. Para poder estimar una excepción o conocer el fondo del asunto, es necesario que el tribunal sea competente. **6086**

Confirma la **TS 18-9-25, Rec 273/23**, la competencia objetiva del TSJ de origen (Cataluña) para conocer de la demanda de **conflicto colectivo** articulada por CCOO, con el objeto de condenar a la empresa a **revalorizar los salarios** de los trabajadores de sus centros en Vic y Badalona para los años 2021 y 2022 **conforme al IPC real**, en aplicación del acuerdo de empresa de 22-6-2009. Y ello en aplicación de la LRJS art.2.g y 7.1.a, por cuanto, pese a que la empresa dispone de varios centros de trabajo distribuidos por todo el territorio nacional, la pretensión ejercitada se refiere a dos centros de trabajo de Cataluña, sin que conste acreditado que el sindicato demandante haya configurado de manera artificial el ámbito de afectación de conflicto colectivo. **6088**

d. Competencia territorial

Tras recordar que debe aplicarse a la competencia territorial la doctrina jurisprudencial existente respecto de la competencia internacional, material y funcional, que obliga a examinarlas de oficio en el recurso de suplicación, al tratarse de materias procesales que integran el llamado orden público procesal, la **TS 4-2-25, Rec 2178/24**, se enfrenta a decidir si los juzgados de lo social de Santander son competentes territorialmente para conocer de una demanda de despido interpuesta por un trabajador, conductor, que **prestaba sus servicios en lugares de distintas circunscripciones territoriales**, pero no lo hizo en la provincia de Santander donde radica su domicilio. La LRJS art.10, tras establecer la regla ordinaria, según la que, con carácter general, será juzgado competente el del lugar de prestación de los servicios o el del domicilio del demandado, a elección del demandante, añade unas previsiones especiales para el supuesto de que los servicios se prestaran en lugares de distintas circunscripciones territoriales. Para ello, resulta necesario que se presten **de forma** **6095**

simultánea en distintas circunscripciones, y no de forma sucesiva, así como que la prestación de servicios en circunscripciones diversas reúna la nota de permanencia o continuidad y no se trate de servicios que se presten, de manera **esporádica o puntual**, en un centro de trabajo distinto del habitual. Pero, cuando se establece la **posibilidad de optar** por el fuero territorial del domicilio del trabajador, debe entenderse que, entre los diferentes lugares donde presta servicios el trabajador, este podrá elegir aquel de ellos en que se encuentre su domicilio. De esta forma, son dos los requisitos simultáneos que debe cumplir la elección del trabajador: el primero, que en el territorio elegido haya efectiva prestación de servicios, y el segundo, que en la circunscripción elegida tenga su domicilio el trabajador. Por tanto, no se reconoce como criterio de fijación de la competencia territorial el del domicilio del trabajador con independencia de ningún otro criterio; es necesario que exista coincidencia entre el mencionado domicilio y uno de los lugares en donde se prestan servicios.

6098 La **TS 5-2-25, Rec 109/24**, se plantea si son competentes los juzgados de lo social de Castellón para conocer de la **demanda de despido** interpuesta por el trabajador, conductor, que presta servicios como transportista con base en Alicante, por lo que la previsión especial del párrafo segundo de la LRJS art.10.1 no es de aplicación, al no venir referida a empresas de transportes cuyos trabajadores se desplazan a lo largo de la geografía española o europea conduciendo un camión de la empresa llevando mercancías a distintos puntos. El precepto en cuestión está referido a los supuestos en los que un trabajador presta servicios, con cierta estabilidad y permanencia, en distintos lugares que pertenecen a circunscripciones territoriales distintas. Para que pueda elegirse el **fuero del domicilio**, resulta menester que se presten servicios de forma simultánea en distintas circunscripciones, y no de forma sucesiva, así como que la prestación de servicios en circunscripciones diversas reúna la nota de permanencia o continuidad y no se trate de trabajos que se prestan, de manera esporádica o puntual, en un centro de trabajo distinto del habitual. Ello implica que, en el caso examinado, en materia de competencia territorial rija la regla establecida en la LRJS art.10.1 párr 1º, según la cual, con carácter general, será **juzgado competente** el del lugar de prestación de los servicios o el del domicilio del demandado, a elección del demandante. Ello implica que los juzgados competentes son los de Alicante, salvo que el actor elija los de la circunscripción de la empresa demandada, tal como estableció la sentencia de instancia y confirmó la sentencia aquí recurrida.

6100 Interesante y novedosa es la controversia examinada en la **TS 24-4-25, Rec 1219/24**, en la que se dirime la competencia territorial para conocer de una demanda de despido interpuesta por un **teletrabajador**. El actor fue contratado por una empresa que tiene su domicilio social en las Palmas de Gran Canaria, y el centro de trabajo que figura en el contrato radica también en Las Palmas de Gran Canaria. El actor teletrabaja en su propio domicilio, situado en Madrid. La Sala IV, tras aclarar que la competencia territorial de los órganos judiciales está residenciada en la LRSJ y no en la LTD, determina que se deben aplicar las reglas generales de la LRJS art.10. Por lo tanto, si el teletrabajador presta servicios en su propio domicilio, la demanda de despido se puede interponer ante el JS en cuya circunscripción se encuentra su domicilio.

3. Cuestiones generales del proceso

Auto de aclaración Declara la LOPJ art.267 que: «Los tribunales no podrán variar las resoluciones que pronuncien después de firmadas, pero sí aclarar algún concepto oscuro y rectificar cualquier error material de que adolezcan». Por otra parte, el precepto distingue entre, de un lado, «Los errores materiales manifiestos y los aritméticos en que incurran las resoluciones judiciales», y de otro, «Las omisiones o defectos de que pudieren adolecer sentencias y autos y que fuere necesario remediar para llevarlas plenamente a efecto podrán ser subsanadas», así como el caso de que se hubieran «omitido manifiestamente pronunciamientos relativos a pretensiones oportunamente deducidas y sustanciadas en el proceso». Además, mientras que el resto de modalidades se someten a plazos y formalidades específicos, «los errores materiales manifiestos y los aritméticos en que incurran las resoluciones judiciales podrán ser rectificados en cualquier momento». Por otra parte, el TCo, entre otras, en su TCo 286/2006, tiene dicho que por **errores materiales manifiestos** debe entenderse, desde la perspectiva constitucional del Const art.24.1, solo «aquellos errores cuya corrección no implica un juicio valorativo, ni exige operaciones de calificación jurídica o nuevas y distintas apreciaciones de la prueba, ni supone resolver cuestiones discutibles u opinables por evidenciarse el error». 6115
En el **TS auto 12-11-25, Rec 53/24**, se subsana el error material de **transcripción en relación a un acrónimo**, pero se descarta la aclaración/complemento de sentencia en referencia a la indemnización impuesta y, en particular, a la justificación de los daños y perjuicios ocasionados y que dan origen a la misma, al pretender replantear el debate relativo a la cuantificación de la indemnización derivada de la vulneración del derecho fundamental de libertad sindical.

En esta línea, de indiscutible interés resulta asimismo la **TS 23-7-25, Rec 2852/24**, en la que se analiza si un auto de aclaración puede **modificar el fallo de una sentencia** que había sido dictada tras un error en la tramitación procesal. En el caso, la Sala de suplicación, tras constatar que había sido cometido un **error de fechas** en su sentencia con la que resuelve el recurso ante la petición de la entidad gestora de aclaración de la misma, dicta el auto recurrido. En él, tras corregir el error material detectado, consistente en la **fecha de efectos económicos de la prestación de jubilación**, entiende que el conjunto de la sentencia que debe ser aclarada contiene una fundamentación jurídica incorrecta y, en consecuencia, por medio del auto, elabora nuevos razonamientos jurídicos que le llevan a modificar la parte dispositiva de la 6118 misma. Interpuesto recurso de casación unificadora, el TS recuerda que la aclaración de sentencia puede, además de rectificar errores, rectificar algún elemento accesorio de la parte dispositiva, como es la cuantía de la indemnización, pero **no variar el sentido del fallo**, como ha sido el caso. Por lo tanto, declara que concurre una **inadecuación** a la norma procesal, al realizarse una rectificación de sentencia con modificación del fallo, y ello además es contrario a las previsiones de la LOPJ art.267 y LEC art.214, pues en ambas normas se reitera que la aclaración nunca podrá implicar una variación de la parte dispositiva. Asimismo, señala que cabrá el **recurso extraordinario** pertinente, en la medida en que el auto se integra en el contenido de la sentencia, y si contra la misma cabe interponer recurso de suplicación o casación, también cabrá interponerlo una vez que la misma ha sido rectificada, sea dicha rectificación respetando los límites legales o sobrepasando las previsiones de las normas procesales. Anula la sentencia aclarada por auto.

6124 **Carencia sobrevenida de objeto** Son de referencia obligada dos sentencias que contienen doctrina de interés sobre la carencia sobrevenida de objeto litigioso. Nos referimos a la **TS 4-6-25, Rec 48/23**, dictada en casación ordinaria, y a la **TS 10-6-25, Rec 5157/23**, recaída en casación unificadora.

La primera resuelve un **conflicto colectivo** suscitado a propósito de una revisión salarial, que es estimado por la sentencia de instancia que, entre otros pronunciamientos, reconoció el derecho a la **revisión de los salarios** del personal que presta servicios en los centros de atención especializada y en los centros especiales de empleo incluidos en el ámbito del XV CCol general de centros y servicios de atención a personas con discapacidad, en los términos indicados en el art.32.1 de esa norma convencional, procediendo con efectos económicos de 1-1-2022. Posteriormente, **se alcanza un acuerdo** en el que la parte empresarial y la representación mayoritaria de la parte social acuerdan la revisión salarial para los años 2022 a 2024, acuerdo que se alcanzó de conformidad con el ET art.86.3 y 90.2 y 3, publicándose en el BOE. Cuatro de las cinco asociaciones empresariales que habían preparado el recurso de casación ordinaria desistieron de sus recursos. Atendiendo a que la carencia o pérdida sobrevenida de objeto tiene lugar cuando un proceso iniciado correctamente deviene posteriormente innecesario, al desaparecer del mundo cualquier interés actual y real en la intervención judicial, la Sala IV desestima el recurso; y ello porque el acuerdo tiene la virtualidad de convenio colectivo estatutario, por lo que si la asociación no está de acuerdo con el mismo, debió impugnarlo mediante la interposición de una demanda conforme a la modalidad procesal de impugnación de convenios colectivos, regulada en la LRJS art.163 a 166, en el caso de que tuviera la legitimación exigida por la LRJS art.165. El conflicto colectivo ha quedado **vacío de contenido** por el posterior acuerdo parcial que fija los salarios para los años 2022 a 2024.

Solución distinta se alcanza en la **TS 10-6-25, Rec 5157/23**, que declara el interés legítimo de la actora –enfermera de profesión– para mantener la demanda en la que solicitaba el derecho a que se le reconociera del **Nivel II de carrera profesional**, con las consecuencias económicas inherentes a tal pronunciamiento, en un supuesto en el que, tras la presentación de aquella, **cesó en su relación laboral**, por haber sido nombrada personal estatutario.

6130 **Correspondencia entre papeleta de conciliación y demanda** En la **TS 4-2-25, Rec 4982/23**, se debate si una trabajadora que, mediante papeleta de conciliación previa a la vía judicial, impugnó su cese como despido, solicitando su improcedencia, puede en el escrito de **demanda especificar** que en el momento del despido **estaba embarazada**, solicitando en dicho escrito de demanda la nulidad del despido. Y el TS alcanza una respuesta positiva, haciéndose eco de la línea jurisprudencial sentada en la TS 10-9-24, Rec 1636/21, que relajó la estricta exigencia de una total correspondencia entre los hechos de la papeleta de conciliación y los que se reflejan en la demanda y que debe limitarse a aquellos supuestos en los que la consecuencia anudada a la **falta de correspondencia** implique, bien una imposibilidad material de celebrar la conciliación, bien una **vulneración del derecho a la tutela judicial efectiva** de la contraparte por afectarle a su derecho a la defensa de manera

plena. De tal suerte que la interpretación de la LRJS art.80.1.c no debe realizarse de forma rigorista, debiéndose efectuar una hermenéutica del precepto que conjugue la exigencia del derecho a no sufrir indefensión con la adecuada protección de los derechos fundamentales del trabajador. En el caso, sostener que el hecho de no haber aludido en la papeleta de conciliación al embarazo de la mujer implica que ya no puede hacerse en la demanda o en una eventual ampliación de la misma, cuando **ni se ha perjudicado** absolutamente la posibilidad de conciliación **ni se ha causado indefensión** alguna a la empresa demandada, implicaría desatender –a través de una interpretación rigorista de la norma– el derecho fundamental de la mujer a no ser discriminada en atención a su propia condición de mujer.
Análogo criterio se había sentado en la **TS 23-1-25, Rec 5375/23**, que declaró que la alegación en la demanda de **hechos no reflejados en** la papeleta de **conciliación**, con petición de nulidad en vez de improcedencia del despido, no es contraria a derecho, siempre que no frustre la conciliación ni implique vulneración del derecho de defensa de la parte demandada.

Cosa juzgada En el marco de un conflicto colectivo en el que se dirime la priori- **6136**
dad aplicativa o no en materia salarial de convenios de ámbito inferior a la empresa respecto del convenio del sector de empresas de seguridad, declara la **TS 10-4-25, Rec 51/23**, que las sentencias recaídas en procedimientos de conflicto colectivo deben primar sobre el principio de cosa juzgada derivado de **sentencias firmes recaídas en litigios individuales anteriores** a las mismas, debido al «carácter regulador» y los efectos «cuasi normativos» de la sentencia dictada en procedimiento de conflicto colectivo, puesto que la misma «define el sentido en el que ha de interpretarse la norma discutida o el modo en que ésta ha de ser aplicada, y por ello participa de alguna manera del alcance y efectos que son propios de las normas, extendiendo su aplicación a todos los afectados por el conflicto». Por lo tanto, **no opera la cosa juzgada** sobre un proceso de conflicto colectivo cuando las sentencias han recaído en procesos individuales, no en procedimientos de conflicto colectivo, porque la sentencia que resuelve un conflicto colectivo, lejos de estar vinculada por el criterio sentado en sentencias firmes previas recaídas en procesos individuales, permite excepcionar el efecto de cosa juzgada de dichas sentencias para litigios futuros, incluso en relación con aquellas empresas y trabajadores que fueron parte en los litigios individuales.

Reiterando doctrina, las **TS 2-7-25, Rec 5397/23 y TS 15-10-25, Rec 5238/23**, en **6138**
relación a una reclamación de **pagas extraordinarias de MIR** y la inclusión del **complemento de atención continuada**, se discute si la existencia de **resoluciones previas** que reconocen a la trabajadora el derecho a percibir el complemento de atención continuada en el abono de las pagas extraordinarias respecto a anualidades anteriores supone que, en aplicación del efecto de cosa juzgada en sentido positivo, también se le ha de reconocer en el periodo objeto de reclamación, a lo que se da una respuesta negativa. Razona al respecto que la existencia de resoluciones previas que reconocen el derecho litigioso respecto a anualidades anteriores no implica que tal solución deba ser mantenida si **posteriormente** aparece una **jurisprudencia que constituye una innovación** que impide perpetuar la solución anteriormente acogida. No en vano, la irretroactividad de las leyes o normas no es trasladable a la jurisprudencia, a la que se le otorga la condición de complementar el ordenamiento jurídico. Por tanto, la aparición de esta nueva doctrina jurisprudencial constituye una innovación que impide perpetuar la solución previamente acogida, sin que ello suponga vulneración de derechos o principios constitucionales.

Recuerda la **TS 11-6-25, Rec 3524/23**, que sobre la **cosa juzgada** son predicables las **6140**
siguientes **notas**:
a) Impide la decisión del proceso actual cuando ya hubiere sentencia firme sobre la misma cuestión y entre las mismas partes.

b) Posee doble efecto: negativo o excluyente y positivo o prejudicial (cuando no hay identidad absoluta de los elementos de la pretensión, pero sí hay una parcial identidad en el objeto de uno y otro proceso).
c) Opera sobre la base de una situación jurídica ya dada en la realidad histórica, en virtud de una sentencia que es firme.
Y el efecto positivo o prejudicial de la cosa juzgada de la LEC art.222.4 requiere que la sentencia firme del proceso anterior sea antecedente lógico del objeto del posterior proceso y que los litigantes de ambos procesos sean los mismos. Lo que se exige no es una identidad absoluta de los elementos de la pretensión, pero sí una **parcial identidad** en el objeto de uno y otro proceso. Así declara que, en el proceso de determinación de la contingencia de incapacidad temporal, en el que se interesa que se declare que deriva de enfermedad profesional, concurre la excepción de cosa juzgada, por haberse resuelto la misma cuestión en un proceso previo de determinación de la contingencia en el que se declaró con carácter firme que la incapacidad temporal derivaba de enfermedad común.

6142 En la **TS 23-9-25, Rec 5237/23**, se resuelve si existe cosa juzgada sobre el derecho del **trabajador jubilado** a mantener los **beneficios sociales en las tarifas del suministro eléctrico** de los que anteriormente disfrutaba, una vez que **ha perdido vigencia el IV CCol** del Grupo ENDESA. La Sala IV confirma la sentencia de instancia que aplicó la institución de la **cosa juzgada**, por existir una previa sentencia firme de conflicto colectivo sobre esta misma materia dictada por la AN y confirmada por la TS 7-7-21, Rec 137/19. Esa sentencia estableció que, como ese derecho estaba vinculado a la vigencia del IV CCol Marco del Grupo ENDESA o de los acuerdos de adhesión individual al ERE, la pérdida de su vigencia comporta la desaparición de tales derechos y obligaciones, sin que sea posible mantener ningún tipo de eficacia jurídica frente al régimen jurídico colectivo vigente aplicable a dichos beneficios.

6144 **Extensión de la eficacia subjetiva de la sentencia: intereses procesales de la LEC art.576** La cuestión planteada en la **TS 5-2-25, Rec 2122/23**, es si el incremento de dos puntos que establecen LEC art.576.1 y LRJS art.251.1, sobre «intereses de la mora procesal», se aplica a la empresa sucesora ex ET art.44 desde el **auto que amplió la ejecución** contra dicha empresa o, por el contrario, desde la sentencia que condenó al abono de la correspondiente cantidad. La Sala V entiende que el incremento de dos puntos solo procede desde el auto que amplió la ejecución. Con este pronunciamiento sigue la línea que ya se pronunciase en la TS 28-11-03, Rec 709/03 –dictada en ejecución de sentencia, en un supuesto en el que en el curso de la ejecución se acordó ampliar la misma frente a la entidad que había sucedido a la anterior **empleadora**, siendo objeto de debate la extensión del pago de los intereses–. Como ya había dicho la Sala, «... El interés legal del dinero debe aplicarse al sucesor, porque la atribución de la responsabilidad solidaria a este no tiene en cuenta la valoración de su conducta en orden al cumplimiento de la correspondiente obligación, sino que opera como una garantía objetiva del crédito de los trabajadores existente frente al primer empresario [...]. Por ello, el interés legal del dinero debe abonarse por el sucesor desde que la obligación fue reconocida judicialmente con independencia de que en ese momento aquél hubiera tenido o no entrada en el proceso, pues aquí juega plenamente la garantía sustantiva del artículo 44 del Estatuto de los Trabajadores, dado que el interés es solo la actualización del valor económico del crédito reconocido a favor del trabajador. Pero no sucede lo mismo en relación con el recargo, pues la función punitiva de este opera al margen de cualquier garantía material de reparación del daño». En consecuencia, la condena a abonar el **incremento de dos puntos** solo se produce desde el auto que amplió la ejecución contra la empresa y no desde la sentencia que condenó al abono de la correspondiente cantidad.

6150 **Incongruencia extra petita** En el ámbito de los recursos, los términos del debate vienen fijados por el escrito de interposición del recurrente y la impugnación que del mismo haga, en su caso, el recurrido. Esta configuración del recurso de suplicación determina que el tribunal ad quem no puede valorar ex novo toda la prueba practicada ni revisar el Derecho aplicable, sino limitarse a las concretas cuestiones planteadas por las partes. La **TS 2-4-25, Rec 1251/23**, al examinar los términos en los que se articuló el recurso de suplicación, concluye que las alegaciones de la parte recurrente están encaminadas a fundamentar la excepción de incompetencia del orden social y no a denunciar la desviación entre lo solicitado en demanda y la vía de previa. Por lo que, al declarar la Sala de suplicación que se había producido una **variación sustancial de la demanda** respecto de lo alegado en vía administrativa previa, que solo menciona como un elemento accesorio para justificar la excepción de incompetencia, sin ni siquiera hacer mención a la posible infracción de la LRJS art.72 y art.80.1.c, incurrió en el vicio procesal de incongruencia extra petita, que determina declarar la nulidad de todo lo actuado, con retroacción de las actuaciones al momento anterior a dictar la sentencia objeto de recurso.

Incongruencia interna No resulta ocioso recordar que la expresión «incongruencia interna» se refiere al **desajuste** que se produce en la propia sentencia, sin atender a la actividad de las partes. Son los casos en los que el pronunciamiento o los pronunciamientos de la parte dispositiva, esto es, del fallo de la sentencia, entran en contradicción con los fundamentos o razonamientos de la resolución. Puede tener lugar «por contradicción entre los pronunciamientos de un fallo, o bien entre la conclusión sentada en la fundamentación jurídica como consecuencia de la argumentación decisiva –ratio decidendi– y el fallo, o con alguno de sus pronunciamientos». Dicha incongruencia exige una **contradicción en la argumentación decisiva de la sentencia** y es fácilmente apreciable con el cotejo entre la motivación contenida en los fundamentos jurídicos y el fallo. **6158**

Se recurre en la **TS 23-3-25, Rec 26/23**, el auto dictado por la AN, que deniega la ejecución de sentencia que condenó a la empresa a implantar un sistema de registro de jornada accesible tanto a los trabajadores como a la RLPT. Ante esta Sala IV se denunció que la meritada resolución incurrió en «incongruencia interna», al existir una **contradicción entre el relato de hechos probados y la fundamentación jurídica**. Pero no se estima que el auto recurrido incurra en tal óbice procesal, toda vez que la Sala de lo Social de la AN consideró acreditado que el acceso de la representación legal de las personas trabajadoras a los registros de jornada ya era efectivo. A partir de hecho probado, la ilación entre las distintas partes de la sentencia hasta llegar al fallo no incurre en ningún salto ni ruptura lógica, puesto que si ese acceso ya es efectivo, lo ordenado en el fallo de la sentencia objeto de ejecución se ha cumplido y, por tanto, no podía accederse a la pretensión ejecutiva del sindicato recurrente. El problema se sitúa, por tanto, en otra parte, que es la valoración de la prueba testifical. La discrepancia del sindicato se sustancia en la valoración de la prueba testifical, lo que es algo distinto a la incongruencia denunciada.

Como es sabido, la prohibición de incongruencia extra petita **impide** al juez o tribunal **alterar o modificar** los términos del **debate judicial**, debiéndose ajustar al objeto del proceso, sin omitir la decisión sobre el tema propuesto por la parte ni, por ello, pronunciarse sobre cuestión no alegada ni discutida, porque ello supone violar el principio de contradicción procesal, en cuanto no se da a la parte la oportunidad de oponerse o discutir sobre el punto en cuestión. En la **TS 2-7-25, Rec 4574/23**, la Sala de suplicación acaba estimando un recurso interpuesto por la trabajadora, pero que había fracasado con anterioridad a que pudiera pronunciarse la sentencia de suplicación, al **no** haber **cumplimentado el trámite previo al anuncio**. De ese modo, los términos del debate procesal fueron alterados de manera grave: nada menos que para examinar (y estimar) un recurso que previamente se había declarado inadmisible. **6160**

Incongruencia omisiva No es ocioso recordar que el derecho la resolución motivada incluye el derecho a una resolución congruente, existiendo el vicio de incongruencia omisiva «cuando el órgano judicial **deja sin respuesta alguna de las cuestiones planteadas** por las partes, siempre que no quepa interpretar razonable- **6170**

mente el silencio judicial como una desestimación tácita cuya motivación pueda deducirse del conjunto de los razonamientos contenidos en la resolución, pues la satisfacción del derecho a la tutela judicial efectiva no exige una respuesta explícita y pormenorizada a todas y cada una de las alegaciones que se aducen como fundamento de la pretensión, pudiendo ser suficiente a los fines del derecho fundamental invocado, en atención a las circunstancias particulares del caso, una respuesta global o genérica a las alegaciones formuladas por las partes que fundamente la respuesta a la pretensión deducida, aun cuando se omita una respuesta singular a cada una de las alegaciones concretas no sustanciales (por todas, TCo 218/2003)». Por otro lado, hay que distinguir entre las alegaciones o argumentos aducidos por la parte para fundamentar sus peticiones y las auténticas pretensiones en sí mismas consideradas, pues la obligación de incongruencia se impone solo respecto de estas últimas.

Incongruencia que se predica en la **TS 2-4-25, Rec 1368/24**, porque, tras ser anulada (por incongruente) por la Sala IV una sentencia de suplicación, la nueva resolución dictada por dicho **órgano jurisdiccional se limitó a copiar de manera literal los argumentos de la anterior**, que incluía únicamente razonamientos jurídicos respecto al recurso de la mercantil, y ahora los traslada para resolver el recurso de suplicación formalizado por la persona física, omitiendo, en consecuencia, pronunciarse sobre el recurso de la empresa; y respecto del recurso de la persona física razona como si su contenido fuera el de la mercantil. Por lo tanto, la sentencia dictada en suplicación, tras ser anulada un anterior, no puede considerarse tácitamente integrada con contenidos de la inicial, sino que debe cumplir por sí misma los requisitos de toda sentencia.

6172 En esta línea, en **impugnación de despido colectivo**, afirma la **TS 21-2-25, Rec 214/24**, que la sentencia recurrida ha incurrido en incongruencia omisiva o «ex silentio», por no resolver el órgano jurisdiccional las cuestiones planteadas en demanda, al dejar sin respuesta las pretensiones esenciales de la parte demandante, entre otras, sobre la existencia de un grupo de empresas mercantil y guardar silencio sobre las causas organizativas y productivas y la nulidad del despido colectivo por fraude de ley. No en vano, esta omisión procesal tiene relevancia constitucional y resulta inadmisible en cuanto viola el principio de contradicción y de defensa de la parte afectada por el silencio judicial.

En el mismo sentido, la **TS 26-2-25, Rec 4636/22**, que declara la nulidad de la sentencia recurrida por omitir pronunciarse sobre los **motivos de oposición** (irrecurribilidad de la sentencia, revisión fáctica), opuesto por el trabajador en la impugnación del recurso frente a la sentencia que le reconoció el grado de IPT.

6175 Asimismo, aprecia la **TS 3-4-25, Rec 733/23**, que la sentencia recurrida incurrió en incongruencia omisiva porque, tras denegar la petición principal revocando la sentencia de instancia que había reconocido al actor una prestación de incapacidad permanente total, no se pronunció sobre la **petición subsidiaria** contenida en demanda y en la que interesaba la declaración de una incapacidad permanente parcial.

6178 El Tribunal Constitucional viene definiendo la **incongruencia omisiva o ex silentio** en una consolidada doctrina (TCo 91/2003, y TCo 218/2003, entre otras muchas) como un «desajuste entre el fallo judicial y los términos en que las partes formularon sus pretensiones, concediendo más o menos, o cosa distinta de lo pedido» (TCo 136/1998; TCo 29/1999), que entraña una **vulneración** del derecho a la **tutela judicial efectiva**, siempre y cuando esa desviación sea de tal naturaleza que suponga una sustancial modificación de los términos por los que discurra la controversia procesal (TCo 215/1999). Lo que, en el supuesto de la incongruencia omisiva o ex silentio que aquí particularmente importa, se produce cuando «el órgano judicial deja sin respuesta alguna de las cuestiones planteadas por las partes, siempre que no quepa interpretar razonablemente el silencio judicial como una desestimación tácita, cuya motivación pueda inducirse del conjunto de los razonamientos contenidos en la resolución, pues la satisfacción del derecho a la tutela judicial efectiva no exige una

respuesta explícita y pormenorizada a todas y cada una de las alegaciones que se aducen como fundamento de la pretensión, pudiendo ser suficiente a los fines del derecho fundamental invocado, en atención a las circunstancias particulares del caso, una respuesta global o genérica a las alegaciones formuladas por las partes que fundamente la respuesta a la pretensión deducida, aun cuando se omita una respuesta singular a cada una de las alegaciones concretas no sustanciales» (TCo 124/2000; TCo 186/2002; TCo 6/2003).
Incongruencia que se produce en la **TS 4-7-25, Rec 1096/24**, que aborda un supuesto en que en el acto del juicio se planteó, con carácter subsidiario, la pretensión de reconocimiento de una incapacidad permanente parcial para la profesión habitual, y la sentencia dictada por la Sala de suplicación, tras desestimar la pretensión principal de reconocimiento de una incapacidad permanente total para la profesión habitual, **no da respuesta** alguna a la **pretensión subsidiaria**.

Por el contrario, la **TS 10-6-25, Rec 146/23**, en el marco de una tutela del derecho a la libertad sindical, descarta el concurso de tal óbice procesal en la sentencia recurrida, porque **en ningún momento fue alegado** por la demandante recurrente que no pudiera tener acceso a los censos electorales. Destaca, asimismo, que, lejos de poder sostener con rigor que la sentencia haya omitido respuesta a esa alegación, sí que se encuentra en todo caso integrada en la respuesta dada sobre este particular (el acceso a los censos) por el Tribunal de instancia a la petición formulada, globalmente considerada, por todos los demandantes en su escrito de demanda. **6181**

Se reitera la **aplicación de criterios flexibles** en orden a determinar la concurrencia del requisito de **contradicción de sentencias** cuando se trata de infracciones procesales que pudieran generar indefensión, porque no es la cuestión sustantiva que constituye el fondo del asunto la que **debe ser analizada** para determinar si concurren los supuestos de contradicción de la LRJS art.219.1, sino la controversia planteada respecto de la infracción procesal sobre la que versen la sentencia recurrida y la de contraste y la necesidad de que concurra en este extremo suficiente homogeneidad. La **TS 10-9-25, Rec 1107/24**, concurrente la contradicción, declara que la sentencia recurrida incurrió en incongruencia omisiva, porque no dio respuesta a la pretensión de rectificación de un hecho formulada en un escrito de impugnación del recurso de suplicación que había sido inadmitido por el JS, al considerar, erróneamente, que era un **duplicado**. **6183**

Reitera la **TS 12-11-25, Rec 73/24**, que «hay que distinguir entre las alegaciones o argumentos aducidos por la parte para fundamentar sus peticiones [...] y las auténticas pretensiones en sí mismas consideradas. Respecto a las primeras no cabe hablar de incongruencia, pues no es necesario dar una respuesta explícita y pormenorizada a todas y cada una de ellas para satisfacer el derecho a la tutela judicial efectiva. La obligación de congruencia se impone solo respecto de las auténticas pretensiones, en razón a que cada una de ellas se convierte en una "causa petendi" que exige una respuesta concreta». Asimismo, el TCo viene definiendo la incongruencia omisiva o ex silentio en una consolidada doctrina (TCo 91/2003, y 218/2003, entre otras muchas) como un «desajuste entre el fallo judicial y los términos en que las partes formularon sus pretensiones, concediendo más o menos, o cosa distinta de lo pedido que entraña una vulneración del derecho a la tutela judicial efectiva», siempre y cuando esa desviación «sea de tal naturaleza que suponga una sustancial modificación de los términos por los que discurra la controversia procesal» (TCo 215/1999). Lo que en el supuesto de la **incongruencia omisiva o ex silentio**, que aquí particularmente importa, se produce cuando «el órgano judicial deja sin respuesta alguna de las cuestiones planteadas por las partes, siempre que no quepa interpretar razonablemente el silencio judicial como una desestimación tácita, cuya motivación pueda inducirse del conjunto de los razonamientos contenidos en la resolución, pues la satisfacción del derecho a la tutela judicial efectiva no exige una respuesta explícita y pormenorizada a todas y cada una de las alegaciones que se aducen como fundamento de la pretensión, pudiendo ser suficiente a los fines del derecho funda- **6185** mental invocado, en atención a las circunstancias particulares del caso, una respuesta global o genérica a las alegaciones formuladas por las partes que fundamente la respuesta a la pretensión deducida, aun cuando se omita una respuesta singular a cada una de las alegaciones concretas no sustanciales» (TCo 124/2000; 186/2002; y 6/2003). Y, en el caso, se descarta tal óbice procesal, porque **la sentencia recurrida justificó la condena** a las mercantiles codemandadas, de ahí que su disconformidad con los argumentos desarrollados por la AN no pueda sustentar la incongruencia omisiva, aun a pesar de que la argumentación de la sentencia sea concisa.

6188 **Legitimación activa** La única cuestión que se debate en la **TS 18-9-25, Rec 1571/24**, es la relativa a determinar si un sindicato tiene **legitimación activa para instar la nulidad de un contrato temporal por obra o servicio determinado** suscrito entre una concreta entidad (en el caso, AENA) y una trabajadora, con la finalidad de que se contrate en su lugar al **candidato que corresponda según la bolsa de empleo** aplicada en la empresa. Para despejar esa cuestión, recala el TS en la TCo 89/2020, en la que se analizó la legitimación activa de los sindicatos para recurrir acuerdos de la Administración fijando criterios para el nombramiento de personal interino y, si bien se refiere a supuestos de nombramientos administrativos, competencia del orden contencioso-administrativo, dicha doctrina sería extensible al orden jurisdiccional social cuando existe normativa legal o convencional que regula los procedimiento selectivos. En consecuencia, concluye el Alto Tribunal que la **fijación de los criterios generales sobre selección de personal temporal** es materia que afecta al interés colectivo de los trabajadores y que, por tanto, un **sindicato** debe ver reconocida su **legitimación activa** para acudir al proceso en defensa de su propia posición jurídica al respecto. También tiene legitimación para recurrir el resultado del proceso selectivo mediante la formalización de los distintos contratos.

6191 **Litisconsorcio pasivo necesario** Recuerda la **TS 10-9-25, Rec 186/23**, que, respecto al litisconsorcio pasivo necesario, se trata de **llamar al proceso a todos** aquellos que puedan resultar **afectados** en sus derechos e intereses por el proceso judicial seguido, porque así lo imponga la Ley o porque vengan vinculados con el objeto de la controversia. La razón de ser de la excepción procesal de referencia se halla en el principio constitucional de tutela judicial efectiva y de evitación de indefensión que proclama la Const art.24 y, precisamente por ello, se halla establecida la **posibilidad de apreciación de oficio** de tal defecto procesal. Excepción procesal que se acoge por la Sala IV en el procedimiento seguido en impugnación, vía conflicto colectivo, de varias cláusulas de la Instrucción de la Dirección General de Recursos Humanos de la Consejería de Educación de la Junta de Castilla y León, sobre la contratación del personal que imparte enseñanza de religión católica en los centros docentes, para decretar la **nulidad de actuaciones** desde el momento de la admisión de la demanda, y ordena **llamar al proceso** a la Conferencia Episcopal Española, la Comisión Islámica de España y la Federación de Entidades Religiosas Evangélicas de España. Razona que lo que es objeto de controversia en el litigio es la participación que dichas **confesiones religiosas** han de tener en el procedimiento de contratación y asignación de plazas a los profesores de las respectivas religiones, con lo cual resulta evidente que quedan afectados, al menos en cuanto resultan de dicha configuración, sus derechos a la libertad religiosa y a la libertad de enseñanza, por lo que preceptivamente debieron ser identificadas como **interesados** en el procedimiento y llamados al mismo. No en vano, se está en presencia de una actividad administrativa y, en aplicación supletoria de la LJCA art.49, se obliga a notificar la pendencia del proceso a todos los que aparezcan como interesados en él.

6194 **Litispendencia** Como es sabido, la litispendencia tiende a impedir la simultánea tramitación de dos procesos con el mismo contenido, siendo una institución **preventiva y tutelar de la cosa juzgada**, por lo que requiere las mismas identidades que esta: subjetiva, objetiva y causal. No basta con que entre ambos procesos exista una mera conexión o identidad de alguno de estos elementos (pero no de todos), pues esto último, a lo único que puede dar lugar es a la posibilidad de acumulación de ambos procesos a instancia de parte legítima, constituyendo una hipótesis distinta a la de litispendencia. La **TS 24-6-25, Rec 373/24**, estima la **inexistencia de litispendencia** que dé lugar a la paralización del proceso iniciado por demanda sobre MSCT, cuando posteriormente se interpone **demanda de oficio** por la autoridad laboral con la pretensión de determinar la existencia de relación laboral para la **misma persona** del proceso anterior.

En la **TS 9-9-25, Rec 159/23**, se trata de determinar si existe litispendencia entre un **procedimiento de impugnación de las tablas salariales** del V CCol general del sector de servicios de asistencia en tierra en aeropuertos para los años 2022-2025 anexo II, respecto al seguido anteriormente ante la misma Sala Social de la AN en **impugnación de determinados preceptos de ese mismo convenio** a instancia de un sindicato diferente, a lo que se da una respuesta positiva. Así, en los dos casos se impugna la misma previsión convencional, se alega que las tablas del referido anexo II del V convenio colectivo suponen la injustificada imposición de una doble escala salarial para el personal PMR, que no se corregirá hasta su completa equiparación con los trabajadores de su mismo grupo profesional en el año 2025; y por ese motivo solicitan la aplicación de las tablas previstas en el anexo I. La identidad es absoluta, más allá del itinerario seguido en el discurso jurídico enhebrado por cada uno de los sindicatos demandantes para sustentar la existencia de una doble escala salarial. En consecuencia, se confirma concurrente la **excepción de litispendencia**. **6196**

Motivación de las sentencias En el contexto de un litigio sobre tutela de **derecho de huelga**, debe despejar la **TS 24-6-25, Rec 185/23**, la petición de nulidad de la sentencia por **defectos de motivación**. Como es sabido, la motivación de las resoluciones judiciales, prevista en Const art.120.3, es una exigencia derivada de Const art.24.1 con el fin de que se puedan conocer las razones de la decisión que aquellas contienen, posibilitando su control mediante el sistema de los recursos (TCo 8/2005; TCo 247/2006). Así, la motivación en Derecho no se cumple con la mera emisión de una declaración de voluntad en un sentido u otro, sino que debe ser consecuencia de una **exégesis racional del ordenamiento** y no fruto de la arbitrariedad. Y la sentencia anotada descarta la falta de motivación de la resolución recurrida, al declarar probados hechos suficientes y exponer las razones, citando los preceptos legales y jurisprudencia que, a su juicio, justifican su convicción judicial. No compartir la argumentación judicial, cuando esta razonadamente desestima la demanda, no significa que la sentencia no esté motivada. **6198**

Pérdida sobrevenida de objeto Es de referencia obligada una sentencia que contiene doctrina de indudable interés y relevancia sobre la falta sobrevenida de objeto litigioso. Nos referimos a la **TS 10-4-25, Rec 74/23**, que, en el marco de un conflicto colectivo en el que se pretende la ilegalidad de un sistema implantado en la empresa, por el cual la remisión de los trabajadores del parte de baja médica debe hacerse obligatoriamente a través de un sistema informático que obliga realizar una gestión administrativa adicional de introducción de datos en el sistema, aborda la **excepción de carencia sobrevenida de objeto**, y ello motivado porque el RD 1060/2022 modificó el RD 625/2014, suprimiendo esta obligación del trabajador, trasladando la misma al servicio público de salud o, en su caso, a la mutua o empresa colaboradora, que lo comunicará al INSS. La Sala IV, tras aclarar que no se debe confundir la pérdida sobrevenida del objeto del recurso con la pérdida sobrevenida del objeto del litigo, recuerda al efecto que la estatuto jurídico de la pérdida sobrevenida de objeto puede considerarse similar al de la **falta de acción**, si bien la diferencia esencial entre la falta de acción y la pérdida sobrevenida de objeto es que, en el primer caso, la ausencia de interés actual tutelable es originaria, se produce en el mismo momento de iniciar el proceso, mientras que la pérdida de objeto es de naturaleza sobrevenida, de manera que un proceso iniciado correctamente deviene posteriormente innecesario, al desaparecer del mundo cualquier interés actual y real en la intervención judicial, siendo ambas apreciables de oficio por la Sala casacional. **6201**

Sentado lo anterior, declara que no puede apreciarse una pérdida sobrevenida de objeto del litigo por **hechos posteriores al acto de la vista**, tampoco el recurso pierde su objeto porque la sentencia objeto del mismo no ha sido anulada ni ha desaparecido del mundo jurídico de ninguna manera. Ahora bien, en el caso, para mantener la pervivencia del interés en el pronunciamiento propio del conflicto colectivo, una vez suprimida la vigencia del criterio empresarial producida con anterioridad al acto del juicio de instancia, es preciso que sigan existiendo situaciones de conflicto actual o potencial, lo que no ha sido el caso, al no haber sido alegado tal extremo por el sindicato demandante. Por lo tanto, declara que se ha producido una pérdida sobrevenida de objeto del pleito, dando lugar a una desestimación de la demanda de naturaleza procesal, que no produce efecto alguno de cosa juzgada sobre el fondo.

6204 **Prescripción de obligaciones de tracto sucesivo** Recuerda la **TS 3-6-25, Rec 2786/23**, que la prescripción debe ser objeto de una **interpretación cautelosa y restrictiva**, porque se trata de una institución fundada en el abandono o dejadez del derecho propio y en el principio de seguridad jurídica. En el caso, la controversia consiste en determinar si ha prescrito una acción de **movilidad funcional**, consistente en la reclamación de un ascenso por la realización de funciones superiores a las del grupo profesional, así como las diferencias salariales, lo que exige, inexorablemente, despejar si nos hallamos ante una obligación de **tracto único o** de **tracto sucesivo**, optando el TS por esta última solución. Parte, para ello, de afirmar que el desempeño de trabajos de superior categoría no puede considerarse como una obligación de tracto único. El ET art.39.2 permite el ascenso o las diferencias retributivas por la encomienda de funciones superiores en unos tiempos determinados durante la vigencia del contrato de trabajo. Por tanto, no cabe afirmar que el plazo para reclamar la categoría superior se inicia el día de suscripción del contrato de trabajo, puesto que esa norma permite reclamar el derecho a partir de unos determinados espacios temporales en los que el trabajador ha atendido funciones superiores. La doctrina jurisprudencial ha declarado que la relación laboral es, por esencia, de tracto sucesivo (TS 1-2-17, Rec 78/16; 7-10-20, Rec 23/19). En consecuencia, la acción no está prescrita.

6206 Asimismo, reiterando doctrina, declara la **TS 4-6-25, Rec 323/24**, que cualquier acto de **reconocimiento de la deuda** por el deudor **interrumpe** la prescripción, lo que debe ser interpretado extensivamente, en el sentido de que cabe **cualquier forma** o actuación de la persona obligada, en coherencia con la doctrina de los actos propios. En el caso, las declaraciones de la empresa en la reunión de la comisión negociadora del III CCol de la CRTVE interrumpieron el plazo de prescripción de acción individual de reclamación de cantidad derivada de la sentencia firme dictada en procedimiento de conflicto colectivo.

6209 **Principio de preclusión** De interés son las **TS 26-6-25, Rec 2373/24, y 25-6-25, Rec 5475/23**, en las que se aborda el efecto preclusivo de la LEC art.400.2, sobre «**preclusión de la alegación de hechos y fundamentos jurídicos**», que dispone que: «2 (...), a efectos de litispendencia y de cosa juzgada, los hechos y los fundamentos jurídicos aducidos en un litigio se considerarán los mismos que los alegados en otro juicio anterior si hubiesen podido alegarse en este.» No en vano, tiene declarado la Sala IV que «la preclusión de la alegación de hechos y fundamentos jurídicos regulada en el apartado 2 del artículo 400 de la Ley de Enjuiciamiento Civil quiere evitar que, si se formula una primera demanda y se dicta una sentencia desestimatoria firme, el actor pueda interponer posteriormente una segunda demanda contra el mismo demandado con la misma pretensión, pero invocando una causa de pedir distinta. Es decir, no puede admitirse que la misma parte procesal reclame lo mismo, pero con base en hechos o fundamentos de derecho diferentes que la parte demandante **pudo y debió haber alegado en el primer pleito**. Si ello fuera posible, la cosa juzgada quedaría desvirtuada por la interposición de sucesivas demandas entre las mismas partes con la misma pretensión, pero en las que se alteraría la causa de pedir». Y en las sentencias señaladas no concurre dicho efecto preclusivo, al tratarse de **pretensiones distintas**. Así, las previas demandas articuladas en 2008 se limitaron a interesar que los días efectivamente trabajados se contaran íntegros con independencia de la jornada, mientras que la acción de 2022, presentada tras el TJUE auto 15-10-19, C-439/18 y C-472/19, y la TS 19-11-19, Rec 2309/17, que cambiaron la doctrina, persigue por primera vez que se tome en consideración todo el tiempo de vinculación contractual. Dado que las pretensiones son distintas y el nuevo fundamento jurídico no pudo invocarse en 2008, el TS aprecia que no se vulnera el principio de seguridad jurídica; ratifica así el derecho de las empleadas a percibir las diferencias salariales por el trienio devengado. Estas sentencias consolidan que el cómputo de antigüedad del personal fijo discontinuo abarca la totalidad de la relación laboral y no solo los servicios efectivos, conforme al ET art.16.6 y la jurisprudencia derivada de la Dir 97/81/CE. En consecuencia, solamente «las **circunstancias ulteriores, que no pudieron ser alegadas en el anterior proceso**, permiten válidamente fundar en ellas una **nueva acción judicial** cuando constituyan un objeto procesal distinto, sin que le alcancen los efectos de la cosa juzgada, ni la preclusión de alegaciones del apartado 2 del artículo 400 de la Ley de Enjuiciamiento Civil». Por lo tanto, se considera que el TJUE auto 15-10-2019, C-439/18 y C-472/19, y la TS 19-11-19, Rec 2309/17, son esas «circunstancias ulteriores, que no pudieron ser alegadas en el anterior proceso».

Reclamación previa Tras la supresión del requisito de reclamación previa por la Ley de Procedimiento Administrativo Común de las Administraciones públicas (en vigor desde el 2-10-2016), surge la cuestión de si la Administración Pública empleadora puede invocar la **excepción de prescripción** de la acción de reclamación de cantidad en el acto de juicio, cuando no ha dado respuesta alguna a las peticiones que en tal sentido le presentaron los trabajadores con anterioridad a la interposición de la demanda. La **TS 22-4-25, Rec 1937/23**, señala que las limitaciones que impone la LRJS art.72 se aplican únicamente a los casos en que la necesidad de formular dicha reclamación previa se mantiene (demandas de Seguridad Social y reclamación de salarios de tramitación frente al Estado), pero no son extensibles a los supuestos en los que ya no cabe dicha reclamación, y las peticiones que los trabajadores puedan realizar simplemente se corresponden con una actuación frente a la Administración en su calidad de empleadora sujeta al derecho laboral. Por tanto, en este último caso la Administración puede esgrimir la excepción de prescripción en el juicio sin problema. **6212**

Reglas para el tratamiento de la prescripción La cuestión que se plantea en la **TS 9-4-25, Rec 2881/23**, consiste en decidir si el auto declarando el **concurso de la empresa** demandada –que además acuerda concluir el concurso por insuficiencia de la masa activa y la disolución de la sociedad– tiene efecto interruptor de la prescripción de las acciones de reclamación de salarios e indemnización por despido objetivo, en demanda formulada por el trabajador frente a la empresa y al FOGASA. El TS da a tal cuestión una respuesta positiva, pues la literalidad de la LCon art.155 no admite otra interpretación en línea con el criterio estricto que exige la naturaleza de la prescripción, quedando en consecuencia interrumpida por la declaración del concurso, reanudándose nuevamente el plazo para la prescripción a la fecha de la conclusión del concurso. Afirmación que no queda empañada por el hecho de que el Juez de lo Mercantil acordara concluir el concurso por insuficiencia de la masa activa, así como la disolución de la sociedad. **6215**

El debate al que dan respuesta las **TS 1-4-25, Rec 3247/23 y 28-1-25, Rec 753/24**, se ha centrado en determinar el alcance temporal del instituto jurídico de la prescripción, dada la concurrencia de un proceso de impugnación de convenio colectivo –regulado en la LRJS art.163 a 166– y otro proceso individual de reclamación de cantidad. En concreto, se trata de establecer si los **efectos de la interrupción de la prescripción** lo son **hasta el dictado de la sentencia de instancia o hasta que se alcanza firmeza**, optando por esta última solución. En una elaborada resolución, reitera la Sala IV la interrupción de la prescripción de las acciones individuales en igual rela- **6218** ción con el objeto del conflicto como cuando la articulada es una acción colectiva por impugnatoria, pues esta viene a producir efectos sobre los procesos individuales pendientes de resolución o que puedan plantearse –en todos los ámbitos de la jurisdicción– sobre los preceptos convalidados, anulados o interpretados objeto del proceso. El proceso individual resulta tributario de la decisión que se adopte en el de naturaleza colectiva. Inherente a la anterior consideración es la plena operatividad de la interrupción prescriptiva durante el mismo lapso de desarrollo de ambos procedimientos y hasta la firmeza del colectivo por impugnatoria. Y la extensión de la eficacia interruptiva sitúa **el punto final o dies ad quem en la firmeza de la sentencia**, que resuelve la inaplicación de varios preceptos del convenio colectivo. Como argumento de refuerzo, recala asimismo en la TS 12-4-24, Rec 3073/20, con arreglo a la cual, en materia de prescripción, la doctrina establece que cualquier duda que al efecto pudiera suscitarse ha de resolverse, precisamente, en el sentido más favorable para el titular del derecho y más restrictivo de la prescripción.

6220 Rememora la **TS 26-2-25, Rec 133/22**, la doctrina jurisprudencial que considera que la interposición de una demanda declarativa de la existencia de una **cesión ilegal** no interrumpe la prescripción extintiva de las diferencias salariales, que se pudieron reclamar desde la fecha de su devengo. Más aún, debe operar la **prescripción extintiva** cuando la cesión ilegal finalizó en el pasado y el trabajador ejercita la acción, reclamando la existencia de una cesión ilegal y las diferencias salariales cuando ha transcurrido casi un año desde que finalizó la cesión ilegal. Dicha acción declarativa y de reclamación salarial se pudo ejercitar mientras estuvo vigente la cesión ilegal, lo que no ha sido el caso.

6222 En el marco de una reclamación de cantidad, se debate en la **TS 18-9-25, Rec 1461/24**, si la acción de **impugnación judicial de una MSCT** es un medio eficaz, a los efectos del CC art.1973, de interrumpir el **plazo de prescripción** ex ET art.59 para reclamar diferencias salariales derivadas de la misma causa, a lo que se da una respuesta positiva. Razona al respecto el TS que dicho plazo de prescripción se interrumpe al darse una vinculación y conexión objetiva directa con la causa de pedir de la reclamación por diferencias salariales, y no limitarse el fallo de la sentencia recaída en la MSCT meramente a declarar la nulidad de la decisión empresarial de aplicar un convenio colectivo diferente en el contexto de una subrogación, sino que condena a la empresa a reponer a la trabajadora en la categoría profesional, salario y demás condiciones laborales reconocidas antes de la modificación que se declarara nula.

6224 Reiteran las **TS 16-10-25, Rec 2804/23 y 3534/23**, en reclamaciones por dietas frente a la Corporación Radio televisión Española, SA, que, de conformidad con la LRJS art.160.6, la acción de conflicto colectivo interrumpe la prescripción de las acciones individuales, amén del reconocimiento por parte de la empresa acerca de la complejidad en el cómputo de la jornada realizada por cada trabajador.

6226 Análoga solución se alcanza en las **TS 30-10-25, Rec 754/24, 757/24, 897/24 y 2863/24**, en reclamaciones individuales de cantidad, en las que se declara la interrupción de la prescripción por sentencia anterior de impugnación de convenio. Declaran estas resoluciones que el plazo comienza con la firmeza de la sentencia que resuelve la inaplicación de varios preceptos del convenio colectivo.

6228 **Sentencia: condenas de futuro** Con ocasión de una demanda de tutela de derechos fundamentales –libertad sindical– frente a la **conducta empresarial obstruccionista del proceso negociador del Plan de igualdad**, la **TS 12-11-25, Rec 79/24**, debe despejar la suerte de la condena de futuro obrante en la sentencia recurrida, al imponer un apremio pecuniario por el periodo transcurrido desde el día siguiente a la fecha de la sentencia de instancia hasta aquel en que se apruebe el Plan de igualdad.

El TS confirma dicho pronunciamiento, a la vista de la contumaz conducta de la empresa tendente a dificultar y retrasar la negociación del preceptivo Plan de igualdad, por lo que, en cumplimiento de la LRJS art.183.1.c, que incluye como contenido de las sentencias dictadas en los procedimientos de tutela de derechos fundamentales, «la obligación de realizar una actividad omitida», establezca una **condena a la empresa** a abonar al sindicato una **suma por cada día en que se demore** la aprobación del Plan de igualdad. Esa condena tiene su fundamento en la citada LRJS art.183.1.c en relación con la Const art.24. Y, para el caso de que fuera el sindicato el que demorara la negociación del citado Plan, esa conducta antijurídica debería abordarse en el procedimiento de ejecución de esta sentencia y la empresa no tendría que abonar la indemnización diaria correspondiente a ese lapso temporal.

Subsanación de la demanda El debate judicial al que da respuesta la **TS 27-5-25, Rec 2449/24**, es el relativo a determinar si debe inadmitirse una demanda de despido porque la parte actora no subsanó la omisión consistente en la **falta de aportación de copias del escrito de demanda**. Y la sentencia anotada da a tal cuestión una respuesta negativa. Señala al efecto que el incumplimiento de requisitos formales de la actora consistió en que no aportó copias del escrito de demanda, atendiendo a que la doctrina jurisprudencial sostiene que la omisión de la aportación en tiempo y forma del justificante de la conciliación o mediación administrativa **no justifica el archivo** de la demanda de despido. Con mayor motivo, tampoco justifica **la inadmisión** de la demanda la omisión de la aportación de copias, que el LAJ pudo expedir. Abunda en esta solución que se está enjuiciando un pleito de despido, por lo que la inadmisión de esta demanda conduciría a la **caducidad** de la acción. Al estar en juego la obtención de una primera decisión judicial, debe aplicarse el principio pro actione con el objeto de evitar interpretaciones formalistas de los presupuestos procesales que puedan obstaculizar el derecho a que un órgano judicial resuelva en Derecho la pretensión de impugnación del despido de ese trabajador. Además, aun cuando no sea aplicable por razones cronológicas, la introducción del **expediente judicial electrónico** hace innecesaria la aportación de copias. La LO 1/2025 ha suprimido la LRJS art.80.2. **6231**

4. Modalidades procesales

6240

a. Conflicto colectivo

6242

Falta de acción A través de demanda de conflicto colectivo, se aborda en la **TS 17-9-25, Rec 272/23**, la impugnación de la medida empresarial consistente en aplicar la **reducción del plus de convenio según la jornada** laboral, habiendo sido desestimada la demanda, al considerar la Sala de origen que no existía un conflicto real y actual sobre la interpretación del plus de convenio y apreciar la **excepción de falta de acción**. Sin embargo, el TS considera que no estamos ante un conflicto de intereses, sino realmente jurídico; ahora bien, respecto de la **falta de acción**, comparte la tesis de la sentencia recurrida cuando decide que no existe conflicto real y actual, **6244**

pues en ninguna parte aparece que la empresa esté aplicando el plus convenio, según describe el sindicato demandante. Por ello, concluye que se articula una acción declarativa sin contenido real y actual, consistente en que se declare el derecho de los trabajadores afectados (que son todos los trabajadores que prestan sus servicios en las empresas de la comunidad de Madrid cuya actividad sea la de Logística, Paquetería y actividades anexas al transporte de mercancías a las que resulte de aplicación del V convenio colectivo del sector) a percibir el «plus de convenio» de manera íntegra por asistencia al trabajo, **independientemente de la jornada** de trabajo que se realice, cuando no consta la práctica empresarial que así lo respalde.

6247 **Inadecuación de procedimiento** Sentado que el procedimiento de conflicto colectivo es el adecuado para decidir sobre la pretensión de que se declare que el SERGAS ha vulnerado los derechos fundamentales a la salud y la integridad física y psíquica del personal sanitario en relación a la determinación de la carga de trabajo, toda vez que la modalidad de tutela de derechos fundamentales no impide que la vulneración de un derecho fundamental pueda ser invocada, junto con cuestiones de legalidad ordinaria, en un proceso de conflicto colectivo, se debate en la **TS 8-4-25, Rec 59/23** si nos hallamos en presencia de un **conflicto de intereses o jurídico**, optando por esta última solución en aplicación del criterio ya mantenido en la TS 18-9-24, Rec 121/22, a propósito de la demanda de conflicto colectivo en materia de prevención de riesgos laborales formulada por la APIF. Así, el actual conflicto colectivo invoca instrumentos normativos que permiten fundar la discrepancia y debatir sobre la interpretación de la norma en cuestión.

Análoga solución se alcanza en las **TS 1-4-25, Rec 63/23 y 18-2-25, Rec 47/23**, que, a propósito de la necesidad de **determinar si el procedimiento de conflicto colectivo es adecuado para ventilar el sistema de cálculo** del denominado **complemento de beneficios** que establece el CCol VEIASA art.26.2, declaran que desde antiguo la Sala viene señalando que el proceso de conflicto colectivo se caracteriza por la admisión de conflictos jurídicos o de interpretación y exclusión de los conflictos de intereses o de innovación, explicando que ese proceso resulta apto cuando no se intenta en el mismo modificar el orden preestablecido o implantar nuevas condiciones de trabajo, de empleo o de otra naturaleza, hurtando a las partes negociadoras del convenio lo que solo a ellas compete regular, sino que lo pretendido por el demandante es la aplicación de una normativa existente sobre cuya interpretación difiere la demandada. El objeto de la pretensión es, pues, de **naturaleza eminente jurídica**, pues lo que los actores pretenden es una declaración judicial que concrete el significado y alcance de normas preestablecidas, como es el caso que se trata de interpretar una norma convencional, por lo que la modalidad procesal resulta adecuada para fijar la interpretación del convenio colectivo. Asimismo, se constata la **existencia de intereses generales de un colectivo genérico de trabajadores**, no en vano se combate una práctica empresarial que colisionaría con la previsión convencional. Se trata de reconocer o denegar el derecho de todo ese colectivo a disponer de unas determinadas condiciones laborales que han sido previamente pactadas en el convenio colectivo de empresa. El grupo genérico de trabajadores lo conforma todo el personal de VEIASA, sin que para su resolución sea necesario descender a las particulares circunstancias de cada uno de los afectados ni tomar en consideración sus condiciones individuales. No se trata de una mera pluralidad, suma o agregado de trabajadores singularmente considerados, sino que concurren los rasgos y conceptos que a priori configuran el grupo como tal, en orden al análisis del elemento subjetivo, así como también la actualidad y realidad del conflicto.

6252 Con recordatorio de la doctrina dictada por la Sala IV, que fija las diferencias del conflicto colectivo –requiere la existencia de una controversia que precisa de la aplicación o interpretación de la norma– y el conflicto de intereses o regulatorio –cuya finalidad es la modificación del orden jurídico preestablecido–, la **TS 2-7-25, Rec 77/24**, acoge el concurso de dicha excepción. En efecto, en el caso, en la demanda de conflicto colectivo se pretendía la modificación del V CCol para el Personal Laboral al Servicio de la Junta de Extremadura, solicitando el encuadramiento de los

Mecánicos Inspectores en el Grupo Profesional III, equivalente a Técnico de Grado Superior, conforme al RD 920/2017, que regula la inspección técnica de vehículos, proponiendo incluso una redacción alternativa de los preceptos afectados del convenio. Por lo tanto, no se pretende una discusión sobre la interpretación de una norma o cláusula convencional, sino la **redacción ex novo de preceptos preexistentes** en el convenio y el encuadramiento de los mecánicos inspectores en otros grupos profesionales, todo ello al amparo de la previsión contenida en una norma legal, el RD 920/2017, y ello no es más que el intento de una alteración de lo pactado convencionalmente por vía judicial para obtener una norma convencional diferente. Esto **corresponde a los negociadores** del convenio, no a los tribunales. Se descarta ex LRJS art.102.2 la posibilidad de acomodar el procedimiento para convertirlo en impugnación de convenio, dado que la demanda y la actuación procesal insisten en la modificación del convenio mediante conflicto colectivo.
Conflicto de intereses que se predica asimismo en la TS **2-7-23, Rec 164/23**, y ello por cuanto no solo no se han probado los denunciados incumplimientos convencionales, sino que, aunque hubieran sido acreditados, su denuncia no podría encauzarse por la modalidad procesal de conflicto colectivo, sino que debería hacerse a través de las correspondientes acciones individuales. La retirada obligada de descansos se efectúa en los términos fijados en el art.50 del convenio colectivo aplicable y, en el supuesto de que se hubieran producido casos puntuales de incumplimiento, ello no encajaría dentro del proceso de conflicto colectivo ni de la competencia de la AN, pues **no** se trataría de una **afectación homogénea y abstracta a un grupo de trabajadores**.

De notable interés es la **TS 11-6-25, Rec 238/23**, que da respuesta al recurso articulado por la Asociación de Empresas de Trabajo Temporal (Asempleo) frente a la sentencia que desestimó su demanda, porque la modalidad procesal de conflicto colectivo no acoge controversias en las que no se ven concernidos derechos de los trabajadores. El TS, sin embargo, determina que el **procedimiento** adecuado **para impugnar acuerdos de la comisión paritaria** de un convenio colectivo es el regulado en LRJS art.163 y no el conflicto colectivo ordinario. Por ello, no obstante, estima parcialmente el recurso de casación interpuesto por la parte empresarial y ordena retrotraer las actuaciones para su tramitación conforme a la modalidad procesal correcta. **6258**

Adecuación de procedimiento que se predica en la **TS 10-9-25, Rec 69/24**, a propósito de una demanda sindical en la que se cuestionaba la práctica empresarial de **imponer de forma habitual al personal de servicios generales la limpieza de los centros**, pese a que el Acuerdo de integración del Consorcio en el Convenio Único de la Xunta de Galicia solo permite esas tareas con carácter puntual y fuera del horario en que exista servicio específico. El TS, tras recordar el tenor literal de la LRJS art.153 y la doctrina jurisprudencial que lo ha interpretado, concluye, como avanzamos, que en el caso nos encontramos ante un **interés colectivo y homogéneo**, de naturaleza jurídica y actual o presente, referido a la pretensión de que la empresa cese, en su caso, en la práctica de encomendar de manera habitual las tareas de limpieza al personal de servicios generales del Consorcio demandado. Abunda en su cuidada argumentación en el hecho de que la **delimitación del conflicto colectivo**, en el caso de decisiones o prácticas de empresa, plantea problemas adicionales, entre otras causas porque, si se alzara como único factor determinante el relativo a la necesidad de discernir las circunstancias específicas de cada uno de los trabajadores concernidos, una práctica de empresa nunca podría legitimar el planteamiento de un conflicto colectivo, en cuanto siempre podría afirmarse que no existe la seguridad de que todos los trabajadores del ámbito del conflicto se encontraran en la situación requerida para beneficiarse de los efectos del pronunciamiento. **6261**

En la misma línea se pronuncia la **TS 17-10-25, Rec 6/24**, en la que se declara que la acción de conflicto colectivo es idónea para **tutelar derechos de participación del Comité de Empresa Europeo** (CEE), incluso si la empresa sostiene que la medida ya **6264** se ejecutó o el contexto cambio. También se declara que existe acción en cuanto se reclama el derecho del CEE a recibir información y participar en las consultas. Tampoco concurre la pérdida sobrevenida de objeto.

6270 **Legitimación** Como es sabido, la LRJS art.154 reconoce legitimación para promover procesos sobre conflictos colectivos a los sindicatos cuyo ámbito de actuación se corresponda o sea más amplio que el del conflicto. Y la LRJS art.17.2 dice que «los sindicatos con implantación suficiente en el ámbito del conflicto están legitimados para accionar en cualquier proceso en el que estén en juego intereses colectivos de los trabajadores, siempre que exista un vínculo entre dicho sindicato y el objeto del pleito de que se trate». Destacamos que, en la **TS 10-4-25, Rec 51/23**, entre otras cuestiones de índole procesal, se abordó la posible **falta de legitimación ad causam** del sindicato demandante por falta de implantación en la empresa. Para despejar la incógnita, efectúa el TS un didáctico y minucioso recorrido por la doctrina de la Sala IV respecto a la legitimación de los sindicatos para promover procesos de conflicto colectivo, señalando, entre otros extremos, que debe distinguirse entre la **legitimación para impugnar** o para plantear un conflicto sobre la aplicación e interpretación de un convenio colectivo cualquiera que sea su eficacia, y la **legitimación para negociarlo**, por lo que no puede negarse la legitimación activa para defender su cumplimiento por el hecho de que el sindicato no tenga legitimación para recabar su entrada en la comisión negociadora. Así las cosas, y descendiendo al supuesto examinado, no existe ninguna duda sobre la implantación del sindicato demandante en el sector de empresas de seguridad, cuyo convenio colectivo ha negociado y firmado, siendo la pretensión que se aplique prioritariamente en materia salarial dicho convenio que negoció y firmó frente a los convenios colectivos firmados por unidades provinciales de la empresa demandada, donde solo consta que este sindicato presentó candidatura al comité de empresa. La sentencia no tiene duda alguna de que la defensa del ámbito de aplicación del convenio de sector se convierte en un interés de todas y cada una de las partes para mantener la viabilidad mínima de la negociación colectiva del sector, sin que el requisito de implantación en el ámbito del conflicto en estos casos deba medirse solamente por la implantación dentro de la concreta empresa que intenta «huir» de la aplicación del convenio colectivo sectorial, sino que hay tomar también en consideración la implantación de la asociación patronal y sindicato de que se trate en el ámbito sectorial cuya negociación colectiva defiende con la demanda. Por lo tanto, se declara que el sindicato accionante tiene **legitimación ad causam** para la **prioridad aplicativa del convenio del sector**.

6273 En esa línea, la **TS 26-3-25, Rec 71/23**, descarta también la alegada **falta de legitimación activa del sindicato** actor basada solo en un defecto formal por ausencia de aportación de acuerdo del órgano de representación de los trabajadores, por cuanto la demanda fue presentada en nombre del sindicato accionante, y la letrada actuante cuenta con **apoderamiento suficiente** que recoge poder para pleitos tan amplio como haga falta a favor de las personas integradas en la estructura del sindicato que se relaciona al final del documento, a fin de que cada uno de ellos, por sí solo, en nombre y representación de la entidad poderdante, en ejercicio de su responsabilidad dentro de la estructura sindical, pueda ejercer las facultades que desglosa, entre las que figura seguir y acabar, como actor, demandado o en cualquiera otro concepto, la tramitación de acciones legales en materia de conflictos colectivos, sin que conste que dichos poderes hubieran sido revocados o que incurrieren en falsedad.

6278 La **TS 6-10-25, Rec 49/24**, si bien declara que el procedimiento de conflicto colectivo es adecuado para ventilar la pretensión relativa a la nulidad del Acta de la Comisión Paritaria del CEM, que contestó a la **consulta** efectuada por la Fundación del Metal para la Formación (FMF), a efectos de clarificar si las ETT pueden estar homologadas como servicio de prevención mancomunado por la FMF, acogió de oficio, no obstante, la **falta de legitimación activa** de la empresa demandante, ya que como simple empresa no representa un interés colectivo de la patronal del sector, sino solo un interés particular. Y es que, en virtud de dicha Acta, que respondía a una consulta efectuada por la FMF, la homologación de la que disfrutaba la empresa demandante fue suspendida, de modo que el conflicto viene referido al **interés particular de la ETT** para actuar como entidad homologada **para impartir formación**. El conflicto planteado, que trata de anular un Acta de la Comisión Paritaria del CEM, tiene un **ámbito superior al de la propia empresa** y, conforme a la LRJS art.154, la legitimación activa de los empresarios se ostenta cuando se trata de conflictos de empresa o de ámbito inferior.

Mediación preprocesal De interés resulta la **TS 17-9-25, Rec 48/24**, porque refuerza la exigencia de acudir a la mediación extrajudicial cuando el convenio colectivo lo convierte en obligatorio antes de acudir a la vía judicial. En el caso, frente a la sentencia que estimó la demanda en la que se interesaba la anulación de la modificación sustancial de **revisión del sistema de incentivos** establecido por la empresa mediante una **MSCT de carácter colectivo**, la demandada denunció, en casación ordinaria, que los sindicatos demandantes incumplieron las previsiones del **convenio colectivo** (CCol de Plataforma Comercial de Retail, SAU), que exige, en los supuestos de modificación del sistema de incentivos, que antes de su impugnación se siga el **procedimiento de mediación establecido en el Acuerdo interprofesional de solución extrajudicial de los conflictos colectivos**. La Sala de casación estima el recurso y desestima la demanda, y razona que, a pesar de que la modalidad procesal de impugnación de MSCT esté excluida de la conciliación extraprocesal previa, ello no impide que, mediante convenio colectivo, se establezca la obligatoriedad de acudir a los sistemas extrajudiciales de solución de conflictos previstos convencionalmente. Por lo tanto, con esta interpretación literal de la cláusula normativa en cuestión, el TS refuerza su posición con la **interpretación sistemática y finalista**. Para la primera, se tiene en cuenta que el propio Tribunal ya ha fallado respecto del ET art.91, pues considera que, aunque el proceso de impugnación de convenios colectivos exime del requisito de la conciliación o mediación previa, nada obsta a que, en función de lo establecido en la LRJS art.64.3, y 85.1, el convenio pueda establecer la necesidad de observar tal mecanismo. En relación a la segunda interpretación, la sentencia afirma que no es lógico que el legislador promueva la exigencia de los mecanismos extrajudiciales previos en los contratos y convenios colectivos y después, ante una cláusula convencional en tal sentido, el órgano jurisdiccional se aparte de la literalidad de aquella. Por lo tanto, se desestima la demanda de conflicto colectivo, ya que la misma **debió estar precedida** del oportuno procedimiento de mediación extrajudicial previsto en el convenio de aplicación. 6280

b. Despido

Insuficiencia de hechos probados Se centra la **TS 27-5-25, Rec 9/24**, en decidir si procede declarar la nulidad de actuaciones ante la **insuficiencia de hechos probados**, en un supuesto en el que en ellos se limita a reflejar los datos laborales del trabajador y el tenor literal de la carta de despido, sin expresar **ninguna convicción fáctica** sobre los hechos contenidos en la comunicación extintiva; convicción que podría desprenderse de la fundamentación jurídica. El TS da lugar al recurso de su razón y declara que la resolución recurrida incurre en dos graves defectos: la insuficiencia del relato de hechos probados y la completa elusión del razonamiento, conforme al cual se incluyen en los fundamentos de derecho algunos datos fácticos, pues no obstante ser cierto que la Sala IV ha mantenido que los elementos de hecho que puedan contenerse en los fundamentos jurídicos de una sentencia tienen el valor de hecho probado, aun cuando estén ubicados en lugar inadecuado de la misma, en el caso, resulta que los mismos no van acompañados del correspondiente razonamiento que ha llevado al juzgador a considerar acreditados cada uno de aque- 6293 llos extremos que se sobrentienden como ciertos en la fundamentación jurídica. Lo expuesto determina la nulidad de la sentencia.

6296 **Despido colectivo** La **TS 29-1-25, Rec 202/24**, resulta de obligada referencia por su interés, tanto desde el punto de vista sustantivo como desde el punto de vista procesal, pues tuvo necesariamente que despejar si en el procedimiento seguido por despido colectivo el tribunal puede **pronunciarse acerca de cuál es el convenio aplicable**. Recuerda que la impugnación de un despido colectivo se articula mediante un procedimiento colectivo (LRJS art.124.1 a 12), en el que se discuten las controversias colectivas: si concurre causa legal, si se ha realizado el periodo de consultas, entre otras, y concluye mediante sentencia que lo declara ajustado a derecho, no ajustado a derecho o nulo; y una vez dictada sentencia de despido colectivo, se puede seguir procedimiento de despido individual, con sustento en la LRJS art.124.13.b, en el que se ventilan las cuestiones individuales que afectan a cada trabajador despido (si se han respectado a prioridad de permanencia en la empresa, si la comunicación escrita cumple los requisitos formales...). Sentado lo anterior y recordando la doctrina de la Sala IV, que ha efectuado una interpretación no restrictiva del objeto de esa modalidad procesal, concluye afirmando que la **determinación de cuál es el convenio colectivo aplicable**, a efectos de la cuantificación de las indemnizaciones extintivas de todos los trabajadores despedidos, no es una cuestión de carácter individual que afecte a cada trabajador despedido de modo singular, sino que es una **controversia colectiva que puede examinarse en el procedimiento colectivo**, con efectos vinculantes para los ulteriores procedimientos individuales de despido, evitando así que se produzcan pronunciamientos judiciales contradictorios sobre esta materia, disminuyendo la litigiosidad y facilitando el control casacional del acierto de instancia.

6299 Por el contrario, la **TS 19-2-25, Rec 185/24**, declara la inadecuación de procedimiento, porque constituye premisa necesaria para la tramitación de un proceso de despido colectivo que se haya producido la extinción de los contratos de trabajo afectados, lo que aquí no ha ocurrido, por cuanto tras la pérdida de la contrata la empresa empleadora ha seguido manteniendo en alta a todos los trabajadores afectados. **No existe en consecuencia despido de clase alguna**, sin que se pueda asimilar la negativa de la empresa comitente, en el caso la TGSS, a la subrogación de los trabajadores adscritos a la contrata con un despido colectiva de hecho. Sentado lo anterior, descarta la posibilidad de la reconducción procesal prevista en LRJS art.102.2.

c. Impugnación de convenios colectivos

6305 Didáctica resulta la **TS 7-7-25, Rec 243/23**, en la que, al socaire de un procedimiento que tiene por objeto la impugnación por un sindicato del I CCol de Ilunion CEE Outsourcing, SA y del Acuerdo relativo a las tablas salariales para el año 2023 del citado convenio, procede a **diferenciar** las siguientes modalidades procesales: a) Impugnación de convenios colectivos por ilegalidad o lesividad (LRJS art.163 a 166). Con carácter general, las pretensiones ejercitadas al amparo de esta modalidad procesal están dirigidas a la anulación de convenios colectivos, en cuyo caso se deja sin efecto todo o parte de su contenido y la sentencia se publica en un boletín oficial. La sentencia expulsa del ordenamiento jurídico al convenio colectivo, que ya no puede desplegar efectos; b) Conflicto colectivo (LRJS art.153 a 162). Señala asimismo que la Sala IV tiene declarado que la **modalidad procesal de impugnación de convenios colectivos** permite determinar cuál es el convenio colectivo que tiene preferencia aplicativa. En tal caso, la estimación de la demanda no conduce a la anulación del convenio colectivo ni la sentencia se publica en el boletín oficial, porque no expulsa del ordenamiento jurídico a ese convenio colectivo. Solamente se declara cuál es el convenio colectivo aplicable en ese momento, proporcionando seguridad jurídica, sin remitir a las partes a un proceso ulterior de conflicto colectivo que tendría la misma naturaleza colectiva que este. Y, la sentencia recurrida, al apreciar de oficio la **excepción de inadecuación de procedimiento** respecto de la pretensión de que se declare la inaplicación del CCol de Ilunion, por sustentarse en las reglas de concurrencia de convenios, obliga a las partes procesales a que formulen esa misma pretensión en un futuro procedimiento de conflicto colectivo. En consecuencia, afirma que la modalidad de impugnación de convenio es idónea también para dilucidar la concurrencia entre convenios, de modo que no procedía la inadecuación de procedimiento apreciada de oficio por la AN. En cuanto al fondo, declara que el XV CCol general de centros y servicios de atención a personas con discapacidad mantuvo su vigencia tras el 31-12-2021 por denuncia y negociación viva (ET art.86.3 y cláusula de ultraactividad), hasta la entrada en vigor del XVI CCol; por la regla cronológica del ET art.84.1, ese **convenio sectorial** tiene **preferencia aplicativa** frente al I CCol de empresa de Ilunion, **salvo en las materias de prioridad** del ET art.84.2, donde sí rige el convenio de empresa. Por lo tanto, estima parcialmente la demanda: declara la inaplicación del I CCol de Ilunion y de sus tablas 2023, excepto en las materias con prioridad del ET art.84.2.

La cuestión planteada en la **TS 12-11-25, Rec 187/24**, es la de determinar si existe litisconsorcio pasivo necesario en una acción de **impugnación de convenio colectivo estatutario por lesividad**, al no haber sido codemandada CCOO, que, habiendo formado parte de la comisión negociadora del referido convenio, no firmó el mismo. La sentencia recurrida desestimó la demanda y la excepción de litisconsorcio pasivo necesario por entender que, al tratarse de una impugnación por lesividad no era preciso la traída al procedimiento de quién no firmó el convenio colectivo. Dicho fallo es confirmado por la sentencia anotada que, recalando en la doctrina tradicional de la Sala IV a propósito del litisconsorcio y de los preceptos de aplicación al caso –a saber, LRJS art.17 y 165 y LEC art.12.2–, aclara que **una cosa es la legitimación pasiva** que ostentan, de entrada, todas las representaciones integrantes de la comisión negociadora, **y otra muy distinta el litisconsorcio pasivo necesario**, esto es, la necesidad de que sean traídas al proceso como legitimados pasivos todos los integrantes (sindicatos y patronales) que formaron parte de la comisión negociadora, aunque no firmaran el convenio, y, todo ello sin perjuicio de que el sindicato CCOO pudo comparecer como parte en el proceso, de haberlo conocido, a tenor de lo que dispone la LRJS art.17, al ser un sindicato con implantación suficiente en el ámbito del conflicto, alegando su interés, derivado precisamente de su participación en la negociación del convenio colectivo objeto de impugnación. Ahora bien, a tenor del LRJS art.165.2, **no se infiere una obligación legal de traer el proceso a todas las representaciones integrantes de la comisión negociadora**, sino tan solo establece quiénes pueden ostentar la condición de legitimados pasivamente en el proceso; el precepto utiliza el término «Estarán», de modo que no obliga a demandar a todas estas representaciones, sino tan solo establece quiénes pueden ostentar la condición de legitimados pasivamente en el proceso. En definitiva, una cosa es la legitimación pasiva que ostentan, de entrada, todas las representaciones integrantes de la comisión negociadora, y otra muy distinta el litisconsorcio pasivo necesario, y todo ello sin perjuicio de que el sindicato CCOO pudo comparecer como parte en el proceso, al ser un sindicato con implantación suficiente en el ámbito del conflicto, alegando su interés, derivado precisamente de su participación en la negociación del convenio colectivo objeto de impugnación. **6309**

Se debate en la **TS 13-11-25, Rec 87/24**, la posible inadecuación de procedimiento, al sostener la empresa que las pretensiones de la demanda no se correspondían con un conflicto jurídico sino con un conflicto de intereses, con sustento en el hecho de que se estaba negociando un nuevo convenio colectivo, para forzar la negociación colectiva en un determinado sentido, con la posible estimación de la demanda. Ahora bien, tal excepción fracaso, al sostener el Alto Tribunal que la demanda solicita la **declaración de nulidad de un determinado precepto del convenio** colectivo por vulnerar el ET art.34.2, siendo el cauce adecuado la **modalidad procesal de impugnación de convenios colectivos** es, precisamente, por la que se debe encauzar una demanda que impugna un convenio colectivo «por considerar que conculca la legalidad vigente» (LRJS art.163.1) y que se fundamenta, por tanto, en la «ilegalidad» de dicho convenio. Es claro que no se está ante un conflicto de intereses, sino que se **6313** trata de un **conflicto propia y estrictamente jurídico** que ha de canalizarse necesariamente –si es, como es aquí el caso, un convenio del ET Tít.III (LRJS art.163.1)–, por la modalidad procesal de impugnación de convenios colectivos. El hecho de que se estuviera negociando un nuevo convenio colectivo y de que, en su caso, la reivindicación sindical fuera la de modificar la previsión convencional ahora impugnada, no convierte en conflicto de intereses (no jurídico, por tanto) un conflicto en el que se solicita la declaración de nulidad de aquella previsión por entender que es contraria al ET art.34.2.

d. Modificación sustancial de condiciones de trabajo

6320

6322 **Caducidad** Se cuestiona en la **TS 30-1-25, Rec 4138/22**, si el plazo de caducidad de 20 días del ET art.59.4 y LRJS art.138.1 para el ejercicio de las acciones en materia de MSCT se aplica igualmente cuando se impugna una **decisión empresarial de carácter colectivo** que, en virtud de la LRJS art.153.1, ha de **tramitarse por la modalidad procesal de conflicto colectivo**. Y, la sentencia anotada alcanza una respuesta positiva, pues el plazo de caducidad del ET art.59.4 y LRJS art.138.1 no solo se aplica a la impugnación de las modificaciones individuales, sino que también se aplica a las modificaciones colectivas. Además, recuerda que el proceso de conflicto colectivo es la vía por la que debe encauzarse la impugnación de unan modificación colectiva, porque así lo prescriben con claridad el ET art.41.5 y LRJS art.153.1.

6324 Reitera la **TS 29-1-25, Rec 28/23**, que el controvertido plazo de caducidad de 20 días para la impugnación de las MSCT, es aplicable en todo caso, **aun cuando no se haya seguido el trámite** del ET art.41. Por lo tanto, resulta baladí cualquier argumentación sobre el grado de cumplimiento del procedimiento que marca el citado precepto legal.

6326 En demanda de impugnación de una **MSCT colectiva**, la **TS 14-11-25, Rec 211/24**, recuerda que, como regla general, la **caducidad** de la acción está vinculada a la fecha de la notificación a la empresa, y esta a la existencia de un procedimiento donde la empresa cumpla lo preaviso en el ET art.41.2. Así las cosas y tras despejar en el caso que nos hallamos ante una modificación sustancial –no accidental–, pues el acomodo del personal SER dentro del convenio ha implicado cambios que no pueden calificarse como una mera adaptación o integración en el convenio, recala en que la LRJS art.138, al referirse al plazo de 20 días para interponer la demanda frente a la decisión empresarial, determina que el plazo de caducidad habrá de contarse desde la notificación por escrito a los trabajadores o a sus representantes, distinguiendo entre la acción individual de la colectiva. Por tanto, para que empiece a correr el plazo de caducidad de 20 días, se requiere la existencia de una **notificación fehaciente y por escrito** a los trabajadores afectados o a sus representantes legales de cómo serán las nuevas condiciones de trabajo, lo que **no ha sido el caso**. Por lo tanto, no concurre la caducidad de la acción, pues el **«dies a quo»** se corresponde con la fecha en la que los trabajadores tienen cabal conocimiento por escrito de cómo serán los cambios operados.

6330 **Defecto en el modo de proponer la demanda** La **TS 11-11-25, Rec 123/24**, examina el recurso interpuesto por una empresa dedicada a la instalación y montaje de líneas eléctricas y telecomunicaciones, dirigido a combatir la sentencia de la AN que declaró la nulidad de una **MSCT de carácter colectivo**, argumentando que dicha modificación se realizó **sin negociación previa** y vulneró el derecho a la **libertad sindical** del sindicato demandante. Ante la Sala IV insistió la recurrente en el defecto legal en el modo de proponer la demanda, al sostener que la misma presentaba defectos que impidieron defenderse adecuadamente, por lo que se debió acoger su petición de **subsanación** y conceder 4 días, bajo apercibimiento de archivo. Para despejar la concurrencia o no de la citada excepción, recuerda el TS que la LRJS exige que la demanda laboral reúna ciertos requisitos formales de claridad, precisión y determinación para poder ser admitida a trámite. La LRJS art.80 establece la forma y contenido de la demanda, incluyendo: la identificación del órgano y procedimiento adecuado (LRJS art.80.1.a), la identificación de las partes (LRJS art.80.1.b), la enumeración clara y concreta de los hechos relevantes según la legislación sustantiva (LRJS art.80.1.c) y la súplica o petición correspondiente en términos adecuados a la pretensión ejercitada (LRJS art.80.1.d). Estos requisitos persiguen con toda lógica delimitar con precisión el objeto del proceso, evitando ambigüedades que perjudiquen la defensa de la otra parte o dificulten la función del juez. Existe defecto legal en la demanda cuando esta no reúne los **presupuestos procesales o formales necesarios**, especialmente falta de claridad o precisión en la determinación de las partes o en la petición formulada. Su **origen doctrinal** está vinculado al derecho fundamental a la tutela judicial efectiva (Const art.24), en su vertiente de acceso al proceso: el sistema intenta equilibrar el respeto a las exigencias formales mínimas, con un criterio antiformalista que evite inadmisiones que priven injustificadamente al demandante de una decisión sobre el fondo. Con base en dichos extremos, la LRJS art.81 impone la subsanación previa de defectos: cualquier omisión o vicio en los requisitos del LRJS art.80 no debe conducir de manera automática a la inadmisión, sino que obliga al órgano judicial a otorgar un plazo para corregirlo, habiendo la jurisprudencia de la Sala IV declarado que la citada excepción no prospera si la parte demandante ha presentado una demanda bien estructurada, coherente y completa, cumpliendo las formalidades de la LRJS. Sentado lo anterior y descendiendo al supuesto examinado, concluye la Sala IV que la demanda cumple con las exigencias formales de la LRJS art.80: identifica correctamente a las partes, expone con suficiente claridad los hechos relevantes comunes (la medida empresarial de ajuste salarial colectivo, con ejemplos concretos de cómo afectó en distintos lugares y a diversos conceptos retributivos), y concreta las pretensiones ejercitadas (impugnación de la medida colectiva y resarcimiento por violación de un derecho fundamental). La conclusión, por tanto, es que la **demanda no carece de los elementos necesarios** para «resolver las cuestiones planteadas» (LRJS art.80.1.c), lo que inevitablemente conduce a la desestimación del recurso planteado.

e. Procedimiento de oficio

Legitimación En el marco de un procedimiento de oficio, se aborda en la TS **20-12-24, Rec 155/24**, la legitimación de los **trabajadores afectados** para recurrir en casación, a lo que se da una respuesta positiva. No en vano, en esta modalidad procesal (LRJS art.148 a 150) la demanda ha de expresar «los datos identificativos de los trabajadores afectados y sus domicilios» (LRJS art.149.1). En todo caso, a los trabajadores afectados se les ha de emplazar y, una vez comparecidos, tienen «la consideración de parte, si bien no podrán desistir ni solicitar la suspensión del proceso» (LRJS art.150.2 a). Tal como recuerda la reciente TS 14-11-24, Rec 151/24, si los trabajadores han sido parte en el procedimiento de oficio, de conformidad con lo previsto en LRJS art.17.6, podrán recurrir la sentencia que resuelve la demanda de oficio. Las únicas limitaciones que la LRJS art.150.2.a impone a la inequívoca posición de parte de los trabajadores afectados comparecidos es que no pueden desistir ni solicitar la suspensión del proceso. **6340**

f. Procedimiento de sanción administrativa por infracción muy grave

La importante **TS 3-4-25, Rec 94/2023**, recaída en impugnación de actos administrativos, destaca, entre otros extremos, porque hace un minucioso estudio sobre la **presunción de certeza de las actas de la Inspección de Trabajo**, y sobre la **presunción de inocencia**. La conducta infractora consistió en abonar salarios por debajo de los debidos a un total de 4.039 trabajadores empleados en la recolección de fruta, **6350** que la ETT contrataba y ponía a disposición de otras empresas, a través de un método consistente en simular un registro de jornada inexistente que hacía cuadrar el salario que se abonaba (realmente calculado en función del destajo por unidades recolectadas) con un número de horas abonadas según las previsiones del convenio colectivo, cuando las horas realmente realizadas eran superiores. El TS, anticipamos, confirma el fallo combatido que, con parcial estimación de la demanda, anuló parcialmente la resolución sancionadora y declaró que la falta cometida por la empresa (una ETT) debía ser **calificada como grave**. En primer lugar, rechaza el recurso de la ETT, tras efectuar un análisis del valor probatorio de las actas de la ITSS y de aquellos hechos que tienen presunción de certeza y los que no. Así, diferencia aquellos **hechos son constatados directamente** por el funcionario actuantes a través de su apreciación sensorial, esencialmente visual o auditiva, únicos hechos que tienen la presunción de certeza al amparo de la L 23/2015 art.23; **hechos deducidos por el funcionario** a partir de los hechos constatados por sí mismo –ya no se aplica la presunción legal de certeza o veracidad–; y conclusiones y valoraciones jurídicas, terreno donde rige el principio «iura novit curia», y no juega presunción de ningún tipo, confirmando en definitiva la valoración de la prueba realizada por el órgano judicial de instancia, máxime cuando no existe ninguna norma ni principio que obligue al órgano judicial a rechazar todo hecho, conclusión o valoración que no esté cubierto por la presunción de veracidad del inspector. Y, en cuanto a la alegada presunción de inocencia, afirma que la misma no impone al órgano administrativo o judicial que ha de resolver un procedimiento sancionador una determinada valoración de la prueba, sino que lo que le impone es una regla sobre distribución de la carga de la prueba, de manera que los hechos constitutivos de infracción administrativa deben quedar acreditados en el procedimiento por prueba de cargo suficiente. Finalmente, corrió suerte adversa el **recurso de la Administración** en el que discutía si la infracción debía tipificarse como muy grave al amparo de la LISOS art.8.1 o grave de la LISOS art.7.10, señalando que debe aplicarse el tipo de infracción grave cuando se trata de impagos de parte del salario que no reúnen, individualmente considerados, suficiente gravedad, siendo el número de trabajadores un criterio de graduación de la sanción que no afecta al tipo. Se desestima el recurso de la empresa, porque no es viable la revisión de hechos probados pretendida y no se ha vulnerado el principio de presunción de inocencia, al haberse valorado prueba de cargo suficiente.

g. Seguridad Social

6360 La **TS 2-4-25, Rec 4014/22**, sostiene, reiterando doctrina, que **no presentar la reclamación previa dentro del plazo** de 30 días establecido en la norma procesal social no afecta al derecho subjetivo, que continúa subsistente en tanto no transcurran los plazos de **prescripción** que señala la LGSS y que, de mantenerse vigente el derecho sustantivo a la fecha de la reclamación previa, de proceder el demandante por vía judicial dentro de los 30 días siguientes al planteamiento de la reclamación previa ulteriormente formulada, ha de examinarse su pretensión en el ámbito judicial. En consecuencia, la Sala IV estima el recurso del beneficiario de la Seguridad Social y descarta la caducidad de la instancia.

h. Tutela de derechos fundamentales

6370 En la **TS 2-7-25, Rec 219/23**, CGT interpuso demanda de **tutela de derechos fundamentales** contra Airbus Operations, SL, alegando vulneración del derecho a la libertad sindical en su vertiente de negociación colectiva, por la **omisión del periodo de consultas** previsto en el ET art.41, en una MSCT consistente en la implantación de un tercer turno en los centros de Illescas y Getafe, afectando a 13 y 27 trabajadores respectivamente. Previamente, CGT había iniciado un procedimiento de conflicto colectivo que desistió antes del juicio. La AN estimó la demanda y declaró la vulneración del derecho fundamental, rechazando la excepción de falta de acción planteada por la empresa. Sin embargo, dicho parecer no es compartido por el TS, que recuerda que, conforme a la LRJS art.184, las demandas por MSCT **deben tramitarse por el procedimiento especial** de la LRJS art.138, **acumulando** en él las pretensiones de tutela de derechos fundamentales, y que el **plazo de caducidad** para impugnar estas modificaciones es de 20 días desde la notificación escrita a los trabajadores o sus representantes. En el caso, la comunicación de la modificación se realizó en diciembre de 2022 y enero de 2023, mientras que la demanda se presentó en mayo de 2023, habiendo transcurrido ampliamente el plazo de caducidad. Por tanto, la acción estaba caducada y debía haberse planteado por el procedimiento especial correspondiente.

Reiterando doctrina, la **TS 3-4-25, Rec 67/23**, señala que el **objeto del proceso de tutela de la libertad sindical** comprende cualquier vulneración de los derechos y libertades fundamentales en el ámbito de las relaciones de trabajo, sean genéricos o específicamente laborales, si bien el legislador ha optado por destacar de forma expresa algunos de los derechos cuya protección pretende: los específicamente laborales más característicos –libertad sindical y huelga– y la prohibición del tratamiento discriminatorio y el acoso (LRJS art.177), al tiempo que mantiene como salvedad (LRJS art.184) la expulsión del proceso cuando la **tutela del derecho se plantee con ocasión de determinadas demandas**, debiendo entonces tramitarse con arreglo a la modalidad correspondiente, si bien respetando las reglas y garantías propias de esta modalidad de tutela (LRJS art.178.2). **6372**

A los efectos de determinar la adecuación de procedimiento, la sentencia citada señala que lo decisivo, a) «no es que la pretensión deducida esté correctamente fundada y deba ser estimada, sino que formalmente se sustancie como una pretensión de tutela, es decir, que se afirme por el demandante la existencia de una violación de un derecho fundamental»; y b) que «tampoco afecta a la adecuación del procedimiento el hecho de que se introduzca en la controversia, junto a la alegación de la vulneración de un derecho fundamental, la denuncia de una infracción simple de la legalidad ordinaria sin relevancia en la protección constitucional del derecho fundamental, o se aleguen fundamentos diversos a la tutela, o que el órgano judicial competente considere, de la simple lectura de la demanda, que no se ha producido la lesión del derecho fundamental invocado. En tales casos, la consecuencia será, de acuerdo con el principio de cognición limitada, la desestimación de la pretensión de tutela, sin examinar los restantes fundamentos diversos ni enjuiciar las cuestiones de legalidad ordinaria; y la conservación de la acción para que el actor pueda alegar la eventual existencia de la infracción de la legalidad ordinaria en otro proceso»; c) de modo que «solo es posible declarar la inadecuación de procedimiento y rechazar de plano la demanda en los supuestos excepcionales en que se aprecie prima facie que la pretensión ejercitada queda de forma manifiesta fuera del ámbito de la modalidad procesal». De acuerdo con esta doctrina, la sentencia declara que **no procede acudir a la impugnación de convenios o acuerdos colectivos**, porque no se está discutiendo la validez del acuerdo previo de habilitación de funciones a esa comisión de seguimiento, sino de la negociación llevada a cabo en el seno de dicha comisión y de sus resultados, donde se modificaron las condiciones del denominado «acuerdo VAD» (acuerdo colectivo canal venta a distancia), y que entraña la vulneración del derecho a la libertad sindical, en su vertiente de negociación colectiva de los sindicatos. Se confirma la imposición de una indemnización simbólica de 10 €.

Aborda la **TS 6-10-25, Rec 1949/24**, la **legitimación activa del sindicato**, en demanda de vulneración de la tutela de la **libertad sindical** en la que se pretendía, por un lado, que se declarase que la conducta de la empresa era antisindical, y por otro, el cese inmediato del comportamiento, condenando a la demandada a la **inmediata reposición** del trabajador, miembro del comité de empresa y delegado sindical, en su puesto de trabajo del CETI de Ceuta, así como a la **indemnización por los daños morales**. La sentencia recurrida consideró que el sindicato carecía de legitimación activa, ya que la acción debía ser promovida por el trabajador afectado. Sin embargo, el TS concluye, en interpretación y aplicación coordinada de LRJS art.17 y 177 y LOLS **6378** art.2.2.d, que, aunque el **sindicato** no puede reclamar la reposición del trabajador, sí **tiene legitimación** para demandar la existencia de una conducta antisindical y la correspondiente indemnización por daños morales. Por lo tanto, se anula parcialmente la sentencia recurrida y se devuelve el caso a la sala para que resuelva sobre la pretensión de tutela de la libertad sindical del sindicato, y confirma la falta de legitimación activa del sindicato para solicitar la reposición del trabajador.

6382 En las **TS 2-20-25, Rec 1224/24 y 22-10-25, Rec 214/24**, la cuestión que se suscita es la relativa a determinar si en un proceso de tutela de derechos fundamentales en el que se alega la **vulneración del derecho a la igualdad retributiva**, los trabajadores tienen derecho a que se le reconozca una **indemnización de daños y perjuicios** derivados de dicha vulneración, consistente en la condena al pago de las **diferencias salariales** resultantes de la discriminación retributiva sufrida. La sentencia de instancia reconoció dicha indemnización por lucro cesante y además otra por daños morales, mientras que el TSJ de Andalucía anuló la primera, considerando que las diferencias salariales debían reclamarse por la vía ordinaria de reclamación de cantidad, y redujo la indemnización por daños morales. El TS, siguiendo su doctrina consolidada (entre otras, la TS 3-4-24, Rec 5599/22), reconoce que, en casos de vulneración del derecho fundamental a la igualdad retributiva, es posible instar como **indemnización por lucro cesante** la reclamación de diferencias salariales, sin que ello suponga una reclamación ordinaria de cantidad, sino un **criterio objetivo para cuantificar el daño**. Por lo tanto, en el proceso sobre tutela de derechos fundamentales cabe solicitar, como daño derivado de lucro cesante, las cantidades que corresponden a diferencias salariales que se habrían percibido de no haberse producido la vulneración del derecho a la igualdad retributiva. No en vano, el TCo, en orden a la relación entre la indemnización y la efectiva reparación del derecho fundamental lesionado, explica que la Constitución protege los derechos fundamentales no en sentido teórico e ideal, sino como derechos reales y efectivos (TCo 176/1988), y que la Const art.9.1 y 53.2 impide que la protección jurisdiccional de los derechos y libertades se convierta en un acto meramente ritual o simbólico (TCo 12/1994).

5. Recursos

6400

a. Recurso de suplicación

6410

6415 **Autos no recurribles** Declara la **TS 4-7-25, Rec 1612/24**, que no es recurrible el **auto que desestima el recurso de reposición** contra el requerimiento de **subsanación de demanda**, al existir una indebida acumulación subjetiva de acciones. El auto que se pretende recurrir no es susceptible de acceder a la suplicación, porque no encaja en ninguno de los supuestos enumerados en la LRJS art.191.4.c, dado que lo único que se acuerda en él es requerir al sindicato recurrente para que proceda a una desacumulación subjetiva, habida cuenta de que la situación jurídica en que se encuentra cada uno de los demandantes no es coincidente. Conviene recordar que, mientras la LRJS art.191.1 establece que, con carácter general, son recurribles en suplicación todas las sentencias que dictan los juzgados de lo social, salvo que se disponga lo contrario, por el contrario, no existe tal previsión para los **autos**, que, en consecuencia, tan **solo pueden ser recurridos** cuando la ley lo señala expresamente. Por otra parte, en el orden social no existe un derecho constitucional a la doble instancia.

Reiterando doctrina, la **TS 25-6-25, Rec 1004/23** (TS 13-2-24, Rec 2326/22), confirma **6418** la inadmisión del recurso de suplicación formulado por el actor contra el auto del JS que lo tuvo por desistido de su demanda y le impuso costas de 300 € tras su incomparecencia a conciliación y juicio. El Alto Tribunal reitera la doctrina y señala que la LRJS art.191.4.c solo permite impugnar en suplicación los **autos de desistimiento** cuando resulte jurídicamente imposible reproducir la demanda por caducidad, prescripción u otra causa legal, carga de la prueba que incumbe al actor. Como en el caso no concurre impedimento alguno para que el trabajador vuelva a ejercitar su acción de reclamación de cantidad, la suplicación era improcedente, por lo que se desestima el recurso de casación para la unificación de doctrina.

Autos recurribles Se examina en la **TS 21-10-25, Rec 3582/23**, si procede admi- **6425** tir el recurso de suplicación contra un auto dictado por el JS en fase de ejecución de sentencia, en un proceso de **impugnación de alta médica**, cuando el recurso de suplicación plantea motivos de **nulidad por vicios del procedimiento**, cuestión a la que la sentencia recurrida había dado una respuesta negativa al sostener, de conformidad con la LRJS art.191.4.d, la irrecurribilidad de la sentencia. Ahora bien, el TS da lugar al recurso de su razón porque, de conformidad con lo dispuesto en la LRJS art.191.3.d, el recurso de suplicación procederá en todo caso cuando **«tenga por objeto subsanar una falta esencial del procedimiento** o la omisión del intento de conciliación o de mediación obligatoria previa, siempre que se haya formulado la protesta en tiempo y forma y hayan producido indefensión. Si el fondo del asunto no estuviera comprendido dentro de los límites de la suplicación, la sentencia resolverá solo sobre el defecto procesal invocado»; de modo que, como sucede en este caso, si el objeto del recurso de suplicación de Fremap se constreñía al examen de la **infracción de normas o garantías del proceso**, la suplicación debió ser admitida, y sin que dicho precepto distinga entre autos o sentencias, dado que la irrecurribilidad viene referida al objeto del proceso.

Reiterando doctrina, declara la **TS 10-9-25, Rec 4758/23**, que cabe recurso de supli- **6428** cación en un supuesto en que se reclamaban diferencias salariales concretadas en demanda en una cuantía que no alcanza los 3.000 € que exige la LRJS art.191.2.g, dándose la circunstancia de que las diferencias en cómputo anual tampoco alcanzan dicha cifra (LRJS art.192.3), pero en el **acto del juicio oral** se produjo **ampliación de la demanda** y lo reclamado quedó concretado en cuantía de 4.867,43 €, al haberse continuado devengando las diferencias salariales desde el momento de interposición de la demanda hasta la celebración de dicho acto.

Clasificación profesional La **TS 16-10-25, Rec 5091/22**, reitera que **las senten- 6432 cias dictadas** en procesos de **clasificación profesional no** son recurribles en **suplicación, salvo** que a la demanda que reclama superior categoría profesional **se acumule** la acción de reclamación de diferencias salariales en cuantía superior a 3.000 € (en el caso, 8.616,64 €), de acuerdo con la LRJS art.137.3 y 191.2.d. Asimismo, para cuantificar la pretensión salarial a efectos de recurso, se permite tomar en consideración el total de lo reclamado hasta el acto de juicio, salvo que la diferencia anual sea superior (TS 4-12-18, Rec 611/16).

6435 **Conciliación de la vida personal y familiar** La **TS 12-6-225, Rec 1338/24**, anula la sentencia recurrida que declaró su incompetencia funcional y concluye que, dado que la demanda de conciliación de la vida familiar **acumulaba además** una reclamación por vulneración de derechos fundamentales y una reclamación de indemnización superior 3.000 €, se trata de una petición que abre la vía al recurso de suplicación.

6438 **Error en el escrito de interposición** Se debate en la **TS 3-6-25, Rec 4062/24**, si el **error formal** en el escrito de interposición del recurso de suplicación –consistente en hacer constar el suplico del escrito que era de impugnación–, puede ser causa suficiente para desestimar el recurso. Y el TS, siguiendo una doctrina flexibilizadora y finalista, recordó que no deben rechazarse recursos por defectos formales cuando el escrito contiene **datos suficientes** para conocer la pretensión y argumentación de la parte, conforme a la Const art.24 y jurisprudencia constitucional y del propio TS. Como argumento de refuerzo, señala que, además, se constató que la Sala de origen admitió el recurso y permitió la impugnación, por lo que no existió indefensión. Por todo ello, se estima el recurso y devuelven las actuaciones para que se dicte nueva sentencia que valore el fondo del recurso con libertad de criterio.

6441 **Impugnación de actos administrativos en materia laboral y de Seguridad Social** Como nos recuerda la **TS 25-6-25, Rec 2727/23**, cuando se impugna una **sanción en materia de Seguridad Social**, el **acceso al recurso** viene determinado por la cuantía general de 3.000 € exigida en la LRJS art.191.2.g, calculada en la manera prevista en la LRJS art.192.4 y referida al contenido económico del acto sancionador que se pretende anular. Si la sanción recaída es de cualquier otra naturaleza, rige la norma general de la LRJS art.191.3.g, que exige que la cuantía litigiosa exceda de la suma de 18.000 €.

Por otra parte, para determinar la **naturaleza de la sanción y**, en concreto, decidir **si es de Seguridad Social o no**, es irrelevante que aquella se haya impuesto a un beneficiario de prestaciones de Seguridad Social o a la propia empresa incumplidora de las obligaciones en esta materia. **Lo determinante** es que la sanción obedezca al incumplimiento de la normativa de Seguridad Social y se encuentre comprendida dentro de las sanciones en materia de Seguridad Social que regula LISOS Cap.III.

En el caso resuelto por la **TS 25-6-25, Rec 2727/23**, se impugna una sanción de Seguridad Social impuesta a una empresa al amparo del LISOS art.23.1.j, precepto comprendido dentro del Capítulo III, sobre «infracciones en materia de Seguridad Social», consistente en una multa de 12.502,00 € por **dar ocupación a un beneficiario de prestaciones** de Seguridad Social incompatibles con el trabajo por cuenta ajena, **sin cursar previamente el alta** en Seguridad Social, con responsabilidad solidaria en la devolución de las cantidades indebidamente percibidas por el trabajador, y la sanción accesoria de perdida automática de las ayudas, bonificaciones y beneficios derivados de la aplicación de los programas de empleo. Una sanción, pues, de Seguridad Social, de cuantía suficiente para ser recurrida en suplicación.

6445 **Modificación sustancial de las condiciones de trabajo** La **TS 15-7-25, Rec 5186/23**, reitera y aplica la reciente doctrina rectificada de la Sala –TS 14-9-23, Rec 2589/20; 22-11-23, Rec 4644/22–, con arreglo a la cual «no cabe recurso de suplicación frente a la sentencia dictada en modalidad procesal de modificación sustancial de condiciones de trabajo, aunque incorpore reclamación de cuantía superior a 3.000 € derivada de aplicar la decisión empresarial impugnada. Así se desprende de una **interpretación sistemática, teleológica y literal** de los preceptos procesales en presencia (LRJS art.138.7, 191.2.e y 191.2) y de su entendimiento acorde con las garantías constitucionales (Const art.24)». Y ello a pesar de que en uno de los casos se pretendía justificar la recurribilidad de la sentencia por alegar la vulneración de derechos fundamentales (Const art.14 y 24.1), porque a lo largo del iter procedimental **no hubo efectiva reclamación** de derechos fundamentales, por lo que la mera mención de preceptos constitucionales no justifica el acceso al recurso.

Reclamaciones de Seguridad Social Se debate en la **TS 15-7-25, Rec 456/24**, la recurribilidad de la sentencia dictada a propósito de una demanda en materia de **prestaciones por desempleo derivadas de la prórroga de un ERTE** asociado a la pandemia del **Covid-19**, a lo que se da una respuesta negativa, porque la cuantía no alcanza el umbral mínimo. Señala al efecto que lo que está en juego no es el derecho a la prestación por desempleo, sino su abono durante unos 40 días; la **cuantía en litigio** no supera el umbral de acceso al recurso. Tampoco consta que exista la abundante litigiosidad que legitima el acceso a la suplicación. Las normas sobre ámbito de la suplicación y el alcance del concepto de litigiosidad masiva abocan a la conclusión de que la sentencia dictada por el JS no era susceptible de recurso de suplicación ni por la materia ni por la cuantía ni por el cauce de la litigiosidad masiva. **6448**

Sanciones Como se sabe, la recurribilidad de una sentencia por razón de la cuantía o modalidad procesal es una cuestión que puede la Sala abordar de oficio, sin necesidad de examinar si concurre o no la contradicción necesaria, y ello porque determina la competencia misma de la Sala, lo que supone que la recurribilidad en casación se condiciona a que la sentencia de instancia fuera, a su vez, recurrible en suplicación. En ese sentido, en la **TS 8-4-25, Rec 4831/22**, se examina si es recurrible una sentencia en la que se resuelve la **impugnación de una sanción impuesta al trabajador por falta grave** no confirmada judicialmente, cuando en la demanda se ha invocado también vulneración de derechos fundamentales (garantía de indemnidad). La sentencia aplica la doctrina del TCo y de la Sala IV del TS que cita, según la cual «los preceptos de la LRJS deben **interpretarse** en el sentido de que siempre es posible el acceso a la suplicación cuando mediante ese recurso se denuncian las infracciones procesales contempladas en el LRJS art.191.3.d o cuando la persona que trabaja impugna una sanción empresarial y denuncia simultáneamente la vulneración de un derecho fundamental en los términos permitidos por la LRJS art.26 (...). La literalidad de los LRJS art.115.3 y 191.2.a abocaría a la imposibilidad de recurso, pero su interpretación contextual y sistemática con los LRJS art.191.3.f y 191.3.d conduce a solución contraria, asimismo exigida por el obligado respeto a las garantías constitucionales». Por consiguiente, las reglas procesales que aportan el mayor nivel de garantías adjetivas a aquel tipo de procedimiento deben mantenerse y respetarse. Si bien –recuerda la sentencia– en suplicación solo podrán ser examinados los aspectos en los que **resulte indisociable el tema de legalidad ordinaria** con la eventual existencia de la invocada vulneración de derechos fundamentales. **6452**

Declara la **TS 2-10-25, Rec 147/23**, la **falta de competencia funcional**, porque la LRJS art.206.1 niega el recurso a las sentencias dictadas resolviendo la **impugnación a resoluciones administrativas** que «sean susceptibles de valoración económica cuando la cuantía litigiosa no exceda de ciento cincuenta mil euros.» Y, en el caso, la cuantía ascendía a 70.002 €. Esta regla constituye una **excepción a la norma general** que permite recurrir en casación todas las sentencias dictadas en única instancia por las salas de lo Social de los TSJ y de la AN, condicionando el acceso al recurso a una determinada cuantía de la cuestión litigiosa en aquellos supuestos en los que se impugnan resoluciones administrativas de las Administraciones públicas sujetas a Derecho administrativo y que pongan fin a la vía administrativa, dictadas en el ejercicio de su potestades y funciones en materia de Seguridad Social a las que se refieren LRJS art.2.n y 7.b. **6456**

Sentencias irrecurribles por razón de la cuantía Como se sabe, la **competencia funcional** es materia de orden público procesal, pudiendo examinarse de oficio sin estar vinculados por la apreciación de la instancia o en sede de suplicación. Así, en el marco de una reclamación en concepto de **atrasos e indemnización** por la extinción del contrato de trabajo en cuantía de 2.380,39 €, la **TS 2-4-25, Rec 2126/24**, declara que, de conformidad con la LRJS art.191.2.g, no cabe recurso de suplicación, al tratarse de una **cuantía litigiosa inferior a 3.000 €**. Tampoco en el caso, existen datos para afirmar la trascendencia general o notoriedad; al contrario, se está ante **6460**

una cuestión absolutamente singular y relativa a la situación individual del trabajador demandante y su empresa.

6463 Falta de competencia funcional que se declara en la **TS 4-3-25, Rec 3911/22**, a propósito de la solicitud de un **permiso retribuido por razón de unión de hecho** inscrita en el registro de parejas de hecho del ayuntamiento y de la comunidad autónoma, y ello porque la retribución de la actora asciende a 1.697,03 € brutos mensuales, de lo que se desprende que la cuantificación del derecho que reclama no alcanza los 3.000 €, y tampoco existe afectación generalizada ni hay procedimiento de tutela de derechos fundamentales ni denuncia o alegación de discriminación.

6466 En el caso resuelto por la **TS 16-10-25, Rec 3101/23**, se planteaba en la demanda si el **cálculo de las pagas extraordinarias** debía hacerse de forma **anual o semestral**, siendo la cuantía reclamada por la paga extra de verano de 2020 de 3.983,12 €. La resolución comentada declara de oficio la falta de competencia funcional –que ni siquiera se cuestionó la Sala de lo Social del TSJ–, porque la cuantía litigiosa no alcanza el umbral exigido por el LRJS art.191.2.g para recurrir en suplicación y porque tampoco concurren elementos suficientes para afirmar la concurrencia de la afectación general a que se refiere el LRJS art.191.3.b, ya que ni es notoria ni consta fuera alegada ni probada en juicio ni cabe entender que el tema debatido tenga un contenido de generalidad incuestionable.

6469 En el marco de una reclamación de **diferencias en pagas extras** inferior a 3000 €, abonadas con criterio de devengo semestral y no anual como interesa la parte actora, las **TS 27-5-25, Rec 3103/23, 6-6-25, Rec 3619/23, y 11-6-25, Rec 2033/23**, reiterando lo dicho en supuestos similares, descartan el acceso al recurso y, por ende, la **irrecurribilidad** de la sentencia de instancia, con nulidad de todo lo actuado a partir de su notificación a las partes. Tampoco en el caso existen datos para afirmar la trascendencia general o notoriedad; no es relevante la alegación de existir 24 demandas ni que la controversia gravite sobre la interpretación de un artículo concreto del CCol de hostelería.

6472 **Sentencias recurribles por afectación general** Recuerda la **TS 10-4-25, Rec 1841/23**, que cabe recurso de suplicación en los casos de **reclamación del complemento a cargo de la empleadora** (ICS) de la prestación de Seguridad Social de riesgo durante el embarazo y el debate de si aquel complemento debe incluir la retribución percibida en concepto de atención continuada y si debe aplicarse el plazo de 3 meses de la LGSS art.53.1, porque es notorio para la Sala IV que concurre dicha afectación general a que se refiere la LRJS art.191.3 b, toda vez que sobe la cuestión debatida se ha pronunciado en sentencias precedentes (TS 19-11-23, Rec 4336/24, entre otras).

6475 En la **reclamación de médicos internos residentes** (MIR) sobre el **importe de las pagas extraordinarias** en cuantía inferior a 3.000 €, que constituye otro supuesto de afectación general «sobrevenida» ya consolidado, y que aplica la **TS 26-2-25, Rec 992/23**. Tras recordar los supuestos existentes para apreciar la afectación general, argumenta que la Sala tiene constancia de que se ha planteado similar cuestión ante diferentes órganos judiciales de todo el territorio nacional, dictándose un importante número de sentencias por las salas de lo Social e, incluso, llegando a esta Sala diferentes recursos de unificación de doctrina sobre la misma materia, lo que permite reiterar la existencia de esa afectación general, con lo cual hay un **gran número de trabajadores afectados** por la cuestión debatida en el litigio.

6478 Declara la **TS 10-9-25, Rec 4374/23**, que la cuestión relativa a la **integración de las lagunas de cotización** de los trabajadores **a tiempo parcial** que solicitan una pensión contributiva tiene la característica de afectación general que abre la vía de recurso, tal como consta en los antecedentes de la Sala IV, y en la base de datos de resoluciones judiciales (Cendoj), al existir un gran número de recursos ante los TSJ sobre análoga cuestión.

Se ventila en la **TS 13-11-25, Rec 2122/24**, la cuestión relativa a determinar si el requisito de afectación general, que daría lugar al **acceso al recurso de suplicación** cuando la cuantía litigiosa sea inferior a 3000 €, debe ser alegada y probada o puede ser apreciada de oficio cuando es notoria, entendiéndose por tal el hecho de que en instancia así se haya considerado, sin que se haya puesto en duda por ninguna de las partes. El TS, reiterando doctrina, declara que la alegación de que la afectación general no haya sido puesta en duda por ninguna de las partes **no es suficiente** para suplir las exigencias del acceso a la suplicación en estos casos. **6481**

Ausencia de afectación general que predica la **TS 25-11-25, Rec 4296/24**, a propósito de la reclamación de un complemento de 68,68 €/mes por parte de trabajadores que prestan servicios en el Hospital 12 de Octubre, y ello por cuanto **no concurre** nada indicativo de una afectación masiva ni un número significativo de la litigiosidad a la que se refiere la afectación general, ni tampoco la afectación general se define por el solo hecho de gravitar la controversia sobre la interpretación de un artículo concreto del convenio de la empresa, porque el que la norma sea susceptible de una aplicación en masa no significa que sobre aquella exista la litigiosidad relevante a la que se refiere la afectación general. **6483**

b. Recurso de casación ordinaria

6495

Defectos formales en el escrito de formalización del recurso Declara la **TS 1-7-25, Rec 268/23** (que reitera TS 9-7-24, Rec 182/22), que es admisible el recurso cuando, aun presentando defectos no esenciales, su contenido permite observar la existencia de **razonamientos suficientes** para permitir tanto la debida defensa por la contraparte como el enjuiciamiento por la Sala. Recordando la doctrina acuñada acerca del rigor, que no formalismo, que debe presidir la confección del escrito de formalización del recurso, señala que: «Siempre que está en juego el acceso a la jurisdicción, los tribunales vienen obligados a **no realizar una interpretación rigorista o formalista** de las exigencias legales, permitiendo incluso la subsanación de los defectos no esenciales en que haya podido incurrir la parte». Al mismo tiempo, es claro que los requisitos establecidos por las normas procesales cumplen un importante papel para garantizar derechos ajenos, permitir la contradicción y propiciar una tutela judicial acorde con los trazos del Estado de Derecho. Lo que en el caso se traduce en que contienen los suficientes razonamientos para el enjuiciamiento del mismo por la Sala. **6498**

En la articulación del recurso de casación ordinaria deducido frente a la sentencia desestimatoria del petitum de demanda de conflicto colectivo sobre el derecho a percibir objetivos, la **TS 9-9-25, Rec 17/24**, aprecia en el mismo **deficiente técnica casacional** que aboca a su desestimación. En efecto, la estructura del recurso se realiza al amparo de la LRJS art.207.d –error en la apreciación de la prueba basado en documentos que obren en autos–, y su lectura evidencia la ausencia de cumplimiento de las exigencias de la LRJS art.210, que respecto de los extremos concernidos dispone: **6501**
«2. En el escrito se expresarán por separado, con el necesario rigor y claridad, cada uno de los motivos de casación, por el orden señalado en el artículo 207, razonando la pertinencia y fundamentación de los mismos y el contenido concreto de la infrac-

ción o vulneración cometidas, haciendo mención precisa de las normas sustantivas o procesales infringidas, así como, en el caso de invocación de quebranto de doctrina jurisprudencial, de las concretas resoluciones que establezcan la doctrina invocada y, en particular, los siguientes extremos:
a) En los motivos basados en infracción de las normas y garantías procesales, deberá consignarse la protesta, solicitud de subsanación o recurso destinados a subsanar la falta o trasgresión en la instancia, de haber existido momento procesal oportuno para ello y el efecto de indefensión producido.
b) En los motivos basados en error de hecho en la apreciación de la prueba deberán señalarse de modo preciso cada uno de los documentos en que se fundamente y el concreto extremo a que se refiere, ofreciendo la formulación alternativa de los hechos probados que se propugna.»
Así, ninguna propuesta modificativa de hechos se encuentra en el escrito ni contiene la infracción o vulneración cometidas, haciendo mención precisa de las normas sustantiva so procesales infringidas.

6505 Por el contrario, en la **TS 10-9-25, Rec 69/24**, en aplicación de los **criterios de subsanación de recursos defectuosos** que tiene fijados la Sala IV, sostiene que, a pesar de formalizarse el recurso vía LRJS art.207.c, denunciando la infracción de la LRJS art.153 y Const art.24, es palmario que el Tribunal puede entrar a conocer del motivo considerado, aun defectuosamente formalizado, en cuanto resulta claramente reconocible la intención de la parte, su contenido presenta los elementos necesarios para adoptar una decisión, y pueden aplicarse criterios de subsanación, convalidación o calificación básicos, sin suplir la iniciativa de la parte recurrente. En efecto, la reparación formal aplicable al caso es de orden estrictamente sistemático, y requiere simplemente de la separación en dos apartados distintos de los reparos formulados en el único motivo así formalizado, con la advertencia del distinto cauce que corresponde a uno y a otro y con la asunción del notorio fundamento constitucional del principio de igualdad en la aplicación de ley.

6508 **Falta de cita y fundamentación** La **TS 8-4-25, Rec 69/23**, resume la doctrina de la Sala sobre el cumplimento de esta exigencia legal, insistiendo en que la LRJS art.224.1.b y 2 dispone que «1. El escrito de interposición del recurso deberá contener: "[...] b) La fundamentación de la infracción legal cometida en la sentencia impugnada y, en su caso, del quebrantamiento producido en la unificación de la interpretación del derecho y la formación de la jurisprudencia"». Y, en el caso, tratándose de una **discrepancia en la interpretación del convenio colectivo**, el recurso no hace mención de los preceptos aplicables sobre esta materia y la forma en que han sido infringidos ni tampoco ofrece la fundamentación jurídica mínimamente necesaria que apoye su interpretación, lo que aboca inexorablemente en la desestimación del recurso por adolecer de graves defectos formales.

6512 **Falta de legitimación para recurrir** Declara la **TS 19-2-25, Rec 7/23**, la falta de legitimación para recurrir en casación ordinaria al **sindicato** que la sentencia frente a la que se recurre negó legitimación activa por **falta de implantación suficiente en el ámbito del conflicto**. Y, frente a esa decisión judicial, la parte actora formula un recurso de casación en el que combate exclusivamente la cuestión de fondo por dos vías de (revisión fáctica y de infracción del derecho sustantivo). Esto es, no ataca la falta de legitimación activa que aprecia la Sala de instancia, con lo cual, si estaba fuera del proceso también lo está del recurso que pueda presentarse contra la sentencia recurrida.

6515 **Impugnación del recurso** Recuerda la **TS 20-12-24, Rec 155/24**, que, si la **excepción de caducidad** se alega y es desestimada por la sentencia recurrida, dicha desestimación –si no se comparte– debe ser recurrida en casación, sin que pueda alegarse en la impugnación del recurso de casación interpuesto (por todas, TS 14-9-16, Rec 247/15, expresamente respecto de la caducidad, y TS 12-3-20, Rec 209/18).

Resulta sin duda de obligada mención, la **TS 19-2-25, Rec 183/24**, en la medida que clarifica cuál debe ser el contenido del escrito de impugnación del recurso, en particular se detiene en la LRJS art.211.1 párr 2º.c, «**motivos subsidiarios de fundamentación del fallo**», recordando que el legislador ha marcado una línea entre lo que debe ser objeto del escrito de formalización del recurso y lo que, sin necesidad de ser parte recurrente, debe hacerse valer en el **escrito de impugnación** del recurso. El trámite de impugnación eventual de la sentencia, que se otorga a quien no es recurrente, se restringe a motivos subsidiarios de fundamentación del fallo de la sentencia recurrida. Pero resulta imprescindible que sean realmente motivos subsidiarios, de suerte que no cabe cuestionar el fallo ni, por tanto, solicitar uno diverso, pues para ello también debería haberse recurrido la sentencia (TS 20-4-15, Rec 354/14; 22-7-15, Rec 130/14; y 12-9-24, Rec 5799/22). Y en el caso, la Sala IV desestima las alegaciones contenidas en los escritos de impugnación, porque en ellas se interesa la estimación de las excepciones de falta de legitimación pasiva, falta de acción e inadecuación de procedimiento, que habían sido desestimadas en la instancia, lo que no puede reclamarse en el trámite de impugnación del recurso de casación unificadora sino mediante el recurso correspondiente, porque su eventual estimación no reforzaría el fallo, que es la finalidad del mencionado precepto (TS 12-3-20, Rec 209/18). **6518**

Infracción de normas del ordenamiento jurídico La **TS 11-11-25, Rec 68/24**, recuerda que el motivo de casación expresado en la LRJS art.207.e es la «infracción de las normas del ordenamiento jurídico o de la jurisprudencia», y resulta claro que los **acuerdos de un Consejo de administración** –aunque vayan precedidos de una negociación colectiva– no son normas del ordenamiento jurídico, sino meras decisiones empresariales cuya integridad corresponde defender directamente a la propia entidad empresaria, y solo de manera indirecta, cuando su infracción comporta vulneración de norma jurídica propiamente dicha, al órgano de la jurisdicción social encargado de la casación. Esto no es más que una manifestación de la finalidad de protección del ordenamiento jurídico que corresponde a la casación como recurso extraordinario y que tradicionalmente se ha asociado a la denominada función nomofiláctica de este recurso, que persigue **salvaguardar el texto de la ley** contra cualquier alteración o modificación que pueda surgir en el proceso de su aplicación judicial; y, aunque esta función ha de completarse con la uniformadora, hoy predominante en la nueva casación de unificación de doctrina, lo cierto es que ambas se complementan en el establecimiento de una interpretación de la ley que se ajuste a su verdadero sentido, adquiriendo al mismo tiempo esa interpretación la generalidad que es propia de la función uniformadora. Es en este sentido en el que el «ius constitutionis» predomina claramente en la casación y, aunque su evolución ha dado entrada al «ius litigatoris» –al interés del litigante–, lo ha hecho de una forma subordinada, solo y en la medida en que ese interés es un instrumento para lograr la **protección del interés público** en la defensa de la correcta y uniforme aplicación de las leyes (TS 25-6-07, Rec 58/16; 21-6-17, Rec 210/16; entre otras). En definitiva, las **manifestaciones, decisiones o acuerdos de la empresa no constituyen instrumento jurídico suficiente** para fundar el motivo de casación previsto en la LRJS art.207.e, pues, en definitiva, no son normas del ordenamiento jurídico en el sentido del citado precepto. **6523**

Petición de principio Declara la **TS 1-7-25, Rec 268/23**, que la naturaleza extraordinaria del recurso de casación ordinaria conlleva inexorablemente que la Sala IV deba atenerse a los **hechos declarados por la sentencia de instancia** que no hubieran sido objeto de modificación en sede casacional. En la presente litis, no se ha peticionado su revisión ni supresión alguna. La petición de principio implica partir de unas premisas fácticas que no son las que han quedado firmes (**TS 19-2-25, Rec 7/23**). No cabe, por tanto, apreciar la vulneración de la normativa que apareja una tesis que adolece del pertinente apoyo en la declaración de hechos acreditados. **6527**

6530 **Revisión de hechos** La **TS 21-5-25, Rec 274/24**, resume la doctrina sobre el alcance de la LRJS art.207.d, reiterando que, para que pueda prosperar un **error de hecho en casación**, es preciso que: 1º) La equivocación del juzgador se desprenda de forma directa de un elemento de la prueba documental obrante en las actuaciones que tenga formalmente el carácter de documento y la eficacia probatoria propia de este medio de prueba. 2º) Se señale por la parte recurrente el punto específico del contenido de cada documento que pone de relieve el error alegado, razonando así la pertinencia del motivo, mediante un análisis que muestre la correspondencia entre la declaración contenida en el documento y la rectificación que se propone. 3º) El error se desprenda de forma clara, directa e inequívoca del documento, sin necesidad de deducciones, conjeturas o suposiciones. 4º) El error sea trascendente en orden a alterar el sentido del fallo de la resolución recurrida, sin que pueda utilizarse para introducir calificaciones jurídicas predeterminantes del fallo. De acuerdo con todo ello, aun invocándose prueba documental, la **revisión de hechos solo** puede ser acogida si el documento o dictamen de que se trate tiene «una **eficacia radicalmente excluyente, contundente e incuestionable**, de tal forma que el error denunciado emane por sí mismo de los elementos probatorios invocados, de forma clara, directa y patente, y en todo caso sin necesidad de argumentos, deducciones, conjeturas o interpretaciones valorativas». Por tanto, no prosperará la revisión cuando el contenido del documento o del dictamen pericial entre en contradicción con el resultado de otras pruebas a las que el órgano judicial de instancia haya otorgado, razonadamente, mayor valor.

6533 Por otra parte, la **TS 2-7-25, Rec 214/23**, rechaza la revisión fáctica planteada porque, por un lado, se funda en **prueba pericial, no apta** para revisar los hechos probados en un recurso de casación, pretensión que solamente puede estar fundada en prueba documental según la literalidad de la LRJS art.207.d. Y por otro, no cumple los **mínimos requisitos** para su análisis, ya que ni siquiera contiene una formulación alternativa de los hechos probados que se propugna, como exige la LRJS art.210.2.b.

6536 **Revisión de hechos sin denuncia de infracción legal** Reitera la **TS 2-7-25, Rec 214/23**, que la **pretensión del recurso** no puede fundarse exclusivamente en la revisión de los hechos probados, sino que ha de ser **también justificada en Derecho** por el recurrente mediante un motivo de orden jurídico, puesto que, no en vano, la LRJS art.210.2 exige en todo recurso de casación que se razone «la pertinencia y fundamentación de los mismos y el contenido concreto de la infracción o vulneración cometidas, haciendo mención precisa de las normas sustantivas o procesales infringidas, así como, en el caso de invocación de quebranto de doctrina jurisprudencial, de las concretas resoluciones que establezcan la doctrina invocada», razonamiento que debe insertarse necesariamente en un motivo de naturaleza jurídica y no de mera revisión fáctica. Aunque la literalidad de la ley procesal no impediría que en un recurso de casación se articulasen únicamente motivos amparados en la LRJS art.207.d, puesto que los motivos de casación consignados en ese artículo se enumeran de forma independiente y el LRJS art.210 no cita tal exigencia, ha de recordarse que la **modificación de los hechos probados** tiene un carácter instrumental respecto del fallo, pero por sí misma es **insuficiente**, puesto que, para llegar a la conclusión del silogismo jurídico que constituye el contenido del fallo, los hechos son una premisa a la que debe aplicarse la norma jurídica, subsumiendo la realidad fáctica objeto de prueba en los supuestos de hechos de la norma para obtener las consiguientes conclusiones. Lo cual determina, lógicamente, que de la mera modificación de los hechos no se deduzca sin más cuál haya de ser el contenido correcto del fallo si no se procede a integrar el material fáctico en la norma jurídica, lo que exige lógicamente que los motivos de revisión fáctica se acompañen siempre de otros **motivos conexos** en los que se denuncie una infracción jurídica (de naturaleza competencial, procesal o de fondo) que, combinada con la revisión fáctica, determine el sentido del fallo.

c. Recurso de casación para la unificación de doctrina

Casuística: supuestos donde no se aprecia la existencia de contradicción 6552 Entrando ya en los concretos recursos resueltos por la Sala, se ha apreciado falta de contradicción, entre otros, en los que a continuación se enumeran. En primer lugar, en materia de derecho individual de trabajo, y en relación con la **contratación temporal**, la cuestión a resolver en la **TS 20-12-24, Rec 73/24**, es la de determinar si la relación laboral mantenida por la trabajadora demandante con la Universidad pública de Vigo debía calificarse como **fija o indefinida no fija** o habría de entenderse, por el contrario, que eran ajustados a derecho los contratos temporales para obra o servicio determinado en los que se ha venido sustentando. La **contradicción no concurre**, porque las dos sentencias en comparación aplican en realidad la misma doctrina a la hora de analizar si la contratación temporal es conforme a derecho o incurre en fraude de ley, en razón de considerar o no justificada la concurrencia de causas de temporalidad a la que se acogen. Si alcanzan un resultado diferente es porque en la recurrida se trata de una trabajadora contratada para prestar servicios de mantenimiento y vigilancia de los equipos e instalaciones que utiliza de manera habitual la Universidad para la realización experimentos, mientras que en la referencial es una obra o servicio determinado vinculado a un específico proyecto de investigación subvencionado con fondos externos. En la recurrida, la demandante viene desempeñando sin solución de continuidad las mismas tareas desde el año 2011 bajo distintas fórmulas contractuales, ya sea como trabajadora autónoma o de terceras empresas subcontratadas, y las sigue realizando como autónoma tras el cese que es objeto del litigio.

La **TS 4-6-25, Rec 2951/23**, declara inexistente la existencia de contradicción, con 6555
relación a decidir si la **entidad bancaria** demandante puede dar por anticipadamente vencidos los diferentes **contratos de préstamo** concedidos a quien **fue trabajador** de la empresa y ha **impagado las cuotas** mensuales de devolución desde el momento en que fue despedido, para **exigir el pago** de la totalidad del capital pendiente de devolución. Y, si bien la Sala IV no pierde la oportunidad de recordar que tiene declarada la nulidad de este tipo de cláusulas en los contratos de préstamo que las entidades bancarias conceden a sus empleados conforme a las previsiones del convenio, admitiendo únicamente su validez en el caso de que la empresa ofrezca al trabajador la **posibilidad de contratar un nuevo préstamo** en condiciones ordinarias de mercado con el que se produzca la novación del que le había sido concedido en razón del vínculo laboral preexistente, en el caso no entra en el fondo del asunto, al no concurrir la contradicción. Así, en la sentencia recurrida, una vez extinguida la relación laboral, la empresa ha ofrecido por escrito al trabajador la posibilidad de concertar un nuevo contrato de préstamo para amortizar el anterior, sin que el interesado hubiere dado respuesta alguna a ese ofrecimiento ni realizado gestiones a tal efecto ante la entidad bancaria, circunstancias ajenas a la sentencia de contraste, en la que no se ofrece al trabajador la posibilidad de acudir a la novación de su préstamo. Inexistencia de identidad que se proclama asimismo en la **TS 3-6-25, Rec 4354/23**, en relación a si el trabajador tiene derecho a percibir la cantidad que reclama en concepto de **vacaciones no disfrutadas**, por cuanto, en un caso, el trabajador venía prestando servicios con normalidad en situación de activo y, pese a ello, la empresa no actúa correctamente con la adecuada antelación establecida en el con-

venio colectivo para fijar las vacaciones en razón de la fecha que tuviere programada para su jubilación forzosa; mientras que en el otro, el trabajador se encontraba en situación de incapacidad temporal, no siendo por lo tanto factible que la empresa pudiere operar con esa misma antelación para programar adecuadamente el periodo vacacional. En esta línea, la controversia suscitada en la **TS 4-7-25, Rec 2339/24**, se centra en determinar si merece la consideración de **indefinida no fija** la relación laboral de una trabajadora contratada al amparo de un **contrato de interinidad** para la cobertura de vacante en un organismo público, cuando desde la suscripción del contrato hasta la convocatoria del proceso selectivo para la definitiva cobertura de la plaza transcurre un plazo breve de unos meses y, sin embargo, el proceso finaliza transcurridos más de 3 años. En la sentencia recurrida y en la de contraste se trata de determinar si el transcurso de **más de 3 años de vigencia** del contrato de interinidad por circunstancias excepcionales justifica que no se convierta la relación en indefinida no fija. Sin embargo, no se aprecia la identidad sustancial de los hechos en ambos supuestos, pues concurre una **diferencia esencial**, ya que en la sentencia de contraste se produjo la extinción del contrato de la actora a los 3 años y 9 meses. Sin embargo, en el supuesto de autos, la extinción no consta que se haya producido, ya que la vacante no fue cubierta por los procesos selectivos convocados, de forma tal que, incluso en la fecha del dictado de la sentencia del JS, había transcurrido un poco más de 5 años. No coinciden, por tanto, los hechos, con independencia de la preclusión invocada por la parte recurrente, y, a los solos efectos de determinar la concurrencia del presupuesto de acceso al recurso de casación para la unificación de doctrina, de la contradicción.

6560 En igual medida, la **TS 4-2-25, Rec 2725/24**, no aprecia la contradicción en un **despido objetivo por ineptitud sobrevenida**, porque ambas sentencias aplican la misma doctrina sobre la eficacia y validez probatoria de los informes de los servicios de prevención que emana de la TS 23-2-22, Rec 3259/20. La recurrida no cuestiona el valor probatorio del informe del servicio de prevención, que considera a la trabajadora como no apta para su puesto de trabajo, sino que sustenta su decisión en el hecho de que la empresa no ha realizado los ajustes razonables adecuados para adoptar el puesto de trabajo. Mientras que la referencial expone exhaustivamente las razones por las que no le es exigible al empleador un comportamiento diferente, en atención a las especiales circunstancias que concurren en el único centro de trabajo del que dispone, tan singular como es una plataforma petrolífera situada en el mar a 40 millas de la costa. Las **sentencias en comparación no aplican por lo tanto una doctrina divergente** que sea necesario unificar, sino que sostienen su distinta decisión en los diferentes hechos que se presentan en uno y otro caso, que por ese motivo justifican la aplicación de fundamentos jurídicos igualmente diferentes.

6563 En la **TS 12-3-25, Rec 924/23**, se trata de determinar si debe calificarse como **MSCT** la decisión de la empresa de destinar de forma definitiva a las demandantes a prestar servicio en otro centro de trabajo que no exige cambio de residencia. Pero la contradicción en sentido legal se declara inexistente, porque en la sentencia recurrida el desplazamiento diario en transporte público de entrada y salida al nuevo centro de trabajo requiere de casi 4 horas, siendo un factor de especial trascendencia que lleva a la Sala de suplicación a considerar la existencia de una MSCT, sin que nada parecido conste en el caso de la sentencia de contraste. Esta, además, tiene en cuenta que la decisión empresarial estaba justificada, mientras que en la recurrida la sentencia de instancia descartó la existencia de razones que pudieren justificar la decisión de la empresa.

6566 En la **TS 12-3-25, Rec 397/23**, se trata de dilucidar la **naturaleza laboral o no de las relaciones entre varios traductores e intérpretes** que desarrollan su función en oficinas judiciales y policiales y la empresa que los había contratado, la cual tiene un contrato de prelación de dichos servicios con las Administraciones públicas. Pero, la contradicción se declara inexistente porque en la sentencia recurrida consta que los traductores eran libres para aceptar o rechazar el servicio, sin necesidad de justificar su negativa, porque la empresa seguía contando con ellos. Si los traductores rechazaban el servicio, la empresa llamaba a otra persona para cubrirlo. Algunos indicaban que no les llamaran para prestar el servicio. Por el contrario, en la sentencia referencial consta la necesidad de prestar personalmente los servicios y de acudir regularmente a los lugares que le requería la empresa, lo que hacía el traductor regularmente y cuando no podía ocasionalmente, era sustituido por familiares directos. Y esta diferencia es relevante para determinar si concurre el requisito de dependencia exigido en el ET art.11.

Tampoco concurre la identidad necesaria en el supuesto que aborda la **TS 12-3-25, Rec 703/22**, en la que se examina si la demandante tiene la condición de **trabajadora autónoma económicamente dependiente** (TRADE) del cliente demandado y, en consecuencia, si el orden social es competente para conocer de la demanda de reclamación de cantidad contra esa mercantil. La ausencia de contradicción se sustenta en que, en la sentencia recurrida, durante la vigencia de la relación laboral, el trabajador comunicó al cliente la concurrencia de la situación de dependencia económica. Mediante burofax comunicó que su prestación de servicios se realizaba en exclusiva para esa empresa y que la totalidad de sus ingresos provenían de la retribución pactada con ella. Por el contrario, en la sentencia referencial, la comunicación de la situación de dependencia económica se hizo cuando había finalizado el contrato, razón por la cual se desestimó el recurso de casación unificadora del actor. **6569**

En materia de Seguridad Social, la Sala ha apreciado falta de contradicción en la **TS 18-2-25, Rec 327/23**, que trae causa de demanda en reclamación de **gastos sanitarios efectuados en la medicina privada** y derivados de la situación de Covid-19, deducida por los herederos de la fallecida. Pero, en la sentencia recurrida, se llevó a cabo la asistencia médica por el médico de atención primaria que derivó a la paciente al servicio de urgencias de un hospital público, lo que fue soslayado por la paciente, quien ingresó en un hospital privado. Por el contrario, en la sentencia referencial, el paciente acudió dos veces a sendos hospitales públicos y, al no ser ingresado, acudió a un hospital privado, donde sí que fue atendido. Se trata de una diferencia esencial que excluye la concurrencia del requisito de contradicción de la LRJS art.219.1. **6572**

Con ocasión de un **accidente de trabajo**, se plantea en recurso de casación unificadora la interpretación acerca de la **carga de la prueba y** la **deuda de seguridad** que el empresario tiene con el trabajador, postulando la unificación para resolver hasta donde debe acreditar la empresa haber agotado toda la diligencia posible en materia preventiva frente a las imprudencias del trabajador para que la misma quede exonerada de culpabilidad, la **TS 4-2-25, Rec 2251/22**, estima inexistente la contradicción. En el plano fáctico se observa un nivel de experiencia y categoría –aunque sean trabajadores de empresas de carpintería– que difiere en los casos enfrentados. En la recurrida, el trabajador tenía la categoría de encargado según nómina y profesión de montador y ensamblador de muebles, con antigüedad de casi 9 años, condiciones que devienen esenciales en la impugnada para calificar la conducta de aquel; en la referencial, el actor tenía como profesión la de oficial 2ª de carpintería y una antigüedad de poco más de 3 años. Difiere también el grado de cumplimiento en la formación en materia de seguridad: ausente en la actual y proporcionada por la empresa en la de contraste. De manera más relevante, resulta divergente la forma de producción del accidente. **6575**

En **materia de Seguridad Social**, la Sala ha apreciado falta de contradicción en los asuntos siguientes: en un recurso que se centra en determinar si procede la **responsabilidad compartida de las mutuas**, en el supuesto de acaecimiento de un primer accidente de trabajo que produce secuelas que no impiden al trabajador continuar desempeñando su profesión habitual, seguido de otro accidente de trabajo con declaración del accidentado afecto de incapacidad permanente absoluta o de gran invalidez, la **TS 12-6-25, Rec 128/23**, no entra en el fondo del asunto, al no apreciar **6578** la concurrencia del presupuesto de la contradicción. Señala que **no** estamos en presencia de supuestos con una **identidad sustancial**, ya que en el caso de la sentencia recurrida el trabajador no tuvo lesiones incapacitantes derivadas del primer accidente de trabajo que pudieran concurrir con las ocasionadas por el segundo accidente de trabajo, por lo que no opera la responsabilidad compartida de las mutuas. Y esta concurrencia de **padecimientos incapacitantes derivados de cada accidente** de trabajo sí existe en el supuesto solventado por la sentencia de contraste y sobre esta base la sentencia de contraste declara la responsabilidad compartida de ambas mutuas. También niega que concurra la identidad necesaria en el recurso abordado en la **TS 11-6-25, Rec 3719/23**, que se centra en determinar si el importe percibido por la persona solicitante de la prestación en favor de familiares, en concepto de **renta activa de inserción**, es computable como renta o no a los efectos de sumarlo a los ingresos de los familiares con obligación y posibilidades de prestarle alimentos, y ello por cuanto, en la sentencia referencial no se examina esta cuestión. La sentencia se limita a indicar que, aunque se computara, tampoco superaría el importe del SMI. Por su parte, la **TS 5-6-25, Rec 5276/23**, considera que no concurre la identidad necesaria entre las resoluciones comparadas, a propósito de la determinación de si el **subsidio para mayores de 52 años** es compatible con una pensión de incapacidad permanente total. Como advierte la sentencia, en la resolución de contraste existieron periodos de trabajo y cotización posteriores al hecho causante de la incapacidad permanente total, y el subsidio se generó con base a los mismos; por el contrario, en la sentencia recurrida no consta sin embargo cómo se generó el subsidio de desempleo, si derivo del agotamiento de una prestación contributiva de desempleo, de un periodo de cotización de 6 o 3 meses al amparo de la LGSS art.274.3 o de otra situación protegida del LGSS art.274 que no requiere de previa cotización, lo que impide igualmente establecer la identidad de los supuestos, porque no es posible determinar si era exigible a la generación de la prestación algún periodo de carencia que hubiera de ubicarse temporalmente entre el hecho causante de la incapacidad y el momento en que se devenga el subsidio. Idéntica causa de desestimación sustenta la **TS 4-6-25, Rec 5423/23**, respecto del derecho a percibir la **prestación de incapacidad permanente total cualificada** el afiliado al régimen especial de trabajadores autónomos mayor de 55 años al que se le ha reconocido una incapacidad permanente total, que ha cesado definitivamente en la actividad de reparación y venta de electrodomésticos por la que estaba de alta, tras lo que alquila el mismo local en el que la realizaba a un establecimiento de hostelería que lo utiliza como almacén de bebidas y enseres. Y ello porque en la sentencia referencial se produce el arrendamiento del negocio, consistente en la explotación agrícola, concurriendo la circunstancia del D 2530/1970 art.38.1.c, que impide la percepción del complemento, lo que no sucede en la recurrida, en la que el pensionista ha cerrado definitivamente el establecimiento de reparación sin traspasar el negocio a terceros.

6583 A propósito del **complemento de pensión de viudedad**, el debate casacional abordado en la **TS 22-4-25, Rec 647/23**, radica en determinar si una viuda de un empleado de banca tiene derecho a percibir el complemento de la pensión de viudedad establecido en el XVIII CCol de la Banca art.37 (en la actualidad, XXV CCol del sector de la banca art.47) y en la póliza de seguro colectivo suscrita por el Banco de Sabadell, SA con Vidacaixa, SAU de Seguros y Reaseguros. Se descarta la **identidad sustancial**, que no surge de una comparación abstracta de doctrinas, sino de una oposición de pronunciamientos concretos recaídos en conflictos sustancialmente iguales. En la sentencia recurrida, la pensión de viudedad de la demandante (17.705,24 € anuales) superaba el 50% de la pensión que percibía el causante (27.888,14 € anuales); mientras que en la sentencia referencial no superaba ese 50%, lo que excluye que entre la sentencia recurrida y la de contraste exista la identidad sustancial de hechos, fundamentos y pretensiones exigida por la LRJS.

6586 Respecto del **complemento de la prestación de IT** establecido en convenio colectivo, se recurre en casación unificadora la sentencia que consideró que la remuneración de las guardias y por trabajo en sábados, domingos y festivos era una remuneración fija y periódica, por lo que dichos conceptos debían ser integrados en el importe del complemento por IT, pero la **TS 8-4-25, Rec 2973/22**, no entra en el fondo del asunto. Recuerda al efecto que la contradicción en la fundamentación jurídica existe, aunque se trata de **normas distintas** si su contenido es idéntico, ahora bien, en el caso, el fundamento de la oposición relativo a la prescripción, finalmente aceptado en la sentencia referencial, resulta ajeno a lo debatido en la recurrida, en la que en modo alguno se aborda cuestión alguna sobre dicho instituto.

Por lo que a las **cuestiones procesales** importa, la Sala IV tiene declarado reiteradamente que, si bien el ámbito de la casación para la unificación de doctrina comprende tanto las cuestiones sustantivas como las procesales, la igualdad sustancial en el substrato previo de los respectivos fallos, requerida para la viabilidad de esta modalidad casacional, no puede vaciarse de contenido, en contra de lo dispuesto en la LRJS art.219, ante la denuncia de infracciones procesales, pero tal exigencia debe acomodarse a su peculiar naturaleza. Consiguientemente, cuando se invoque un motivo de infracción procesal, las identidades del citado precepto hay que entenderlas referidas a la controversia procesal planteada, debiendo existir, para apreciar la contradicción, la suficiente homogeneidad entre las infracciones procesales comparadas (en este sentido, TS 20-12-16, Rec 3194/14; 4-5-17, Rec 1201/15; 4-10-17, Rec 3723/15). En la **TS 26-6-25, Rec 2575/23**, se discute si la sentencia recurrida en casación unificadora incurrió en **incongruencia extra petita**, por haber modificado la base reguladora de la prestación de jubilación contenida en el fallo a través de auto de aclaración de sentencia a instancia del INSS. En el caso, se aprecia la falta de contradicción por la ausencia de homogeneidad entre las supuestas infracciones procesales enfrentadas en el recurso. Así, en el caso de la recurrida, aun habiendo existido una petición expresa en demanda que abarcaba no solo la pretensión de la prestación de jubilación, sino también la de su base reguladora, lo cierto es que no se planteó en suplicación la existencia de una incongruencia extra petita, como acontece en el caso de la referencial, donde la parte recurrente en suplicación alegó la existencia de incongruencia extra petita cometida por la sentencia del juzgado. En nuestro caso, la incongruencia extra petita se entiende producida con ocasión del auto que aclara la sentencia y, modifica la base reguladora que había fijado en el fallo. En el **ámbito del recurso de suplicación**, se examina en la **TS 11-6-25, Rec 3776/23**, si incurrió en **incongruencia omisiva** la sentencia que no se pronunció sobre uno de los argumentos vertidos en el tercer motivo del recurso relativo a que la prescripción de la acción de responsabilidad civil se había interrumpido por la tramitación de un procedimiento administrativo sancionador. Ahora bien, se desestima el recurso, al no concurrir la necesaria identidad, toda vez que la sentencia recurrida responde expresamente a cada uno de los tres motivos del recurso de suplicación, aunque en uno de ellos no da una respuesta expresa a uno de los argumentos vertidos en ella, explica por qué la acción está prescrita y confirma la sentencia de instancia. Por el contrario, en la sentencia referencial, la Sala de suplicación no da respuesta a ninguna de las peticiones de revisiones fácticas formuladas en el escrito de impugnación del recurso de suplicación, soslaya el contenido esencial de dicho escrito y revoca la sentencia de instancia. Esas diferencias –concluye la sentencia– impiden apreciar la concurrencia del presupuesto procesal de contradicción. La cuestión que se suscita en la **TS 11-6-25, Rec 3263/23**, consiste en determinar si la recurrida, después de apreciar la **no existencia de prescripción**, debiera de **haber devuelto las actuaciones** al JS para que fuera este el que decidiese sobre la cuestión de fondo, y en segundo lugar, si la recurrida ha vulnerado la tutela judicial efectiva en su vertiente de acceso al recurso, al haber aplicado de forma excesivamente formal los requisitos establecidos en la LRJS, al no haber resuelto sobre el fondo del asunto ni haber devuelto los autos al juzgado, al considerar que la parte debiera haber completado el relato fáctico si lo consideraba insuficiente o impugnado los hechos probados atinentes al fondo del asunto. Así las cosas, ambas resoluciones llegaron a **soluciones distintas**, en aplicación de LRJS art.202.3, pero ello se produjo en función de la suficiencia o insuficiencia de los datos fácticos suministrados en la instancia a criterio de la Sala que debía resolver, la cual fue fruto de la apreciación subjetiva del 6589 ponente; de modo que no es posible concluir qué sentencia de las comparadas contiene la buena doctrina, pues dependió no solo del contenido de los hechos probados, sino del criterio de la Sala que debía resolver, así como de la propia actuación de la parte a la hora de plantear el debate en suplicación, en orden a completar el relato fáctico, si era preciso. Respecto a ello, en la sentencia referencial, solo se recurrió por la prescripción, y la Sala, tras estimar el motivo y declarar no prescrita la acción, consideró la existencia de un relato insuficiente y devolvió los autos. En la recurrida, la parte no solo impugnó la prescripción apreciada en la instancia, sino que planteó varios motivos de revisión fáctica; ninguno de ellos destinado a completar el relato que dijo considerar insuficiente, en orden a establecer la responsabilidad empresarial que pretendía, lo cual fue reprochado por la Sala, que, por el contrario, puso de manifiesto que la parte recurrente se había aquietado a los HP 4º, 5º, 7º y 8º, así como a los datos (con valor fáctico) existentes en «los dos últimos párrafos del segundo fundamento de derecho», de los que la recurrida dijo textualmente «destaquemos que la mentada sentencia desglosa una serie de datos fácticos que pueden tener relación con el fondo del asunto y sobre el que, recordemos, también se pronuncia», de modo que decidió desestimar el recurso y confirmar la sentencia de instancia, en la consideración de que la misma sí había resuelto sobre el fondo del asunto. Por otro lado, en cuanto a la infracción de la **tutela judicial efectiva**, tampoco concurre la necesaria identidad entre la sentencia del Tribunal Constitucional citada como referencial y la recurrida. Y ello porque en la de contraste se denunciaba vulneración del derecho a la tutela judicial efectiva, por un excesivo formalismo a la hora de interpretar los requisitos del recurso; por el contrario, en la recurrida se dio una respuesta en cuanto a que no procedía la devolución de autos, al existir elementos fácticos suficientes que no habían sido cuestionados ni completados por la parte.

6600 Entrando ya en los concretos recursos resueltos por la Sala, se ha apreciado **falta de contradicción**, entre otros, en los que a continuación se enumeran.

En primer lugar, en materia de Derecho individual de trabajo, en la **TS 12-11-25, Rec 1481/24**, la cuestión que se suscita consistió en determinar si el trabajador que **extingue su relación laboral** al rechazar una MSCT de carácter colectivo (movilidad geográfica) tiene derecho a percibir la aportación extraordinaria equivalente a las **aportaciones al plan de pensiones suspendidas** durante el periodo comprendido entre el 1-1-2014 y el 30-6-2017. La controversia se produce porque el acuerdo colectivo solo contempla el abono de esta aportación extraordinaria para los supuestos de extinción por jubilación, despido colectivo y causas objetivas. Pero, interpuesto recurso de casación para la unificación de doctrina, el TS no entra en el fondo, al no concurrir la necesaria contradicción. Así, en la sentencia referencial concurre una especial circunstancia –relativa a que consta como hecho probado que la actora firmó un finiquito con la empresa, en virtud del cual reconocía que no se le adeudaba cantidad alguna derivada de las medidas de reestructuración adoptadas por el banco de forma unilateral o en virtud del acuerdo firmado en fecha 25-6-13, por el que se suspendían las aportaciones al plan de pensiones–, inédita en la recurrida.

6605 A propósito de una reclamación de un vigilante por kilometraje y dietas en empresa de seguridad, la **TS 10-9-25, Rec 3286/24**, no entró a conocer el fondo del asunto; y ello por cuanto, en la sentencia recurrida, el trabajador reclama el kilometraje desde el centro habitual al ocasional, sin considerar el domicilio, y en el caso de la sentencia de contraste se reconoce el derecho en función de la distancia desde el domicilio al centro ocasional, que es lo solicitado. Por tanto, las pretensiones y fundamentos no son sustancialmente iguales, y las sentencias no son contradictorias.

6608 Se suscitó en la **TS 14-10-25, Rec 1763/24**, si la **subrogación empresarial** en una contrata tras el cambio en su adjudicación, derivada de lo dispuesto en el convenio colectivo aplicable, que lleva aparejada, por ello, la transmisión de toda o gran parte de la plantilla adscrita y, además, la transmisión de una parte significativa de activos materiales necesarios para el desarrollo de la actividad, puede hacerse depender del **consentimiento del trabajador** afectado, cuando dicho convenio colectivo refiere aquella subrogación a los trabajadores que voluntariamente la acepten. La ausencia de contradicción se sustentó en que en la sentencia recurrida se discute si en un caso de subrogación convencional puede oponerse el trabajador afectado a ser subrogado, cuando el convenio colectivo aplicable que ordenan la subrogación de la plantilla tras la nueva adjudicación del servicio prevé expresamente que, para originar tal efecto, debe contarse con el consentimiento del trabajador. Por el contrario, en la sentencia de contraste, el precepto convencional, tras ordenar la subrogación, en las contratas, limita la responsabilidad de la empresa cesionaria en el abono de los salarios debidos a la fecha de la subrogación.

En relación a si los salarios de tramitación y de sustanciación, en el caso de trabajadores **fijos discontinuos**, deben incluir los **periodos de inactividad** entre llamamientos, la **TS 14-10-25, Rec 144/24**, desestima el recurso por falta de contradicción, dado que la resolución del Juzgado expresamente no consideró acreditados **cuáles habrían sido** esos periodos y esa declaración fáctica no ha sido corregida en suplicación, de manera que falta el sustrato fáctico para predicar la contradicción con la sentencia de contraste invocada. **6611**
Se examina en la **TS 1-10-25, Rec 2719/24**, si está caducada la acción de despido de una trabajadora que, tras finalizar la prestación de servicios como encuestadora y coordinadora para el CIS, comienza a trabajar para TRAGSATEC, que tiene condición de medio propio personificado. En este supuesto, la falta de contradicción se justificó en el hecho de que en la sentencia referencial no consta que la demandante tuviera conocimiento de que TRAGSATEC en lo sucesivo haría los estudios de campo. Se declara probado que el CIS le informó de la terminación de un estudio, que se dio por finalizado. TRAGSATEC inició la encuesta del barómetro de septiembre, sin que la trabajadora recibiera un email de inscripción para esta encuesta, extremo inédito en la recurrida.

En materia de Seguridad Social, en la **TS 23-10-25, Rec 3914/24**, se debate la **fecha del hecho causante de una IPT** derivada de un accidente laboral, con el objeto de establecer el derecho al **complemento por maternidad** según la LGSS art.60. Pero la meritada sentencia no entra a conocer del fondo del asunto por falta de contradicción, y ello por cuanto, mientras que en la sentencia de contraste consta como hecho probado que el proceso de IT que dio lugar a la posterior declaración de incapacidad permanente se extinguió en el año 2015, iniciándose entonces el expediente de incapacidad permanente que dio lugar finalmente al reconocimiento de la prestación, en la recurrida viene integrada por una serie de hechos que razonablemente impiden tener por acreditado el elemento fundamental que permitiría situar que el hecho causante de la pensión de incapacidad permanente se sitúe en el año 2015, que es lo que constituye el fundamento de la referencial. **6614**

Tampoco se declara concurrente la existencia de contradicción en la **TS 10-9-25, Rec 1286/24**, en la que la demandante, **en situación de IT**, fue citada para **revisión** por los servicios médicos de la mutua a la que **no acudió**, lo que determinó la extinción de la prestación por IT. La cuestión sometida a debate es **si justificó de forma suficiente** la imposibilidad de comparecer a la revisión médica a través del certificado médico aportado. El JS desestima la demanda y el TSJ confirma la resolución. Recurre la beneficiaria en casación unificadora. Por la Sala IV se estima la falta de contradicción entre ambas resoluciones, al no ofrecer los hechos identidad suficiente; para efectuar dicha valoración atiende a los comportamientos previos, coetáneos y posteriores de los beneficiarios. **6617**

En la **TS 23-9-25, Rec 1821/24**, se debate cuál es la **profesión habitual** respecto a las que debe determinarse si existe, o no, una **IPT** cuando se han desarrollado **distintas profesiones**, concretamente, la de fontanero, desarrollada anteriormente durante más de 20 años o la de vigilante de seguridad, que es la desempeñada **6620** durante 19 meses dentro de los 25 inmediatamente anteriores a la solicitud y reconocimiento de la IPT, solución esta última que sostiene la sentencia recurrida. Ahora bien, la Sala IV declara inexistente la contradicción, al sostener que ambas sentencias aplican análoga doctrina sobre hechos diversos: en el supuesto recurrido, la última actividad tuvo una duración de 22 meses, lo que impide calificarla como residual, mientras que en la sentencia de contraste el trabajo final solo duró 5 meses. Al aplicar la misma doctrina jurisprudencial y diferir únicamente en la **duración del último empleo**, la Sala concluye declarando la inexistencia de identidad ex LRJS art.219.

6623 La cuestión suscitada por el INSS en la **TS 15-10-25, Rec 1782/24**, se centró en determinar si la **jubilación anticipada** originada en un expediente de **despido colectivo y movilidad geográfica** en el que el trabajador se acoge a una medida de baja indemnizada **puede calificarse de voluntaria** y, por ende, si procede o no el reconocimiento del derecho al **complemento de maternidad** por aportación demográfica del varón solicitante. El TS no examinó el fondo del asunto, al concurrir entre las sentencias enfrentadas dentro del recurso una **importante diferencia fáctica**, relativa a que en la sentencia recurrida consta expresamente que el trabajador recibió comunicación extintiva individual en el seno de un despido colectivo, por la que se extinguía su contrato de trabajo en el marco de un acuerdo en dicho despido colectivo, mientras que en la de contraste se trata de un trabajador que, habiendo visto modificadas sus condiciones de trabajo a través de un procedimiento colectivo, decide no aceptar la modificación y extinguir su contrato al amparo del ET art.41.3, por lo que no procedería el complemento litigioso, al no estar contemplado en la LGSS art.207.1.

6630 **Doctrina general** La Sala ha tenido ocasión de evocar la ya **consolidadísima doctrina** sobre las **condiciones generales** que deben observarse para poder apreciar la **contradicción** que abre las puertas a este excepcional recurso, esto es identidad en los hechos, fundamentos y pretensiones; y que el término de referencia en el juicio de contradicción ha de ser necesariamente «una sentencia que, al decidir un recurso extraordinario, está limitada por los motivos propuestos por el recurrente», y, por ello, la identidad de la controversia debe establecerse teniendo en cuenta los términos en que el debate ha sido planteado en suplicación. Así, por ejemplo, se recuerda que la contradicción no surge por la diferente fundamentación jurídica de las resoluciones sometidas a comparación, de forma que es la existencia de **fallos contradictorios** («se hubiere llegado a pronunciamiento distintos», sostiene la LRJS art.219) y no la diversidad de ratio decidendi, el presupuesto del recurso extraordinario de casación para la unidad de la doctrina. Tampoco, como regla general, recuerda la **TS 3-6-25, Rec 416/23**, la contradicción de la LRJS art.219 podrá apreciarse cuando las **pretensiones** formuladas en los correspondientes procesos que han dado lugar a las sentencias comparadas **se fundan en normas distintas**, porque en estos casos no cabe apreciar la identidad de las controversias, ya que se produce una diferencia relevante en el elemento jurídico de la pretensión, que no puede salvarse a través de meras semejanzas de redacción; y es así, porque la **interpretación de las normas** y, en particular, la de los convenios colectivos, no puede limitarse a la consideración literal de un precepto aislado, sino que tiene que ponderar otros elementos en el marco de una interpretación sistemática del conjunto de la disposición y de la finalidad perseguida por la misma, teniendo en cuenta sus antecedentes históricos, la realidad social de su aplicación o, en su caso, la actuación de los negociadores en el convenio colectivo. En definitiva, la **contradicción no puede apreciarse cuando** las normas aplicables en los supuestos decididos sean diferentes, salvo supuestos excepcionales en los que se acredite la plena identidad de las regulaciones, con el alcance precisado (**TS 3-2-21, Rec 3280/18; 13-10-21, Rec 2935/18; 19-1-22, Rec 655/19**; entre otras).

6634 **Exigencia de contradicción** Es menester recordar la doctrina general de la Sala sobre que para apreciar contradicción debe haber «hechos, fundamentos y pre-

tensiones sustancialmente iguales»; sin que resulte admisible la comparación abstracta de doctrinas ni baste una eventual discrepancia de doctrinas o una similitud conceptual de problemas.
Estas exigencias deben interpretarse, como se encarga de aclarar la **TS 15-1-25, Rec 2688/23**, en el sentido de que debe existir una **contradicción de corte integral** (no meramente oponiendo hechos análogos y soluciones diversas, sino también a propósito de pretensiones y regulaciones semejantes). Y ello exige examinar la pretensión ejercitada tanto en la demanda como en suplicación (pues sobre ella versa el litigio), sin que sea posible que la parte, por primera vez en casación, intente variar los fundamentos y pretensiones que fueron objeto de análisis en instancia y en la sentencia de suplicación recurrida. Corolario de ello es que falta la preceptiva contradicción entre las sentencias comparadas cuando han recaído sobre supuestos idénticos, pero a partir de motivos de suplicación distintos.

Asimismo, esta Sala IV admite la **contradicción a fortiori**, tal y como se encarga de **6638** recordar la **TS 15-1-25, Rec 273/24**. Señala que la contradicción debe calificarse incluso a fortiori «en tanto que ciertamente se trata de un supuesto en el que no tiene lugar la contradicción en sentido estricto, por diversidad de los hechos, pero la sentencia de comparación ha ido «más allá» que la recurrida, por afirmaciones fácticas de inferior apoyo a la pretensión. Esta situación se produce cuando, aun no existiendo igualdad propiamente dicha en los hechos, sin embargo, el resultado de las dos sentencias es tan patente que se hubiera producido aún en el caso de que los hechos fueran los mismos» (TS 24-9-24, Rec 4005/21). En el caso, y en marco de una extinción del contrato ex ET art.50.c, quedó acreditado en la sentencia de contraste que el demandante fue agredido físicamente por su otro compañero de trabajo, y, pese a ello, la sentencia considera que se trata de un problema personal entre los dos trabajadores, del que no puede derivarse un incumplimiento de las obligaciones de la empresa que justifique la extinción indemnizada del contrato de trabajo. Es decir, mientras en la referencial no hay duda alguna de que un trabajador es el agresor y el otro el agredido, pese a lo cual desestima la acción extintiva, en la recurrida no ha quedado acreditada con certeza esa circunstancia, y se estima la acción con la correspondiente condena a la empresa.

**Exigencias formales: falta de cita y fundamentación de la infracción 6642
legal** La **TS 22-4-25, Rec 1009/24** resume la doctrina de la Sala IV sobre el cumplimiento de esta exigencia legal, y reitera que uno de los requisitos esenciales del recurso de casación (tanto ordinario como de unificación de doctrina) es que el mismo se fundamente en un motivo de **violación legal o jurisprudencial** de los señalados en la LRJS art.207. La LRJS art.207.e indica como motivo de casación la «infracción de normas del ordenamiento jurídico o de la jurisprudencia que fueren aplicables para resolver las cuestiones objeto de debate». Y la LRJS art.224.b exige que el escrito de interposición del recurso contenga «la fundamentación de la infracción legal cometida en la sentencia impugnada y, en su caso, del quebranto producido en la unificación de la interpretación del derecho y la formación de la jurisprudencia».
En el caso, el escrito de formalización del recurso de casación para la unificación de doctrina **adolece de dicha falta**. El escrito transcribe los hechos probados de la sentencia recurrida y de la de contraste y reproduce igualmente el fundamento de derecho tercero de la recurrida y de la de contraste para terminar con apenas cuatro párrafos que no van más allá de la mera afirmación de que los pronunciamientos son distintos, que hay elementos dispares y que existe contradicción, pero no cita ningún precepto que se considere infringido, ninguna jurisprudencia que se estime quebrantada y no se despliega argumentación sobre la fundamentación de la contradicción.

También las **TS 15-1-25, Rec 1658/24; 8-4-25, Rec 1137/23 y Rec 1287/24**, declaran **6645** que los escritos de recurso no cumple mínimamente con las **exigencias formales legalmente exigibles**, por cuanto omiten toda fundamentación de la infracción legal que se denuncia, en lo que debemos reiterar, una vez más, que no es «posible tenerla por cumplida con la reproducción de una parte de lo que pueda recoger la sentencia de contraste, ya que lo que se está combatiendo es la sentencia recurrida y lo que debe exponer la parte es en qué medida la resolución judicial impugnada ha infringido cada uno de los preceptos que se identifican como vulnerados y nada de ello se hace». Basta su mera lectura para constatar que el recurso se limita a realizar el análisis de la contradicción entre la sentencia recurrida y la invocada de contraste. Los escritos de recurso incurren en un **defecto procesal insubsanable**, al no contener una adecuada exposición de los preceptos legales que pudiere haber infringido la sentencia recurrida, ni ofrecer el menor razonamiento jurídico a tal efecto, limitándose simplemente a mencionar de soslayo la infracción de un determinado precepto del ET, limitándose a interesar que se aplique el mismo criterio de la sentencia referencial, incumpliendo las exigencias de la LRJS art.224.

6648 La **TS 1-10-25, Rec 5301/23, inadmite el recurso** de casación para la unificación de doctrina **por defectuoso**. En efecto, el recurso no formula motivo alguno de infracción de norma y, precisamente por esa falta de invocación, tampoco ofrece una fundamentación jurídica al respecto, más allá de interesar que se aplique el mismo criterio de la sentencia referencial, por lo que incumple las exigencias formales que la LRJS art.224 establece para el recurso de casación para la unificación de doctrina. En este particular es donde el escrito de recurso incurre en un **defecto procesal insubsanable**, al no contener una adecuada exposición de los preceptos legales que pudiere haber infringido la sentencia recurrida ni ofrecer el menor razonamiento jurídico a tal efecto, limitándose simplemente a mencionar de soslayo el ET art.44 al que se refieren las sentencias comparadas y que, además, presupone algo inexistente: el derecho previo a la percepción continuada del complemento en cuestión.

6651 **Exigencias formales: falta de relación precisa y circunstanciada de la contradicción** Declara la **TS 25-3-25, Rec 816/23**, la inadmisión de recurso de casación para la unificación de doctrina por incumplimiento de los requisitos formales del escrito de interposición del recurso. En concreto, no contiene una relación precisa y circunstanciada de la contradicción entre las sentencias enfrentadas dentro del recurso. Reitera que la LRJS art.224.1.a exige una comparación de los hechos de las sentencias, el objeto de las pretensiones y de los fundamentos, a través de un **examen comparativo** que, aunque no sea detallado, resulte **suficiente** para ofrecer a la parte recurrida, al Ministerio Fiscal y a la propia Sala los términos en que la parte recurrente sitúa la oposición de los pronunciamientos, lo que exige una comparación de los hechos de las sentencias, del objeto de las pretensiones y de los fundamentos de estas. La finalidad y fundamento de esta exigencia de análisis pormenorizado o relación precisa o circunstanciada de la contradicción alegada es la **garantía de defensa procesal de la parte recurrida**, de suerte que esta pueda apreciar con claridad los términos de un debate que dista mucho de ser simple, al consistir en la comparación de sentencias en la integridad de sus elementos. Y, en el caso, la parte recurrente no explica cuáles son los hechos, fundamentos y pretensiones de la sentencia recurrida y de la referencial, tampoco los compara ni argumenta sobre la concurrencia de las identidades de la LRJS art.219 en relación con la cuestión controvertida. Afirma que concurre el presupuesto procesal de contradicción y menciona unas afirmaciones genéricas, sin exponer una relación precisa y circunstanciada de la contradicción.

6654 **Falta de aportación de la sentencia de contraste** Como es sabido, el recurso de casación unificadora tiene como finalidad unificar doctrina cuando se han dictado sentencias contradictorias entre sí. De ahí que, ya en el escrito de preparación del recurso, es preceptivo mencionar la sentencia o sentencias que la parte pretenda utilizar para fundamentar cada uno de los puntos de contradicción (LRJS art.221.2.b). Y que en el escrito de interposición del recurso tenga que realizarse una **relación precisa y circunstanciada de la contradicción** que se alegue entre las sentencias comparadas (LRJS art.224.1.a). La **TS 2-10-25, Rec 2199/23** desestima el motivo por falta de aportación de la sentencia de contraste, señalando que, si no hay sentencias contradictorias, es porque a la recurrida no se le opone ninguna sentencia de contraste, no hay doctrina que unificar.

Falta de denuncia y carencia de fundamentación legal Desestima la **TS 1-7-25, Rec 841/23**, el recurso de casación unificadora, en el que se pretendía determinar el grado de culpabilidad del trabajador a los efectos de fijar la responsabilidad por los daños y perjuicios ocasionados en la tarea de conducción de un camión de la empresa, por carencia de la fundamentación legal. Recuerda que la LRJS art.224.b, al regular el contenido del escrito de interposición del recurso de casación para la unificación de doctrina, dispone que deberá contener «la fundamentación de la infracción legal cometida en la sentencia impugnada y, en su caso, del quebranto producido en la unificación de la interpretación del derecho y la formación de la jurisprudencia», y sigue diciendo en su número 2 que «Para dar cumplimiento a las exigencias del apartado b) del número anterior, en el escrito se expresará separadamente, con la necesaria precisión y claridad, la pertinencia de cada uno de los motivos de casación, en relación con los puntos de contradicción a que se refiere el apartado a) precedente, por el orden señalado en el art.207, excepto el apartado d), que no será de aplicación, razonando la pertinencia y fundamentación de cada motivo y el contenido concreto de la infracción o vulneración cometidas, haciendo mención precisa de las normas sustantivas o procesales infringidas, así como, en el caso de que se invoque la unificación de la interpretación del derecho, haciendo referencia sucinta a los particulares aplicables de las resoluciones que establezcan la doctrina jurisprudencial invocada». De manera insistente esta Sala IV ha perfilado que dicha exigencia «no se cumple con solo indicar los preceptos que se consideran aplicables, sino que, además, al estar en juego opciones interpretativas diversas que han dado lugar a los diferentes pronunciamientos judiciales, es requisito ineludible **razonar de forma expresa y clara** sobre la **pertinencia y fundamentación del recurso** en relación con la infracción o infracciones que son objeto de denuncia». **6659**

En esta línea inadmite la **TS 3-6-25, Rec 2629/24**, el recurso de casación unificadora por falta de denuncia y justificación de la infracción legal, poniendo el acento en el hecho de que la complejidad y trascendencia del asunto –despido objetivo por ineptitud sobrevenida, con apoyo en el informe realizado por los servicios médicos– exigía una **adecuada fundamentación** del recurso casacional, no pudiendo la Sala IV, vulnerando el principio de igualdad entre las partes, construir de oficio el recurso deficientemente planteado. **6663**

Falta de legitimación para recurrir Falta de legitimación de la empresa recurrente que se declara en la **TS 1-10-25, Rec 194/23**, por cuanto la sentencia recurrida recaída en procedimiento de conflicto colectivo no provocó gravamen alguno en la recurrente, pues acogió la falta de competencia de la Sala para conocer del conflicto planteado sobre crédito horario planteada por dicha parte procesal, poniéndose en cuestión ahora que dicha excepción se acogiera por sentencia y no por auto. **6668**

d. Aspectos comunes a los recursos de casación y de suplicación

6700

Abono de la prestación durante la tramitación del recurso La **TS 5-3-25, Rec 1666/22**, recaída en proceso de Seguridad Social, recuerda la exigencia de que, durante la tramitación del recurso de suplicación interpuesto por la entidad gestora, **6705**

se abone la prestación reconocida, sin que la **mera aportación formal de la certificación acreditativa del abono** sea suficiente para tener por cumplido el requisito, siendo necesario que se proceda al abono efectivo de la prestación desde el momento en que se notifica la sentencia que reconoce el derecho al beneficiario. Certificación que se produce no solo en los supuestos de reconocimiento por la sentencia de la prestación sino también en aquellos en los que la sentencia reconoce una cuantía superior a la administrativamente reconocida, como es el caso. Sentado lo anterior, la Sala IV concluye que nos hallamos ante un **defecto formal insubsanable**, porque el abono real y efectivo de la prestación por parte del INSS tiene lugar cuando ya han finalizado los trámites para recurrir, preparar e interponer el recurso.

6708 **Consignación y certificación para recurrir** Afirma la **TS 18-6-25, Rec 1281/23**, que la Diputación Foral de Araba e Instituto Foral del Bienestar Social de Araba son Administraciones públicas forales y están incluidas entre los sujetos que, para poder recurrir, no tienen obligación de consignar el importe de la condena ex LRJS art.229.4. Sostiene la Sala IV que son Administraciones públicas, sin que pierdan este carácter por el hecho de que la condena solidaria lo fuera por una reclamación de daños y perjuicios causados en un accidente de trabajo, que tiene un carácter no estrictamente administrativo. Esta afirmación se completa con la exposición, entre otras, de la normativa de los Órganos Forales de los Territorios Históricos y la naturaleza jurídica del Instituto Foral de Bienestar Social, que le lleva a concluir que la Diputación se configura dentro de la **Administración Pública provincial o autonómica** y debe considerarse incluida en el LRJS art.229.4. Por tanto, la Diputación Foral de Araba, en su condición de Administración Pública, no está obligada a consignar la cantidad de la condena para interponer recurso de suplicación, como tampoco lo están las CCAA.

6712 Desestima la **TS 28-5-25, Rec 4103/23**, el recurso articulado por el INSS, al no presentar **certificación de que se iniciaba el abono de la prestación**, como exige la LRJS art.230.2.c y 5.b y 225. Al respecto, recuerda que el requisito de aportar la certificación y el comienzo de abono de la prestación por parte de la entidad gestora es una exigencia que afecta al orden público procesal y constituye una condición imprescindible para la admisibilidad del recurso. Se trata de un requisito cuya completa omisión es **insubsanable**. En el caso analizado, el INSS incumplió la obligación de acompañar con el escrito de preparación del recurso la obligada certificación de inicio de abono de la prestación, por lo que se constata el óbice procesal formulado.

6715 **Costas procesales** Respecto a la cuestión de si la condena en costas **incluye o no** el correspondiente **IVA**, el **TS auto 28-5-25, Rec 2128/23**, reitera que puede perfectamente establecerse «una sola y única cantidad a tanto alzado en la que ya se incluye la parte atribuida al IVA, sin que sea necesario individualizar una y otra ni añadir la fórmula «más IVA» tras el importe global que haya fijado la resolución judicial.».

6718 Reiterando doctrina, declara la **TS 2-10-25, Rec 3204/24**, que no procede la imposición de costas a quien actúa como recurrido en un recurso que resulte acogido; la parte vencida en el recurso a la que alude el LRJS art.235.1 es exclusivamente aquella que hubiera actuado como recurrente y cuya pretensión impugnatoria hubiese sido rechazada; no, por tanto, la que hubiera asumido en el recurso la posición de recurrida, defendiendo, sin éxito, el pronunciamiento impugnado.

6723 **Cuestiones nuevas** Es sabido que las cuestiones nuevas que no fueron planteadas ante el Tribunal sentenciador deben ser rechazadas de plano. Este criterio general de la **inadmisibilidad de cuestiones nuevas**, tanto en el recurso de casación como en el recurso de casación para la unificación de doctrina, se funda en el principio de justicia rogada. De este modo, el órgano judicial solo puede conocer de las pretensiones y cuestiones que las partes hayan planteado en el momento inicial del procedimiento, que es cuando ha de quedar configurado el objeto de la litis. Consiguientemente, no cabe invocar nuevas cuestiones por primera vez en el trámite de recurso. Ha de tenerse en cuenta, a estos efectos, que el recurso de casación y el recurso de casación para la unificación de doctrina son recursos de naturaleza extraordinaria, lo que avala el conocimiento limitado anteriormente expuesto. Lo contrario supondría una infracción del derecho de defensa de la parte demandada, consagrado en el Const art.24 (entre otras, TS 8-4-25, Rec 161/23). Así las cosas, la **TS 16-10-25, Rec 24/24**, se centra en analizar si constituye una cuestión nueva la pretensión deducida por la parte recurrente en el escrito de recurso de casación, relativa al reconocimiento del derecho de los trabajadores de la empresa demandada afectados por el presente conflicto colectivo a **conocer, dentro del plazo de preaviso** previsto en el ET art.34.2, **el día y la hora de la prestación de servicios**, condenando a la demandada a estar y pasar por tal declaración. Y el TS concluye que, del tenor literal del contenido de la pretensión deducida en la demanda y de lo solicitado en el escrito de recurso de casación, se extrae que se trata de **reclamaciones diferentes**, pues, mientras que en la demanda solicitaba la parte actora que se reconociera el derecho de los trabajadores a **no ser sometidos a cambios repentinos en las horas de prestación de los servicios** que no vengan amparados en situaciones imprevistas o circunstancias de fuerza mayor, en el escrito de recurso de casación lo que pretende la parte recurrente es que se les reconozca el derecho a conocer, dentro del plazo mínimo de preaviso de 5 días, el día y la hora de la prestación de servicios. No ser sometidos a cambios, salvo circunstancias excepcionales, no es lo mismo que conocer con un preaviso mínimo de 5 días, el día y la hora de la prestación de servicios. Consiguientemente, la pretensión deducida en el recurso de casación es una cuestión nueva no reclamada en la demanda y no debatida en la instancia.

Incorporación de documentos En la **TS 23-9-25, Rec 5/24**, donde se cuestiona el ámbito funcional del VII CCol Marco del sector de la Dependencia, la Sala IV tuvo que despejar, como «consideraciones previas» contenidas en el escrito de impugnación del recurso, la **incorporación de determinados documentos**, a saber, **una sentencia** de la propia Sala de lo Social, así como la incorporación del **VIII CCol** Marco estatal de Servicios de atención a personas dependientes y desarrollo de la promoción de la autonomía personal. La sentencia anotada, tras recordar el tenor literal de LRJS art.233 y LEC art.271 y los presupuestos inexcusables que debe concurrir para operar la pretendida incorporación, recala en lo que debe entenderse por «documentos decisivos» para la decisión del caso y descarta incorporar la nueva documental en lo tocante al convenio colectivo, porque la alegación de una norma convencional, en cuanto ha sido publicada, se ve afectada por el principio iura novit curia, que podría ser apreciada y valorada en el caso por esta Sala, con independencia de la alegación de las partes. Por otro lado, la mera alegación jurídica de una sentencia de la Sala IV opera como un precedente, apreciable incluso aunque las partes no la invocaran. **6728**

Multa por temeridad Confirma la **TS 29-1-25, Rec 274/22**, la imposición a la federación empresarial demandada de una multa por temeridad de conformidad con la LRJS art.97.3 y 75.4, por cuanto su **oposición a la demanda fue obstativa al cumplimiento del mandato convencional** en lo tocante a la subida salarial del IPC, evidenciando una persistente negativa a cumplir con lo pactado en convenio colectivo, y obligando a tener que activar actuaciones judiciales con el consiguiente **retraso** en el cumplimiento de sus obligaciones. **6732**

Confirma la **TS 9-9-25, Rec 159/23**, la multa por temeridad y mala fe impuesta al sindicato demandante, de conformidad con LRJS art.75 y 97.3, por cuanto, apreciada la litispendencia, el sindicato actor pudo haber instado su personación en el asunto que se dilucidaba en el anterior procedimiento, en el que se impugnaba la misma disposición del convenio colectivo que ahora cuestiona. **6734**

6. Revisión de sentencias firmes

6748 La revisión es, junto a la audiencia al rebelde y el incidente de nulidad de actuaciones, uno de los medios con los que el ordenamiento jurídico cuenta, en casos extremos y bajo exigencias sumamente rigurosas, para la impugnación de **sentencias que hayan adquirido firmeza**, pero ganadas injustamente. En el periodo que abarca este Manual, son numerosas las sentencias dictadas por la Sala IV, por lo que, el examen quedará circunscrito a aquellas que tengan un especial interés, bien porque reiteren o maticen doctrina, o abarquen algún supuesto hasta ahora inédito para el TS.

a. Agotamiento de los recursos previos

6755 Reiteradamente tiene declarado la Sala IV el carácter subsidiario que posee la revisión de sentencias firmes. La válida interposición de la demanda de revisión impone, no solo que la sentencia sea firme en los términos previstos en LEC art.207.2 y LOPJ art.245.3, sino que además se hayan agotado previamente los recursos jurisdiccionales que la Ley prevé para que la sentencia pueda considerarse firme a efectos revisorios; único medio de garantizar la subsidiariedad del recurso de revisión. Así las cosas, las **TS 18-2-25, Rev 96/24 y TS 30-9-25, Rev 109/24**, declara que la demandante en revisión –Asociación de Abogados Cristianos–, **no agotó los recursos** para que la sentencia se pueda considerar firme a efectos de acudir al proceso de revisión de sentencias firmes, al omitir la casación unificadora y la nulidad de actuaciones. Amén de presentarse de manera extemporánea. Amén de que los documentos aportados (correos de la trabajadora a los que hace referencia el dictamen pericial, así como el auto de admisión de la querella) no pueden ser considerados documentos obtenidos o recobrados después de pronunciada la sentencia que se impugna.

6758 Por análogo motivo se desestima la demanda en la **TS 21-1-25, Rev 27/24**, porque frente a la sentencia del Juzgado **no se articuló recurso en debida forma**. Así, a pesar de haber anunciado el recurrente recurso de suplicación, fue inadmitido a trámite, por no cumplirse el requisito de la consignación de la cantidad objeto de condena.

b. Causas de revisión

6768 **Falso testimonio** Cabe también la revisión de una sentencia firme si hubiere recaído en virtud de prueba testifical o pericial y los testigos o peritos hubieren sido condenados por falso testimonio, dado en las declaraciones que sirvieron de fundamento a la sentencia. De este modo, la existencia de una condena penal por falso testimonio (CP art.458 s.) constituye **requisito esencial de esta causa revisoria**, pero no suficiente, pues también resulta necesario acreditar «que la sentencia se dictara en virtud de las declaraciones testificales tachadas de falsas», es decir, que dichas declaraciones fueran decisivas para la resolución del pleito social que se combate. Ahora bien, la **TS 21-1-25, Rev 8/24**, desestima la demanda que alegaba falso testimonio de un testigo para justificar la revisión solicitada, porque la declaración del testigo referido **no resultó decisiva para la conformación del fallo**. Así, la sentencia que se pretende revisar argumenta que fueron un elenco de medios probatorios los que impidieron apreciar la vulneración del derecho fundamental alegado, y para que proceda la revisión por el motivo previsto en la LEC art.510.1.3º se requiere que el falso testimonio haya sido claramente trascendental para la configuración del fallo.

Maquinación fraudulenta La LEC art.510.1 admite la posibilidad de activar ese excepcional mecanismo cuando la sentencia cuya revisión se pretende se hubiera ganado injustamente en virtud de cohecho, violencia o maquinación fraudulenta. Recuerda la **TS 11-3-25, Rev 103/24**, que la maquinación fraudulenta no solo comprende maniobras maliciosas del actor con miras a sustraer al demandado el conocimiento del proceso dirigido contra él, eliminando así la posibilidad de defensa, sino también aquella conducta consistente en omitir una cierta diligencia, aunque sea mínima, destinada a suministrar al órgano judicial el conocimiento del domicilio del demandado y evitar la indefensión que pueda producir la citación por edictos. Por eso, la doctrina del TCo y del TS son coincidentes en estimar procedente la revisión de una sentencia cuando hubiera sido posible el emplazamiento personal de haber actuado correctamente la parte que inició el proceso con su demanda, en orden a **suministrar al órgano judicial el domicilio del demandado** cuando tal información es razonablemente posible. Así las cosas, siempre se ha acudido a las circunstancias del caso para constatar si concurre esa negligencia en la ocultación por el demandante del domicilio real del demandado ya que, a los efectos de revisar una sentencia firme, debe existir dolo o culpa grave en quien ha provocado la irregularidad. Actuación fraudulenta que se descarta en el caso, porque el actor hizo constar en demanda el domicilio que figuraba en nómina y en los demás documentos, así como en el Registro Mercantil, que es el que se consignó en la papeleta de conciliación, habiendo sido citada allí la demandada que acudió al acto. Además, la dirección indicada es la que la propia empresa reconoce como suya y consta en el NIF de la empresa. En consecuencia, en el fracaso de la citación ninguna participación tuvo la parte actora, lo que conduce a la desestimación de la demanda. **6772**

Rechaza la **TS 2-4-25, Rev 95/24**, la existencia de maquinación fraudulenta, porque del hecho de que el trabajador hubiera solicitado la jubilación con anterioridad al despido no supone en sí ninguna maquinación fraudulenta contraria a derecho. Lo único que, en su caso, podría valorarse como tal es la ocultación de tal circunstancia por parte del trabajador en el pleito de despido a fin de conseguir una declaración de improcedente. **6776**

Recuperación u obtención de documentos decisivos Rechaza la **TS 11-3-25, Rev 105/24**, la demanda interpuesta por mujer a quien se había denegado la pensión de viudedad por no ser acreedora de pensión compensatoria (estaba divorciada) ni acreditar la condición de víctima de violencia de género, y ello porque no tiene encaje en la LEC art.510.1.1º, toda vez que se basa en documentos en los que se pone de manifiesto su condición de víctima de violencia de género, y que ya fue rechazado vía LRJS art.233, al tratarse de un documento de fecha posterior a la sentencia de instancia y desconocerse las circunstancias expuestas por la demandante para su obtención, teniendo en cuenta que la situación de violencia data de 2010 y el informe se emitió 12 años después. **6779**

Tampoco se considera **documento decisivo** en la **TS 21-1-25, Rev 27/24**, una sentencia que anula una sanción administrativa por falta de notificación, porque ni afecta a la validez del Acta de la Inspección ni enerva su presunción de certeza. A lo anterior se anuda que dicha sentencia no se aporta con la demanda de revisión ni se trata de un documento recobrado, al ser un documento de la propia parte. Tampoco da lugar a la revisión de sentencia un informe del médico de cabecera, porque no se trata de un **documento recobrado**, al ser de fecha posterior a la sentencia que resol- **6782** vió sobre la impugnación del alta médica, tal y como declara la **TS 28-1-25, Rev 33/24**.

6785 Reitera la **TS 10-9-25, Rev 112/24**, que el proceso de revisión de sentencias firmes tiene naturaleza extraordinaria y excepcional, de ahí que el juicio de revisión no puede exceder de los estrictos límites que tiene legalmente demarcados, lo que, aplicado al caso, determina que la pretensión rescisoria planteada sea rechazada, porque los **documentos aportados son de fecha posterior a la sentencia** cuya revisión se pretende. En efecto, la demandante argumenta que han surgido documentos nuevos, emitidos por organismos públicos, que son decisivos para su caso y que no pudo presentar en el juicio anterior debido a fuerza mayor y ocultamiento por parte de la demandada. Sin embargo, el TS concluye que los documentos aportados son de fecha posterior a la sentencia cuya revisión se solicita, lo que no cumple con los requisitos establecidos en el LEC art.510, que exige que los documentos sean anteriores a la sentencia impugnada. Además, se determina que no se ha demostrado que la actora no pudiera haber accedido a esos documentos antes de la sentencia ni que estos sean decisivos para alterar el fallo anterior, ya que se trata de información genérica que no justifica la equiparación retributiva que se reclamaba.

6790 **Resolución judicial firme del TEDH** Diversas y relevantes sentencias tienen cobijo en la LEC art.510.2 que, como es sabido, faculta la interposición de una demanda de revisión contra una resolución judicial firme cuando el TEDH haya declarado que dicha resolución ha sido dictada en violación de alguno de los derechos reconocidos en el Convenio Europeo para la Protección de los Derechos Humanos y Libertades Fundamentales y sus Protocolos, siempre que la violación, por su **naturaleza y gravedad**, entrañe efectos que persistan y no puedan cesar de ningún otro modo que no se mediante esta revisión, sin que la misma pueda perjudicar los derechos adquiridos de buena fe por terceras personas. Asimismo, el RDL 6/2023 ha modificado la LRJS art.236.1 en el sentido de incluir una previsión relativa a que, en estos casos, la Abogacía del Estado podrá intervenir, sin tener la condición de parte, por propia iniciativa o a instancia del órgano judicial, salvo que ya alguna de las partes estuviera representada o defendida por el Abogado del Estado.

Así, las **TS 3-4-25, Rev 14/23, 23-4-25, Rev 32/24, 24-4-25, Rev 9/24 y Rev 99/24**, ponen de relieve la importancia de la jurisprudencia del TEDH en el ámbito laboral y, en particular, la relevancia de este motivo de revisión que, como es sabido, fue introducido por la LO 7/2015, que afectó a la LOPJ y a la LEC art.510.2. Se trata de las sentencias TEDH 20-1-23 (Del Pino Ortiz); y TEDH 19-1-23 (dictada en el asunto Rodríguez González). Las demandantes, residentes en Cataluña, solicitaron la pensión de viudedad poco después de la muerte de sus respectivas parejas con las que nunca se habían casado. Durante el tiempo en que las solicitudes de las pensiones estaban pendientes ante las autoridades administrativas, se dictó la TCo 40/2014 que introdujo un **nuevo requisito**, exigiendo que la unión de pareja fuera formalizada en un registro o escritura notarial al menos 2 años antes del fallecimiento de una de las partes para que la pareja supérstite pudiera tener derecho a recibir una pensión de supervivencia a fin de unificar el régimen jurídico aplicable en algunas regiones. Las solicitudes de las demandantes fueron desestimadas, por entender que se les aplicaba la TCo 40/2019 y no cumplían los requisitos en la fecha del fallecimiento, a pesar de que, cuando la solicitaron formalmente, antes de la decisión del TCo, cumplían los requisitos que hasta ese momento se venían exigiendo. Para el TEDH **se vulnera el derecho de propiedad**, alegando que ha existido una injerencia desproporcionada, al habérseles aplicado de modo restrictivo un requisito de modo retroactivo para tener derecho a la pensión. Así las cosas, la Sala IV, tras declarar que las demandas se interponen en el **plazo de un año** que la LEC ex art.512.1 establece para la revisión de sentencias con fundamento en sentencia del TEDH y el agotamiento de los recursos previos, acoge la revisión interesada, al concurrir todos los requisitos establecidos y ya señalados al referenciar la sentencia precedente, acordando de conformidad con LEC art.516.1 la rescisión de la sentencia del JS y decisiones judiciales posteriores que provocaron de manera concatenada la violación apreciada por el TEDH, a los efectos de que por el órgano jurisdiccional de instancia se adopten las decisiones que considere apropiadas para ajustarlas a la sentencia del TEDH. Asimismo, hay que precisar que el TS, en dos de estas resoluciones hace una precisión en lo tocante al **agotamiento de los recursos**, pues no se activó el recurso de casación para la unificación de doctrina, ausencia que en otras ocasiones se ha considerado inexcusable. Ahora bien, declara que no es posible considerar pertinente la interposición de un recurso de casación unificadora, al no existir sentencia que albergase doctrina que hubiera podido fundamentar la contradicción.

Sentencia absolutoria en relación con la cuestión prejudicial penal 6800

Motivo autónomo de revisión es el relativo a la aparición de una sentencia penal absolutoria –o auto de sobreseimiento definitivo– en relación con la cuestión prejudicial penal, siempre que se base en la inexistencia del hecho o de la falta de participación del sujeto en el mismo, se excluyen, por lo tanto, aquellas sentencias en que se declare la inexistencia de responsabilidad penal por otras razones, a resultas de la insuficiencia de pruebas acusatorias capaces de destruir la presunción de inocencia. En tales casos, desaparece de manera sobrevenida el presupuesto fáctico sobre el que se había dictado la sentencia laboral objeto de revisión. A uno de estos supuestos da respuesta la **TS 18-2-25, Rev 104/24**, en relación al despido disciplinario de un trabajador, al que se le achaca la sustracción de mercancía, considerado procedente por la jurisdicción social, y que articula la demanda de revisión al amparo de la LEC art.510 y LRJS art.86.3, al entender que «se ha producido una sentencia absolutoria penal, en la que queda acreditada a la inexistencia de los hechos que dieron lugar al despido disciplinario». Reitera el TS que una **sentencia penal absolutoria** no puede servir siempre y en todo caso como presupuesto para la revisión de una sentencia firme dictada en el ámbito laboral, por el solo y mero hecho de que hubiere acabado absolviendo al trabajador y con independencia de cuál haya podido ser finalmente el motivo de tal absolución. Es **necesario e imprescindible** que la absolución obedezca específicamente a la inexistencia del hecho o a no haber participado el sujeto en el mismo, tal y como inexorablemente exige aquel precepto legal, consideraciones que aplicadas al caso abocan en la desestimación de la demanda, en tanto que no concurren los presupuestos para que la sentencia dictada en proceso penal actúe como motivo de revisión de la sentencia laboral. Y, en el caso, la absolución del demandante no vino determinada por las causas recogidas en la LRJS art.86.3, sino por la inexistencia de responsabilidad penal, al no tener los hechos cabida en el delito de hurto tipificado en el CP art.234, sin que ello suponga inexistencia del hecho de que el demandante se llevó productos de la empresa sin abonarlos y sin comunicarlo adecuadamente. Por lo tanto, la procedencia del despido declarada por los tribunales del orden social se basó en unos hechos sin relevancia penal, de forma que las conductas del trabajador analizadas en el proceso laboral y en el penal son absolutamente diferentes.

A un caso similar da respuesta la **TS 27-11-25, Rev 3/25**, en relación al despido dis- 6810
ciplinario de unos trabajadores a los que se le achaca manipulaciones en los cobros y descuadres de caja, en el que la demanda se desestima, por cuanto el LRJS art.86.3 exige que la sentencia absolutoria penal sea debida a «la inexistencia del hecho o por no haber participado el sujeto en el mismo», lo que no sucede en el supuesto ahora planteado, en el que la **absolución del demandante** no vino determinada por las causas recogidas en el citado LRJS art.86.3, sino **por aplicación del principio de presunción de inocencia e insuficiencia de la prueba** de cargo practicada para entender superada dicha presunción.

En esta línea, considera la **TS 5-2-25, Rev 109/24**, que el **auto de sobreseimiento** 6813
provisional no es resolución idónea para la revisión (reitera doctrina de las TS 16-6-20, Rev 28/19, y 8-5-14, Rev 12/13), pues, a diferencia del auto de sobreseimiento libre, no es equiparable a una sentencia absolutoria. Y ello porque no contiene una declaración de hechos probados, en cumplimiento de lo dispuesto en LOPJ art.248.2, es decir, no establece lo que podría denominarse una **«verdad judicial»** en

torno a los hechos ni a su autoría y tampoco afirma la inexistencia del hecho o la falta de participación en ellos del demandante que impida un nuevo juicio sobre los mismos hechos, lo que determina, sin más, la imposibilidad de acoger el motivo de revisión con apoyo en el mismo.

c. Plazo

6825 La LEC art.512 establece **un plazo «corto»** para instar la revisión «siempre que no hayan transcurrido 3 meses», siendo unánime la jurisprudencia en cuanto estima que el **citado plazo es sustantivo y no procesal**, dado el carácter autónomo de la demanda de revisión respecto del proceso al que se refiere, y, por tanto, de caducidad, debiendo regirse por las normas establecidas en el CC art.5.2. Asimismo, incumbe al recurrente fijar con claridad el **dies a quo**, a los efectos de indicar que la demanda se ha interpuesto oportunamente, de manera que la fecha inicial del cómputo no puede ser elegida aleatoriamente por el demandante. En la **TS 15-1-25, Rev 25/23**, se declara la extemporaneidad de la demanda, porque la demandante tuvo cabal conocimiento de que el acta de conciliación aportado con la demanda contenía un error, pero no lo hizo valer cuando pudo hacerlo, solo más de 2 años después del dictado de la sentencia es cuando solicita y obtiene el expediente.

6828 La LEC art.512 establece **un plazo «corto»** para instar la revisión «siempre que no hayan transcurrido tres meses», siendo unánime la jurisprudencia, en cuanto estima que el citado plazo es sustantivo y no procesal, dado el carácter autónomo de la demandada de revisión respecto del proceso al que se refiere, y, por tanto, de caducidad, debiendo regirse por las normas establecidas en el CC art.5.2. Y **un plazo «largo»** de 5 años que discurre desde la fecha de publicación de la sentencia frente a la que se interpone la revisión. Asimismo, incumbe al recurrente fijar con claridad el **dies a quo** a los efectos de indicar que la demanda se ha interpuesto oportunamente, de manera que la fecha inicial del cómputo no puede ser elegida aleatoriamente por el demandante.
Aborda la **TS 1-10-25, Rev 108/24**, demanda de revisión de un trabajador despedido al que se le declaró por sentencia firme el despido procedente, por haber participado en actividades irregulares que fueron también consideradas infractoras de la Ley de Defensa de la Competencia, por lo que, tanto su empresa como él, fueron sancionados. Alega como fundamento de su revisión y al amparo de la LRJS art.86.3 una sentencia de la Sala de lo Contencioso-Administrativo de la AN que dejó sin efecto la sanción que a él le fue impuesta por la CNMC, por considerar que no reunía la condición de alto directivo que exige el tipo de la infracción administrativa. Ahora bien, para el TS concurre causa clara de inadmisión, porque **se incumple el plazo quinquenal** (LEC art.512.1) que opera como absoluto, impidiendo la revisión de sentencias firmes, aunque concurran las causas de LEC art.510 y LRJS art.83.6.

7. Error judicial

6840 La **TS 15-1-25, Rec 9/19**, recuerda doctrina de la Sala sobre que el procedimiento por error judicial de la LOPJ art.293 tiene por objeto y finalidad, derivada de la Const art.121, la de servir de presupuesto para que quien se ha visto perjudicado por una decisión judicial errónea pueda percibir del Estado la correspondiente indemnización por los daños derivados de aquella actuación. Se trata, por lo tanto, de **un nuevo proceso y no de un recurso** dirigido a revisar la adecuación a derecho de una previa resolución judicial, o de una tercera instancia, y en él se ha de probar la producción de un error determinante de una responsabilidad por daños y perjuicios, lo que exige que el error sea imputable de forma culpable e injustificada a la Sala que lo cometió, patente, indubitado e incontestable, o que incluso, haya provocado conclusiones fácticas o jurídicas ilógicas e irracionales.
En el caso, la demanda se presentó **fuera del plazo de 3 meses** y no se agotaron los recursos, porque el agotamiento de los recursos debe ser real y efectivo, de forma

que se asegure que la cuestión debatida ha sido enjuiciada en todos los niveles posibles, lo cual no sucede cuando el recurso hubiera sido inadmitido o tenido por no preparado a causa de defectos cometidos por la parte recurrente en relación con los requisitos exigidos por la Ley. En todo caso, tampoco el error hubiera prosperado porque la fecha de efectos que se dice erróneamente fijada no fue fijada por primera vez en la sentencia que ahora se impugna, sino que proviene de la resolución administrativa anterior en que se declaró la incapacidad permanente total como derivada de contingencia profesional.

Es sabido que el procedimiento de error judicial tiene como objeto el reconocimiento **6845** de la existencia de un error inherente a una decisión tomada por jueces y magistrados, en concreto **sentencias y autos**, si bien también se ha admitido contra **providencias**. De esta forma, quedan excluidos de este procedimiento los actos llevados a cabo por el resto del personal al servicio de la Administración de Justicia: LAJ, médicos forenses, gestores, tramitadores y personal del cuerpo de auxilio judicial, e incluso el Ministerio Fiscal, cuya actuación puede ser objeto de un procedimiento por anormal funcionamiento de la Administración de Justicia, pero en ningún caso puede fundamentar una demanda de error judicial. La aplicación de dicha doctrina por **TS 11-9-25, Rec 1/24**, conduce inexorablemente a desestimar la demanda sobre reconocimiento de error judicial, y ello por cuanto la demanda se dirige frente a la actuación del órgano jurisdiccional –embargo de cuentas de una comunidad de propietarios– **sin identificación concreta de las resoluciones** a las que se dirige, a lo que se anuda que no se funda en una decisión del juez o magistrado, sino en una actuación del LAJ de la que **pudiera derivarse** una responsabilidad administrativa por anormal funcionamiento de la Administración de Justicia, pero no un error judicial.

Tampoco prosperó el error judicial al que da respuesta la **TS 17-9-25, Rec 6/24**, **6850** planteado por una trabajadora frente a la sentencia de instancia que desestimó su solicitud de **fijación de fechas en el disfrute de vacaciones**. Ahora bien, en el caso, la Sala concluye que **no se han agotado los recursos** previstos en el ordenamiento jurídico que contempla la LOPJ art.293.1.f, y ello porque, al tratarse de un proceso sobre fijación de vacaciones, no cabe recurso, de conformidad con LRJS art.126 y 191.2.b, excepción hecha de la posibilidad que contempla la LRJS art.193.3.d en relación a la posibilidad de subsanar una falta esencial del procedimiento. Así las cosas y alegando en la demanda de error judicial el posible vicio de incongruencia, debió agotar el citado recurso, o, acudir al incidente de nulidad de actuaciones, lo que no ha sido el caso. Finalmente, tampoco este procedimiento es el adecuado para interesar una indemnización por daños morales.

De interés es la **TS 19-9-25, Rec 4/24**, al estimar la demanda de error judicial, y ello **6855** por cuanto la empresa demandante sostuvo que la sentencia dictada por el JS contenía un error patente, por cuanto, **al realizar el cómputo los tiempos de espera** de la trabajadora, a efectos de su abono, **se tomaron como horas lo que, en realidad, eran minutos**, lo que ha conllevado un evidente **perjuicio económico**. La Sala IV explica que la empresa demanda solicitó aclaración, pero el Juzgado se desestimó la aclaración. La Sala de lo Social del TSJ también lo denegó. Formalizado recurso de casación para la unificación de doctrina, por auto de esta Sala IV se inadmitió a trámite el recurso, por **falta de contenido casacional**. Formulado recurso de amparo ante el TCo, el recurso fue inadmitido a trámite por no apreciar la especial trascendencia constitucional. La representación empresarial formula la **demanda de error judicial**, y la Sala IV, tras repasar la doctrina aplicable al error judicial concluye que ha existido un error en la consideración del número de horas de espera que la actora realizó, pues, en efecto, la cantidad que se refleja en los cuadrantes no se refiere a horas, sino a minutos. Además, esta conclusión es la única posible, dado que de ninguna manera puede decirse que una trabajadora ha realizado, en un solo día, un número de horas de espera superior a 24, como ocurre –a título de ejemplo– en el caso de los cuadrantes de enero y octubre de 2019. Abunda en el hecho de que el

6855 (sigue) error detectado no constituye una mera discrepancia en la interpretación de un documento, sino que entraña una desatención del juzgador respecto de datos de carácter indiscutible y contrarios a toda lógica.

CAPÍTULO 5

Sentencias sociales del Tribunal Europeo de Derechos Humanos y del Tribunal Constitucional

7000

A. Tribunal Europeo de Derechos Humanos

7005

1. Austeridad y margen de apreciación estatal: licitud de las reducciones retributivas y de pensiones e inexistencia de violación del CEDH art.6 y de discriminación

7010 La TEDH 13-11-25, **asunto Constantinou and Others v. Cyprus** consideró que las medidas de austeridad adoptadas por Chipre en 2011 y 2012, consistentes en **reducciones escalonadas de sueldos y pensiones del sector público**, no fueron contrarias al CEDH art.6 ni al CEDH Protocolo núm 1 art.1 (protección de la propiedad). Los demandantes (más de 450 funcionarios y pensionistas) alegaban que los recortes eran ilícitos e injustificados, que el TS chipriota había sido incoherente con su propia jurisprudencia, y que existía discriminación frente a trabajadores del sector privado (CEDH Protocolo núm 12 art.1). Las leyes de 2011 y 2012 habían autorizado deducciones mensuales sobre retribuciones y pensiones públicas: en un primer grupo (2011-2016) del 0% al 3,5% como «contribución especial», y en el resto (2012-2023) del 0% al 17,5%, todas temporales y escalonadas. Por ello, el TS chipriota declaró su **constitucionalidad**, destacando que las reducciones eran relativamente pequeñas, limitadas en el tiempo y adoptadas en un contexto de grave tensión financiera que exigía medidas urgentes para proteger las finanzas públicas.
El TEDH confirma esta perspectiva, aunque cuenta con un voto particular disidente. La mayoría considera que no hubo violación del CEDH art.6, porque la alegada falta de coherencia del Supremo no concurría, al existir diferencias fácticas con los casos anteriores, en los que las pérdidas eran permanentes totales o parciales, mientras que en el presente caso los recortes eran moderados y finitos. Tampoco se vulneró el CEDH Protocolo núm 1 art.1, porque, aunque hubo injerencia en la propiedad, estaba prevista por la ley, perseguía un fin legítimo (salvaguardar el erario en crisis) y se desarrolló dentro del amplio margen de apreciación estatal en política socioeconómica. Se mantuvo un equilibrio justo entre el interés general y los derechos individuales, dado el carácter limitado (5-10 años) y la entidad relativa de las reducciones, y la ausencia de prueba de que los demandantes quedaran sin medios de subsistencia. Rechaza también que se vulnerara el CEDH Protocolo núm 12 (no discriminación), por resultar inadmisible, habida cuenta de la inexistencia una situación análoga respecto de los empleados privados, ya que las rentas públicas y privadas proceden de fuentes distintas.

2. Condena penal por protestas pacíficas que vulnera el derecho de reunión

7015 En la TEDH 26-11-24, **asunto Kotov contra Rusia**, demandas núm 49282/19 y 50346/19, el Tribunal ha declarado por unanimidad que ha habido una **violación de CEDH** art.10 (libertad de expresión) y art.11 (libertad de reunión y asociación) en lo que respecta a las **condenas administrativas** impuestas al Sr. Kotov; una violación del CEDH art.11 en relación con su **condena penal**; y violaciones de CEDH art.5 (derecho a la libertad y seguridad), art.6 (derecho a un juicio justo) y art.8 (derecho al respeto de la vida privada y familiar), así como del CEDH Protocolo núm 1 art.1 (protección de la propiedad). El TEDH es competente para conocer del asunto, ya que los hechos que dieron lugar a las presuntas violaciones ocurrieron antes del 16-9-2022, fecha en la que Rusia dejó de ser parte del Convenio Europeo.
El demandante, **ciudadano ruso** y residente en Moscú, participó en varios **«actos públicos no autorizados»** de carácter político en la región de Moscú, o bien hizo **llamados en línea** para que las personas protestaran y participaran en dichos actos. Como consecuencia, fue **condenado conforme al derecho administrativo**, y sancionado con multas o breves periodos de detención. Estas sentencias fueron confirmadas en apelación. Tiempo después fue arrestado por presunta **reincidencia** en la infracción del procedimiento para organizar o realizar actos públicos. El 5-9-2019, el Tribunal del Distrito de Tverskoy de Moscú, en una decisión confirmada por el Tribunal de la Ciudad de Moscú, lo declaró culpable conforme al Código Penal art.212.1, y lo condenó a **4 años de prisión**. El Sr. Kotov presentó una **demanda constitucional**, que dio lugar a un nuevo juicio. En ese segundo proceso, el Tribunal de la Ciudad de

Moscú **lo condenó nuevamente** el 20-4-2020, argumentando que el Sr. Kotov había ignorado las órdenes legales de los agentes de policía de dispersarse en las protestas. El tribunal le impuso una pena de un **año y 6 meses de prisión**, sosteniendo que era «improbable que su comportamiento cambiara sin un aislamiento social».
Entre otras reclamaciones, el **demandante invoca** ante el TEDH los CEDH art.10 (**libertad de expresión**) y art.11 (**libertad de reunión y asociación**), denunciando sus condenas por participar en manifestaciones y por incitar al público a manifestarse; y artículo 212.1 del Código Penal ruso por participar en actos públicos no autorizados constituía una injerencia en su derecho a la libertad de reunión. Al examinar si se trató de una **injerencia legal**, considera que los **tribunales nacionales interpretaron** de forma muy amplia las disposiciones relevantes (Código Penal art.212.1 y Código de Infracciones Administrativas art.20.2), **sin tener en cuenta** la situación individual del demandante y sin reconocer que algunas de las acciones que se le imputaban estaban amparadas por CEDH art.10 y 11. Las órdenes de detener dichas acciones habrían requerido una justificación sólida para considerarse legales. Ante esta situación, considera dudoso que el Sr. Kotov pudiera prever cómo se aplicarían en su caso las disposiciones penales pertinentes. Aunque las **acciones** del Sr. Kotov **no** parecían haber sido **violentas** (por ejemplo, los tribunales nacionales citaron el bloqueo del tráfico), y el TCo ruso había sostenido que la prisión estaba reservada para protestas no pacíficas, los tribunales inferiores no ofrecieron **ninguna justificación** para la pena de prisión, limitándose a afirmar que el «aislamiento» era «necesario». Además, el arresto, la detención y la posterior condena penal del Sr. Kotov por violaciones reiteradas del procedimiento de organización de actos públicos disuadieron tanto a él como a otros de participar en el debate político abierto, máxime teniendo en cuenta que ya había sido sancionado administrativamente por los mismos hechos. Por tanto, dicha **sanción** fue **desproporcionada**. Para el TEDH, incluso aceptando que mantener el flujo del tráfico podía ser un objetivo legítimo, el castigo impuesto al Sr. Kotov fue totalmente desproporcionado con respecto a ese objetivo, y las **condenas penales**, además, sancionaron acciones protegidas por el CEDH (como corear consignas antigubernamentales). Por ello constata la violación del CEDH art.11.

3. Condena por participar en las manifestaciones de los «chalecos amarillos» en Francia que no vulnera el derecho de reunión

Al contrario que en el asunto anterior, en la TEDH 24-10-24, **caso Eckert contra Francia**, demanda núm 56270/21, la demandante, nacional francesa, fue **condenada a 150 €** por tomar parte en las **manifestaciones de los chalecos amarillos** («gilets jaunes»), que habían sido prohibidas un determinado día, alegando que ya había habido reiterados disturbios en las manifestaciones anteriores del mismo movimiento, por la existencia de riesgo de violencia y daños a bienes públicos y privados, debido a la falta de notificación previa por parte de los organizadores, y porque la convocatoria se realizó de forma anónima en las redes sociales. La demandante fue invitada por la policía a dispersarse y se negó, fue identificada pero no arrestada ni se usó la fuerza contra ella y fue condenada posteriormente al pago de 150 €. **7020**
La TEDH 24-10-24 recuerda que la exigencia de que la **sanción** esté **«prevista por la ley»** que figura en CEDH art.8 a 11 implica no solo que la medida impugnada tenga **base en el derecho interno**, sino también que la ley en cuestión tenga **calidad**: debe ser accesible para el justiciable y previsible en cuanto a sus efectos. Para cumplir con los requisitos de calidad de la ley, el derecho interno debe ofrecer cierta **protección contra injerencias arbitrarias** de los poderes públicos en los derechos garantizados por el CEDH. En materias que afectan derechos fundamentales, la ley contradiría la primacía del derecho si concediera un poder discrecional ilimitado al ejecutivo. Por ello, debe definir con claridad el alcance y los modos de ejercicio de dicho poder.
En la aplicación al caso, considera que la multa impuesta por participar en la manifestación supuso una **injerencia en el derecho protegido** por el CEDH art.11, previs-

ta por la ley (código penal y orden prefectura de prohibición, normas accesibles y previsibles), siendo la **conducta prohibida claramente delimitada**, sin que se penalice la mera presencia fortuita. Dicha prohibición perseguía un fin legítimo, de defensa del orden público y la protección de los derechos de los demás (prevención de delitos). Pero para el TEDH, también la **prohibición** era **necesaria** en una sociedad democrática pues el contexto en que se produce (manifestaciones de los «chalecos amarillos») justificaba ya una preocupación legítima por el **orden público**, la prohibición había sido limitada en el tiempo y en el espacio, las autoridades invitaron primero a la demandante a marcharse y no recurrieron a la fuerza, la sanción fue leve (solo una multa) y no tuvo carácter penal estricto ni implicó privación de libertad. No hubo, por lo tanto, violación del CEDH art.11.

4. Denegación de permiso de residencia por falta de medios económicos y ausencia de violación del CEDH art.8

7030 Julio César Siles Cabrera, ciudadano boliviano, residente en España desde 2005 junto con su esposa, tuvo un hijo en 2012, también boliviano, diagnosticado con trastorno del espectro autista y beneficiario de atención médica y educativa especializada en el País Vasco. En marzo de 2018, Siles Cabrera solicitó un **permiso de residencia por circunstancias excepcionales basadas en arraigo social**.

El **informe social previo** fue favorable y recomendó incluso **eximirle del requisito de contrato de trabajo**, atendiendo a la discapacidad y necesidades de cuidado de su hijo. Pero la Diputación de Bizkaia denegó en 2018 el permiso por no acreditar el solicitante **medios propios de subsistencia**, constatando su dependencia de prestaciones públicas (Renta de Garantía de Ingresos y ayuda de vivienda). La resolución incluyó una orden de salida en 15 días. Los tribunales españoles (JCA Bilbao núm 5 y, en apelación, el TSJ País Vasco) confirmaron la decisión. Tanto el recurso de casación ante el TS como el recurso de amparo ante el TCo fueron inadmitidos.

Mientras tanto, las autoridades concedieron un **permiso por razones humanitarias** al hijo (2019) y, posteriormente, un permiso por estudios a la esposa (2023). La familia continuó residiendo junta en Erandio y recibiendo prestaciones sociales.

El demandante acudió al TEDH alegando que la negativa del permiso vulneraba su **derecho a la vida privada y familiar** del CEDH art.8. Pero la TEDH 17-10-25, en el **asunto Siles Cabrera v. Spain**, solicitud núm 5212/23, rechaza que se haya producido la vulneración alegada:

En primer lugar, el TEDH destaca el hecho de que el demandante hubiera permanecido en situación irregular durante la mayor parte de los 13 años previos. Para el TEDH, una **«larga situación de irregularidad** en el país limita la protección invocable frente al Estado al no existir un derecho adquirido de residencia», es decir, considera que se trata de una circunstancia que reduce el **grado de protección** que se puede invocar, al no encontrarse en una situación comparable a la de un residente legal o un solicitante de renovación. Asimismo, considera que, aunque la denegación incluía una **orden de salida** del territorio, la misma **nunca se ejecutó**, permaneciendo en España, por lo que su vida familiar no se vio interrumpida, continuando su hijo recibiendo asistencia médica y educativa, permaneciendo la unidad familiar como estable.

Por otro lado, el TEDH pone de relieve que la **negativa a la solicitud** se fundamentó en normas claras (LOEX art.31 y RD 557/2011 art.47 y 124 –derog RD 1155/2024), y que el requisito relativo a contar con medios económicos propios, sin recurrir al erario público, responde a la finalidad legítima de **controlar la inmigración** en interés del bienestar económico del país. Finalmente, el TEDH constata que las autoridades españolas tuvieron en cuenta la **situación familiar y** la **discapacidad del hijo**. En concreto los tribunales españoles razonaron que, aunque puede dispensarse del contrato laboral en casos de arraigo social, no puede dispensarse del requisito esencial de no constituir una carga para el Estado, y el demandante dependía de **ayudas públicas de modo continuado** y no temporal, sin acreditar que estuviera además imposibilitado para trabajar y dejar a la esposa compartir las cargas de cuidado. El

TEDH considera este análisis razonable y exento de arbitrariedad, y declara que las autoridades españolas actuaron dentro de su margen de apreciación y alcanzaron un equilibrio adecuado entre los intereses del demandante y su familia, y el interés del Estado en controlar la inmigración y preservar el erario. No hubo, por ello y por unanimidad, violación del CEDH art.8.

5. Despido por escribir un blog para adultos con contenido sexual que no interfiere en los deberes profesionales de un profesor de enseñanza secundaria

La TEDH 13-2-25, **caso P. contra Polonia**, demanda núm 56310/15, declara que, **7035**
aunque resulta admisible que el Estado establezca **ciertas exigencias de alcance moral** en la conducta de un profesor de enseñanza secundaria, el hecho de que escriba un blog para adultos con contenido sexual no justifica su despido; se trata de una **actividad privada** que no va dirigida a menores y, por tanto, no interfiere en sus deberes profesionales.

El demandante, K.P., era un **profesor cualificado** de inglés que venía recibiendo **numerosos premios** dentro del centro y fuera de él por su excelencia como tutor. No recibió ninguna reprimenda ni se formularon quejas contra él. K.P. es gay y escribió **bajo un seudónimo** un diario ilustrado en un **sitio web de Internet para hombres** homosexuales adultos. Aunque incluía reflexiones personales y fotografías con connotaciones eróticas, no mostraba actos sexuales explícitos ni órganos sexuales. Y si bien dijo haberlo mantenido en secreto, tanto el personal como estudiantes sabían del blog. No se recibieron quejas oficiales hasta que el **director de su escuela** le pidió que dejara de hacerlo en julio de 2013. Eliminó el blog el mismo día en que fue reprendido por la dirección. Realizaba visitas turísticas con alumnos. A pesar de estar prohibido por la normativa interna, el docente **llevó a su pareja del mismo sexo**, no registrada ni autorizada, **a dos excursiones** escolares en 2013, lo que contravenía normas internas conocidas por él.

Se inicia **expediente** contra el docente por **dos motivos**: presencia no autorizada de un tercero en excursiones escolares y mantenimiento de un blog con contenido considerado «indigno». El docente admitió los hechos, mostró arrepentimiento y **alegó** que el blog tenía una **función terapéutica** por prescripción psiquiátrica. La Comisión Disciplinaria lo sancionó con **despido**, alegando violación de la dignidad profesional y de sus deberes como educador, en especial por el carácter público del contenido. La sanción fue **confirmada en los tribunales** basándose en que había comprometido la seguridad estudiantil en los viajes, en que el contenido del blog era obsceno y contrario a los valores morales exigidos a los docentes y en que el carácter público del blog agravaba la falta, independientemente de su orientación sexual o de un perjuicio concreto a estudiantes.

Basándose en CEDH art.8 (derecho al respeto de la vida privada y familiar), art.10 (libertad de expresión) y art.14 (prohibición de la discriminación), K.P. alega, en particular, que fue despedido como **consecuencia de su orientación sexual**, y que la conclusión de la Comisión Disciplinaria de que su blog no era ético **violaba su derecho a la libertad de expresión**.

El Tribunal considera que la sanción de despido impuesta al docente por el contenido de su blog **no** fue **proporcional ni se basó en razones pertinentes y suficientes** que justificaran la limitación de su derecho a la libertad de expresión (CEDH art.10). Para el TEDH, el **Tribunal de apelación** polaco describió el contenido del blog como «profano», «obsceno» y «sexual», pero **no explicó por qué** violaba las normas sociales vigentes ni justificó la necesidad de sancionar al docente. Además, **no se valoraron** varias circunstancias relevantes, como que el blog era anónimo y destinado a adultos, que no existían quejas de padres ni estudiantes, que no se probó de ningún modo que el blog tuviera efectos negativos en los alumnos, no se le imputara ningún delito o infracción penal, que su actividad no interfería en el contenido curricular o que el docente eliminara el blog tras ser reprendido.

Considera asimismo desproporcionada la sanción porque, aunque el blog tenía contenido erótico, el despido fue **excesivo**, sobre todo considerando que el propio órgano instructor inicialmente sólo había solicitado una reprimenda. El docente tenía un **buen historial** profesional y **ninguna sanción previa**. Señala además el TEDH el contexto social en que se produce el despido. Para el TEDH, aunque formalmente el motivo del despido no fue la orientación sexual del docente, existe un **contexto social hostil** hacia personas LGBTI en Polonia (se probó el enorme número de despidos por esta causa) y el contenido del blog incluía relaciones homosexuales, lo que pudo haber influido implícitamente en la severidad de la reacción institucional. Por todo ello considera que el despido del demandante violó el CEDH art.10, ya que no era necesario en una sociedad democrática, ni proporcional al objetivo legítimo que se pretendía (la protección de la moral de los menores).

6. Divulgación por la policía, en un contexto de verificación de antecedentes penales de acceso a un empleo, de información del demandante acusado de violación y absuelto en juicio

7040 La TEDH 1-6-25, en el **asunto A.R. contra Reino Unido**, Sección Segunda, demanda núm 6033/19, conoció del que seguidamente se expone.

El demandante (A.R.), ciudadano británico con titulación docente, trabajaba como **taxista**. En marzo de 2010 fue acusado de **violación** de una joven de 17 años que viajaba en su taxi. Tras la celebración del correspondiente juicio, el 21-1-2011 fue **absuelto**. En marzo de ese año, la Criminal Records Bureau expidió un certificado reforzado de **antecedentes** (ECRC) en relación con la **solicitud** del demandante **para un puesto de profesor** en un college, en los que, además de reflejar la ausencia de condenas, se incluyó información discrecional de la policía sobre la acusación y la absolución, con un relato de las circunstancias del supuesto delito. A.R. impugnó esas divulgaciones ante la policía y posteriormente por vía judicial, sin éxito en ambos casos.

La High Court en 2013 consideró que el CEDH art.8 (vida privada) estaba implicado, pero avaló la proporcionalidad de la **divulgación** por motivos de **protección de personas vulnerables**, aun reconociendo un error de razonamiento de la oficial revisora sobre la «fiabilidad» de la acusación. Posteriormente, la Court of Appeal (2016) desestimó el recurso. En relación con el CEDH art.6.2 (presunción de inocencia), destacó que el texto del ECRC no cuestionaba la absolución ni sugería culpabilidad; y, sobre el CEDH art.8, confirmó el ejercicio de ponderación y el objetivo de protección. Finalmente, la Supreme Court desestimó el recurso (admitido solo sobre CEDH art.8). Se constató la ausencia de una guía estatutaria específica sobre divulgaciones tras absolución y subrayó que el cometido del jefe de policía era identificar «información» relevante, no revalorar en detalle la prueba del juicio; aunque la oficial revisora erró al evaluar si las alegaciones eran «más probables que ciertas», el juez de instancia no incurrió en ese error. Añadió su preocupación por la falta de evidencias sobre el trato de los ECRC por empleadores y el riesgo de inferir «culpabilidad probable», recomendando una reflexión ulterior fuera del caso.

El demandante alegó que la divulgación policial de la acusación (pese a la absolución) en los ECRC de 2011 y 2012 vulneró su derecho al **respeto de la vida privada** (CEDH art.8) y su **presunción de inocencia** (CEDH art.6.2).

El TEDH concluye que la interferencia con la vida privada de A.R. mediante la divulgación en los ECRC no era «conforme a la ley» en el sentido del CEDH art.8.2, porque en 2011-2012 el **marco legal** confería una **discrecionalidad muy amplia**. No existía guía estatutaria específica que orientara a los jefes de policía sobre el alcance y la forma de ejercer esa discrecionalidad al divulgar información sobre absoluciones tras juicio. Faltaba guía para empleadores sobre cómo valorar y utilizar información sensible de ECRC relativa a acusaciones no probadas y absoluciones, más allá de una indicación genérica de discutir el contenido con el solicitante. No se ofreció al solicitante una oportunidad previa de formular alegaciones antes de las divulgaciones, pese a existir «dudas» razonables por la absolución. Tampoco existía aún el recurso para revisar la inclusión de esa información. Esa **insuficiencia de salvaguardas** contra la arbitrariedad impidió que la aplicación del régimen fuese previsi-

ble para el afectado, especialmente dado el carácter sensible de divulgar a posibles empleadores acusaciones penales disputadas que concluyeron en absolución.
Considerando la sensibilidad y el probable efecto «golpe mortal» de un ECRC adverso en empleabilidad, el TEDH estima **indispensables directrices claras** para limitar y guiar la discreción policial y para orientar a empleadores. Tales directrices faltaban entonces; además, no se ofreció al demandante trámite de alegaciones antes de divulgar y no existía aún el monitor independiente. La Corte observa **reformas posteriores** (desde septiembre de 2012) que elevan estándares, introducen guía estatutaria y revisión independiente, sin pronunciarse sobre su suficiencia actual, pues el juicio se ceñía a 2011-2012.
En consecuencia, el Tribunal declara violación del CEDH art.8. A la vista de este pronunciamiento, considera innecesario examinar si la medida fue «necesaria en una sociedad democrática». Entiende que, dado que ya ha considerado que se viola el CEDH art.8 por los mismos hechos, no es necesario pronunciarse separadamente sobre el CEDH art.6.2. A la hora de fijar el **daño pecuniario**, una vez rechazada la falta de nexo causal probado entre la violación y las pérdidas económicas alegadas, el Tribunal estima que la declaración de violación constituye satisfacción suficiente.

7. El pago de créditos reconocidos judicialmente puede constituir una violación del derecho de propiedad: depreciación extraordinaria por el paso del tiempo e inflación, sin actualización ni compensación

La TEDH 10-6-25, **asunto Al y Demirci contra Turquía**, se refiere a dos ciudadanas turcas, Ayse Al y Nevin Demirci, que reclamaron ante el TEDH la **pérdida de valor** de sus **primas de jubilación** («emekli ikramiyesi») debido a la **inflación**, alegando la violación de su derecho de propiedad, conforme al CEDH Protocolo núm 1 art.1. **7045**
Ambas demandantes habían trabajado en el **sector público** y, tras cambios legislativos y sentencias del Tribunal Constitucional turco, obtuvieron el **reconocimiento retroactivo** de su derecho a la prima de jubilación. Sin embargo, el pago de estas primas se realizó muchos años después de la fecha de jubilación y se calculó según los coeficientes vigentes en la fecha de jubilación, **sin actualización** por inflación **ni intereses** compensatorios. Como resultado, las **sumas recibidas** eran irrisorias en comparación con el valor real que habrían tenido en el momento del retiro.
El **sistema de seguridad social turco** sufrió varias reformas y, durante años, solo permitía el cobro de la prima de jubilación a quienes estuvieran afiliados a la Caja de Pensiones en el momento de la jubilación. El Tribunal Constitucional turco declaró inconstitucional esta limitación, permitiendo el reconocimiento retroactivo del derecho a la prima para quienes habían cotizado en la Caja de Pensiones en algún momento de su carrera.
No obstante, la **jurisprudencia** administrativa y constitucional turca estableció que el cálculo debía hacerse con los coeficientes de la fecha de jubilación, no de la fecha de pago, y que no existía una expectativa legítima de actualización por inflación, salvo en casos excepcionales.
Las demandantes alegaron que la depreciación sufrida por sus créditos, reconocidos judicialmente, les privó en la práctica del derecho a la prima, ya que el importe recibido **perdió más del 99% de su valor real** debido a la inflación. El Estado turco argumentó que el pago se realizó conforme a la ley y que no existía obligación de actualizar las sumas, defendiendo la **sostenibilidad del sistema** de seguridad social y el interés general.
El TEDH considera que, si bien el CEDH Protocolo núm 1 art.1 no puede interpretarse, en principio, en el sentido de que **obliga a los Estados** a adoptar medidas para compensar los efectos de la inflación y mantener el valor de los créditos u otros activos, una **diferencia importante** entre el valor real de un crédito y su valor en la fecha de pago puede romper el justo equilibrio y dar lugar a una violación de esta disposición.
En el presente caso, el Tribunal no puede sino señalar el **carácter extraordinario de la depreciación** sufrida por las primas concedidas a las demandantes, que se han

reducido prácticamente a la nada. Observa que, al pagar a las demandantes las primas calculadas según los coeficientes vigentes veinte y veinticuatro años antes, sin proceder a ninguna forma de actualización de los importes para tener en cuenta la fuerte depreciación monetaria sufrida por la lira turca durante ese lapso de tiempo ni ofrecer otra forma de compensación, las autoridades **privaron** en la práctica a las demandantes **del derecho a la prima** que les había sido reconocido por los tribunales administrativos. Las demandantes solo podían reclamar primas que se habían vuelto insignificantes, ya que habían perdido más del 99% de su valor, sin que las interesadas tuvieran influencia o responsabilidad alguna en las condiciones que provocaron dicha disminución.
En otras palabras, el pago de las primas sin tener en cuenta en absoluto los elementos que podían reducir su valor, a saber, la fuerte inflación durante los períodos considerados tuvo como consecuencia que el derecho a la prima que se había reconocido a las demandantes mediante resoluciones judiciales definitivas resultara ilusorio. En efecto, no se entendería que los tribunales nacionales reconocieran, con efecto retroactivo, un derecho a la prima de jubilación y que, al mismo tiempo, el pago se efectuara en condiciones que redujeran dicho derecho a la nada, menoscabando de hecho la eficacia de las resoluciones judiciales definitivas. El Tribunal recuerda que el **CEDH garantiza derechos** no teóricos e ilusorios, sino efectivos y concretos.
Por lo tanto, habida cuenta de la **diferencia observada** entre el valor real de los créditos de las demandantes en la fecha de su jubilación y el valor de los mismos en el momento del pago, el Tribunal considera, al igual que el Tribunal Constitucional en el asunto Ferda Yesiltepe, que las interesadas han soportado una **carga excesiva** que ha roto el justo **equilibrio** que debe existir entre, por una parte, la salvaguardia del derecho de propiedad de las interesadas y, por otra parte, las exigencias del interés general.
Por tanto, el Tribunal concluyó que hubo una **violación del derecho de propiedad** de las demandantes.
El TEDH concedió a Ayse Al 6.800 € por daños materiales y a Nevin Demirci 4.500 € por daños materiales, y 1.250 € por daños morales, además de 500 € por costas y gastos para la segunda demandante. La **cuantía de las indemnizaciones** se determinó principalmente en función de la pérdida real de valor de las primas de jubilación debido a la inflación, comparando el valor que debieron tener en la fecha de pago con el valor efectivamente recibido, y aplicando criterios de equidad para fijar la suma final.

8. Expulsión de extranjero por fraude en ayudas sociales: injerencia justificada en la vida familiar conforme al CEDH art.8

7050 El demandante, I.B.A., es un **ciudadano tunecino** nacido en 1980 y **residente en Suiza**. Llegó y se estableció en Suiza en 1999 tras casarse con una ciudadana suiza. Se divorciaron en 2005, y posteriormente I.B.A. contrajo matrimonio con una ciudadana tunecina, quien se reunió con él en Suiza. Tuvieron tres hijos, todos nacidos en territorio suizo. El caso trata sobre una **orden de expulsión** dictada contra el demandante, prohibiéndole permanecer en el país durante 5 años, como consecuencia de su **condena penal por fraude** en la percepción de **prestaciones sociales**.
El demandante sufrió dos accidentes laborales que le generaron una discapacidad parcial. Percibía una pensión mensual por invalidez, tuvo empleos temporales, y desde 2005 hasta 2017, él y su esposa recibieron ayudas sociales. En 2013 fue condenado por robo de vehículo y conducción sin licencia. En 2018, el Tribunal de Distrito de Winterthur lo condenó a 24 meses de prisión (suspendida) y 90 días-multa por fraude en la percepción de prestaciones sociales y falsificación documental. También ordenó su expulsión de Suiza por 5 años. La condena incluyó la ocultación de ingresos, ayuda económica de su exesposa y la omisión de declarar la propiedad de una casa en Túnez. El demandante alegó que dicha orden de expulsión constituía una **medida desproporcionada** y que **violaba su derecho al respeto de la vida familia** (CEDH art.8).

Los tribunales internos ratificaron la medida, destacando el carácter sistemático del fraude y la insuficiente integración del demandante. Sobre los **hijos**, consideró que conocían Túnez, hablaban árabe, y **podían adaptarse**. En particular, la hija mayor con TDAH no presentaba una condición médica que solo pudiera tratarse en Suiza. El tribunal también desestimó la alegación del posible estigma social por una operación ginecológica.
La TEDH 26-11-24, **asunto I.B.A. contra Suiza**, demanda núm 28995/20, rechaza que se haya producido la vulneración alegada. El Tribunal reconoce que la expulsión del demandante, un ciudadano tunecino residente en Suiza durante 20 años y padre de tres hijos nacidos allí, constituyó una **injerencia en su derecho** al respeto de la vida familiar (CEDH art.8). No obstante, considera que dicha injerencia fue **legal, legítima y proporcional** al objetivo de proteger el orden público, teniendo en cuenta el fraude prolongado en la obtención de prestaciones sociales y la condena penal previa por robo. Considera que los tribunales suizos **ponderaron adecuadamente** los intereses en juego, incluidos los intereses superiores de los menores, que fueron examinados detenidamente. Si bien se reconoció que la expulsión afectaría a la hija mayor, diagnosticada con TDAH, se concluyó que no existía una situación de «dificultad personal grave» que impidiera la medida. Además, se valoró que los niños podían quedarse en Suiza con su madre o acompañar a los padres a Túnez, país con el que mantenían lazos culturales y familiares. El hecho de que los tribunales nacionales examinaran minuciosamente los hechos, aplicasen los estándares del Convenio y justificaran de forma suficiente la medida, así como la **ausencia de elementos** que indiquen un **desequilibrio** manifiesto o razones de peso para intervenir o sustituir su apreciación por la de las autoridades suizas, aboca a la desestimación de la vulneración alegada.

9. Extinción contractual de una trabajadora embarazada con contrato de alta dirección: diferente protección objetiva y justificada respecto a trabajadoras de una relación ordinaria

El TEDH examina un supuesto en que la demandante fue nombrada apoderada autorizada de una sociedad privada. Firmó un **contrato especial, para directivos y apoderados**, de conformidad con la Ley de Relaciones Laborales aplicable en el país. El contrato era de carácter indefinido, pero supeditado a la duración de su cargo en la sociedad. El 31-1-2014 **se revocó su poder** como apoderada de la sociedad, **sin dar razones** para ello. Por escrito de 4-2-2014 se le informó de dicha decisión y se le precisó que, de conformidad con su contrato, su **relación laboral** quedaba **rescindida** a partir de 31-1-2014. Se le informó también de que en la empresa no había vacantes para su formación y que no podía ofrecérsele otro empleo, así como que, de conformidad con su contrato tenía derecho a **indemnización por despido**, al no ser culpa suya la rescisión como apoderada. Un día después de recibir el escrito, la demandante informó a la empresa de que estaba **embarazada** desde el 27-1-2014 y **solicitó la revocación** de la decisión de terminación del contrato en virtud de la normativa general en la que se establecía que las trabajadoras no podían ser despedidas durante el embarazo, permiso parental o lactancia. A mitad de febrero sufrió un **aborto espontáneo**. 7055
La empresa se negó a cambiar su decisión, por lo que la trabajadora impugnó el despido. En instancia se declara ilícito el cese y se estima parcialmente su demanda. Pero el Tribunal Supremo revoca y desestima totalmente las pretensiones. Para el Tribunal, la norma especial aplicable a la trabajadora permite condiciones menos favorables, incluida la terminación del contrato, y tan sólo un precepto protege frente al despido, pero no frente a la extinción automática del contrato por cese en las funciones directivas. Al aceptar dicho **régimen especial**, la trabajadora **no** queda **protegida** por la protección ordinaria prevista para las trabajadoras embarazadas.
Ante el TEDH se alega **discriminación por razón de sexo** (CEDH art.14) en relación con el derecho al respeto a la vida privada y familiar, al quedar excluida de la protección legal que sí cubre a las trabajadoras ordinarias con contrato ordinario.

La TEDH 15-5-25, en el **asunto D.J. contra Eslovenia**, declara inadmisible la demanda por manifiestamente infundada. Para el TEDH, el hecho clave reside en el **desconocimiento de la empresa** del embarazo de la trabajadora, por lo que la terminación no estuvo motivada por el mismo, no pudiendo incurrir en **discriminación por razón de sexo**. Por otro lado, considera también que no hubo una diferencia de trato discriminatoria entre las trabajadoras embarazadas con contrato especial de directivo y aquellas cuya relación se rige por las relaciones ordinarias. Los términos de comparación son distintos, pues el contrato de la demandante es de una **categoría distinta**, reservada a directivos y apoderados con funciones no subordinadas y la ley permite pactar condiciones diferentes a las de los trabajadores ordinarios, incluidas las relativas a la terminación vinculada al cese del poder otorgado. Por otro lado, la regulación legal se refiere a una protección de las trabajadoras relativas al despido, pero no referidas a la **extinción automática por cese del poder**, como fue el caso. De ahí que considere que los tribunales nacionales interpretaron la ley dentro de un margen razonable, al considerar que la diferencia de trato tenía una justificación objetiva y razonable.

10. Garantía de indemnidad y uso probatorio de datos: vulneración del CEDH art.14 en relación con el CEDH art.8 por despido tras denuncia de discriminación salarial

7060 De enorme interés es la TEDH 4-12-25, **asunto Ortega Ortega contra España**, demanda núm 36325/22, en la que, en el fondo, lo que se critica es que el despido, aun fundado en un incumplimiento (uso de datos), no se ponderase a la luz del contexto discriminatorio y del propósito probatorio que tuvo el uso de las nóminas de los compañeros.

La demandante, jefa de finanzas en una empresa de servicios para un banco, ganó en abril de 2017 una demanda por **discriminación salarial por razón de sexo**, al haber probado que recibía una retribución menor que sus colegas varones, porque los **incentivos** eran fijados discrecionalmente sin criterios objetivos. Se ordena la **equiparación salarial** y se le reconoce el derecho a una indemnización de 35.000 €.

Pocos días después es **despedida** por **vulneración de confidencialidad y protección de datos** al usar nóminas de compañeros en su reclamación y enviarlas por email a terceros. El despido fue declarado procedente por el JS y por el TSJ Andalucía, por considerar que no existía una represalia, sino un comportamiento grave por el uso y la comunicación de datos. En paralelo se desarrolló un **proceso penal** por revelación de secretos, finalmente archivado. El TCo inadmite el amparo.

La demandante sostuvo que su despido fue una **represalia directa** por haber reclamado previamente discriminación salarial por razón de sexo, destacando la inmediata conexión temporal entre la demanda (abril de 2017) y el despido (mayo de 2017). Argumentó que la extinción del contrato dejó **sin efecto práctico** la sentencia que le había reconocido una retribución justa. Criticó la incoherencia de las resoluciones judiciales, al considerar que no ponderaron adecuadamente su derecho a no ser discriminada frente al derecho a la intimidad de sus compañeros. Defendió que la **información salarial utilizada** fue obtenida lícitamente, era indispensable para su reclamación y no causó perjuicio real. Además, señaló que el juzgado tuvo en cuenta un **hecho no incluido en la carta de despido** (el envío de un correo a terceros), sin que se debatiera adecuadamente en el proceso. En el recurso de amparo alegó la relevancia constitucional del asunto por la falta de jurisprudencia previa y por la necesidad de clarificar la relación entre el derecho a no ser discriminada, la protección frente a represalias y la tutela judicial efectiva, especialmente en relación con el acceso al recurso de casación. Sin embargo, el TCo inadmitió el recurso, por no haberse justificado suficientemente su especial trascendencia constitucional.

El **TEDH** declara **por unanimidad** la vulneración del CEDH art.14 (no discriminación) en conexión con el CEDH art.8 (vida privada). En concreto, considera que el Estado tenía una obligación positiva de proteger eficazmente a la trabajadora frente a represalias por haber denunciado una discriminación salarial por razón de sexo. Aunque el TEDH no aprecia carencias en el marco normativo español sobre igualdad, no discriminación y protección frente a represalias, considera, no obstante, que se ha producido un **déficit en su aplicación judicial** en el caso concreto. **7060** (sigue)

Comienza el TEDH examinando el caso desde la perspectiva del CEDH art.14, en relación con el CEDH art.8, al considerar que la **queja principal** no se limita a una cuestión de legalidad laboral, sino que **afecta al núcleo** de la protección frente a la discriminación y a la esfera de la vida privada de la demandante. La controversia se origina en una situación prolongada de discriminación salarial por razón de sexo, que había sido reconocida por los tribunales internos y frente a la cual la trabajadora obtuvo resoluciones favorables. Sin embargo, tras ejercitar dicha acción judicial, la demandante fue despedida, lo que ella interpreta como una represalia directa por haber denunciado la discriminación.

El Tribunal subraya que el **concepto de «vida privada»** del CEDH art.8 tiene un alcance amplio e incluye no solo aspectos estrictamente íntimos, sino también la identidad social, la reputación profesional, el desarrollo personal y determinadas consecuencias derivadas del empleo. En este sentido, recuerda que **decisiones como el despido**, especialmente cuando tienen carácter disciplinario y se fundamentan en imputaciones de especial gravedad, pueden incidir intensamente en la integridad personal, la autoestima y la consideración profesional de una persona. Aplicando esta doctrina al caso concreto, el Tribunal observa que la demandante había trabajado durante más de 20 años en la empresa y que, tras su despido, permaneció casi 5 años en situación de desempleo. La confirmación judicial de una extinción disciplinaria por falta muy grave tuvo consecuencias económicas negativas evidentes y afectó también a su reputación y a su autopercepción. Además, la demandante sostiene que el mantenimiento de su despido por los tribunales internos **privó de efectos útiles** a las sentencias que habían reconocido previamente la existencia de discriminación salarial, pues la expulsión de la empresa impidió que pudiera beneficiarse plenamente de la reparación acordada.

En cuanto a las **objeciones del Gobierno**, relativas a la falta de agotamiento de los recursos internos, el Tribunal considera que la demandante planteó de forma constante, al menos en sustancia, que su despido constituía una represalia y que había intentado obtener protección frente a ella ante los tribunales nacionales, incluido el TCo. Aunque el recurso de amparo fue inadmitido por falta de especial trascendencia constitucional, la demandante expuso **razones concretas sobre la relevancia** del caso, centradas en el conflicto entre derechos fundamentales y en el riesgo de que las empresas quedaran en una situación de impunidad frente a conductas represivas. Por todo ello, el Tribunal rechaza las objeciones del Gobierno y declara la demanda admisible, al no ser manifiestamente infundada ni incurrir en ninguna otra causa de inadmisión.

En cuanto al fondo, el Tribunal recuerda que el CEDH art.14 impone obligaciones positivas a los Estados, también en relaciones entre particulares, cuando esté en juego la prohibición de discriminación, y que la **igualdad de género** es un objetivo esencial, solo susceptible de excepción por razones muy poderosas. Añade que la tutela antidiscriminatoria exige vías judiciales efectivas y un sistema capaz de ofrecer **protección real** frente a prácticas discriminatorias. Asimismo, conforme al CEDH art.8, el Estado puede estar obligado a adoptar **medidas positivas** para garantizar el respeto de la vida privada entre particulares cuando su inacción impida el disfrute efectivo de ese derecho. Por último, el Tribunal señala que, tanto en el ámbito de las obligaciones negativas como positivas, es necesario realizar una **ponderación justa** entre los intereses en conflicto, dentro del margen de apreciación nacional, sin que ello excluya la supervisión europea. Su función no es sustituir a los tribunales internos, sino comprobar si, en conjunto, sus decisiones son compatibles con el Convenio. La elección de los medios concretos para garantizar el respeto del CEDH art.8 corresponde en principio a los Estados, y depende del aspecto específico de la vida privada afectado.

El Tribunal parte de que el **ordenamiento jurídico español** reconoce formalmente la igualdad entre mujeres y hombres en el empleo y la remuneración, así como la protección frente a represalias, y **no aprecia deficiencias** estructurales en el marco normativo. Por ello, centra su análisis en la **aplicación concreta del Derecho** por los tribunales laborales y en si estos ofrecieron una protección real y efectiva frente a un despido presuntamente represivo tras una reclamación por discriminación salarial por razón de sexo. Pero concluye que los tribunales internos adoptaron un **enfoque defectuoso**.

En primer lugar, reprocha que los órganos nacionales descartaran la existencia de represalia basándose en que las quejas previas de la demandante no habían generado reacciones empresariales. Este razonamiento ignora un elemento decisivo: la **diferencia cualitativa** entre las **reclamaciones internas y** la **reclamación formal** presentada el 6-4-2017 ante instancias externas, que fue la primera vez que la trabajadora invocó expresamente una vulneración de su derecho fundamental a no ser discriminada por razón de sexo. Los tribunales nacionales no tuvieron suficientemente en cuenta esta diferencia cualitativa ni la **proximidad temporal** entre la **reclamación formal y** el **despido**.

En segundo lugar, aunque los tribunales nacionales calificaron el comportamiento de la demandante como falta muy grave por la **divulgación de datos salariales**, el Tribunal europeo observa que no realizaron una ponderación adecuada de los intereses en conflicto: de un lado, el derecho de la trabajadora a combatir la discriminación y accionar judicialmente y a hacerlo sin temor a represalias; de otro, el derecho de terceros a la protección de sus datos personales y el deber empresarial de salvaguardarlos. Si bien reconoce que la empresa tenía derecho a proteger los datos personales y que podían adoptarse medidas disciplinarias, considera que no se evaluó suficientemente el contexto de discriminación persistente, la finalidad probatoria de la revelación, el alcance limitado de la difusión (dirigida a un número reducido de personas vinculadas al procedimiento) ni la gravedad extrema de la sanción impuesta (despido disciplinario).

A este respecto, destaca varios elementos que los tribunales internos **no valoraron suficientemente**: la existencia de un conflicto prolongado por discriminación salarial, reconocido posteriormente por los propios tribunales; los reiterados intentos infructuosos de la demandante de resolver la situación por vías internas, esto es, ausencia de reacción empresarial a las quejas internas; el hecho de que los datos se obtuvieran y utilizaran exclusivamente con finalidad probatoria; que su uso fue aceptado como prueba en el procedimiento por discriminación y constituyó la base de la declaración de vulneración; que la difusión se realizó a un número limitado de personas vinculadas al conflicto; y el impacto limitado de la difusión pues que no consta un impacto concreto ni reclamaciones de las personas afectadas. Tampoco ponderaron adecuadamente que el despido tenía el efecto práctico de neutralizar la protección obtenida en dicho procedimiento.

En consecuencia, sin negar que la difusión de nóminas pudiera infringir deberes laborales, el TEDH exige una **ponderación reforzada** que tenga en cuenta el contexto de discriminación previa, la proporcionalidad de la sanción y protección efectiva frente a represalias. Por ello, las razones ofrecidas por los órganos judiciales nacionales no fueron suficientes y el Estado incumplió sus obligaciones positivas de garantizar una protección efectiva frente a la discriminación por razón de sexo, declarando la vulneración del CEDH art.14 en relación con el CEDH art.8. En cuanto a la satisfacción equitativa, el Tribunal rechaza la **indemnización** reclamada por daños patrimoniales, al no apreciar un nexo causal directo suficientemente acreditado ni haberse aportado documentación justificativa. No obstante, concede 12.000 € en concepto de daño moral, atendiendo a la naturaleza de la vulneración declarada.

11. Límites a la vigilancia del empleador sobre comunicaciones telefónicas

7065 El **caso Guyvan contra Ucrania** (TEDH 6-11-25, solicitud núm 46704/16) se convirtió en firme el 6-2-26. El caso versa sobre una presunta violación del derecho a la privacidad del demandante en virtud del CEDH art.8, concretamente el **tratamiento de datos** de su **teléfono móvil del trabajo** por parte de su empleador en el contexto de una investigación interna, y la negativa del empleador a informarle sobre los datos que había recogido. **7065** (sigue)

El demandante tenía un teléfono móvil que utilizaba tanto para llamadas laborales como privadas. Según él, había utilizado ese número de teléfono como su número privado desde 2002 y solo más tarde se convirtió en su número de teléfono móvil profesional, pagado por su empleador, la empresa P. Según la Orden núm 142 de la empresa P. de 6-5-2010, se introdujeron **límites al uso** de servicios móviles, estableciendo un límite de 300 hryvnias ucranianas (alrededor de 30 €) al mes para el uso laboral del teléfono del demandante. La Orden especificaba que los cargos de **roaming internacional** solo serían pagados por el empleador si la persona que usaba el número de teléfono estaba en un viaje de negocios oficial, y que, de lo contrario, el coste de los servicios de roaming internacional y de las comunicaciones que excedieran el límite se deducirían del salario del empleado.

En febrero de 2015 se inició una **investigación interna** sobre el hecho de que las facturas telefónicas del demandante indicaban que había utilizado servicios de roaming internacional en su teléfono del trabajo durante períodos en los que, según el registro de asistencia del personal, había estado presente en su lugar de trabajo. Los días 6 y 26-2-2015, la empresa P. solicitó al operador de telefonía móvil **información detallada** sobre las llamadas realizadas desde el teléfono móvil del demandante, incluyendo la fecha y hora de la comunicación, si había sido entrante o saliente, la compañía telefónica extranjera utilizada para servicios de roaming, el país en el que se habían utilizado servicios de roaming, el número de teléfono con el que se había comunicado, si la comunicación había sido una llamada de voz o un mensaje de texto y la duración de las llamadas. En septiembre de 2015, el demandante presentó una reclamación contra la empresa P. ante el Tribunal de Distrito Leninsky de Poltava, quejándose de que su empleador había estado recogiendo información de naturaleza personal sobre él y se había negado a su solicitud de acceso a los datos así recogidos, en violación de la Ley de Protección de Datos Personales. El demandante solicitó al tribunal que declarara ilegales las acciones de la empresa P. en la recopilación y tratamiento de sus datos personales.

El 16-12-2015, el **tribunal de primera instancia** falló en contra del demandante, estableciendo que el número de teléfono utilizado por el demandante pertenecía a la empresa P. y que, como propietaria de ese número, la empresa tenía derecho a solicitar y obtener información detallada del operador de telefonía móvil. El tribunal concluyó que no había indicios de que la empresa P. hubiera recopilado los datos personales del demandante.

El 26-1-2016, el **Tribunal de Apelación** Regional de Poltava confirmó la decisión del tribunal de primera instancia, señalando que el objetivo de obtener la información sobre los servicios de roaming utilizados por el demandante no había sido garantizar el reembolso de los costes incurridos ni determinar dónde había estado el demandante de vacaciones o con quién se había estado comunicando; más bien, el objetivo había sido establecer si había estado o no presente en su lugar de trabajo durante el horario laboral.

El 14-4-2016, el **Tribunal Superior Especializado Civil y Penal** confirmó las decisiones de los tribunales inferiores, ratificando que la información sobre los servicios de roaming internacional utilizados por el teléfono del trabajo del demandante no constituía sus datos personales.

El TEDH considera que el CEDH art.8 era aplicable al caso.

El Tribunal reiteró que la **noción de «vida privada»** es un concepto amplio y evolutivo, que va más allá de la esfera privada de un individuo y abarca también, en cierta medida, sus interacciones en entornos públicos y profesionales. La noción de «vida privada» incluye, entre muchas otras cosas, información sobre la ubicación de la persona en un momento determinado. En el caso concreto, la información solicitada y obtenida por el empleador del demandante del operador de telefonía móvil se refería al uso de servicios de roaming por el teléfono móvil que había sido asignado individualmente al demandante para fines laborales. A partir de las disposiciones indicadas en la Orden 6-5-2010, se desprende que al demandante **se le permitía** utilizar

7065 (sigue) el **número de teléfono del trabajo** asignado para realizar **llamadas privadas**, incluso desde el extranjero, con la condición de que reembolsara el coste de esas llamadas. El Tribunal consideró que la capacidad de la empresa P. de obtener información del operador de telefonía móvil y recopilar y procesar esa información para fines específicos **no privaba a los datos de su carácter personal**, como la ubicación del demandante en un país particular en una fecha particular. Dicha información, así como información sobre los destinatarios de sus comunicaciones, podía caracterizarse como sus datos personales. El Tribunal observó que, en el presente caso, la medida de la que se quejaba el demandante fue impuesta por su empleador, una empresa privada, y por lo tanto no podía analizarse como una «injerencia» por parte de una autoridad estatal con el ejercicio de sus derechos del Convenio. No obstante, el demandante consideró que, al negarse a examinar su queja de que el uso de sus datos personales había sido ilegal, los tribunales nacionales no habían proporcionado una protección efectiva de su derecho al respeto de su vida privada.

El Tribunal reiteró que, aunque el objeto del CEDH art.8 es esencialmente proteger al individuo contra la injerencia arbitraria de las autoridades públicas, no se limita a obligar al Estado a abstenerse de tal injerencia: además de este compromiso principalmente negativo, puede haber obligaciones positivas inherentes al respeto efectivo de la vida privada o familiar. Estas obligaciones pueden requerir la adopción de **medidas diseñadas para asegurar el respeto de la vida privada** incluso en la esfera de las relaciones entre individuos. La responsabilidad del Estado puede así comprometerse si los hechos denunciados se derivaron de un fallo por su parte en asegurar a los interesados el disfrute de un derecho consagrado en el CEDH art.8.

El TEDH hizo referencia a los criterios establecidos en la **jurisprudencia previa**: en Barbulescu, el Tribunal definió los criterios que deben tenerse en cuenta respecto a la vigilancia de las comunicaciones en el lugar de trabajo, a saber: si el empleado ha sido notificado de la posibilidad de que el empleador pueda tomar medidas para vigilar las comunicaciones y de la implementación de tales medidas, el alcance de dicha vigilancia y el grado de su intrusión en la privacidad del empleado, si el empleador ha proporcionado razones legítimas para justificar la vigilancia, si habría sido posible implementar métodos y medidas menos intrusivos, las consecuencias de la vigilancia para el empleado sometido a ella y si se le han proporcionado al empleado garantías adecuadas contra la arbitrariedad. Además, el Tribunal sostuvo que «las autoridades nacionales deben asegurar que un empleado cuyas comunicaciones han sido vigiladas tenga acceso a un recurso ante un órgano judicial con jurisdicción para determinar, al menos en sustancia, cómo se observaron los criterios descritos anteriormente y si las medidas impugnadas eran legales».

En opinión del Tribunal, corresponde a los **tribunales nacionales** realizar un **análisis de proporcionalidad** de los derechos en competencia y dar la debida consideración a las cuestiones de protección de datos. El hecho de no abordar la cuestión del Convenio en juego, ya sea debido al estado de la legislación nacional o debido a su interpretación por las autoridades nacionales, incumplirá los requisitos del CEDH art.8.

El Tribunal señaló que, a partir de las disposiciones indicadas en la Orden de la empresa P. del 6-5-2010 y el contrato pertinente con el operador de telefonía móvil, parece que la empresa P. tenía derecho a recibir información del operador de telefonía móvil con el fin de establecer qué llamadas y mensajes entraban en la categoría de comunicaciones de trabajo y, en consecuencia, si sus costes debían ser sufragados por la empresa o por el demandante. Sin embargo, las solicitudes del empleador del 6-2-2015 y 26-2-2015 se hicieron con el **propósito muy diferente** y no relacionado de recopilar y procesar datos que podrían **revelar la ubicación del demandante** en el extranjero en fechas particulares. Además, los datos en cuestión incluían información sobre los números de teléfono con los que el demandante había estado en contacto y los países en los que se habían prestado servicios de roaming, aunque, según la propia admisión de las autoridades, esa información no era necesaria para el propósito de establecer si el demandante había estado o no en su lugar de trabajo. El Tribunal consideró que la recopilación y el procesamiento de datos de tal manera **afectó la privacidad** del demandante. Si tal recopilación y procesamiento estaba jus-

tificado a la luz de los criterios de Barbulescu era principalmente una cuestión que las autoridades nacionales debían responder. Sin embargo, los órganos judiciales nacionales no hicieron una evaluación completa de esa cuestión, ya que en s u lugar concluyeron que la información obtenida por la empresa P. del operador de telefonía móvil no concernía a los datos personales del demandante.
El Tribunal concluyó que al demandante se le negó la protección del Estado ante un órgano judicial que hubiera determinado si se cumplieron los criterios respecto a la vigilancia de sus comunicaciones en el lugar de trabajo. Se deduce que el Estado no cumplió con sus obligaciones positivas en virtud del CEDH art.8.

12. Precariedad administrativa como riesgo social: cuando la inacción del Estado genera vulnerabilidad y lesiona la vida privada

En el **asunto Sahiti contra Bélgica** (TEDH 9-10-25, demanda núm 24421/20), el TEDH declara que la falta de una decisión definitiva durante más de una década sobre una **solicitud de residencia por razones médicas**, debido a un «ping-pong» procedimental entre la Administración y el órgano contencioso, constituye una violación del CEDH art.8. **7070**
El demandante, Sabit Sahiti, nacional del Kosovo, presentó en 2010 una solicitud de autorización de estancia por razones médicas, alegando problemas graves de salud. Su solicitud se vio envuelta en un intercambio repetitivo de posiciones entre la Oficina de Extranjería –Office des Étrangers (OE)– y el Consejo de Litigios de inmigración –el Conseil du Contentieux des Étrangers (CCE)–, porque este último anuló varias decisiones negativas de la oficina, pero esta volvía a emitir nuevas decisiones con razonamientos sustancialmente similares. **A lo largo de los años**, el demandante interpuso **múltiples recursos**, sin que las autoridades llegaran nunca a una decisión definitiva sobre su derecho a la residencia por motivos médicos. Esta falta de una decisión final colocó al solicitante en una **situación** prolongada **de precariedad y de incertidumbre** que afectó a su vida diaria, su estabilidad y su acceso a la asistencia adecuada, al no obtener el permiso de residencia y estar sin asistencia médica ni social.
En conjunto, cuando el TEDH resuelve el asunto, han pasado **más de 13-15 años desde la solicitud inicial** sin que exista una decisión final firme sobre su situación administrativa. En aplicación del CEDH art.46, el TEDH ordena a Bélgica adoptar todas las medidas necesarias para asegurar que, por fin, se emita una decisión definitiva sobre la solicitud del demandante, subrayando la necesidad de poner término a un procedimiento injustificadamente largo. El Tribunal recuerda que el CEDH art.8 no solo impone al Estado obligaciones negativas, sino también **obligaciones positivas**. En un procedimiento que afecta tan profundamente a la vida privada y a la salud del interesado, el Estado tiene el deber de garantizar que la solicitud sea resuelta mediante una decisión definitiva, razonada y conforme a la legalidad interna. Para el TEDH, la falta de una resolución estable durante más de una década no solo prolongó la incertidumbre jurídica del demandante, sino que repercutió directamente en su acceso a medios de subsistencia y atención médica adecuada, lo que **agrava la vulneración** del derecho protegido.

13. Privilegio parlamentario frente a medidas cautelares de confidencialidad en denuncias de acoso laboral y sexual

Aunque no estrictamente laboral, resulta de interés la TEDH 8-4-25, **asunto Green contra Reino Unido**, demanda núm 22077/19, en la que el Tribunal declara que no se ha producido violación del CEDH art.8 (respeto vida privada), aunque con votos particulares. **7075**
En el caso examinado en 2018, el diario Telegraph preparaba un **reportaje sobre acusaciones de acoso**. Green había alcanzado acuerdos de confidencialidad (NDAs) con los empleados. En el marco de un proceso contra el grupo Telegraph, el tribunal

de apelación concedió una **medida cautelar de confidencialidad** para impedir que se le identificara como el sujeto de denuncias de acoso sexual y acoso laboral presentadas por ex empleados, al menos hasta el momento del juicio. En octubre de ese mismo año, un Lord en la Cámara de los Lores **reveló públicamente** la identidad de Green, alegando «deber parlamentario» y amparándose en el **privilegio parlamentario**, a pesar de la medida cautelar.

El demandante alegó que el Reino Unido había incumplido sus obligaciones positivas bajo el CEDH art.8, al no establecer controles eficaces que impidieran el uso abusivo del privilegio parlamentario. A su juicio, la revelación de su identidad en el Parlamento, estando vigente una orden judicial de confidencialidad, evidenciaba la **ausencia de mecanismos adecuados** para proteger su vida privada y reputación. Asimismo, invocó CEDH art.6.1 y 13, argumentando que la imposibilidad de iniciar acciones legales contra el Lord le había dejado sin un recurso efectivo. Esta circunstancia, según él, frustró tanto su derecho de acceso a un tribunal como la posibilidad de obtener una reparación por la vulneración sufrida.

El TEDH reconoció, en primer lugar, que sí existió una **injerencia grave en la vida privada** del demandante, pues la pérdida de su anonimato fue definitiva y con consecuencias reputacionales serias. Sin embargo, sostuvo que corresponde a los parlamentos nacionales decidir si deben imponerse restricciones a la conducta de sus miembros en ejercicio del privilegio parlamentario.

El Tribunal subrayó que, en la mayoría de Estados europeos, el privilegio parlamentario ofrece una protección absoluta frente a acciones externas por lo expresado en sede parlamentaria. Considera que corresponde al Estado demandado, y en particular al **Parlamento**, decidir **qué controles deben aplicarse** para evitar que los parlamentarios revelen información sujeta a medidas cautelares de confidencialidad. Lo contrario sería incompatible con el principio de la autonomía parlamentaria, ya que el propio Parlamento británico había debatido y rechazado la necesidad de controles adicionales. En este marco comparativo, consideró que el Reino Unido no había sobrepasado el amplio margen de apreciación que le corresponde en la materia. Por ello, concluyó que no se había producido violación del CEDH art.8.

En cuanto a CEDH art.6.1 y 13, el Tribunal, por cinco votos contra dos, declaró inadmisibles las quejas sobre la **falta de acceso** a un tribunal y de un **recurso efectivo** contra el Lord. A juicio de la mayoría, estas pretensiones no podían prosperar. Además, de forma unánime, consideró que el procedimiento seguido frente al Telegraph no planteaba cuestiones adicionales de equidad procesal.

En el caso examinado, aunque el Tribunal **no apreció violación** del CEDH art.8, reconoce expresamente la **gravedad de la injerencia** en la reputación del demandante, derivada de la revelación pública de acusaciones de acoso sexual y laboral. La decisión muestra cómo el **privilegio parlamentario** puede impactar indirectamente en litigios laborales sensibles, al dejar sin efecto medidas judiciales que buscan proteger la confidencialidad de las partes y la presunción de inocencia, poniendo de relieve la tensión estructural entre la autonomía parlamentaria y la tutela efectiva de los derechos fundamentales en contextos de especial vulnerabilidad, como son los conflictos laborales con componente de acoso.

14. Protección de la libertad de expresión judicial frente a sanciones disciplinarias por opiniones en redes sociales

7080 La TEDH Gran Sala 15-12-25, **caso Danilet contra Rumanía**, declaró que se produjo una violación del CEDH art.10 (libertad de expresión).

El demandante nació en 1975, ingresó en la judicatura en 1998 y en enero de 2019 era juez en el Tribunal del Condado de Cluj. Era conocido por su **participación activa** en debates sobre democracia, el Estado de derecho y el sistema de justicia, y gozaba de un **reconocimiento significativo a nivel nacional** como exmiembro del Consejo Superior de la Magistratura (CSM), exvicepresidente de un tribunal, exasesor del Ministro de Justicia, educador jurídico, miembro fundador de dos organizaciones no gubernamentales que trabajaban en el ámbito de la democracia y la justicia y autor de varios artículos sobre asuntos legales, así como por expresar sus opiniones en las redes sociales. **7080** (sigue)

En enero de 2019, el demandante **publicó dos mensajes en su página de Facebook**, donde tenía unos 50.000 seguidores. Los mensajes fueron citados y discutidos por algunos **medios de comunicación** y dieron lugar a una multitud de comentarios.

Un primer mensaje (9-1-2019) hacía referencia a una serie de esfuerzos para **atacar, perturbar y desacreditar instituciones** como la Dirección General de Información y Protección Interna, el Servicio de Inteligencia Rumano, la policía, la Dirección Nacional Anticorrupción, la gendarmería, la fiscalía del Tribunal Supremo de Casación y Justicia, el Tribunal Supremo de Casación y Justicia y el ejército, preguntando qué significaría debilitar estas instituciones o, peor aún, poner los servicios, la policía, los tribunales y el ejército bajo control político, y mencionando el art.118.1 de la Constitución rumana, que establece que «el ejército únicamente servirá a la voluntad del pueblo para preservar... la democracia constitucional».

El segundo mensaje (10-1-2019) incluía un **hipervínculo a un artículo de prensa** titulado «Un fiscal hace sonar la alarma. Vivir hoy en Rumanía representa un enorme riesgo. Se ha cruzado la línea roja en lo que respecta al sistema de justicia», acompañado del siguiente comentario del demandante sobre el artículo: «Ahora aquí hay un fiscal con sangre en las venas (sânge în instalatie), que expresa su opinión sobre los prisioneros peligrosos que están siendo liberados, las malas ideas de nuestros líderes sobre la reforma legislativa, y los jueces y fiscales que están siendo "linchados"».

El 10-1-2019, el mismo día en que se publicó el segundo mensaje, la Junta de Inspección Judicial, sobre la base de la Ley nº 303/2004 art.99 (a) sobre las normas que rigen a jueces y fiscales, asumió el caso de oficio con vistas a un **procedimiento disciplinario** contra el demandante por dañar el honor y la imagen del sistema de justicia y 7 días después abrió una investigación sobre el asunto.

Con respecto al primer mensaje, que había sido citado y discutido por 11 medios de comunicación diferentes, los inspectores consideraron que contenía una sugerencia del demandante de que una **intervención del ejército para defender la democracia** sería constitucionalmente aceptable. En cuanto al segundo mensaje, los inspectores señalaron que había añadido comentarios propios en los que alentaba a jueces y fiscales a expresar públicamente sus opiniones sobre cuestiones relacionadas con el funcionamiento del sistema de justicia, criticando las reformas y los «linchamientos» de jueces y fiscales y respaldando el tema del artículo en cuestión.

En una decisión de 7-5-2019, la Junta Disciplinaria del CSM, compuesta exclusivamente por jueces, aprobó por mayoría la **acción disciplinaria**, consideró que el demandante había cometido la infracción disciplinaria prevista en la Ley nº 303/2004 art.99 (a) y, de conformidad con el art.100 (b) de la misma ley, ordenó que **se le redujera el salario** en un 5% **durante 2 meses**. La Junta Disciplinaria consideró que las publicaciones en cuestión no expresaban juicios de valor, sino simples alegaciones difamatorias, sin argumentos de apoyo, que ponían en tela de juicio la credibilidad de las instituciones estatales. El demandante había elegido difundir esas alegaciones a cualquiera que tuviera acceso a su página de Facebook, socavando así la dignidad de su cargo y perjudicando la imparcialidad y la imagen del sistema de justicia.

El **ejercicio de ponderación** debe involucrar equilibrar el derecho a la **libertad de expresión de jueces y fiscales**, que les está garantizado como a cualquier otro individuo bajo el CEDH art.10.1, frente al deber de discreción, un valor social arraigado en la obligación ética de proteger la confianza pública en el sistema de justicia, formando parte de los «deberes y responsabilidades» del CEDH art.10.2. Para ello, el razonamiento del Tribunal se articula sobre la base de 5 criterios:

1. Contenido y forma de los comentarios;
2. Contexto de los comentarios y capacidad en que se hicieron;
3. Consecuencias de los comentarios;
4. Severidad de la sanción;
5. Garantías procesales.

7080 (sigue) Sobre el **primer mensaje** (9-1-2019), señala el Tribunal que los comentarios del demandante, dirigidos a defender el orden constitucional y las instituciones del Estado, podían considerarse **juicios de valor** sobre un asunto de interés público. El Tribunal observó que, en las razones dadas por las autoridades nacionales para restringir la libertad de expresión del demandante, no había nada que indicara cómo sus comentarios podrían haber socavado el funcionamiento adecuado del sistema de justicia nacional o podrían haber perjudicado la dignidad y el honor del cargo judicial o la confianza pública que ese cargo debería inspirar.

En cuanto a la **forma del mensaje**, el Tribunal señaló que el demandante planteó una serie de preguntas sobre una intervención del ejército, que podrían haberse interpretado de varias maneras. Si bien habría sido preferible que el demandante usara un lenguaje más claro, evitando interpretaciones múltiples, las **meras referencias al ejército**, por ambiguas que puedan parecer, no fueron suficientes para alterar el equilibrio requerido entre el grado en que el demandante, como juez, podría estar involucrado en la sociedad y la necesidad de que permaneciera –y fuera visto como– independiente e imparcial en el desempeño de sus funciones.

Sobre el **segundo mensaje** del demandante (10-1-2019), concernía **asuntos de interés público**, específicamente reformas legislativas del sistema de justicia, por lo que requería un **alto grado de protección** bajo el CEDH art.10.

En cuanto a la expresión rumana utilizada, el Tribunal señaló que las autoridades nacionales están mejor situadas para comprender y evaluar ciertas frases, pero observó que las **autoridades judiciales nacionales no explicaron** cómo la expresión en cuestión había «sobrepasado significativamente los límites de propiedad inherentes al cargo» que ocupaba el demandante y por qué era tan grave como para requerir sanciones disciplinarias. Tal explicación podría haber evitado la controversia planteada ante el Tribunal sobre el significado y nivel de propiedad de esa expresión. Las autoridades judiciales nacionales se limitaron a observar que el uso por el demandante de la expresión era razón suficiente para declararlo responsable de una infracción disciplinaria. Sin embargo, **no analizaron** los comentarios disputados en el contexto general en que se habían hecho ni examinaron si la expresión en cuestión servía meramente propósitos estilísticos. Los comentarios del demandante claramente se enmarcaban en el contexto de un debate sobre asuntos de interés público, concernientes a reformas legislativas del sistema de justicia, y no se les dio la cuidadosa consideración requerida por las circunstancias del caso.

El Tribunal consideró que los comentarios del demandante en los dos mensajes publicados en su página de Facebook **no** fueron tales como para **alterar el equilibrio razonable** requerido entre, por un lado, el grado en que el demandante, como juez, podría estar involucrado en la sociedad para defender el orden constitucional y las instituciones del Estado y, por otro, la necesidad de que fuera y fuera visto como independiente e imparcial en el desempeño de sus funciones. Ya sea en el primer mensaje, que tenía como objetivo defender el orden constitucional y preservar la independencia de las instituciones estatales, o en el segundo, que se refería al funcionamiento del sistema de justicia nacional, sus comentarios se referían a **asuntos de interés público** sobre los cuales el público general tenía un interés legítimo en ser informado. En las razones dadas por las autoridades nacionales para restringir la **libertad de expresión** del demandante, no había nada que indicara de manera convincente cómo sus comentarios habían supuestamente perturbado el funcionamiento adecuado del sistema de justicia nacional y perjudicado la dignidad y el honor del cargo judicial o la confianza pública que ese cargo debería inspirar.

Después de **ponderar los diversos intereses** en juego **y tener en cuenta** el contenido y forma de cada uno de los dos mensajes del demandante, el contexto en que se publicaron, sus consecuencias, la capacidad en que el demandante los publicó, la naturaleza y severidad de la sanción impuesta y su efecto disuasorio en la profesión en su conjunto, y las garantías contra la arbitrariedad que se le otorgaron, el Tribunal consideró que la interferencia en cuestión no se basó en razones «relevantes y suficientes» y, en consecuencia, no respondió a una «necesidad social imperiosa».

15. Protestas sí, pero no dentro de edificio cerrado: inexistencia de violación del derecho de reunión y manifestación

Los demandantes participaron en abril de 2019 en una **protesta pacífica** sobre solicitantes de asilo en Reikiavik. El 5 de abril entraron en el vestíbulo del Ministerio de Justicia poco antes de su cierre, a las 16:00 horas. La **policía** les ordenó abandonar el lugar; cuatro manifestantes lo hicieron, pero cinco, entre ellos los demandantes, permanecieron. Fueron **retirados por la fuerza**, detenidos brevemente y posteriormente condenados por desobedecer órdenes policiales conforme a la Ley de Policía. Les impusieron **multas leves**: aproximadamente 74 € a dos de ellos y una multa condicional a la tercera. También debieron pagar **costas procesales elevadas**. 7085
Ante el TEDH alegaron violación de CEDH art.10 y 11, pues entendían que sus condenas criminales constituían una **sanción desproporcionada** por participar en un «sit-in» pacífico. El Gobierno islandés replicó que no fueron condenados por manifestarse, sino por negarse a cumplir la orden legítima de abandonar un edificio público cerrado al público
La TEDH 27-5-25, **asunto Kári Orrason y otros contra Islandia**, demandas núm 29791/21, 40600/21 y 2281/22, examina la queja bajo el CEDH art.11, interpretado a la luz del CEDH art.10. Reconoció que existió una **injerencia en el derecho de reunión pacífica**, ya que la condena penal recayó sobre una conducta vinculada a la protesta. Sin embargo, considera que esa injerencia estaba **prevista por la ley** (Ley de Policía art.15, 19 y 44), perseguía fines legítimos (mantenimiento del orden y protección de terceros) y debía analizarse en términos de necesidad y proporcionalidad. En su análisis, destaca que el vestíbulo del Ministerio era accesible al público sólo dentro del horario administrativo y que los demandantes buscaron permanecer más allá del cierre. Observó que las autoridades habían mostrado tolerancia hacia protestas previas, tanto fuera como dentro del edificio y que, en este caso, los manifestantes tuvieron oportunidad de **continuar la protesta en el exterior**, como hicieron otros participantes. El TEDH valoró también que los manifestantes no incurrieron en violencia ni desórdenes graves, pero que su **negativa a obedecer** órdenes claras justificaba la intervención policial. Subrayó que las **sanciones** impuestas fueron leves –aproximadamente 74 € o multa condicional– y, por tanto, no generaron una restricción desproporcionada. En cuanto a las costas procesales, aunque elevadas, se entendieron como una consecuencia ordinaria de un proceso penal. Con base en estos elementos, el Tribunal concluye que la decisión de las autoridades nacionales de no permitir que la protesta continuara dentro de un edificio público tras su cierre **no** fue **irrazonable**. La injerencia fue **proporcionada** y respetó el margen de apreciación del Estado. En consecuencia, por unanimidad, el TEDH declaró que **no** se había producido **violación del CEDH art.11**, interpretado en relación con el CEDH art.10.

16. Retribución de nocturnidad y festivos en la policía: criterios de comparación salarial y control del TEDH

En la TEDH 7-10-25, **asunto Šabanovic y otros contra Serbia**, Tercera Sección, solicitudes núm 39819/16 y otras, los demandantes eran **agentes de policía** del Ministerio del Interior de Serbia que reclamaron **complementos salariales por trabajo en horas «antisociales»** (nocturnidad, festivos y horas extras) realizadas entre 2007 y 2011. Sus pretensiones fueron desestimadas por distintos tribunales serbios entre 2013 y 2015, tras comparar sus coeficientes salariales **con los de empleados «civiles»**, concluyendo que ya percibían incrementos al amparo de la Ley de Policía serbia art.147.1, lo que excluía la aplicación de las reglas generales laborales por efecto del art.147.3 de la misma Ley. Los tribunales internos utilizaron un método de comparación de coeficientes salariales y, en los casos de los demandantes, tomaron como referencia a personal civil con igual nivel educativo que no trabajaba en horas antisociales. Al mismo tiempo, en ese mismo periodo, otros tribunales de apelación serbios estimaron reclamaciones idénticas de compañeros policías al comparar con «agentes autorizados» que no trabajaban en horas antisociales, constatando que no 7090

se había producido el aumento del 30-50% exigido por la Ley de Policía serbia art.147.1.
El **régimen salarial policial** se basaba en coeficientes básicos y adicionales (Ley de Policía serbia 2005 art.146) y preveía que, por las condiciones especiales (incluido trabajo en festivos, nocturno y horas extra), los coeficientes podían fijarse nominalmente entre un 30% y un 50% por encima de los de otros funcionarios; si se aplicaba este régimen especial, quedaban excluidas las reglas generales laborales (Ley de Policía serbia 2005 art.147.1 y 3). Existieron **discrepancias internas**: una opinión del **Tribunal Supremo serbio** Civil de 23-9-14 impulsó comparar con «empleados comparables» y, en principio, con policías no autorizados o, en su defecto, con funcionarios civiles; el 10-11-15 el propio Supremo modificó su criterio y fijó como comparador correcto a «agentes autorizados» de igual nivel educativo que no trabajaban en horas antisociales, lo que condujo a armonizar la práctica de las instancias inferiores en un plazo razonable. Antes de esa armonización, distintos tribunales de apelación habían fallado de forma contradictoria sobre casos fácticamente idénticos, bien desestimando (comparador civil) o bien estimando (comparador agente autorizado).
Ante el TEDH, los **demandantes alegaron**, en síntesis:
a) Violación del CEDH art.6.1 por divergencias de jurisprudencia y por una interpretación arbitraria del derecho sustantivo.
b) Violación del CEDH Protocolo núm 1 art.1 por privación de «bienes» al denegarse judicialmente sus créditos salariales.
El TEDH constató que hubo decisiones internas conflictivas en asuntos de policías sobre suplementos por horas antisociales dictadas entre mayo de 2013 y septiembre de 2015, con **diferentes métodos de comparación de coeficientes**, que afectaron a un número significativo de funcionarios en situaciones fácticas idénticas. No obstante, subrayó que los ordenamientos deben contar con un «mecanismo» para superar inconsistencias y que Serbia lo implementó eficazmente: el Tribunal Supremo serbio emitió opiniones de unificación (2014 y 2015) que, en un intervalo total de unos 2 años y 5 meses, condujeron a la **armonización práctica** mediante revocaciones, reenvíos y confirmaciones en línea con el nuevo criterio. El Tribunal recalcó su función subsidiaria: no le corresponde actuar como cuarta instancia para reexaminar la interpretación de derecho interno si no hay arbitrariedad manifiesta; aquí, los demandantes dispusieron de un **proceso contradictorio** y las conclusiones judiciales no fueron arbitrarias ni manifiestamente irrazonables.
La queja de los demandantes basada en el CEDH art.6.1 (derecho a un juicio justo) fue declarada admisible por el TEDH por tres razones principales: rechazo de la excepción estatal de falta de agotamiento, ausencia de otros óbices procesales y suficiencia prima facie de la queja en cuanto a su fundamento.
El TEDH concluyó que **no hubo violación** del CEDH art.6.1, dada la existencia y la aplicación en un tiempo razonable del mecanismo de armonización por el Tribunal Supremo serbio y la ausencia de arbitrariedad en las resoluciones internas.

17. Riesgos psicosociales, conflicto laboral y privación de libertad: límites al internamiento psiquiátrico involuntario y vulneración por España del CEDH art.5

7095 La TEDH 6-11-25, en el **asunto B.M. contra España**, demanda núm 25893/23, condena a España por vulnerar el derecho de libertad del demandante. Aunque el asunto no es específicamente laboral, presenta interés desde la perspectiva de los **riesgos psicosociales** en el lugar de trabajo, en tanto el episodio psiquiátrico del que trae causa el proceso se desencadenó en el lugar de trabajo. Dado que lo que se examina es la vulneración del derecho a la libertad, no se examinan aspectos laborales, como las posibles responsabilidades empresariales (prevención riesgos psicosociales), ni otros elementos relativos a la calificación de la contingencia.
En el caso concreto, B.M. estaba en su lugar de trabajo y decidió colgar un **cartel con contenido político** en el centro de trabajo. Un compañero lo retiró y se produjo un **enfrentamiento** que desencadenó por parte de B.M. un «episodio hetero-agresivo significativo», esto es, sufrió un **episodio psiquiátrico** en su trabajo. De inmediato se

llamó a los servicios de emergencia y a la policía, y el demandante fue llevado a urgencias de un hospital general y posteriormente trasladado en ambulancia psiquiátrica al hospital psiquiátrico para su internamiento involuntario. Dicho ingreso fue posteriormente comunicado al juzgado competente. Es esta cuestión del internamiento la que examina el TEDH.
El juzgado autorizó el internamiento mediante **audiencia telemática** con el afectado quien participó por videoconferencia desde hospital, **sin asistencia letrada**, a pesar de haber pedido hablar con un abogado. B.M. promovió un **habeas corpus** que fue inadmitido El expediente médico recogía estrés y conflictos laborales previos y que el paciente pidió reiteradamente hablar con un abogado; el forense judicial no llegó a explorarle personalmente y el dictamen se limitó a reiterar un diagnóstico preliminar («sintomatología psicótica a filiar»). La AP confirmó después la autorización del internamiento y el TCo inadmitió el amparo.
El TEDH declara que, aunque el control judicial fue formalmente rápido, **faltó un examen minucioso** de la legalidad y necesidad del internamiento. Para el Tribunal, el forense designado por el juzgado no examinó en persona al interesado; el dictamen médico judicial replicó sin desarrollo el diagnóstico preliminar hospitalario; el auto de autorización no explicó por qué era imposible la contención/tratamiento ambulatorio; y el demandante no contó con defensa letrada, pese a constar que la había solicitado. Subraya el Tribunal que, por la especial vulnerabilidad de una persona con trastorno mental frente a la privación de libertad, se requiere un control judicial minucioso y **garantías procesales eficaces**, especialmente en la evaluación médica y en la asistencia legal, por lo que considera que el modo en que se tramitó la aprobación del internamiento no alcanzó las garantías del CEDH art.5.1.e, incurriendo en vulneración de dicho precepto.

18. Violencia digital con impacto laboral: envío de fotos íntimas al empleador y responsabilidad penal

En la TEDH 26-8-25, **asunto M.A. contra Islandia**, Sección Segunda, demanda núm 59813/19, la demandante alegó que las autoridades islandesas no investigaron de manera efectiva sus denuncias de **violencia doméstica**, vulnerando sus derechos al respeto de la vida privada y a la integridad física y psíquica (CEDH art.8), y que existía **discriminación por razón de sexo** en la tramitación de estos casos (CEDH art.14, en relación con CEDH art.3 y 8). **7100**
La demandante, M.A., denunció ante la policía en diciembre de 2017 **dos agresiones físicas** supuestamente cometidas por su **exnovio** en febrero y julio de 2016, y una **amenaza** de mayo de 2017 **de difundir fotos íntimas** suyas a su empleador; la investigación sufrió **retrasos y confusiones administrativas** que provocaron la prescripción de las agresiones menos graves, aunque sí se procesó y condenó la amenaza. La policía tomó declaración a la demandante en marzo de 2018 y, tras nuevas instrucciones de la fiscalía para agilizar, finalmente interrogó al sospechoso en agosto de 2018; la fiscalía advirtió reiteradamente que el caso era antiguo y debía tramitarse sin demora. En abril de 2019, la policía archivó la investigación de las agresiones, al considerar que la prescripción de 2 años aplicable al delito de lesiones leves (Código Penal islandés art.217) ya había vencido, porque el sospechoso no fue interrogado a tiempo; también se entendió que no concurrían los requisitos de reiteración o gravedad para aplicar el nuevo tipo penal de violencia doméstica (Código Penal islandés art.218 b), vigente desde abril de 2016.
El Tribunal enmarca el caso bajo los CEDH art.3 y 8, y notifica que la queja principal es la **falta de una investigación efectiva** en violencia doméstica, con una alegación adicional de discriminación de género al amparo del CEDH art.14.
El Tribunal recuerda que el **Estado debe garantizar** un marco normativo adecuado y, sobre todo, realizar investigaciones prontas y diligentes en casos de violencia doméstica. En este caso:

a) Hubo retrasos significativos e injustificados en pasos básicos de investigación (entrevista a la víctima, interrogatorio del sospechoso, toma de testimonios), a pesar de la inminente prescripción y de advertencias internas para acelerar.
b) La confusión administrativa (remisiones entre departamentos) y la falta de sustitución durante la ausencia del investigador contribuyeron decisivamente a que prescribieran las posibles infracciones por agresión.
c) La prescripción por dilaciones imputables a las autoridades frustra la finalidad de protección efectiva y afecta a la eficacia real del sistema penal frente a la violencia doméstica.
Se concluye, por todo ello, que ha sido violado el CEDH art.8 (vertiente procedimental) por **falta de diligencia en la investigación**. El Tribunal considera suficiente el marco legal de protección existente en el periodo, pero reprocha la mala aplicación práctica en el caso concreto.
Respecto a la **discriminación de género** (CEDH art.14), el TEDH rechaza la queja. Señala que la demandante no aportó prueba prima facie suficiente de sesgo estructural o efecto desproporcionado que desplazara la carga probatoria al Estado, especialmente dado el contexto de reformas, prioridad institucional y medidas especializadas adoptadas por Islandia, así como las limitaciones y cautelas en el uso de estadísticas fragmentarias para demostrar trato discriminatorio. Las diferencias en tasas de enjuiciamiento entre delitos (p.ej., agresiones públicas frente a violencia doméstica/sexual en ámbitos privados) pueden obedecer, señala el Tribunal, a dificultades probatorias inherentes, no a sesgo de género; en ausencia de datos comparables por género sobre situaciones probatorias equivalentes, no se acredita discriminación.
El Tribunal concede 7.500 € por **daño moral**. El TEDH **rechaza los daños materiales** (terapia y defensa privada) porque no puede establecer un vínculo causal directo entre esos gastos y la vulneración procedimental declarada. Señala que los costes de terapia se refieren al tratamiento del trauma derivado de las presuntas agresiones, no específicamente a los fallos procedimentales de la investigación; y que los costes legales adicionales no son una consecuencia directa y necesaria de las demoras en la investigación.

19. Violencia psicológica y sexual ejercida por un superior jerárquico: consecuencias disciplinarias y penales y alcance del consentimiento

7105 La trabajadora E.A. se incorporó en marzo de 2010 como **farmacéutica** asistente con contrato temporal al servicio de farmacia de un hospital, **bajo la autoridad del doctor K.B.**, jefe del servicio desde 2002 y figura jerárquica con poder decisorio sobre la organización interna, la evaluación profesional y las oportunidades de promoción. Durante su periodo de formación para acceder a funciones de supervisión, E.A. comenzó una **relación íntima** con K.B. que fue adquiriendo un carácter coercitivo, invasivo y progresivamente degradante. Los hechos descritos por la trabajadora, respaldados por correos, mensajes y un documento titulado «contrat maître-chienne» (contrato amo-perra), confirmado por ella y por K.B., quien incluso utilizó su sello profesional del hospital para rubricarlo, evidencian que la relación rebasó por completo los **límites de lo privado** para instalarse en el espacio laboral, incorporando **prácticas de dominación** sexual, imposiciones humillantes y un patrón continuado de control que afectó al desempeño profesional de la víctima.
A partir de 2013, la conducta de K.B. hacia E.A. derivó en un **acoso laboral** explícito: humillaciones en público, comentarios despectivos sobre su competencia profesional, reproches durante reuniones y maniobras para aislarla del resto del equipo, en particular de otra farmacéutica con la que colaboraba estrechamente. Compañeros del servicio comunicaron haber presenciado estas descalificaciones y un notable **deterioro del estado físico y emocional** de la trabajadora: adelgazamiento, temblores, retraimiento y una menor implicación laboral, todos ellos signos compatibles con una situación de acoso moral en el trabajo. Este clima tóxico afectó directamente a sus **perspectivas de carrera**: E.A. se encontraba preparando un concurso para

obtener el estatus de «cadre», pero temía que la influencia jerárquica de K.B., quien ejercía un control directo sobre su evaluación y trayectoria, comprometiera su futuro profesional si denunciaba la situación. Este temor, unido a un contrato de permanencia de 30 meses, contribuyó a mantener la relación abusiva y a agravar su dependencia. **7105** (sigue)

Las **consecuencias sobre su salud** fueron severas: a partir de junio de 2013, E.A. inició una baja laboral prolongada y tuvo que ser hospitalizada dos veces en un servicio de psiquiatría, permaneciendo ingresada durante varios meses. Durante estos periodos, **comunicó a sus superiores** inmediatos que era víctima de acoso tanto sexual como laboral por parte de K.B. y entregó abundante documentación que acreditaba la evolución coercitiva y violenta de la relación.

Ante ello, el hospital activó los **mecanismos de protección**: la trabajadora fue escuchada por personal directivo y de recursos humanos, se le animó a formalizar una denuncia penal y se inició una **investigación administrativa interna**. En el marco de esta investigación, diversos miembros del servicio confirmaron el cambio de comportamiento de K.B., sus episodios de agresividad y el trato claramente hostil hacia E.A., reforzando la existencia de un entorno laboral degradado. El hospital **comunicó los hechos** al Ministerio Fiscal, **apartó** preventivamente a K.B. de sus funciones el 5-8-2013 y, tras el correspondiente procedimiento disciplinario, **lo expulsó** del cuerpo de médicos hospitalarios. Las decisiones administrativas y disciplinarias fueron posteriormente confirmadas por el tribunal administrativo, ratificando la existencia de un incumplimiento grave de los deberes profesionales y del deber de protección frente al acoso laboral y sexual en el trabajo.

Pero, activado el ámbito penal para determinar la responsabilidad criminal de K.B., el resultado fue claramente desfavorable para E.A. En la **instrucción penal**, la Fiscalía **no abrió procedimiento por violación**, pese a la denuncia por violaciones agravadas, y solo lo abrió por violencias voluntarias con incapacidad laboral total superior a 8 días (delito penal, si es menor la IT no lo es), acoso sexual agravado por abuso de autoridad. El juez de instrucción procesó a KB por estos hechos, considerando que había indicios suficientes (auto 2016). En primera instancia, el tribunal rechazó igualmente la calificación de agresiones sexuales o violación y condenó por violencias voluntarias y acoso sexual agravado, es decir hubo **condena**, aunque **limitada**, al no reconocer los hechos más graves.

Apelada la sentencia, la Cour d'appel de Nancy (2021) **revocó** completamente **la condena** y absolvió a K.B. de todos los cargos. El tribunal de apelación sostuvo que no existían pruebas suficientes de violencia no consentida y que la **relación** mantenida entre ambos debía interpretarse como **consentida**, incluso en lo relativo a prácticas claramente degradantes. A su juicio, el «contrat maître-chienne» y los intercambios de mensajes revelaban consentimiento, y tampoco consideró acreditado un acoso laboral con relevancia penal. En consecuencia, K.B. fue absuelto en su totalidad. E.A. y la asociación personada recurrieron en **casación**, alegando que la apelación había valorado erróneamente el consentimiento y que la respuesta penal había sido insuficiente para proteger de forma efectiva a la víctima. Sin embargo, la **Cour de cassation** declaró el **recurso inadmisible**, al entender que se limitaba a cuestionar la valoración de los hechos, materia ajena al control en casación. Con ello, la vía penal concluyó sin condena y sin reconocimiento de las violencias sexuales denunciadas.

Ante el TEDH, la demandante y la asociación AVFT (Asociación europea contra las violencias hacia las mujeres en el trabajo, ONG fundada en 1985 en París) alegan **insuficiente protección penal francesa** contra actos sexuales no consentidos y falta de investigación efectiva, sanción y prevención de victimización secundaria, invocando las obligaciones positivas de la Convención de Estambul art.3 (prohibición de tratos inhumanos o degradantes) y art.8 (respeto a la vida privada). La AVFT denuncia también, en clave más estructural, la insuficiencia del sistema penal francés frente a la violencia sexual sin violencia física «típica» y sin resistencia física explícita.

El TEDH, de oficio, niega legitimación a AVFT (no víctima directa, no actio popularis, E.A. representada) y rechaza su solicitud (ratione personae). Pero declara admisible la queja de EA.

7105 (sigue) Las **alegaciones de fondo** ante el TEDH son variadas. E.A. sostiene que el derecho francés no protege suficientemente frente a los actos sexuales cometidos en un entorno coercitivo y que las autoridades no aplicaron de forma efectiva las normas vigentes. Denuncia graves fallos en la investigación (retrasos, diligencias omitidas, falta de análisis contextual), la ausencia de consideración del vínculo jerárquico y de su vulnerabilidad psicológica, así como una errónea valoración del consentimiento. Afirma que los tribunales **no calificaron adecuadamente** los hechos como violación, que ignoraron el contexto de control y dominación ejercido por K.B. y que la interpretación del «contrat maître-chienne» distorsionó la comprensión de los hechos. Considera que la valoración probatoria fue parcial, que sufrió victimización secundaria y que el caso refleja **deficiencias estructurales** en Francia en materia de **violencia sexual**. Los terceros intervinientes (CNCDH y varias ONG) critican que la legislación francesa no sitúa el consentimiento en el centro de la definición del delito de violación y que las autoridades no valoran suficientemente las circunstancias que pueden revelar ausencia de consentimiento. Las **ONG feministas** añaden que las dinámicas sadomasoquistas BDSM pueden encubrir coerción y manipulación, que el consentimiento dado en contextos de dominación es poco fiable y que no debería ser decisivo en los delitos de violencia sexual. Por el contrario, el Gobierno afirma que la legislación francesa ya integra la noción de consentimiento a través de los conceptos de violencia, amenaza o coacción moral, que la investigación fue completa y rápida, y que K.B. fue debidamente procesado. Sostiene que los tribunales evaluaron correctamente las pruebas y que la demandante solo pretende cuestionar la apreciación fáctica hecha por los jueces, lo cual excede el control del Tribunal de Estrasburgo.

La TEDH 4-9-25, en el **asunto E.A. et Association Européenne contre les violences faites aux femmes au travail contra Francia**, demanda núm 30556/22, declara vulnerados los CEDH art.3 y 8, por incumplimiento en ambos casos de las obligaciones positivas del Estado. La Corte recuerda, en primer lugar, que la **violación y** las **agresiones sexuales graves** constituyen tratamientos inhumanos o degradantes (CEDH art.3) y vulneran aspectos esenciales de la vida privada (CEDH art.8). Los Estados tienen, por tanto, obligaciones positivas materiales y procesales, interpretadas a la luz de la Convención de Estambul: deben instaurar un **marco penal** que reprima efectivamente todo acto sexual no consentido, incluso sin resistencia física, y garantizar una investigación profunda, objetiva y ágil que permita establecer los hechos y sancionar a los responsables, sin exigir necesariamente una condena, pero evitando cualquier apariencia de impunidad. Para que la investigación sea efectiva, las autoridades deben recoger razonablemente las pruebas disponibles (testimonios, pericias, elementos médico-legales) y actuar con diligencia desde el momento en que se conocen las alegaciones. Además, deben proteger la dignidad de la víctima, evitando estereotipos sexistas y cualquier forma de victimización secundaria. El **consentimiento**, por su parte, debe reflejar la libre voluntad en el momento exacto del acto y en su contexto específico. El TEDH considera relevantes circunstancias como el desequilibrio de poder, la diferencia de edad, la vulnerabilidad psicológica, la paralización psicológica, el control coercitivo y, especialmente en el ámbito profesional, la relación de subordinación.

En el caso concreto, la Corte examina conjuntamente el **marco jurídico francés** y su aplicación, sin sustituir la apreciación de los hechos ni pronunciarse sobre la responsabilidad penal del acusado. Respecto al marco jurídico, el Código Penal francés art.222-22 y 222-23 no menciona expresamente el consentimiento, aunque la jurisprudencia de la Corte de Casación lo integra desde 1857. El informe GREVIO de 2019 critica la **inseguridad jurídica** que genera esta construcción y su incapacidad para abarcar casos de «sidération» (paralización o congelamiento psicológico por shock traumático). Recuerda que existe un consenso internacional creciente, reforzado por la Convención de Estambul, para consagrar el consentimiento libre como elemento central de la infracción. Francia ha avanzado legislativamente desde 1980 y, en 2024, una propuesta de reforma que lo incorpora expresamente fue aprobada en primera lectura por ambas cámaras.

En su aplicación al caso, considera que la reacción inicial fue rápida: la dirección del hospital suspendió a K.B., abrió una indagación administrativa y denunció los hechos al Ministerio Público, que inició una **investigación preliminar** el 5-8-2013. Sin embargo, esta investigación adoleció de **graves deficiencias**. Su objeto nunca se especificó claramente y se restringió expresamente a «violences volontaires» y acoso sexual, excluyendo de facto las alegaciones de violación y agresión sexual, a pesar de su carácter defendible y de la gravedad de los actos descritos (incluidas penetraciones anales no consentidas). En consecuencia, considera que las normas penales específicas para actos sexuales no consentidos **no se aplicaron efectivamente** en la fase de investigación ni en la persecución. **7105** (sigue)

Para el TEDH, la conducción de la investigación fue igualmente insuficiente. Desde el primer momento se sabía que E.A. sufría una dominación psicológica y un trauma muy grave (los expertos lo llamaron síndrome del rehén). La correspondencia y correos entre E.A. y K.B. era una prueba clave para entender cómo funcionaba su relación, pero los investigadores solo analizaron los mensajes que las partes entregaron voluntariamente. Además, el ordenador profesional de K.B. se incautó demasiado tarde, lo que hizo imposible recuperar datos importantes. A pesar de que un psiquiatra confirmó que E.A. tenía una fragilidad extrema y que K.B. lo sabía, no se hicieron más pruebas para comprobar si esa fragilidad le impedía consentir libremente. En resumen, la investigación no fue lo bastante profunda ni seria.

Por otro lado, la **duración total del procedimiento** –8 años y 6 meses, con 3 instancias– fue **excesiva**. La instrucción se prolongó más de un año por dificultades en la pericia psiquiátrica de K.B., y transcurrieron casi 2 años y 9 meses entre la apelación del fallo de primera instancia y su resolución por la corte de apelación. Esta falta de celeridad vulneró la exigencia de diligencia razonable.

Finalmente, considera que los **tribunales franceses juzgaron mal** si E.A. había consentido realmente. El juez de primera instancia se negó a cambiar el delito a *agresión sexual agravada*, aunque él mismo admitió que K.B. abusó de su autoridad como jefe, amenazó a E.A. con arruinarle la carrera, conocía sus fragilidades psicológicas y ella se sometió por miedo a perder el trabajo. A pesar de todo eso, no consideró que hubiera coacción y mantuvo el delito más leve. La corte de apelación de Nancy fue más allá y absolvió a K.B. por completo. Su razonamiento fue que E.A. había firmado un «contrato» sadomasoquista con él y que, después, había hablado con la hermana de K.B. en redes sociales. Para la apelación eso significaba que E.A. **aceptaba todas las prácticas** violentas que vinieron después, lo que fue confirmado por la Corte de Casación. El TEDH considera que esto fue un error grave. Los tribunales ignoraron por completo el contexto real en el que E.A. **dependía laboralmente** de K.B. (él podía bloquear su promoción o hacer que perdiera el contrato), la aisló en el trabajo y en privado **la controlaba totalmente** con insultos, vigilancia y juegos emocionales. Su salud se derrumbó: perdió mucho peso, necesitó hospitalización psiquiátrica y fue diagnosticada con «síndrome del rehén» (parálisis total por miedo). Además, considera que ese «contrato» **no prueba consentimiento**. El consentimiento se puede retirar en cualquier momento y, en este caso, no fue libre, sino que fue otra herramienta del control psicológico que K.B. ejercía sobre ella. Al usarlo para culpar a E.A., la corte francesa la victimizó de nuevo, haciéndola parecer responsable de lo que le pasó. Eso va en contra de la obligación de proteger su dignidad.

En **contextos de violencia sexual en el trabajo**, marcados por jerarquía, dependencia y posibles represalias profesionales, el Estado debe dotar de tipos penales y criterios de «consentimiento» acordes con estándares de derechos humanos, asegurar investigaciones serias, sensibles al género y libres de estereotipos, y evitar que el propio proceso se convierta en una nueva fuente de sufrimiento degradante para la víctima. Por lo que se vulneró el CEDH art.3. También considera vulnerado el CEDH art.8 (vida privada e integridad sexual). La integridad sexual, la autonomía sobre el propio cuerpo y la salud psíquica forman parte del núcleo protegido por el CEDH art.8, al no garantizar una protección penal y una respuesta eficaz frente a las denuncias de E.A., Francia falló en la protección de su vida privada en este sentido amplio.

20. Vulneración de la prohibición de la esclavitud y el trabajo forzado: falta de investigación del tráfico de una mujer eslovaca en el Reino Unido

7110 En la TEDH 24-1-25, **asunto B.B. contra Eslovaquia**, demanda núm 48587/21, el Tribunal declara, por unanimidad, que se ha producido una violación del CEDH art.4 (prohibición de la esclavitud y el trabajo forzado). El citado precepto prohíbe la esclavitud, la servidumbre y los trabajos forzados (amparando supuestos tales como la esclavitud infantil o la trata de personas, por supuesto), aunque exceptúa de la consideración de trabajos forzados aquellos trabajos normales que se le exijan a una persona privada de libertad; los servicios militares obligatorios o aquellas labores alternativas que realicen los objetores de conciencia; los trabajos exigidos cuando se esté en estado de emergencia y todo trabajo englobable dentro de las obligaciones cívicas normales que han de desempeñar los ciudadanos.

La demandante, B.B., de nacionalidad eslovaca, nació en 1990 y vive en Banská Bystica (Eslovaquia). Es de etnia romaní. B.B. se crió inicialmente bajo la **tutela del Estado** y después se fue a vivir con una familia, para la que trabajaba como criada y con cuyo hijo la obligaron a casarse. Tuvo un hijo que fue tutelado por el Estado. Se quedó **sin hogar**. En 2010, un tal Y organizó un viaje de B.B. al **Reino Unido** para ejercer la **prostitución**. Trabajó allí durante un año, dando a Y todo lo que ganaba y ocupándose de su casa. Se le suministraban drogas. Finalmente, B.B. fue acogida por el Ejército de Salvación en el Reino Unido. Regresó a Eslovaquia en 2012 en el marco de un **programa de apoyo y protección a las víctimas de la trata de seres humanos**, y a su llegada fue registrada en una organización benéfica apoyada por el Estado (Charita) como víctima de la trata de seres humanos, hasta que el Gobierno informó a la organización benéfica de que Y había sido **acusado de proxenetismo** (en lugar de trata de seres humanos). En junio de 2012, B.B. comenzó a recibir tratamiento para la esquizofrenia. Charita envió a la policía información sobre la terrible experiencia de B.B. en el Reino Unido. La policía de Banská Bystrica observó **indicios de trata de seres humanos**, pero la fuerza de Humenné, que tenía jurisdicción, lo trató como proxenetismo y, en última instancia, acusó a Y de ese delito. En mayo de 2013, la policía recibió un **informe de las autoridades británicas**, que se interpretó como que habían llegado a la conclusión de que B.B. había sido víctima de trata. Y fue acusado de proxenetismo en 2013 e inicialmente absuelto, pero la absolución fue anulada y se celebró un nuevo juicio. El 30-11-2015, Y fue declarado culpable de los cargos y condenado a un año de prisión, con **suspensión de la pena** durante 16 meses. Dicha sentencia fue confirmada por el Tribunal Regional, que señaló que solo la fiscalía podía recurrir ordinariamente para permitir que los actos de Y fueran examinados en el marco de la trata de seres humanos y no del proxenetismo. En junio de 2017, el Ministro de Justicia interpuso un **recurso de casación** en nombre de B.B. Dicho recurso fue declarado inadmisible por el TS en junio de 2018. Dos **recursos de inconstitucionalidad** presentados por B.B. no prosperaron, el primero por prematuro y el segundo declarado inadmisible por el TCo en mayo de 2021.

B.B. se quejó, en particular, de que el hecho de que las autoridades eslovacas no trataran el delito como uno de trata de seres humanos, en lugar de proxenetismo, había sido incompatible con su obligación de llevar a cabo una **investigación efectiva sobre una sospecha creíble** de que había sido sometida a trata de seres humanos y, por lo tanto, a una **violación de sus derechos** protegidos en virtud del CEDH art.4 (prohibición de la esclavitud y el trabajo forzoso). También invocó el CEDH art.8 (derecho al respeto de la vida privada y familiar). La demanda se presentó ante el TEDH el 27-9-2021.

El Tribunal reiteró que la trata nacional y transnacional de seres humanos, con independencia de que esté o no relacionada con la delincuencia organizada, entra en el ámbito de aplicación del CEDH art.4. Los Estados tienen la obligación, en virtud de dicho artículo, de garantizar que **se investiguen** las situaciones de **posible trata** cuando exista una **sospecha creíble** de que se han violado los derechos de una persona en virtud del citado artículo. Esto no implica un derecho absoluto a la protección de los derechos humanos ni a obtener un procesamiento o una condena, sino

más bien el deber de iniciar y llevar a cabo una investigación capaz de conducir al esclarecimiento de los hechos y a la identificación y, en su caso, el castigo de los responsables.
En este caso, existía una sospecha creíble de que la demandante había sido objeto de trata. El Tribunal se refirió, en particular, a la alegación de B.B. de que Y había organizado su traslado al Reino Unido para que trabajara allí como prostituta, y que ella lo había aceptado a falta de otra alternativa a quedarse sin hogar (lo que era indicativo de su vulnerabilidad y respaldaba su afirmación de que Y había abusado de ella). En consecuencia, las autoridades tenían la obligación de garantizar una investigación efectiva del asunto.
Los hechos se investigaron, aunque en el marco del delito de proxenetismo, que conlleva una **pena menor** que el de trata de seres humanos. Ello debía considerarse a la luz de las persistentes críticas por la **indulgencia** de las penas impuestas **en Eslovaquia** en el ámbito de la trata de seres humanos, que socavaba la disuasión, la seguridad y, en última instancia, la eficacia de los esfuerzos eslovacos de **lucha contra la trata**. En consecuencia, no bastaba con haber abordado las acciones de Y como presunto proxenetismo; era necesario examinar cómo respondieron las autoridades eslovacas a la posibilidad de que pudieran haber constituido trata de seres humanos. Las partes no discutieron y el Tribunal aceptó que las acciones de Y podrían haber constituido trata de seres humanos. Sin embargo, aunque había quedado claro lo que era relevante para esa evaluación, las autoridades eslovacas **no habían tomado declaración** a la familia de B.B. ni a otros testigos potencialmente corroborantes para establecer su situación.
En general, las pruebas de que disponía el Tribunal indicaban que las autoridades se habían abstenido conscientemente de investigar la trata de seres humanos y habían limitado sus esfuerzos a investigar la acusación de proxenetismo. Este fracaso general se había visto agravado por la **duración del juicio**. Para el Tribunal, el **proceso penal** en Eslovaquia había sido significativamente defectuoso en lo que respecta al tratamiento de las acusaciones contra el presunto traficante de B.B. por parte de las autoridades. Por lo tanto, consideró que se había violado el CEDH art.4.
En cuanto a la queja de B.B., en virtud del CEDH art.8, de haber sido **interrogada** repetidamente **sobre hechos traumatizantes**, el Tribunal reiteró que era consciente de lo delicado que resulta, desde la perspectiva de una víctima de un delito sexual, prestar declaración sobre dicho delito. Sin embargo, en este caso, B.B. no había especificado ni a nivel nacional ni ante el Tribunal ningún aspecto concreto de su interrogatorio –confrontación con el autor del delito, preguntas humillantes, organización inapropiada de la vista, etc.– como contrario a su derecho al respeto de su vida privada. El Tribunal no encontró ningún indicio de violación de los derechos de B.B. recogidos en el CEDH art.8, por lo que declaró esta parte de la denuncia manifiestamente infundada. Satisfacción equitativa (CEDH art.41): el Tribunal declaró que Eslovaquia debía pagar a la demandante 26.000 € en concepto de **daños no pecuniarios** y 15.000 € en concepto de **costas y gastos**.

21. Vulneración de proceso justo por inejecución de sentencia firme de reincorporación laboral

El Sr. Piccioni fue nombrado Director General en el Ministerio de Justicia hasta 2006 **7115**
cuando se le comunicó que su cargo no se confirmaba y quedaba extinguido en aplicación del llamado «spoils system» (**cese por cambio político**). La norma (RDLeg 165/2001, modificado por L 286/2006) permitía el cese automático de quienes ocuparan funciones directivas conferidas con anterioridad al 17-5-2006 una vez transcurridos 60 días desde la entrada en vigor de dicha ley, salvo que fueran confirmados por el nuevo Gobierno.
Tras varios litigios, la **Corte de Apelación** de Roma (2010) declaró **nulo el cese** del Sr. Piccioni y ordenó su **reincorporación** por el tiempo restante de su contrato.
En 2008 la normativa de cese automático fue **declarada inconstitucional** por falta de garantías procesales. El **Tribunal de Casación**, en Pleno, declaró en sentencia de

16-2-09 que, una vez declarado ilícito el cese de un directivo público, procede su reincorporación efectiva al cargo especificado inicialmente asignado, y no solo la indemnización económica, incluso aunque el puesto hubiera sido suprimido o transformado; si bien consideró que la **restitución** debía limitarse al periodo restante del nombramiento original, descontando el tiempo de separación indebida, pues el directivo tiene un derecho subjetivo a desempeñar la función concreta que le fue atribuida. En sentencia posterior, el mismo Tribunal aclaró que la readmisión de los directivos que habían sido despedidos ilegalmente, de acuerdo con las disposiciones inconstitucionales antes mencionadas, no se consideraba necesariamente imposible, incluso si la asignación original había expirado o el puesto original ya no existía. En cuanto a este último aspecto, el Tribunal de Casación también aclaró que el contrato corporativo nacional aplicable (contratto collettivo nazionale) permite la reasignación del gerente a funciones similares.

La sentencia devino firme, pero **nunca fue ejecutada**. Los tribunales administrativos y finalmente el Tribunal de Casación rechazaron la ejecución, alegando que el contrato ya había expirado. Piccioni acudió al TEDH alegando violación del CEDH art.6.1 (derecho a la ejecución de sentencias firmes) y del CEDH art.13 (ausencia de recurso efectivo para las violaciones de derechos).

La TEDH 17-7-25, **asunto Piccioni v. Italia**, demanda núm 42111/14, comienza abordando la alegación realizada por el gobierno de Italia relativa a la **admisibilidad de la queja**. Señalaba el Gobierno que el demandante no había agotado los recursos internos disponibles, pues podría haber interpuesto una demanda de indemnización dentro del procedimiento de ejecución, conforme al artículo 112 del Código de Procedimiento Administrativo. Pero el TEDH recuerda que, según su jurisprudencia, un particular que ha obtenido una sentencia firme contra el Estado no puede ser obligado a iniciar un nuevo procedimiento de ejecución para que esta se cumpla, por lo que desestima la objeción.

El TEDH recuerda a continuación su jurisprudencia sobre la **exigencia de ejecución efectiva** de sentencias firmes, incluso cuando imponen una obligación de «facere», como es la readmisión laboral. El Gobierno sostuvo que la reincorporación era imposible, porque el contrato del demandante ya había expirado y su puesto estaba ocupado, pero el Tribunal señaló que la finalidad de la sentencia nacional favorable al demandante era garantizar la restitución por el tiempo restante del contrato. Según **doctrina de casación** la readmisión debía realizarse y si el Ministerio de Justicia dudaba del alcance de la sentencia debió haberla recurrido, lo que no hizo, quedando obligado por ella. La jurisprudencia posterior a la sentencia del demandante puso además de manifiesto que la readmisión procedía incluso cuando **el cargo hubiera vencido o desaparecido**. Por ello, la motivación basada en la «imposibilidad» de ejecución por expiración del contrato o sustitución por otro funcionario no es convincente y, para el TEDH, aceptar ese argumento permitiría al Estado **eludir la ejecución de sentencias**. En consecuencia, el Tribunal declara la **violación del CEDH** art.6.1, por incumplimiento en el derecho a la ejecución efectiva de la decisión firme del Tribunal de Apelación de Roma.

22. Vulneración del derecho a un proceso equitativo: despidos de trabajadores subcontratados durante el estado de emergencia y límites de la revisión judicial

7120 La TEDH 25-3-25, en el **asunto Onat y otros contra Türkiye**, demanda núm 61590/19, aborda la queja de siete ciudadanos turcos, trabajadores empleados por diferentes **empresas privadas subcontratadas** por las autoridades municipales en el sureste del país. El caso se refiere en particular a su **despido** de sus puestos de trabajo en varias fechas en 2016 y 2017, en el contexto de una escalada de los combates entre las fuerzas de seguridad turcas y los grupos terroristas armados y la declaración del **estado de emergencia** tras el intento de **golpe de Estado** de 2016, En concreto, tras el estado de emergencia declarado en julio de 2016 por el golpe de Estado fallido, se aplicó el Decreto-Ley nº 667, que permitía cesar a personas consideradas vinculadas a organizaciones terroristas. A los demandantes se les despidió por supuestas

conexiones con un grupo terrorista o con estructuras ilegales, basándose en **sospechas** o en la existencia de **investigaciones o causas penales anteriores** al golpe de Estado, muchas de ellas archivadas, con absolución o con suspensión del fallo. Acudieron a los **tribunales laborales** reclamando su readmisión. Los jueces confirmaron los despidos, apoyándose únicamente en la mera existencia de esos procedimientos penales ya pasados. El **Tribunal Constitucional turco rechazó** sus recursos declarando que no había violación del derecho a un proceso justo, ni de la presunción de inocencia. **7120** (sigue)

En sus **demandas ante el TEDH** alegan la vulneración del CEDH art.6.1, derecho a un juicio justo, por entender que los tribunales laborales no valoraron de modo adecuado los hechos y las pruebas, el CEDH art.6.2, relativo a la presunción de inocencia, y el CEDH art.8, sobre vulneración del derecho a la vida privada, alegando que su despido, vinculado a la declaración del estado de emergencia, tenía un efecto estigmatizante y dañaba irreversiblemente su reputación y empleabilidad.

La sentencia rechaza la **vulneración de la presunción de inocencia**. El Tribunal distingue entre trabajadores con procesos penales en curso y los que ya habían concluido sin condena, y concluye que los jueces laborales no declararon culpables a los trabajadores ni les imputaron responsabilidad penal, sino que se limitaron a considerar la existencia de causas como un elemento de sospecha laboral. Pero considera, por el contrario, que sí existió vulneración del CEDH art.6.1 sobre un **proceso equitativo**. Considera que, aunque los tribunales laborales investigaron de oficio, no evaluaron la **relevancia de los procedimientos penales** (muchos terminados sin condena) ni explicaron cómo afectaban a la confianza laboral. De este modo, al no analizar hechos concretos ni proporcionar razones suficientes, declara que la **revisión judicial** fue **deficiente** e incurrió en violación del CEDH art.6.1. Finalmente, entiende innecesario entrar en la valoración de la queja sobre el CEDH art.8, porque la violación del CEDH art.6.1 bastaba para reparar el fondo del caso.

B. Tribunal Constitucional

7140

1. Ampliación de la garantía de indemnidad a reclamaciones ante representantes de los trabajadores

7150 El demandante trabajaba para la empresa Elecnor, S.A. mediante sucesivos **contratos temporales de obra o servicio**. El 15-9-2021 presentó demanda de **protección de derechos fundamentales** ante el JS Las Palmas de Gran Canaria núm 6, alegando vulneración de la garantía de indemnidad (Const art.24) y del derecho a la libertad sindical (Const art.28), al extinguirse su relación laboral tras formular una reclamación ante el presidente del comité de empresa.

En agosto de 2021, la empresa procedió a modificar un **cuadrante de guardias** (guardias de retén) que le había sido previamente notificado (5 de marzo), asignándole guardias los días 16 y 22 de agosto en un **nuevo destino** (isla Lanzarote en lugar de Las Palmas, donde inicialmente debía hacerlas). El trabajador **se quejó** comunicando la incidencia al presidente del comité de empresa aduciendo, además, que con ello la empresa incumplía el convenio colectivo, al fijar retenes cada 4 semanas en lugar de cada 5 semanas como se establecía convencionalmente. El presidente del comité se dirigió de inmediato a la empresa y se celebró una reunión el 12-8-2021, tras la cual la empresa revocó la modificación del cuadrante. El 28 de agosto se le notificó la extinción al trabajador de su contrato, con efectos al 2-9-2021.

El trabajador sostuvo que la extinción era una **represalia** por haber canalizado una reclamación laboral mediante la representación de los trabajadores. La sentencia del JS estimó la demanda, al considerar que la causa alegada por la empresa para la extinción del contrato, consistente en la resolución del contrato suscrito con un tercero, cliente de la empresa, no resultó acreditada y, por ello, declaró el **despido**

nulo, ordenando la readmisión del trabajador con salarios de tramitación; se fija igualmente una indemnización por daño moral. **7150** (sigue)

Interpuesto **recurso de suplicación** por la empresa, el TSJ Canarias revoca la sentencia y declara el **despido improcedente**, en lugar de nulo. La sentencia considera procedente incluir como hecho probado que el nuevo acuerdo marco para prestación de servicio de mantenimiento y obra nueva en las subestaciones de Canarias entre Endesa y Elecnor, S.A., con vigencia de 1-8-2021, tenía inicio efectivo en la noche del 23 al 24-8-2021. Para la sentencia de suplicación, «la **garantía de indemnidad** no puede extenderse a las reclamaciones del trabajador ante la empresa; no puede convertirse en un derecho fundamental autónomo de los trabajadores, desvinculado del derecho fundamental a la tutela judicial efectiva, derecho fundamental sustantivo al que ha de hallarse indefectiblemente conectado. Las **reclamaciones** no constituyen necesario acto preparatorio o previo al ejercicio de acciones judiciales, ni son por tanto merecedoras de aquella especial tutela, sin perjuicio de lo que pudiera corresponder en el plano de la legalidad ordinaria; entender lo contrario supondría la sinrazón de que cualquier actuación reclamatoria del trabajador ante la empresa quedaría revestida de aquella especial tutela» (FD 3). La sentencia concluye que «estamos ante una **queja o reclamación puntual extrajudicial** que además es dirigida a la representación legal de los trabajadores, que luego la traspasa a la empresa. En definitiva, una mera reclamación. En base al criterio antes señalado es obvio que no estamos ante un supuesto de vulneración de la garantía de indemnidad y, por lo tanto, no cabe hablar de nulidad del despido». El TS inadmite el **recurso de casación** interpuesto por **falta de contradicción**.

Interpuesto **recurso de amparo**, el mismo es admitido, declarando el TCo que se aprecia la especial trascendencia constitucional al plantear un problema o afectar a una faceta de un **derecho fundamental sobre el que no habría doctrina** (TCo 155/2009, FJ 2 a). En concreto, por el carácter novedoso que plantea en relación con la garantía de indemnidad como dimensión extraprocesal del derecho a la tutela judicial efectiva (Const art.24.1), dando la oportunidad al Tribunal de pronunciarse sobre la posibilidad de aplicar o **extender la garantía de indemnidad** a los supuestos de **reclamaciones ante** quienes ejercen **la representación legal de los trabajadores**, en pretensión de que desarrollen una función de intermediación con la empresa dentro de su labor de vigilancia del cumplimiento de la normativa laboral reconocida en el ET art.64.7.a.1º.

El demandante solicita el amparo por vulneración de su **derecho a la tutela judicial efectiva** (Const art.24.1), alegando que su reclamación extrajudicial, presentada a través de la representación legal de los trabajadores para evitar un cambio de destino, debe quedar protegida por la garantía de indemnidad, pues era una actuación razonable y amparada legalmente. Sostiene que su despido, producido 15 días después de dicha gestión, constituye una **represalia** y que la causa empresarial invocada (fin del contrato con Endesa) no quedó acreditada, planteando además la relevancia constitucional del caso por la necesidad de extender la garantía de indemnidad a reclamaciones extrajudiciales.

La **TCo 148/2025** (ponente: María Luisa Segoviano Astaburuaga) representa un hito en la **evolución constitucional** de la garantía de indemnidad. No se limita a reafirmar su conexión con la Const art.24.1, como protección frente a represalias derivadas del ejercicio de acciones judiciales o reclamaciones previas necesarias para accionar judicialmente, sino que ensancha su perímetro para incorporar un ámbito hasta ahora poco explorado, como es el de las reclamaciones canalizadas a través de la representación legal de los trabajadores. La importancia de la ampliación se refleja en el hecho de que sea el propio Pleno quien recabe para sí, en virtud de la LOTC art.10.1.n, el conocimiento de un recurso de amparo asignado con carácter general a una de las Salas.

Para justificar la **ampliación de la protección** derivada de la Const art.24.1, la sentencia de Pleno comienza haciendo un repaso a su **doctrina sobre garantía de indemnidad**. Tras confirmar que es una derivación laboral de la Const art.24.1 y que exige conexión con la tutela judicial efectiva, recuerda que se ha venido ampliando a

7150 (sigue) fases anteriores a la mera interposición de la demanda como mecanismo para evitar que el empresario adopte medidas represivas antes de la formalización de la acción judicial, frustrando así el derecho reconocido en la Const art.24.1. La TCo 148/2025 resume **en tres hitos** la ampliación llevada a cabo:

1. Actos preprocesales legalmente necesarios para su ejercicio (demanda anterior en la TCo 7/1993; reclamación administrativa en solicitud de reconocimiento de una relación laboral indefinida en la TCo 14/1993).

2. Actos preparatorios no obligatorios, pero necesarios o convenientes, dirigidos o encaminados a evitar un proceso o a preparar la demanda (TCo 55/2004 para una carta del abogado del trabajador a la empresa en la que se requería el cumplimiento de la petición laboral so pena de ejercitar las acciones legales oportunas).

3. Denuncias ante la Inspección de Trabajo y Seguridad Social, en su función legal de vigilancia del cumplimiento de las normas del orden social, cuando de ellas se sigue una represalia (TCo 75/2010, en los casos de denuncias dirigidas a la Inspección de Trabajo y Seguridad Social, en el ejercicio de su función legal de vigilancia del cumplimiento de las normas del orden social, exigencia de las responsabilidades pertinentes, así como el asesoramiento y, en su caso, conciliación, mediación y arbitraje en dichas materias).

En todos estos casos, el Tribunal considera vulnerada la tutela judicial efectiva, aunque no se haya llegado a interponer la demanda judicial y se separe el acto represaliado de la tutela judicial en sentido estricto, si la **reacción empresarial** tiene por **finalidad** impedir o castigar la reclamación realizada. La garantía de indemnidad se ha ido extendiendo, así pues, como instrumento que **opera de modo preventivo**, en tanto del contexto de los casos en que se ha considerado vulnerada, puede afirmarse razonable que el caso terminaría en la vía judicial y la represalia empresarial habría logrado cercenar en una fase embrionaria o inicial de su ejercicio, el derecho a accionar judicialmente. Ello, a juicio del TCo, incluye las **reclamaciones internas ante el comité de empresa**.

La ampliación realizada por el Pleno del TCo se sustenta, como expresamente se señala en la sentencia, en una gran variedad de preceptos normativos que han ido reforzando la garantía de indemnidad y extendiéndola al ámbito empresarial. Pero se insiste en que tiene que existir **conexión**, aunque sea mediata, con el derecho fundamental protegido (Const art.24). En el caso concreto entiende:

a) De un lado, que, dado que el ET art.64.7.a.1º atribuye a los **comités de empresa y delegados de personal** una función institucional de **intermediación y vigilancia** del cumplimiento de la normativa laboral, las reclamaciones formuladas ante ellos constituyen un paso previo lógico a la vía judicial, orientado a evitar procesos, y por ello merecen la protección de la garantía de indemnidad.

b) Por otro lado, el Tribunal aprecia que las **reclamaciones ante la representación legal de los trabajadores** son actuaciones formalizadas y regladas, encaminadas, en caso de fracaso, al ejercicio del derecho a la tutela judicial efectiva, por lo que se presume que la actuación del trabajador posee una finalidad jurídica inequívoca, al constituir un acto preparatorio del eventual ejercicio del derecho a la tutela judicial efectiva. Finalmente, para el TCo, este tipo de reclamaciones que inicialmente se dirigen a los representantes accionan una proyección externa hacia la empresa, que toma conocimiento del conflicto, convirtiéndolas en actuaciones **potencialmente susceptibles de generar represalias** empresariales, ya que evidencian una controversia laboral susceptible de judicialización. Por ello, de quedar desprotegidas, provocarían un efecto disuasorio (efecto desaliento en la terminología del TEDH) que vaciaría de contenido la protección constitucional.

Por todo ello, el TCo declara que la **garantía de indemnidad** no se limita a actuaciones ante la empresa o la Administración que sean estrictamente «preprocesales» en sentido técnico, sino que **se extiende** a aquellas actuaciones extrajudiciales que, como la intervención del comité de empresa, están «naturalmente conectadas» con la defensa de derechos laborales y pueden desembocar en un proceso si fracasan.

La sentencia contiene un voto particular discrepante del magistrado D. Ricardo Enríquez Sancho.

Precisiones La variedad de preceptos normativos en los que se sustenta el TCo, reforzando la garantía de indemnidad, son:
- La LO 3/2007 art.9, para la igualdad efectiva de mujeres y hombres, que prohíbe represalias por presentar quejas o reclamaciones destinadas a impedir la discriminación o exigir la igualdad.
- La L 15/2022 art.4.1 y 6.66, integral para la igualdad de trato y no discriminación, que protegen frente a consecuencias adversas derivadas de intervenir o denunciar situaciones discriminatorias.
- La L 2/2023 art.36, reguladora de la protección de las personas que informen sobre infracciones normativas, que ampara a quienes comunican infracciones o actos de corrupción.
- La Dir (UE) 2019/1152, sobre condiciones laborales transparentes, pendiente de trasposición, donde se obliga a los Estados miembros a proteger a los trabajadores frente a todo trato desfavorable o despido por haber ejercido derechos derivados de la Directiva.
- La LO 5/2024, de derecho de defensa, donde la garantía se positiviza con mayor claridad en su disp.adic.3ª, titulada «Protección de la garantía de indemnidad de las personas trabajadoras». Se reconoce el derecho a la indemnidad «frente a las consecuencias desfavorables que pudieran sufrir por la realización de cualquier actuación efectuada ante la empresa o ante una actuación administrativa o judicial destinada a la reclamación de sus derechos laborales, sea ésta realizada por ellas mismas o por sus representantes legales». Garantía reforzada cuando señala que «Las personas trabajadoras tienen derecho a la indemnidad frente a las consecuencias desfavorables que pudieran sufrir por la realización de cualquier actuación conducente al ejercicio de sus derechos de defensa» (LO 5/2024 art.12.3).

2. Denuncia de acoso laboral sistemático resultado de la denuncia de irregularidades que no es ponderada adecuadamente: vulneración del derecho a la integridad física y moral en relación con el derecho a la tutela efectiva de policía local

La **TCo 28/2025** examina un interesante supuesto de **acoso laboral** en el que, en la jurisdicción ordinaria, se cuestionan los indicios aportados como base para excluir su existencia. 7155

El **policía** denunció varias **irregularidades administrativas** que venía observando en el ejercicio de las labores de la policía (irregularidades en la caja de multas cobradas, inspección solo de unos locales y no de otros denunciados, etc.). A partir de la denuncia, viene siendo sometido a hostigamientos y lo que considera un **acoso laboral sistemático**. Aduce como **prueba indiciaria**, entre otras, las alteraciones arbitrarias de turnos, la denegación de vacaciones, la retirada del arma sin previo avis, la difusión de información médica y profesional, los insultos públicos (ej.: «cefalópodo viscoso») o la reiterada omisión de respuesta a sus peticiones. Reclama **responsabilidad patrimonial al Ayuntamiento** por todo ello.

La denuncia es **desestimada por silencio administrativo**. El JCA de Elche núm 1 estima su demanda (JCA Elche núm 1, núm 851/18), reconociendo el acoso y condenando al Ayuntamiento a indemnizarlo con 95.816,22 €. Pero la sentencia fue recurrida por varios codemandados (jefe e inspector de policía), y el TSJ C.Valenciana revoca la de instancia y niega la existencia de acoso.

El TSJ considera que no se ha probado un entorno de hostigamiento con finalidad de menoscabar la dignidad del recurrente, sino **incidencias administrativas justificables o comunes**. Considera que no es relevante que los codemandados hayan sido mencionados en otras sentencias sobre acoso, ya que no fueron parte en esos procesos ni condenados en ellos; en cuanto a las irregularidades denunciadas sobre interinos, tampoco probarían el acoso, porque hubo auto firme de sobreseimiento penal, y la **Agencia de Protección de Datos archivó la denuncia** sobre difusión de la carta interna; la denegación de sus solicitudes de traslado se llevaron a cabo **de acuerdo con la normativa** no por hostigamiento y la permuta se hizo por razones de salud, aplicando la normativa de salud pública, no como rectificación de acoso. Del mismo modo, no considera que los informes médicos prueben el acoso pues solo mencionan «conductas de hostigamiento» en abstracto y el perito no puede determi-

7155 (sigue) nar la existencia de acoso, solo valorar las vivencias del actor. La retirada del arma estaría justificada por normas de seguridad, ante diagnóstico médico de ansiedad-depresión (de acuerdo con lo previsto en el RDLeg 6/2015 art.63.3 –Ley de Tráfico–). La denegación de vacaciones y el cambio de turno **afectó a otros compañeros** igualmente y se debió a **razones del servicio**. En fin, las quejas sobre horarios se consideran un problema estructural de la plantilla, no situaciones singulares que acrediten hostigamiento personal. Para el TSJ, en definitiva, la prueba documental contradice la interpretación del Juzgado y, aunque no niega que haya conflictos laborales, **no** aprecia **indicios consistentes ni discriminación sistemática**.

Tras inadmitirse el recurso de casación, se interpone **recurso de amparo** que es estimado.

El demandante alegaba, en primer lugar, la vulneración del **derecho fundamental a la integridad física y moral** (Const art.15). Entiende el TCo que las resoluciones impugnadas **no ponderan** adecuadamente los **indicios** de acoso acreditados por el policía. Para el TCo, a pesar de existir múltiples conductas con efecto degradante para el actor que afectan a su dignidad profesional, no se procedió a una **valoración conjunta** de todas ellas, centrándose el tribunal en la legalidad aparente de los actos administrativos sin atender a su posible finalidad lesiva, y se omitió la aplicación del principio de **inversión de la carga de la prueba** tras haberse presentado el panorama indiciario de hostigamiento.

La sentencia es muy relevante, pues desgrana los elementos del **concepto constitucional de acoso laboral**. Recuerda que «el concepto de acoso laboral surgió en la psicología para abordar conjuntamente desde el punto de vista terapéutico situaciones o conductas muy diversas de estrés laboral que tienen de común que, por su reiteración en el tiempo, su carácter degradante de las condiciones del trabajo o la hostilidad que conllevan, tienen por finalidad o como resultado atentar o poner en peligro la integridad personal del empleado. [...]. Los objetivos del acoso laboral pueden ser de lo más variados: represaliar a un trabajador poco sumiso, marginarle para evitar que deje en evidencia a sus superiores, infundirle miedo para promover el incremento de su productividad o satisfacer la personalidad manipulativa u hostigadora del acosador (el llamado acoso «perverso»), entre otros» (TCo 56/2019, FJ 4).

Contiene a continuación un repaso de los distintos instrumentos en los que se establece dicha definición y destaca como altamente relevante que, con posterioridad a la TCo 56/2019, haya entrado en vigor en España, el 25-5-2023, el Convenio OIT núm 190, sobre la eliminación de la violencia y el acoso en el mundo del trabajo (BOE 16-6-22).Este Convenio establece que, a sus efectos, «la **expresión «violencia y acoso» en el trabajo** designa un conjunto de comportamientos y prácticas inaceptables, o de amenazas de tales comportamientos y prácticas, ya sea que se manifiesten una sola vez o de manera repetida, que tengan por objeto, que causen o sean susceptibles de causar, un daño físico, psicológico, sexual o económico, e incluye la violencia y el acoso por razón de género» (OIT Convenio núm 190 art.1.1.a). De ese modo, aunque el concepto de acoso laboral puede comprender situaciones o conductas de diversa índole, puntuales o reiteradas en el tiempo, todas ellas tienen **en común**, en lo que es relevante para la jurisdicción de amparo, como ya se destacara en la citada TCo 56/2019, «su carácter degradante de las condiciones de trabajo o la hostilidad que conllevan, y que tienen por finalidad o como resultado atentar o poner en peligro la integridad personal del empleado».

Destaca también los más recientes **avances normativos** que han incidido en cuestiones relacionadas con el acoso laboral. Entre ellos cabe citar:

a) La LO 10/2022 art.12.1 (de garantía integral de la libertad sexual), que establece, dentro de las **medidas de prevención y sensibilización** en el ámbito laboral, la obligación de las empresas, por un lado, de «promover condiciones de trabajo que eviten la comisión de delitos y otras conductas contra la libertad sexual y la integridad moral en el trabajo», y por otro, de «arbitrar procedimientos específicos para su prevención y para dar cauce a las denuncias o reclamaciones que puedan formular quienes hayan sido víctimas de estas conductas».

b) La LO 10/2022 art.13.1 extiende esas obligaciones a las Administraciones públicas, los organismos públicos y los órganos constitucionales, imponiendo el deber de «promover **condiciones de trabajo que eviten** las conductas que atenten contra la libertad sexual y la integridad moral en el trabajo, incidiendo especialmente en el acoso sexual y el acoso por razón de sexo, incluidos los cometidos en el ámbito digital. Asimismo, deberán arbitrar **procedimientos o protocolos específicos** para su prevención, detección temprana, denuncia y asesoramiento a quienes hayan sido víctimas de estas conductas». **7155** (sigue)

c) También resulta relevante, aunque no resulte aplicable ratione temporis, la L 2/2023 art.36.3.b (Ley reguladora de la protección de las personas que informen sobre infracciones normativas y de lucha contra la corrupción), el cual, dentro de las **prohibiciones de represalias** contra las personas físicas que informen sobre acciones u omisiones que puedan ser constitutivas de infracción penal o administrativa grave o muy grave, cita, entro otros, los «daños, incluidos los de carácter reputacional, o pérdidas económicas, coacciones, intimidaciones, acoso u ostracismo».

d) Añadiendo la L 2/2023 art.38.4 una regla sobre **desplazamiento de la carga probatoria**, al establecer que «en los procedimientos ante un órgano jurisdiccional u otra autoridad relativos a los perjuicios sufridos por los informantes, una vez que el informante haya demostrado razonablemente que ha comunicado o ha hecho una revelación pública de conformidad con esta ley y que ha sufrido un perjuicio, se presumirá que el perjuicio se produjo como represalia por informar o por hacer una revelación pública. En tales casos, corresponde a la persona que haya tomado la medida perjudicial probar que esa medida se basó en motivos debidamente justificados no vinculados a la comunicación o revelación pública».

Del mismo modo, la sentencia analiza la **influencia del acoso en otros derechos fundamentales**, pues las situaciones de acoso laboral son tan multiformes que pueden involucrar también otros derechos fundamentales, como el derecho al honor, a la intimidad personal y familiar y a la propia imagen (Const art.18), y, aunque sin carácter de derecho fundamental invocable en amparo, el mandato a los poderes públicos de velar por la seguridad e higiene en el trabajo (Const art.40.2). Para el TCo, el acoso laboral implica una conducta lesiva del derecho a la integridad física y moral (Const art.15), íntimamente conectado con el derecho a la dignidad personal (Const art.10.1). Este encuadre de las lesiones constitucionales de las conductas de acoso laboral, preferentemente, en el derecho a la integridad física y moral (Const art.15) está, por otra parte, en línea de coherencia con la jurisprudencia establecida por el TEDH en la materia, que repasa.

A partir de esta introducción, el TCo examina la **jurisprudencia constitucional** sobre el acoso laboral y sobre el derecho a la integridad física y moral, recuerda la distribución de la carga probatoria en los procesos de protección de los derechos fundamentales y se detiene a examinar la garantía de indemnidad (Const art.24.1), la jurisprudencia al respecto del TEDH, su propia doctrina constitucional y la reciente L 2/2023 art.38.4, sobre whistleblowers, que ha establecido legalmente una regla sobre desplazamiento de la carga probatoria en los supuestos en que se hayan producido situaciones de acoso tras haber informado sobre «acciones u omisiones que puedan ser constitutivas de infracción penal o administrativa grave o muy grave». Y, tras examinar el caso, considera que todas las circunstancias, acreditadas judicialmente, constituyen un **panorama claramente indiciario** de la presunta infracción constitucional, al poner de manifiesto una razonable sospecha de que el trato recibido por el demandante supone una práctica de acoso laboral que perjudicó significativamente su integridad física y moral, por cuanto que de forma **repetida y deliberada** se le humilló con el propósito efecto de violar su dignidad, creando para ello un ambiente hostil y de violencia psicológica que no solo le condujo a reclamar continuamente el cambio de lugar de trabajo, sino que se vio agravado con las reiteradas negativas del ayuntamiento a concedérselo, hasta el punto de incidir significativamente en su **estado de salud** física y mental. También constata que, frente a la actividad probatoria desarrollada por el demandante, correspondía al ayuntamiento demandado neutralizar dicho panorama indiciario, «a cuyos efectos no basta con acreditar que la actuación cuestionada pueda encontrar respaldo en la ley, ya que las infracciones constitucionales pueden estar encubiertas bajo una aparente legalidad, sino que es necesario, en todo caso, desvelar las razones verdaderas de los actos controvertidos. En esos estrictos términos, el Tribunal no puede dejar de valorar que la sentencia de instancia siguió el **parámetro constitucional de aplicación** al caso para concluir que no se habían aportado elementos probatorios para acreditar que las actuaciones no se habían desarrollado para menoscabar de manera sistemática e intencionada la dignidad personal y profesional del demandante. Por el contrario, la sentencia de apelación, sin hacer mención alguna a la perspectiva de análisis constitucional exigida por el caso ante la invocación del derecho a la integridad física y moral (Const art.15), se limitó a valorar la aparente cobertura legal individualizada de cada una de las actuaciones controvertidas de manera independiente e inconexa y sin ponderar tampoco las eventuales causas que podían estar causalmente conectadas con la persistencia de esas conductas hostiles hacia los intereses personales y profesionales del demandante».

Es interesante también la reflexión del TCo sobre la **garantía de indemnidad** en relación con la **irrelevancia** para su aplicación **del resultado** de las acciones emprendidas: para el TCo es relevante que, aunque en instancia se advierte, como un elemento relevante en la determinación de los elementos intención y vejatorio de las conductas desplegadas contra el demandante, la coincidencia de las mismas con la denuncia penal formulada por el demandante contra algunos mandos del cuerpo de la policía local de Torrevieja por supuestas irregularidades, y que, en respuesta a esa circunstancia, la sentencia de apelación, a pesar de reconocer la existencia de una instrucción penal en la que aparecían investigados los denunciados, se limitó a afirmar que no era relevante en el proceso, ya que el «acoso [...] de estar probado sería independiente del posible resultado de ese proceso penal» (FJ 12). Y ello porque «la jurisprudencia constitucional ha subrayado, en relación con la garantía de indemnidad, la irrelevancia del resultado que pudieran haber tenido las acciones emprendidas, ya que lo realmente trascendente es si la conducta desarrollada pudo responder, indiciariamente, a la denuncia formulada; y que la jurisprudencia del TEDH ha puesto de manifiesto la especial importancia que en los casos de acoso adquiere la circunstancia de que pudieran haber sido provocados como consecuencia de la denuncia de irregularidades penales o administrativas».

3. Doctrina sobre familias monoparentales: no aplicable a supuestos de familias biparentales donde las circunstancias personales de uno de los progenitores afectan al disfrute efectivo del permiso de nacimiento y cuidado de menor

7160 La **TCo 168/2025** resolvió el recurso de amparo promovido en relación con resoluciones administrativas y judiciales que desestimaron su petición de revisión y ampliación de la **prestación por nacimiento y cuidado de hijo menor**, como madre biológica de **familia monoparental**.

El 27-4-2021, la recurrente, madre de un hijo nacido el 10-4-2021, cuyo **padre permanecía ingresado en prisión** desde el 9-9-2009, solicitó al INSS la **prestación** de nacimiento y cuidado de menor, reconociéndosele el derecho durante **16 semanas**. Posteriormente, el 6-6-2021, presentó reclamación solicitando la **ampliación de la prestación** en las 16 semanas que legalmente habrían correspondido al otro progenitor, petición que fue desestimada por el INSS mediante resolución de 15-6-2021.

El JS Vitoria-Gasteiz núm 1 desestimó la demanda por considerar que no se trataba de una familia monoparental, sino biparental, sin que el hecho de estar el padre privado de libertad afectase en abstracto a su capacidad de contribuir al sustento familiar. En suplicación, el TSJ País Vasco estimó el recurso, considerando que la situación era equiparable a la de una familia monoparental y debía beneficiarse del disfrute de la prestación que hubiera correspondido al otro progenitor. El TS, en **casación para la unificación de doctrina**, estimó el recurso del INSS, aplicando su doctrina plenaria, que rechazó en los supuestos de familia monoparental el derecho a acumular la prestación de nacimiento y cuidado de menor que corresponde a la madre y la que hubiera correspondido al otro progenitor de haber existido. **7160** (sigue)

La recurrente alegó **vulneración del derecho a la igualdad y no discriminación** de la Const art.14 en tres vertientes:
- diferencia de trato sin justificación entre la recurrente y las madres de familias biparentales;
- discriminación por razón de nacimiento del menor en familia monoparental; y
- discriminación indirecta por razón de sexo.

Tras la admisión a trámite, la recurrente interesó la aplicación de la **doctrina de la TCo 140/2024**.

Descartada la aplicación directa de dicha doctrina (TCo 140/2024) por no encontrarse ante el mismo caso de madre biológica de familia monoparental, el Tribunal analiza si entre aquel supuesto y el objeto del presente recurso existe la necesaria identidad de razón para justificar la aplicación de aquella doctrina, como ha sido declarado en los casos de familia monoparental por adopción (TCo 123/2025) o por acogimiento permanente (TCo 140/2025). En ambos casos, el Tribunal ha entendido que el reproche dirigido a la omisión del legislador, por introducir una diferencia de trato entre los nacidos en familias biparentales y los nacidos en familias monoparentales, era igualmente predicable en esas dos situaciones, que además estaban específicamente previstas en el LGSS art.177 al regular la prestación por nacimiento y cuidado de menor.

La TCo 140/2024 parte de la **constatación de una diferencia de trato** entre situaciones que eran sustancialmente iguales, ya que la duración e intensidad de la necesidad de atención y cuidado de un recién nacido es la misma con independencia del modelo familiar en el que hubiera nacido, siendo esa diferencia relevante desde la perspectiva de una de las finalidades que perseguía la norma, consistente en facilitar la conciliación de la vida laboral y familiar. En el supuesto de la **TCo 140/2024**, la diferencia de trato normativa examinada tenía su origen en una de las **razones de discriminación previstas en la Constitución**, pues derivaba del modelo de familia monoparental a la que pertenecía el menor, teniendo vedada, por esa causa, la posibilidad de disfrutar de 26 semanas de cuidados retribuidos, circunstancia que no se da en el caso de los menores nacidos en las **familias biparentales**, en las que **los dos progenitores** tienen una expectativa de suspensión del contrato de trabajo y prestación por nacimiento y cuidado de hijo, que se podrá materializar si se cumplen las condiciones de disfrute de la prestación. Ambos progenitores están, en abstracto y como regla general, en disposición de cumplir las condiciones de acceso a la prestación, y es a este supuesto general al que se refiere la regulación existente.

Lo que no prevé la norma son **supuestos excepcionales** en los que las circunstancias personales del progenitor hacen especialmente difícil su integración en la esfera laboral, o pueden afectar al **efectivo disfrute del permiso** de nacimiento y cuidado de menor, como puede darse en casos como el presente, de **internamiento en centro penitenciario, o análogos**, como los de permanencia de alguno de los progenitores en **centros sanitarios o sociosanitarios**. Sin embargo, esos supuestos aislados a los que no alcanza la ley **no pueden justificar una inconstitucionalidad** por omisión pues, como se ha recordado con anterioridad, la pretensión de racionalidad de las leyes se proyecta sobre la normalidad de los casos, sin que baste la aparición de un supuesto no previsto para determinar su inconstitucionalidad.

La norma ahora aplicable regula el acceso a la prestación contributiva por nacimiento y cuidado, que exige a cada progenitor, de forma individual, una serie de requisitos que están, general y mayoritariamente, en disposición de cumplir, no pudiendo declararse su inconstitucionalidad por el hecho de que en algún caso aislado los progenitores no puedan atender directamente al menor o no reúnan los requisitos para acceder a la prestación. En un Estado social y democrático de Derecho corresponde al **legislador**, a la luz de los principios rectores de la política social y económica que han de informar la legislación positiva, recogidos en la Const art.39, 41 y 50, **valorar**, en su caso, esos supuestos excepcionales. Al no haber causado las resoluciones impugnadas la discriminación invocada por la recurrente en los términos previstos en la Const art.14, procede acordar la desestimación del presente recurso de amparo, sin necesidad de plantear una cuestión interna de inconstitucionalidad.

El TCo desestimó el **recurso de amparo**, al considerar que no se había causado la discriminación invocada en los términos previstos en la Const art.14, sin necesidad de plantear una cuestión interna de inconstitucionalidad.

4. Edictos prematuros y proceso a espaldas del demandado: deber reforzado de localización antes de acudir a la notificación edictal

7165 La demandante obtuvo sentencia firme de 30-11-2021, que condenó a Games Valencia, S.L. al pago de **cantidades salariales y horas extraordinarias**, tras haberse celebrado el juicio sin la comparecencia de la empresa, al ser citada exclusivamente mediante edictos en el BOCM. La sentencia fue declarada firme el 4-1-2022, y el 10-1-2022 se despachó ejecución por importe superior a 11.000 €, acordándose **embargo de bienes** de la ejecutada. En el propio momento de incoarse la **ejecución**, el juzgado comprobó por primera vez, a través del punto neutro judicial, que el **domicilio social completo** de la empresa incluía piso y puerta, dato que no se había utilizado durante la fase declarativa. Tras conocer la existencia del procedimiento de ejecución, la **empresa compareció** y promovió incidente de nulidad de actuaciones, solicitando la anulación tanto del procedimiento declarativo como del ejecutivo por indebido recurso a la notificación edictal y consiguiente indefensión. El juzgado desestimó el incidente, manteniendo la validez de lo actuado y, en consecuencia, la ejecución de la sentencia.

El recurso de amparo se dirige formalmente contra el auto de 4-10-2022, que desestimó el incidente de nulidad de actuaciones, pero materialmente también impugna la decisión previa del Juzgado de acudir a la notificación por edictos de la demanda y de la citación a juicio en el procedimiento ordinario del que deriva la ejecución. La **TCo 156/2025** recuerda que los **actos de comunicación procesal** son esenciales para garantizar la **tutela** judicial efectiva y el derecho de defensa. Por ello, los órganos judiciales deben extremar la **diligencia en la citación y notificación** de las partes, priorizando el emplazamiento personal y reservando el uso de edictos únicamente para los supuestos en que, tras intentos razonables de averiguación, no sea posible conocer el domicilio del destinatario. La **utilización prematura o automática de la vía edictal** puede generar indefensión constitucionalmente relevante. Asimismo, reitera que la Const art.24.1 comprende el derecho a obtener una resolución fundada en Derecho, lo que exige motivación suficiente, congruencia con las pretensiones y ausencia de arbitrariedad, irrazonabilidad o error patente. Las resoluciones basadas en premisas inexistentes o claramente erróneas, o que presenten quiebras lógicas graves, vulneran este derecho.

Aplicando la doctrina al caso, el TCo subraya que el Juzgado tuvo dos oportunidades claras para advertir que el domicilio facilitado de la empresa era incorrecto o, al menos, incompleto, ya que ambos intentos de notificación personal resultaron infructuosos y el segundo reflejó expresamente que en el lugar indicado no existía ninguna sede identificable de la mercantil. Pese a ello, el órgano judicial no desplegó **ninguna actividad mínima de averiguación domiciliaria** antes de acudir a los edictos, cuando tenía a su alcance medios sencillos y ordinarios (registros públicos, punto neutro judicial o incluso los datos de contacto obrantes en autos) que habrían permitido localizar el domicilio correcto. El Tribunal reprocha especialmente que el Juzgado optara por la vía edictal tratándose de un acto de comunicación de **máxima trascendencia procesal** (demanda y citación a juicio), del que dependía que la empresa pudiera comparecer y defenderse, y que además la sentencia dictada diera por probados los hechos alegados por la actora precisamente por la incomparecencia de la demandada.

Igualmente censura que, cuando la empresa promovió el incidente de nulidad tan pronto como tuvo conocimiento del proceso, el juzgado no solo no reparara la lesión, sino que la convalidara con una argumentación errónea, afirmando que se había

intentado notificar en el mismo domicilio que luego resultó de la averiguación posterior, obviando que esta segunda dirección sí incluía los datos completos (piso y puerta) que faltaban en la utilizada inicialmente. Para el Tribunal, esta forma de razonar evidencia una **respuesta irrazonable y contraria a la doctrina constitucional** sobre notificaciones edictales, que agrava la lesión del derecho a la tutela judicial efectiva.
En consecuencia, se otorga el amparo, se declara **vulnerado el derecho a la tutela judicial efectiva** (Const art.24.1), se anulan el auto desestimatorio del incidente, el procedimiento de ejecución y el procedimiento ordinario desde la diligencia que acordó acudir a los edictos, y se ordena la retroacción de actuaciones para notificar correctamente a la empresa y permitirle ejercer su defensa.
En esta misma línea, aunque en el **orden civil**, la **TCo 189/2025** aplica y desarrolla la **doctrina sobre el primer emplazamiento**, afirmando que no puede practicarse por vía electrónica cuando la legislación procesal entonces vigente exigía su realización personal y en papel. El Tribunal añade que el órgano judicial no puede optar por la Dirección Electrónica Habilitada (DEH) automática, y que, si existen circunstancias que la hacen materialmente inidónea (como ocurría cuando la demandada era una sociedad disuelta y extinguida), debe asegurarse el emplazamiento por los cauces personales previstos, para evitar indefensión.

5. Exclusión de los liberados sindicales de la carrera profesional por falta de actividad asistencial presencial efectiva: inadmisión de recurso de amparo por no interposición de recurso de casación cont-adm

El recurrente es personal estatutario del Servicio Andaluz de Salud, con categoría de ATS/DUE, y se encuentra **liberado sindical** a tiempo completo desde el año 2003. **7170**
Tenía reconocido el nivel III de carrera profesional desde 2006. Tras la reanudación en 2018 de los procesos de certificación de **niveles de carrera profesional**, solicitó el acceso al nivel V. Sin embargo, fue incluido en el listado de «a no certificar», porque **no podía acreditar la competencia profesional** exigida, ya que el **modelo de certificación vigente** se basa exclusivamente en la evaluación de actividad asistencial efectiva, actividad que no realiza como consecuencia de su dedicación sindical a tiempo completo.
El demandante sostiene que dicha exclusión vulnera su derecho a la libertad sindical en su dimensión de **garantía de indemnidad** profesional y económica, así como el derecho a la igualdad, al impedirle progresar profesional y retributivamente por razón de su actividad sindical.
La **TCo 153/2025**, antes de entrar en el fondo, examina el óbice procesal de **falta de agotamiento de la vía judicial previa**, al constatar que frente a la sentencia dictada por el TSJ Andalucía cabía recurso de casación contencioso-administrativo y que el recurrente no lo interpuso. Recuerda su doctrina sobre el requisito de agotamiento de la vía judicial previa en relación con el **recurso de casación contencioso-administrativo** tras la reforma operada por la LO 7/2015. Esta reforma transformó sustancialmente la configuración del recurso, reforzando su carácter extraordinario y nomofiláctico, al convertirlo en el instrumento destinado a garantizar la uniformidad en la aplicación del Derecho. Con la nueva regulación, el recurso de casación se extiende, en principio, a la generalidad de las resoluciones finales dictadas en la jurisdicción contencioso-administrativa (LJCA art.86 y 87), pero su **admisión** queda **condicionada** a la apreciación por el TS de la existencia de «interés casacional objetivo para la formación de jurisprudencia» (LJCA art.88). Este sistema combina una ampliación formal del ámbito del recurso con un filtro selectivo basado en un criterio cuya apreciación corresponde en exclusiva al TS, que dispone de un amplio margen para determinar la concurrencia o no de dicho interés.
Tras esta reforma, el TCo ha señalado que, para que el recurso sea admitido, no basta con su mera interposición, sino que es necesario **invocar una concreta infracción** del ordenamiento jurídico –procesal o sustantiva– o de la jurisprudencia, y que el TS aprecie la existencia de **interés casacional objetivo**. Precisamente por esa centralidad del juicio de admisión, el TCo ha afirmado que, cuando la admisibilidad del

recurso depende exclusivamente de esa apreciación del interés casacional, corresponde únicamente al TS decidir sobre su procedencia, sin que pueda anticiparse tal valoración por el recurrente ni por otros órganos judiciales.
De esta doctrina se desprende que, a efectos del recurso de amparo, **debe intentarse el recurso de casación** siempre que la sentencia impugnada sea susceptible de él y su admisibilidad dependa de la apreciación del interés casacional objetivo. Solo así puede entenderse cumplido el requisito de agotamiento de la vía judicial previa. No obstante, el Tribunal también ha precisado que esta exigencia no opera cuando contra la resolución judicial no cabe recurso de casación: en tales casos, no puede imponerse al recurrente la carga de interponer un recurso manifiestamente improcedente únicamente para obtener su inadmisión y, a partir de ella, acceder al amparo constitucional. Al no haberse promovido dicho recurso ni justificado su improcedencia, la TCo 153/2025 aprecia la concurrencia del óbice procesal previsto en la LOTC art.50.1.a y 43.1 y acuerda la **inadmisión** del recurso de amparo, sin pronunciarse sobre el fondo de las vulneraciones alegadas

6. Extensión de la doctrina de la TCo 140/2024 a los casos de familia monoparental por adopción

7175 La **TCo 123/2025** resuelve el recurso de amparo en relación con las resoluciones administrativas y judiciales que desestimaron su petición de revisión y ampliación de la **prestación por nacimiento y cuidado de hijo menor**, como madre biológica de **familia monoparental**.
La recurrente **adoptó a una niña** nacida el 31-1-2020, con la que forma una familia monoparental, al ser la única progenitora. El INSS, por resolución de 20-10-21, le reconoció el **derecho a la prestación** de nacimiento y cuidado de menor por 16 semanas, entre el 18-9-2021 y el 7-1-2022, sin adicionar ninguna otra semana, al no existir otro progenitor.
La **cuestión de fondo** planteada en este recurso de amparo guarda estrecha relación con la resuelta por la **TCo 140/2024**. El TCo desarrolla tres motivos fundamentales para **extender la doctrina** de la referida sentencia a los **casos de adopción**:
1. En primer lugar, la **identidad** de razón entre las **madres biológicas y adoptivas**. Señala el Tribunal que, aunque en el presente recurso de amparo no estamos ante un supuesto de madre biológica, sino adoptiva, los razonamientos contenidos en la TCo 140/2024 pueden trasladarse al caso de las familias monoparentales por adopción. El fundamento esencial radica en que el reproche dirigido a la omisión del legislador por introducir una **diferencia de trato entre niños y niñas** según hayan nacido en **familias biparentales o monoparentales** es igualmente predicable en estos supuestos de adopción en los que la diferencia de trato se sigue trabando. Debe tenerse en cuenta que el LGSS art.177, al regular «la prestación por nacimiento y cuidado de menor», contempla como situaciones protegidas tanto el nacimiento como la adopción (y también la guarda con fines de adopción y el acogimiento familiar). Esta circunstancia normativa refuerza la identidad de razón entre ambos supuestos.
2. En segundo lugar, en la **prohibición de discriminación por** razón de **nacimiento**. La sentencia fundamenta su decisión en la doctrina establecida en la TCo 140/2024, que declaró inconstitucionales –sin nulidad– los ET art.48.4 –redacc RDL 9/2025– y LGSS art.177, al apreciar que, pese al amplio margen de libertad en la configuración del sistema de Seguridad Social que nuestra Constitución reconoce al legislador, sin embargo, una vez configurada una determinada herramienta de protección de las madres y los hijos (Const art.39), en este caso el permiso y la correspondiente prestación económica por nacimiento y cuidado de menor previstos, respectivamente, en los ET art.48.4 y LGSS art.177, su articulación concreta debe respetar las exigencias que se derivan de la Const art.14. El legislador no respeta las exigencias de la Const art.14, al introducir –mediante su omisión– una **diferencia de trato** por razón del nacimiento entre niños y niñas nacidos en familias monoparentales y biparentales que no supera el canon más estricto de **razonabilidad y proporcionalidad** aplicable

en estos casos, al obviar por completo las consecuencias negativas que produce tal medida en los niños y niñas nacidos en familias monoparentales.
3. Finalmente, el TCo establece un criterio interpretativo provisional. La TCo 140/2024, FJ 7, concluye que, en tanto el legislador no lleve a cabo la consiguiente reforma normativa, en las familias monoparentales, el permiso a que hace referencia el ET art.48.4 -redacc RDL 9/2025- (y, en relación con él, la prestación regulada en el LGSS art.177) ha de ser interpretado en el sentido de **adicionarse al permiso** del primer párrafo **para la madre biológica el previsto para progenitor distinto** conforme a la legislación aplicable, excluyendo las semanas que necesariamente deben disfrutarse de forma ininterrumpida e inmediatamente posterior al parto. El criterio interpretativo provisional **se aplica plenamente** a las familias monoparentales por adopción, garantizando que los menores adoptados en estas familias reciban la misma protección y cuidados que los menores en familias biparentales, sin discriminación por razón de nacimiento, cumpliendo así con las exigencias de la Const art.14 en relación con la Const art.39.
El TCo decidió declarar **vulnerado el derecho fundamental** a la igualdad ante la ley, sin que pueda prevalecer discriminación alguna (Const art.14), anulando las resoluciones administrativas y judiciales impugnadas.

7. Extensión de la doctrina de la TCo 140/2024 sobre familias monoparentales a los supuestos de acogimiento familiar permanente

La **TCo 140/2025** resuelve un recurso de amparo en relación con las resoluciones **7180**
administrativas y judiciales que desestimaron su petición de revisión y ampliación de la **prestación por nacimiento y cuidado de hijo menor**, como madre en acogimiento permanente de **familia monoparental**.
Por OF 14-6-2021 se formalizó el **acogimiento familiar** permanente de un menor por parte de doña ILV, formando con él una **familia monoparental**, al ser la única acogedora. Por resolución del INSS de 16-6-2021 se le reconoció a la recurrente la **prestación por nacimiento y cuidado de menor**, reclamando después su **ampliación** (en 12 o 16 semanas más), por tratarse de una familia monoparental. Está ultima pretensión fue **desestimada** mediante resolución de 18-11-2021, al ser el reclamado un derecho configurado por la ley como individual, esto es, de cada progenitor (o adoptante o guardador con fines de adopción o acogimiento), no siendo posible la acumulación pretendida.
Disconforme con la denegación, la recurrente formuló demanda ante el JS Bilbao núm 10. Por sentencia 28-11-22, Proc 477/22, se estimó la demanda de la actora, reconociendo el derecho a las 16 semanas adicionales solicitadas, sin descontar las 6 semanas inmediatamente posteriores al parto. Frente a dicha sentencia el INSS interpuso recurso de suplicación, que fue desestimado por la sentencia TSJ País Vasco 15-6-23, Rec 191/23, en aplicación de la doctrina sentada por la TS 2-3-23, Rec 3972/20, según la cual las familias monoparentales no tienen derecho a la acumulación de prestaciones, ya que tal posibilidad no se establece en la ley vigente. La recurrente interpuso **recurso de casación para la unificación de doctrina**, siendo **inadmitido** por el TS auto 16-7-24, por falta de contenido casacional, al ser la sentencia recurrida coincidente con la TS 2-3-23, Rec 3972/20.
La cuestión de fondo planteada en este recurso de amparo guarda estrecha relación con la resuelta por la **TCo 140/2024**. En el presente recurso de amparo no se trata de un supuesto de madre biológica, sino ante un caso de acogimiento familiar permanente. No obstante, dice el TCo, los razonamientos contenidos en la TCo 140/2024 **pueden trasladarse** tanto al caso de las familias monoparentales por adopción (tal y como señaló la TCo 123/2025), como al del acogimiento (supuesto que concurre en el de autos), en tanto que el reproche dirigido a la omisión del legislador por introducir una **diferencia de trato** entre niños y niñas según hayan nacido en familias biparentales o monoparentales, es **igualmente predicable** en esos supuestos en los que la diferencia de trato se sigue trabando. Debe tenerse en cuenta que el LGSS art.177, al regular «la prestación por nacimiento y cuidado de menor», contempla como

situaciones protegidas no solo el nacimiento, sino también «la adopción, la guarda con fines de adopción y el acogimiento familiar, de conformidad con el Código civil o las leyes civiles de las comunidades autónomas que lo regulen».
Concluye el Tribunal que no solo se ha de declarar la **nulidad de la sentencia del TSJ** que estimó el recurso de suplicación formulado por el INSS, sino también la de la **sentencia de instancia**. Aunque esta última fue estimatoria y reconoció la infracción constitucional en términos acordes con lo resuelto en la TCo 140/2024, no se ajustó a lo señalado en su FJ 7º, al reconocer a la actora las semanas adicionales de prestación sin descontar las que necesariamente deben disfrutarse de forma ininterrumpida e inmediatamente posterior al parto. Procede declarar la nulidad del **auto dictado por el TS**, en la medida en que, aunque no se pronunció sobre el fondo del asunto, al inadmitir el recurso de casación para la unificación de doctrina, declaró la firmeza de la sentencia de suplicación recurrida.

8. Extensión de la garantía de indemnidad a las reclamaciones ante el comité de empresa en el ejercicio de su función de vigilancia

7185 La **TCo 148/2025** constituye un paso más en la evolución de la **garantía de indemnidad**. El problema que se plantea, siempre que se avanza en su evolución extensiva, reside en si se mantiene en el caso concreto la conexión funcional con el derecho a la tutela «judicial» efectiva del que dicha garantía trae su causa. Este es el problema que se plantea también en el presente caso, donde el indicio de vulneración del derecho alegado se centra en la queja realizada por el trabajador ante el comité de empresa, sin que conste expresamente la intención del trabajador de poner una posterior demanda o de iniciar acciones. Para la mayoría del TCo (Pleno), las quejas realizadas ante el comité de empresa deben considerarse un paso necesario y presumiblemente antecesor de un probable contencioso ulterior. No opina así el único voto particular existente.
En el caso concreto, el trabajador prestaba servicios para Elecnor, S.A., mediante sucesivos contratos temporales. En agosto de 2021 la empresa **modificó un cuadrante de guardias** ya notificado, asignándole nuevos retenes en distinto destino y con una periodicidad que, a su juicio, infringía el convenio colectivo. El trabajador trasladó su **queja al presidente del comité de empresa**, quien se dirigió inmediatamente a la empresa y logró que esta revocara la modificación tras reunión mantenida el 12 de agosto. Quince días después, el 28-8-2021, se notificó al trabajador la **extinción de su contrato** con efectos de 2 de septiembre. El JS Las Palmas núm 6 estimó la demanda por vulneración de la garantía de indemnidad y declaró el despido nulo. El TSJ Canarias revocó la nulidad y calificó el despido como improcedente, al entender que la garantía de indemnidad no se extiende a meras reclamaciones extrajudiciales. El TS inadmitió el recurso de casación. Interpuesto recurso de amparo, el TCo lo admite, por apreciar cuestión novedosa relativa al **alcance extraprocesal** de la garantía de indemnidad.
El TCo parte de una **concepción amplia de la garantía de indemnidad** como manifestación específica del derecho a la tutela judicial efectiva reconocido en la Const art.24.1. Reitera que dicha garantía no se agota en la protección frente a represalias derivadas del ejercicio formal de acciones judiciales, sino que se proyecta también sobre **actuaciones previas o preparatorias** que, aun no siendo procesalmente exigidas, estén razonablemente encaminadas a la defensa de los derechos del trabajador y orientadas a evitar el litigio judicial.
Desde esta premisa, el Tribunal destaca la función institucional que el ordenamiento atribuye a la representación legal de los trabajadores, en particular su labor de vigilancia del cumplimiento de la normativa laboral y de intermediación frente al empleador, conforme al ET art.64.7.a. Las **reclamaciones formuladas ante el comité de empresa** se insertan, por tanto, en un cauce normativamente previsto para la canalización y eventual resolución de conflictos laborales, lo que las configura como una vía legítima de defensa de intereses laborales con capacidad real para **prevenir la judicialización** de las controversias.

Asimismo, el Tribunal subraya que este tipo de reclamaciones, aun careciendo de carácter obligatorio como presupuesto de acceso a la jurisdicción, presentan un cierto grado de formalización y permiten apreciar, en atención a las circunstancias del caso, que pueden constituir el paso previo al eventual ejercicio de acciones judiciales si no son atendidas. En consecuencia, mantienen una conexión funcional suficiente con el derecho fundamental a la **tutela judicial efectiva** como para quedar amparadas por la garantía de indemnidad.
A ello se añade que se trata de **actuaciones con vocación de ser trasladadas a la empresa**, lo que exterioriza la existencia de una controversia laboral y las hace especialmente susceptibles de provocar reacciones empresariales adversas. Negarles protección constitucional comportaría un riesgo evidente de **efecto disuasorio**, al desalentar a los trabajadores de utilizar estos cauces representativos para la defensa de sus derechos, resultado incompatible con el contenido esencial de la Const art.24.1.
Aplicando esta doctrina al supuesto enjuiciado, el Tribunal aprecia la concurrencia de **indicios relevantes de represalia**, singularmente la proximidad temporal entre la reclamación canalizada a través del comité de empresa y la posterior extinción contractual, así como la falta de acreditación suficiente por parte de la empresa de una causa objetiva y ajena a todo ánimo lesivo. Por ello concluye que la resolución dictada por el TSJ de Canarias vulneró el derecho fundamental del trabajador a la tutela judicial efectiva en su dimensión de garantía de indemnidad.

9. Inadmisión de cuestión de inconstitucionalidad sobre conversión de contratos temporales en fijos en el empleo público

El **TCo Pleno auto 95/2025** en relación con la cuestión de inconstitucionalidad planteada por el JS Bilbao núm 10 respecto de la cláusula 5ª del Acuerdo marco de la CES, la UNICE y el CEEP sobre el **trabajo de duración determinada**, de 18-3-1999, que figura en la Dir 1999/70/CE anexo. 7190
Una trabajadora había prestado servicios en Osatek, S.A. (sociedad pública mercantil del Gobierno Vasco) como «asistente» desde el 16-4-2019, concatenando sin solución de continuidad **169 contratos laborales**, teniendo en el momento del **despido** la condición de personal indefinido no fijo desde el 27-10-2023. La causa del despido de fecha 31-12-2024 fue **no haber superado el proceso especial de estabilización de empleo** temporal llevado a cabo mediante concurso-oposición, habiendo superado el proceso selectivo, pero sin obtener plaza. En la demanda se solicitaba el reconocimiento de la **condición de trabajadora indefinida fija** desde el 16-4-2019, la declaración de improcedencia del despido y la condena a la empresa a readmitir a la trabajadora con abono de salarios de tramitación.
El órgano judicial dictó auto acordando plantear **cuestión de inconstitucionalidad** en relación con la cláusula 5ª del Acuerdo marco, que figura en la Dir 1999/70/CE anexo, por posible vulneración de la Const art.23.2 y 103. El juzgado se basó en la TJUE 22-2-24, asuntos C-59/22, C-110/22 y C-159/22, que interpretó el Acuerdo marco, señalando que, a falta de medidas adecuadas en el Derecho nacional para prevenir y sancionar los abusos derivados de la utilización sucesiva de contratos temporales, la conversión de esos contratos temporales en contratos fijos puede constituir tal medida. El tribunal planteó la necesidad de determinar si los efectos derivados de una directiva comunitaria, según la interpretación del TJUE, son compatibles con la Const art.23 y 103, que establecen el principio de igualdad en el acceso a la función pública y los principios de mérito y capacidad.
Tanto la representación de la parte actora como el fiscal se opusieron al planteamiento de la cuestión de inconstitucionalidad, señalando que se trataba de una **norma de Derecho de la Unión Europea** respecto a la que no cabía, en aplicación del principio de supremacía, plantearse su **acomodación a la Constitución española** mediante una declaración de inconstitucionalidad. El fiscal general del Estado sostuvo que el objeto de la cuestión supondría que el TCo revisara y dejara sin efecto un pronunciamiento del TJUE dictado en el ámbito de sus competencias, lo que consti-

tuiría un exceso del Tribunal español en sus funciones, solicitando la inadmisión por inidoneidad de la norma cuestionada como objeto de una cuestión de inconstitucionalidad.
El TCo consideró en su auto que concurrían motivos de inadmisión, dado que no se satisfacían las exigencias de la Const art.163 y LOTC art.35 a 37, tanto en relación con el objeto de la cuestión de inconstitucionalidad como con la formulación de los necesarios juicios de aplicabilidad y relevancia. El Tribunal señaló que entre la enumeración de las normas susceptibles de declaración de inconstitucionalidad que contiene la LOTC art.27.2 no se encuentra una norma como la cláusula cuestionada, que además no se discutía en lo que dispone, sino en la interpretación que de la misma había hecho la TJUE 22-2-24, asuntos C-59/22, C-110/22 y C-159/22. El Tribunal recordó su doctrina, con fundamento en la jurisprudencia del TJUE, negando el supuesto efecto directo de la cláusula 5ª que apreciaba el órgano judicial, citando el TCo auto 427/2023, que precisó que la misma «no es, desde el punto de vista de su contenido, incondicional y lo suficientemente precisa para que un particular pueda invocarla ante un tribunal nacional (...), de modo que un tribunal nacional no está obligado a dejar sin aplicación una disposición de su Derecho nacional contraria a la cláusula 5ª, apartado 1, del acuerdo marco (...)». La cuestión de inconstitucionalidad fue **inadmitida por falta de adecuación de su objeto**, señalando que no correspondía al TCo la realización del control solicitado, en cuanto se refería a una concreta interpretación jurisprudencial de una norma integrante del Derecho de la Unión Europea llevada a cabo por el TJUE.
Concluye el Tribunal que «la duda de constitucionalidad se fundamenta sobre una disposición de Derecho de la Unión Europea y en relación, además, con la concreta interpretación que dicha disposición está recibiendo en la jurisprudencia del TJUE y su posible compatibilidad con los principios que rigen el acceso a la función pública en el Derecho nacional, de suerte que es evidente que **su objeto excede** del que es **propio de una cuestión de inconstitucionalidad**. En otras palabras, lo que se plantea es la posible conciliación o contradicción del Derecho de la Unión Europea, interpretado en un determinado sentido por una sentencia del TJUE, con la normativa nacional que impide reconocer la condición de personal laboral fijo al trabajador que accede al empleo público estable sin que medie el pertinente proceso selectivo acorde con los principios de igualdad, mérito y capacidad, lo que ha de ser, en su caso, dilucidado, en primer término por el TJUE, tal y como ha apuntado el Ministerio Fiscal en el trámite de audiencia y confirma la decisión de la Sala de lo Social del TS a la que inmediatamente se alude».
El Pleno del TCo acordó **inadmitir a trámite** la presente cuestión de inconstitucionalidad.

10. Inconstitucionalidad del supuesto de madres biológicas de familias monoparentales, trabajadoras por cuenta ajena, sin poder ampliar su permiso por nacimiento y cuidado de hijo más allá de 16 semanas

7195 La **TCo Pleno 140/2024 estima** la cuestión de inconstitucionalidad promovida por el TSJ Social Cataluña en relación con ET art.48.4, 5 y 6 –redacc RDL 9/2025–, en conexión con LGSS art.177.
Han reiterado posteriormente la referida doctrina las TCo 147/2024, 149/2024, 150/2024, 151/2024, 155/2024, 4/2025, 5/2025, 6/2025, 7/2025, 8/2025, 9/2025, 10/2025, 17/2025, 18/2025, 19/2025, 20/2025, 21/2025, 22/2025, 23/2025, 24/2025, 29/2025, 30/2025, 32/2025, 33/2025, 34/2025, 35/2025, 36/2025, 38/2025, 39/2025, 46/2025, 47/2025, 48/2025, 50/2025, 56/2025, 57/2025, 58/2025, 59/2025, 60/2025, 61/2025, 65/2025, 66/2025, 67/2025, 68/2025, 70/2025, 71/2025, 72/2025, 73/2025, 74/2025, 75/2025, 76/2025, 77/2025, 78/2025, 79/2025, 80/2025, 81/2025, 88/2025, 89/2025, 90/2025, 91/2025, 92/2025, 93/2025, 94/2025, 102/2025, 103/2025, 104/2025, 112/2025, 113/2025, 114/2025, 115/2025, 116/2025, 122/2025, 123/2025, 124/2025, 125/2025, 127/2025, 128/2025, 129/2025, 130/2025, 131/2025, 138/2025, 139/2025, 140/2025 y 141/2025.

El **RDL 9/2025**, por el que se amplía el permiso de nacimiento y cuidado de menores, ha reconocido a las **unidades familiares monoparentales** un permiso de nacimiento, adopción, guarda o acogimiento por una duración total de 32 semanas (adaptando la legislación en la línea de esta TCo 140/2024, que reconoció la posibilidad de acumular el permiso en familias monoparentales un total de 26 semanas).

Precisiones Sobre el mismo tema, la TCo 11/2025 **inadmite** el recurso por extemporáneo

11. Notificaciones por edictos en proceso laboral: nulidad por indefensión y retroacción de actuaciones

La **TCo 156/2025** de la Sala Segunda estima el recurso de amparo de Games Valencia, S.L., por vulneración del **derecho a la tutela judicial efectiva** sin indefensión, debido al **uso indebido de notificaciones por edictos** en un proceso laboral. **7200**

El litigio se origina en un procedimiento laboral por **reclamación de cantidad** (salarios y horas extraordinarias) seguido ante el JS Madrid núm 24, en el que la empresa demandada, Games Valencia, S.L., no fue citada personalmente y la **citación** se practicó por edictos en el BOCM, celebrándose el juicio sin su comparecencia y dictándose **sentencia condenatoria** firme; posteriormente se abrió ejecución con **embargo de bienes**. El Tribunal destaca **intentos fallidos de notificación** en una dirección incompleta y la publicación de edictos con errores de fecha, así como que la averiguación de domicilio completo solo se realizó en fase de ejecución, cuando ya se habían despachado medidas de apremio.

La sentencia reitera la exigencia de **especial diligencia en los actos de comunicación procesal**, particularmente en el primer emplazamiento o citación a quien debe ser parte, limitando el empleo de edictos a supuestos en los que, tras averiguar razonablemente el domicilio, no conste dirección válida; incluso sin constar domicilio, el órgano judicial debe realizar gestiones proporcionales para averiguarlo, evitando indefensión, y garantizar además resoluciones fundadas en Derecho no arbitrarias, irrazonables ni con error patente.

El Tribunal concluye que el juzgado actuó con **diligencia manifiestamente insuficiente**: intentó dos comunicaciones personales en una dirección incompleta; ante ese indicio claro de error, acudió a edictos sin realizar ninguna actuación para averiguar el domicilio correcto, pese a que constaba en registros públicos y fue hallado inmediatamente en ejecución. Además, la desestimación del incidente de nulidad se basó en una premisa errónea (que la averiguación de domicilio se había hecho antes y en la misma dirección), lo que hizo la respuesta irrazonable y contraria a la doctrina constitucional invocada por la empresa.

El Tribunal estima el **amparo**, declara vulnerado la Const art.24.1 (tutela judicial efectiva sin indefensión), anula el auto que desestimó la nulidad, anula íntegramente el procedimiento de ejecución y el procedimiento declarativo desde la diligencia de 12-11-21 que acordó la notificación exclusivamente por edictos, y ordena la retroacción de actuaciones para que se practiquen las comunicaciones respetando el derecho fundamental reconocido.

12. Vulneración del derecho a la tutela judicial efectiva en su vertiente de acceso a la jurisdicción por inadmitir una demanda por no aportar una carta de despido que no poseía la parte actora

En el caso examinado por la **TCo 55/2025**, el recurrente presentó ante el JS demanda por **despido improcedente** contra el Colegio Mayor Universitario Isabel de España. Fue requerido a **subsanar varios defectos**: «No acredita la antigüedad, concretando la fecha exacta, no bastando una referencia genérica del año en que empezó a prestar servicios. No indica la fecha de efectividad del despido, forma en que se produjo y hechos alegados por el empresario, acompañando la comunicación recibida. No refiere si el trabajador ostenta o ha ostentado en el año anterior al despido, la cualidad de representante legal o sindical de los trabajadores.» El recurrente pre- **7205**

sentó escrito subsanándolos, tras lo cual el LAJ dictó una nueva diligencia de ordenación, a fin de que en el plazo de 4 días aportase la **carta de despido** y se estableciese expresamente la antigüedad, con día, mes y año, bajo apercibimiento de archivo. El recurrente presentó escrito manifestando su antigüedad; adjuntaba el acta de conciliación celebrada sin efecto por incomparecencia de la parte demandada y, respecto a la comunicación del cese de la relación laboral, manifestó «[q]ue nos vemos incapaces de aportar la carta de despido, pues no disponemos de la misma. No obstante, en los otrosíes de la demanda pedimos que la empresa nos la facilite». El JS Madrid núm 3 dictó auto **archivando la demanda** de despido, por no haber sido subsanada la entrega de la carta de despido. Interpuesto **recurso de reposición** se desestima reiterando que la carta es un requisito esencial conforme el LRJS art.104.b.
Para el TCo, en este caso se ha vulnerado el **principio pro actione**, que no solo evita incurrir en arbitrariedad, irrazonabilidad o error patente, sino también aquellas resoluciones de inadmisión basadas en criterios que, por su rigorismo, formalismo excesivo o cualquier otra razón, revelan una clara desproporción entre los fines que la causa legal preserva y los intereses que se sacrifican, es decir, se trata de un principio que supone realizar siempre una interpretación favorable al acceso a la justicia, evitando todo exceso de formalismo cuando se trata del inicial acceso al proceso.
Para el TCo, el precepto citado de la LRJS no exige imperativamente aportar la carta de despido, y puede sustituirse por una mención suficiente de su contenido en un supuesto como el presente, en el que el recurrente actúa de **buena fe y** con **diligencia**, pues no solo indicó la imposibilidad de aportarla, por haber **firmado no conforme** y habérsela quedado la empresa, y por haber además solicitado expresamente que el Juzgado la solicitara a la única parte que la poseía, que era la empresa. La interpretación realizada del precepto procesal en este caso **desnaturaliza la finalidad del precepto** al convertir la aportación documental en un requisito imprescindible, incluso cuando el actor explica el motivo razonable por el que no la tiene. Considera por ello que la inadmisión fue una **medida desproporcionada** que impidió el acceso al proceso de la parte trabajadora vulnerando con ello la Const art.24.1. Estima el amparo y anula los autos, ordenando la retroacción de actuaciones para que el Juzgado resuelva de nuevo, respetando el derecho fundamental vulnerado.

13. Vulneración del derecho a la tutela judicial efectiva –acceso al recurso– por inadmisión de un incidente de nulidad de actuaciones que contraviene la doctrina de la TCo 112/2019

7210 Aunque no en relación con un tema estrictamente laboral, conviene hacer referencia a la **TCo 144/2025**, relativa al incidente de **nulidad de actuaciones** y al momento procesal oportuno para su interposición, así como al **cómputo del plazo de 20 días** al que se ve sometido tras revisarse la inicial doctrina elaborada respecto la jurisdicción social.
La demandante presentó una **reclamación de cantidad** que fue desestimada por el JC. Recurrió en apelación y la AP confirmó la desestimación el 27-10-21, aunque con una fundamentación distinta. Contra esta sentencia interpuso recurso extraordinario por infracción procesal y recurso de casación, alegando que la motivación de la apelación vulneraba el derecho a la tutela judicial efectiva (Const art.24.1). Ambos **recursos** fueron **inadmitidos** por el TS auto 25-10-23 (notificado el 27 de octubre), por falta de fundamento y ausencia de interés casacional, lo que determinó también la inadmisión del recurso por infracción procesal. Dentro de los 20 días hábiles siguientes, la demandante promovió **incidente de nulidad** ante la AP, alegando que la sentencia de apelación vulneraba su derecho a una resolución congruente y jurídicamente fundada. La **Audiencia inadmitió** el incidente por providencia de 6-3-24, considerando que se había presentado **fuera de plazo**, al computarlo **desde la notificación de la sentencia** de apelación (2021) y no desde la inadmisión del TS. La actora promovió entonces un **segundo incidente de nulidad**, esta vez contra la providencia de inadmisión, alegando vulneración del derecho de acceso al recurso y citando

la doctrina de la TCo 112/2019, que fija el dies a quo del incidente de nulidad tras la firmeza de la inadmisión del recurso extraordinario cuando esta no es imputable a la parte. La **AP inadmitió** también este segundo incidente mediante providencia de 12-4-24, insistiendo en que el incidente debía haberse interpuesto dentro de los 20 días desde la sentencia de apelación. **7210** (sigue)

Antes de la TCo 112/2019, el TCo venía exigiendo en el orden social que, cuando la lesión de derechos fundamentales se atribuía a la sentencia de suplicación y el recurso de casación para la unificación de doctrina era inadmitido por motivos de fondo (falta de contradicción, defectuosa comparación, etc.), el justiciable, para poder acudir en amparo, tenía que interponer después un incidente de nulidad de actuaciones ante el órgano que dictó la sentencia de suplicación. Esa era la llamada **doctrina de la «reviviscencia»** del incidente de nulidad.

La **TCo 112/2019 corrige** esta línea. Partiendo del carácter excepcional del incidente de nulidad (LOPJ art.241.1) y del modelo de casación basado en el interés casacional (LJCA art.88), declara que **no es obligatorio** interponer incidente de nulidad cuando el recurso extraordinario (casación) ya se ha intentado en tiempo y forma y ha sido inadmitido por razones procesales no imputables a la parte (por ejemplo, por no apreciar el TS interés casacional). Para agotar la vía judicial (LOTC art.44.1.a), basta con haber utilizado el recurso «normal» y claramente ejercitable. Sin embargo, añade algo clave: aunque no sea requisito necesario, el incidente de nulidad promovido **después** de la inadmisión de la casación **no puede considerarse** manifiestamente improcedente, sino un cauce legítimo para intentar la reparación de la lesión de derechos fundamentales imputada a la resolución de última instancia. Esta **doctrina**, formulada en un caso contencioso, se ha aplicado después en lo social y contencioso, y ahora se extiende al orden civil. El TCo la coordina con la TCo 143/2020, de modo que:

a) si la parte, razonablemente, entiende que no hay base para apreciar interés casacional, puede no recurrir en casación y utilizar directamente el incidente de nulidad contra la sentencia de apelación;

b) si, por el contrario, aprecia base para el interés casacional, interpone casación (y, en el régimen anterior, también infracción procesal) y esos recursos se inadmiten por motivos no imputables a su negligencia, se aplica la TCo 112/2019: la vía judicial se considera agotada con la casación, pero el incidente de nulidad, presentado tras la inadmisión, es procedente y debe tramitarse.

En el caso civil concreto, la demandante imputaba la vulneración de la Const art.24.1 directamente a la sentencia de apelación (última instancia), e interpuso correctamente casación e infracción procesal por la vía del interés casacional. El TS los inadmitió no por defectos formales o falta de diligencia, sino por no apreciar interés casacional ni fundamento bastante. Tras esa inadmisión, la actora promovió en plazo incidente de nulidad ante la AP, que lo inadmitió por extemporáneo, computando el plazo desde la sentencia de 2021 y no desde el auto del TS de 2023, ignorando la doctrina de la TCo 112/2019. Para el TCo, esa **inadmisión vulnera el derecho a la tutela** judicial efectiva en su vertiente de acceso al recurso, porque impide un cauce que el propio TCo ha reconocido como legítimo y no manifiestamente improcedente. Por ello, otorga el **amparo**, anula las providencias de 6-3-24 y 12-4-24 y ordena retrotraer las actuaciones para que la Audiencia resuelva el incidente de nulidad conforme a la doctrina constitucional expuesta.

Tabla Alfabética

A

B

C

D

E

F

G

H

I

J

M

N

O

P

Q

R

S

T

Índice Analítico

CAPÍTULO 1. DERECHO DEL TRABAJO

CAPÍTULO 2. DERECHOS COLECTIVOS

CAPÍTULO 3. SEGURIDAD SOCIAL

CAPÍTULO 4. DERECHO PROCESAL

CAPÍTULO 5. SENTENCIAS SOCIALES DEL TRIBUNAL EUROPEO DE DERECHOS HUMANOS Y DEL TRIBUNAL CONSTITUCIONAL

Este libro se acabó de imprimir
en Marzo de 2026
por Printing'94, S. L.
Carretera de Canillas, 138 – 28043 Madrid